“十三五”国家重点出版物出版规划项目

南水北调中线一期工程文物保护项目

湖北省考古发掘报告

第7号

武当山遇真宫遗址

湖北省文物局
湖北省移民局
南水北调中线水源有限责任公司
编著

科学出版社
北京

内 容 简 介

本书是介绍湖北省武当山遇真宫遗址的考古发掘报告，主要描述了遇真宫遗址的单体建筑形制和整体建筑布局，并对遗址内出土的大量明清时期文物进行描述和分类；最后根据相关资料对遇真宫的整体建筑布局、历史功能进行总结和分析；文后附录编入了相关的碑刻研究、材料分析等论文及相关历史文献。本书对明清时期考古、建筑学研究有着重要的参考价值，也为瓷器、碑刻等相关课题研究提供了详尽的参考资料。

本书可供考古学、建筑学、历史学研究者，以及大专院校相关专业师生阅读、参考。

图书在版编目（CIP）数据

武当山遇真宫遗址 / 湖北省文物局，湖北省移民局，南水北调中线水源有限责任公司编著. —北京：科学出版社，2017.9
（南水北调中线一期工程文物保护项目. 湖北省考古发掘报告；第7号）
"十三五"国家重点出版物出版规划项目
ISBN 978-7-03-054569-5

Ⅰ. ①武… Ⅱ. ①湖… ②湖… ③南… Ⅲ. ①武当山-道教-宗教建筑-古建遗址-发掘报告-明清时期 Ⅳ. ①K878. 65

中国版本图书馆CIP数据核字（2017）第231046号

责任编辑：王光明 / 责任校对：邹慧卿
责任印制：肖 兴 / 封面设计：陈 敬

科 学 出 版 社 出版
北京东黄城根北街16号
邮政编码：100717
http://www.sciencep.com

中国科学院印刷厂 印刷
科学出版社发行 各地新华书店经销
*
2017年9月第 一 版 开本：889 × 1194 1/16
2017年9月第一次印刷 印张：22 1/2 插页：41
字数：800 000

定价：328.00元

（如有印装质量问题，我社负责调换）

"13th Five-Year Plan" National Key Publications Publishing and Planning Project

Reports on the Cultural Relics Conservation
in the South-to-North Water Diversion Project
Hubei Vol.7

The Yuzhengong Site in Wudang Mountains, Hubei

Cultural Heritage Bureau of Hubei Province
Resettlement Bureau of Hubei Province
Mid-route Source of South-to-North Water Transfer Corp. Ltd

Science Press
Beijing

南水北调中线一期工程文物保护项目

湖北省考古发掘报告第7号

《武当山遇真宫遗址》

主　编

孟华平

副主编

康予虎　谢　辉

项目承担单位

湖北省文物考古研究所

目　　录

插图目录

彩版目录

图版目录

第一章 绪 言

第一节 地理环境与位置

武当山，又名太和山，位于湖北省十堰市武当山旅游经济特区，地处汉江上游南岸。其东毗襄阳市谷城县，南依神农架林区，西通十堰市，北临丹江口水库，地理坐标东经110°14′～110°57′，北纬32°23′～32°33′，主峰天柱峰海拔1612.1米（图一）。

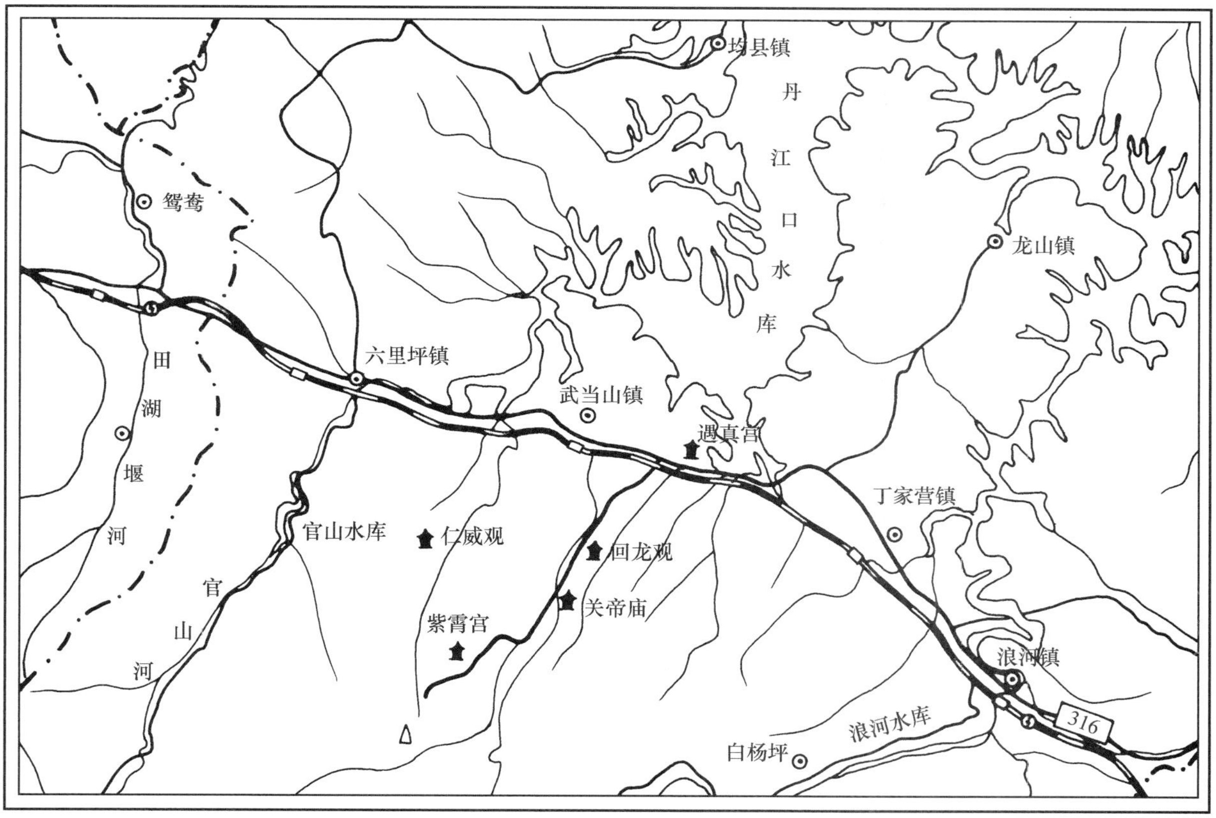

图一 武当山地理位置示意图

武当山处于秦岭印支褶皱系秦岭带的武当山隆起中部，属大巴山脉延北支，山系呈近东西方向展布。约在八亿年前从沧海中升为陆地的武当山隆起，经长期内外应力的冲刷切割，地貌雄奇幽秀，众多奇峰幽涧和岩、潭、泉、石错落有致地分布于天柱峰周围，形成“七十二峰朝大顶”的壮观景象。

气候属亚热带季风气候，从丹江口水库至天柱峰，呈明显的气候垂直层带，随着地势高低参差变化而形成许多局部小气候，其特征是气温因山势增高而递减。植被属亚热带常绿落叶阔叶混交林地带，南北植物混杂，科类繁多，有国家保护的水杉、银杏、香果树、水青树等十余种稀有树种及金钱豹、金猫、猕猴等十余种珍稀保护动物。

第二节　历史沿革

武当山具有悠久的历史。“战国时，楚国便在武当山北筑寨防秦，后称古寨。秦汉时在北麓建武当县城。西汉末王莽支庶王康、王常、王凤在北麓各建一城，名三王城”①。东汉末年，黄巾起义失败后，张鲁率领其祖父张陵创立的“五斗米道”在汉中建立起政教合一的政权，割据三十余年。后张鲁归降曹操，五斗米道取得合法地位，得以公开传播，并成为道教唯一教派。“约在此时，邻近汉中的武当山已开始有道教活动，入山道士择幽结庐、学道修真，以求长生不老。三国末至南北朝，社会动乱不宁，避世修身、入山学道者逐渐增多。相传东晋谢允、唐吕洞宾等道教名流均曾修炼于此”②。他们赋予武当山以“太和”、“仙室”等具有道教色彩的名称。唐末五代时著名道教学者杜光庭编《洞天福地岳渎名山记》则将武当山列入七十二福地中的第九福地。至北宋，道经始将传说中的真武神与武当山联系起来，将武当山附会成真武的出生地和飞升处。南宋时，真武修道于武当山的传说已经深入民心。董素皇的《玄帝实录》对此有较详细的描述。元代道士刘道明撰《武当山福地总真集》提真武在此修道成功，真武飞升之后，此山非真武不足以当之，而改名为武当。明朝时期，由于对真武的尊崇，武当山更被封为“太岳”、“玄岳”，成为“天下第一名山”。入清以后，武当山的地位大为下降，它对周边地区和区域社会的影响，主要通过民间朝山进香等民俗活动来体现。

武当山最早建筑五龙观（祠）始建于唐代贞观年间（627～649年），后又陆续有所修建。至宋徽宗宣和年间（1119～1125年）在武当山又建紫霄宫。后宋元交兵及元末战乱，武当山上的建筑群大部分被毁。

现存的武当山古建筑群格局主要形成于明朝。明永乐十年（1412年），成祖朱棣为“祈福于天，同乐太平”，在北京宫殿（今故宫）、太庙、社稷坛、天坛等建设基本完工后，派遣道录司右正一孙碧云勘测设计遇真宫、紫霄宫、五龙宫及南岩宫，遣工部侍郎郭琎、隆平侯张信、驸马都尉沐昕先后率30万众进驻武当山大兴土木，从均县（今丹江口市）城内的静乐宫到武当山天柱峰之金顶绵延70千米的古神道左近，历时13年建成静乐、朝天、遇真、玉虚、紫霄、五龙、南岩、清微、太和等九宫八观、十二亭、三十六庵堂、三十九桥梁、七十二岩庙等一系列严整、壮观、瑰丽的建筑群；至明嘉靖三十一年（1552年）又增修扩建，形成了长达120华里、殿宇房屋2万多间、建筑面积160余万平方米、规模宏大的武当山古建筑群。

永乐皇帝成立了专门的管理机构，立法保护道教，派军队守护山林，遣流徙犯人开垦山田，供养庙观，封九宫住持为正六品官员，“设官铸印以守”，使武当山成为“祖宗创业栖神

---

① 武当山志编纂委员会：《武当山志》，新华出版社，1994年。

② 武当山志编纂委员会：《武当山志》，新华出版社，1994年。

之所”的皇家庙观。自永乐以后，历代明朝皇帝即位，都要派钦差到武当山祀告，派内臣提督敕免课税杂役、维修宫观，使武当山成为当时的“天下第一名山”[①]。

武当山建筑规模之大、规制之高、构造之严谨、工程之艰巨、装饰之精美，在中国道教建筑中绝无仅有，在世界上也属罕见。作为世界著名的道教圣地，武当山古建筑群以其神奇的人文景观于1994年被列入世界文化遗产名录。

第三节 遇真宫概况

遇真宫是武当山古建筑群的主要宫观之一，是进入武当山山门后的第一宫，地处武当山旅游经济特区遇真宫村二组，坐北朝南，背靠凤凰山，面对水磨河和九龙山，左邻望仙台，右接黑龙洞，山水环绕如护城，故有“黄土城”之称。中心地理坐标东经111°07′04″，北纬32°30′22″，海拔162米（图二；彩版一）。

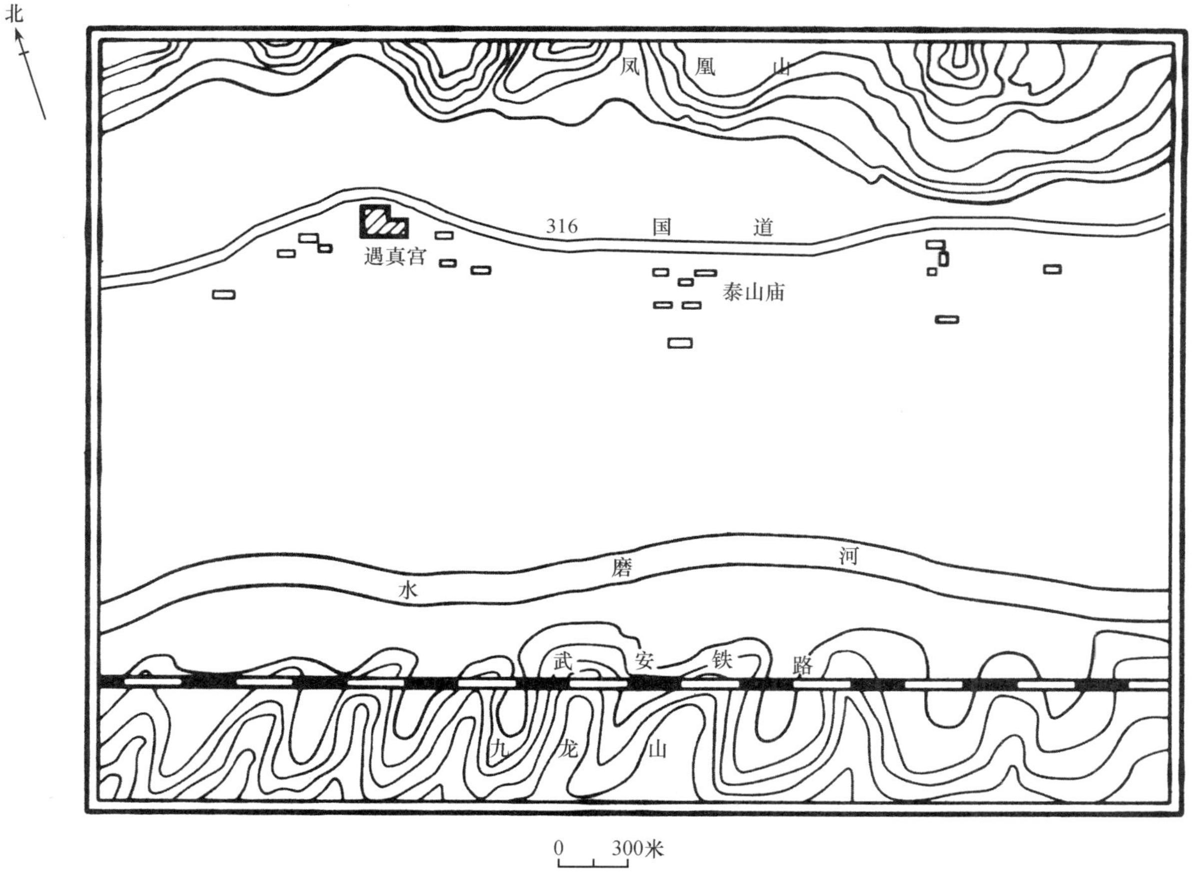

图二 遇真宫位置示意图

① 武当山志编纂委员会：《武当山志》，新华出版社，1994年。

据文献记载，“（遇真）宫之先，曰会仙馆，真仙张三丰所筑也”①。明成祖朱棣于永乐十年至十五年（1412～1417年），敕建遇真宫殿堂、斋房、方丈、楼阁等97间。明嘉靖年间（1522～1566年），遇真宫扩建到396间，宫内建筑规划严整、主次分明、大小有序、错落有致、幽雅静谧、庄严肃穆。民国二十四年（1935年）七月，遇真宫部分被水淹毁。民国二十七年（1938年）秋，国民党“抗战青年干部训练团”学员三大队及辎重团进驻遇真宫，将宫内部分古代建筑拆毁。1956年，湖北省人民委员会（湖北省人民政府）将遇真宫在内的武当山及其附近明代建筑群列为省级重点文物保护单位。1958年，遇真宫门前两对全国罕见的明制铁狮子被砸毁炼制钢铁。1990年，丹江口第二中学从遇真宫迁出。1994年12月，遇真宫随同武当山古建筑群一并列入世界文化遗产名录。2003年1月，遇真宫大殿遭受火焚。2006年，作为武当山建筑群组成部分被国务院公布为第六批全国重点文物保护单位。

遇真宫平面呈曲尺形，占地面积26000多平方米，由中宫、西宫、东宫三部分组成，宫墙保存比较完整。现存山门、宫墙及中宫的龙虎殿、真仙殿（失火后仅剩崇台）、东西配殿、左右廊庑、斋堂、耳房等建筑，是武当山古建筑群中最具明初风格的建筑之一。中宫建筑沿中轴线对称布局，从南至北依次为山门、前院、龙虎殿、主院、真仙殿等，前院有左、右宫门可通东、西两宫，主院内东西两侧为配殿和廊庑，计砖木结构古建筑33间，建筑面积3366平方米。东宫、西宫的地面建筑已无踪迹，宫外的相关建筑及附属设施多被掩埋于地下（图三）。

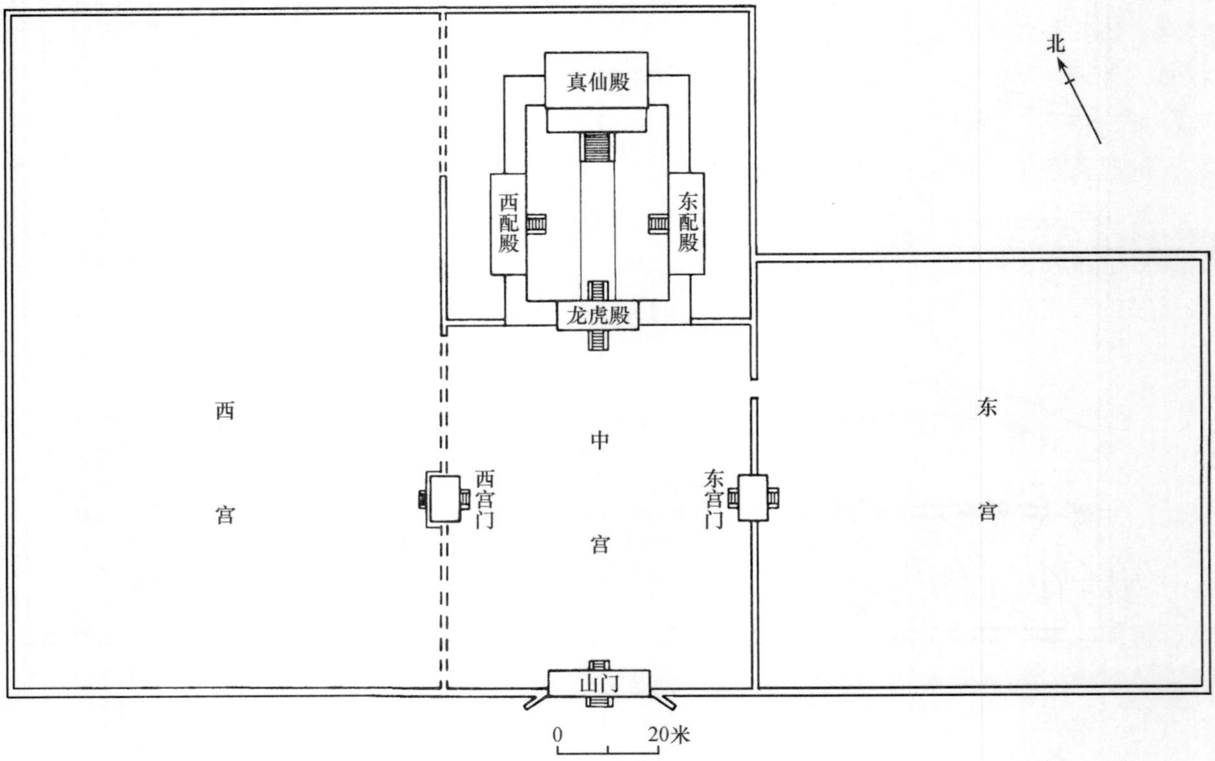

图三　遇真宫遗址总平面示意图

① 陶真典、范学锋点注：《武当山明代志书集注·敕建大岳太和山志》，中国地图出版社，2006年。

第四节 考古工作经过

一、工作背景

作为世界文化遗产武当山古建筑群的重要组成部分，遇真宫具有极其重要的历史、文化和艺术价值。同时，作为南水北调中线工程中最重要的文物保护项目，其文物保护的意义十分重大。

2004年，遇真宫保护方案比选论证工作启动后，根据国家文物局工作要求（文物保函〔2005〕1187号），湖北省文物局责成湖北省文物考古研究所对遇真宫遗址进行科学考古发掘，目的是尽可能明确遇真宫遗址的整体范围、建筑布局、建筑特点，为遇真宫遗址文物保护工作方案的制定提供科学依据。

为此，湖北省文物考古研究所于2005年11月底迅即成立以孟华平为领队的遇真宫遗址考古工作队，拟定全面勘探和发掘遇真宫西宫、东宫及外围相关设施的工作计划，先期集中力量重点发掘西宫，为尽快制定遇真宫文物保护方案提供考古依据。

2005年12月至2006年3月，遇真宫遗址考古工作队对遇真宫西宫进行考古发掘清理和重点解剖，比较完整地揭示出西宫的建筑遗迹概貌。发掘显示，西宫建筑基址布局结构清晰，保存状况比较理想。有鉴于此，国家文物局、湖北省文物局组织相关专家对遇真宫保护的三种方案（围堰、垫高、搬迁）进行多次比选论证。2010年2月，国家文物局正式批准采取原地垫高方案保护遇真宫（文物保函〔2010〕86号）。

2010年4月至2011年1月，遇真宫遗址考古工作队对遇真宫东宫进行全面发掘，并清理解剖遇真宫中宫和宫外相关附属设施，获取了比较完整的遇真宫遗址的原始资料，为科学制定原地垫高保护工程设计方案提供了有力支撑。

二、工作经过

（一）田野发掘

2005年12月至2006年3月，遇真宫遗址考古工作队第一次发掘西宫，发掘采取整体揭露、重点解剖、重点勘探相结合的方式进行。西宫南北长134米，东西宽80米，其北、西、南三面被宫墙环绕，东墙被毁，仅存西宫门。发掘初期采用正向布方法进行发掘，共布20米×20米探方11个，探方编号为T1～T11，发掘面积4400平方米。发掘显示，西宫的建筑遗迹规模宏大、保存较好，且其上的废弃堆积简单。有鉴于此，为全面揭示西宫的基本建筑格局，后期发掘采用整体扩方的方式进行，全面清理原建筑遗迹界面上的废弃堆积。考虑到发掘可能影响宫墙的安全，除靠近宫墙的部分区域未发掘外，对西宫进行了整体揭露，发掘区域南北长约126米，东西宽约76米，发掘面积达9500余平方米，比较完整地揭露出西宫的建筑遗迹，出土了一批珍贵文物，基本明确了西宫建筑的布局和特点。同时，对遇真宫遗址西宫外的神道、排水渠等设施进行了勘探、重点解剖。在此次发掘过程中，首次尝试运用三维激光扫描仪对遇真宫西宫遗址进行部分扫描测图，获取了比较完整的数字化信息。

2006年8月至2006年12月，为进一步了解西宫建筑遗迹的结构和层位关系，在整理西宫出土文物的同时，对西宫的建筑遗迹进行了整体解剖，共布解剖探沟12条。此次解剖新发现部分建筑遗迹，同时明确了西宫原建筑遗迹界面下的地层堆积状况，其中北部堆积由早期文化堆积层（东周时期）和黄色自然黏土层构成，南部堆积由含有大量水锈的河沙淤积层及含有草根的灰色河滩阶地构成。

2010年4月至2010年11月，遇真宫遗址考古工作队开始发掘东宫。在参考遇真宫西宫考古发掘经验后，先布设十字形探沟进行解剖，以便了解遗址的堆积状况，再按顺序法将整个东宫分为Ⅰ～Ⅳ四个大型探方进行考古发掘。原计划全面揭露原建筑遗迹界面上的地层堆积，后因地下渗水和安全等情况，靠近宫墙区域未进行全面发掘（图版一一，2）。此次发掘揭露出东宫内大量建筑基址，出土了一批珍贵文物，明确了东宫整体建筑布局。

2010年12月至2011年1月，遇真宫遗址考古工作队对中宫以及宫外进行解剖与勘探。中宫前院山门及东西两宫宫门保存较好，院内地表满铺水泥。中宫主院内龙虎殿、东西回廊、东西配殿及东西偏房保存较好，参照主院结构对前院进行解剖，了解其整体建筑布局后未进行全面发掘；中宫建筑群测绘由清华大学建筑学院进行，在征得朱宇华先生同意后，中宫部分资料采用《湖北武当山遇真宫保护工程勘察报告》内容。同时，结合文献资料，对宫外相关区域进行重点调查和小型探沟解剖，发现宫外存在排水沟、神道、水井、桥梁等明清建筑遗迹。

先后参加遇真宫考古发掘的有：湖北省文物考古研究所孟华平、朱俊英、冯少龙、余乐、刘跃、吴晓、谢辉、康予虎、陶洋、宋博，十堰市博物馆祝恒富，武当山文管所赵本新，武当博物馆韩继斌、熊红伟、汪文政、王齐煜、王传海、刘峰、闵超、魏睿，荆州博物馆丁家元，荆门市博物馆周伟，随州市博物馆项章、王新柱、陈秋红、后加升，孝感市博物馆汪艳明、陈明芳，天门市博物馆胡平乐，丹江口市博物馆龚红欣，郧阳博物馆周士本，宜城市博物馆易泽林，谷城县博物馆李广安，枣阳市文物考古队姜波，云梦县博物馆郝军宏，荆州市技工肖友红等。

（二）资料整理与报告编写

遇真宫西宫的基础资料整理工作与西宫建筑遗迹的整体解剖同步进行，至2006年12月全部结束。资料整理的基本步骤是：按照发掘区域各探方、探沟的最小文化堆积单位从早到晚对出土遗物进行拼对、修复、统计；进一步核对、完善各探方、探沟的地层和遗迹等单位的基础资料，校正发掘过程中出现的一些失误；对遗物标本进行文字记录、绘图、拓片、照相；并对遗迹和遗物标本资料进行电子文本录入，查找翻阅有关武当山及遇真宫的资料。

遇真宫东宫、中宫及宫外基础资料的整理工作于2011年4月开始，2012年8月结束。资料整理的基本步骤同上，并对西宫的发掘资料进行再次核对与校正。

资料整理由孟华平、康予虎、陶洋及韩继斌、熊红伟完成；器物修复由谭娇娥、杨红、高隽、田志明、张艳芳完成；描图由陈秋红、曾令斌、周士本、孟军涛、韩珩等人完成；器物照相由余乐完成；碑文释读由蔡丹、王太值、卢亚妮完成；排版工作由符德明完成。

在基础资料整理工作完成的基础上，由孟华平、康予虎、谢辉、陶洋等具体负责本报告的编写工作。报告编写以尽可能全面系统地介绍遗存，客观地反映遗址的堆积与文化特征为目的，同时进行适当的分析和总结。2008年10月，孟华平、康予虎、谢辉完成西宫部分。2012年12月，孟华平、康予虎、陶洋完成东宫部分。2013年8月，孟华平、康予虎完成遇真宫遗址整体报告的编写工作。报告编写完成后，在听取各方面专家意见的基础上，孟华平对报告进行统一修改，于2014年12月定稿。

需要说明的是，本报告的编写顺序按照考古发掘时间的先后进行编排，依次为西宫、东宫、中宫及宫外。文物标本的编号均省略单位号前的发掘年号与遗址编号，仅加以遗址位置编号，并以最小的考古单位为基础依次编号，如西T1③：1表示西宫1号探方第3层的第1号标本，H3①：3表示3号灰坑第1层的第3号标本，H2：3-1表示2号灰坑第3号第1件标本，采：1表示采集的第1号标本，余类推。灰坑、房址、排水渠、灶、水井、探方、探沟分别以H、F、G、Z、J、T、TG表示。遗迹单位因尺寸较大，统一以米为度量单位，小数点后保留两位。其尺寸表示方法用连续乘号表示，如1.96米×0.18米×0.27米表示该遗迹尺寸长1.96米，宽0.18米，高（深）0.27米。遗物则统一以厘米为度量单位，其尺寸表示方法同遗迹单位。以往发表的有关资料如与本报告有出入，均以本报告为准。

第二章　西　宫

遇真宫西宫南北长134、东西宽80米（墙体间距皆为内皮间距，下同），面积10720平方米，其北、西、南三面被宫墙环绕，东侧宫墙已毁，仅存宫门。发掘前宫内地表平坦，北部略高于南部。地面长满树木和杂草，残留一些现代房基和水泥，北部正中靠近宫墙处有一口仍在使用的水井（彩版二）。

发掘初期采用正向布方法，共布20米×20米探方11个，探方编号为T1～T11，发掘面积4400平方米。发掘显示，西宫的建筑遗迹规模宏大、保存较好，且其上的地层堆积简单。有鉴于此，后期发掘采用整体扩方的方式，全面清理原建筑遗迹界面上的地层堆积，整体揭露西宫的建筑遗存，明确其建筑格局。考虑到全面揭露可能影响到宫墙的安全，对靠近宫墙的部分区域未进行发掘，发掘区域南北长约126、东西宽约76米，发掘面积9500余平方米（图四）。

第一节　地层堆积

遇真宫遗址西宫的地层堆积共分5层，原建筑遗迹界面上多属近现代扰乱堆积（如第1层、第2层等 ）和建筑遗迹废弃堆积（如第3层），原建筑遗迹界面下则为东周时期的堆积与自然堆积层（如第4层、第5A层、第5B层），地层堆积分布不均匀；建筑基址下原始地貌呈现北高南低、东高西低的特点，南北高程相差2米以上，东西高程相差1.4米以上，而相差的高度都是通过人工垫土来统一建筑的水平高度。以西宫正中的南北向解剖探沟东壁剖面为例（图五、图六；图版一，1、2）。

第1层：灰褐色土。厚0～0.96米。夹杂大量现代砖瓦块、早期砖瓦块以及现代房屋的地基。分布在整个西宫内。F8开口在此层下。

第2层：黄褐色黏土。厚0～1.02米，距地表深0.05～1.07米。土质疏松，含沙量大，夹杂少量砖块、瓦块和白灰渣。分布在西宫大部。F2开口在此层下。

第3层：灰色土。厚0～0.75米，距地表深0.35～1.1米。土质较疏松，夹杂较多砖块、建筑构件、白灰渣、青花瓷片等。主要分布在西宫北部和中部建筑遗迹的周围，属建筑遗迹废弃后形成的堆积。建筑基址院一、院二、院三、院四、院五、院六、院七、院八、院九、F1、F3、F4、F5、F6、F7、F9、F10、F11、F12和F14等开口在此层下。

第4层：灰色淤积土和黑灰色淤泥土。厚0～0.44米，距地表深0. 91～1.35米。土质紧密、细腻，含石灰颗粒和细沙粒。主要分布在西宫中部、南部，属于河滩淤积层。院一、院六、院七、F1、F2、F3、F4、F5、F6等叠压其上。

第5A层：黄褐色土。厚0～0.97米，距地表深0.68～1.65米。土质结构坚硬，含山石石粒，

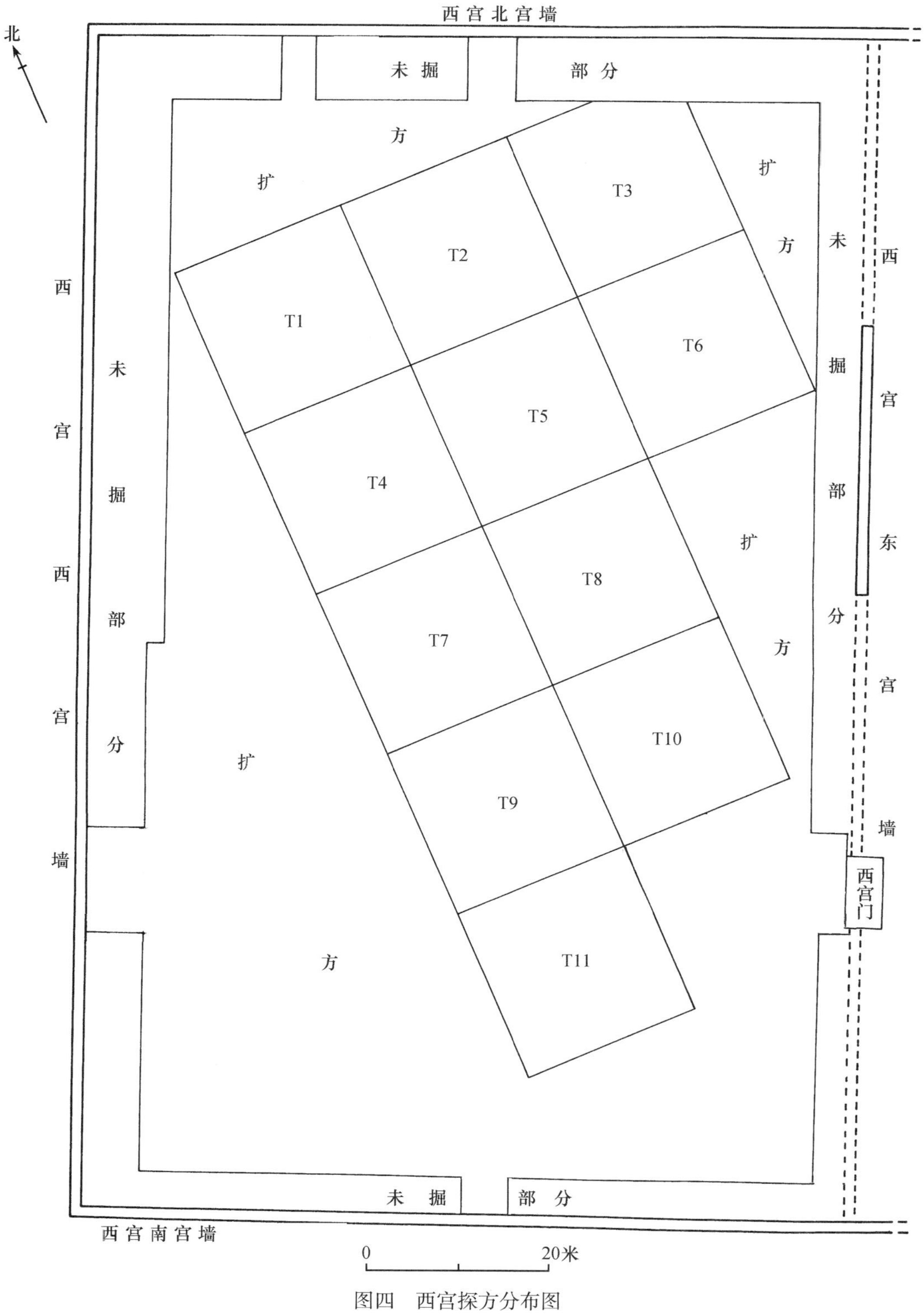

图四　西宫探方分布图

内有水流侵刷的痕迹。分布在院一之北。院三、院四、F4、F5、F6、F8、F9等叠压其上。

第5B层：灰褐色土。未发掘到底，其厚度不明。土质结构紧密，夹杂东周遗物，存在水流侵刷的痕迹。分布在院一的北部。F9、F10等叠压其上。

整体而言，遇真宫遗址西宫原建筑遗迹界面上的地层堆积（第1层、第2层、第3层）扰乱严重，而原建筑遗迹界面下的地层堆积（第4层、第5A层）有过不同程度的人工处理。从遇真宫遗址西宫的整体建筑方式来看，北部、东部的建筑遗迹如F7、F11、F12、院二等都直接建造在经过平整后的第5A、5B层上。而南部、西部的建筑遗迹如F1、F2、F3、F5、院一等则修建在第4层上，需要通过人工垫土层来抬高建筑基址水平高度和加强地基。

第二节　建筑遗迹

遇真宫遗址西宫内揭露出建筑遗迹较多，包括房址13座、院址9处、门6座、灶1口、影壁4处、水井1口及相应的道路系统和排水设施及宫墙等（图七）。

一、房　址

西宫内共清理房址13座，编号为F1、F2、F3、F4、F5、F6、F7、F8、F9、F10、F11、F12、F14，分述如下。

（一）F1

F1位于西宫东南部，正对西宫门。台基南北两端设抄手廊，通过廊道与F2、F3相连接，并与F4一起组成院一。廊道前檐与院墙相衔接，与西宫门及宫墙围砌成院六（图八；彩版三，1）。

F1坐西朝东，方向115°（以建筑前檐台阶方向为标准，下同）。开口于第3层下，距地表深0.45～0.95米。台基平面呈长方形，长15.05、宽8.55米（长宽不计抄手廊尺寸，下同），长宽比为1.76：1，残高0.36～0.62米，面积128.67平方米（图版二，1）。

台基为用青条石错缝顺砌包边而成的方正石台明，四角处未制作埋头角柱；其中台基阶条石已不存，陡板石现存2层，均存在不同程度的损伤，土衬石保存相对较好。陡板石和土衬石石材长1.1～2.5、宽0.5～0.7米（背里部分宽度不等），其中陡板石石材厚0.28～0.32米，土衬石石材露明0.18～0.22米。石材表面打有糙道，之间缝隙极细，非常平整，不见白灰，似用油灰锁口，内用生石灰灌浆，所用石材皆为青灰色砂岩。

台基内仅见台基垫土及垫土内残存的磉墩，北山面处残存有三个磉墩，东西向并排铺制。经解剖发现每个磉墩由三层灰砖错缝浆砌而成，之间用砖渣、石块混以白灰相衔接，残长0.8～0.9、残宽0.45～1、残高0～0.6米。磉墩之间掐砌拦土，拦土用灰砖一丁一顺砌，残断。灰砖尺寸为0.43米×0.19米×0.12米，磉墩与拦土皆在垫土上挖基槽而建，垫土与磉墩、拦土之间以白灰黏合，灰浆饱满，灰缝细小。

F1台明前后檐各设有一石制台阶，分别通往院六、院一。前檐台阶通长5.52、通宽1.42、残高0.58米。踏跺由青条石错缝铺成，每级长4.35、宽0.35～0.4、高0.15～0.2米。踏跺现仅存

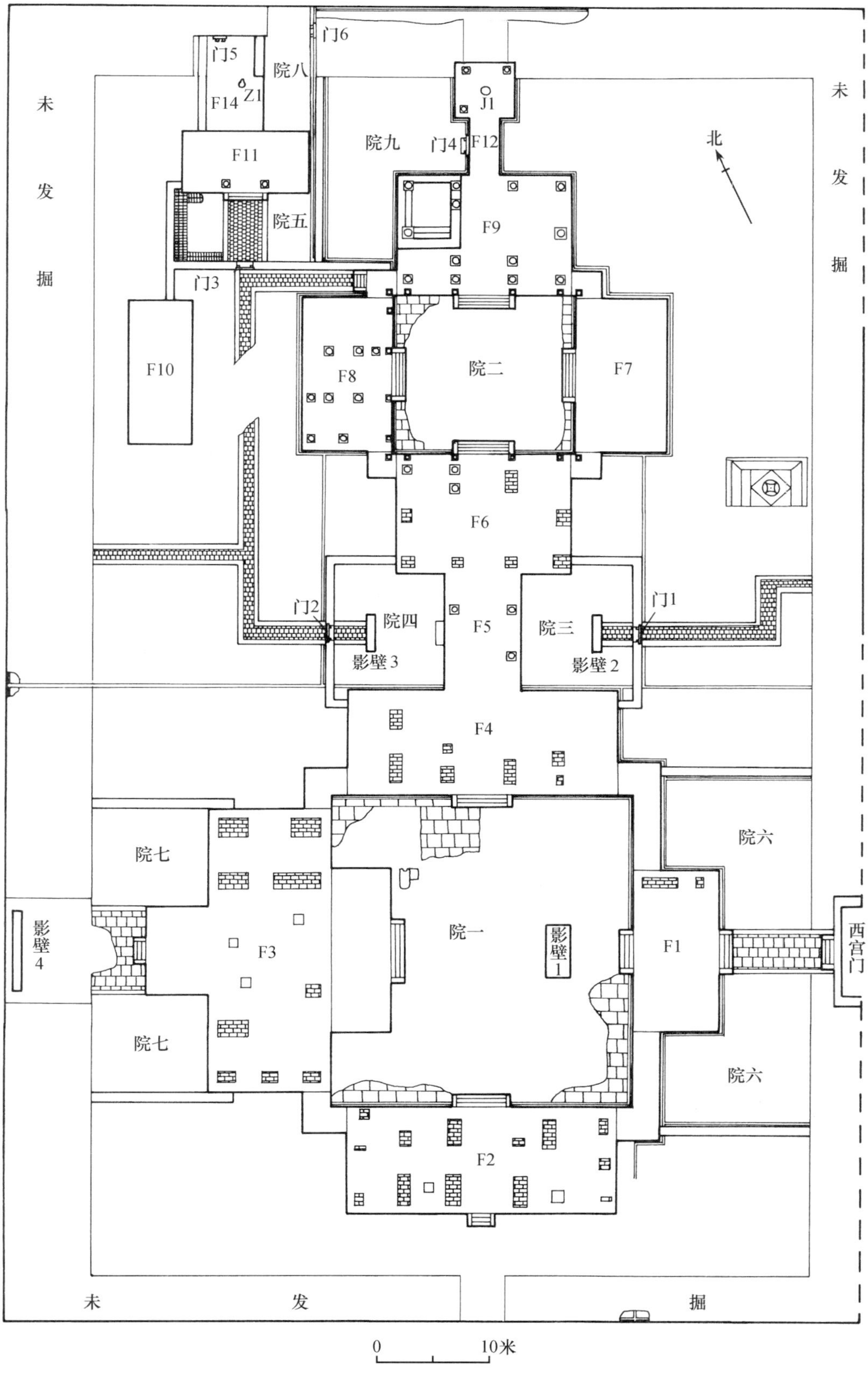

图七 西宫建筑基址平面示意图

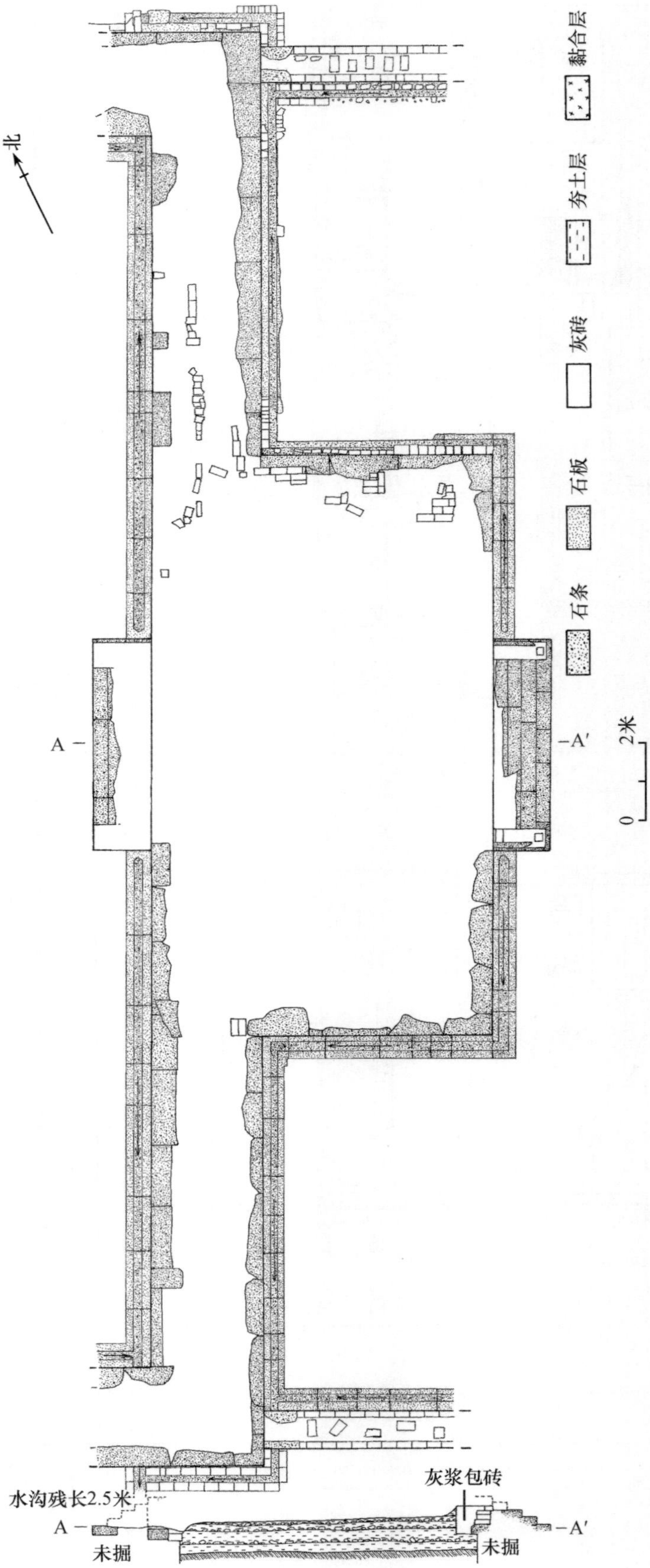

图八　西宫F1平、剖面图

三级（阶），三级以上铺设的青条石遗失，露出石条背后踏跺胆（背后砖）。踏跺胆由残砖混以白灰浆砌至台明处。台阶垂带石遗失。象眼为石制，镶嵌于燕窝石上，破损严重，南象眼底边残长0.75、残高0.35米，北象眼底边残长1米，残高0.33米。垂带窝修建于燕窝石上，南垂带窝尺寸为0.2米×0.2米×0.08米，北垂带窝尺寸为0.2米×0.18米×0.07米。燕窝石金边为0.08米，平头土衬石外露金边为0.05米，露明0.16米。

F1后檐院一内台阶仅存底部燕窝石和平头土衬石边廓，可知台阶通长5.52、通宽1.42、残高0.25米。燕窝石踏跺部分残长4.01、宽0.35、厚0.2米。

F1南北各有一呈“L”形的廊道，连接F2和F4。廊道台基包边的青条石砌建方法同F1。廊内铺设垫土同F1台基内垫土，垫土高度与F1台基内垫土现存平均高度相等。其中连接F4廊道垫土内发现灰砖铺制残损严重、形制不存的磉墩及拦土。灰砖尺寸同室内磉墩、拦土灰砖尺寸。

连接F2的廊道靠近F1处前后檐分别长10.95、8.45米，宽2.7米，靠近F4处前后檐分别长10.95、8.45米，宽2.68米（抄手廊前后檐尺寸分别以其转角处为界，下同）。

院六南、北院墙西端分别在距F1南北两抄手廊前檐转角0.4米处衔接。

F1台明前后檐及抄手廊处分别设有排水沟，其中前檐水沟沿F1台明及廊道外侧0.19～0.21米处修建。水沟为青条石凿刻而成，青条石石材长0.65～1.6、宽0.58～0.64、槽口宽0.19～24米，石条沟槽两侧台面较规整，等宽。水沟断面呈“⌣”形，沟平面大体水平，只是槽开凿深浅不一。以F1前檐台阶为界，将水沟分为南北两部分。

台阶以北的水沟由南至北渐深0.06～0.12米，与院六北院墙内侧排水沟交汇并经院墙下暗沟排至院六外，从院一内向外延伸的暗沟在F4靠近F1回廊后檐处交汇，向北延伸经F4东山面外排水沟（G2第三部分）至主排水沟G1。水沟部分损毁，由残损灰砖修补与垫高。其中院六北院墙下暗沟盖板为青条石制成，与现存院墙等高，盖板尺寸为0.88米×0.96米×0.23米，盖板正中为排水沟口，高出沟面0.12米，与暗沟槽口等宽，沟门呈“⌒”形。

台阶以南水沟材料、工艺及形制与台阶以北相同，由北至南渐深0.05～0.14米，与院六南院墙内侧排水沟交汇，经院墙下的暗沟排至院六外，并与院一内向外延伸的暗沟在F2靠近F1抄手廊后檐处交汇后，向南延伸后残断（G2第四部分），水沟直至南宫墙环宫墙排水沟。现存水沟为灰砖砌筑，砖长0.33～0.4、宽0.18、厚0.1米，沟面宽0.8米，槽口与槽底等宽，皆为0.3米，由北至南深0.22～0.3米，沟面盖有尺寸为0.54米×0.5米×0.1米的方砖与不规则的石板。经解剖，沟断面呈“凵”形。院六南院墙内暗沟盖板形制与尺寸与北院墙下的暗沟盖板相同。

F1后檐排水沟的材料、工艺及形制与F1前檐相同，并也以台阶为界，将水沟分为南北两部分。

台阶以北水沟由南至北渐深0.03～0.1米，与F4的排水沟交汇于F1与F4之间的廊道转角处，通过廊道下暗沟排出院一外，汇入G2第三部分。其中暗沟可见部分为用三块青条石一下两上铺设而成，水沟断面呈“凵”形，槽体上下等宽，皆宽0.3、深0.18米。上叠压有沟盖板，盖板由下层陡板石制成。长1.96米，宽不详，高出沟面0.4米。盖板上凿有高0.26米、与暗沟槽口等宽、呈“⌒”形的沟门，并与暗沟槽面相扣合。院外侧暗沟盖板与内侧的大小、形制相同。

台阶以南水沟材料、工艺及形制与台阶以北相同，水沟由北至南渐深0.03～0.09米，与F2的排水沟交汇于F1与F2间廊道转角处，通过廊道下的暗沟排出院一外，汇入G2第四部分。

其中暗沟可见部分同F1、F2水沟制法相同，为青条石凿制而成，沟断面呈“⌣”形，槽口宽0.3、深0.14米。水沟上叠压有盖板，盖板由下层陡板石制成，长1.9米，宽不详，高出沟面0.38米。盖板上凿有高0.26米、与暗沟槽口等宽、呈“⌒”形的沟门，并与暗沟槽面相扣合。院外侧暗沟盖板同内侧的大小、形制相同（图版二，2）。

解剖显示，F1台明土衬石和陡板石在人工垫土层上挖基槽后直立包边而成，土衬石地下埋头厚0.03～0.07米，表面未经过处理，外表粗糙。台基内铺设的垫土，为一层黄褐色内夹杂有少量白灰颗粒的夯土层与一层碎砖、鹅卵石平铺交替铺垫而成（为表述方便，将夯土层和碎砖、卵石层统一合并为一层，下同）。因垫土遭到破坏，目前仅存3～4层，每层垫土厚0.05～0.35米，内夹杂的碎砖、鹅卵石层厚0.05～0.1米。基址内垫土打破第4层。

（二）F2

位于西宫南部，与F4南北对称。台基东西两端设有抄手廊，分别通过抄手廊与F1、F3相连接，并与F4一起组成院一（图九）。

F2坐南朝北，方向25°。开口于第2层下，距地表深0.6～1米。台基平面呈长方形，长26.55、宽10.65米，长宽比为2.49：1，残高0.29～0.7米，面积约282.75平方米。

台基为青条石错缝顺砌包边而成的方正石台明，四角处未制作埋头角柱；其中台基的阶条石已不存，陡板石现存两层，均有不同程度损伤。陡板石和土衬石石材长0.9～3、宽0.35～0.65米，其中陡板石石材厚0.28～0.32米，土衬石石材露明0.19～0.21米。台明露明部分石材的样式、形制、砌筑方式、锁口、灌浆、背里部分做法以及质地皆同F1（彩版三，2）。

台基内可见室内垫土及垫土内的磉墩，磉墩现存11个，灰砖制成，南北并排布列，两两对应。形制为连二磉墩，之间拦土已毁坏殆尽。磉墩在垫土上挖基槽铺设，与垫土之间以白灰黏合，磉墩残长0.45～3.45、残宽0.9～1.55、残高0.13米，部分不规整。南北最短间距为2.75米（以现存磉墩之间包边灰砖处测量，下同），东西间距由西向东依次为3.35、3.5、3.6、3.05、3.55米。磉墩现仅存底层灰砖，错缝平铺浆砌而成，缝隙间用砖渣、石块混以白灰相粘接。灰砖尺寸为0.45米×0.2米×0.12米。

根据室内现存磉墩分布情况推测F2平面布局为面阔五间，进深三间，明间面阔（以磉墩正中测量，下同）约5.2米，西次间面阔约4.98米，西梢间面阔约4.5米，东次间面阔约4.4米，东梢间面阔约5.5米，通进深约7.8米。

F2台明明间前后檐各设有一石制台阶，其中前檐台阶通往院一。台阶通长5.85、通宽1.42、残高0.33米。踏跺由青条石错缝铺成，每级长4.95、宽0.33、高0.15～0.18米。踏跺现存两级，两级以上铺设的青石条遗失，露出石条背后踏跺胆，踏跺胆由杂砖混以白灰浆砌至台明。台阶垂带损毁，象眼石镶嵌于土衬石之上，破损严重。东象眼底边残长0.96、残高0.38米，西象眼底边残长0.94、残高0.33米。燕窝石金边与平头土衬石金边各为0.1米，平头土衬露明0.18米。

后檐台阶通长2.92、通宽1.42、残高0.4米。踏跺由青条石错缝铺成，保存较好。每级长1.75、宽0.3～0.35、高0.15～0.18米。现存三级，三级以上铺设的青石条遗失，露出石条背后踏

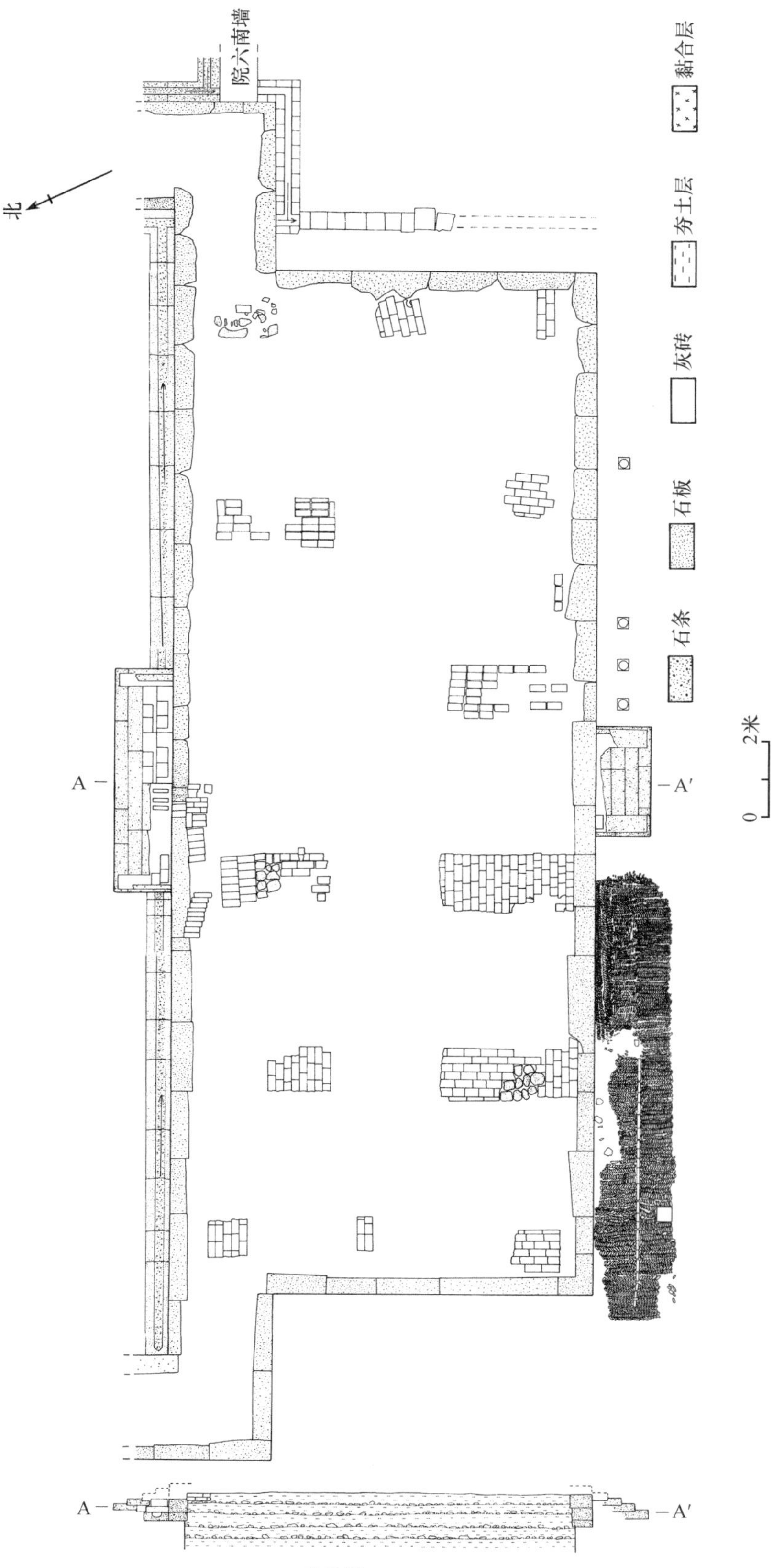

图九 西宫F2平、剖面图

踩胆，踏踩胆由杂砖混以白灰浆砌至台明。垂带和象眼遭到一定破坏，其中东垂带残长0.95、宽0.45、厚0.17米，西垂带残长1.11、宽0.45、厚0.17米。象眼石镶嵌于土衬石与垂带石之间，上头略损，底边长1.05、残高0.3～0.38米。燕窝石金边为0.08米，平头土衬石金边为0.1米。平头土衬露明0.16米。

F2东西两端各有一抄手廊，用来连接F1、F3。廊道台基包边的青条石砌建方法同F2。廊内铺设垫土同F2台基内垫土，垫土高度与F2台基内垫土现存平均高度相等。连接F1的抄手廊靠近F2处前后檐分别长2.8、4.35米，宽2.6米，连接F3的抄手廊靠近F3处前后檐分别长2.65、4.35米，宽2.6米。

F2前檐和院一共用一条由青条石凿成的水沟，沿F2台明及抄手廊前檐0.19～0.23米处修建。铺设水沟的青条石石材长0.4～2.4、宽0.58～0.6米。石条沟槽两侧台面较规整，等宽，断面呈“◡”形。沟平面大体水平，槽口宽0.17～0.2米，由西至东渐深0.04～0.12米，经F2台阶下的暗沟穿过，在连接F1和F2之间的抄手廊转角处与F1排水沟相交汇，经抄手廊内暗沟排出院一。台阶土衬石处建有同暗沟槽口等宽、呈“⌒”形的沟门，与暗沟槽面相扣合。

在F2台基后檐处未发现排水沟，但沿后檐台阶西侧0.55米处分布有鹅卵石和瓦片竖立铺成的人形和席纹散水，由于破坏严重，分布不均，长11.6、宽1.3～1.95米。在台阶东侧现存4个青石柱础，直接铺放在地表上。柱础呈东西向线性排列，北距F2台明边0.55米，西端第一个柱础（柱心量起）距台阶6米，第一柱心与第二、第三、第四柱心之间间距分别为1、2.1、6.25米。柱础均为正方形青石制成的圆鼓镜柱础，柱盘尺寸为0.3米×0.3米×0.12米，镜面直径0.2米，鼓径0.25米，上皮比柱盘高0.06米。

解剖显示，F2台明土衬石和陡板石在人工垫土层上挖基槽后直立包边而成，土衬石地下埋头厚0.05～0.08米，表面未经过处理，比较粗糙。台基内垫土与F1室内垫土相同，为一层夯土和一层碎砖、鹅卵石交替铺垫而成。因地下水位较高未解剖完，可见的4层垫土做法与F1内一样，每层厚0.2～0.4米，内夹杂的碎砖、鹅卵石骨料厚0.05～0.15米。

（三）F3

位于西宫西南部，设有前后两月台。台基南北两端设有抄手廊，分别通过抄手廊与F2、F4相连接，并与F1一起组成院一；台基南北两山面分别与院墙相衔接，与西宫墙围砌成院七（图一〇；彩版四，1、2）。

F3坐西朝东，方向115°。开口于第3层下，距地表深0.8～1.6米。台基平面呈长方形，长28.6、宽12.25米，长宽比为2.33∶1，残高0.2～0.65米，面积350.35平方米。

台基为用青条石错缝顺砌包边而成的方正石台明，四角处未制作埋头角柱；台基的阶条石已不存，陡板石现存两层，均有不同程度损伤。陡板石和土衬石石材长0.5～2.7、宽0.25～0.65米，其中陡板石石材厚0.27～0.32米，土衬石石材露明0.17～0.21米。台明露明部分石材的样式、形制、砌筑方式、锁口、灌浆、背里部分做法以及质地皆同F1。

台基可见室内垫土及垫土内的磉墩，磉墩现存9个，多残损，之间拦土已毁坏殆尽。其中南端两列磉墩南北间距约为3.5米，檐柱和金柱磉墩与山柱磉墩间距为2.5～2.6米；北端两列磉

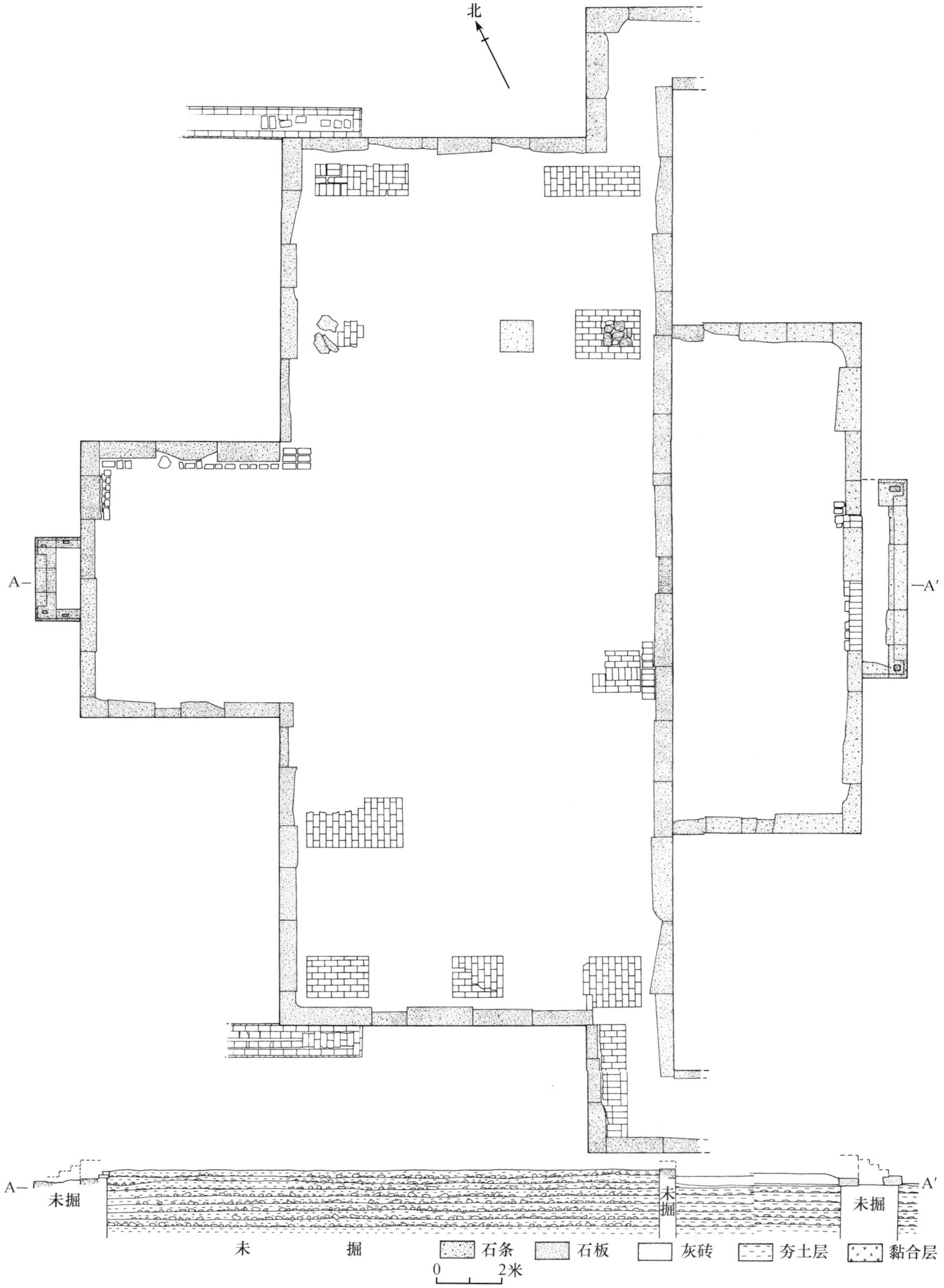

图一〇　西宫F3平、剖面图

墩南北间距为3.65米，前后檐柱间距为4.25米。磉墩在垫土上挖基槽修建，之间以白灰黏合。现存磉墩残长1.55～3、残宽0.9～1.55、残高0.13米。形制分为连二磉墩与单磉墩两类，其中北端檐柱和金柱磉墩为连二磉墩，南端檐柱、金柱和山柱磉墩皆为单磉墩。磉墩皆为灰砖错缝浆砌而成，之间用砖渣、石块混以白灰相黏结。灰砖尺寸为0.45米×0.2米×0.12米。由北向南数第二个磉墩附近有一个长方形石制基座，尺寸为1.25米×1.25米×0.35米，疑为晚期房屋维修、改建而成的柱础基座（图版三，1）。

根据室内磉墩的分布推测F3的平面布局为面阔五间，进深三间，通面阔约为25.8米，明间面阔约为6.4米，北梢间面阔约为4.85米，南次间与梢间面阔约为4.85米，单间进深约8.7米。

院七南、北院墙东端分别紧贴F3台明两山处建造，并均沿台明向前延伸2.5米。

F3在台明前后檐中部分别设有形状、大小不同的前后两个月台。

F3前月台位于F3前檐正中，台基为青条石包砌，做法、形制同F3。台基阶条石损毁，陡板石和土衬石皆有不同程度损毁。月台南北长16.45、东西宽5.65、残高0.21米，比F3现存台基低0.25～0.3米。月台后檐进入F3主殿建筑台基包边石条处发现有连接台阶的卯口，台阶现损毁，尺寸、形制不详。前檐台基包边石条接连台阶处存有部分残缺灰砖。台阶仅存底部燕窝石和平头土衬石边廓，可知台阶通长6.45、通宽1.42、残高0.22米。燕窝石踏跺部分尺寸为5.34米×0.38米×0.22米。垂带窝建于燕窝石上，南垂带窝尺寸为0.2米×0.2米×0.1米，北垂带窝尺寸为0.3米×0.15米×0.1米。燕窝石金边与平头土衬金边各为0.1米，平头土衬露明0.22米。F3前月台经解剖后发现表面为一层夯筑过的浅灰黄色沙黏土，厚0.2～0.3米，其下为一层厚0.02～0.1米的白灰层，白灰层同院一内的青石墁地处在同一水平高度，白灰层下垫土做法与F3室内垫土相同。

F3后月台位于F3台基后檐正中，台基为青条石包砌，做法、形制同F3。月台南北长8.9、东西宽6.2米，与F3等高。台明正中设有石制台阶通往院七，台阶仅存底部燕窝石和平头土衬石边廓，可知台阶通长2.75、通宽1.42、残高0.2米。燕窝石踏跺部分尺寸为1.24米×0.35米×0.2米。垂带窝建于燕窝石上，台阶南侧垂带窝尺寸为0.15米×0.1米×0.08米，北侧为0.15米×0.1米×0.08米。燕窝石金边宽0.05米，平头土衬金边宽为0.08米，平头土衬露明0.2米。

台阶下有一条青石与方砖混合铺设而成的甬路通往影壁4（详见院七）。

F3南北两端各设有一抄手廊，用来连接F2、F4。廊道台基包边的青条石砌建方法同F3。廊内铺设垫土同F3台基内垫土，垫土高度与F3台基内现存平均高度相等。连接F2的廊道垫土内尚存有一连二磉墩，磉墩形制、做法及灰砖尺寸与F3室内磉墩相同。

连接F2的抄手廊靠近F3处，前后檐分别长2.65、4.15米，宽2.6米。连接F4的抄手廊靠近F3处，前后檐分别长2.65、4.15米，宽2.6米。

在F3台明四周及前后月台处未发现任何形制排水沟。

解剖显示，F3台基包边土衬石和陡板石在人工垫土层上挖基槽后直立包边而成。土衬石地表下埋头深0.04～0.08米，表面未经处理，比较粗糙。F3主体建筑及前后月台的原始地面地势非常低，台基通过一层夯土和一层砖瓦、鹅卵石交替铺垫而成的垫土来抬高。垫土与F1、F2室内垫土相同，地下水位较高（仅能解剖到距现存垫土约1.8米深的位置），现存8层，每层厚

0.15～0.3米，内夹杂的砖瓦、鹅卵石厚0.05～0.15米。

F3室内垫土局部由东向西倾斜下沉，倾斜程度达到每层0.05～0.1米（图版三，2）。

（四）F4

F4位于西宫中部，与F2南北对称，与F5台基相连接。台基东西两端设有抄手廊，分别通过抄手廊与F1、F3相连接，并与F2一起组成院一。台基东西两山面分别与院墙相衔接，与F5、F6围砌成院三和院四（图一一）。

F4坐北朝南，方向205°。开口于第3层下，距地表深0.5～0.75米。台基平面呈长方形，长26.55、宽10.75米，长宽比为2.47∶1，残高0.2～0.5米，面积285.41平方米。

台基为青条石错缝顺砌包边而成的方正石台明，四角处未制作埋头角柱；其中台基阶条石已不存，陡板石现存2层，均有不同程度损伤。陡板石和土衬石石材长0.7～3.2、宽0.45～0.95米，陡板石石材厚0.27～0.38米，土衬石石材露明0.17～0.2米。台明露明部分石材的样式、形制、砌筑方式、锁口、灌浆、背里部分做法以及质地皆同F1。

台基内可见室内垫土及垫土内的磉墩，磉墩现存4个，东西向线性排列。磉墩间距由西向东分别为3.75、5.05、3.6米。磉墩在垫土内挖基槽铺设，垫土与磉墩之间以白灰黏合。现存磉墩形制为连二磉墩，多残损，之间拦土已毁坏殆尽。磉墩残长1.55～3、残宽1.1～1.2米。东南角磉墩为不规则石块杂以碎砖制成，推测为晚期建筑改建铺设而成。余皆以灰砖错缝浆砌而成，之间用砖渣、石块混以白灰相衔接。灰砖尺寸为0.42米×0.2米×0.12米。

根据残存磉墩的分布推测F4的平面布局为面阔五间，明间面阔约6.25米，西次间面阔约5.1米，东次间面阔约4.75米，梢间尺寸不详。

其中院三、院四的院墙南端分别在距F4台明东西两山面后檐转角1米处衔接。

F4前檐明间内设有通往院一的石制台阶，台阶破坏严重，仅存燕窝石和平头土衬石边廓。可知台阶通长5.88、通宽1.37、残高0.25米。燕窝石踏跺部分尺寸为4.5米×0.35米×0.2米。垂带窝建于燕窝石上，东垂带窝尺寸为0.3米×0.2米×0.05米，西垂带窝尺寸为0.25米×0.15米×0.05米。燕窝石金边与平头土衬金边均宽0.1米，平头土衬露明0.2米。

F4东西两端各设有一抄手廊，连接F1和F3。廊道台基包边的青条石砌建方法同F4。廊内铺设的垫土高度与F4台基内现存平均高度相等。其中，连接F1的抄手廊靠近F4处前后檐分别长2.7、4.35米，宽2.7米。连接F3的抄手廊靠近F4处，前后檐分别长2.7、4.35米，宽2.7米。

F4台基前檐和院一共用一条由青条石凿成的排水沟，沿F4台明及抄手廊前檐0.19～0.23米处修建，青条石石材长0.65～2.35、宽0.58～0.65米。石条沟槽两侧台面较规整，等宽，断面呈“◡”形。沟平面大体水平，槽口宽0.18～0.22米，由西至东渐深0.03～0.12米。排水沟由西向东经F4台阶下穿过（台阶已毁，可见其槽砌建在台阶土衬石上，深0.07～0.09米），与F1的排水沟交汇于F1与F4之间的抄手廊转角处，经抄手廊内暗沟排向院一外F4东山面处的排水沟（G2第三部分）。

F4东山面外0.2～0.25米处铺有一条石制排水沟，排水沟用长条形石块一下两上砌筑成，沟断面呈“⊔”形，沟口两侧上叠加有长短大小不一的残破灰砖。水沟部分残损，沟面宽

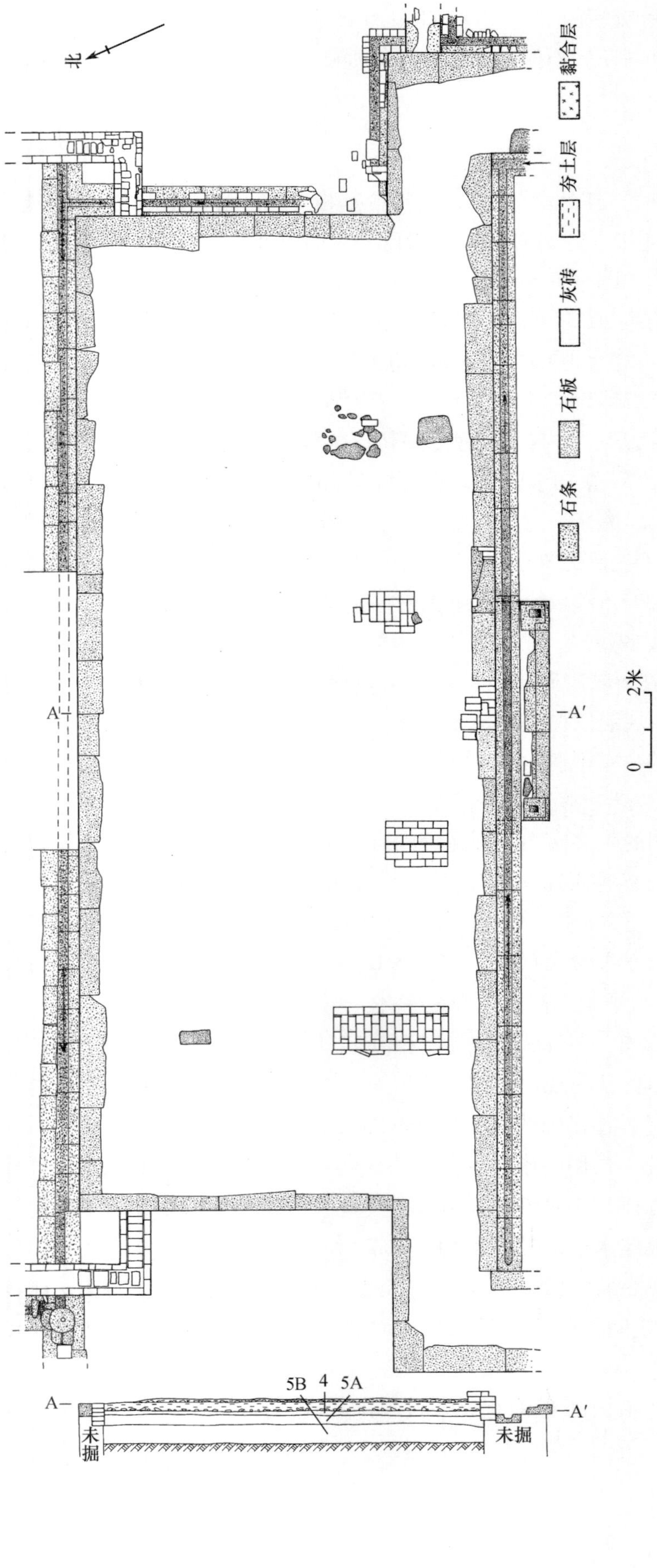

图一一　西宫F4平、剖面图

0.5～0.6米，槽口和槽底等宽0.2～0.3米，水沟由南向北渐深0.14～0.3米，在院三东南角汇入主排水沟G1。

西宫内主排水沟G1由东向西距F4台基后檐0.2～0.3米处修建，排水沟用长条形石块一下两上砌筑成，靠近F4内侧水沟沟面石材较规整，外侧不规整。青条石长0.8～1.5米，沟面宽0.82～1.04米（局部地方槽变形错位）。槽口与槽底等宽0.22～0.33米，断面呈“凹”形，在F5内以暗沟形式穿过（详见G1）。

解剖显示，F4台明包边的土衬石和陡板石在自然堆积垫土第4、第5A层上挖基槽铺制，在人工垫土层上直立包边修建而成。土衬石地表下埋头深0.04～0.1米，表面未经过处理，比较粗糙。台基内垫土与F1～F3室内的垫土做法、形制相同，为一层夯土和一层碎砖、鹅卵石交替铺垫而成，现残存2层。顶层垫土残厚0～0.15米，第二层厚0.18～0.25米，骨料厚0.05～0.1米。垫土打破第4层，下叠压第5A、第5B层，其中第4层厚0.1～0.15米，第5A层厚0.25～0.35米，第5B层发掘厚度为0.4～0.5米，下未掘。

（五）F5

F5位于西宫中部，南北向分别连接F4和F6，东西向则以F5为中轴，对称分布院三和院四（图一二）。

F5南北向，方向为25°（以进入方向为标准）。开口于第3层下，距地表深0.3～0.55米。台基平面呈长方形，长11.85（南部与F4共用台明，北部与F6共用台明）、宽7.5米，长宽比为1.58∶1，整体高0.85米，面积88.87平方米。

台基为青条石错缝顺砌包边而成的方正石台明，四角处未制作埋头角柱；台基的阶条石除西北角保存较好外，余皆损毁。陡板石铺设有两层，有不同程度损伤，土衬石保存较好。阶条石石材长1.2～1.8、宽0.55～0.75、厚0.22～0.25米，陡板石和土衬石石材长0.9～2.45、宽0.3～0.6米，陡板石石材厚0.27～0.3米，土衬石石材露明0.23～0.28米。台明露明部分石材的样式、形制、砌筑方式、锁口、灌浆、背里部分做法以及质地皆同F1。

室内现存大小、形制相同的3个檐柱柱础，均为青石制成的圆鼓镜柱础，柱盘为方形。柱盘尺寸为0.96米×0.96米×0.24米，镜面直径0.7米，鼓径0.8米，上皮比柱盘高0.08米。室内中心部位经十字形解剖，未发现磉墩，推测磉墩为单磉墩。

前檐柱柱础（柱心计算，下同）距F4台基边3.49米，后檐柱础距F6台基边3.65米，两檐柱柱础间距为4.71米，东西间距为5.71米。由柱础分布可知F5的平面布局为面阔一间，进深三间，进深为4.71米，面阔为5.71米。

F5西侧通往院四内台阶破损严重，仅剩台阶轮廓，可知台阶通长2.52、通宽1.4米。北侧垂带石遗失，南侧垂带石被扰动，垂带石长1.25、宽0.44、厚0.22米。象眼、踏跺、垂带窝等不存。

F5东侧台阶不存，与西侧台阶对应的房基陡板石上存留有台阶卯口。

在南部贴近F4台明处垫土下叠压有东西向主排水沟G1，G1上盖有长0.38～0.6、宽0.9～10.5、厚0.08～0.12米的不规则青石盖板，水沟打破第5A和5B层。

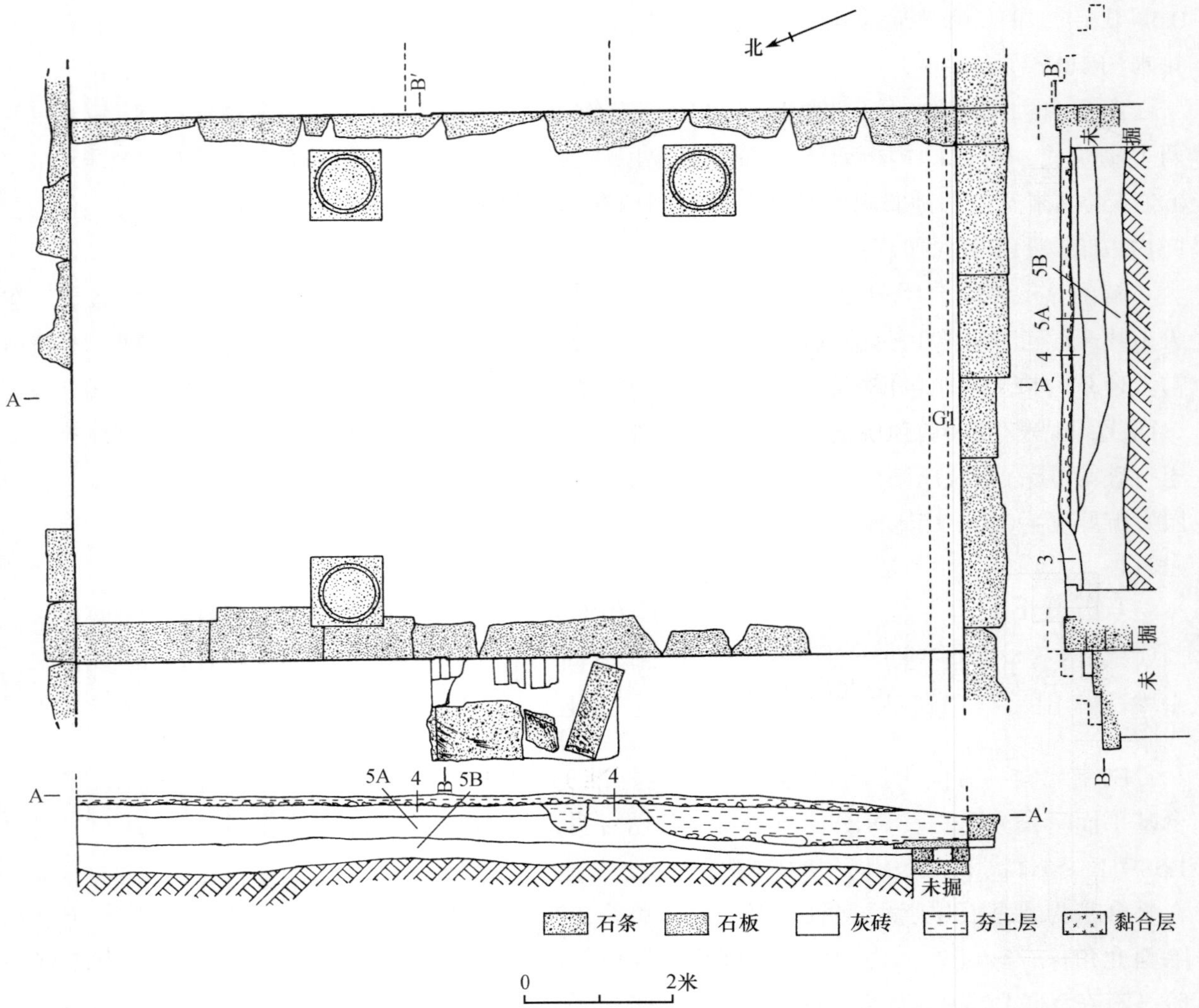

图一二　西宫F5平、剖面图

解剖显示，F5包边的台明石条在自然堆积垫土第4、5A、5B层上挖基槽铺制，在第4、5A、5B层及人工垫土层上直立包边修建而成。土衬石地表下埋头深0.04～0.1米，表面未经过处理，比较粗糙。台基内垫土与F1～F4室内的垫土做法、形制相同，为一层夯土和一层碎砖、鹅卵石交替铺垫而成。现残存2层，顶层垫土残厚0～0.15米，骨料厚0～0.05米；第2层仅在南部铺设，厚0～0.55米，骨料厚0.5～0.15米。垫土打破第4层，下叠压第5A、5B层，其中第4层厚0.1～0.25米，第5A层厚0.1～0.35米，第5B层厚0～0.4米，下为生土。

（六）F6

F6位于西宫中部，与F9南北对称，与F5台基相连接。台基东西两端设有抄手廊，分别通过抄手廊与F7、F8相连接，并与F9一起组成院二。台基东西两山面分别与院墙相衔接，与F4、F5围砌成院三和院四（图一三；图版四，1）。

F6坐南朝北，方向25°。开口于第3层下，距地表深0.3～0.9米。台基平面呈长方形，长

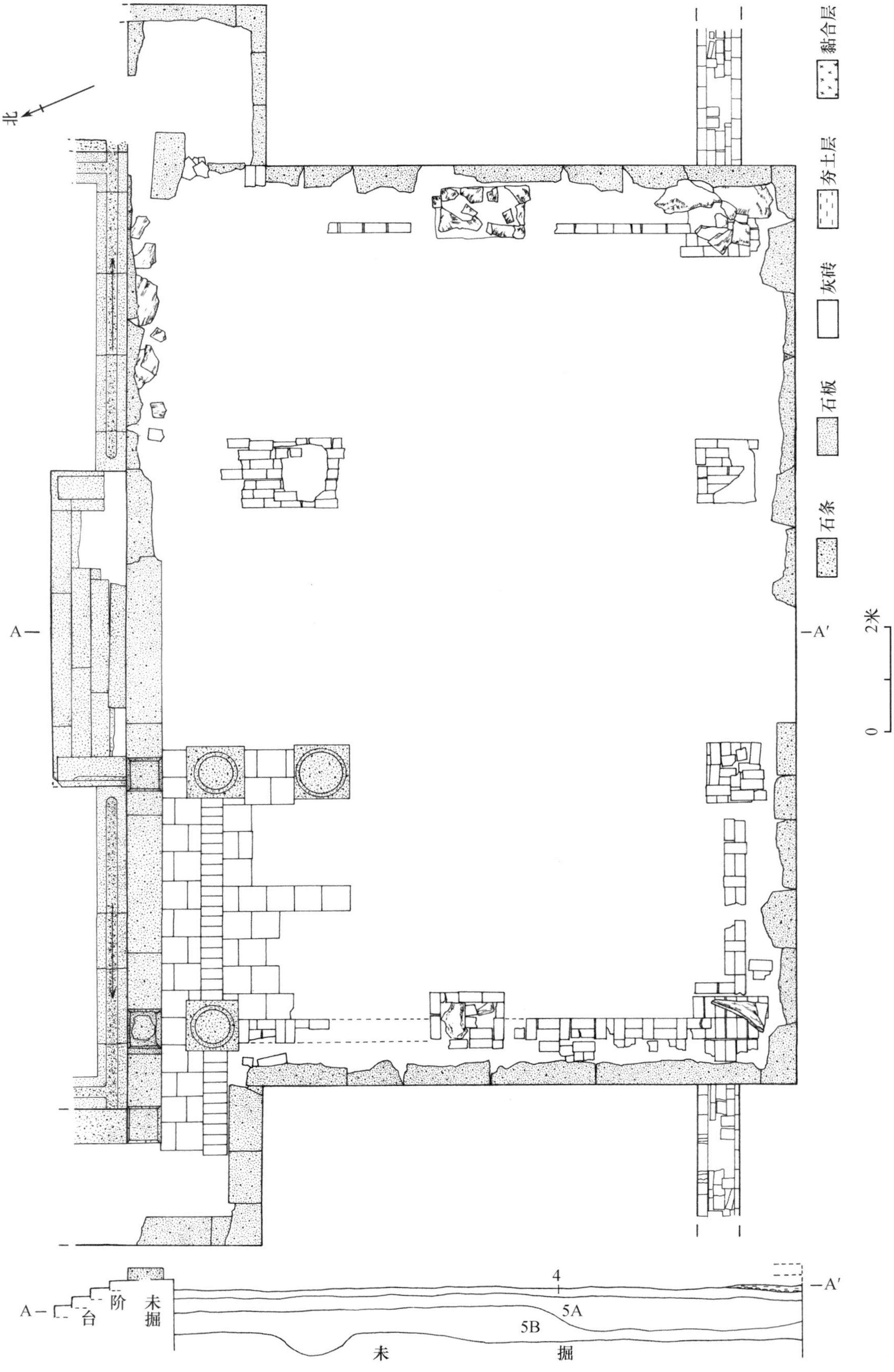

图一三 西宫F6平、剖面图

17.35、宽12.3米，长宽比为1.41∶1，台基高0.84～0.86米，面积213.41平方米。

台基为青条石错缝顺砌包边而成的方正石台明，四角处未制作埋头角柱。阶条石仅前檐尚存少许，石材长1.75～3.15、宽0.65（背里部分齐整）、厚0.17～0.19米。陡板石铺设有两层，有不同程度的损伤，背里宽度不一，石材长0.7～3、宽0.3～0.65、厚0.28～0.31米。土衬石保存较好，石材长0.7～3米，地表露明0.03～0.08米。台明露明部分石材的样式、形制、砌筑方式、锁口、灌浆、背里部分做法及质地皆同F1。

其中院三、院四的院墙北端分别在距F6东西两山面后檐转角1米处衔接。

F6台基西北角尚存部分完整的地墁砖。地墁砖为正方形，铺设方式为方砖十字缝，南北向直铺，东西向错缝顺铺，砖之间缝隙较细。方砖经过打磨，棱角完整平直，素面，表面平整光洁，尺寸统一，0.51米×0.51米×0.09米。方砖与垫土之间有一层含有沙粒、白灰的厚0.05～0.07米的黏合层。

F6基址内尚存5个柱础，其中2个廊柱础、2个檐柱础和1个金柱础。廊柱础在前檐阶条石上琢成，其形制为方鼓镜柱础，柱盘尺寸为0.65米×0.65米，鼓镜面为0.5米×0.5米，其上皮比阶条石高0.1米。檐柱础和金柱础分布在前檐西侧，均为青石制成的圆鼓镜柱础，其中檐柱础柱盘尺寸为0.96米×0.96米×0.25米，镜面直径0.64米，鼓径0.8米，上皮比柱盘高0.08米。金柱础柱盘尺寸为1米×1米×0.3米，镜面直径0.74米，鼓径0.9米，上皮比柱盘高0.12米。

房址内现可见磉墩7个，平面布局规整，其中两山存4个单磉墩，明间可见3个单磉墩。磉墩挖基槽砌建在第5A层内，之间拦土已毁坏殆尽。现残长1.05～2.25、宽0.95～1.35、高0.26米。磉墩现存两层灰砖，灰砖错缝浆砌而成，之间用砖渣、石块混以白灰相衔接。灰砖尺寸为0.45米×0.2米×0.12米。

根据柱础和磉墩的布局推断F6的平面布局为面阔三间，进深三间。明间面阔5.8米，西次间面阔4.75米，东次间面阔约5.2米；通进深约9.6米，前檐下出檐1.65米，廊深1.3米。

F6前檐柱之间坎墙墙基宽0.45米，与地墁砖等高，砌法为单砖丁铺，灰砖尺寸长0.4～0.42、宽0.18～0.2、厚0.12米。山墙与后檐墙铺法为一顺一丁，灰砖尺寸为0.4米×0.18米×0.12米。

F6前檐明间处设一石制台阶伸入院二，含阶条石为五级。台阶通长6.1、通宽1.42、通高0.84米。台阶东半部分损毁，西半部分保存较好。踏跺由青条石错缝铺成，每级长4.95、宽0.35～0.4、厚0.15～0.2米。踏跺东部两级以上青条石部分残损，露出石条背后踏跺胆，踏跺胆由杂砖混以白灰浆砌至台明处；垂带石上端与阶条石相接，下端置于燕窝石上，其倾斜角度约28°。西垂带整体长1.47、宽0.44、厚0.18米。东垂带残长0.85米，宽厚等同西垂带。象眼为石制，近似直角三角形，镶嵌于垂带与平头土衬石之间，其侧立面较垂带内凹0.04米，底边长1.05、直边高0.54米。燕窝石金边宽0.08米，平头土衬石金边宽0.1米，平头土衬露明0.18米。

F6东西两端各设有一抄手廊，连接F7、F8，廊道台基包边的青条石砌建方法同F6。连接F8的抄手廊台基保存较好，室内尚存部分地墁砖和坎墙墙基，地墁砖和坎墙墙基与F6室内铺法、形制相同，在抄手廊台基拐角处还存有一廊柱柱础，形制、尺寸同F6前檐廊柱柱础。连接F8的抄手廊靠近F6处前后檐分别长1.05、3.05米，宽2.55米。连接F7靠近F6处的抄手廊内现仅存室内垫土，较台基室内高度低0.3～0.6米。连接F7的抄手廊靠近F6处前后檐分别长1.05、3.05米，宽2.55米。

F6前檐和院二共用一条青条石水沟，沿F6台明及抄手廊前檐台明0.18～0.2米处修建，青条石石材长1.1～1.55、宽0.55～0.6米，石条沟槽两侧台面较规整，等宽，沟断面呈“⌣”形。沟平面大体水平，槽开凿深浅不一，槽口宽0.19～0.21米；水沟以台阶为界分为东西两部分，台阶西侧水沟由东至西渐深0.06～0.1米，与F8的排水沟交汇于F6与F8之间的抄手廊转角处，经抄手廊下暗沟排往院二外F8南侧山面排水沟。在F8南侧山面外距F8后檐转角2.25米处的排水口向南拐，经院四院墙外侧排水沟（G2第二部分）汇入主排水沟G1。抄手廊下暗沟可见部分为青条石一下两上砌筑而成，断面呈“凵”形，槽口宽同F6水沟，深0.18米。水沟上叠压有盖板，盖板由下层陡板石制成，长1.28米，宽不详，高出沟面0.4米。盖板上凿有高0.23米、与暗沟槽口等宽的“⌒”形沟门，沟门与暗沟槽面相扣合。暗沟院二外侧盖板与院二内侧大小、形制相同。

台阶东侧水沟与台阶西侧水沟材料、工艺及形制相同，由西至东渐深0.07～0.12米，与F7的排水沟交汇于F6与F7之间的抄手廊转角处，经抄手廊下暗沟排往院二外F7南侧山面排水沟。在F7南侧山面外排水沟距F7后檐转角2.35米处的排水口向南拐，经院三院墙外侧排水沟（G2第二部分）汇入主排水沟G1。抄手廊下暗沟可见部分为青条石一下两上砌筑而成，断面呈“凵”形，槽宽同F6水沟，深0.2米。院内侧暗沟盖板为陡板石制成，残长1.08、宽0.75、高出沟面0.45米，盖板上凿有高0.26米、与暗沟槽口等宽的“⌒”形沟门。院外侧盖板已毁坏，大小、形制不详。

解剖显示，F6包边的台明石条在第4、5A、5B层上挖基槽铺制，在第4、5A、5B层及人工垫土层上直立包边修建而成。土衬石地表下埋头深0.04～0.1米，表面未经过处理，比较粗糙。F6地砖下有一层由沙粒、白灰构成的厚0.02～0.07米的黏合层。黏合层下南部存少量与F1～F5相同的人工垫土，垫土仅残存一层，厚0～0.1米，内仅存夯土，未见砖瓦、鹅卵石骨料。垫土打破第4层，下叠压第5A、5B层，其中第4层厚0.1～0.2米，第5A层厚0.25～0.65米，第5B层厚0.15～0.85米，下为生土。

（七）F7

F7位于西宫东北部，与F8东西对称。台基南北两端设有抄手廊，分别通过抄手廊与F6、F9相连接，并与F8一起组成院二（图一四）。

F7坐东朝西，方向205°。开口于第3层下，距地表深0.85～1.25米。台基平面呈长方形，长约15.15、宽约9米，长宽比约为1.7∶1，残高0～0.72米，面积约136.35平方米。

台基为青条石错缝顺砌包边而成的方正石台明，台基阶条石已毁，陡板石和土衬石亦毁坏严重，仅前后檐局部尚存部分完整陡板石和土衬石。陡板石现存两层，石材长0.55～1.8、宽0.2～0.65、厚0.28～0.32米。土衬石石材长1～2.05、宽0.5～0.65、地表露明0.05～0.1米。台明现存露明部分石材的样式、形制、砌筑方式、锁口、灌浆、背里部分以及质地皆同F1。

基址内部损毁严重，被现代建筑垃圾扰乱至第5A和5B层。

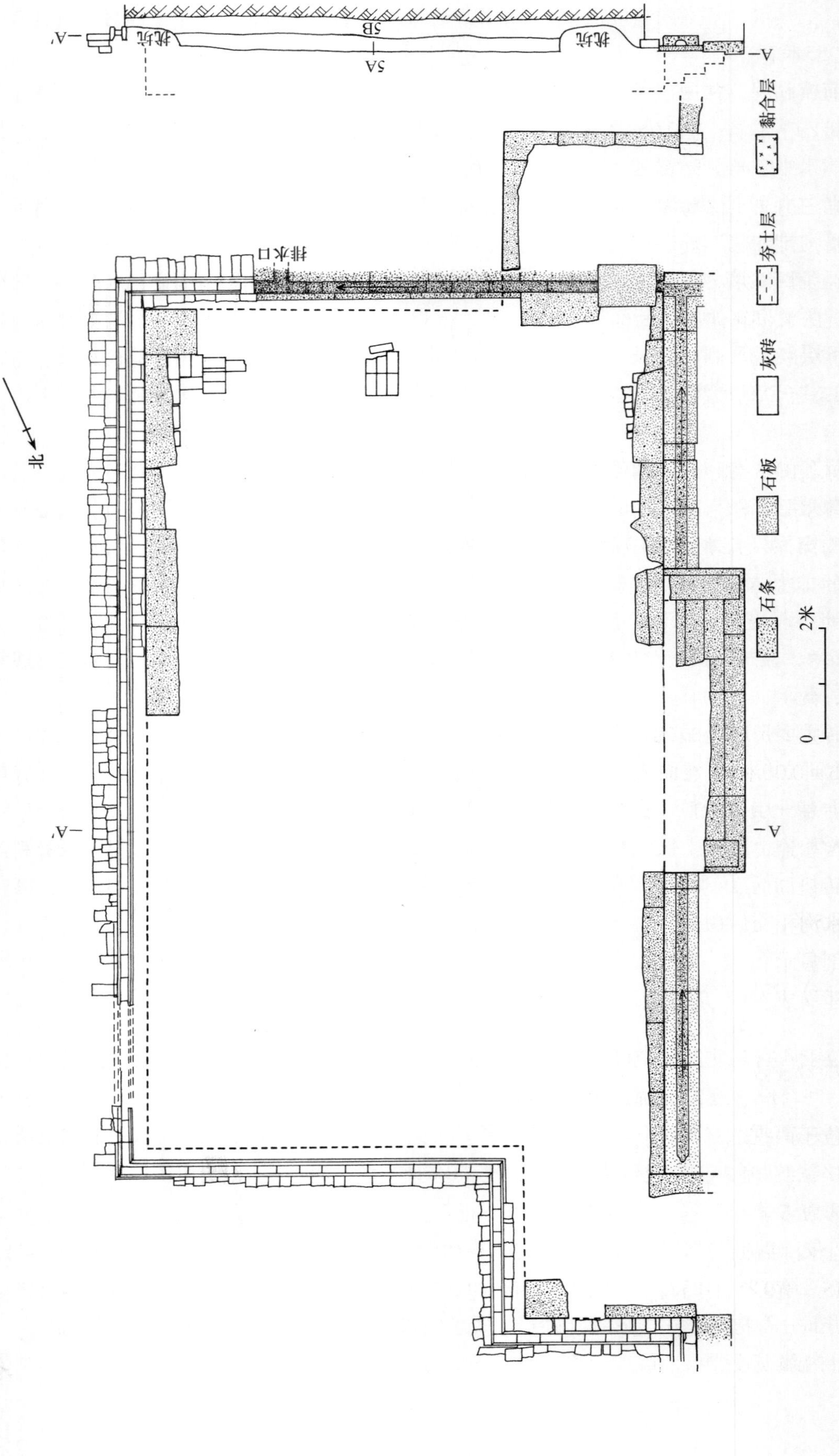

图一四　西宫F7平、剖面图

F7前檐设一石制台阶伸入院二，台阶北半部分仅存燕窝石，南半部尚残存三级踏跺。台阶通长5.52、通宽1.42、残高0.52米。踏跺由青条石错缝铺成，三级以上青条石遗失，露出石条背后踏跺胆，踏跺胆由杂砖混以白灰浆砌至台基。踏跺长4.35、每级宽0.36～0.38、高0.16～0.18米。垂带石上端与阶条石相接，下端置于燕窝石上，其倾斜角度约28°。北垂带石残长0.6、宽0.46、厚0.17米，南垂带石残长1.25、宽0.46、厚0.17米。象眼仅存南部，为石制，保存完整，近似直角三角形，镶嵌于垂带与土衬石之间，其侧立面较垂带内凹0.06米。底边长1.05、直边高0.48米。燕窝石金边与平头土衬石金边各为0.1米，平头土衬露明0.18米。

F7南北两端各设有一抄手廊，连接F6、F9。抄手廊台基包边的青条石多损毁，残存的青条石砌建方法同F7。廊内破坏严重，扰乱至生土。连接F6的抄手廊靠近F7前檐处损毁，尺寸不详，后檐处长3.05、宽约2.45米。连接F9的抄手廊靠近F7处损毁，依据抄手廊外水沟估算抄手廊尺寸，其台基前后檐分别长约1.05、3.05米，宽约2.45米。

F7前檐和院二共用一条青条石制成的水沟，沿F7台明及抄手廊前檐0.18～0.2米处修建。青条石石材长0.85～2、宽0.58～0.64米。石条沟槽两侧台面较规整，等宽，断面呈“◡”形，沟平面大体水平，槽开凿深浅不一。槽口宽0.18～0.21米，由北向南渐深0.04～0.13米，从F7台阶下的暗沟穿过，台阶土衬石设有同暗沟槽口等宽呈“⌒”形的沟门，与暗沟槽面相扣合，与F6前檐的排水沟在连接F6和F7之间的抄手廊处汇合，经抄手廊下暗沟排出院二。

F7的两山和后檐也设有排水沟，与院二内F7前檐水沟制法、形制相同。水沟损毁严重，损毁部位多被灰砖修葺、加高。灰砖修葺的排水沟为底部用灰砖平铺，两侧用不规则灰砖侧向顺摆而成，两侧砖与底砖错缝摆放，断面呈“⊔”形，沟缝内未发现起黏合作用的白灰和细沙等。灰砖主要尺寸为0.4米×0.18米×0.1米，槽宽0.25～0.3米。解剖显示，石制水沟下面垫有一层厚0.03～0.06米的黄沙石子垫土层，其下为第5B层。

F7台基北山面外侧的排水沟被灰砖加高后，流向由东向西，经抄手廊后檐与F9东山面外侧的排水沟相连（G2第一部分），并最终向北排向西宫北宫墙环宫墙排水沟。F7后檐外侧的排水沟被灰砖垫高后，流向由北向南，在F7南山面距后檐转角2.35米处的排水口与由院二内暗沟延伸出的水沟相交后，向南经院三院墙外（G2第二部分）汇入G1。

解剖显示，F7房基破坏严重，室内被第1层扰乱打破至第5A和5B层，土衬石在第5A层上挖基槽修建而成。

（八）F8

F8位于西宫北部偏西，与F7东西对称。台基南北两端设有抄手廊，分别通过抄手廊与F6、F9相连接，并与F7一起组成院二。其中连接F9抄手廊台基后檐处设有一青石甬路通往院五（图一五；彩版五，1）。

F8坐西朝东，方向为25°。开口于第1层下，距地表深0.2～0.35米。台基平面整体呈长方形，长15、宽9米，长宽比为1.67：1。台基前檐高0.84米，后檐高0.86米，面积135平方米。

台基为青条石错缝顺砌包边而成的方正石台明，四角处未制作埋头角柱。阶条石仅前檐保存完整，石材长0.6～3.25、宽0.65（背里部分较齐整）、厚0.17～0.21米。陡板石铺设有两层，

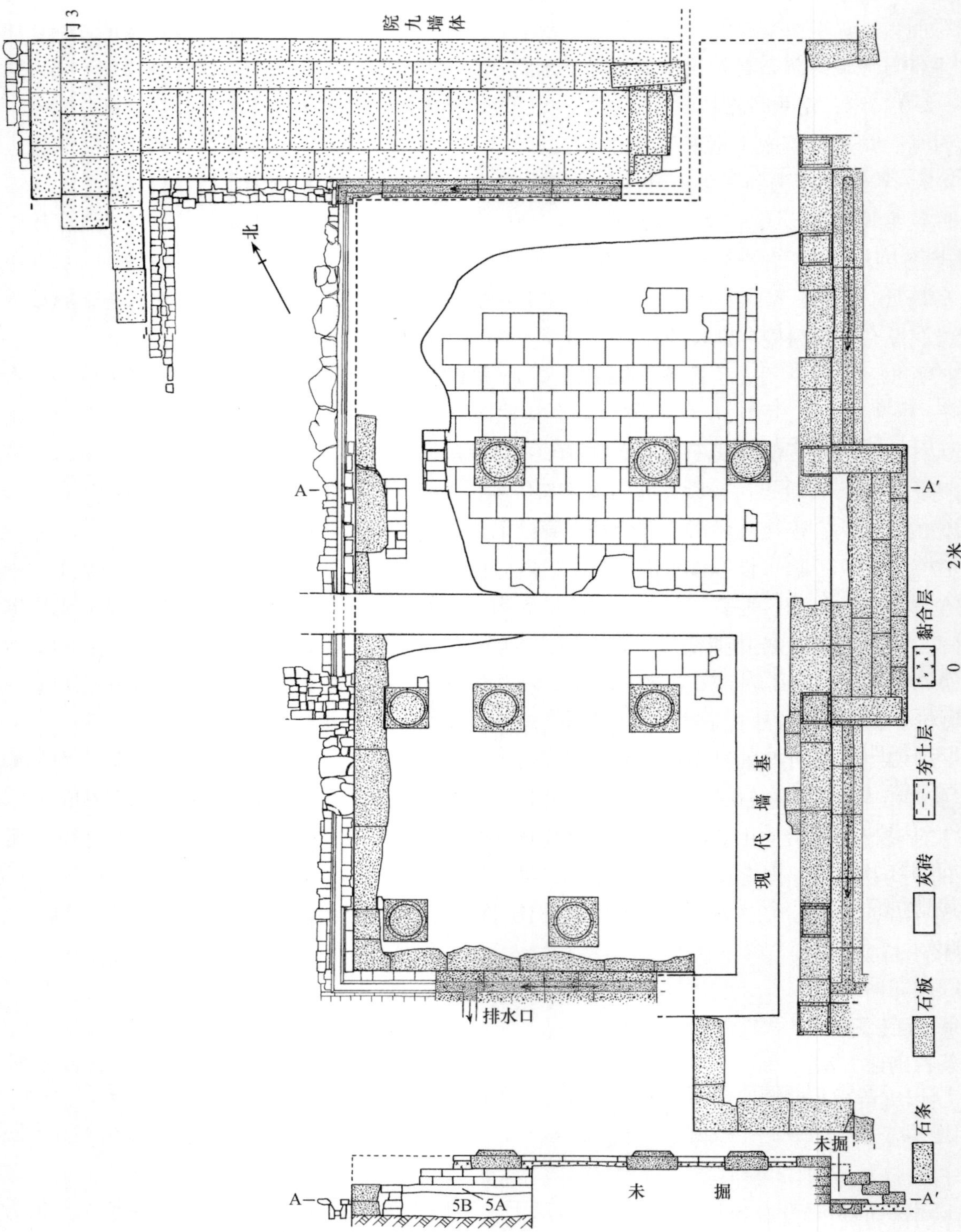

图一五　西宫F8平、剖面图

有不同程度的损伤，背里宽度不一。陡板石及土衬石长0.55～1.8、宽0.25～0.7米，其中陡板石厚0.28～0.31米。土衬石地表露明0.05～0.08米。台明露明部分石材的样式、形制、砌筑方式、锁口、灌浆、背里部分做法以及石材质地皆同F1。

F8明间和北次间内保存部分完整的地墁砖。地墁砖为正方形，铺设方式为方砖十字缝，东西向直铺，南北向错缝顺铺，砖之间缝隙较细。方砖经过打磨，棱角完整平直，素面，表面平整光洁，尺寸统一，为0.5米×0.5米×0.12米。方砖与垫土之间有一层含有白灰、草根的厚0.05～0.07米的黏合层。黏合层下为自然堆积地层经人工平整后形成房基垫土。

F8基址内现存有柱础12个，其中前檐有4个廊柱础和1个檐柱础，左右两缝存有4个金柱础和1个山柱础，后檐存有2个檐柱础。廊柱础在阶条石上琢成，其形制为方鼓镜柱础，柱盘边长0.6～0.62米，柱础鼓镜面0.5米×0.52米，其上皮比阶条石高0.08～0.1米；檐柱础、金柱础和山柱础皆为正方形青石制成的圆鼓镜柱础，其中檐柱础柱盘尺寸为0.8米×0.8米×0.35米，镜面直径0.65米，鼓径0.75米，上皮比柱盘高0.1米。金柱础和山柱础柱盘尺寸皆为0.96米×0.96米×0.35米，镜面直径0.8米，鼓径0.84米，上皮比柱盘高0.1米。解剖显示，柱础下为厚0.1～0.15米的黏合层，黏合层下为磉墩。磉墩为金磉墩和檐磉墩构成的二连磉墩（山柱磉墩未解剖），由两层灰砖错缝铺成，残长2.1、厚0.4米，灰砖尺寸为0.4米×0.18米×0.12米。灰砖之间用砖渣、石块混以白灰柞衔接，在第5A层挖基槽铺设而成（彩版五，2）。

根据柱础的分布，可推断出F8面阔三间，进深三间。其中明间面阔4.87米，东西次间面阔4.17米。前后檐廊深皆为1.75米，明间进深2.95米，通进深6.5米。两山前下出檐1.3米，后下出檐0.95米。

墙体现仅存前檐坎墙墙基，与地墁砖等高。墙基宽0.52米，由中间夹有一些白灰和碎砖渣子的两排灰砖顺砌而成。砖长0.4～0.45、宽0.18～0.2、厚0.12米。

F8前檐明间处设一石制台阶通往院二，含阶条石为五级。除阶条石和第4阶部分受损外，余保存完整。台阶通宽长5.54、通宽1.42、通高0.84米。踏跺由青条石错缝铺成，每级长4.35、宽0.34～0.36、厚0.18～0.2米。垂带石上端与阶条石相接，下端置于燕窝石垂带窝内，其倾斜角度约28°，长1.47、宽0.46、厚0.18米。象眼石近似三角形，镶嵌于垂带石与平头土衬石之间，其侧立面较垂带内凹0.04米。底边长1.05、直边高0.56米。燕窝石金边与平头土衬石金边各为0.08米，平头土衬露明0.18米。

F8南北两端各设有一抄手廊，连接F6和F9。其中连接F6的抄手廊尚存室内垫土和包边的青石条，连接F9的抄手廊室内垫土已被扰乱至生土，台基残存部分包边青石条。廊道台基包边的青条石砌建方法同F8。连接F6、F9抄手廊台基转角处各存有一廊柱，形制、尺寸同F8前檐廊柱。连接F6的抄手廊靠近F8处室内现存垫土高度与F8室内垫土平均高度相同，前后檐分别长1.05、3.05米，宽2.6米。连接F9的抄手廊毁坏严重，前檐长1.05米，后檐及两山台面损毁，推测尺寸与连接F6处抄手廊相同。

F8前檐和院二共用一条青条石制成的水沟，沿F8台明及抄手廊前檐0.19～0.21米修建。石材长1～1.4、宽0.56～0.62米，槽口宽0.19～0.2米。断面呈“◡”形，石条沟槽两侧台面较规整，大体等宽。沟平面大体水平，水沟由北向南渐深0.07～0.12米。从F8台阶下的暗沟穿过，在连接F6和F8之间的抄手廊转角处与F6排水沟相交汇，并从抄手廊下的暗沟排出院二。

F8后檐与两山也设有与院二内F8前檐形制、材料相同的排水沟，沟口距台基距离0.18～0.2米。水沟损毁严重，损毁部位多用灰砖修葺、加高。沟面上覆盖有一些残砖和破碎建筑构件。

F8北山面外侧排水沟部分被毁，流向不明。F8后檐外的排水沟流向由北向南，与从院二内延伸出的排水沟在F8南山面台明距后檐转角处2.25米交汇，向南经院四院墙外（G2第二部分）汇入主排水沟G1。

F8连接F9的抄手廊部分损毁，在F8抄手廊后檐处设有一东西向青石甬路通往F11和院五。抄手廊后檐台基处设有一台阶通往甬路，部分损毁。据其残存迹象推测台阶通长约2.35、通宽约1.35米，台阶现存含燕窝石在内的2级踏跺损坏严重，踏跺长1.75、宽0.35、厚0.16～0.18米。北垂带石被扰动，长1.47、宽0.45、厚0.19米；南垂带石遗失。燕窝石高于甬路0.04米。甬路为青石板铺成，南侧紧贴F8北山面，北侧紧贴院九南院墙，整宽2.75米，中间用长条形青石板东西向横铺，石板长1.2、宽0.35～1.2、厚0.12米。两侧东西向直铺包边的压条石，其中北边压条石有两排，南边压条石为一排，石条长0.8～1.85、宽0.55、厚0.12米。

解剖显示，F8台明包边的石条在平整过的第5A、5B层上挖基槽后，直立包边修建而成。室内未发现同F1～F6相同的人工垫土层。土衬石地表下埋头深0.04～0.1米，表面未经过处理，比较粗糙。F8地砖下有一层由沙粒、白灰构成的黏合层，厚0.05～0.15米。黏合层打破第5A层，下叠压第5B层，其中第5A层厚0.12～0.2米，第5B层厚0.45～0.55米，下为生土。

（九）F9

F9位于西宫的北部，与F6南北对称，西北角设有一内间，台基后檐与F12台基相连。台基东西两端设有抄手廊，分别通过抄手廊与F7、F8相连，与F6一起组成院二。与西、南两面院墙及西宫北宫墙相连组成院九（图一六；图版四，2）。

F9坐北朝南，方向205°。开口于第3层下，距地表深0.5～0.7米。台基平面呈长方形，长17.1、宽 12.3米，长宽比为1.39：1。台基前檐高0.84米，后檐高0.86米，面积210.33平方米。

台基为用青条石错缝顺砌包边而成的方正石台明，四角处未制作埋头角柱。台基阶条石仅在前檐处尚存少许，阶条石石材长1.45～1.85、宽0.65、厚0.14～0.23米。陡板石铺设有两层，有不同程度的损伤，陡板石与土衬石石材长0.4～1.75、宽0.3～0.7米，陡板石石材厚0.28～0.31米，土衬石石材露明0.28～0.32米。台明露明部分石材的样式、形制、砌筑方式、锁口、灌浆、背里部分做法以及石材质地皆同F1。

F9东西次间内尚保存有完整地墁砖。地墁砖为正方形，尺寸统一。铺设方式为南北向直铺，东西向错缝顺铺，砖之间缝隙较细。方砖经过打磨，棱角完整平直，素面，表面平整光洁，尺寸统一，为0.5米×0.5米×0.1米。方砖下铺有一层厚0.05～0.07米含白灰、草根、砂石颗粒的黏合层。

F9室内现存柱础14个，其中前檐廊柱柱础1个、前后檐檐柱础8个、金柱柱础3个及山柱柱础2个。前檐廊柱柱础为阶条石上琢成的方鼓镜柱础，柱盘尺寸为0.65米×0.65米，柱础镜面尺寸为0.5米×0.5米，上皮比阶条石高0.08米。檐柱柱础、金柱柱础和山柱柱础皆为正方形青石

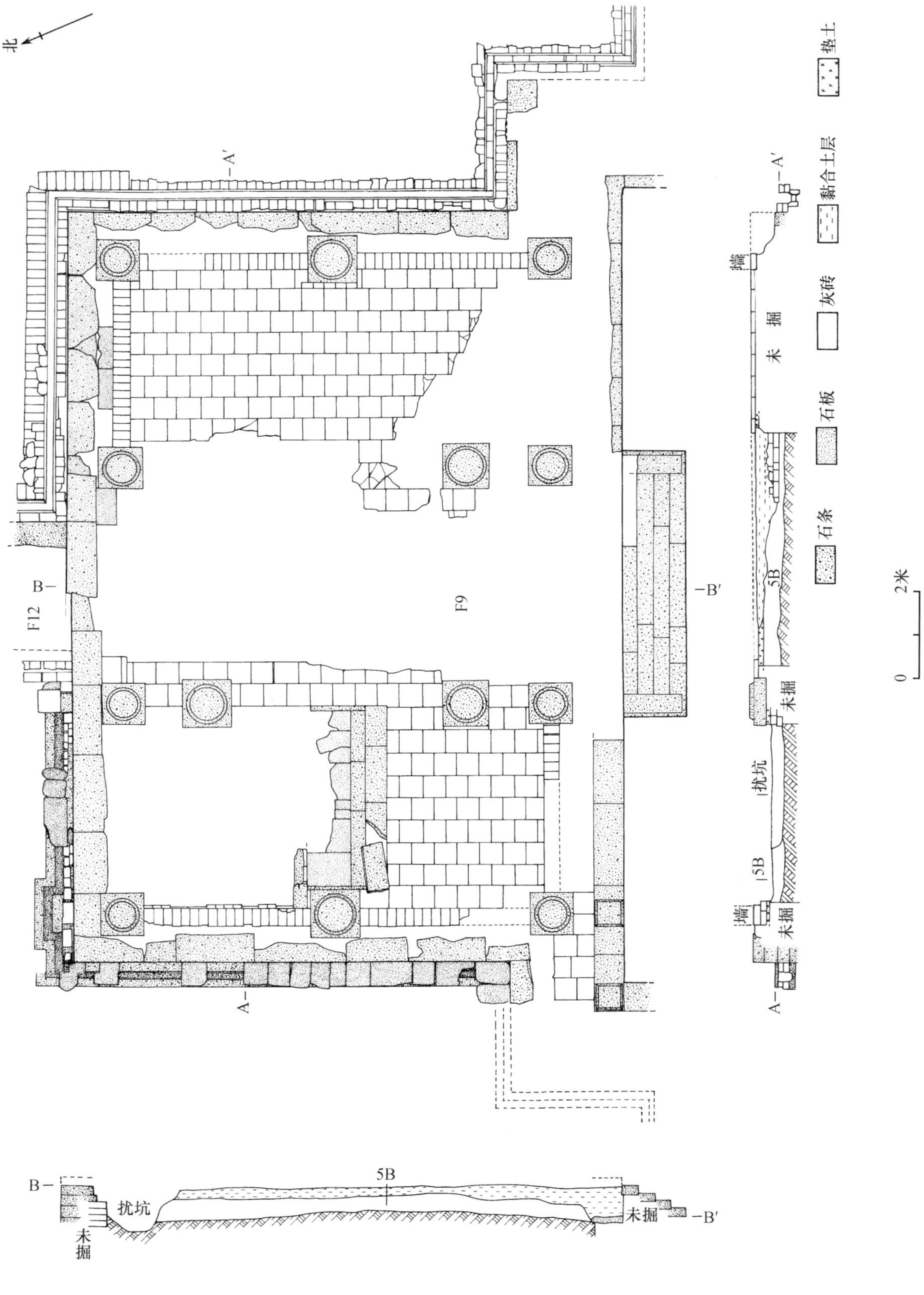

图一六 西宫F9平、剖面图

制成的圆鼓镜柱础，其中檐柱柱盘尺寸为0.95米×0.95米×0.35米，镜面直径0.68米，鼓径0.76米，上皮比柱盘高0.08米；金柱础和山柱础盘尺寸为1.05米×1.05米×0.35米，镜面直径0.78米，鼓径0.9米，上皮比柱盘高0.1米。柱础下为人工垫土层，之间铺设一层厚0.05～0.08米的含白灰、细沙的黏合层。磉墩厚0.3米，用2层灰砖错缝平铺浆砌而成，灰砖尺寸为0.38米×0.22米×0.12米，之间用砖渣、石块混以白灰相衔接，在第5B层内挖基槽修建而成。

根据柱础的分布，推断F9的平面布局为面阔三间，进深三间。通面阔14.9米，其中明间面阔5.4米，东西两次间各4.75米，两山下出檐1.1米。通进深9.65米，明间进深5.85米，前廊深1.95米。前檐下出檐1.55米，后檐下出檐1.1米。

F9室内的坎墙与东西山墙及后檐墙墙基砌法统一为单一丁铺，与地墁砖等高，墙砖尺寸为0.42米×0.19米×0.12米。墙体为单体墙，宽0.42米。

F9西次间内北部隔有一内间，内间坐北朝南，方向205°。平面呈长方形，南北长6.4（台阶至台明包边石条内侧）、东西宽4.5米（内空），面积31.05平方米。室内青石墁地距F9室内地墁砖高差为0.38米。内间北墙损毁，西墙以F9西山墙为墙体，东以F9明间金柱础、檐柱础及地墁砖为界。南部设一青石台阶由F9室内伸入到内间，台阶踏跺为两级，第一级长4.1、宽0.3、厚0.17米，第二级长4.1、宽0.45、厚0.14米。内间被现代扰坑破坏，仅靠近台阶处存部分残破石板拼成的青石墁地。

F9台基前檐设一石制台阶通往院二，含阶条石为五级。台阶除阶条石损毁和第4阶部分受损外，余基本保存完整。台阶通长6.14、通宽1.42、通高0.84米。踏跺由青条石错缝铺成，每级长5.04、宽0.34～0.36、厚0.16～0.18米。东垂带石略残，西垂带石完整，其上端与阶条石相接，下端置于燕窝石垂带窝内，倾斜角度约28°。垂带整长1.47、宽0.44、厚0.18米。象眼石近似直角三角形，镶嵌于平头土衬石与垂带石之间，其侧立面较垂带石内凹0.06米。底边长1.05、直边高0.55米。燕窝石金边与平头土衬石金边各为0.08米，平头土衬露明0.16米。

F9东西两端各设有一抄手廊，用来连接F7、F8，廊道台基包边的青条石砌建方法同F9。其中连接F8的抄手廊台基保存较好，尚保存F9室内延伸过来的地墁砖，地墁砖尺寸和形制与F9室内相同。连接F7的抄手廊内现仅存室内垫土，垫土为第5B层，残高0～0.45米。连接F8的抄手廊靠近F9处前檐长1.05米，后檐损毁，据痕迹推测后檐长为3.05、宽约2.6米。连接F7的抄手廊靠近F9处前后檐分别长1.05、3.05米，宽2.6米。抄手廊内垫土被扰乱至第5B层。

F9前檐在院二内未设排水沟，但两山和后檐处在距台明0.18～0.2米处均铺设有排水沟。排水沟由青条石凿制而成，青条石石材长1.1～1.4、宽0.6米，断面呈“◡”形。其中院九内F9东山面外和后檐处（F12台基东侧）青条石水沟损毁较严重，用灰砖修葺改制成砖制排水沟。砖制排水沟为用灰砖侧向顺摆在原青条石水沟两侧台面上，沟断面呈深“U”形，宽0.24、深0.07～0.14米，灰砖整砖尺寸为0.4米×0.18米×0.1米。西山墙和后檐处（F12台基西侧）的青条石排水沟保存较好，其上用灰砖、碑石、建筑构件等将水沟覆盖形成暗沟。在与西次间后檐柱对应处，排水沟距台明向外凸出0.45米，突出部位宽1.06米。

水沟流向由两山向后檐汇聚并经F12台基两侧水沟向北流至井台，并最终流向西宫北宫墙（G2第一部分）。解剖显示，水沟下垫厚0.02～0.05米黄沙黏土，下为生土。

解剖显示，F9包边的台明石条在自然堆积垫土第5B层上挖基槽铺制后，直立包边修建而成。土衬石地表下埋头深0.04～0.09米，表面未经过处理，较粗糙。F9地墁砖下垫一层厚0.05～0.07米的由白灰和粗沙构成的黏合层。黏合层下为垫土，垫土与F1～F6一层夯土一层砖瓦、卵石的骨料有所区别，为夯土与废弃砖石、卵石的骨料混掺夯筑而成。由北向南厚0～0.7米，满铺F9内，并打破第5B层。第5B层厚0～0.5米。

（一〇）F10

F10位于遇真宫西宫的西北部，F11的西南侧，F8西侧（图一七）。

F10东西向，推测门道方向为115°。开口于第3层下，距地表深0.3～0.5米。台基平面呈长方形，通长约14.65、宽约8.15米，长宽比1.8∶1，残高0.15～0.74米，面积119.4平方米。

台基为用青条石错缝顺砌包边而成的方正石台明，四角处未制作埋头角柱；台基阶条石已彻底损毁，陡板石与土衬石也多有毁坏，残缺不全。部分基石为扰动后重新干砌而成。

F10室内中部被宽0.82米的东西向现代墙基打破，西部多被扰乱破坏至垫土，但东部尚存部分完整的地墁砖。地墁砖为正方形，铺设方式为方砖十字缝，东西向直铺，南北向错缝顺铺，砖之间缝隙较细。方砖经过打磨，棱角完整平直，素面，表面平整光洁，尺寸统一，为0.5米×0.5米×0.1米。方砖与垫土之间为黏合层。

地墁砖间尚保存有部分墙基，分单砖丁铺与单砖顺铺两种，砖与砖之间用厚实的白灰抹平和黏合，单砖丁铺墙厚0.42米，单砖顺铺墙厚0.12米，灰砖尺寸相同，皆为0.4米×0.19米×0.12米。

F10破坏严重，未发现台阶和排水沟。但推测前檐明间处设有台阶，排水沟沿F10四周环绕并汇入西宫环宫墙排水沟。

解剖显示，F10包边的台明石条在第5B层上挖基槽铺制后，直立包边修建而成。室内破损严重，西部第3层废弃堆积扰乱至第5B层，在废弃堆积内发现有一被挪动过的圆鼓镜柱础，疑与F10有关。柱盘尺寸为0.8米×0.8米×0.24米，镜面直径0.54米，鼓径0.64米，上皮比柱盘高0.12米。

地墁砖下垫一层厚0.05～0.07米的黏合层，其下再垫一层厚0.1～0.35米的人工垫土层，垫土为含有大量石灰渣、砖块等废弃建筑材料的骨料与夯土掺和一起夯筑而成，垫土下为第5B层。

F10台基西北部外侧0.9米处有一条南北向残长1.5、宽1.75米的卵石平铺的人形纹墁地，与F10内的地砖高度平齐。

（一一）F11

F11位于遇真宫西宫的西北部，F14和院八的南部。东、西、南三面设置有院墙，与院墙围合成院五（图一八）。

F11坐北朝南，方向205°。开口于第3层下，距地表深0.4～0.75米。台基平面呈长方

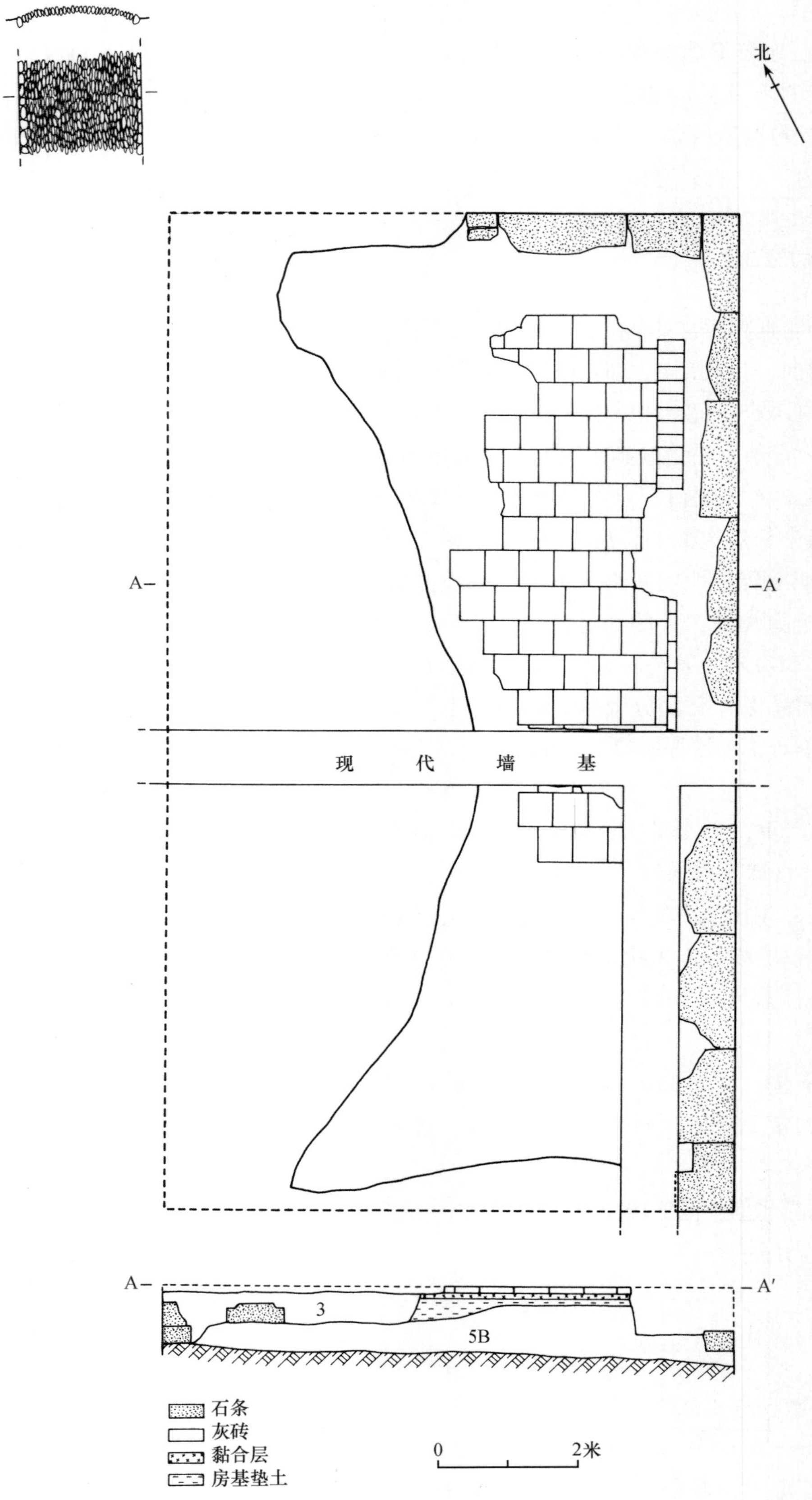

图一七 西宫F10平、剖面图

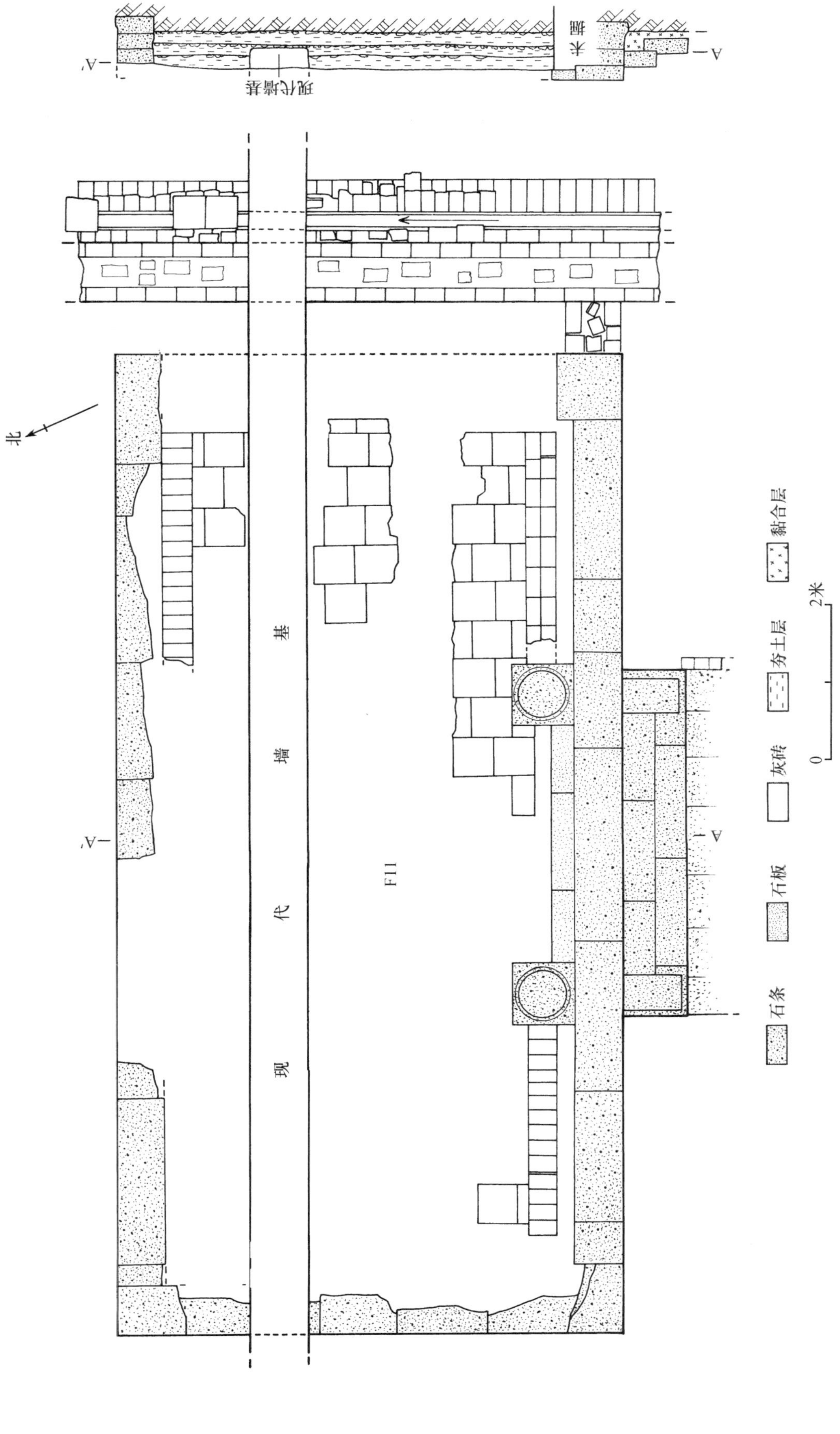

图一八　西宫F11平、剖面图

形，长12.45、宽6.25米，长宽比为2∶1。台基前檐高0.6米，后檐高0.64米，面积约77.81平方米。

台基为用青条石错缝顺砌包边而成的方正石台明，四角处未制作埋头角柱；台基除东山面包边石条毁坏殆尽外，余阶条石和陡板石及土衬石有不同程度损伤。阶条石石材长0.55～2.45、宽0.65、厚0.17～0.2米。陡板石和土衬石石材长0.45～1.9、宽0.5～0.85米。陡板石石材厚0.2～0.25米，土衬石石材露明0.2～0.23米。台明露明部分石材的样式、形制、砌筑方式、锁口、灌浆、背里部分做法以及质地皆同F1。但与F1～F9台明不同的是，台基陡板石仅铺设一层。

F11中部被一道宽0.72米东西向的现代墙基打破，台基东西次间内皆保存部分地墁砖。地墁砖为正方形，铺设方式为方砖十字缝，南北向直铺，东西向错缝顺铺，砖之间缝隙较细。方砖经过打磨，棱角完整平直，素面，表面平整光洁，尺寸统一，为0.5米×0.5米×0.12米。

台基前檐现存两个青石制成的檐柱柱础，均为圆鼓镜柱础，柱盘尺寸为0.8米×0.78米×0.24米，镜面直径0.6米，鼓径0.7米，上皮比柱盘高0.08米。

根据柱础分布推断F11面阔三间，进深一间。其中明间面阔3.8米。

台基前檐现存坎墙墙基，墙基通宽0.42米，大部被毁。其中西次间坎墙墙基为单墙，砌法为单一丁铺，东次间坎墙墙基铺法为两排灰砖顺铺。东次间内墙基砌法为单一顺铺。墙基砖尺寸基本相同，长0.4～0.42、宽0.18～0.2、厚0.12～0.14米。

F11明间前檐处设一石制台阶伸入院五，含阶条石为三级。台阶保存完整。通长4.45、通宽0.8、通高0.38米。踏跺为青条石错缝平铺而成，每级长3.3、宽0.4、高0.18米。垂带石保存完整，其上端与阶条石相接，下端置于燕窝石内，倾斜角度约32°。垂带石长0.86、宽0.45、厚0.2米。象眼石近似直角三角形，镶嵌于垂带石与平头土衬石之间，其侧立面较垂带内凹0.06米。底边长0.48、直边高0.24米。燕窝石金边与平头土衬石金边各为0.05米，平头土衬露明0.18米。燕窝石与院五内甬路路面等高。

F11台明四周未发现排水设施。

解剖显示，F11台明包边的石条是在生土上挖基槽铺制后，在人工垫土上直立包边铺设而成。土衬石地表下埋头深0.09～0.16米，表面未经过处理，较粗糙。F11地墁砖下为人工夯筑的垫土层，地墁砖与垫土层之间有一层厚0.02～0.04米的黏合层。垫土同F1～F6一样，皆为一层夯土、一层骨料铺成。垫土存3层，每层厚0.15～0.2米，但与F1～F9等建筑的垫土骨料多为砖瓦、卵石不同，F11内垫土的骨料由青石碎料构成，垫土层打破生土。

（一二）F12

F12位于遇真宫遗址西宫北部正中，北接J1，南连F9，与F9、院五、院八院墙及西宫北宫墙组成院九（图一九）。

F12平面呈长方形，南北向，方向为25°（以进入方向为标准）。开口于第3层下，距地表深1.1～1.25米。长5.8（南部与F9共用台明，北部与井台共用台明）、宽3米，长宽比1.93∶1。台基较东侧空地高0.95米，面积17.4平方米。

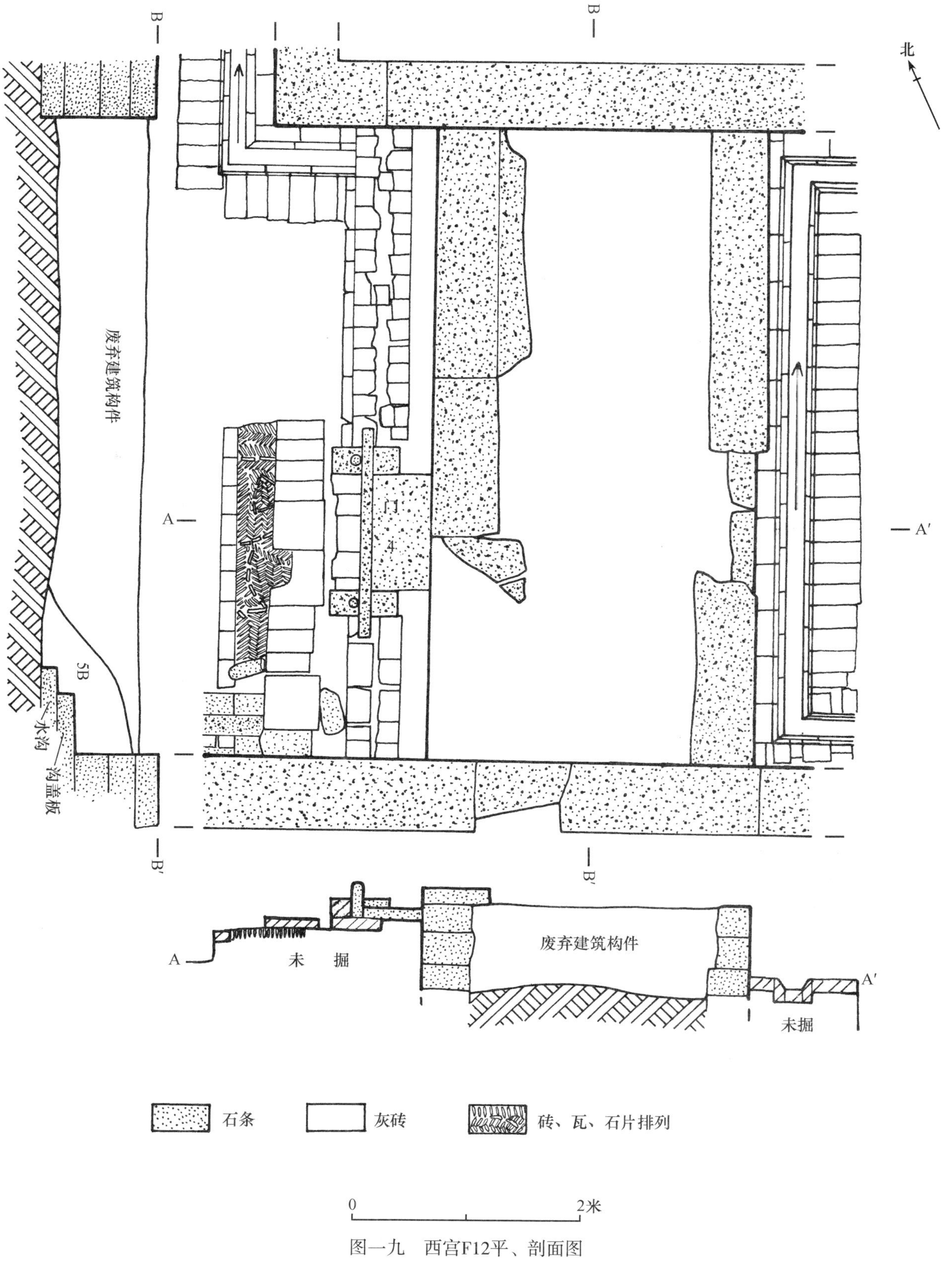

图一九 西宫F12平、剖面图

台基为方正石台明，铺设有4层青条石。其中阶条石、两层陡板石皆用破损的、杂乱的青条石堆砌而成，条石之间未采用白灰黏合。土衬石长1.45～2.9、宽0.2～0.55、厚0.23～0.28米。土衬石的样式、形制、砌筑方式、锁口、灌浆、背里部分做法以及质地则同F1。

台明未发现柱础与磉墩，根据其形制推断其面阔、进深皆为一间。

室内地表现为废弃建筑堆积，较平整。台明西侧被灰砖、石制构件及扰土垫高，较F12台明低0.2～0.35米，距阶条石0.25～0.28米建有一南北向砖墙，较F12室内地面低0.1～0.25米。砖墙上设有一门，编号为门4。

F12东西两侧均有灰砖铺成的水沟，与F9后檐排水沟相连接，其水平高度较F9水沟低0.04～0.07米。排水沟为三块灰砖一下两上砌筑叠加而成，灰砖尺寸为0.4米×0.2米×0.11米。其中灰砖槽壁处经过削切呈倾斜状，沟断面呈“‿”形，排水沟面宽0.5～0.54、槽口宽0.25、槽底宽0.16米，由南向北渐深0.04～0.12米，水沟部分被废弃砖石、瓦块和石碑所覆盖。

解剖显示，F12包边的台明阶条石和陡板石是在废弃堆积上堆建而成。土衬石在第5B层内挖槽直立包边而成。F12室内垫土分为两层，上层为大量建筑残件、废弃石材和白灰渣等形成的废弃堆积，厚0.05～0.8米；下层为第5B层，厚0～0.5米。

在南部接近F9台明处垫土下叠压有东西向水沟，水沟为F9后檐台明外排水沟在F12下以暗沟形式存在，打破生土。后废弃封堵，水沟上盖有不规则青石盖板。推测F12台明土衬石以上遭破坏，后重新修建而成。

（一三）F14

F14位于遇真宫遗址西宫的西北角，院八的西部，与F11共用青石台基和山墙，西北角设有一门通往房外院八（图二〇；图版五，1）。

F14坐南向北，方向22°。开口于第3层下，距地表深1.5～3.5米。基长9.15、宽6.35米，长宽比为1.44∶1，总面积58.1平方米。台基内现存部分完整的地墁砖、灶、门、墙体，但未发现柱础和排水沟。

F14被与Z1连接的墙体隔为南北两间，隔墙被宽0.8米的东西向现代墙体打破，仅存部分石制墙基，墙体尺寸和形制不详。南间保存较差，仅存室内垫土。北间保存较好，现存部分墙体、门、地墁砖和灶。

F14南间南北通长4.15、东西宽6.35米，面积26.35平方米。屋内破坏十分严重，室内仅存垫土。台明后檐与F11台明后檐共用，现残高0.4～0.6米。两山台明为阶条石和土衬石直接砌建包边而成的方正石台明，未铺设陡板石。阶条石损毁严重，仅靠近F11后檐处略存少许。土衬石石材长0.35～1.45、宽25～50、露明部分厚0.12～0.16、地下埋头厚0.05～0.08米，表面较粗糙，未经打磨。室内垫土高度与F11青石台明高度相同，经解剖发现F14南间的垫土层为黄褐色三合土，土质结构紧密、干硬，内含有大量白灰渣、沙粒的“灰土”，灰土下为生土。

F14北间南北通长5、通宽6.35米，面积31.75平方米。室内现铺满地墁砖，现存高度0.2～0.3米，较南间室内垫土低0.25～0.3米。东南部置灶，编号为Z1。西北角设门，编号为门5。室内山墙残高0.11～0.37、厚0.51米，在阶条石上环绕修建而成。砖的摆置方式为卧砖顺

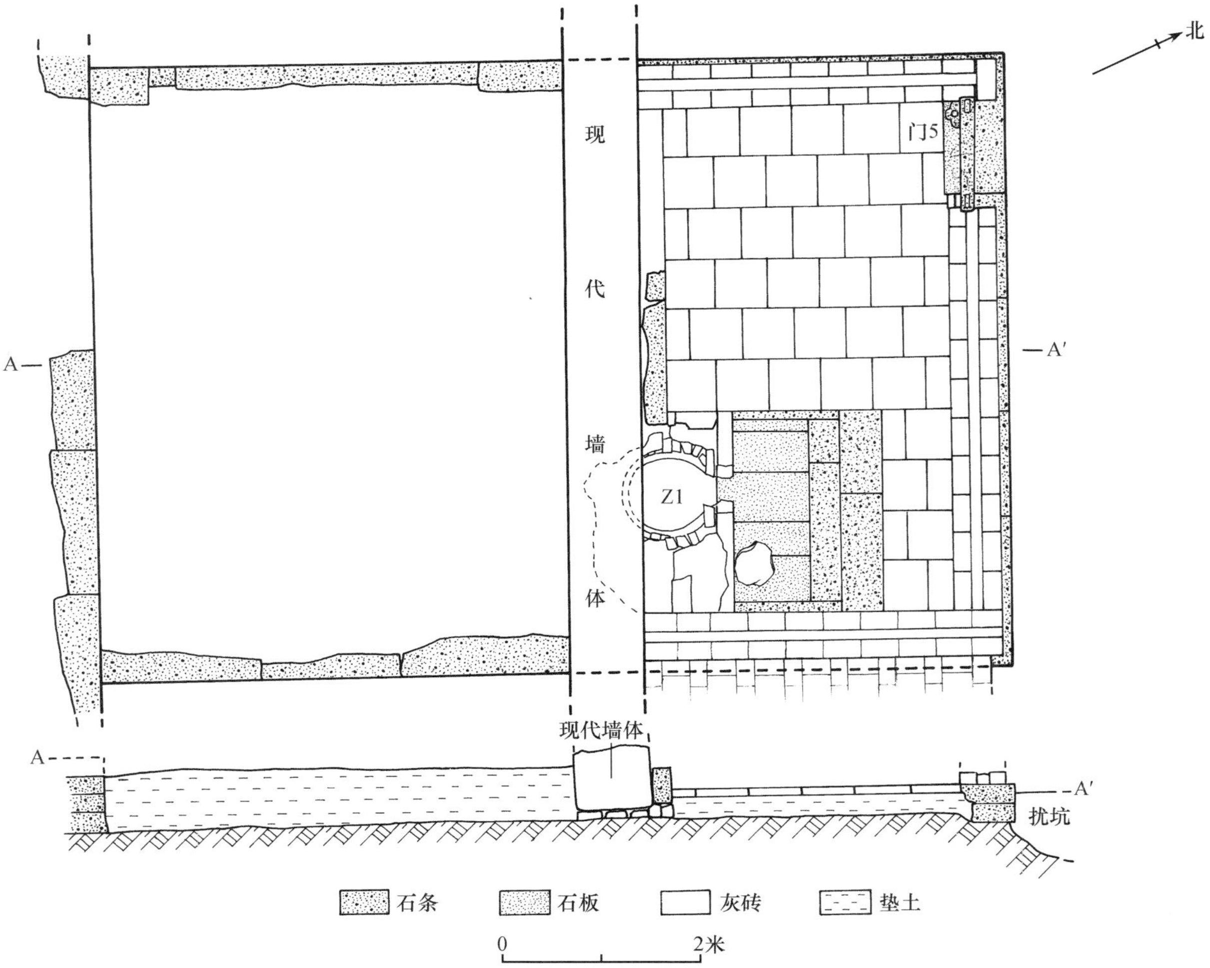

图二〇 西宫F14平、剖面图

铺，砖缝形式为十字缝，外表灰缝缝隙较大，但呈光滑状，不露白灰，内为楔形。夹墙之间填以白石灰与碎砖。墙砖尺寸为0.38米×0.2米×0.11米。

台明为阶条石和土衬石直接砌建包边而成的方正石台明，未铺设陡板石。其中阶条石、土衬石石材长0.35～3.75、宽0.25～0.5、露明部分厚0.12～0.16米。台明露明部分石材的样式、形制、砌筑方式、锁口、灌浆、背里部分做法以及石材质地皆同F1。土衬石地下埋头厚0.05～0.12米，表面较粗糙，未经打磨。

北间室内地墁砖铺设方式为方砖十字缝，南北向直铺，东西向错缝顺铺，砖之间缝隙较细。方砖经过打磨，棱角完整平直，素面，表面平整光洁，尺寸统一，为0.52米×0.52米×0.1米。方砖保存较好，未解剖。

门5，位于F14北间的西北角，南北向，破坏严重，仅存门槛石、门枕石及以下部分（图二一；图版七，1）。其中，门槛石砌于F14墙体内，尺寸为1.16米×0.15米×0.17米。门槛石上头两端正中各凿有一榫眼，榫眼尺寸为0.1米×0.03米×0.03米。房屋内侧有石制单门枕石一块，如意状，东西长0.17、南北长0.15、高0.06米。门枕石正中凿有圆形海窝，海窝直径0.07、

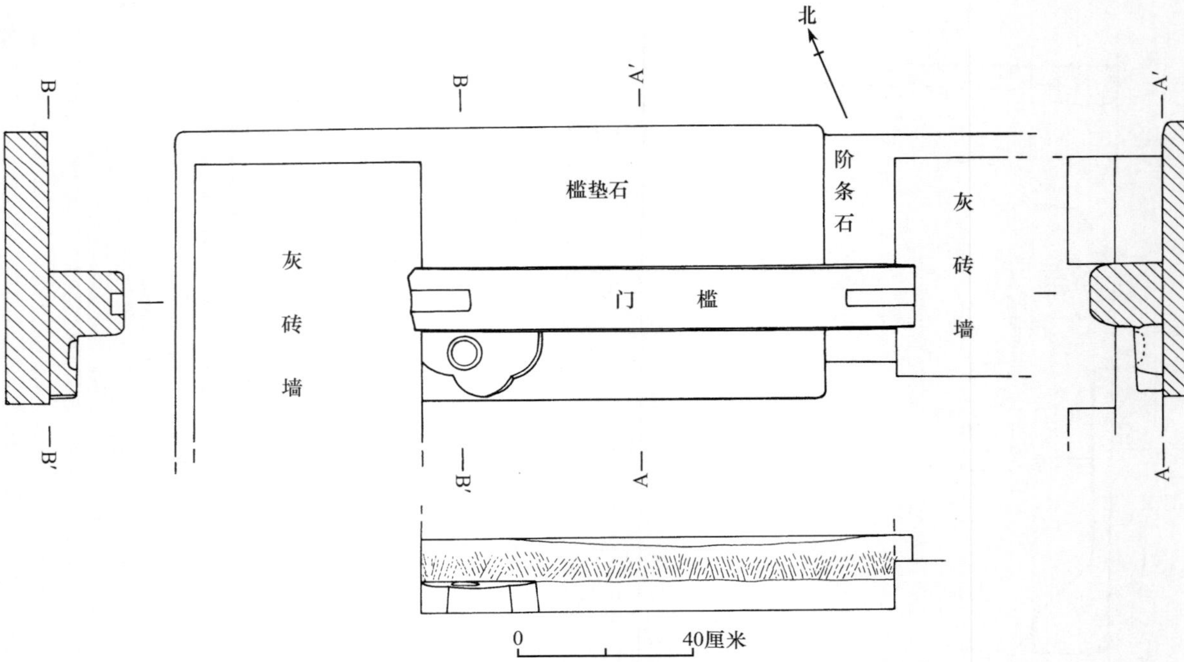

图二一 西宫门5平、剖面图

深0.02米。门槛石和门枕石下有槛垫石一块，槛垫石与F14内地砖平齐。槛垫石南北宽0.64米，因叠压在山墙下，东西向长度不明（已知长度为0.93米）。门槛做法为“通槛垫”。

Z1仅存灰膛和火膛，灶台已毁。灶体残长3.18、宽2.1、残高0.56米（图二二；图版五，2）。灰膛位于灶体北部，尺寸为2.1米×1.5米×0.46米，为长条石板砌成，两侧用青石板包边，青石板尺寸为0.76米×0.12米×0.45米。北侧有青条石制成的两级台阶，由F14地墁砖处通入到灰膛内，每级长1.86、宽0.34、高0.23米。底部以南北向5块青石板铺地，青石板长0.96、宽0.14～0.5米。膛内东部青石墁地上放有一不规则石块，用途不明。

火膛位于灶体南部，灰砖砌成，平面近圆形，上部残，壁斜直内收，平底。火塘南北口径0.89、底径0.85、残高0.56米，略高于灰膛。火门用灰砖砌成，呈梯形，上部残，残高0.5、宽0.35米。火道深0.3米。灶体所用灰砖尺寸为0.39米×0.18米×0.12米。火膛内炭灰并不丰富，但发现大量动物骨骼、瓷器和铜钱，其中一件瓷器上刻有“崇祯三年”字样。

二、院 址

西宫内共清理院址9处，编号院一至院九。现分述如下。

（一）院一

院一位于西宫的南部，与西宫宫门东西向相对。由F1、F2、F3、F4及四隅两房交接处的抄手廊连接而成的一个近似正方形的院落，为西宫内最大的院落。庭院南北中线方向为25°。南

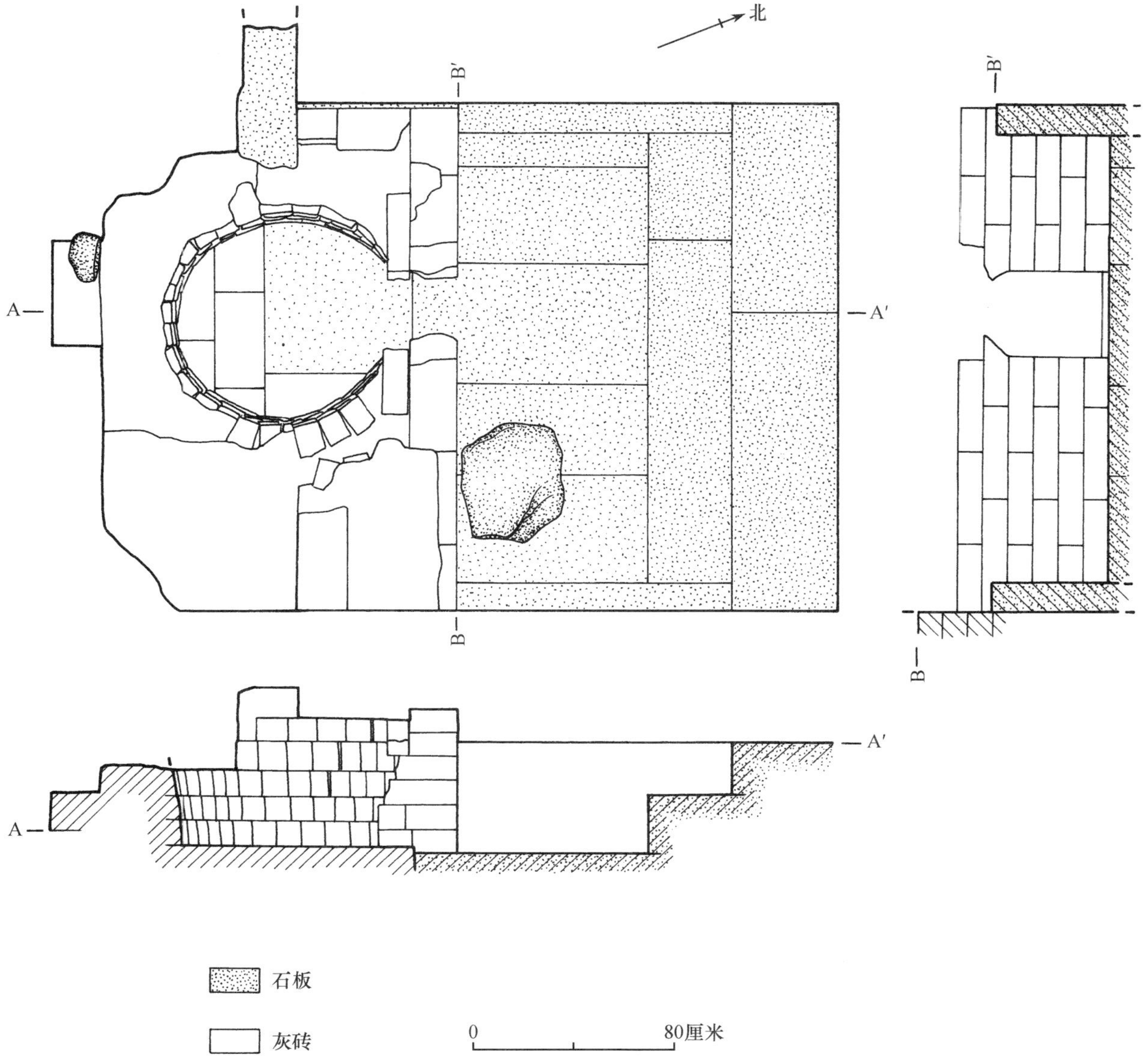

图二二 西宫Z1平、剖面图

北长31.75、东西宽29.9米（以庭院内四角处为测量点，下同），总面积约949.33平方米（含F3前月台）。开口于第3层下，距地表均深1.2米（图二三）。

院内北、东、南三面设有排水沟，地表铺设有青石板墁地。院内设影壁一座，编号影壁1。

院一内铺设青石板墁地，大部已遭到毁坏，仅四角尚存局部。青石板经过打磨，棱角完整平直，部分石板面上打有不规则的“糙道”，铺法为南北向直铺、东西向错缝顺铺。因院基下沉，西北角青石板局部下陷0.05～0.1米。青石板主要尺寸分别为0.85米×0.54米、0.87米×0.84米、0.92米×0.81米、0.9米×0.38米，厚0.06～0.08米。

院一内与F1、F2、F4共用青条石凿刻而成的排水沟，断面呈“◡”形，分别在院一东南角和东北角处经暗沟从抄手廊下排出院一（详见F1、F2和F4排水沟）。

影壁1，开口第3层下，距地表深1.1米。砖石结构，仅存底座，可见下枭、直檐、圭角和

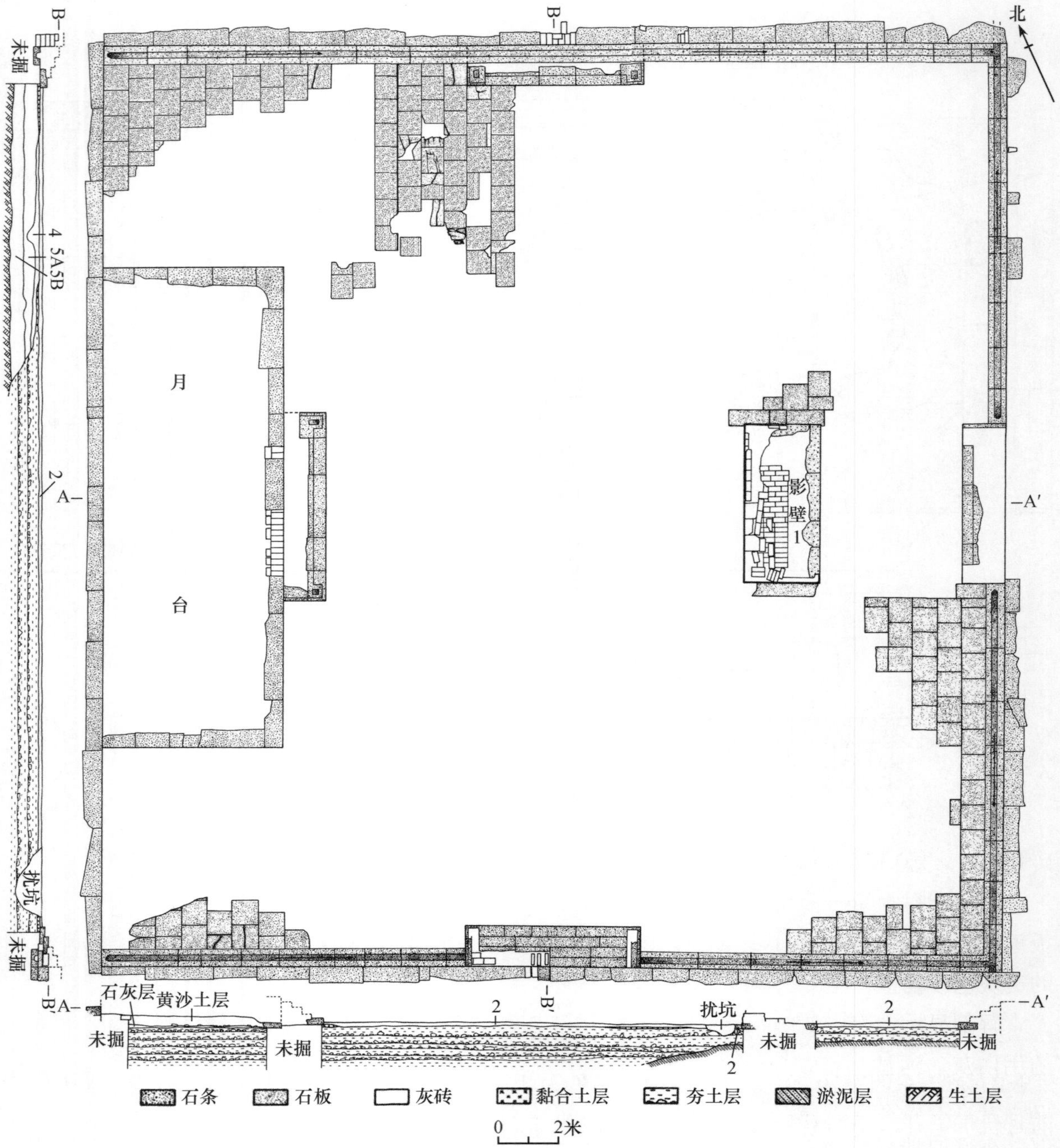

图二三　西宫院一平、剖面图

土衬等部分。影壁坐西朝东，整长5.56、宽2.56、残高0.35米。据其残余部分来看，该影壁为“一字形”影壁（图二四；图版八，1）。

影壁下枭、直檐损毁严重，仅有部分残存。下枭砖平砌在直檐砖上，形成肩涩，砖长0.56、厚0.07米。直檐用尺寸为0.38米×0.2米×0.07米的素面长方砖平砌。圭角用两层砖直向平砌叠加（不叠涩）而成，整体高0.22～0.23米，上层外砖用长0.41、厚0.07米的长条砖平铺。长条砖外侧上叠砌有雕花砖，砖饰如意卷云纹，雕花砖外侧顶部微弧。下层外砖为直壁素面砖，

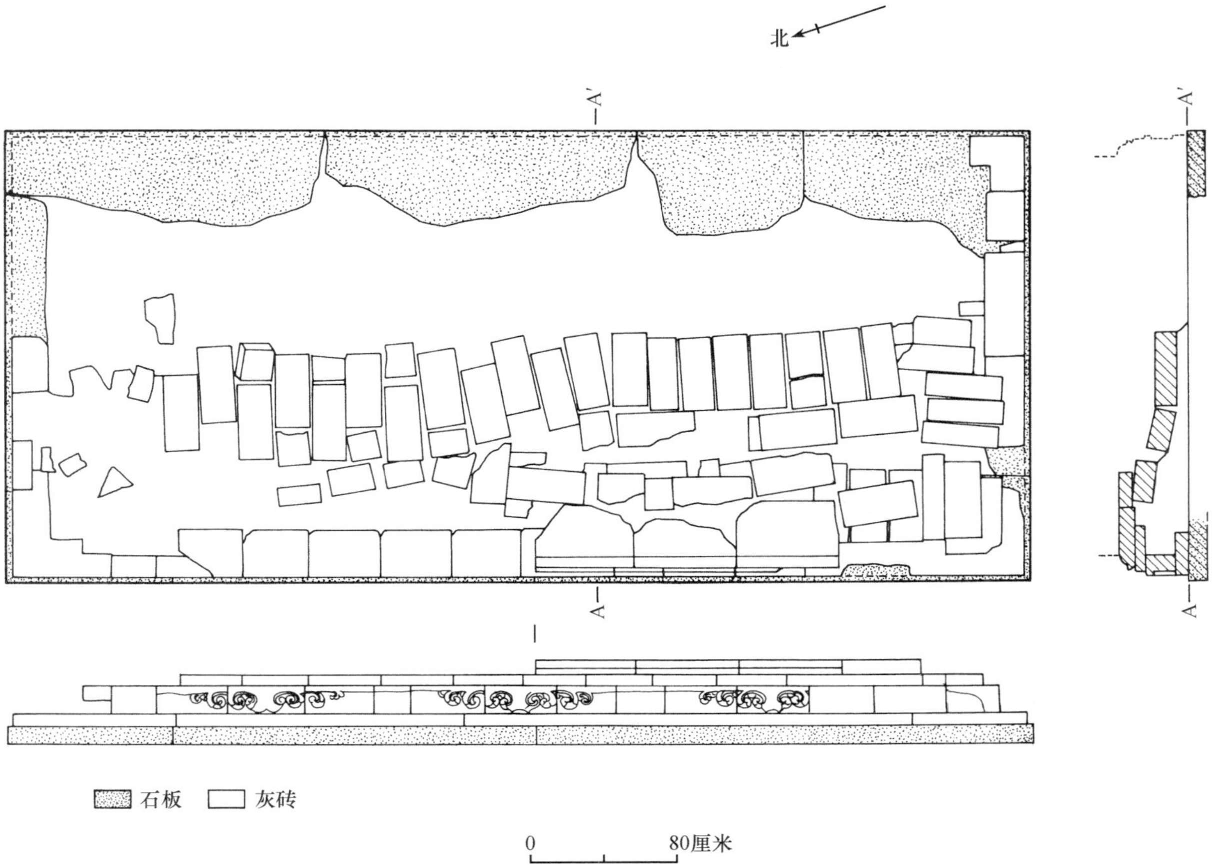

图二四　西宫影壁1平、剖面图

砖长0.38、宽0.15～0.16米。内以杂砖混以石灰直向平砌于土衬石上。

影壁土衬为青石板铺制，整长5.56、宽2.55米，金边宽0.03～0.04米。土衬石与院一内青石板地墁的材料、形制相同，上皮与院一内青石板地面平齐。土衬石下压有一层厚0.1米较松散的黄灰色沙黏土，土内间有薄石片，下为黄褐色垫土，与院一内垫土为一整体。

解剖显示，院一青石板地墁下为人工铺垫的垫土。地墁和垫土之间有一层厚0.02～0.05米的用白灰、河沙、植物根茎拌和而成的黏合层。垫土为一层夯土、一层骨料交替平铺夯筑而成，夯土为黄褐色，骨料为大小不一的卵石与少量碎砖块。由于修建前地势高低不一，院一北部、东部原地势较高处垫土层数较少，仅有2～3层，每层垫土厚0.25～0.35米。垫土打破并修建在原第4层自然堆积上。而院一南部、西部地势低处垫土层数较多，多达8层以上（因地下水位较高未完全发掘），每层垫土厚0.1～0.2米。院内及四周围合的F1～F4的垫土为一整体铺制的“满堂红”铺法，而后在整个垫土上砌筑建筑台明。

（二）院二

院二位于西宫的北部，由F6、F7、F8、F9及四隅两房交接处的抄手廊连接而成的一个近似正方形的院落。庭院南北中线方向为25°。东西长18.2、南北宽 16.25米，总面积295.75平方米。开口于第3层下，距地表深1.2～1.3米。院内东、西、南三面设有排水沟，地表铺设有青石板墁地（图二五）。

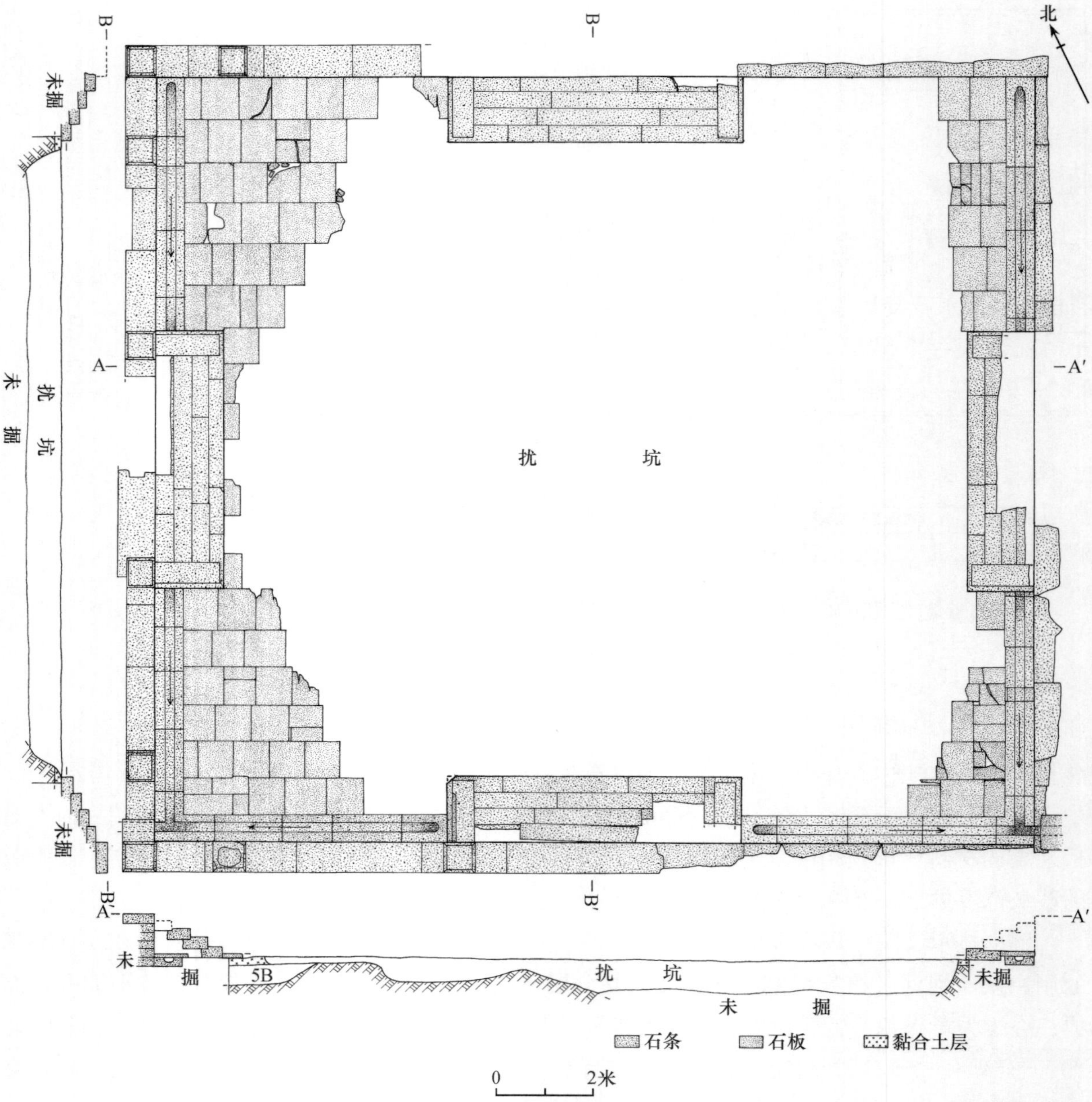

图二五　西宫院二平、剖面图

院二内铺设的青石板墁地，大部已毁坏，仅四角尚存局部。青石板经过打磨，棱角完整平直，部分石板面上打有不规则的“糙道”，铺法为东西向直铺、南北向错缝顺铺而成。青石板主要尺寸分别为0.75米×0.9米、0.74米×0.88米、0.76米×0.9米，厚0.06～0.08米。

院二内与F6、F7、F8房屋前檐共用的青条石制、断面呈“◡”形的排水沟，分别在院二西南角、东南角处经暗沟从抄手廊下排出院二（详见F6、F7、F8水沟）。

解剖显示，院二内青石板地墁下为一层厚0.02～0.05米的用白灰、粗沙拌和而成的黏合层。黏合层打破第5B层。第5B层厚0～0.4米。院中部被废弃的建筑构件扰乱至第5B层和生土。

（三）院三

位于西宫中部偏东，由F4、F5、F6及连接F4、F6的用灰砖砌成的围墙围合而成，为三面房屋一面砖墙的院落。庭院门道方向为115°。南北长12、东西宽10.9米，东北角向北凸出1米，凸出部东西长6.07米，东南角向南凸出0.98米，凸出部东西长1.4米，院落总面积约138.24平方米。开口于第3层下，距地表深约0.4～1.1米（图二六）。

院址现残存院墙、院门（编号门1）、影壁（编号影壁2）、排水沟（编号G1、G2）、青石甬路、散水及墁地等遗迹单位。

院墙仅存下碱部分，墙面未见抹灰。下碱部分高出院内青石甬路地面0.5～0.6、宽0.82～0.83米，外表用经过打磨加工后的灰砖包面，内部用残砖、整砖加石灰填合而成。灰砖为卧砖错缝叠砌而成，砖缝形式为十字缝，外表砖缝较大，表面光滑状，不露白灰。灰砖的尺寸不一，形制有别。尺寸为0.38米×0.19米×0.1米的墙面砖外侧均打磨光滑，其余五面皆经过削切成楔形砖（五扒皮制法）。尺寸为0.42米×0.2米×0.12米及尺寸为0.36米×0.11×0.09米的灰砖外侧也经过打磨，比较光滑，内壁没有削切。

门1，位于东院墙中部，破坏严重，仅存门槛石和门枕石以下部分。门槛石镶建于院墙内，尺寸为1.96米×0.18米×0.27米，门槛上头两端正中各有一榫眼，榫眼尺寸为0.22米×0.05米×0.04米，榫眼两侧各有2个尺寸为0.28米×0.02米×0.03米的凹槽，用途不明。门槛两侧靠墙处有大小、形制相同的门枕石两块，部分叠压于院墙下，尺寸为0.49米×0.29米×0.14米。门枕石院内侧上各凿有一个圆形海窝，直径0.09、深0.01米。门槛石和门枕石下铺设有槛垫石一块，槛垫石尺寸为1.83米×0.65米，做法为“通槛垫”（图二七）。

院内地表破坏严重，仅在影壁2东部残存一条青石板甬路和部分墁地，甬路与墁地平齐。甬路为从中宫侧门处铺设延伸至院三内的一段，东西向直铺，表面打有防滑的糙道。院内残长3.15、宽2.2米。甬路中间铺设的青石板主要尺寸分别为0.4米×0.5米、1.9米×0.38米、0.65米×0.26米、0.9米×0.63米，厚0.08～0.1米。南北两侧铺设包边的压条石长0.4～1.2、宽0.4～0.5、厚0.08～0.1米。甬路两侧残存部分不规则的青石板墁地。石板表面也多打有糙道，残破程度较严重。在靠近门1处尚残存一块人形纹地墁，用未经过打磨的卵石铺设而成，地墁残长1.7、宽0.7米。甬路、墁地下为一层厚0.02～0.05米的含白灰、细沙的黏合层。

影壁2，开口于第3层下，距地表深0.7米。砖石结构，仅存须弥座下部，可见束腰、下枭、下肩涩、下檐、圭角和土衬等部分，影壁坐东朝西，长3.83、宽0.98、残高0.68米。根据其残余部分来看，该影壁形制为“一字形”影壁（图二八；图版八，2）。

影壁束腰以下基本完整。束腰正面长3.3、高0.22米，侧面宽0.5、高0.22米。束腰外侧立面用不同尺寸的雕花砖拼接组合而成，雕花砖纹饰有椀花结带纹、牡丹纹和莲花纹等。雕花砖尺寸不一，分别长0.33、0.47、0.51米，宽0.22、厚0.1米，背立面、底面、左右立面进行削切。在雕砖前后正面分别刻有“千字、千字二、千字三”、“女字号一、女字号二、女字”等文字。

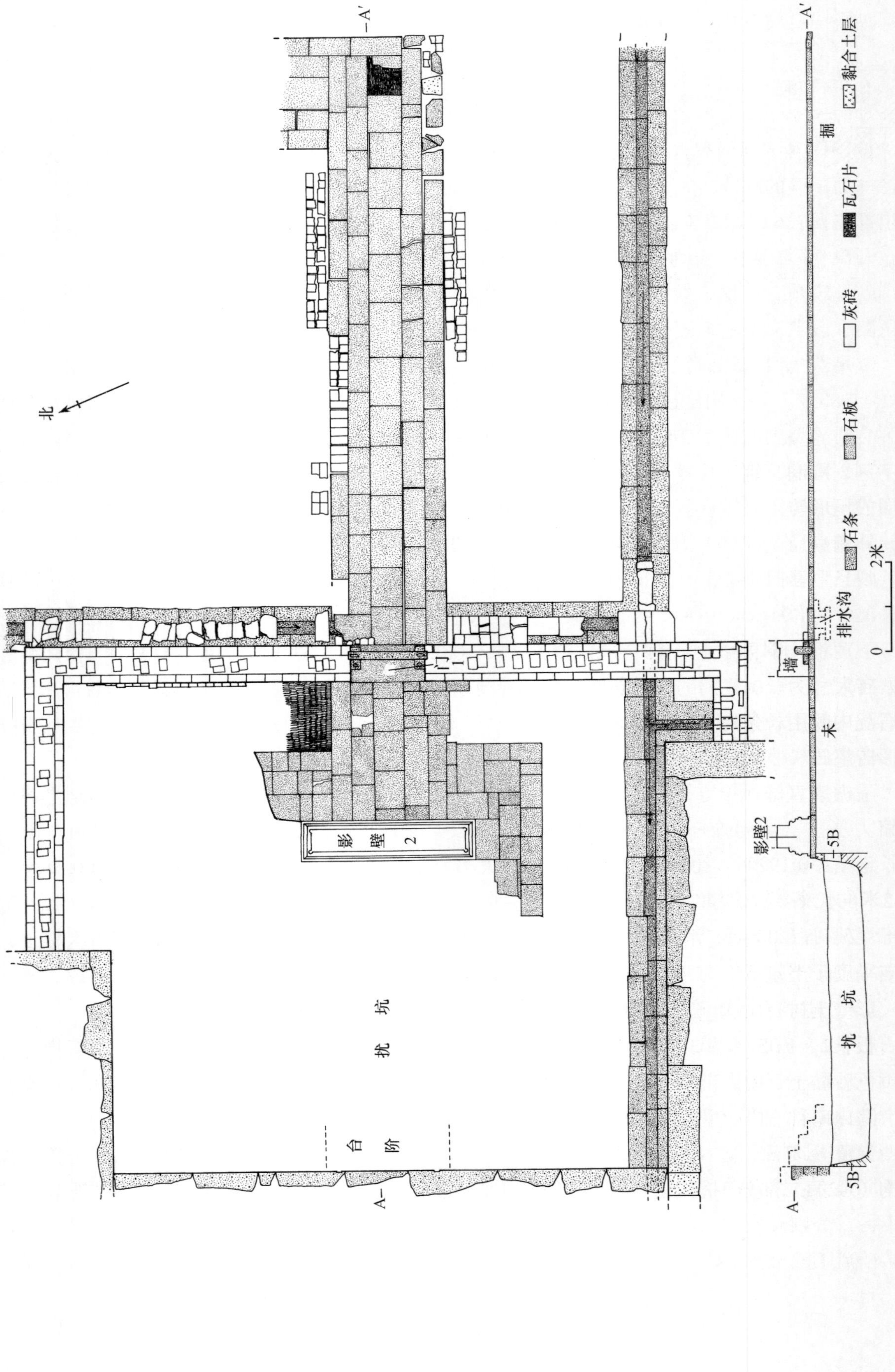

图二六　西宫院三平、剖面图

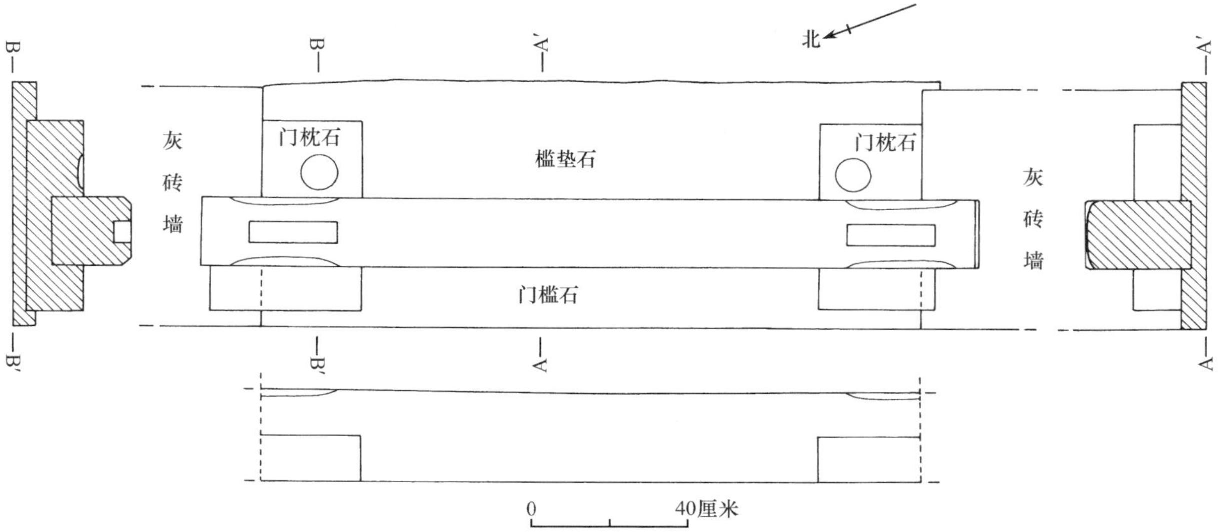

图二七　西宫门1平、剖面图

文字刻划圆润，笔迹流畅，属于烧制花纹砖时所刻，起编号作用。束腰四角上还存有残缺程度不同的玛瑙柱（图版九，1～4）。

影壁束腰与圭角间从上至下依次为下枭、双层下肩涩、下檐。下枭中间用长条形素砖砌成。长条形素砖长度分别为0.31、0.33、0.38米，厚0.05米。四周角落用圆棱砖围砌而成，圆棱砖长0.45、厚0.06米。

下肩涩比下枭微突，分两层。上层中间用长条形素砖砌成，四周角向外呈"乛"形。中间素砖尺寸为长0.36、0.4米，厚0.08米。四周角楔形砖整砖尺寸长0.54、厚0.05～0.06米。下层下肩涩中间用长条形素砖砌成，四周角较上层微弧，呈半弧形。中间素砖尺寸同上层，四周角弧形砖整砖长0.44、厚0.08米。

下檐为直檐，长方条形素砖砌成，砖尺寸分别为0.31、0.33、0.38米，厚0.05米。较圭角略内缩。

圭角厚0.19米，较直檐微突。用2层砖直向平砌叠加而成。上层用厚0.12、长分别为0.14、0.42米的长条形灰砖直砌平铺，其中长0.42米的灰砖外侧上叠砌有雕花砖，砖饰如意卷云纹。中部用残砖、整砖平砌混以白灰与外围圭角砖相连。下层用长0.22～0.28、厚0.06米的长条素砖直向平砌于土衬石上。

影壁土衬石由青条石板平铺围砌而成，整长3.83、宽0.98、金边宽0.03～0.04米。构成土衬的石板长1～1.05、宽0.34、厚0.18米。其上皮与院三内青石板甬路地面平齐。土衬下垫有一层灰黄色沙黏土，内夹杂薄石片，其下为第5A层。

院内南部东西向排水沟为主排水沟G1。G1从西宫东宫墙处向西穿院三院墙进入院三后，向西穿F5至院四，过院四直至西宫西宫墙。G1在院三墙外侧与从F7南山面排水口延伸而来的水沟（G2第二部分）相交，在院三内与沿F4东侧山面外由南向北延伸的水沟（G2第三部分）在院内东南角相交（图版一〇，5）。

G1为用长0.8～1.4、宽0.35～0.45、厚0.23～0.28米的长条形石块一下两上砌筑而成，断面

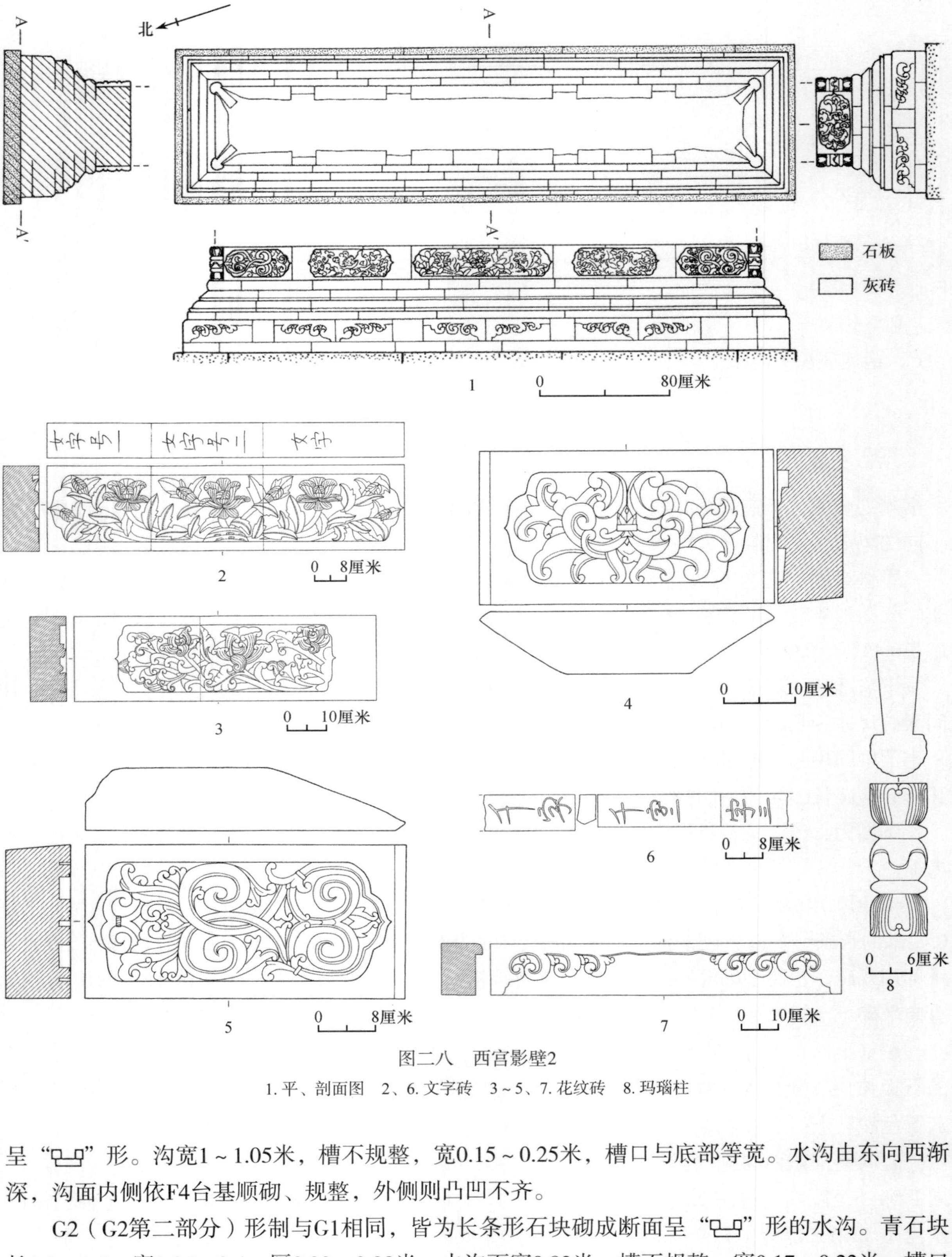

图二八　西宫影壁2

1. 平、剖面图　2、6. 文字砖　3～5、7. 花纹砖　8. 玛瑙柱

呈“凵凵”形。沟宽1～1.05米，槽不规整，宽0.15～0.25米，槽口与底部等宽。水沟由东向西渐深，沟面内侧依F4台基顺砌、规整，外侧则凸凹不齐。

G2（G2第二部分）形制与G1相同，皆为长条形石块砌成断面呈“凵凵”形的水沟。青石块长1.2～1.5、宽0.35～0.4、厚0.23～0.28米。水沟面宽0.82米，槽不规整，宽0.17～0.22米，槽口与底部等宽。沟面上用大小不等的石板或方砖覆盖。

G2（G2第三部分）详见F4东侧山面外排水沟。

解剖显示，院内地表多被建筑废弃堆积打破、扰乱。院墙地下埋头为两排灰砖，上层灰砖为卧砖顺铺，下层灰砖为一顺一丁。上层比墙面下碱部分要凸出0.03米，下层比上层凸出0.05米。砖下垫有一层厚0.05米的细黄沙，其下为第5A层。

（四）院四

院四位于西宫的中部偏西，由F4、F5、F6及连接F4、F6用灰砖砌成的院墙围合而成，为三面房屋一面砖墙的院落。门道方向为295°。南北长11.97、东西宽11.1米，西北角向北凸出1米，东西长6.15米，西南角向南凸出0.98米，东西长1.4米，总面积约140.39平方米。开口于第3层下，距地表深0.4～1.1米（图二九）。

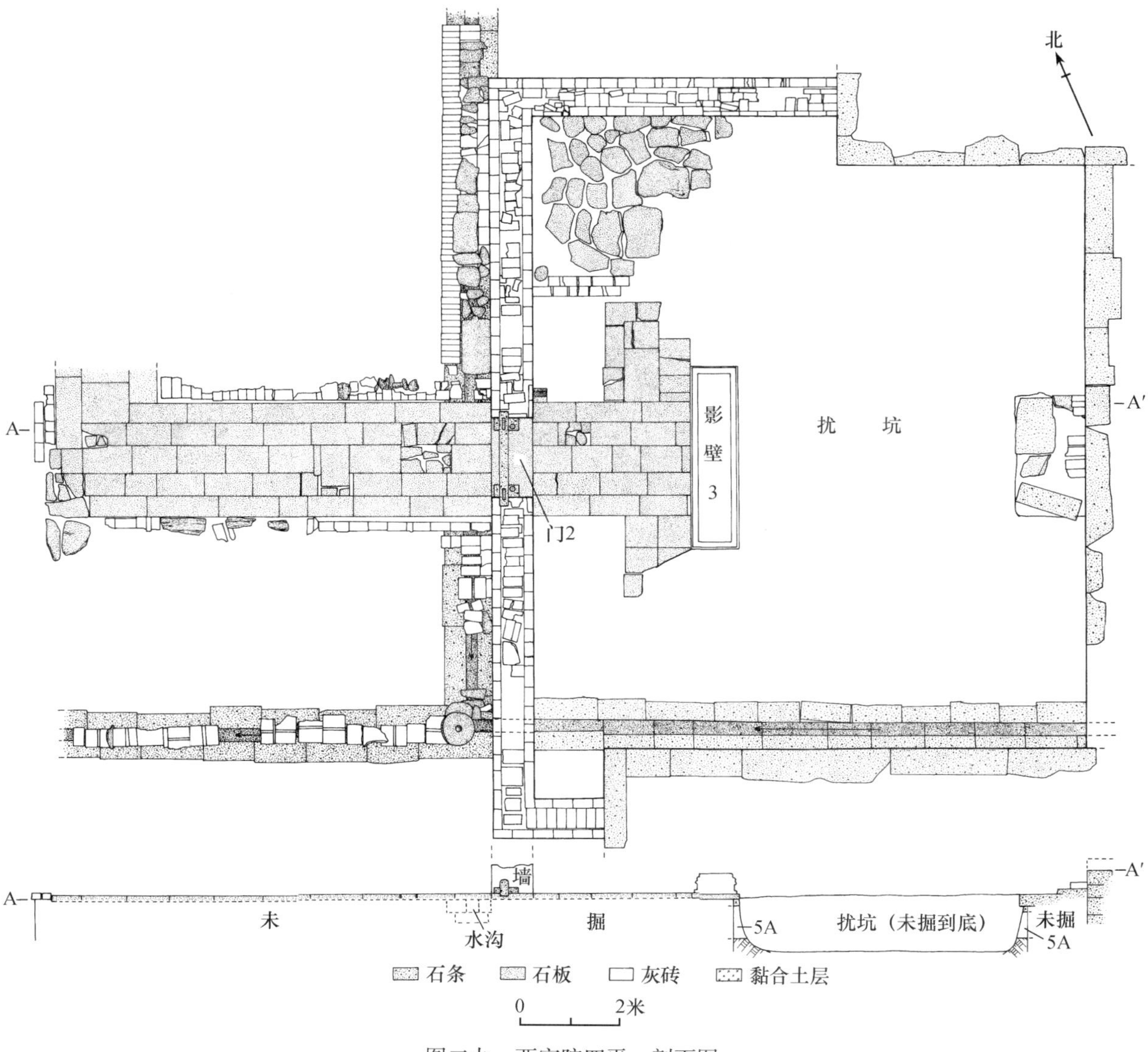

图二九　西宫院四平、剖面图

院址现残存院墙、院门（编号门2）、影壁（编号影壁3）、排水沟（编号G1、G2）、青石甬路、散水及墁地等遗迹单位。

院墙仅残存下碱部分，墙面未见抹灰。院墙下碱部分高出院内青石甬路地面0.5～0.6、宽0.82～0.83米，外表用经过打磨加工后的灰砖包面，内部用尺寸不一的残砖、整砖加石灰填合而成。灰砖为卧砖错缝叠砌，砖缝形式为十字缝，砖缝缝隙较大，表面较光滑，不露白灰。灰砖的尺寸不一，形制有别。其中，灰砖尺寸为 0.38米×0.19米×0.1米的墙面砖外侧均打磨光滑，其余五面皆经过削切成楔形砖（五扒皮制法）。尺寸为0.42米×0.2米×0.12米的灰砖外侧经过打磨较光滑，其余几面没有削切。

门2，位于院四西院墙中部，破坏严重，仅存门槛石和门枕石以下部分。其中门槛石镶建于院墙内，尺寸为1.76米×0.16米×0.23米。门槛上头两端正中各有一榫眼，榫眼尺寸为0.19米×0.06米×0.06米。门槛两侧靠墙处有大小、形制相同的门枕石两块，部分叠压于院墙下，尺寸为0.48米×0.24米×0.12米。门枕石院内侧上凿有圆形海窝，海窝直径0.09、深0.02米。门槛石和门枕石下铺设有槛垫石一块，槛垫石尺寸为1.66米×0.82米，做法为“通槛垫”（图三〇；图版六，1）。

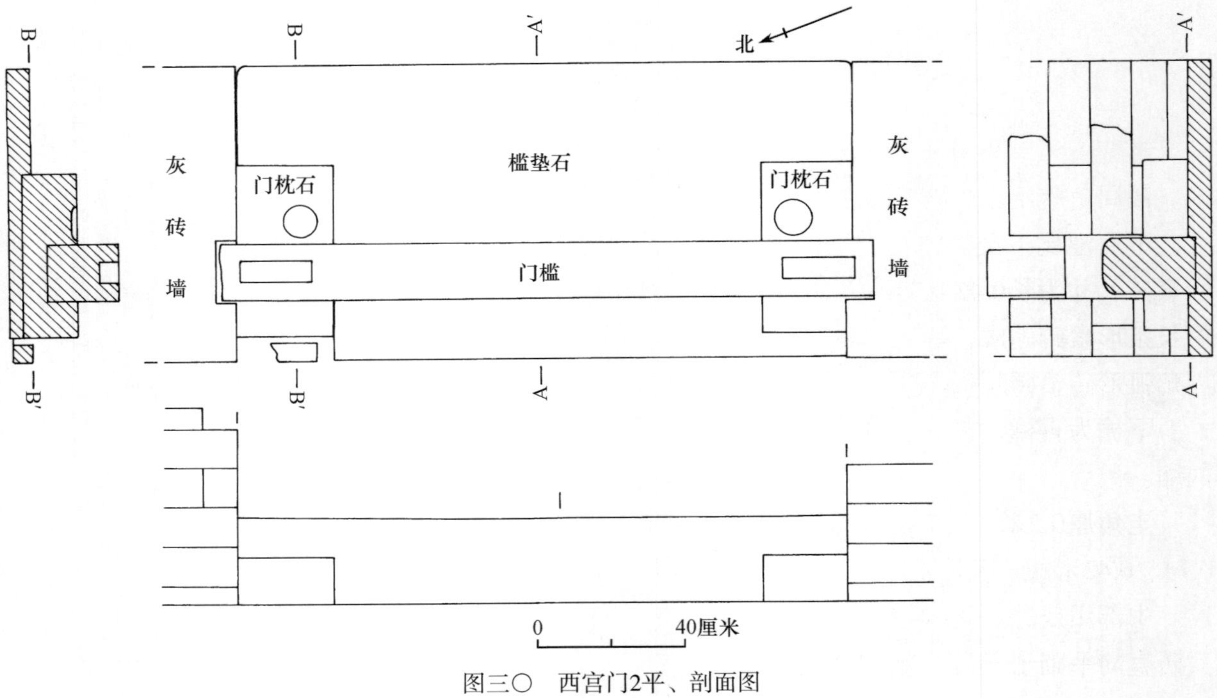

图三〇　西宫门2平、剖面图

院四内地面破坏严重，仅在影壁3西部残存一条从院内向院外延伸的青石板甬路和部分墁地。墁地与甬路平齐，甬路东西向顺铺，为院三内甬路延伸而来。甬路院内残长3.2、宽2.24米。甬路中间铺设的青石板主要尺寸分别为0.85米×0.55米、0.55米×0.55米、0.5米×0.4米，厚0.08～0.1米。南北两侧铺设包边压条石长0.95～1.3、宽0.4、厚0.08～0.1米。

甬路两侧残存有少量不规则青石板墁地。院内西北角处有一大块鹅卵石墁地，所用卵石大小无规律，铺建地面较平坦，与甬路平齐，卵石镶在浅黄沙黏土内。

影壁3，开口于第3层下，距地表深0.6～1.1米。砖石构造，仅存须弥座以下，可见下枭、下肩涩、下檐、圭角和土衬等部分。影壁坐东朝西，长3.68、宽0.88、残高0.46米。据其残存部分来看，该影壁形制为"一字形"影壁（图三一；图版九，5）。

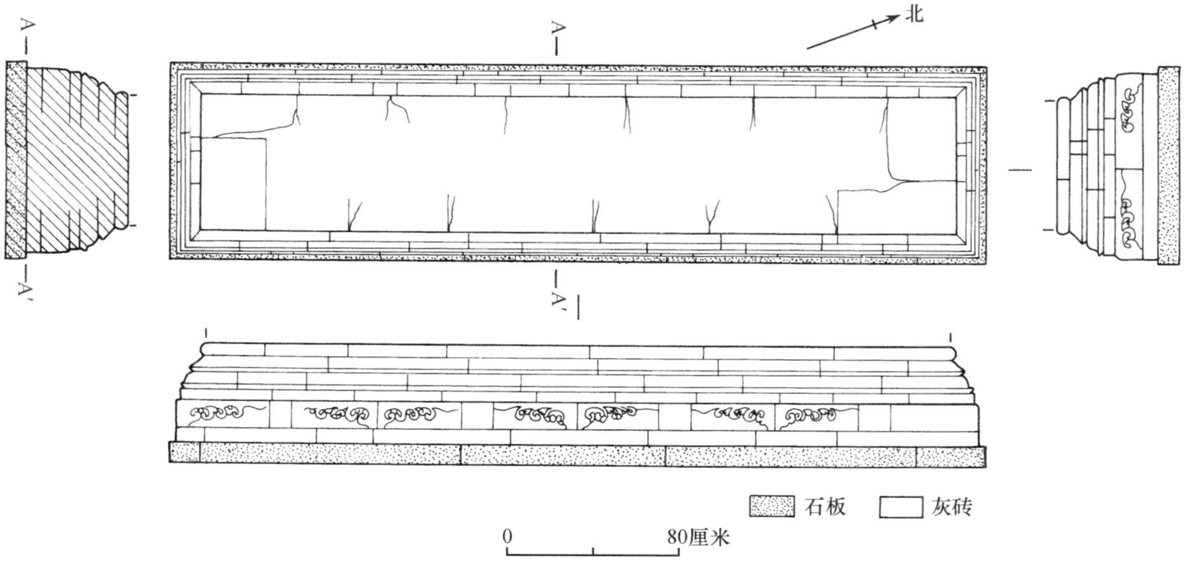

图三一　西宫影壁3平、剖面图

影壁下枭中间用长条形素砖砌成，表面浆有大量白灰浆。长条形素砖长0.38～0.64、厚0.06米。四周角落用圆棱砖围砌，圆棱砖整砖长0.54、厚0.06米。

下肩涩比下枭微突，分两层。上层中间用长条形素砖砌成，四周角向外呈"乛"形。中间素砖尺寸为长0.42～0.64、厚0.08米。四周角楔形砖整砖尺寸为长0.64、厚0.08米。下层中间用长条形素砖砌成，四周角较上层微弧，呈半弧形。中间素砖尺寸长0.32～0.66、厚0.08米。四周角弧形砖整砖长0.42、厚0.08米。

下檐为直檐，较下层下肩涩微凸。用长0.38～0.44、厚0.05米的长条形素砖砌成，较圭角略内缩。

圭角厚0.2米，较直檐微突。用2层砖直向平砌叠加（不叠涩）。上层用厚0.12、长分别为0.14、0.42米的长条形灰砖直砌平铺，其中长0.42米的灰砖外侧上叠砌有雕花砖，砖饰如意卷云纹。中部用残砖、整砖平砌混以白灰与外围圭角砖相连。下层用长0.26～0.66、厚0.08米的长条素砖直向平砌于土衬石上。

影壁土衬用青石板平铺围砌而成，长3.68、宽0.88、金边宽0.04～0.05米。青石板长0.14～1.2、宽0.34、厚0.14米。其上皮与院四内青石板甬路地面平齐。土衬下垫有一层厚0.05～0.1米的灰黄沙黏土，内夹杂有薄石片，其下为第5A层。

院四水沟与院三相同，有G1和G2内外两条排水沟。排水沟除G2（第三部分）未铺设外，形制、位置和尺寸皆与院三排水沟相同（图版一〇，3）。

解剖显示，院内地表多被建筑废弃堆积打破、扰乱。院墙地表下埋头为两排灰砖，上层灰砖为卧砖顺铺，下层灰砖为一顺一丁。上层比墙面下碱部分要凸出0.03米，下层比上层凸出0.05米。砖下垫一层厚0.05米的细黄沙，叠压在第5A层上。

（五）院五

院五位于西宫西北部，由F11和三面灰砖墙连接围合成。院落西距西宫墙17米，与东侧院九共用东院墙，南侧有一条南北向青石甬路通往院外，北侧和F14及以F14为主体构成的院八相连。庭院南北中线方向为205°。东西长13.7、南北宽6.95米，西北角向北凸出0.65、东西宽0.38米，院内总面积约95.46平方米。开口于第3层下，距地表深0.5～1.1米（图三二）。

院内现残存院墙、院门（编号门3）、青石甬路、灰砖墁地、排水沟等遗迹单位。

院墙仅存下碱部分，墙面未见抹灰。院墙下碱部分距院内灰砖墁地高0.35～0.76、宽0.78～0.82米。外表用经过打磨加工后的灰砖包面，内部用尺寸不一的残砖、整砖加石灰填合而成。灰砖为卧砖错缝叠砌，砖缝形式为十字缝，砖缝缝隙较大，光滑状，不露白灰。砌筑的砖表面经过打磨，比较光滑，其余五面经过削切成楔形砖（五扒皮制法）。灰砖尺寸为0.39米×0.2米×0.1米。

门3，位于南院墙中部，破坏严重，仅存门槛石和门枕石以下部分。门槛石镶建于院墙内，尺寸为1.82米×0.16米×0.19米。门槛上头两端正中各有一榫眼，榫眼尺寸为0.16米×0.05米×0.05米，榫眼两侧各有2个0.23米×0.02米×0.03米的凹槽，用途不明。门槛两侧靠墙处有形制相同的门枕石两块，部分叠压于院墙下，尺寸为0.49米×0.3米×0.12米。门枕石院内侧各凿有一个圆形海窝，海窝直径0.08、深0.02米。槛垫石尺寸为1.32米×0.8米×0.06米，制法属于“通槛垫”（图三三）。

院内铺设有南北向青石甬路。北部起点在F11台阶燕窝石处，南部终点在距院墙0.12米处。甬路长5.8、宽4.4米，与F11台阶燕窝石等高。甬路中间主要用0.88米×0.68米×0.13米、0.72米×0.44米×0.13米两种尺寸的青石板南北向错缝平铺而成，部分破损处用不规则青石板修补。东西两侧用长1.2～1.75、宽0.5～0.54、厚0.13米的长方形压条石包边，其中西侧甬路压条石上第2、3块（由北向南数）面上凿有直径0.08、深0.04米的圆孔，用途不详。东侧压条石外侧残存有灰砖砌筑而成的散水，灰砖尺寸为0.38×0.2×0.11米。院内甬路高于院外甬路0.12、宽于院外甬路2.4米，甬路下铺垫一层厚0.03～0.08米的含有白灰、沙等杂物的黏合层，下为生土。

庭院以甬路为界分为东西两部分，东部已遭扰乱至生土，仅存墙角处一南北向排水沟。西部的地面尚存部分地墁砖，沿院墙依次顺铺，砖尺寸为0.4米×0.22米×0.06米，地墁砖大部分被扰乱、风化，破损严重，砖与砖之间缝隙紧密，未见白灰。

甬路东侧院墙内外有相通的砖制排水沟。其中院五内排水沟距院墙0.14～0.17米，砖尺寸同院内西侧地墁砖，一下两上砌筑而成，灰砖槽壁处经过削切呈倾斜状，水沟断面呈“⌣”状，排水沟面宽0.54、槽口宽0.25、底宽0.18米，由北向南渐深0.04～0.1米，并在院墙东南角下通过“冂”沟门穿院墙通往院外（院九）排水沟。院九排水沟距院墙0.15～0.21米。底部用灰砖平铺，上部用灰砖侧向顺摆与底砖错缝摆放，断面呈“ㅁ_ㅁ”形，水沟沟面宽0.5～0.6米，槽口与沟底等宽，为0.14～0.26米，由南向北深0.1～0.21米，流向西宫北宫墙环宫墙排水沟，砖尺寸为0.4米×0.19米×0.11米，其上多被残砖、石块和建筑构件覆盖。

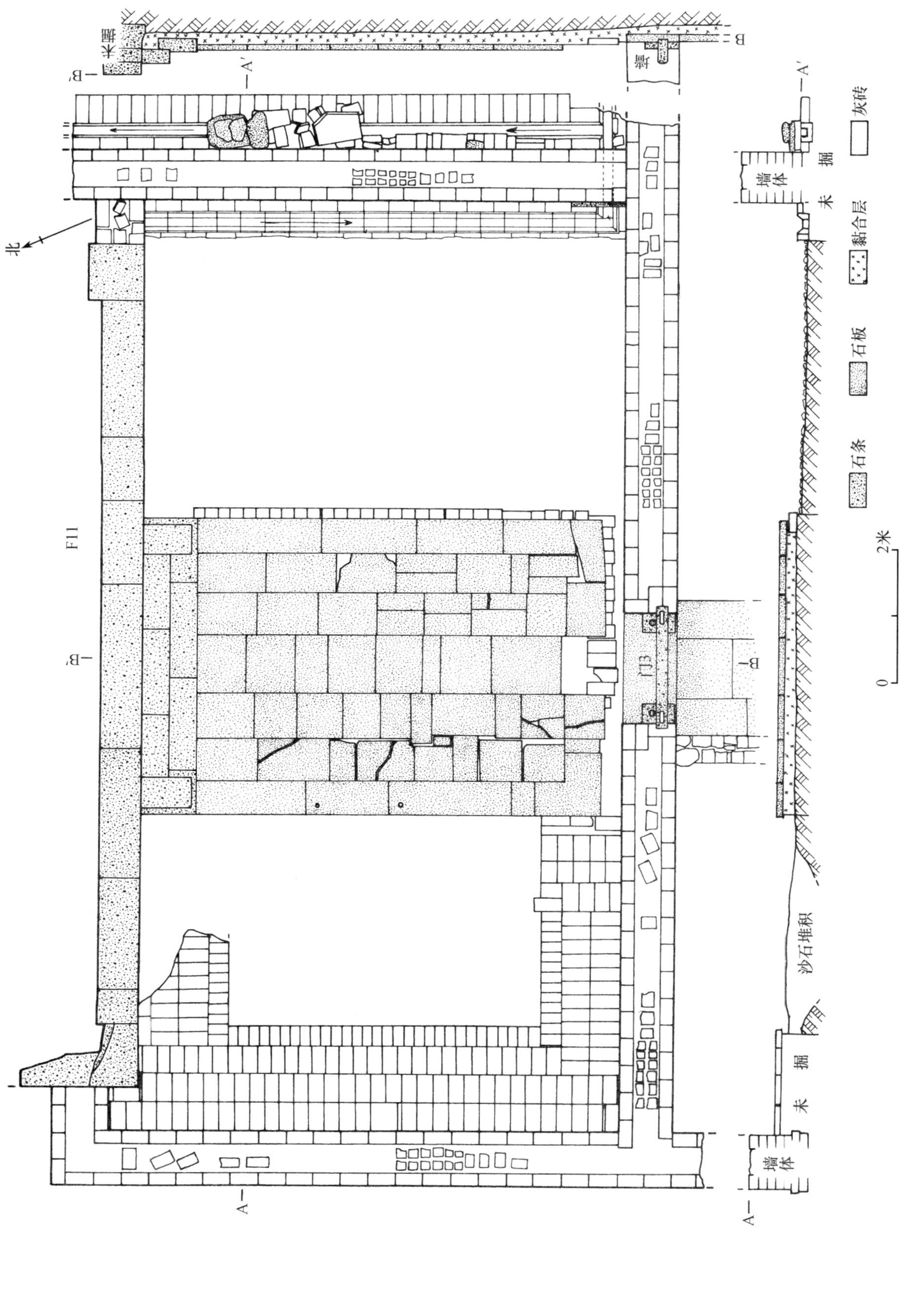

图三二 西宫院五平、剖面图

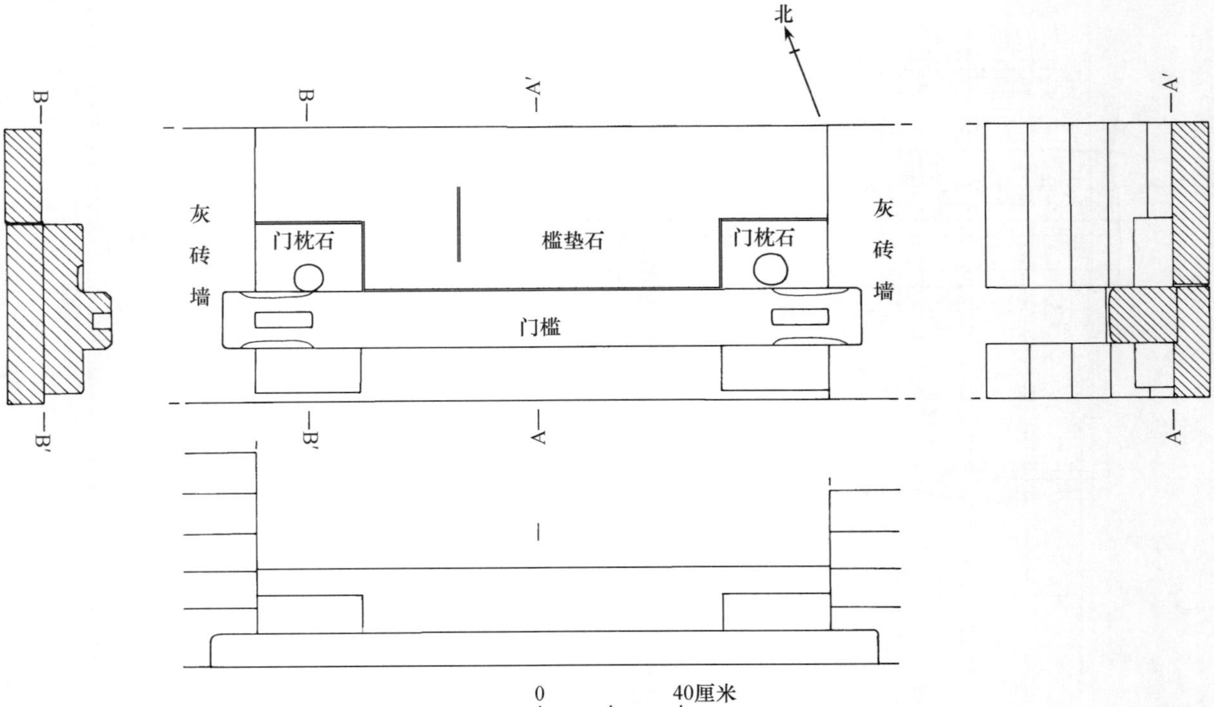

图三三　西宫门3平、剖面图

解剖显示，甬路西侧灰砖墁地铺设在沙砾层上，甬路东侧水沟在生土上铺设而成。院墙地表下埋头为一排灰砖，灰砖铺法为卧砖顺铺，较墙面下碱部分凸出0.03米，直接在生土层上铺设。

（六）院六

院六位于西宫东南部，由F1、西宫东宫墙（含西宫宫门）和连接F1、西宫东宫墙的南北两面用灰砖砌成的院墙围合而成，与院七对称分布。门道方向为115°。南北长34.25、东西宽约20.35米（临近西宫东墙部分未掘），院内总面积约696.99平方米（含F1部分台明）。开口于第3层下，距地表深0.9～1.2米（图三四）。

院内现残存院墙、甬路及排水沟等遗迹单位。

院墙仅存下碱部分，墙面未见抹灰。下碱残高0.12～0.4、宽0.96米。灰砖的摆置方式为卧砖错缝叠砌，砖缝形式为十字缝，外表缝隙较大，表面光滑，不露白灰，内部为楔形。灰砖尺寸为0.39米×0.18米×0.12米，夹墙之间用三排残砖或整砖整齐平铺，并以白灰填合。南北院墙连接F1廊道处都有青石制成的暗沟及沟盖板（详见F1）。

西宫门基座发掘前部分暴露于地表外，为方正石台明。长11.25米，宽不详，高0.84米。台基设有通往西宫的台阶，含阶条石共五级。台阶通长3.45、通宽1.35、高0.84米。踏跺由青条石错缝铺成，每级长2.25、宽0.35、厚0.16米。第四级青条石遗失，露出石条背后踏跺胆，踏跺胆由灰砖混以白灰浆砌至台明处；台阶两侧垂带石部分损毁，其中北垂带石残长0.85、南垂带石

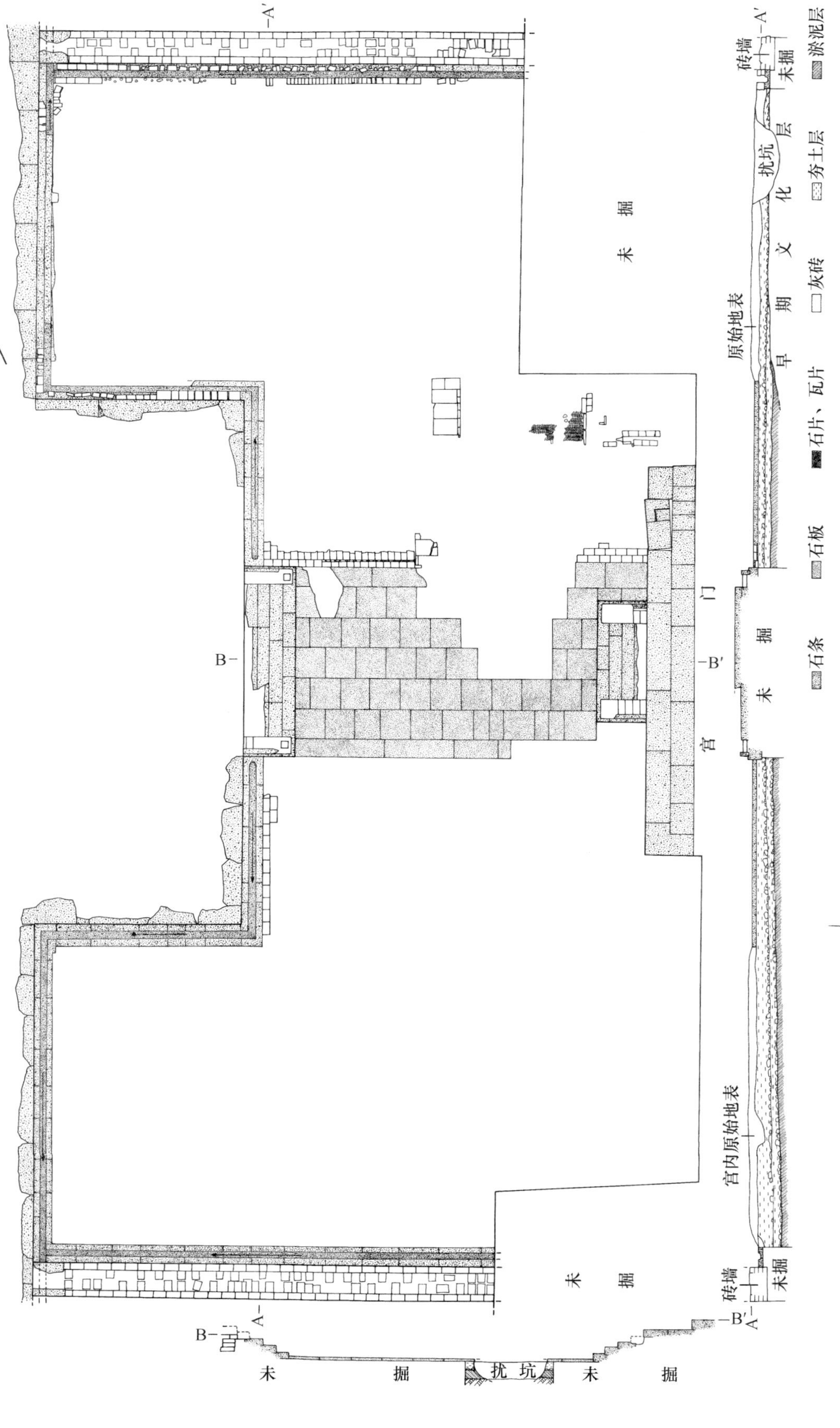

图三四 西宫院六平、剖面图

残长0.45、宽0.45、厚0.18米。垂带残损处露出内部东西向铺设的一排尺寸为0.39米×0.19米×0.1米的灰砖。象眼为石制，近似直角三角形，镶嵌于垂带与土衬石之间，其侧立面较垂带石内凹0.06米。两侧象眼保存较好，底边长1、直边高0.45米。燕窝石金边与平头土衬石金边各为0.08米，平头土衬石露明0.08米。

院六内设有一条东西向连接西宫门基座及F1的甬路，长8.35、宽5.45米。甬路整体保存较好，局部损毁。路面由青石板东西向直铺、南北向错缝顺铺而成。中间铺设的五排青石板为正方形，边长0.85、厚0.08~0.1米。南北两侧包边的压条石尺寸为2.5米×0.55米、1.95米×0.55米两种，厚0.08~0.1米。甬路北侧压条石外侧还残存两排灰砖铺砌的散水。灰砖多残破，尺寸不一。甬路南侧未发现，疑破坏殆尽。

院六青石甬路南北两侧至院墙处皆为空地，叠压在第3层之下。浅灰色沙土，疏散，夹有石灰渣、砖石残渣，厚0~0.45米，叠压在人工垫土层之上。表土层零星分布有不规则方砖和卵石铺建的人字纹墁地。经解剖，在该层内发现有数个灰坑打破人工垫土。坑内见大量枯萎植物根须、白灰以及部分废弃砖瓦块。推测为当时地表的树坑，院内甬路两侧空地当时种植有树木花草。

院六南北院墙内侧各有一条沿院墙修建的东西向排水沟，并分别与F1南北抄手廊前檐的排水沟相连。排水沟均用长方形青条石凿制而成，石条长1.1~2.8、宽0.55~0.6米，槽口宽0.2、深0.05~0.09米。水沟断面呈“◡”形，槽两边台面宽度大体相等，内侧靠院墙处槽面较齐整，外侧槽面粗糙。北院墙内侧的石制排水沟上修补有一层残砖，尺寸不一，用于加深水沟深度，修补后的排水沟形状呈深“U”形，深0.26~0.35、宽0.2~0.25米；北墙处排水沟与F1前檐台阶北侧排水沟交汇后，经暗沟穿过北院墙后，与院一内东北角经暗沟穿出的排水沟再次交汇，经F4东山面（G2第三部分）水沟由南向北在院三内汇入主排水沟G1。院六南墙处排水沟经暗沟穿过南院墙后，与院一内东南角经暗沟穿出的排水沟交汇，经F2东山面外（G2第四部分）水沟最终流往西宫南宫墙环宫墙排水沟处。

解剖显示，院六内与甬路路面平齐的原始地表为一层浅灰色沙性土，其下为与院一形制相同的砖瓦、卵石与黏土夯筑的垫土。垫土由南向北逐渐减少，整体厚0.15~0.65米，分为两层，上层部分遭扰乱，薄厚不均，厚0.15~0.35米，其中骨料厚0.1~0.15米；下层厚0~0.25米，部分区域未铺设骨料。垫土层打破第4层。

院墙地表下埋头为两层砖，砖尺寸同下碱部分。其中埋头下第一层砖较第二层砖和地表下碱砖凸出0.03米，第一层砖是卧砖丁铺，上下是卧砖顺铺。墙基下为与院内相同的垫土层。

（七）院七

院七位于西宫西南角，由F3、西宫墙以及连接F3、西宫墙的南北两面用灰砖砌成的院墙围合而成，与院六对称分布。门道方向295°。南北长28.5、东西宽19.7米，院内总面积约561.45平方米（含F3后月台）。开口于第3层下，距地表深0.8~1.35米（图三五）。

院址残存院墙、甬路、影壁（编号影壁4）及排水沟等遗迹单位。

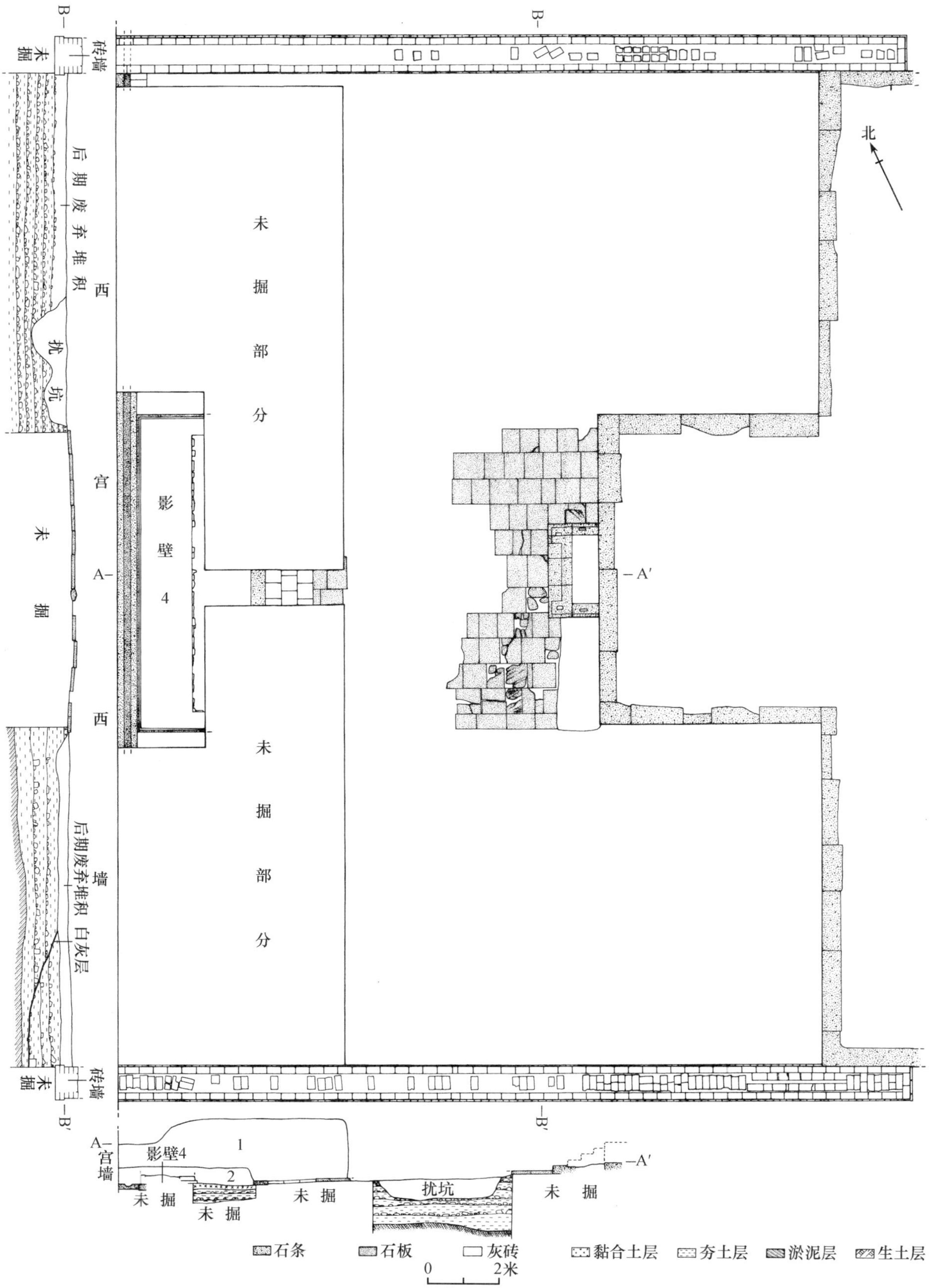

图三五 西宫院七平、剖面图

院墙仅存下碱部分，墙面未见抹灰。下碱残高0.3～0.4、院墙均宽0.98米。砖的铺设方式为卧砖顺铺。砖缝形式为十字缝，砖缝缝隙较大、光滑，不露白灰，内部为楔形。灰砖尺寸为0.39米×0.18米×0.12米。夹墙之间用三排残砖或整砖整齐平铺，并以白灰填合而成。其中北院墙下贴近宫墙处有一排水沟盖板，东西长0.83、高0.24米，南北与院墙等宽，排水沟口位于盖板正中，设有“⌒”形沟门，距沟面高0.12米，宽与环宫墙排水沟槽口等宽，南院墙处未经发掘，推测也有一相同形制的排水沟盖板。

院七内设有一条东西向从F3后月台处延伸至影壁4的甬路。甬路当心铺青石条，方砖海墁，外侧条石包边。甬路残长9.8、宽8.65米，中部被现代生活垃圾扰乱。青石板铺法为东西向直铺、南北向错缝顺铺。中间铺设的青石板尺寸有0.75米×0.65米、0.75米×0.5米两种，厚0.08～0.1米。部分残破处由不规则石板修补。甬路靠近影壁4处由三排正方形的灰砖铺设，灰砖尺寸为0.51米×0.51米×0.12米，砖铺法为南北向直铺、东西向错缝顺铺而成。

甬路两侧院内空地上为近现代垃圾扰乱至建筑垫土层上。

影壁4，位于院七的西部。其西侧紧依靠宫墙的南北向环宫墙排水沟，东部正对院七内甬路，坐西朝东，整长9.12、宽3.66、残高0～0.34米。开口于第2层下，距地表深0.6～2米（图三六）。

影壁4仅残存底部，可见直檐、圭角、土衬等部分。据其残余部分来看，该影壁为“一字形”影壁。

直檐仅残存局部，平铺在圭角上，略内收，由素面灰砖错缝平铺而成。灰砖尺寸为0.42米×0.18米×0.07米。内部用不同尺寸的残砖、整砖平铺，混以石灰与外包砖相衔接。

圭角由两层砖直向平砌叠加而成，整体高0.24米，上层外砖为素面砖，长0.33～0.64、厚0.16米。部分长条砖外侧上叠砌有饰如意卷云纹的雕花砖，雕花砖外侧顶部微弧。下层外砖为直壁素面砖，砖长0.38～0.5、厚0.08米。影壁内部用残砖、整砖平砌混以石灰直向平砌于土衬石上。

土衬石用长条形石板平铺围砌而成，西侧紧贴环宫墙排水沟，东侧与方砖海墁相接。长9.12、宽3.66、金边宽0.03～0.04米，与院七内青石板地墁的材料、形制相同，上皮与方砖海墁地面平齐。

解剖显示，院七内建筑垫土分早晚两期，两期垫土之间有一层厚0.02～0.08米的白灰抹成的均匀涂面。其中，晚期垫土主要分布在院七南部，大部被近现代建筑垃圾打破。晚期垫土土色发红，厚0～0.8米，铺法同早期垫土，用褐红色黏土、建筑构件和废弃的大块石材交替夯筑而成。现存3层，每层厚0.2～0.3米，骨料厚0.05～0.15米。早期垫土与院一内的垫土相同，每层由厚0.2～0.3米的灰黄色黏土和厚0.05～0.15米的卵石交替夯筑而成。因地势北高南低，甬路南北两侧的夯土层数有所不同，甬路以南夯土距甬路建筑面深1.3～1.4米时为第4层，甬路以北距甬路建筑面深1.5米时垫土仍未到底（遇地下水未发掘）。

院墙地表下埋头为两层砖，砖尺寸同下碱部分。埋头下第1层砖较第2层砖和地表下碱砖凸出0.05米，第1层砖是卧砖丁铺，上下是卧砖顺铺。北院墙埋头下为早期垫土，南院墙埋头下为晚期垫土。

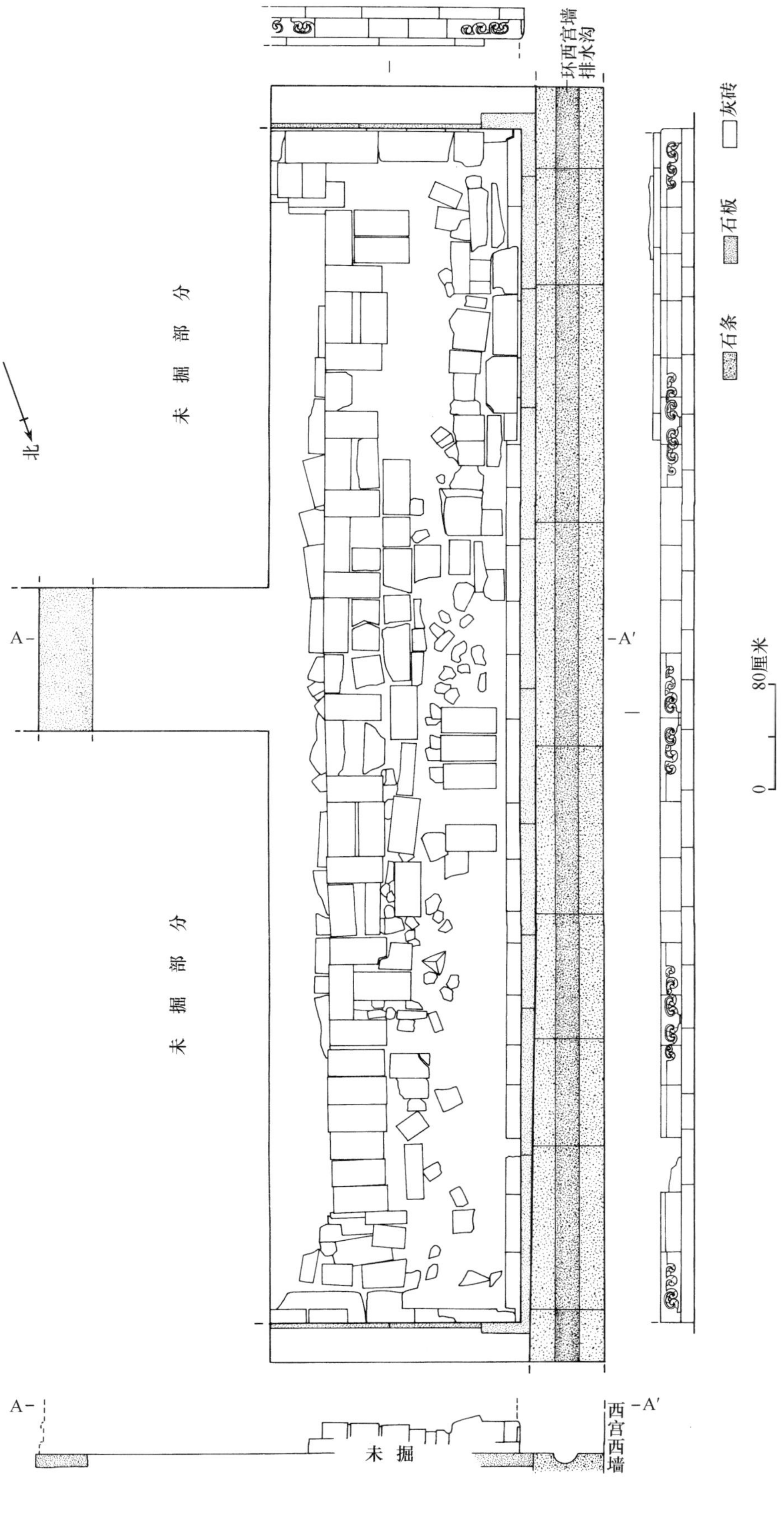

图二六　西宫影壁4平、剖面图

（八）院八

院八位于西宫的西北角，平面呈曲尺形。由F14、西宫北宫墙和院五延伸过来的院墙组成。门道方向115°。南北长12.85、东西暴露部分宽5.2米（西北部未发掘，整体宽度不详）。开口于第3层下，距地表深0.9～1.7米（图三七）。

院址现残存院墙、墁地、门（编号门6）、水沟等遗迹单位。

东院墙与院九院墙共用，为院五院墙的延伸，其宽度、残高和砌法同院五院墙。

门6，位于院八东院墙靠近北宫墙1.9米处，破坏严重，现存门枕、门槛和槛垫石等。经解剖发现门6分早晚两期，门槛石为早晚期共用，门枕、槛垫石早晚期由不同材料制成。

门槛石镶建于院墙内，尺寸为1.3米×0.17米×0.16米，两端正中各有一个榫眼，榫眼尺寸为0.16米×0.05米×0.04米，榫眼两侧又各有两个凹槽，凹槽尺寸为0.23米×0.04米×0.03米。

晚期门枕位于院八院墙内侧北端，残砖制成单门枕，门枕高度同院内地墁砖，叠压在早期门枕石上。门枕砖上凿有海窝，直径0.05、深0.03米。槛垫石为灰砖与石板混合铺设而成，与院内地墁等高，较门槛石低0.08米（图三八；图版七，2）。

早期门枕为单门枕，石制，长方形。位于院八墙内侧北端，尺寸为0.52米×0.27米×0.12米。门枕上凿有2个海窝，一大一小，一深一浅，大的直径0.08、深0.04米，小的直径0.06、深0.03米。槛垫石，石制，长方形，尺寸为1.13米×0.78米×0.09米，较门槛低0.18米，制法为“通槛垫”（图三九；图版七，3）。

院八院内铺设有地墁砖，现存地墁砖建筑高度高于F14的阶条石0.05米，并部分覆盖在F14阶条石上。墁地南部和北部部分被破坏扰乱，中部被一条东西向现代墙基打破。院内北部和中部用0.3米×0.16米×0.07米的灰砖一顺一横铺地，南部用0.35米×0.2米×0.08米、0.47米×0.47米×0.08米的地墁方砖及一些卵石交错铺地。门6内侧距北宫墙0.7米处残存有一条东西向竖立卵石铺设的人形纹地墁，残长1.1、宽0.75米。

院八东院墙内侧未发现排水沟，外侧院九内排水沟为院五外排水沟的延伸，并延伸至北环宫墙水沟。北环宫墙水沟，为灰砖制成，断面呈一下两上的“□_□”形水沟。沟面宽0.8米，槽口与槽底等宽，均宽0.25米，深0.08米。灰砖大多残破，整砖尺寸为0.39米×0.18米×0.13米。水沟面上覆盖石板、磨盘和碎砖等。

局部解剖显示，院八地墁砖下垫土为灰土。灰土土质结构紧密、干硬，内含有大量白灰渣、沙粒和石块，与F14室内灰土相同。灰土层下0.46米处叠压有紧贴F11台基后檐的南北向墙基，墙基由两排灰砖顺铺而成，墙基打破生土层。墙砖尺寸为0.39米×0.18米×0.13米，因被叠压在院八地墁砖下未予整体解剖，推测属于地墁砖铺设前的早期遗迹。

（九）院九

院九位于西宫北部偏西，院五及院八院墙以东，F9、F12及JI以西，北为西宫北宫墙，南为紧贴F8抄手廊后檐通往院五甬路处的院墙，整体为三面院墙一面房屋构成的院落，平面呈曲

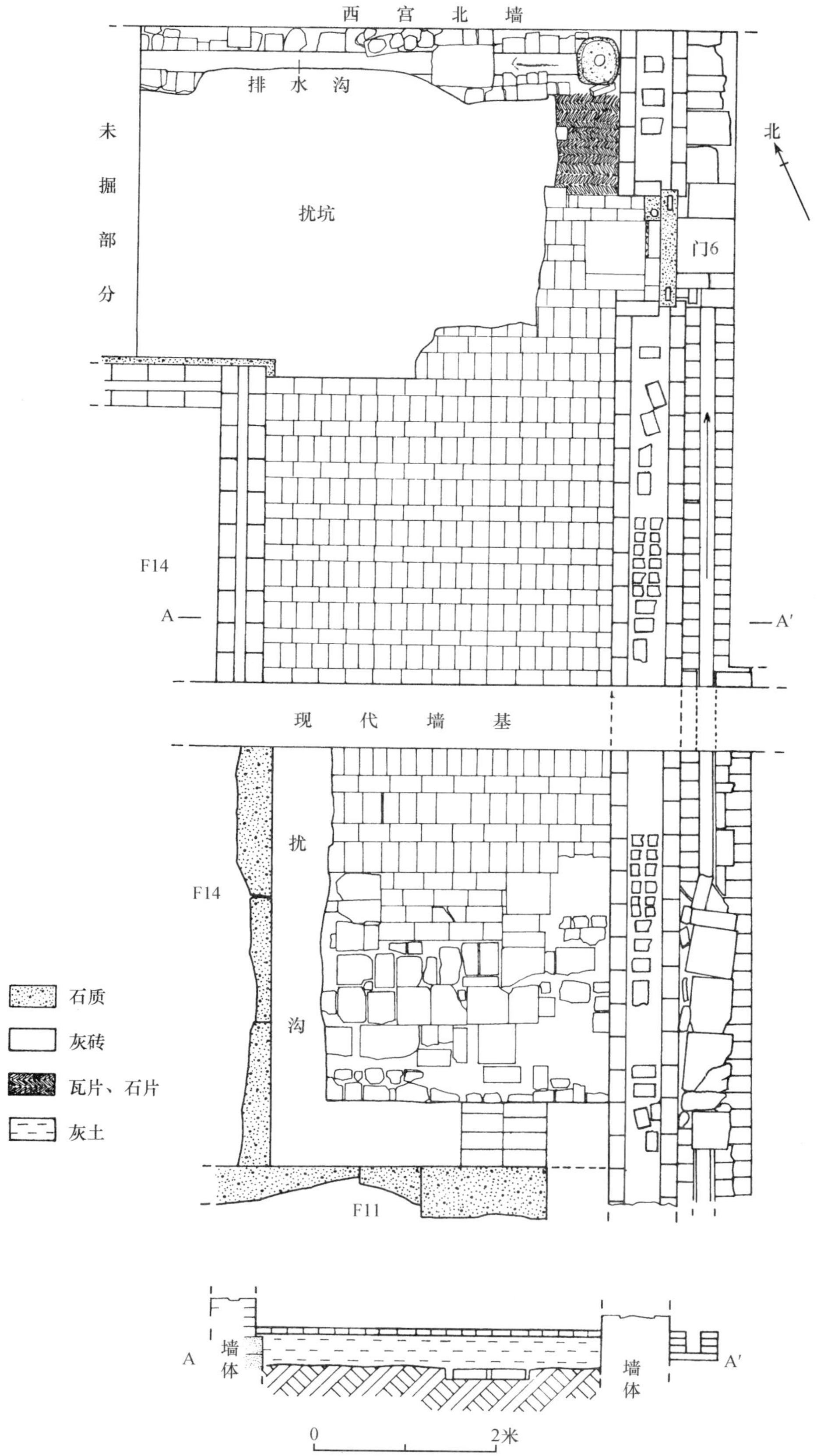

图三七　西宫院八平、剖面图

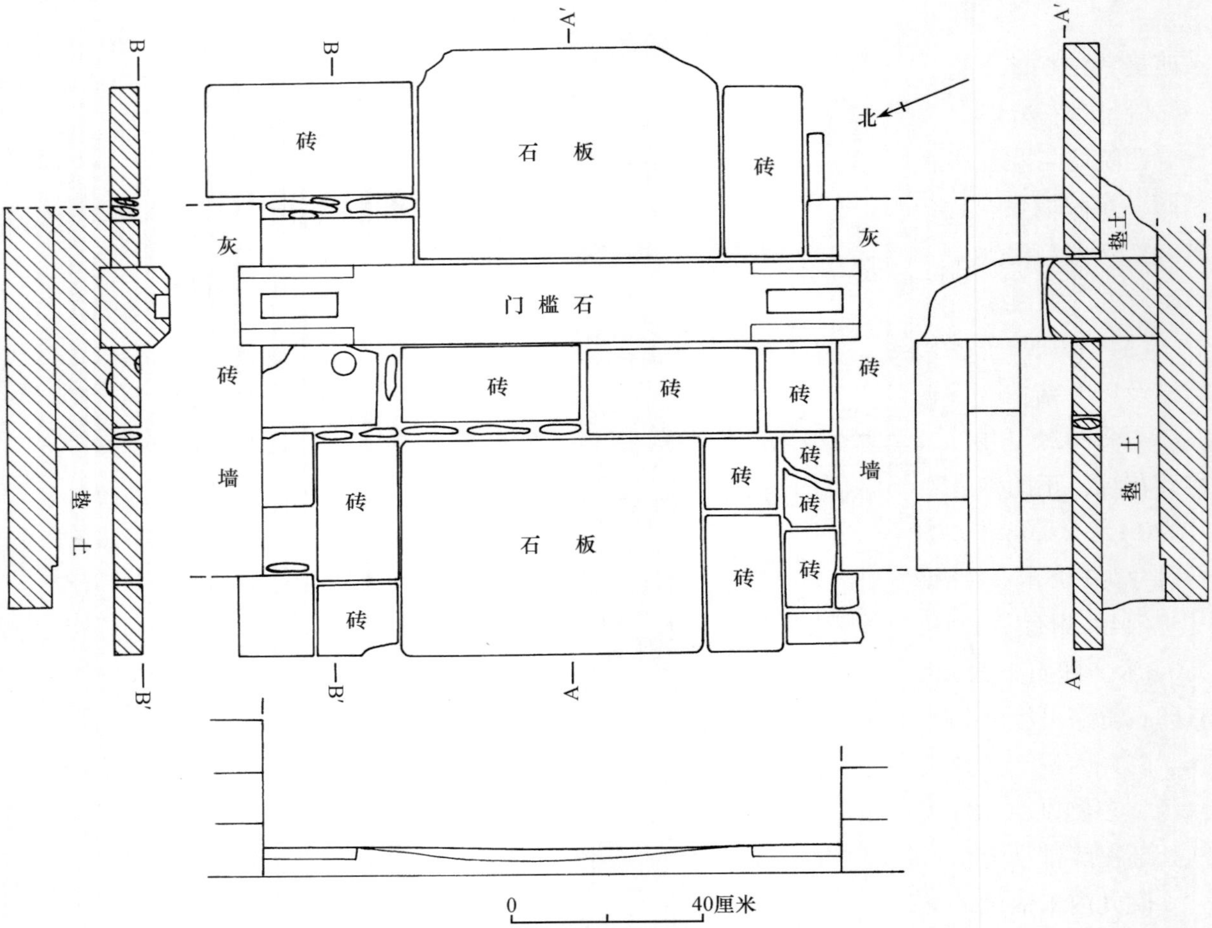

图三八　西宫门6晚期平、剖面图

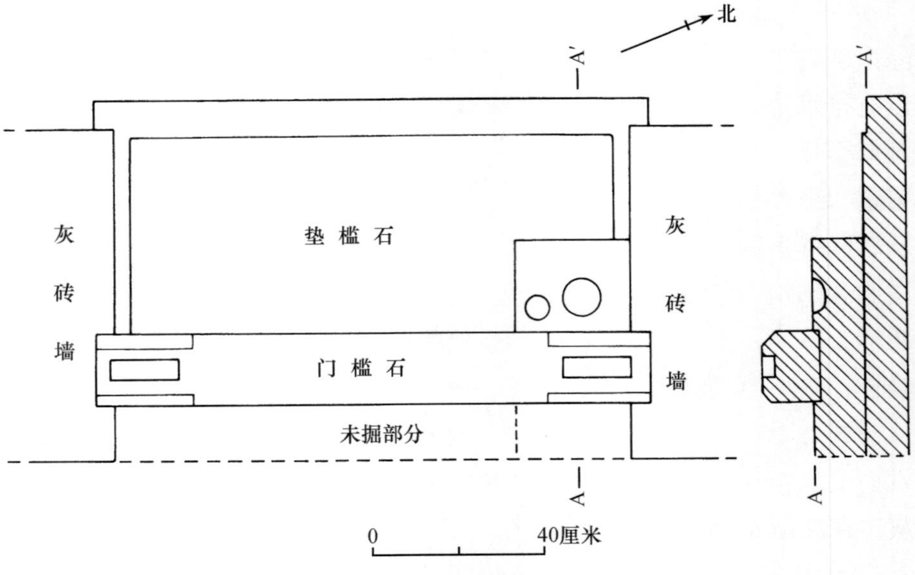

图三九　西宫门6早期平、剖面图

尺形。院内靠近宫墙处部分区域未发掘，仅作局部解剖。其南北中线方向25°。南北长26.11、东西最宽15.03米，院内总面积约392.43平方米（含部分建筑基址）（图四〇）。

院址现存院墙、门（门4和门6）、水沟等遗迹单位。

西院墙与院五和院八院墙共用，南院墙为院五南院墙延伸而来，其形制、砌法与院五院墙相同，东院墙仅在F12台明西侧台基上发现存有用碎砖砌成的砖墙，墙体不规则，宽0.5～0.6米。J1以北未发现，根据J1北侧水沟分布推测可能在JI以北正中修建有院墙，现损毁殆尽。

院九内设有东西两道门，其中，门6位于其西院墙处（详见院八门6）。

门4（图四一；图版六，2、3），位于F12台明西侧台基上墙体南部。石制，东西向。仅存门槛及以下结构。门槛长1.9、宽0.1、高0.15米。顶部两侧正中有榫眼，榫眼长0.2～0.26、宽0.03、深0.02米。两长方形门枕石分布于门槛南北两头，长0.56、宽0.24米，门枕石立面刻有浮雕菊花纹，正面刻有浮雕如意纹。门槛西侧门枕石上凿有两个大小对称的椭圆形海窝，海窝尺寸为0.1米×0.08米×0.04米。门槛下铺有槛垫石，槛垫石做法为“掏当槛垫”，门槛东侧槛垫石尺寸为1.05米×0.53米×0.09米。门西侧槛垫石遗失，露出下面不规则垫砖。

门4外侧有一条卵石铺成的人字形道路，路面破损严重，残长0.26～0.45、宽2.15、距地表高0.3米。卵石下为废弃建筑构件堆积，卵石路向北拐向宫墙，未发掘，推测靠近宫墙处铺设有卵石甬路可经门6通往院八。

院九内设有多处排水沟，与其他建筑单位共用。其西院墙排水沟详见院八和院五墙外侧排水沟，东侧排水沟详见F9、F12和J1排水沟。北部环宫墙排水沟经部分解剖，发现其形制与院八处环宫墙排水沟相同。南院墙内外侧则未发现排水沟。

院九内未铺设地墁砖，院内地表西高东低，地表表土为第5B层，下为生土。

三、排水系统

西宫内除南部的F3及西北部的F10、F11、F14未发现（损毁）排水沟外，其余房基、院落（院墙）都设有排水沟。从整体看，各房屋、院落间的排水沟相互连接，并与主排水沟相连。主排水沟又延伸至环宫墙排水沟内，环宫墙排水沟通过数个排水口与西宫外的排水沟相连，从而形成西宫完整的排水系统。

排水沟从材料看，可分为三类：石制排水沟、砖制排水沟、砖石混合排水沟。石制排水沟多用青条石凿制和砌筑而成，制作工艺较精良，选材较规范，工艺较复杂。而灰砖排水沟的制作材料相对粗糙，多为残砖叠砌而成，用料随意，制作简单。砖石混合排水沟则为在石制排水沟上用灰砖修补、垫高而成的排水沟。

排水沟从样式来看，可分为四类：青条石凿刻而成、断面呈“⌣”形的排水沟；灰砖一下两上倾斜铺设而成、断面呈“⌍⌣⌌”形的排水沟；灰砖或青条石砌筑成、断面呈“⊔⊔⊔”形的排水沟；利用灰砖在断面呈“⌣”形水沟上加深形成的“U”形排水沟。

根据排水沟的功能差异，西宫内的排水沟系统可分为三大类：建筑附属排水沟、主排水沟和环宫墙排水沟。

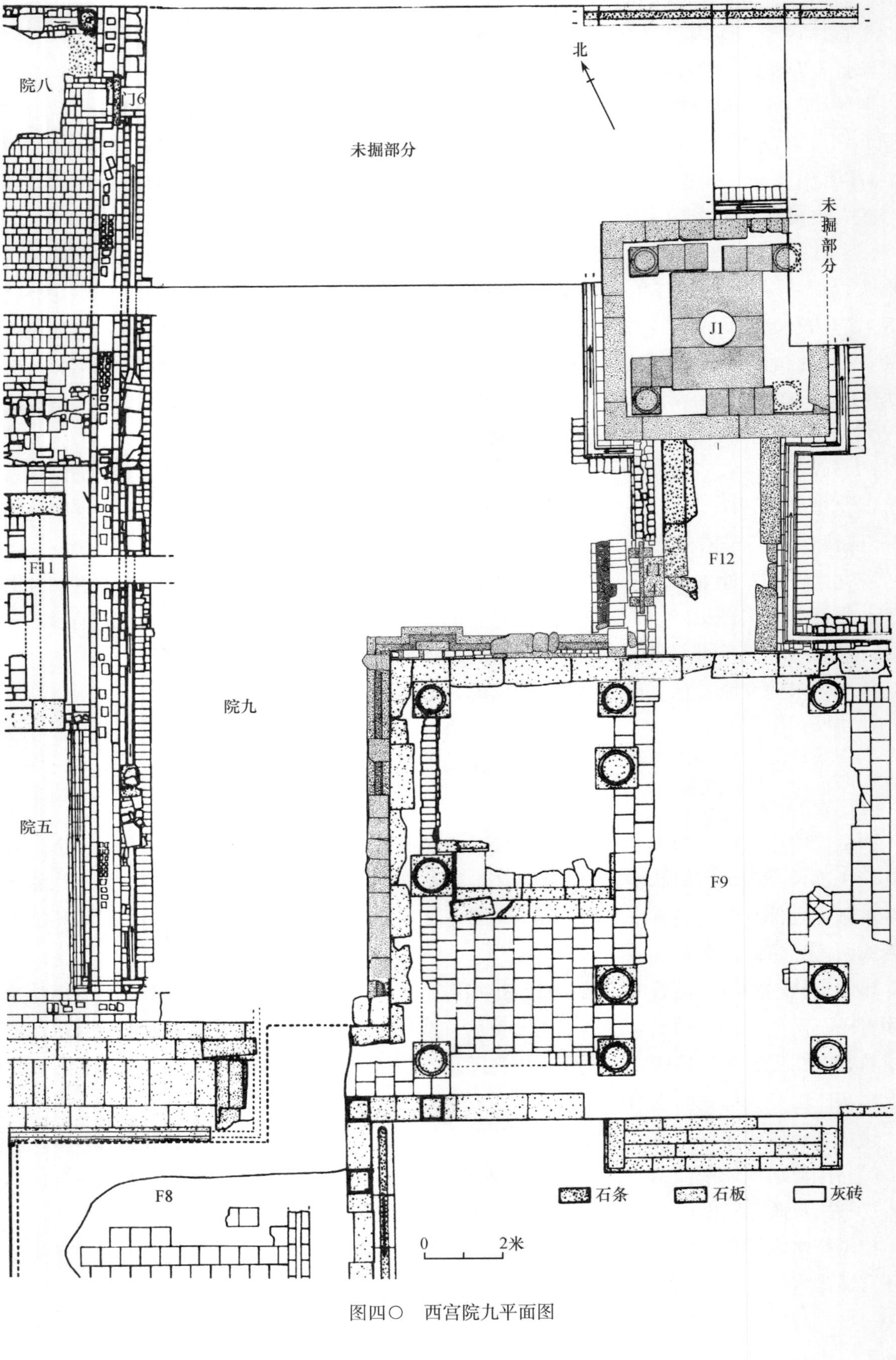

图四〇　西宫院九平面图

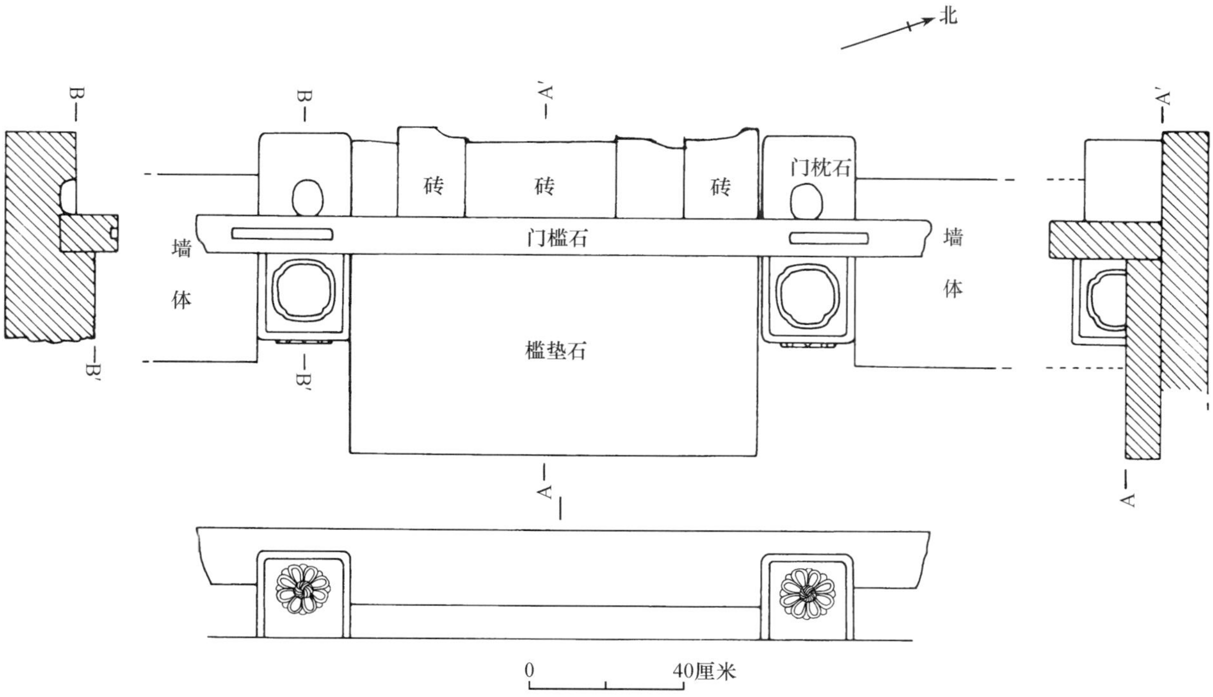

图四一　西宫门4平、剖面图

（一）建筑附属排水沟

建筑附属排水沟分布在房屋和院落内，是房屋和院落的有机组成部分。水沟相互连接，按照由高往低、由内向外的原则，通过槽开凿的深浅而使排水沟具有一定的方向性，并就近流向主排水沟或环宫墙排水沟；建筑附属排水沟容水量不大，槽窄而浅。由于建筑所处的位置、功能及修建年代方面的差异，其用材和形制也有所不同，详见各遗迹单位排水沟。

（二）主排水沟

主排水沟，起连接各建筑附属排水沟和环宫墙排水沟的作用。经发掘解剖发现，西宫内存在两条主排水沟，编号G1和G2。

1. G1

G1位于西宫内中部，从西宫东宫墙处东西向贯穿整个西宫，途经院三、F5及院四等建筑后直接汇入西宫墙处环宫墙排水沟。

G1主要用长0.74～1.9、宽0.35～0.45、厚0.21～0.24米的长条形石块一下两上砌筑而成，断面呈"ᒪᒧ"形。沟面宽1～1.05米，槽口与槽底等宽0.15～0.35米。排水沟的平面大体水平，槽开凿深浅不一，由东向西深0.1～0.56米。

G1位于院三东至中宫部分的沟面上覆盖0.4米×0.38米×0.09米、0.44米×0.2米×0.12米两种尺寸的长方砖，位于院三、院四内为明沟，位于院四至西宫宫墙部分的沟面上覆盖尺寸不一的陶质建筑构件及石碑。

2. G2

G2是一条在原有建筑附属排水沟基础上修补新增的排水沟，使各建筑附属排水沟之间相互连接，形成一条由不同材料、不同尺寸、不同时期和不同流向的水沟组合而成的主排水沟。

西宫内建筑因损坏及扩建维修，原有建筑排水沟的流向多发生变化。G2是在原有水沟基础上维修扩建而成，流向以就近原则为主，即以西宫主排水沟G1为分界线，靠近G1北侧的建筑，其排水方向由北至南流向G1；靠近G1南侧的建筑，其排水方向则由南至北流向G1；靠近西宫南北宫墙处的建筑，流向为朝最近宫墙处并汇入环宫墙排水沟。

根据所处位置以及水沟流向的不同，G2分为四大部分。

第一部分：排水沟主要流向为由南向北。从F7与F8北侧山面处至F9两山及后檐，沿F12两山至J1后（详见F7、F8、F9、F12以及J1），向北汇入西宫环北宫墙排水沟。

第二部分：排水沟主要流向为由北向南。院二内排水沟经院二南部暗沟排出后分别在F7、F8两山的排水口（详见F6与F7、F6与F8排水沟）汇合后，向南经院三和院四院墙外侧汇入G1。

第三部分：排水沟主要流向为由南向北。院一内排水沟经院一东北角抄手廊下的暗沟（详见F1与F4排水沟），与院六北侧院墙下排水沟在抄手廊外侧汇合，由南向北在院三东南部汇入G1。

第四部分：排水沟主要流向为由北向南。排水沟经院一东南角抄手廊下的暗沟（详见F1与F2排水沟），与院六南侧院墙下排水沟在抄手廊外侧汇合，由北向南经一砖制水沟排向环宫墙排水沟南墙处。

因所在区域及修建年代不同，G2构成部分有所不同。其中第一部分为青条石凿刻而成的断面呈“◡”形的排水沟与灰砖砌成的断面呈“⌴”形的排水沟，第二、三部分多为灰砖、青条石砌筑成的断面呈“⊔”形的排水沟，第四部分为青条石凿刻而成的断面呈“◡”形与灰砖砌成的断面呈“⊔”形的排水沟。

院五和院八排水沟自成体系，直接由南向北排向环北宫墙排水沟。

（三）环宫墙排水沟

环宫墙排水沟是一条环绕西宫宫墙内侧的排水沟，通过主排水沟或直接与宫内主要建筑排水沟进行连通，并通过宫墙处的数个排水口与宫墙外的排水沟相连（图版一〇，4）。

出于保护西宫宫墙的考虑，未全面揭露环宫墙排水沟，仅进行了局部解剖。从解剖情况来看，环宫墙排水沟同建筑附属排水沟一样，由青条石和灰砖两类材料制成，断面呈“◡”形和“⊔”形。具体描述如下。

青条石砌筑的一下两上的“⊔”形排水沟目前主要分布在西宫南宫墙，其上铺有不规则石盖板，东高西低。青条石宽0.6~0.66、长0.7~1.5米，中间槽宽0.28~0.32米，在西宫墙西南角与南北向的断面呈“◡”形的青石制水沟相交，并通过宫墙下的出水口与宫墙外的排水沟相接（图四二；图版一〇，6）。

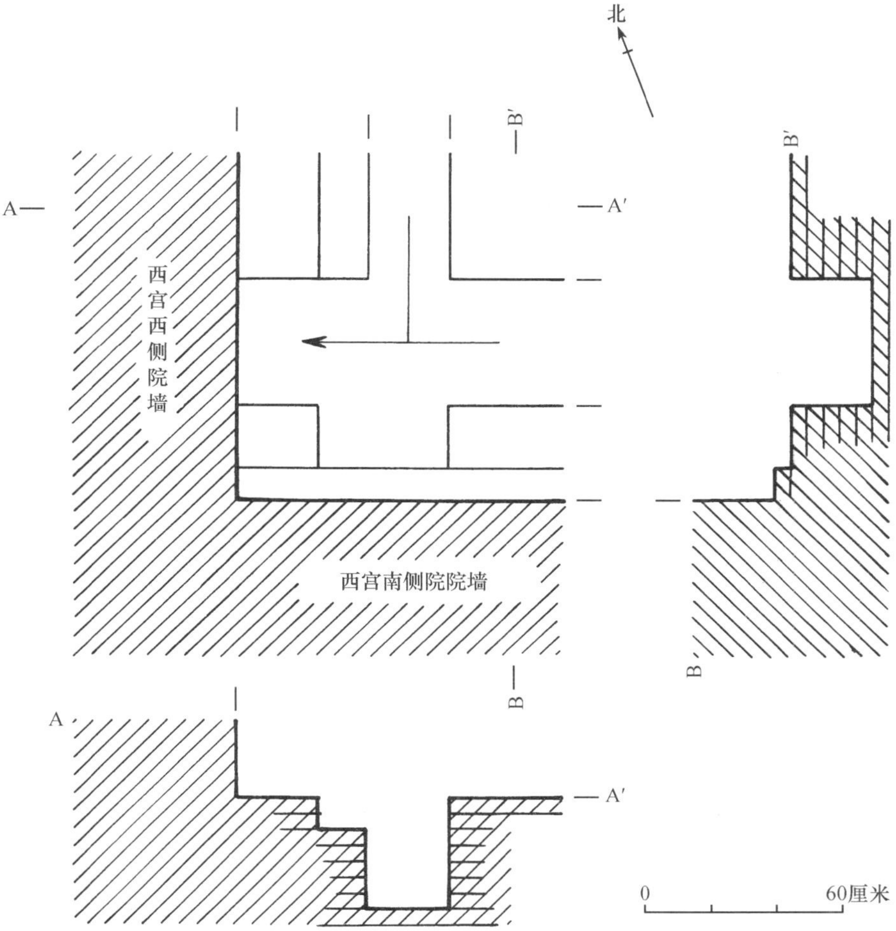

图四二 西宫西南角排水口平、剖面图

青条石砌筑的“︶”形排水沟目前主要分布在东宫墙和北宫墙部分内侧，其做法和尺寸与建筑排水沟的“︶”形相同。因宫内有多个排水口，其流向不定。

灰砖排水沟主要分布在西宫北宫墙内侧，断面呈“⊔⊔”形，详见院八。

环宫墙排水沟多处遭到破坏，可见明显的补建痕迹，补建的灰砖和青石板无固定标准，尺寸相对混乱。

因未对宫墙处进行整体发掘，通往宫外的排水口的具体数量及详细信息不详。目前仅通过解剖得知西宫东南角、西南角各存有1处排水口，排水口断面均呈“冂”形。

从修建时间上来看，主排水沟G1和环宫墙排水沟为西宫排水系统的基础，系西宫建筑早期所建，虽其后的材料和样式有所改变，但是其主要功能和水沟流向并未改变；各建筑附属的排水沟则在建筑修建同时或改建后形成新的材料、样式甚至流向，但其皆通过向主排水沟G2或自主流向主排水沟G1和环宫墙排水沟。而主排水沟G2则在西宫内建筑进行维修和扩建后形成，其功能和水沟流向受单体建筑附属水沟流向改变而改变，但其最终流向主排水沟G1和环宫墙排水沟。

四、道路系统

西宫内的道路系统从使用功能出发，根据建筑群的分布和人们活动的需要综合考虑，统一规划，具有因地制宜、主次分明和方向性明确的特点。按照材料和用途的不同，西宫内的道路系统分为三大类：用青石板错缝平铺而成的甬路、用卵石或砖瓦铺成的散水及墁地、用青石板和方砖混合铺成的甬路。

（一）青石板甬路

青石板甬路可分为两类：一类为西宫内的主路，横贯整个西宫，是通往西宫内各建筑设施的主要通道；一类为连接各建筑之间的支路，是抵达宫内主要建筑的重要通道。

青石板甬路特征较为明显，主路与支路除宽度、用途不同外，结构、做法基本相近。甬路中间铺设1～3排错缝顺铺的青石板，石板之间以白灰相黏合，两侧用压条石包边。石板棱角完整平直，表面打有防滑的“糙道”，局部破损处用不规则石板、卵石等进行修补，两侧压条石外有用残砖侧立包砌而成的砖制散水。

1. 主甬路

西宫内青石板铺设的主甬路从中宫主院西南角角门处进入西宫，整体分为四段：

第一段为从中宫主院西南角角门（现在原址上修建的现代门）处进入西宫，西向8.2米（甬路所量测点皆为甬路南侧点，下同），向南90°转角至5.85米处，再向西90°转角至13.65米至院三门1处。该段甬路用青石板错缝平铺而成，其中在角门至第一转角路面宽1.75米，第一转角至院三门1处宽2.4米。甬路在角门至第一转角路面正中铺一层东西向的长方形青石板，两侧用长条形青石板制成的压条石包边。第一转角至院三门1处的路面中部铺设有三排石板，中间一排铺设尺寸不一的长方形青石板，两侧铺设长条形石板，外用长条形压条石包边；中间一排的长方形青石板长0.75～1.5、宽0.65～0.7、厚0.08～0.1米。两侧的长条形石板与压条石长0.7～1.6、宽0.4～0.5、厚0.08～0.1米（图四三，1）。

第二段详见院三及院四内甬路。

第三段为院四外路面，该段甬路在院四外向西延伸至8.75米处，向北90°转角延伸至20.8米残损，其中在8.1米处分枝，向西90°转角至22.7米抵西宫西墙的偏门。该偏门宽1.94、高3.19米，被封堵（图四三，2；图版一〇，1）。其中院四门2处至第一转角的路面与第一段甬路自第一转角处至院三甬路的宽度、铺设方法及青石板尺寸相同，第一转角至残断处甬路与第一段甬路中宫偏门处至转角前的宽度、铺设方法及青石板尺寸相同。

第四段为院五外向南延伸，残断（见F8）。这段甬路与从F8抄手廊处向院五延伸的甬路相交，与第三段甬路之间偏差0.2～0.4米。该段甬路残长5.6、宽2米。甬路中部南北向直铺长方形青石板，青石板长0.65～0.75、宽0.9、厚0.08～0.1米。两侧包边的压条石长0.98～1.25、宽0.5～0.56、厚0.08～0.1米。

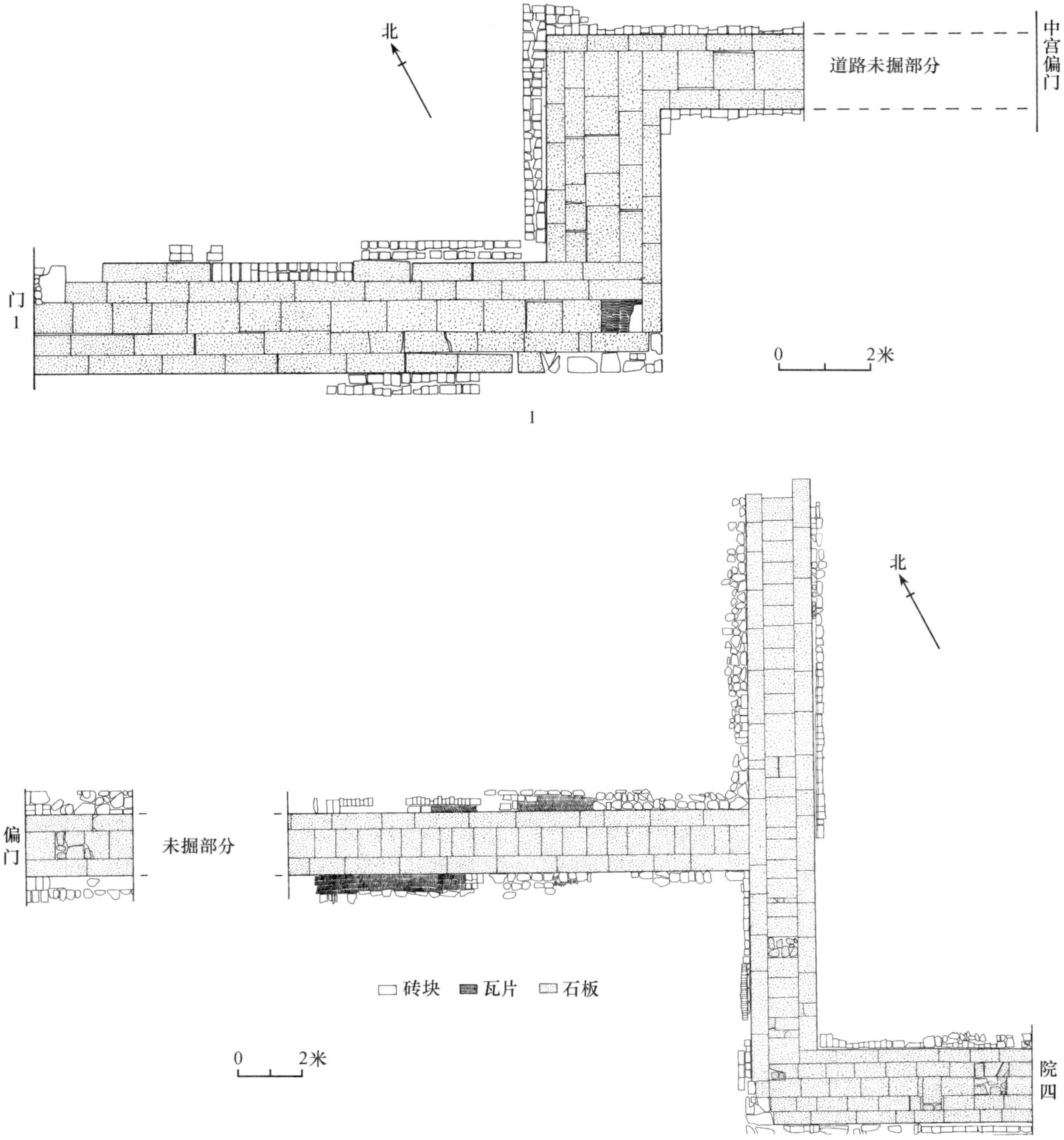

图四三　西宫甬路
1. 第一段　2. 第三段

2. 支路

支路是指建筑之间或院落之间的道路，如西宫内现存西宫门至F1的青石甬路、F8至院五的青石甬路、院五、院六内的青石甬路，详见F8、院五、院六。

（二）卵石或砖瓦铺成的散水及墁地

采用卵石或砖瓦铺成的散水及墁地除具有保护建筑基址的功能外，还具有耐磨、防滑等特点，多修建于房屋的建筑边侧和院落的空地上，有的还起到修补青石甬路的作用。其上所铺设的柳叶人字纹饰和方孔铜钱状图案，具有一定的装饰作用。

宫内散水及墁地多遭破坏，整体保存状况较差，仅少数区域保存较好。如西宫东部距中宫宫墙2.35米处的卵石地面长7.6、宽4.85米，用卵石铺成外方内菱形里为方孔钱状图案，外用大小不一的残砖包边，其中外方形边为3.6米×4米，内菱形边长为2.5米，方孔钱直径1.76、穿径0.2米。经解剖，卵石下垫一层厚0.05米黏合层，叠压第4层（图四四；图版一〇，2）。

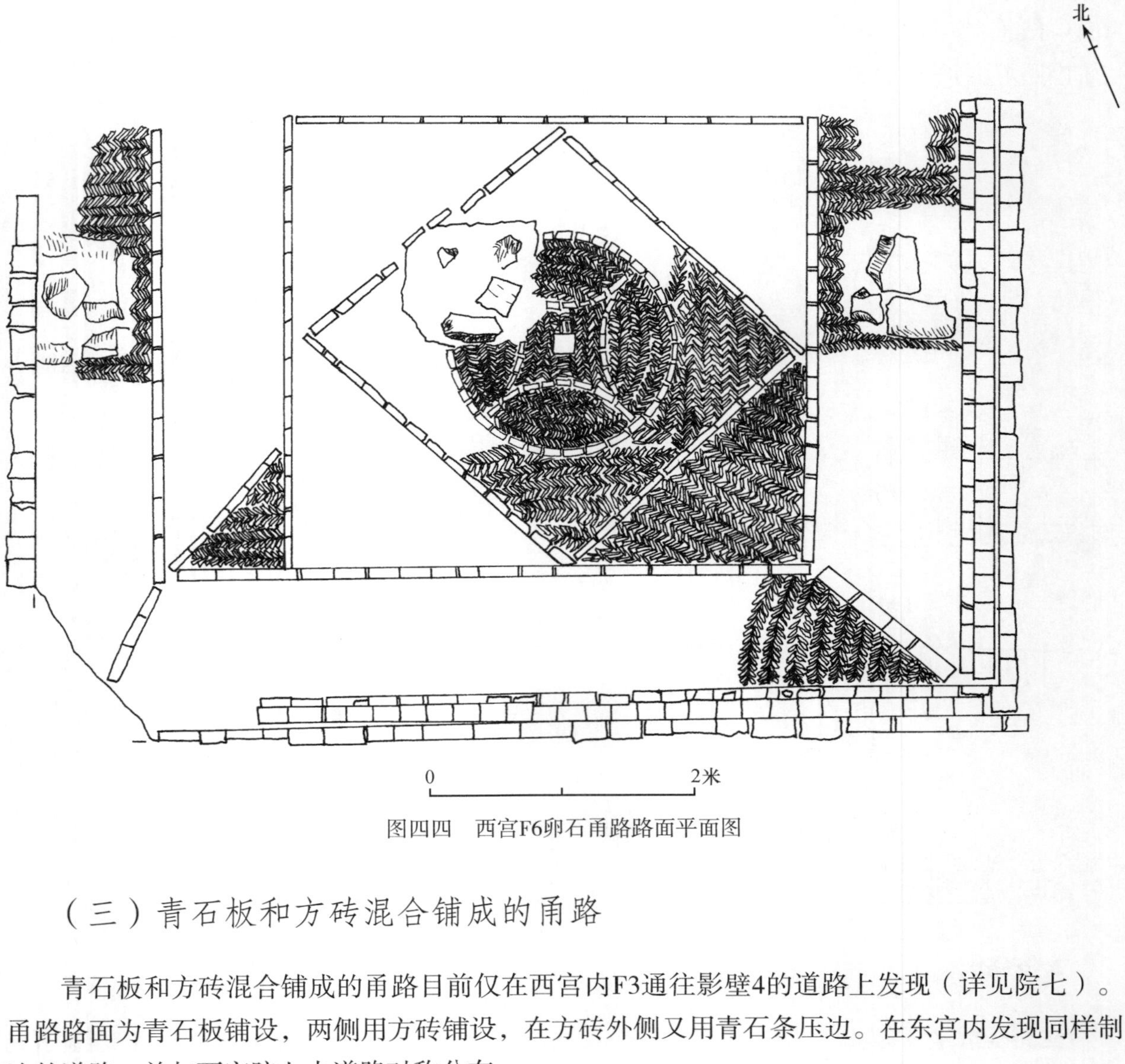

图四四　西宫F6卵石甬路路面平面图

（三）青石板和方砖混合铺成的甬路

青石板和方砖混合铺成的甬路目前仅在西宫内F3通往影壁4的道路上发现（详见院七）。甬路路面为青石板铺设，两侧用方砖铺设，在方砖外侧又用青石条压边。在东宫内发现同样制法的道路，并与西宫院七内道路对称分布。

五、水　　井

清理水井1口，编号J1。

J1位于西宫的北部，距北宫墙5.5米，经F12与F9连接。发掘前井口被垫高至现代地表，暴露在外，并仍在使用。经发掘得知，早期井台为一座正方形青石台基（图四五）。

井台开口于第2层下，距地表深1.36米。现仅存台基部分，台基保存较好。台基平面呈正方形，边长5.75、通高0.75米，为青条石错缝顺铺砌成的方正石台明，台明四角未制作埋头石。台基部分阶条石为后期修补而成，背里部分不如早期阶条石平整，且与陡板石之间未用石灰黏合。阶条石石材长0.6～2.6、宽0.5～0.7、厚0.25～0.31米。陡板石存有两层，石材长0.4～1.65、宽0.35～0.5、厚0.2～0.35米，土衬石外侧铺设有砖制水沟。台明露明部分的样式、加工手法、锁口、砌建方法、灌浆做法及材质同F1。

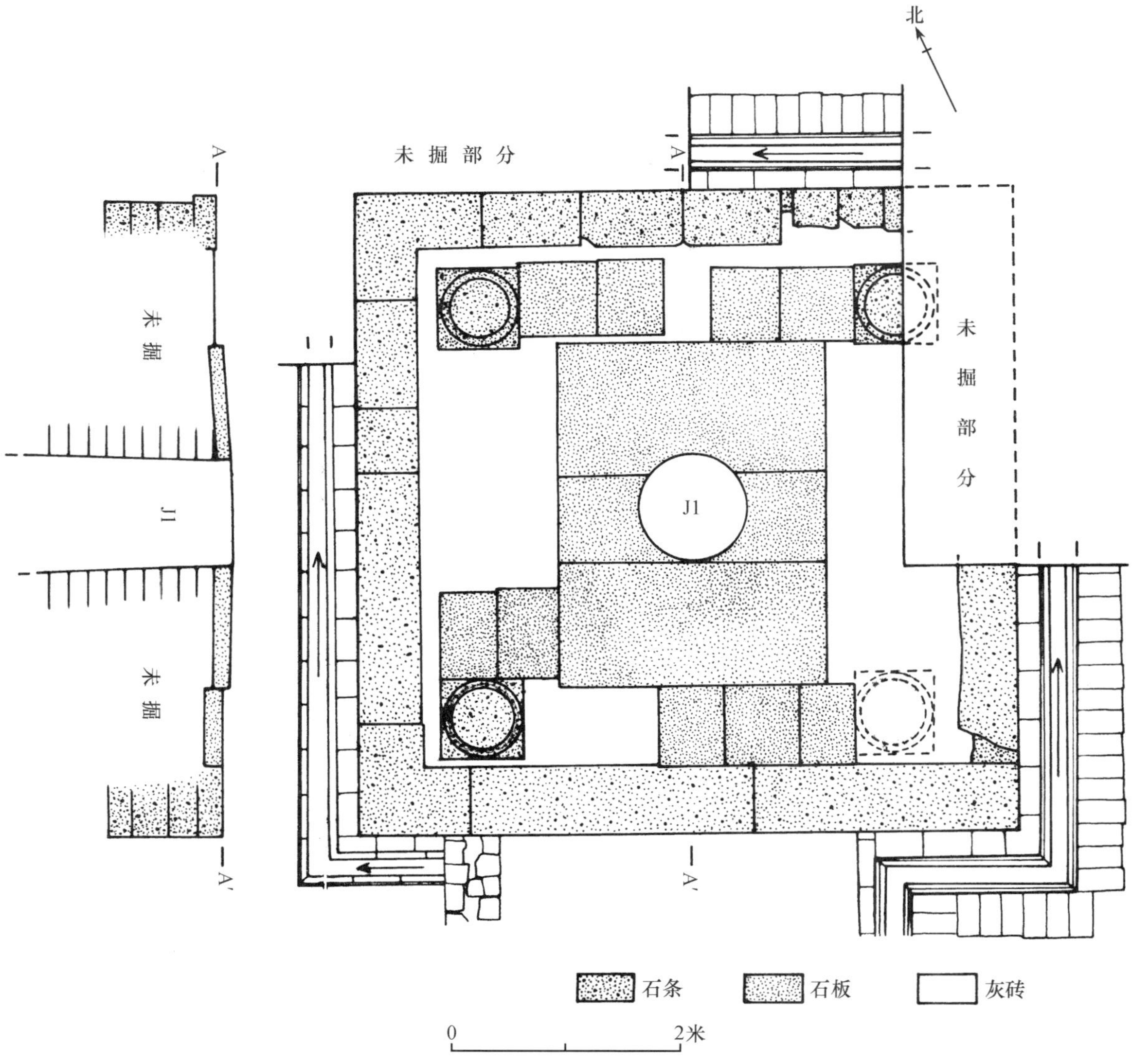

图四五　西宫J1平、剖面图

台基上除东南角的柱础遭破坏外，其余三角的柱础尚存。柱础形制为圆鼓镜柱础，柱盘底盘尺寸为0.75米×0.71米×0.24米，镜面直径0.56米，鼓径0.65米，上皮高于台基面0.09米。柱心间距为3.65米。

井口位于井台正中，口径0.9米。井壁用灰砖侧立砌筑，灰砖尺寸为0.39米×0.11米。水深距井口约1米。

井台地表铺设有青石板墁地，其中井口铺设有三块南北向直铺的长方形青石板墁地，青石板长2.35米，井口处石板宽0.6米，两侧宽1.2米。柱础间铺设一些东西向直铺尺寸为0.65米×0.6米、0.7米×0.65米的青石板墁地，部分损毁。

井台两侧与北部现存砖砌排水沟，其中两侧排水沟与F12水沟相连接，由南向北汇聚于井台北部正中，再流向北宫墙。排水沟未全面清理，暴露的排水沟面宽0.55米，沟槽横断面呈“╲＿╱”形，槽口宽0.3、底宽0.18、深0.1～0.15米（为G2第一部分）。

根据台明形状及柱础位置推测，原井台面上有一座方形亭状建筑。

六、宫　　墙

发掘前，环绕西宫的北、西、南三面宫墙整体保存较好，宫门南北两侧的东宫墙于20世纪30年代被拆除。现存三面墙体距地表高2～2.55、厚1.15～1.25米。由大块方砖错缝顺砌而成，方砖尺寸略有差异，其均值为0.38米×0.18米×0.12米。方砖之间缝隙较大，外露白灰；墙体内外两侧表面打磨光滑抹灰后，用麻刀红土断白。外侧墙面抹灰基本不存，露出方砖；内侧墙体表面起皮、空鼓、脱落严重。墙帽无存，屋面宽1.5米，上长满杂草。墙体内外两侧皆有现代水沟及出水口（图版一七，1）。

发掘显示，墙体内侧下碱部分较环宫墙排水沟高1.25米，较墙体宽0.05～0.08米。墙体依地势由南向北，由东向西渐高，高约4.32～4.57米。

除上述遗迹外，西宫内还清理出大量建筑废弃后形成的近现代灰坑、房基等遗迹单位，因与西宫建筑遗迹无关，不在本报告中叙述。

第三节　遗　　物

西宫内出土遗物非常丰富，除大量的勾头、板瓦、筒瓦、滴水、脊兽等建筑构件和碗、盘、杯、盆等生活器皿外，还有少量的神像等宗教用器，以及铜钱、砚台、烛台等生活用品。遗物年代最早东周时期，偶见宋代，多属明清，延续至民国。遗物质地可分为陶、瓷、铜、铁、石、骨六大类。

出土遗物中瓷杯、瓷碗、板瓦、勾头和滴水的数量较多，器形和纹饰基本相同，由此可知为同一时期同一产地的产品，仅尺寸及纹路略有细微差别。故报告中介绍的遗物数量仅为标本数量而未统计器物数量。

遗物多出土于建筑废弃堆积地层中，仅选择部分代表性标本按质地分述如下。

一、陶　　器

标本共51件，按照功能主要分为三大类：一类为生活器皿，如壶、盏、盘、罐、擂钵、盆、豆、瓮等；一类为建筑构件，如勾头、滴水、筒瓦、板瓦、砖、走兽、脊兽等；一类为其他，如香炉、胡人俑等。

（一）生活器皿

1. 壶

3件。均为轮制，泥质。

标本西T1③：5，红陶。敛口，圆唇，矮颈，圆肩，弧腹内收，平底微内凹。肩部一侧有管状流，一侧附有单执柄，耳残。口沿至肩部施绿釉。口径7.9、腹径13、底径9.6、通高11.3厘米（图四六，1；图版二〇，1）。

标本西T1③：18，修复。灰陶。口微侈，圆唇，弧腹，平底。口部置短流，对侧附单执柄。腹饰数周凸弦纹。口径6.8、腹径11.7、底径7.4、通高15.4厘米（图四六，2；图版二〇，2）。

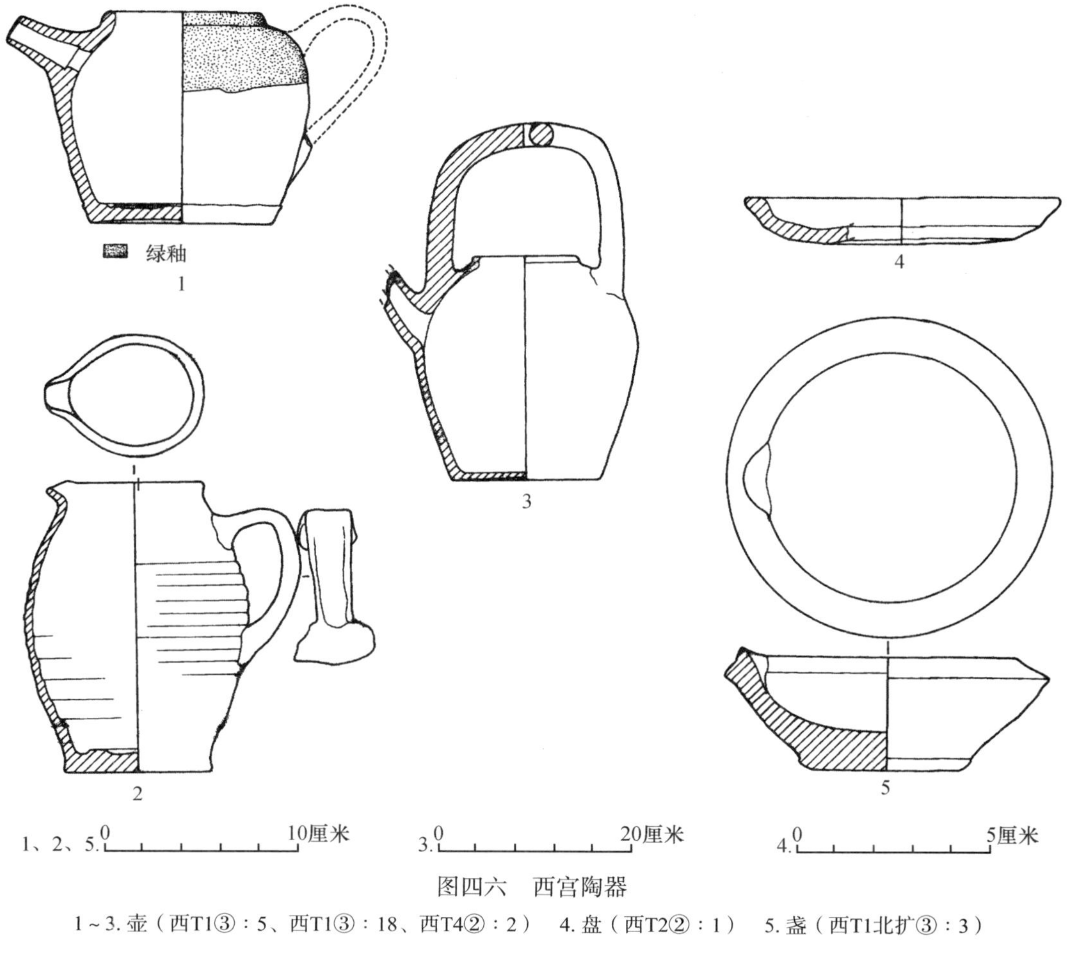

图四六　西宫陶器

1～3. 壶（西T1③：5、西T1③：18、西T4②：2）　4. 盘（西T2②：1）　5. 盏（西T1北扩③：3）

标本西T4②：2，黑陶。敛口，圆唇，矮颈，溜肩，弧腹，平底。肩部置提梁，上腹一侧置一管状流，流残。素面。口径10.8、腹径23.2、底径15.5、通高37.8厘米（图四六，3）。

2. 盏

1件。轮制，泥质。

标本西T1北扩③：3，修复。红陶。敛口，口部置短流，尖圆唇，折肩，斜腹，平底，假圈足微内收。素面。口径6.5、底径3.8、通高3.25厘米（图四六，5）。

3. 盘

1件。轮制，泥质。

标本西T2②：1，灰陶。敞口，窄平沿，圆唇，斜折腹，浅盘，底残，微内凹。素面。口径16、底径8、通高2.4厘米（图四六，4）。

4. 罐

2件。均为轮制，泥质。

标本西T4③：11，修复。红陶。侈口，圆唇，束颈，弧腹，圈足外撇。肩部对称附扁状双耳，口沿至上腹施棕釉，流釉。口径5.2、腹径8、底径4.8、通高9.6厘米（图四七，4；图版二〇，3）。

标本西H3②：1，灰陶。侈口，方唇，颈微束，溜肩，鼓腹，近底处弧收，平底。肩部饰对称双耳，残。素面。口径18.4、底径15、腹径26、通高20.2厘米（图四七，1）。

5. 擂钵

1件。轮制，夹砂灰陶。

标本西H3②：2，修复。敞口，卷沿，斜方唇，深弧腹，小平底略内凹。内壁满布由钵底向钵口呈发射状的凹槽。外壁素面。口径18.4、底径7.2、通高11.5厘米（图四七，5）。

6. 盆

1件。轮制，夹砂灰陶。

标本西TG6⑤B：1，残。敞口，平折沿，方唇，上腹直，下腹弧收，底残。腹部饰数周凹弦纹。口径34.5、残高11.5厘米（图四七，6）。

7. 豆

2件。手制，泥质。

标本西TG1⑤B：1，褐陶，残。高柄，喇叭形器座。座径6.3、残高7.2厘米（图四七，2）。

标本西TG2⑤B：1，黑皮陶，残。矮柄，喇叭形座。座径8.3、残高4.2厘米（图四七，3）。

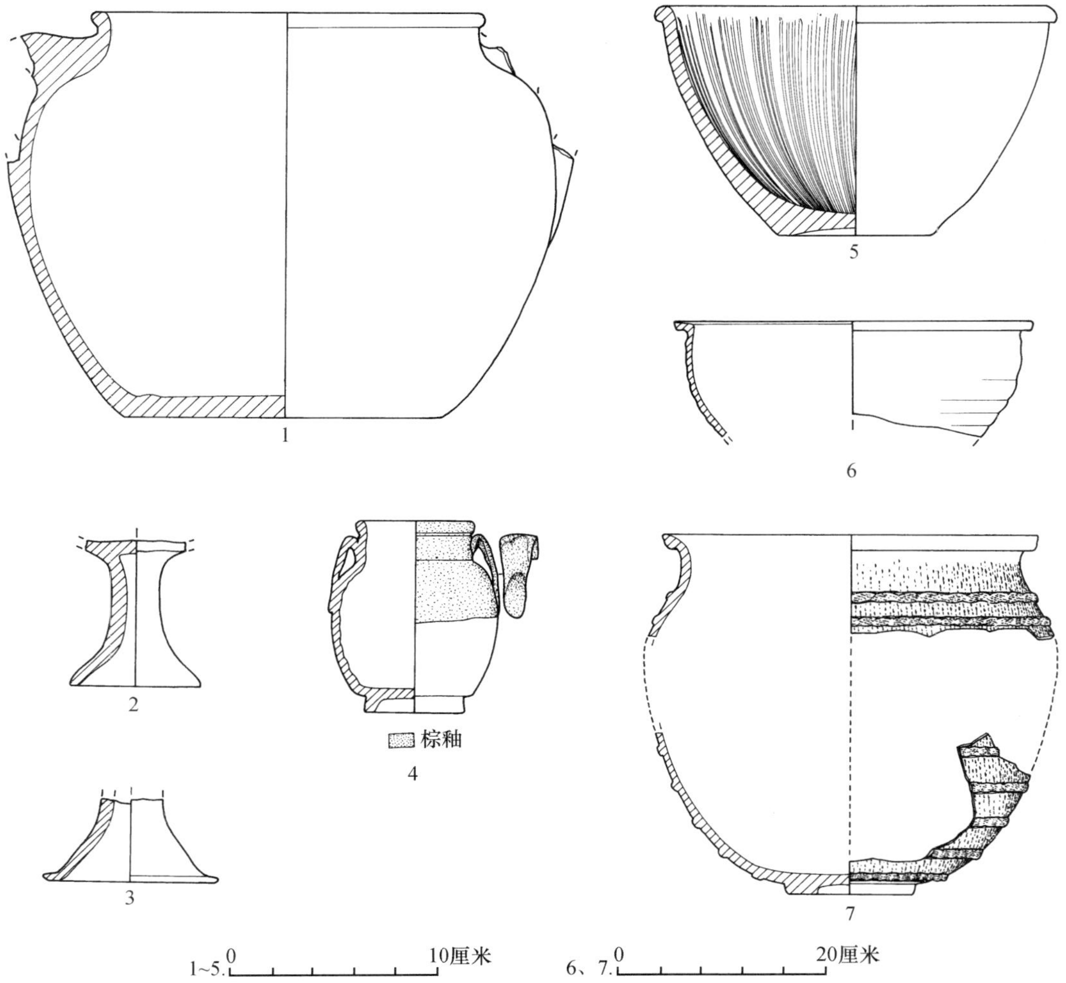

图四七　西宫陶器

1、4. 罐（西H3②：1、西T4③：11）　2、3. 豆（西TG1⑤B：1、西TG2⑤B：1）　5. 擂钵（西H3②：2）　6. 盆（西TG6⑤B：1）　7. 瓮（西TG2⑤B：2）

8. 瓮

1件。轮制，夹砂灰陶。

标本西TG2⑤B：2，残。侈口，卷沿，尖唇，鼓腹残，下腹弧收，矮圈足。肩至下腹部贴有附加堆纹。口径36、足径12、复原高36厘米（图四七，7）。

（二）建筑构件

1. 勾头

9 件。模制，夹砂灰陶。

标本西T1③：26，完整。大头连宽平缘的圆形当面，小头有舌。当缘素面，当面模印浮雕折枝牡丹，花朵丰硕，花叶肥大，一花多叶，外绕有一周凸棱纹。瓦身素面，中间帽钉孔破损，内壁饰较细的麻布纹。当径18.8、当缘宽1.4、厚1.6、通长41.8、宽 20.4、厚1.6、舌长5.2、厚1.2厘米（图四八，1；彩版一三，1）。

标本西T1③：28，圆形当面残。当缘素面，当面模印浮雕折枝莲，花茎上方为写意盛开状莲花，左右两侧饰对称叶纹。瓦身遗失。当径13.6、当缘宽1、厚2.4厘米（图四八，2）。

标本西T4②：7，圆形当面完整。当缘素面，当面模印浮雕折枝莲，花茎上方饰一盛开状莲花，花瓣外翻，左右两侧饰对称叶纹。瓦身残，外壁素面，内壁饰较细的麻布纹。当径16、当缘宽1.4、瓦身残长6.8、厚1.4～3.8厘米（图四八，3；图版一九，1）。

标本西T4③：23，圆形当面完整。当缘素面，当面模印浮雕折枝莲，正中饰一盛开状莲

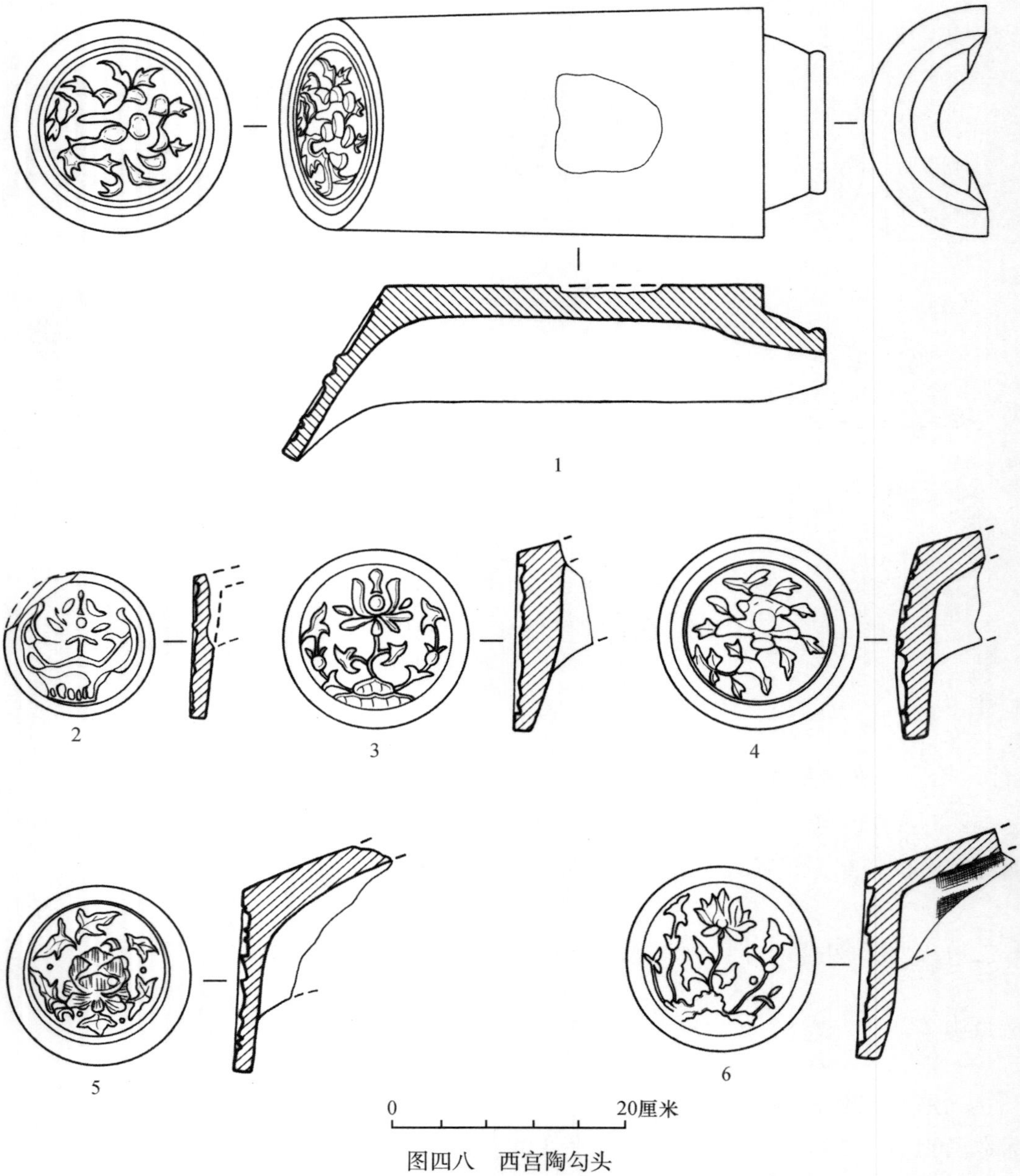

图四八　西宫陶勾头

1. 西T1③：26　2. 西T1③：28　3. 西T4②：7　4. 西T5③：13　5. 西T5③：11　6. 西T4③：23

花，花瓣层层叠压，左右两侧饰对称的叶纹，花叶清晰饱满。当面与瓦身连接处的外表面布满抹压的指痕，瓦身残，外壁素面，内壁饰较细的麻布纹。当径16.4、当缘宽1.4、瓦身残长12.8、厚2～2.8厘米（图四八，6）。

标本西T5③：11，圆形当面完整。当缘素面，当面模印浮雕折枝牡丹，正中饰一朵盛开牡丹，四周饰一组舒展的花叶，外绕一周凸棱纹。当面与瓦身连接处的外表面布满抹压的指痕，瓦身残，外壁素面，内壁饰较细的麻布纹。当径15.8、当缘宽2、瓦身残长12.6、厚2厘米（图四八，5；图版一九，2）。

标本西T5③：13，圆形当面完整。当缘素面，当面模印浮雕折枝牡丹，花朵丰硕，花叶瘦小，一花多叶，外绕二周凸棱纹。瓦身残。当径17.4、当缘宽1、厚3.2、瓦身残长7.2厘米（图四八，4）。

标本西T6②：1，圆形当面残。当缘素面，当面模印浮雕折枝菊，花朵丰硕，花叶呈卷曲状环绕在花朵四周，外绕一周凸棱纹。瓦身遗失。当径16.4、当缘宽1.4、厚2.4厘米（图四九，1）。

标本西T7③：20，如意云头状当面残。上边沿为凸弧形，两侧缘三曲后汇成尖头。当面模印浮雕折枝牡丹，圆形花心，一花多叶，花叶宽大，两两对称，围绕在花的四周，外绕两周如意形细凸棱纹。瓦身遗失。当面高16.4、宽26.4、厚1.6～4.4厘米（图四九，3；彩版一四，1）。

标本西T8③：7，圆形当面残。当面模印写意浮雕兽面图案，兽面阔口獠牙，双目圆瞪，阔鼻竖耳，双角高挑，两鬓须毛飘起，满饰卷云纹，外绕两周凸棱纹。瓦身遗失。当径16.8、当缘宽2.4、厚2.8厘米（图四九，2）。

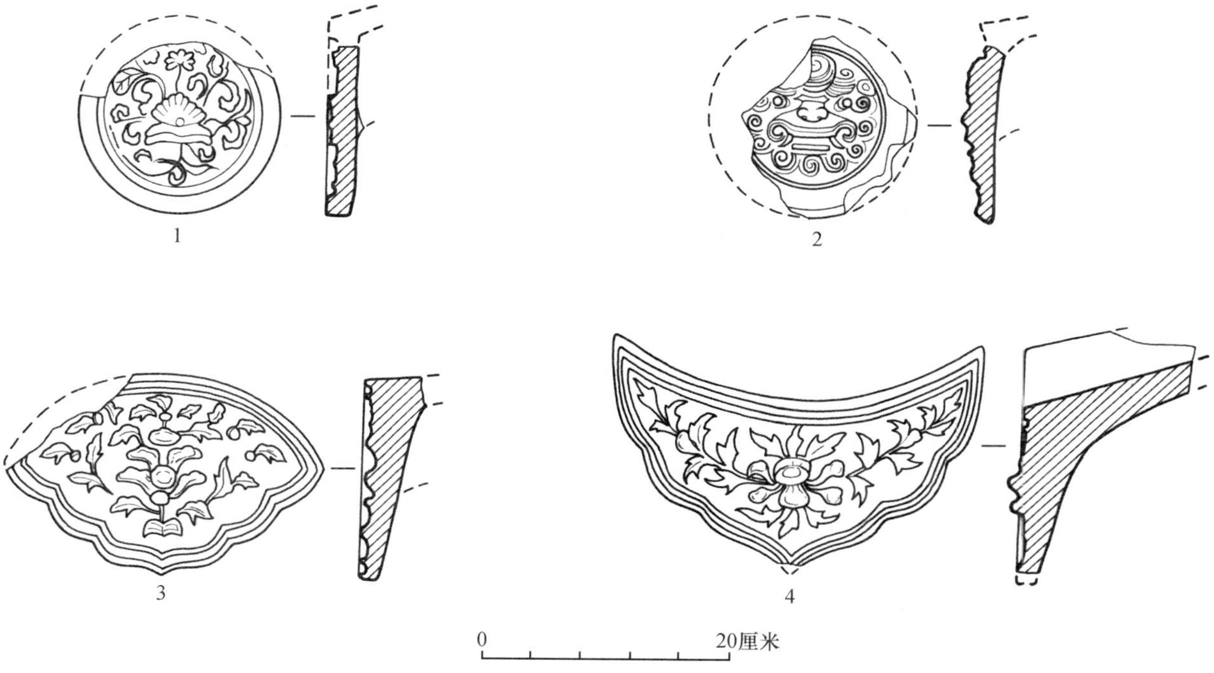

图四九　西宫陶器

1～3. 勾头（西T6②：1、西T8③：7、西T7③：20）　4. 滴水（西T3③：8）

2. 滴水

6件。模制，夹砂灰陶。

标本西T1③：29，滴水侧缘及尖头残。平面呈如意云头状，上边沿为凹弧形，两侧缘四曲后残，表面模印浮雕折枝牡丹，花茎上方为写意盛开牡丹，花叶瘦长，一花两叶，呈卷云状向两边伸展，外绕一周如意形凸棱纹。瓦身残。高12、宽27.6、厚0.8～2、瓦身残长14、宽27.2、厚1.8～2.4厘米（图五〇，1）。

标本西T3③：8，滴水尖头略残。平面呈如意云头状，上边沿为凹弧形，两侧缘三曲后汇成尖头，表面模印浮雕折枝牡丹，花茎上方为盛开牡丹，花瓣丰硕，花叶宽大，一花二枝叶，枝叶两两对称，并向两边伸展，外绕两圈如意形细棱条。瓦身残。高17.7、宽28、厚2.4、瓦身残长10.5、宽27、厚1.8～2.4厘米（图四九，4）。

标本西T4②：9，完整。平面呈如意云头状，上边沿为凹弧形，两侧缘三曲后汇成尖头，表面模印浮雕折枝牡丹，花茎上方为盛开牡丹，花瓣丰硕，花叶宽大，一花两枝叶，枝叶左右两两对称，并向两边伸展，外绕一周如意形凸棱纹。瓦身残，表面较光整，局部有细密的刷

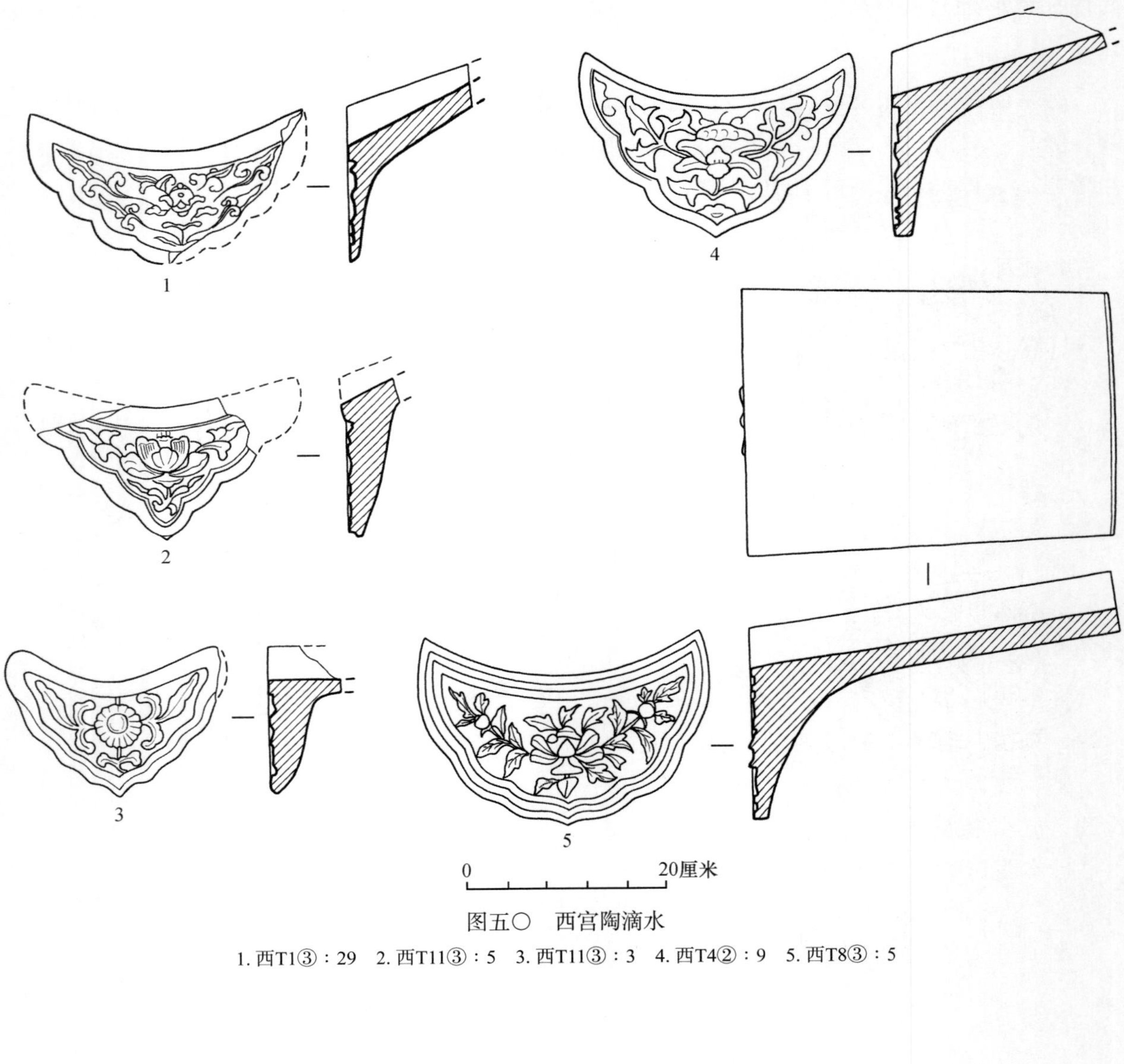

图五〇　西宫陶滴水

1. 西T1③：29　2. 西T11③：5　3. 西T11③：3　4. 西T4②：9　5. 西T8③：5

纹。高18.8、宽27.2、厚1.6～2.6、瓦身残长21.2、宽27.2、厚1.8～24厘米（图五〇，4）。

标本西T8③：5，完整。滴水平面呈如意云头状，上边沿为凹弧形，两侧缘三曲后汇成尖头，表面模印浮雕折枝牡丹，花茎上方为盛开牡丹，花瓣丰硕，花叶宽大，一花两叶，外绕二周如意形凸棱纹。瓦身平面呈梯形，表面较光整，局部有细密的刷纹，内壁饰细密布纹，残存制瓦套筒留下的竖条形印痕。高19.2、宽28.8、厚1.6～3.6、瓦身长38、宽27.2、厚2.4厘米（图五〇，5）。

标本西T11③：3，滴水侧缘残。平面呈如意云头状，上边沿为凹弧形，两侧缘四曲后汇成尖头，表面模印浮雕折枝太阳花，花茎上方为圆形的花心，花心两侧对称分布花叶，花叶宽大，两叶对称。瓦身残。高15.2、宽22、厚1.6～4、瓦身残长3.2、宽22、厚2厘米（图五〇，3；图版一九，4）。

标本西T11③：5，滴水侧缘残。平面呈如意云头状，上边沿为凹弧形，两侧缘三曲后汇成尖头，表面模印浮雕折枝莲，花茎上方为盛开莲花，花瓣丰硕，一花两叶，两叶对称。外绕饰一周如意形凸棱纹。瓦身遗失。高15.6、宽27.6、厚1.6～4 厘米（图五〇，2；图版一九，3）。

3. 筒瓦

1件。模制，夹砂灰陶。

标本西T8③：2，完整。瓦身平面呈长方形，横断面呈弧形。瓦身内壁布满细密的布纹，表面见指压抹痕。瓦舌口唇两边各削一刀，似伸出的舌头。瓦身长36.2、宽18.8、厚2.4～4、舌长4.6、厚2～2.4厘米（图五一，1）。

4. 板瓦

1件。模制，夹砂灰陶。

标本西T8③：3，完整。平面呈梯形，横断面呈弧形。内壁饰细布纹。长35.2、大头宽28.6、小头宽25.2、厚2.6厘米（图五一，4）。

5. 砖

4件。模制，夹砂灰陶。

标本西T1③：27，完整。平面呈长方形。正面饰浮雕类似“∽”形卷草纹，背面为素面。长20、宽8、厚4厘米（图五一，2）。

标本西T4③：15，完整。平面呈长方形。正面饰浮雕类似“∽”形卷草纹，背面为素面。长24、宽10、厚5.6厘米（图五一，5；图版一九，5）。

标本西T7③：18，完整。平面呈长方形。正面饰浮雕类似“∽”形卷草纹，背面为素面。长20、宽7.6、厚4厘米（图五一，3；图版一九，6）。

标本西T10①：5，残。长方形。正面饰浮雕串枝宝相花纹，边侧刻划有“南叶三”编号文字，背面为素面。长46、残宽22.8、最厚8.8厘米（图五一，6）。

图五一　西宫陶器

1. 筒瓦（西T8③：2）　2、3、5、6. 砖（西T1③：27、西T7③：18、西T4③：15、西T10①：5）　4. 板瓦（西T8③：3）

6. 走兽

3件。模制，灰陶。

标本西T5③：9，残。天马。前后肢残，昂首蹲立状，嘴、鼻朝上，眼睛凸出，脑后鬃毛清晰可见，尾巴向上翘立。残高15.8厘米（图五二，2；图版二一，2）。

标本西T11③：1，残。狮子。昂首蹲立状，眼睛凸圆，鼻孔朝天，嘴部闭合，两侧露獠牙，毛发卷曲，尾巴向上翘立，全身线条戳刻。残高26.8厘米（图五二，3；彩版一三，2）。

标本西T11③：2，残。天马。头部正视前方，前肢伸直，后肢蹲踞，脑后鬃毛竖立，两眼分开向上，尾巴卷曲朝下靠在身体后侧。残高20.7厘米（图五二，1）。

图五二 西宫陶走兽

1. 西T11③：2 2. 西T5③：9 3. 西T11③：1

7. 脊兽

3件。模制，夹砂灰陶。

标本西T2②：4，残。头顶部靠前有一“∞”形衔接兽角的洞，兽角遗失，双耳压于浮雕长卷眉下，双眼鼓出，鼻孔朝天。嘴部微张，颌下一缕长须。头部两侧三缕鬃毛向后翻卷，颈后浮雕兽毛向尾部后上方舒展，全身戳刻鱼鳞纹。腿部紧贴身体两侧，四爪从肋下向后伸出，兽爪清晰。尾部呈波浪形。尾端和底座下分别有一处中空制胎。尾端残。通长58、残宽18.4、高48.4厘米，底端中空制胎尺寸为18厘米×12.8厘米×9厘米（图五三，4；彩版一四，3）。

图五三　西宫陶器

1、4. 脊兽（西T4③：14、西T2②：4）　2、3. 兽角（西T6②：3、西T9③：4）　5. 兽首（西T9③：3）

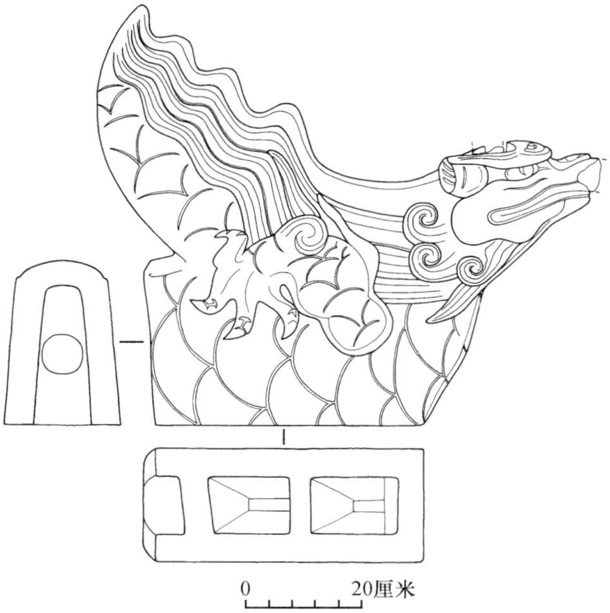

图五四　西宫陶脊兽（西T4③：13）

标本西T4③：13，残。头顶部角遗失，长眉，双耳压于浮雕长眉下，双眼圆睁，嘴部闭合，颌下一缕长须。头部两侧三缕鬃毛向后翻卷，颈后浮雕兽毛向尾部后上方舒展，通体戳刻鱼鳞纹。腿部紧贴身体两侧，四爪从肋下伸出，兽爪清晰。尾部呈波浪形，尾端中部有一榫眼。底座下有三处中空制胎。残长86.4、宽20、高74厘米，中空制胎尺寸为14厘米×10厘米×8厘米，尾端中空制胎尺寸为24厘米×11厘米×6厘米，榫眼直径8、深6厘米（图五四）。

标本西T4③：14，残。兽角向后残断，长眉，双耳压于浮雕长眉下，双眼细长紧闭，嘴部闭合，颌下一缕卷须。头部两侧三缕鬃毛向后翻卷，颈后浮雕兽毛向尾部后上方舒展，通体戳刻鱼鳞纹。腿部紧贴身体两侧，四爪从肋下伸出，兽爪清晰。尾部呈波浪形。尾部下端和底座下分别有一中空制胎。整长44、宽15.5、高39厘米，中空制胎尺寸为18厘米×10厘米×9厘米（图五三，1；彩版一四，4）。

8. 兽角

2件。模制，夹砂灰陶。

标本西T6②：3，完整。羊角状。有榫，角根饰四个乳钉。通长18.3、榫长6.5、粗径2～3.9厘米（图五三，2）。

标本西T9③：4，完整。上细下粗，下端残。折曲处饰半周凸棱和两排乳钉。残高19.5、粗径8厘米（图五三，3）。

9. 兽首

2件。模制，泥质灰陶。

标本西T5②：3，残。顶部前有一对衔接兽角的圆洞，兽角遗失。双耳残。卷眉，双眼圆鼓，鼻残，阔嘴大张，上下牙床露出，靠近下颚处有2颗獠牙，向两侧张出，左右对称，皆残。下颌处刻划有须。残长21、残高15厘米（图五五，1；彩版一四，2 ）。

标本西T9③：3，残。顶部前有一对衔接兽角的圆洞，兽角遗失。双眼圆鼓，鼻部前凸，阔嘴微张，左右对称露出2颗獠牙，向两侧张出，双耳残，耳后突出有刻划鬃毛。残长21.5、残高12.8厘米（图五三，5；图版二一，1）。

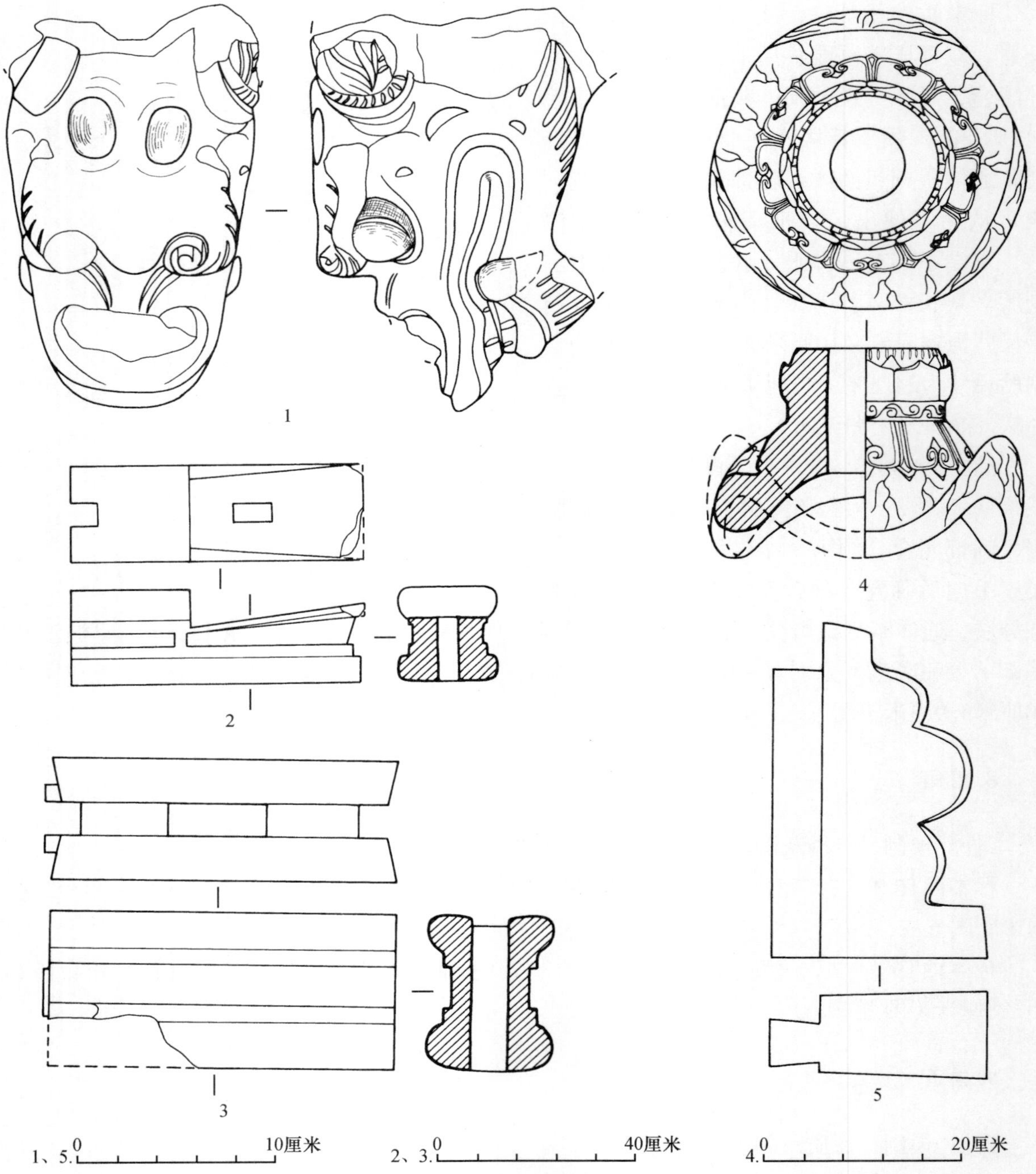

图五五　西宫陶器

1. 兽首（西T5②：3）　2、3. 脊筒（西T5③：3、西T8②：4）　4. 宝顶座（西T4③：1）　5. 耳子（西T7②：4）

10. 脊筒

2件。模制，夹砂灰陶。

标本西T5③：3，残。筒体一端有榫眼，三分之一处有一中空制胎。筒长59.2、宽20、厚33厘米，中空制胎尺寸为8厘米×4厘米×14.8厘米（图五五，2）。

标本西T8②：4，残。筒体一端有榫头，中部有一中空制胎。筒长70、宽25.6、厚33、榫头长3.2、宽3.6厘米，中空制胎尺寸为20厘米×7.2厘米×33厘米（图五五，3）。

11. 宝顶座

1件。手工制，夹砂灰陶。

标本西T4③：1，完整。仰覆莲花宝顶座。下为吞脊口，束腰上刻覆莲一周，顶部有圆形榫眼，刻有一周仰莲。榫眼为承接宝顶之用。内中空。高21.8、吞脊口直径32、榫眼直径14、内孔直径7.6厘米（图五五，4；彩版一四，5）。

12. 耳子

1件。模制，夹砂灰陶。

标本西T7②：4，完整。长17.6、宽11、厚4～4.6厘米（图五五，5）。

（三）其他

1. 香炉

3件。均为轮制，泥质。

标本西T4③：10-1，修复。红陶。侈口，方唇，平折沿，直领，弧腹下垂，平底下承三兽面蹄形足，足残缺。肩部饰一周凸棱纹。外壁施绿釉，釉多脱落。口径12.2、腹径14、残高11厘米（图五六，1；彩版一四，6）。

标本西T4③：10-2，修复。红陶。侈口，方唇，平折沿，高直领，扁鼓腹，平底下承三兽面蹄形足，足残缺。领腹相接处饰一周凸棱纹。口径12.1、腹径13.6、足高7、通高13.4厘米（图五六，2）。

标本西T1③：1，残。黑陶。香炉足，蹄形，兽面，双目圆睁，浮雕长条形鼻，拱嘴，口部左右各露一只獠牙。以鼻梁为界，双目以上对称浮雕眉毛，眉毛上浮雕3组对称卷云状毛发。残高13.3厘米（图五六，3；图版二一，3）。

2. 胡人俑

1件。手工制，泥质。

标本西T11③：4，残。头戴圆帽，帽上有箍，帽檐呈绳扭状。双眼圆睁，高鼻，阔嘴，络腮胡。上身着长袍，下身着分裆裤，披巾掩膊，系于胸前，双袖挽至肘处，右手扶后臀，左手抓袍角，足部残。通体施低温黄绿釉。残高16.5厘米（图五六，4；彩版一三，3）。

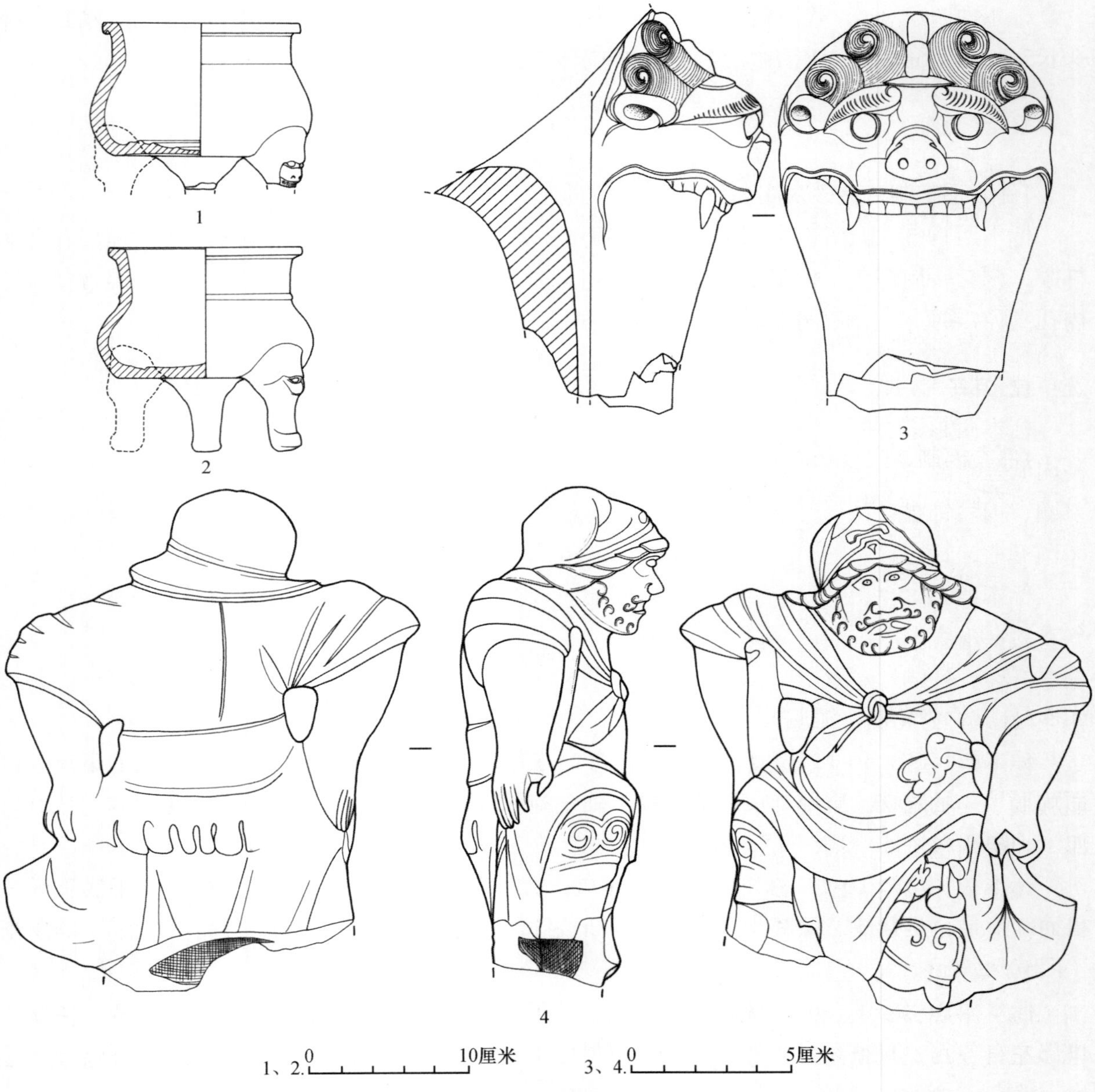

图五六　西宫陶器

1、2. 香炉（西T4③：10-1、西T4③：10-2）　3. 香炉足（西T1③：1）　4. 胡人俑（西T11③：4）

二、瓷　器

标本共74件，按照功能主要分为两大类：一类为生活器皿，如碗、杯、盘、碟；一类为其他，如柱状器、碑、头像等。

（一）生活器皿

1. 碗

38件。

标本西T1③：6，修复。灰白胎，透明釉微泛青，青花呈色蓝中泛黑。敞口，斜方唇，斜直腹，下腹微垂，内底微凸，外底平，圈足内收，挖足过肩，足根外缘斜削一周，呈橘红色（火石红），圈足外底无釉，可见辐射状跳刀痕。口沿内壁饰一周弦纹，晕散，内底饰写意团螭纹，晕散，外绕青花双圈，口沿外壁及下腹近底处分饰两上一下三周弦纹，腹外壁填饰写意花草纹晕散。复原口径12.7、足径6、通高5.4厘米（图五七，1）。

标本西T1③：7，残。灰白胎，透明釉微泛青，青花呈色浅淡。平底，圈足足胎宽厚，外高内低呈斜削状，足根内外缘浅斜削一周，无釉露胎。内底楷书“崇祯年制”四字，外绕青花双圈，内填饰松叶纹，圈足与外底交接处及圈足外壁分饰一周粗弦纹。残高1.6、足径7.5厘米（图五七，2）。

标本西T1③：8，修复。灰白胎，透明釉微泛青，青花呈色蓝中泛紫黑。敞口，斜方唇，斜直腹，下腹微垂，平底，高圈足微内收，挖足较深。口沿内壁饰一周弦纹，内底饰菊瓣及卷曲草叶纹，外绕青花双圈，腹外壁饰简易散草叶纹，下腹近底处饰一周弦纹，圈足外壁饰两周粗弦纹。复原口径12.8、足径5.8、通高7.5厘米（图五七，3）。

标本西T1③：13，修复。灰白胎，透明釉微泛青，青花呈色蓝中泛浅灰。撇口，斜方唇，斜弧腹，下腹微垂，平底，圈足微内收，足根外缘斜削一周，无釉露胎，下腹外壁有少许棕眼。口沿内壁饰一上两下三周弦纹，中间填充网格纹，内底饰缠枝莲纹，外绕青花双圈，口沿外壁饰两周粗弦纹，中间填菱形锦纹，腹外壁及下腹近底处分饰一周粗弦纹，内填饰山石、草叶纹。复原口径15.5、足径5.7、通高6厘米（图五七，4）。

标本西T1③：14，修复。灰白胎，透明釉微泛青，青花呈色蓝中泛浅灰。撇口，圆唇，斜弧腹，平底，矮圈足内收，挖足过肩，足根沾沙。内底饰写意团螭纹，下腹近底处绕青花双圈，晕散，口沿外壁及下腹处分饰一周粗弦纹，腹外壁填饰写意螭龙纹。复原口径11.8、足径4、通高4.8厘米（图五八，1）。

标本西T1③：19，修复。灰白胎，透明釉微泛青，青花呈色蓝艳。敞口，圆唇，斜直腹，内底圜，外底凸，圈足内收，足根外缘斜削一周，无釉露胎。口沿内壁饰一上两下三周弦纹，中间饰十字锦纹，内底饰写意卷云纹，下腹处绕青花双圈，口沿外壁及下腹近底处分饰两上一下三周弦纹，中间填饰卷云、杂宝纹。复原口径15.8、足径5.8、通高6.4厘米（图五八，2；图版二三，1）。

标本西T1③：20，修复。灰白胎，透明釉微泛青，青花呈色蓝中泛浅灰。撇口，斜方唇，斜弧腹，下腹微垂，平底，高圈足内收，挖足较深，足根外缘斜削一周，无釉露胎。内底饰如意云头纹，腹外壁饰如意云头纹。复原口径14、足径5.4、通高6.6厘米（图五八，3）。

标本西T1③：21，修复。灰白胎，透明釉微泛青，青花呈色浅淡。撇口，尖唇，斜弧腹，

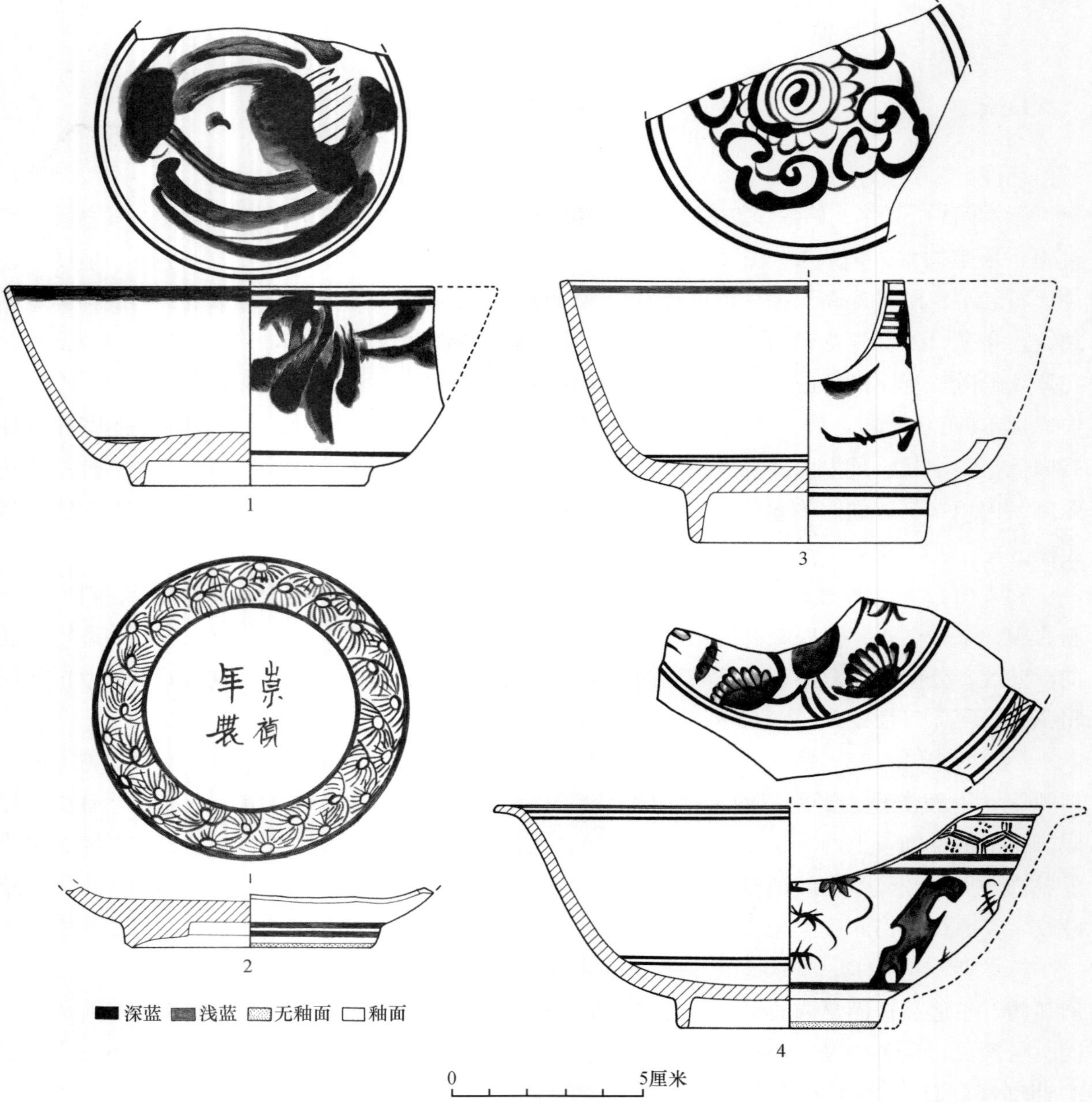

图五七　西宫瓷碗

1. 西T1③：6　2. 西T1③：7　3. 西T1③：8　4. 西T1③：13

平底，圈足微内收，足根外缘斜削一周，无釉露胎。内底饰写意团螭纹，外绕青花双圈，腹内壁下部戳刻有一“吴”字，口沿外壁及下腹处分饰一周弦纹，中间填饰折枝草叶，圈足与外底交接处及圈足外壁分饰一周粗弦纹。复原口径12、足径4.3、通高6厘米（图五八，4）。

标本西T1③：34，修复。灰白胎，透明釉微泛青，青花呈色蓝中泛黑。敞口，尖唇，斜弧腹，内底平，外底微凸，圈足微撇，足根外缘斜削一周，与外底皆无釉露胎。口沿内壁饰两周弦纹，内底饰鱼纹、卷曲水草纹，腹壁绕青花双圈，口沿外壁及下腹处分饰一上三

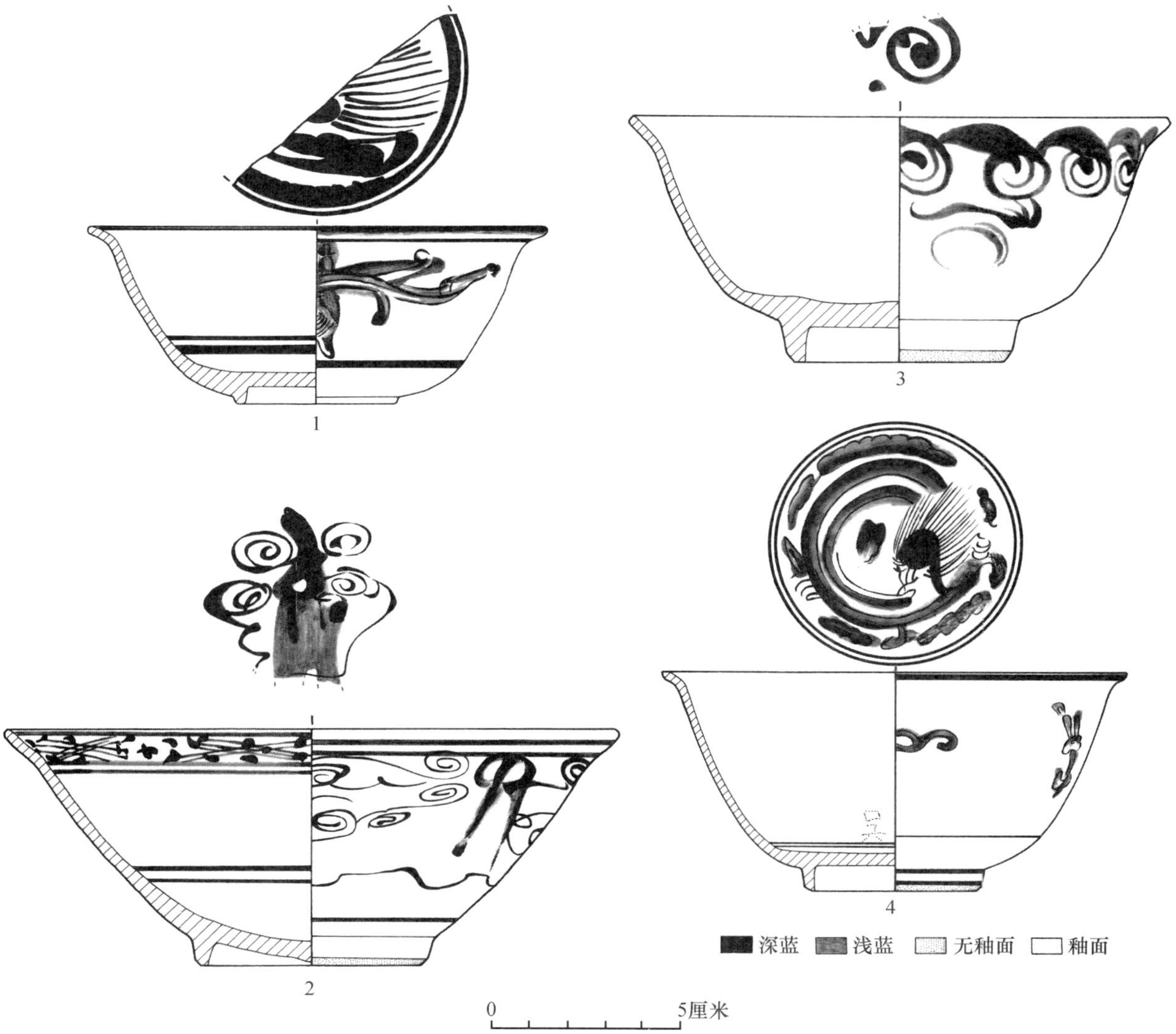

图五八　西宫瓷碗

1. 西T1③：14　2. 西T1③：19　3. 西T1③：20　4. 西T1③：21

下四周弦纹，中间填饰湖石、水草、写意鱼纹。复原口径19.5、足径7.3、通高8.3厘米（图五九，1）。

标本西T1北扩③：1-6，修复。灰白胎，透明釉微泛青，青花呈色蓝中泛紫黑。敞口，斜方唇，斜弧腹，下腹微垂，平底，圈足内收，挖足较深，足根外缘斜削一周，无釉露胎。口沿内壁饰一周弦纹，内底饰写意花草纹，外绕青花双圈，口沿外壁及下腹近底处分饰一周弦纹，腹外壁填饰变形花草纹。复原口径16.3、足径5.5、通高6.6厘米（图五九，4）。

标本西T2③：6，修复。灰白胎，透明釉微泛青，青花呈色蓝中泛黑。敞口，斜方唇，弧腹，内底凸，外底平，圈足微内收，挖足过肩。口沿内壁饰两周弦纹，内底饰团螭纹，外绕青花双圈，口沿外壁饰两周弦纹，腹外壁饰写意螭龙纹。复原口径13.1、足径5.1、通高6.2厘米（图五九，2）。

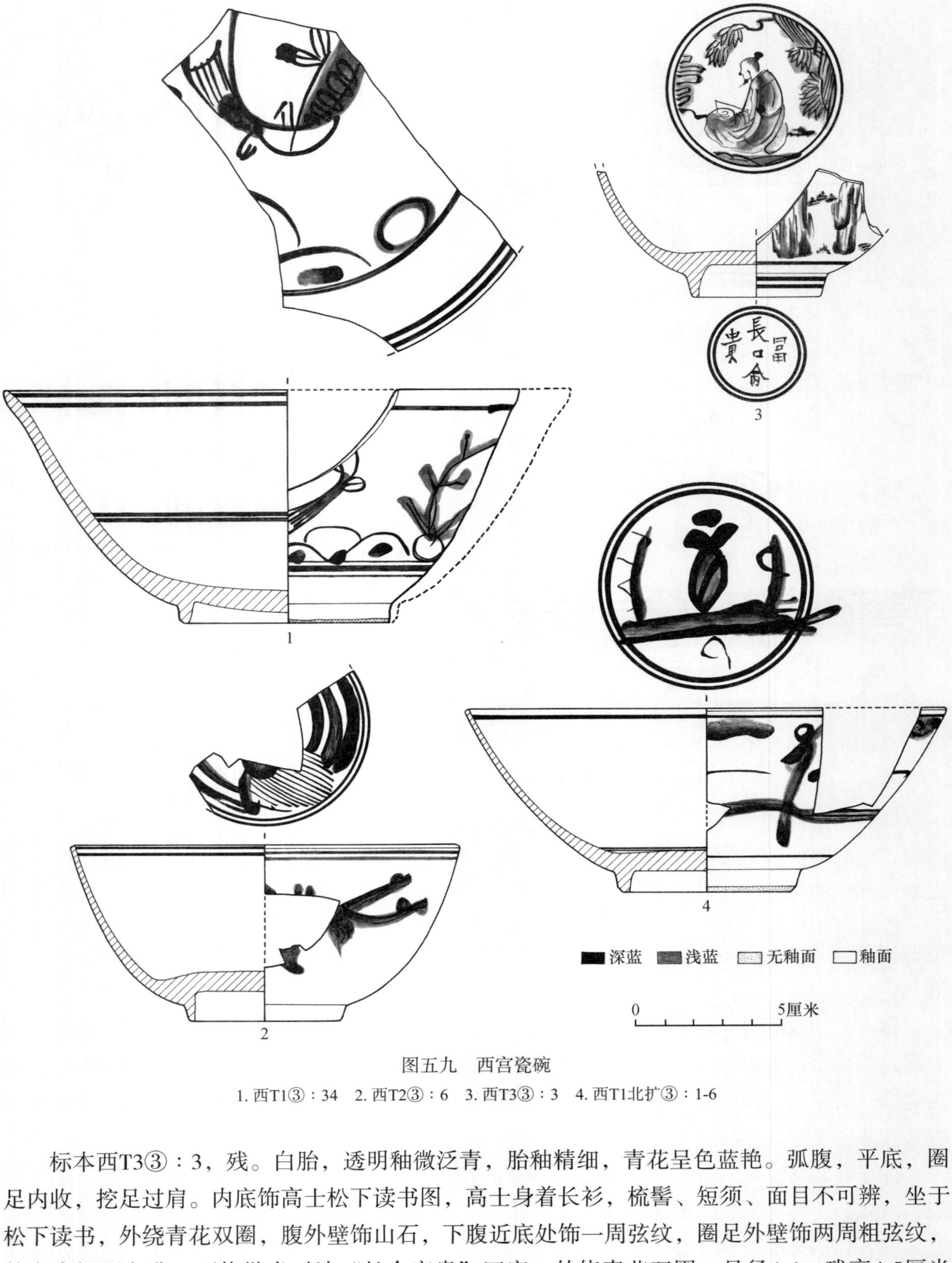

图五九　西宫瓷碗

1. 西T1③：34　2. 西T2③：6　3. 西T3③：3　4. 西T1北扩③：1-6

标本西T3③：3，残。白胎，透明釉微泛青，胎釉精细，青花呈色蓝艳。弧腹，平底，圈足内收，挖足过肩。内底饰高士松下读书图，高士身着长衫，梳髻、短须、面目不可辨，坐于松下读书，外绕青花双圈，腹外壁饰山石，下腹近底处饰一周弦纹，圈足外壁饰两周粗弦纹，外底中间画方孔，环绕楷书对读“长命富贵”四字，外绕青花双圈。足径4.4、残高4.5厘米（图五九，3；彩版一六，1、2）。

标本西T7②：2，修复。灰白胎，透明釉微泛青灰，青花呈色蓝中泛灰黑。敞口，尖唇，斜弧腹，下腹微垂，内底平，外底凸，圈足内收，足根内缘斜削一周，无釉露胎。内底饰团花，腹外壁饰上下两组三横线，下方横线上方纹饰残，外底随意勾勒一“W”状纹。复原口径16、足径7.6、通高6.4厘米（图六〇，1）。

标本西T7③：3，修复。白胎，透明釉微泛青，青花呈色蓝中泛紫黑。敞口，尖唇，斜弧腹，内底圜，外底微凸，圈足内收。口沿内壁及腹部分饰一周弦纹，内底至下腹部饰蕉叶纹，下腹近底处绕青花双圈，口沿外壁及下腹近底处分饰两上一下三周弦纹，腹外壁填饰缠枝莲托杂宝及卷草纹。复原口径14.4、足径5.3、通高5.3厘米（图六〇，2；彩版一六，3）。

标本西T7③：4，修复。白胎，透明釉微泛青，青花呈色浅淡。敞口，尖唇，斜弧腹，内底平，外底微凸，圈足内收，足根外缘斜削一周，呈橘红色（火石红）。腹内壁饰一周弦纹，内底至下腹部饰盛开的菊花纹，下腹近底处外绕青花双圈，口沿外壁及下腹近底处分饰两上一下三周弦纹，腹外壁填饰缠枝莲托杂宝及卷草纹。复原口径13.2、足径4.4、通高6厘米（图六〇，3）。

标本西T8③：1，修复。灰白胎，透明釉微泛青，青花呈色蓝中泛黑灰。直口，圆唇，弧腹，下腹微垂，平底，内底中心微凹，圈足内收，足根外缘斜削一周，无釉露胎。口沿内壁饰一粗一细两周弦纹，内底饰朵花纹，外绕青花双圈散断，口沿外壁及下腹近底处分饰两上一下三周弦纹，腹外壁填饰山石、花叶纹，圈足外壁饰两周散断粗弦纹。复原口径12.3、足径5.4、通高6.6厘米（图六〇，4；图版二三，2）。

标本西T9③：10，残，未修复。白胎，透明釉微泛青，釉面有开片，青花呈色蓝中泛黑。弧腹，平底，高柄足外撇，足根内外缘皆斜削一周，无釉露胎。内底饰月华纹，外绕青花双圈，高柄足上端及中部分饰一周粗弦纹，下端饰一周粗弦纹和一周宽带纹。残高7.1、足径4厘米（图六一，4）。

标本西T9③：19，修复。灰白胎，透明釉微泛青，青花呈色蓝中泛紫黑。撇口，尖唇，斜弧腹，内底圜，外底凸，圈足内收，足根外缘斜削一周，无釉露胎。口沿内壁饰两周弦纹，内底满布细密的朵花纹，下腹近底处外绕青花双圈，口沿外壁及下腹近底处分饰两上一下三周弦纹，腹外壁填饰细密的朵花纹，圈足与外底交接处饰一周弦纹，圈足外壁中部饰一周粗弦纹。复原口径14.3、足径5.2、通高5.3厘米（图六一，3）。

标本西T9③：20，修复。灰白胎，透明釉微泛青，青花呈色蓝中泛紫黑。撇口，尖唇，沿微折，斜弧腹，下腹微垂，平底，圈足内收。口沿内壁饰两周弦纹，内底饰简笔勾勒的朵花纹，下腹近底处绕青花双圈，口沿外壁及圈足与外底交接处分饰两上一下三周弦纹，腹外壁填饰简笔勾勒的朵花纹，间以小圆圈，圈足外壁饰两周粗弦纹。复原口径14.3、足径5、通高6.3厘米（图六一，2；图版二三，3）。

标本西T9③：21，修复。灰白胎，透明釉微泛青，青花呈色蓝中泛黑。撇口，斜方唇，沿微折，弧腹，下腹微垂，平底，高圈足近直壁，挖足较深，圈足与外底交接处部分沾沙，圈足外壁部分脱釉。内底饰一周弦纹，腹外壁饰写意团菊及草叶纹。复原口径15、足径6.2、通高7.2厘米（图六一，5）。

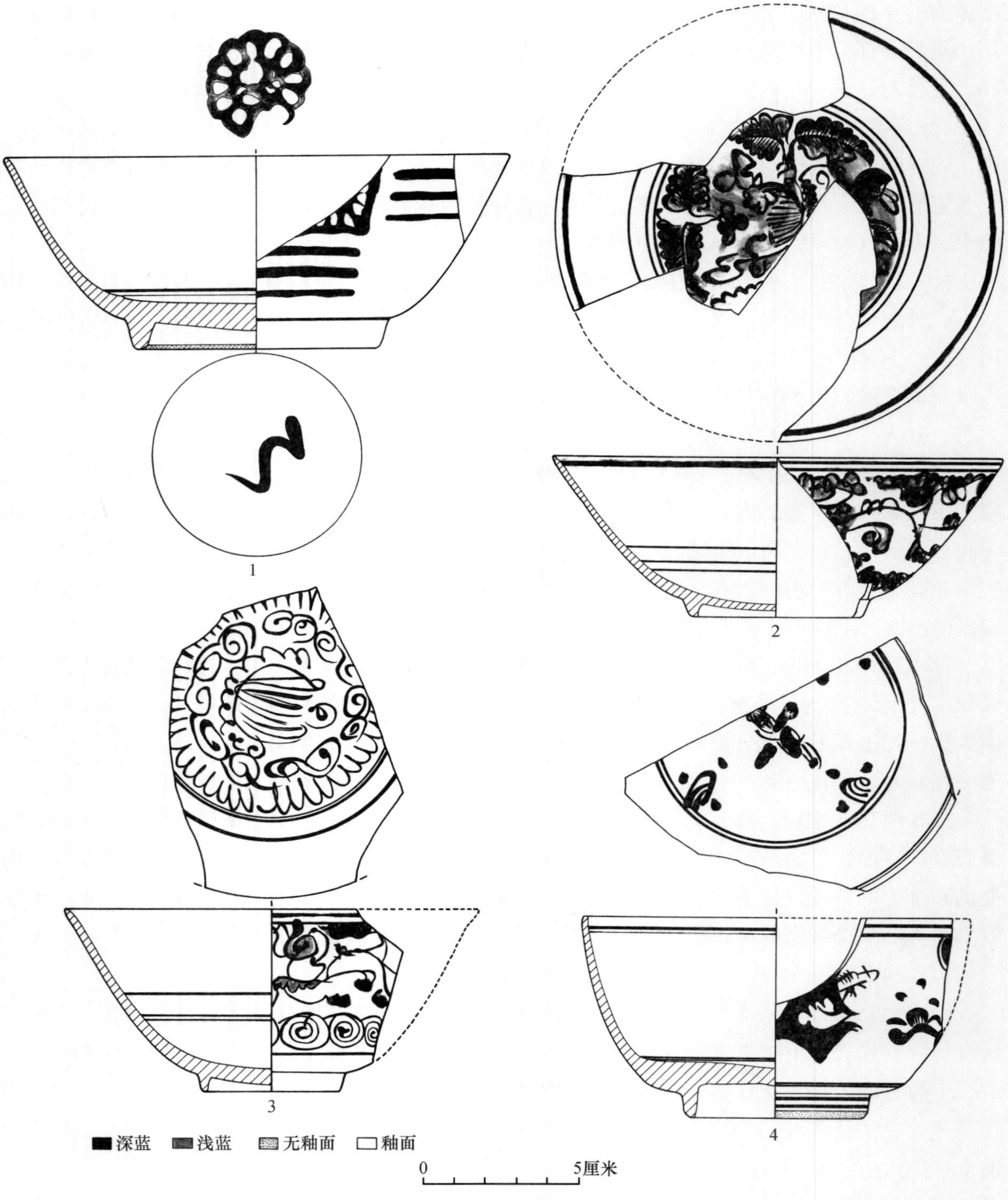

图六〇　西宫瓷碗

1. 西T7②：2　2. 西T7③：3　3. 西T7③：4　4. 西T8③：1

图六一　西宫瓷碗

1. 西T9③：22　2. 西T9③：20　3. 西T9③：19　4. 西T9③：10　5. 西T9③：21

标本西T9③：22，修复。灰白胎，透明釉微泛青，青花呈色蓝中泛黑。撇口，尖唇，沿微折，弧腹，下腹微垂，内底圜，外底凸，圈足内收。内底饰蕉叶纹，下腹近底处外绕青花双圈，口沿外壁及圈足与外底交接处分饰两上一下三周弦纹，腹外壁填饰缠枝莲托杂宝及卷草纹，圈足外壁中部饰两周粗弦纹。复原口径14、足径4.5、通高6.4厘米（图六一，1）。

标本西T9③：24，修复。灰白胎，透明釉微泛青，青花呈色蓝艳。撇口，方唇，平折沿，斜直腹，下腹微垂，内底微凹，高圈足近直壁，足根外缘斜削一周，无釉露胎，圈足内壁部分失釉露胎。口沿内壁饰一周弦纹，内底饰莱菔纹，外绕青花双圈，口沿外壁及圈足与外底交接处分饰一周弦纹，腹外壁可见一组莱菔纹，圈足外壁饰一周弦纹。复原口径14、足径6.2、通高7.8厘米（图六二，4）。

标本西T9③：26，修复。灰白胎，透明釉微泛青，青花呈色蓝中泛紫黑。撇口，尖唇，沿微折，斜弧腹，下腹微垂，圜底，外底中心有乳突，圈足内收，足根外缘斜削一周，无釉露胎。口沿内壁饰一周弦纹，内底心饰折枝花纹，外绕青花双圈，散断，口沿外壁饰两周弦纹，腹外壁饰缠枝莲纹。复原口径12.8、足径4.3、通高5.3厘米（图六二，1；图版二三，4）。

标本西T9③：27，修复。灰胎，透明釉泛灰黄，青花呈色蓝中泛灰。撇口，圆唇，沿微折，斜弧腹，下腹微垂，平底，圈足内收，挖足过肩，足根及圈足内壁无釉，呈橘红色（火石红）。口沿外壁及下腹近底处分饰一周弦纹，腹外壁填饰蕉叶纹，圈足与外底交接处饰一周粗弦纹。复原口径9.2、足径2.8、通高3.8厘米（图六二，5）。

标本西T9③：28，修复。灰白胎，透明釉微泛青，青花呈色浅淡。撇口，尖唇，沿微折，斜弧腹，下腹微垂，内底圜，外底凸，高圈足内收，足根内外缘斜削一周，皆无釉露胎。口沿内壁饰两周弦纹，内底心饰折枝花及朵花纹，外绕青花双圈，晕散，口沿外壁及下腹近底处分饰两上一下三周弦纹，腹外壁填饰细小朵花及折枝花纹，间以实心小圆点纹，圈足与外底交接处饰一周弦纹。复原口径11.6、足径4、通高4.3厘米（图六二，2）。

标本西T9③：29，修复。灰白胎，透明釉微泛青，青花呈色蓝中泛紫黑。撇口，尖唇，沿微折，斜弧腹，下腹微垂，内底平，外底中心有乳突，圈足内收，足根外缘斜削一周，无釉露胎，圈足内壁部分失釉。口沿内壁饰两周粗弦纹，内底饰月华纹，外绕青花双圈，口沿外壁及下腹近底处分饰两周弦纹，腹外壁满饰三角形点状纹，圈足与外底交接处饰两周弦纹。复原口径11.8、足径3.8、通高4.5厘米（图六二，3；图版二三，5）。

标本西T9③：30，修复。灰白胎，透明釉微泛青，青花呈色蓝中泛紫黑。敞口，尖唇，斜弧腹，平底，足根外缘呈橘红色（火石红）。口沿内壁饰两周弦纹，内底饰月华纹，外绕青花双圈，口沿外壁及下腹近底处分饰两上一下三周弦纹，腹外壁填饰折枝花叶，圈足与外底交接处及圈足外壁分饰一周粗弦纹。复原口径13.4、足径4.6、通高5.8厘米（图六二，6；图版二三，6）。

标本西T9③：32，修复。灰白胎，透明釉微泛灰，光泽度差，青花呈色蓝中泛灰。敞口微敛，圆唇，斜弧腹，内底平，外底微凸，圈足内收，足根外缘斜削一周，窄尖状，无釉露胎。口沿内壁饰两周弦纹，内底饰散叶纹，外绕青花双圈，口沿外壁及圈足与外底交接处分饰一周弦纹，腹外壁填饰缠枝花纹，圈足外壁分饰一粗一细两周弦纹。复原口径13.6、足径4.4、通高6厘米（图六三，2；图版二四，1）。

标本西T9③：34，修复。灰白胎，透明釉微泛青，青花呈色蓝中泛紫黑。撇口，圆唇，沿微折，斜弧腹，内底圜，外底微凸，圈足内收，挖足较深，足根外缘斜削一周，呈橘红色（火石红）。口沿内壁饰两周弦纹，内底饰花草蕉叶纹，下腹近底处绕青花双圈，口沿外壁及圈足

图六二　西宫瓷碗

1. 西T9③：26　2. 西T9③：28　3. 西T9③：29　4. 西T9③：24　5. 西T9③：27　6. 西T9③：30

图六三　西宫瓷碗

1. 西Z1：2　2. 西T9③：32　3. 西T9③：34　4. 西T9③：35　5. 西T9③：41　6. 西T9③：37

与外底交接处分饰两上一下三周弦纹，腹外壁饰缠枝瓜果、卷草纹，圈足外壁饰两周粗弦纹。复原口径14.2、足径4.8、通高6.5厘米（图六三，3；图版二四，2）。

标本西T9③：35，修复。白胎微泛黄，透明釉微泛青，光泽度差，青花呈色浅淡。敞口，圆唇，弧腹，平底，圈足内收，足根外缘斜削一周，窄尖状，无釉露胎。内底纹饰残，外绕青花单圈，口沿外壁饰两周弦纹，中间填饰一周圆点与锯齿纹，腹外壁饰散草叶纹。复原口径13.6、足径4.6、通高6.8厘米（图六三，4）。

标本西T9③：37，修复。灰白胎，内壁透明釉微泛青，外壁霁蓝釉。敞口，尖唇，斜直腹，下腹微垂，平底，圈足内收，足根外缘斜削一周，与圈足内壁及外底皆无釉露胎。素面。复原口径12.5、足径4.9、通高6.2厘米（图六三，6；彩版一六，4）。

标本西T9③：41，修复。灰白胎，透明釉微泛青，青花呈色浅淡。敞口微侈，尖圆唇，斜弧腹，下腹微垂，平底，圈足内收，足根呈橘红色（火石红）。内底饰两周梵文，外绕青花双圈，口沿外壁及圈足与外底交接处分饰两上一下三周弦纹，腹外壁填饰四周梵文，圈足外壁饰两周粗弦纹。复原口径14.8、足径5、通高5.9厘米（图六三，5；图版二四，3）。

标本西Z1：2，完整。白胎，透明釉微泛青，青花呈色蓝中泛紫黑。敞口，尖唇，斜弧腹，下腹微垂，内底凸，外底中心有乳突，矮圈足近直壁，足根沾沙。口沿内壁饰两周弦纹，弦纹至口沿处饰一周散草叶纹，内底行书“崇祯三年”四字，外绕青花双圈，口沿外壁饰一周弦纹。口径11.7、底径5.5、通高3.9厘米（图六三，1；彩版一七，1）。

标本西H2：1-1，修复。灰白胎，透明釉微泛青，釉面有开片，青花呈色蓝艳。撇口，圆唇，沿微折，斜弧腹，下腹微垂，平底，圈足内收，挖足过肩。口沿内壁饰两周弦纹，内底饰折枝枇杷，外绕青花双圈，口沿外壁及圈足与外底交接处分饰两上一下三周弦纹，腹外壁填饰缠枝牡丹纹，外壁下腹处饰一周变形仰莲纹，圈足外壁饰两周粗弦纹。复原口径14.8、足径5.3、通高6.8厘米（图六四，2；彩版一六，5）。

标本西H2：1-2，修复。灰白胎，乳白釉，腹外壁有少许棕眼。撇口，圆唇，仰折沿，斜弧腹，下腹微垂，平底，圈足内收，挖足较深，足根外缘斜削一周，窄尖状，无釉露胎。素面。复原口径12.6、足径5.2、通高5.8厘米（图六四，1；图版二四，4）。

标本西H2：1-4，修复。灰白胎，透明釉微泛青灰，青花呈色蓝中泛黑。敞口，尖唇，斜直腹，平底，圈足内收。口沿内壁饰两周弦纹，弦纹至口沿处饰一周椭圆形点状纹，内底饰菊瓣及草叶纹，外绕青花双圈，口沿外壁饰两周弦纹，腹外壁满饰折枝菊及草叶纹，晕散。复原口径13.6、足径6.4、通高7.2厘米（图六四，3）。

标本西H3①：1，修复。灰白胎，芒口，透明釉光泽度差，青花呈色灰黑。撇口，圆唇，沿微折，弧腹，下腹微垂，内底平，外底中心有乳突，圈足内收，挖足过肩。口沿内壁饰一周粗弦纹，内底草书“福”字，外绕青花双圈，口沿外壁及下腹部饰一上两下三周弦纹，腹外壁填饰海水波涛纹，外壁下腹处饰一周弦纹。复原口径15.1、足径6、通高6.8厘米（图六四，4；彩版一六，6）。

标本西采：8-1，修复。白胎，透明釉微泛青，青花呈色蓝艳。敞口微直，尖唇，弧腹，下腹微垂，内底凸，外底平，圈足近直壁，挖足过肩，足根外缘斜削一周，窄尖状，呈橘红色

图六四　西宫瓷碗

1. 西H2：1-2　2. 西H2：1-1　3. 西H2：1-4　4. 西H3①：1

（火石红）。口沿内壁饰一周弦纹，内底饰折枝花纹，外绕青花双圈，口沿外壁及底部近圈足处分饰两上一下三周弦纹，腹外壁填饰折枝花草，圈足与外底交接处及圈足外壁处分饰一周粗弦纹，外底草书“永乐年制”四字，外绕青花双圈。复原口径12.4、足径5.2、通高6厘米（图六五；图版二四，5、6）。

2. 杯

14件。

标本西T1③：9，修复。白胎，透明釉微泛青，胎釉精细，青花呈色蓝中泛灰。撇口，尖唇，仰折沿，直腹，内底宽平，矮圈足内收，足根外缘斜削一周，无釉露胎。口沿内壁饰一周弦纹，内底饰折枝花纹，下腹近底处绕青花双圈，口沿外壁及圈足与外底交接处分饰一周弦纹，腹外壁填饰写意兰草纹。复原口径7.5、足径2.3、通高4.4厘米（图六六，1；图版二五，1）。

标本西T1北扩③：1-1，修复。白胎，透明釉微泛青，青花呈色蓝中泛黑灰。撇口，尖唇，仰折沿，直腹，内底平，外底中心有乳突，圈足内收，足根外缘斜削一周，无釉露胎。口沿内壁饰一周弦纹，内底饰写意折枝花纹，下腹近底处绕青花单圈，口沿外壁饰一周弦纹，腹壁纹饰残。复原口径7.6、足径2.8、通高5厘米（图六六，2）。

标本西T1北扩③：1-2，修复。白胎，透明釉微泛青，青花呈色蓝中泛黑灰。撇口，尖唇，仰折沿，直腹，平底，矮圈足内收，足根外缘斜削一周，窄尖状，无釉露胎，外底无釉可见辐射状跳刀痕。口沿内壁饰一周弦纹，内底饰折枝花纹，外绕青花单圈，口沿外壁及圈足与外底交接处分饰一周弦纹，腹壁填饰写意螭龙纹。复原口径7.3、足径2.4、通高4.5厘米（图六六，6；彩版一七，2）。

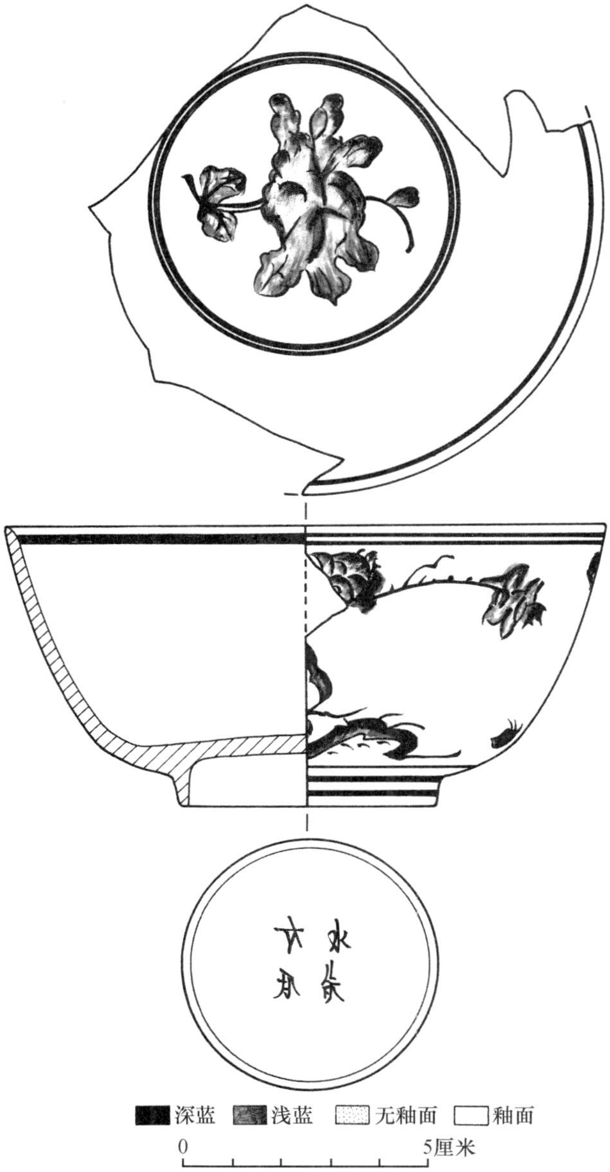

图六五　西宫瓷碗（西采：8-1）

标本西T2③：5，修复。灰白胎，透明釉微泛青，青花呈色蓝中泛灰。敞口，圆唇，弧腹，下腹微垂，平底，圈足近直壁，挖足过肩，足根外缘斜削一周，无釉露胎。内底饰一“T”形纹，腹外壁饰水藻、龟纹，外底书变体款“[illegible]”，外绕青花双圈。复原口径8.5、足径3.8、通高5厘米（图六六，4）。

标本西T6③：1，修复。灰白胎，透明釉微泛青，青花呈色蓝中泛灰。直口，圆唇，弧腹，平底，矮圈足内收，足根外缘斜削一周，无釉露胎。口沿内壁饰一周弦纹，内底饰双圆点纹，上方戳刻有一简体“双”字，外绕青花双圈，口沿外壁及圈足与外底交接处分饰一周弦纹，腹外壁

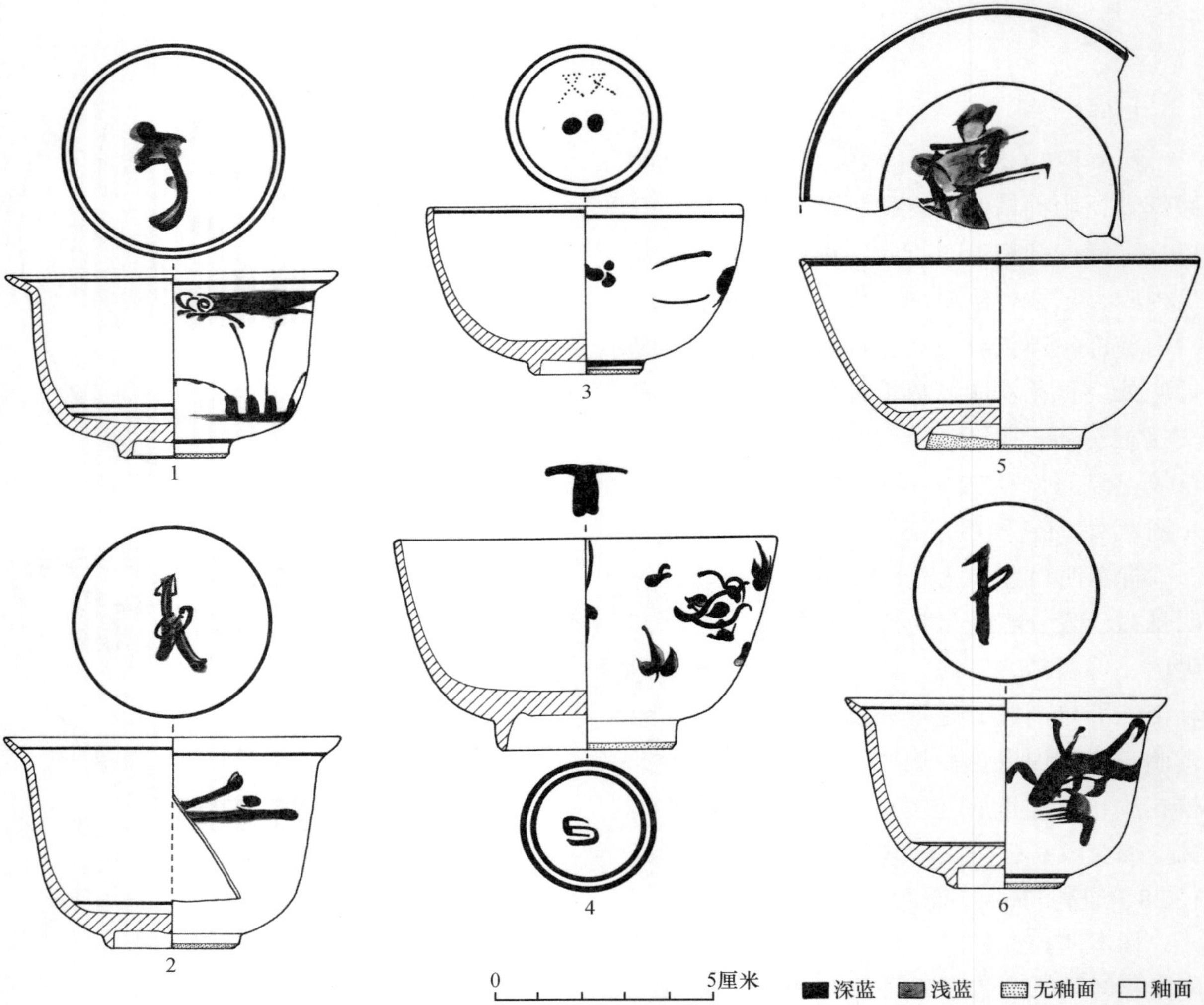

图六六　西宫瓷杯

1. 西T1③：9　2. 西T1北扩③：1-1　3. 西T6③：1　4. 西T2③：5　5. 西T7③：12　6. 西T1北扩③：1-2

饰散草叶纹。复原口径7、足径2.4、通高4厘米（图六六，3；彩版一七，3、4）。

标本西T7③：12，修复。灰白胎，酱口，透明釉微泛青，青花呈色蓝中泛灰。敞口，尖唇，斜弧腹，内底微凸，外底平，圈足近直壁，挖足过肩，足根外缘斜削一周，无釉露胎，内壁部分失釉。口沿内壁饰一周弦纹，内底饰变形动物纹，下腹近底处绕青花单圈。复原口径9、足径3.8、通高4.5厘米（图六六，5）。

标本西T9③：11，残，未修复。灰白胎，透明釉微泛青，青花呈色蓝艳。直腹，平底，喇叭状高柄足，足根外缘斜削一周，窄尖状，与圈足内壁皆无釉露胎。外壁下腹近底处有两周粗弦纹，高柄足中部有一周凸棱，高柄足下端有两周粗弦纹。足径3.4、柄高5、残高6.6厘米（图六七，2）。

标本西T9③：13，修复。灰白胎，透明釉微泛青，青花呈色浅淡。敞口微侈，尖唇，弧腹，下腹微垂，平底，矮圈足内收。口沿外壁及圈足与外底交接处分饰两上一下三周弦纹，腹外壁填饰三周梵文，圈足外壁饰一周弦纹。复原口径9.6、足径3.1、通高5.3厘米（图六七，1）。

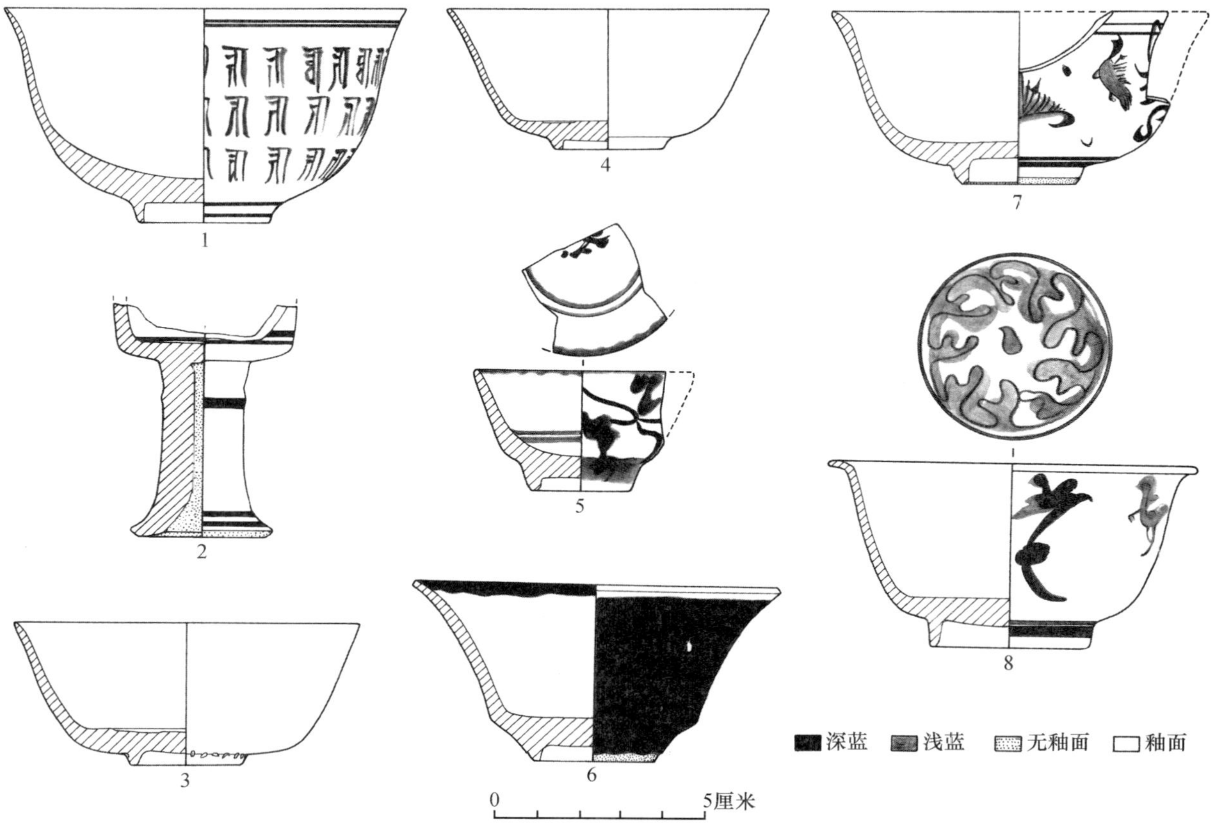

图六七 西宫瓷杯

1. 西T9③：13 2. 西T9③：11 3. 西采：5 4. 西Z1：4 5. 西T9③：15 6. 西T9③：31 7. 西T9③：33 8. 西Z1：5

标本西T9③：15，修复。灰白胎，透明釉微泛青，青花呈色蓝中泛黑。敞口，圆唇，斜直腹，下腹微垂，平底，圈足内收。口沿内壁饰一周弦纹，内底饰折枝花，下腹近底处绕青花双圈，腹外壁饰缠枝花纹，圈足与外底交接处饰一周宽带纹，青花皆晕散。复原口径5.2、足径2.3、通高3厘米（图六七，5；图版二五，2）。

标本西T9③：31，修复。灰白胎，内壁透明釉泛灰黄，外壁霁蓝釉，口沿与内外壁釉色相反，外底与内壁釉色相同。敞口，斜方唇，内弧腹，平底，圈足斜收，足根外缘斜削一周，无釉露胎。复原口径8.6、足径2.8、通高4.4厘米（图六七，6；彩版一七，5）。

标本西T9③：33，修复。灰白胎，透明釉微泛青，青花呈色蓝中泛灰。敞口微侈，尖唇，弧腹，下腹微垂，平底，矮圈足内收，挖足过肩，足根内外缘斜削一周，窄尖状，无釉露胎。口沿外壁及圈足近底处分饰两上一下三周弦纹，腹外壁填饰水草、游鸭，圈足与外底交接处饰一周粗弦纹。复原口径8.9、足径2.7、通高4.3厘米（图六七，7）。

标本西Z1：4，修复。白胎，透明釉微泛青。敞口，尖唇，斜直腹，下腹微垂，平底，圈足内收。素面。复原口径7.5、足径2.5、通高3.5厘米（图六七，4）。

标本西Z1：5，完整。灰白胎，透明釉微泛灰，青花呈色蓝中泛灰。侈口，尖唇，卷沿，弧腹，下腹微垂，内底平，外底凸，圈足近直壁。内底饰海水姜牙纹，外绕青花单圈，腹外壁饰写意折枝花与鸟纹，圈足与外底交接处饰一周宽带纹。口径8.5、足径3.7、通高4.6厘米（图六七，8；图版二五，3、4）。

标本西采：5，修复。白胎，胎体轻薄，白釉。敞口，尖唇，斜直腹，内底略凹，外底微凸，矮圈足内收，外底与圈足交接处有棕眼、沾沙。素面。复原口径8.2、足径2.6、通高3.5厘米（图六七，3；图版二五，5）。

3. 盘

9件。

标本西T1③：15，修复。灰白胎，酱口，透明釉微泛青。敞口微敛，斜方唇，斜弧腹，平底，圈足近直壁，足根外缘斜削一周，窄尖状，无釉露胎。素面。复原口径17.2、足径6.7、通高4.5厘米（图六八，1）。

标本西T1③：16，修复。白胎，酱口，透明釉微泛青。敞口，斜方唇，斜弧腹，内底圜，

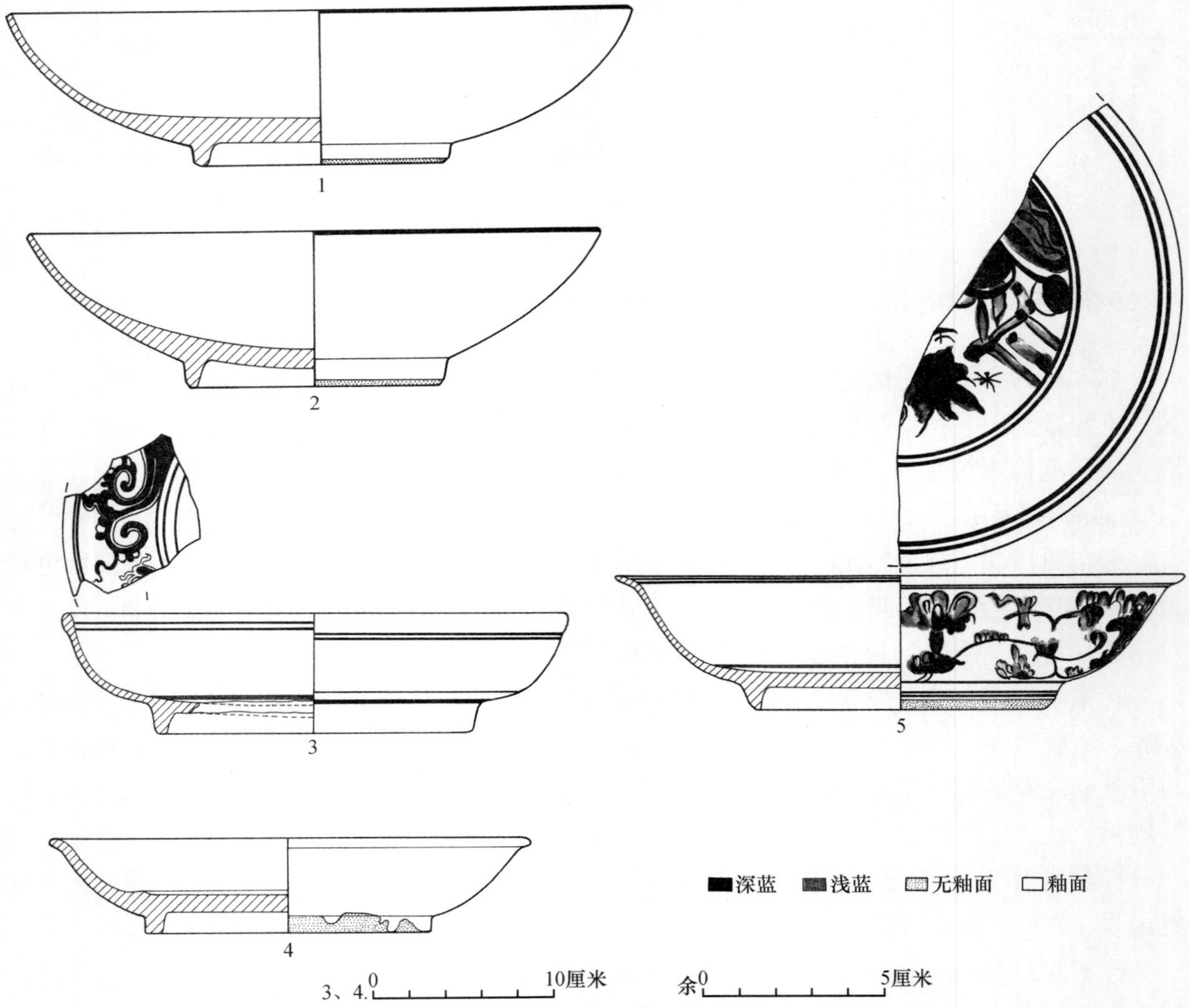

图六八　西宫瓷盘

1. 西T1③：15　2. 西T1③：16　3. 西H2：1-5　4. 西H3①：2　5. 西T9③：17

圈足内收，足根外缘斜削一周，窄尖状，无釉露胎。素面。复原口径15.9、足径6.8、通高4.5厘米（图六八，2）。

标本西T9③：17，修复。灰白胎，透明釉微泛青，青花呈色蓝中泛黑。撇口，尖唇，沿微折，斜弧腹，下腹微垂，平底，矮圈足内收，足根外缘内削一周，窄尖状，与外底皆无釉露胎，外底可见辐射状跳刀痕。口沿内壁饰两周弦纹，内底饰湖石、栏杆等纹饰，外绕青花双圈，口沿外壁及圈足与外底交接处分饰两上一下三周弦纹，腹外壁填饰缠枝花果，圈足外壁饰两周弦纹。复原口径15.8、足径8、通高3.8厘米（图六八，5）。

标本西T9③：25，修复。灰白胎，透明釉微泛青，青花呈色蓝中泛灰黑。敞口微侈，尖唇，斜弧腹，内底凹，外底凸，圈足内收，挖足较深，足根外缘斜削一周，窄尖状，无釉露胎。内底饰折枝阔叶纹，外绕青花单圈，散断，口沿外壁及圈足与外底交接处分饰一周弦纹，腹外壁填饰缠枝莲，圈足外壁饰两周弦纹。复原口径15.4、足径8.2、通高3.4厘米（图六九，2）。

标本西T9③：40，修复。白胎，透明釉微泛青。敞口，斜方唇，内弧腹，平底，矮圈足内收。素面。复原口径14.6、足径8、通高2.6厘米（图六九，1）。

标本西H2：1-5，修复。白胎，透明釉微泛青，青花呈色蓝艳。敞口，厚圆唇，弧腹，平底，高圈足内收，挖足较深。口沿内壁及下腹近底处分饰两周弦纹，腹内壁填饰写意龙纹，内底纹饰残，绕一周弦纹，口沿外壁及下腹近底处分饰两上一下三周弦纹，圈足与外底交接处饰一周弦纹。复原口径27.8、足径17.2、通高6.8厘米（图六八，3）。

标本西H3①：2，修复。白胎，透明釉微泛黄，釉层失透。敞口微侈，圆唇，卷沿，斜弧腹，内底略凹，圈足宽厚近直壁，圈足外壁失釉现象严重。素面。复原口径26.4、足径16、通高5.4厘米（图六八，4）。

标本西采：9，修复。白胎，透明釉微泛青，青花呈色蓝艳。撇口，尖圆唇，仰折沿，斜弧腹，平底，圈足内收，足根外缘斜削一周，呈橘红色（火石红），圈足外壁可见少许棕眼。口沿内壁分饰上下两组四周弦纹，中间填饰细密的草叶纹杂以“金”等文字，内底饰海水纹，外绕青花双圈，口沿外壁饰三周细弦纹，中间填饰两组散草叶纹，腹外壁饰不规则分布的两组散草叶纹，圈足外壁饰半周草叶纹及一周粗弦纹。复原口径20.6、足径12、通高3.2厘米（图六九，4）。

标本西采：17，修复。灰白胎，胎体厚重，透明釉微泛青，青花呈色蓝艳。菱花口，厚方唇，宽折沿，瓜棱腹，内底微凸，外底平，圈足内收，足根外缘斜削一周，与外底皆无釉露胎，外底可见辐射状跳刀痕。口沿内壁饰一上两下三周弦纹，填饰卷曲草叶纹，内底心饰瑞兽，外绕青花双圈，加饰一周卷曲草叶。复原口径20、足径9.6、通高4厘米（图六九，3）。

4. 碟

10件。

标本西T1③：10，修复。灰白胎，透明釉微泛青，釉面可见开片，青花呈色蓝艳。敞口，圆唇，斜弧腹，内底中心凸起，外底平，圈足内收，足根外缘斜削一周，窄尖状，无釉露胎，

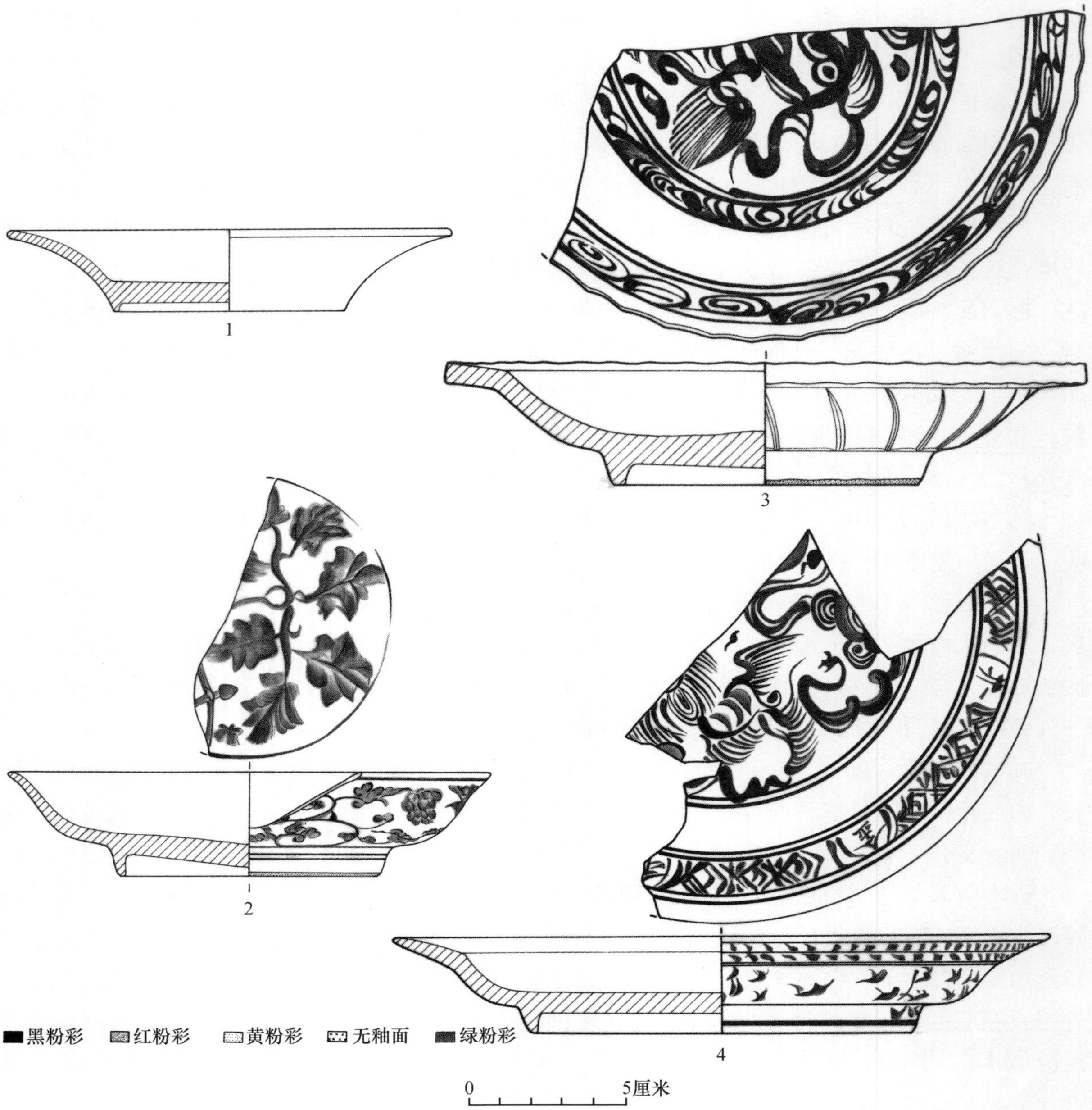

图六九　西宫瓷盘

1. 西T9③：40　2. 西T9③：25　3. 西采：17　4. 西采：9

足底沾沙。口沿内壁一周草叶纹，内底行书“寿”字，外绕青花双圈。口径11.8、足径5.2、通高3.5厘米（图七〇，1；图版三六，3）。

标本西T1③：17，修复。灰白胎，透明釉微泛青，青花呈色蓝中泛灰。敞口，斜方唇，斜弧腹，内底微凸，外底平，矮圈足内收，圈足外壁沾沙，足根无釉露胎。口沿内壁与内底分饰一上两下三周青花弦纹，口沿外壁饰一周青花弦纹。复原口径12.2、足径7、通高2.4厘米（图七〇，2）。

标本西T3③：1，修复。灰白胎，透明釉微泛青，釉面可见开片，青花呈色浅淡。敞口，

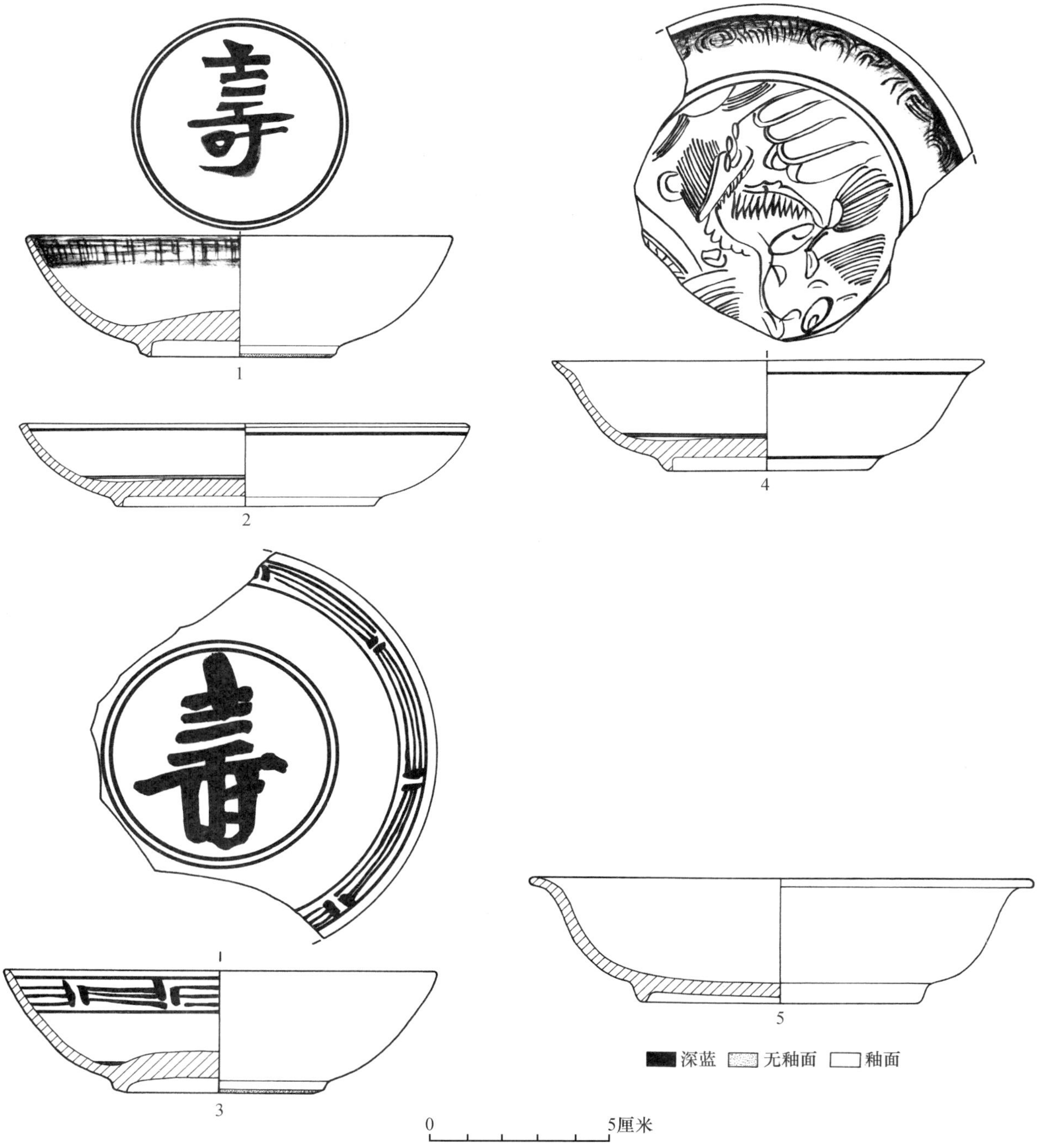

图七〇　西宫瓷碟

1. 西T1③：10　2. 西T1③：17　3. 西T3③：1　4. 西T3③：2　5. 西T9③：36

圆唇，斜弧腹，内底凸，外底平，矮圈足内收，足根外缘斜削一周，与外底皆无釉露胎。口沿内壁饰两周弦纹，中间填饰三周间断弦纹，内底行书“寿”字，外绕青花双圈。复原口径11.9、足径5.2、通高3.5厘米（图七〇，3）。

标本西T3③：2，修复。白胎，透明釉微泛青，青花呈色浅淡。撇口，尖唇，沿微折，斜弧腹，下腹微垂，内底微凸，圈足内收，与外底皆无釉露胎，外底可见辐射状跳刀痕。口沿内壁饰一周草叶纹，内底饰火麒麟纹，外绕青花双圈，口沿外壁及圈足与外底交接处分饰一周弦纹。复原口径11.8、足径5.4、通高3.2厘米（图七〇，4）。

标本西T9③：18，修复。灰白胎，透明釉微泛青，青花呈色蓝中泛黑。敞口，尖唇，斜弧腹，下腹微垂，内底凸起，外底平，矮圈足内收，沾沙，足根外缘内削一周，窄尖状，无釉露胎。口沿内壁饰一上两下三周弦纹，中间填饰散草叶纹，内底饰团螭纹，外绕青花双圈，散断。口沿外壁饰一上两下三周弦纹，中间填饰散草叶纹。复原口径12、足径5.4、通高3.2厘米（图七一，5）。

标本西T9③：36，修复。白胎，白釉，光洁度高。撇口，圆唇，卷沿，斜弧腹，内底略凹，外底微凸，矮圈足内收，足根外缘斜削一周，呈橘红色（火石红），圈足外壁局部沾沙。素面。复原口径13.2、足径7.7、通高3.5厘米（图七〇，5）。

标本西Z1：3，修复。灰白胎，透明釉微泛青，青花呈色蓝黑。撇口，尖唇，斜弧腹，内底略凹，外底凸，圈足内收，足根外缘斜削一周，窄尖状，无釉露胎，局部沾沙。内底饰白兔卷草纹，晕散，外绕青花双圈，外壁口沿及外底与圈足交接处分饰两上一下三周弦纹，腹外壁填饰缠枝莲。复原口径13.4、足径7.1、通高2.9厘米（图七一，1；彩版一七，6）。

标本西TG6③：1，修复。灰白胎，透明釉微泛青。敞口微敛，圆唇，斜弧腹，内底略凹，矮圈足内收。口沿内壁及内底分饰一上两下三周青花弦纹，内底戳刻有一"[illegible]"字。复原口径12.4、足径6.8，通高2.3厘米（图七一，2）。

标本西TG1③：1，修复。白胎，酱口，透明釉微泛白，青花呈色蓝中略泛灰黑。敞口，尖唇，斜弧腹，下腹微垂，内底凹，外底凸，圈足内收，足根外缘斜削一周，无釉露胎，沾沙。口沿内壁饰一周弦纹，内底饰折枝花叶，晕散，外绕青花双圈。复原口径10.5、足径6.3、通高2.1厘米（图七一，3）。

标本西采：14-5，修复。白胎，透明釉微泛青，青花呈色蓝艳。撇口，尖唇，沿微折，斜弧腹，下腹微垂，平底，矮圈足内收，足根外缘斜削一周，窄尖状，无釉露胎。口沿内壁饰一周弦纹，内底饰湖石、楼台栏杆、花卉等，外绕青花双圈，口沿外壁及圈足与外底交接处分饰一周弦纹，腹外壁填饰缠枝花纹，外底可见棕眼。复原口径12.3、足径6.3、通高2.2厘米（图七一，4）。

（二）其他

1. 柱状器

1件。

标本西T1③：12，残。灰白胎，透明釉色微泛青。圆柱状，上细下粗，尖部残。残高3.2、直径1～1.4厘米（图七二，1）。

2. 碑

1件。

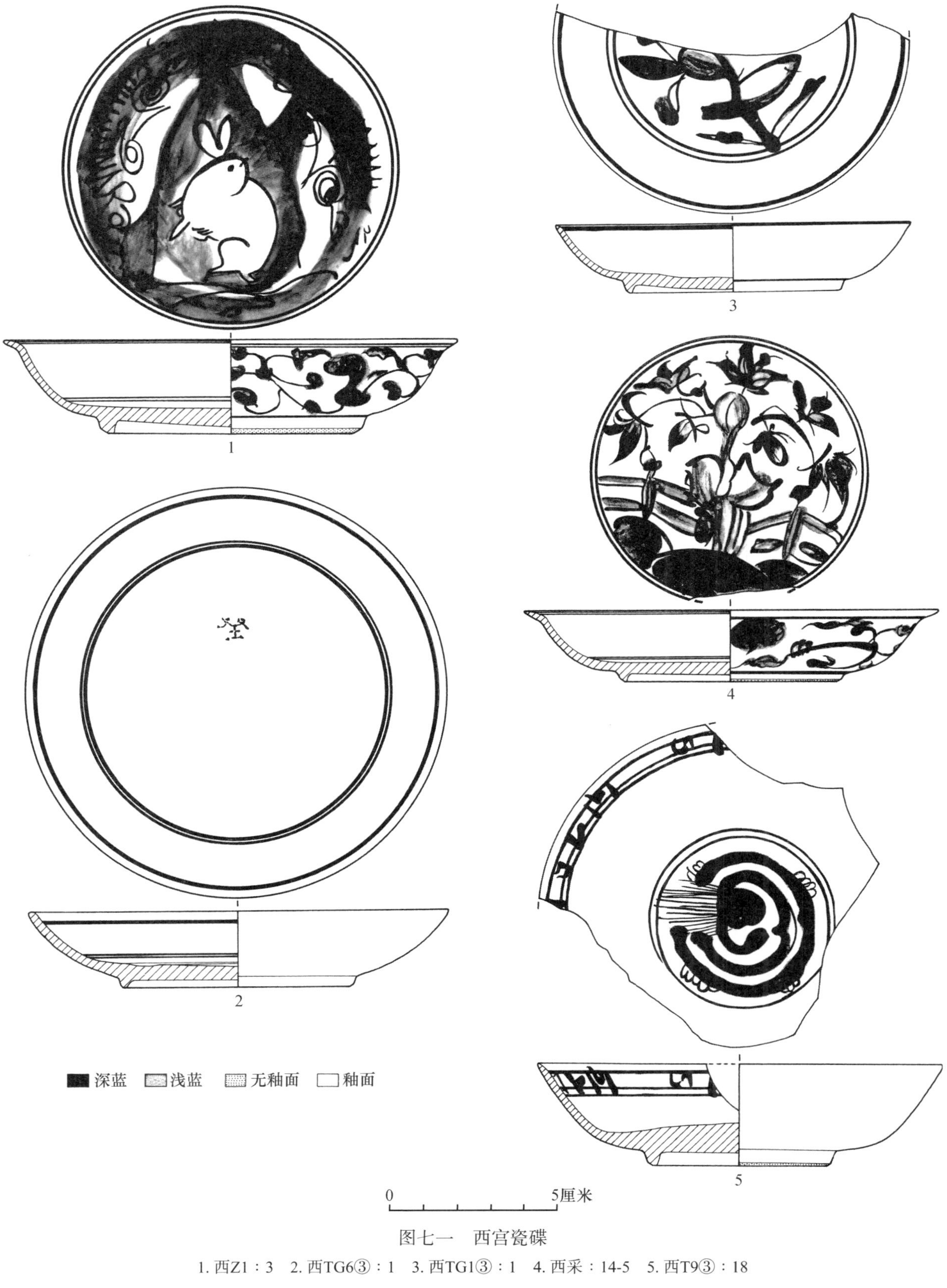

图七一 西宫瓷碟

1. 西Z1：3 2. 西TG6③：1 3. 西TG1③：1 4. 西采：14-5 5. 西T9③：18

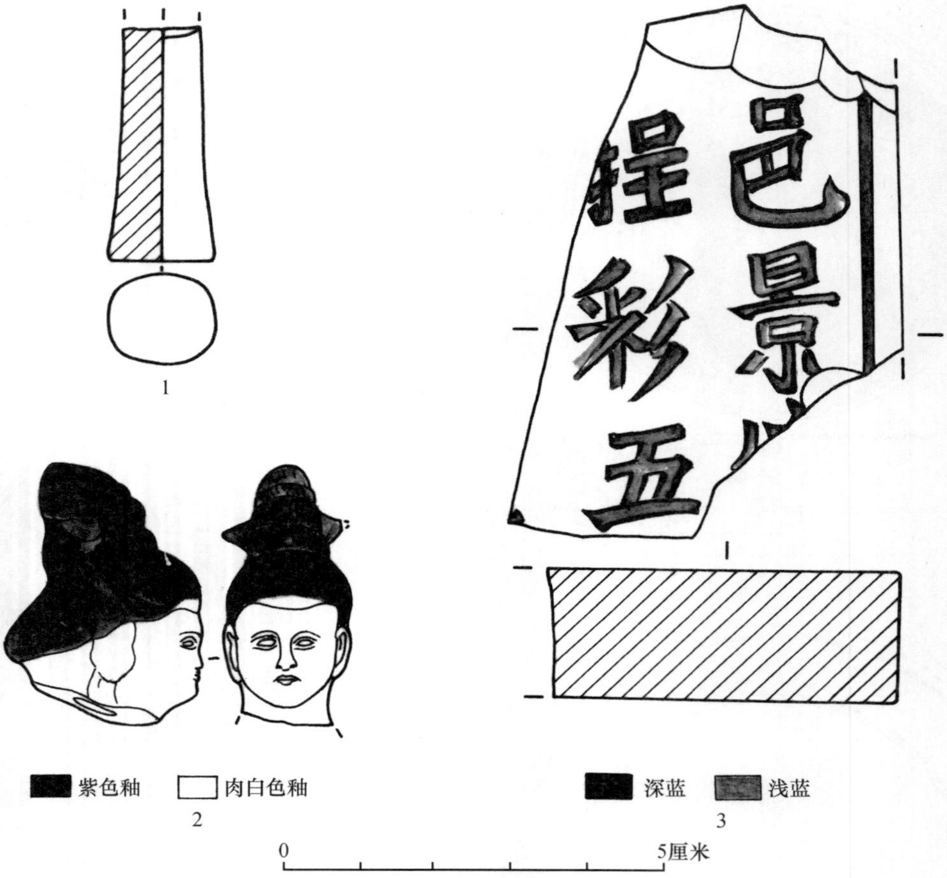

图七二　西宫瓷器

1. 柱状器（西T1③：12）　2. 头像（西采：13）　3. 碑（西采：15）

标本西采：15，残。白胎，正面施透明釉，透明釉微泛青，背面未施釉，青花呈色蓝中泛黑。长方形板状，正面双竖行青花楷书碑文“邑景□捏彩五”，背面素面。残长7.3、残宽4.7、厚1.8厘米（图七二，3）。

3. 头像

1件。

标本西采：13，残。灰黄胎，面部施透明釉，发髻施紫红釉。仅存头部，面容富态，梳高髻，戴头巾，眉目清秀。残高3.1厘米（图七二，2；图版二五，6）。

三、铜　　器

标本共16件，按照功能主要分为两大类：一类为宗教用器，如神像、剑等；一类为生活用品，如镜、钱等。

（一）宗教用器

1. 神像

5件。

标本西T4③：2，完整，浇铸立像。头部戴冠，冠背飘带从腋下缠绕垂至底座，面部丰润，长眉，圆眼，嘴微闭，长耳垂，短须，上身板甲，下身鱼鳞甲，外罩对襟紧袖长袍，腰系带，脚蹬长靴，右手向上空握，左手掐诀，双腿分开呈八字形站立在马蹄形座上。腹部甲上浮雕有梅花状纹饰。通高24.3、像高21.7、座高2.6、座宽8.8厘米（图七三，1；彩版二三，1）。

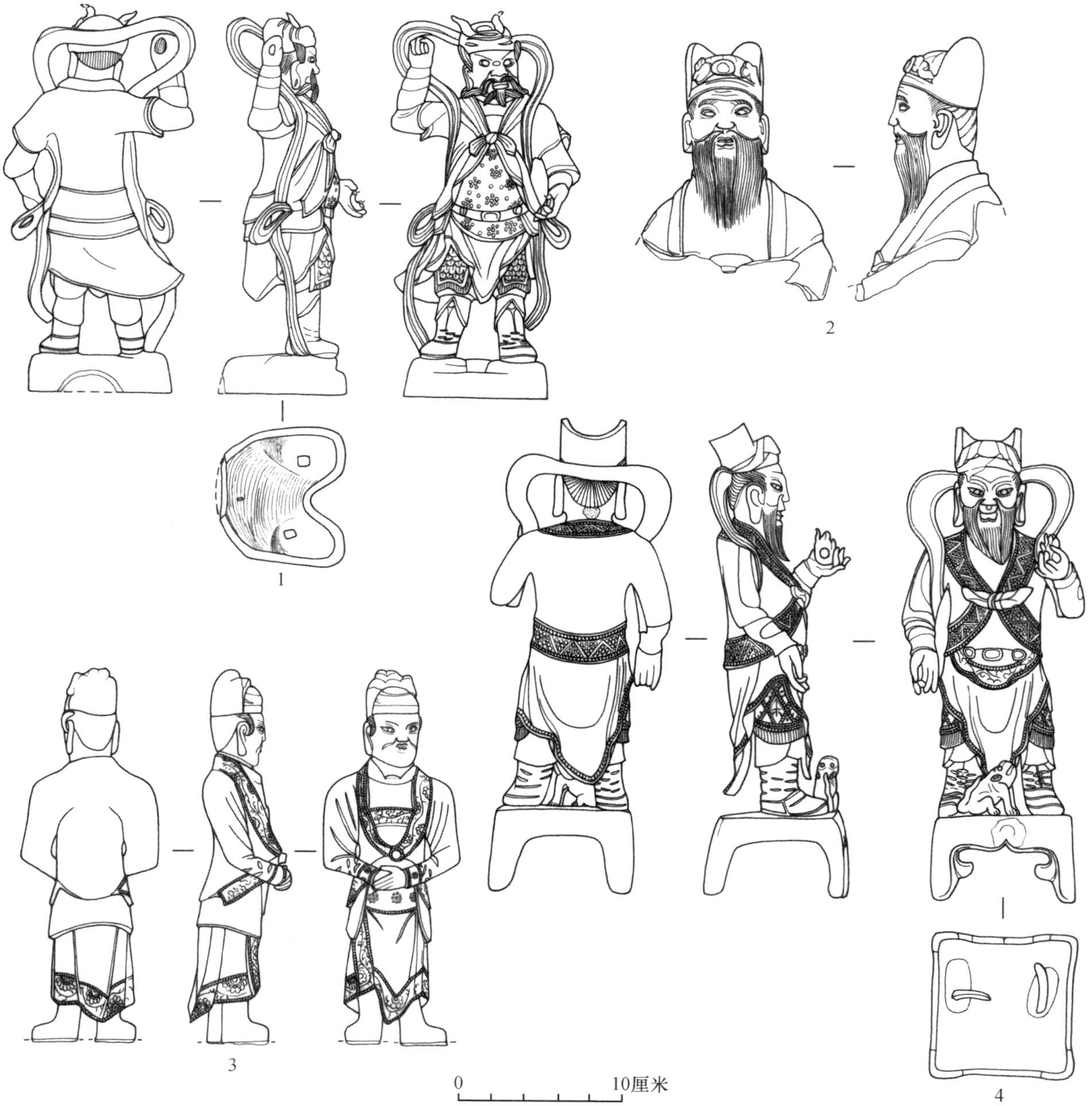

图七三　西宫铜神像

1. 西T4③：2　2. 西T4③：3　3. 西T4③：5　4. 西T4③：4

标本西T4③：3，残存上身，浇铸立像。头戴冠，面部丰润，浓眉，圆眼，嘴微闭，长耳垂，长须，上身套开襟长袍。残高16.4厘米（图七三，2；图版三八，2）。

标本西T4③：4，完整，浇铸立像。头部戴冠，冠背飘带从腋下缠绕垂至底座，面部丰润，长眉，眼狭长，嘴微闭，长耳垂，短须，上身着对襟紧袖长袍，腰系带，下身着裤，脚蹬长靴，右手向上持有一法器，左手掐诀，双腿分开呈外八字形站立在方形卷云纹四足基座上，脚下正中蹲有一虎。通高29.5、座高5～5.6、座宽4.2～4.9、虎高3.4厘米（图七三，4；彩版二三，2）。

标本西T4③：5，完整，浇铸立像。头戴冠，面部较瘦，细眉，眼狭长，目视前方，嘴微闭，长耳垂，八字须，身形较瘦，双手相合于腹部，右手扣左手，身着长袍，外罩对襟彩衣，脚蹬靴。冠后、胸部的彩绘颜色大部脱落。通高23.3、宽6.3厘米（图七三，3；彩版二三，3）。

标本西T9②：1，座残，浇铸坐像。面部圆润，长耳垂，慈目微睁，目视前方，披发，跣足，双手自然下垂抚膝，左手掐诀，端坐于器座上，身着宽袖长袍，披帛，两肩部分饰阴文“日、月”二字，胸部袒露处饰蛇形图案及星点地纹。器表彩绘及鎏金大部分脱落。通高62.8、宽36.2厘米（图七四；彩版二四）。

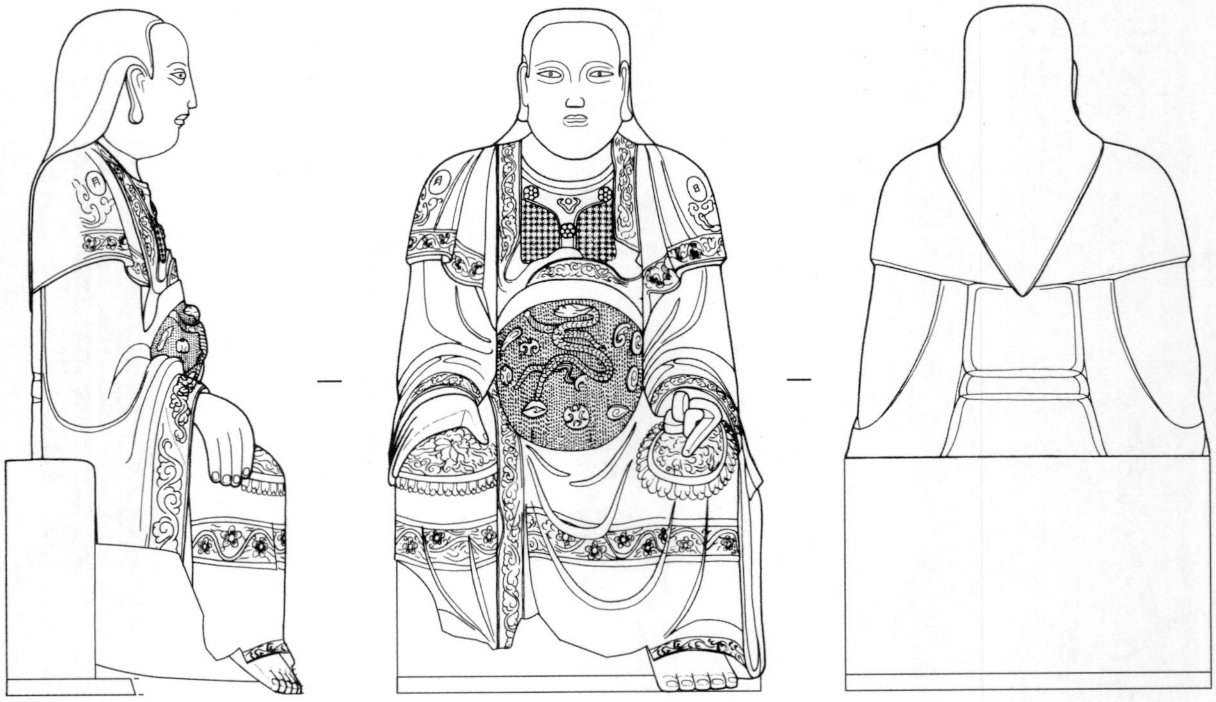

图七四　西宫铜神像（西T9②：1）

2. 剑

1件。

标本西T4③：9，完整，黄铜锻铸。圆形剑首，菱形格，宽腊，线形脊，三角形锋，刃部正面刻北斗七星纹，背面粗糙，未打磨。通长19.2、柄长2.1、格宽3.35、剑身宽1.5～1.75厘米（图七五，1；图版三九，1）。

（二）生活用品

1. 镜

1件。

标本西T1③：2，完整，浇铸。圆形，缘上卷，桥形钮，镜背饰卷草、双鱼纹。直径10.8、缘厚0.5厘米（图七五，2；图版三八，1）。

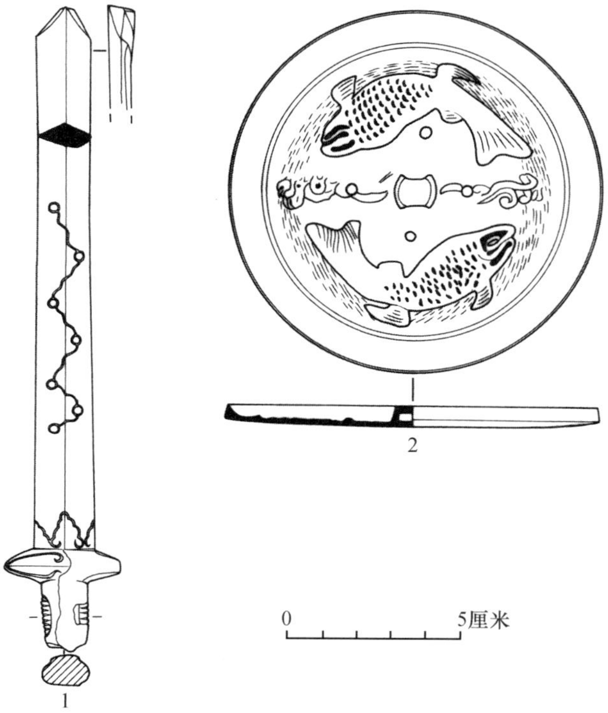

图七五　西宫铜器

1. 剑（西T4③：9）　2. 镜（西T1③：2）

2. 钱

9枚。

标本西T2②：2，外郭宽粗均匀，内郭较细，穿方正。正面楷书“康熙通宝”，四字对读。背面右为汉字纪地“河”，左为满文纪地。直径2.4、穿径0.6、肉厚0.1厘米（图七六，6）。

标本西T4③：6-1，外郭宽粗均匀，内郭极细，穿方正。正面篆书“元丰通宝”，四字旋读。直径2.4、穿径0.7、肉厚0.1厘米（图七六，1）。

标本西T4③：6-3，外郭宽粗不均匀，内郭较细，穿方正。正面楷书“天禧通宝”，四字旋读。直径2.4、穿径0.7、肉厚0.1厘米（图七六，5）。

标本西T11南扩②：1，外郭宽粗均匀，内郭较细，穿方正。正面行书“天圣元宝”，四字旋读。直径2.4、穿径0.7、肉厚0.1厘米（图七六，2）。

标本西T11③：1-1，外郭宽粗不均匀，内郭极细，穿方正。正面篆书“元祐通宝”，四字旋读。直径2.4、穿径0.7、肉厚0.1厘米（图七六，4）。

标本西T11③：1-2，外郭宽粗不均匀，内郭极细，穿方正。正面篆书“皇宋通宝”，四字

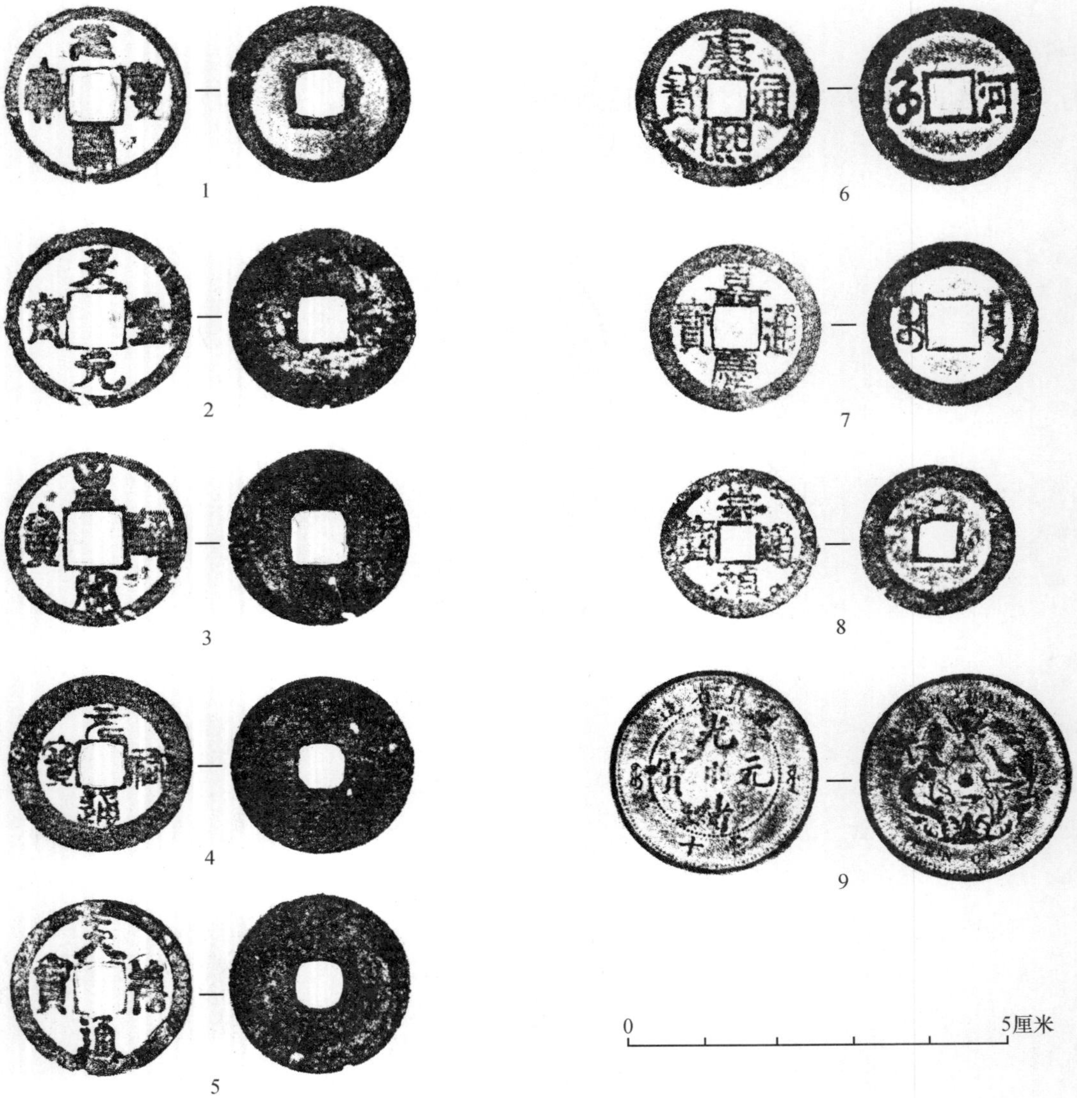

图七六　西宫铜钱拓片

1.“元丰通宝”（西T4③：6-1）　2.“天圣元宝”（西T11南扩②：1）　3.“皇宋通宝”（西T11③：1-2）　4.“元祐通宝”（西T11③：1-1）　5.“天禧通宝”（西T4③：6-3）　6.“康熙通宝”（西T2②：2）　7.“嘉庆通宝”（西T9③：12）　8.“崇祯通宝”（西Z1：1）　9.“光绪元宝”（西T9③：14）

对读。直径2.4、穿径0.7、肉厚0.1厘米（图七六，3）。

标本西T9③：14，正面楷书“光绪元宝”，四字对读，外绕“湖北省造”、“当十”及满文。背面为蟠龙纹，外绕英文“Hubei province”、“Ten cash”。直径2.7、肉厚0.1厘米（图七六，9）。

标本西T9③：12，外郭宽粗均匀，内郭较细，穿方正。正面楷书“嘉庆通宝”，四字对读。背面满文左“宝”，右记局名。直径2.3、穿径0.6、肉厚0.1厘米（图七六，7）。

标本西Z1：1，外郭宽粗均匀，内郭较细，穿方正。正面楷书“崇祯通宝”，四字对读。直径2.1、穿径0.5、肉厚0.1厘米（图七六，8）。

四、铁　器

标本共5件，器形有叉、钥匙、门扣、凿、斧等。

1. 叉

1件。

标本西T4③：8，残，锻打。柱形筒管渐向上内收，中空，上分五股叉，残存三股。残长18.5、柱外径3、内径2.4厘米（图七七，5）。

2. 钥匙

1件。

标本西T8②：3，完整，锻打。扁平状一字形，头部呈“工”字形，尾端上卷成圆环状。通长11、宽1.2厘米（图七七，3）。

3. 门扣

1件。

标本西T8②：5，锈蚀严重。正中有门钮，外有一周凸棱纹。门扣直径16.8、厚2、钮直径4.2、厚1.6厘米（图七七，4）。

4. 凿

1件。

标本西T5②：3，锻造。平面呈上宽下渐窄的长条形，柄部呈圆柱状，内残留有木渣，双面直刃。长21.1、断面1.6～3、穿孔直径2.4、深5.8、刃宽1.3厘米（图七七，1）。

5. 斧

1件。

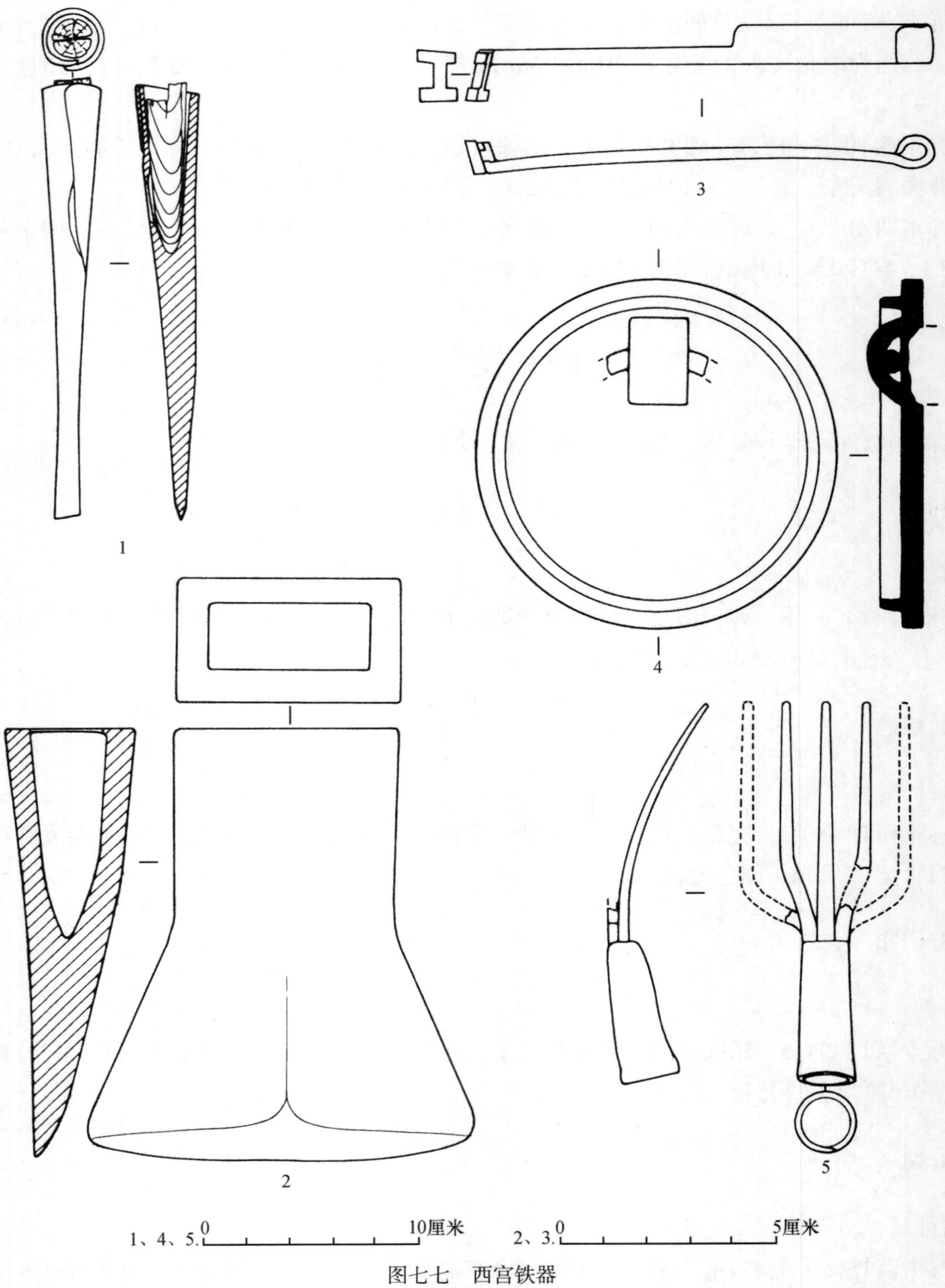

图七七　西宫铁器

1. 凿（西T5②：3）　2. 斧（西TG1②：1）　3. 钥匙（西T8②：3）　4. 门扣（西T8②：5）　5. 叉（西T4③：8）

标本西TG1②：1，锻造。整体平面呈不规则梯形，顶部穿孔，穿孔平面呈长方形，截面呈倒三角形，单弧刃。长10.5、柄宽5.2、穿孔长3.9、宽2.1、深5.2、刃宽9.1厘米（图七七，2）。

五、石　　器

标本共17件，按照功能主要分为生活用品、生产工具及其他三大类。其中生活用品有砚台、烛台、指环等，生产工具有臼、磨盘、斧等，其他有石雕、碑等。

（一）生活用品

1. 砚台

1件。

标本西T1①：1，残。灰黑色泥岩，磨制。平面呈长方形，砚池椭圆形，左侧边缘略残。背面中部由上至下戳刻“王广臣记”四字，右边侧亦戳刻“记”字。长10.3、宽7.2、厚1.4厘米（图七八，1；图版四一，1）。

2. 烛台

1件。

标本西T1③：25，残。青灰色砂岩，磨制。直口微敛，束颈，弧腹略下垂，假圈足，器身与四足塔形台座相连，台座直口，圆肩，四足略外撇，足部饰如意卷云纹，整器仅口部中心有一口。通高17.8、座高5.4、通宽5.1、口直径0.6、深2.8厘米（图七八，2；图版四二，1）。

3. 指环

1件。

标本西T4①：1，残。浅绿色玉石，磨制。圆形。内径1.8、外径2.35厘米（图八〇，3）。

（二）生产工具

1. 臼

3件。

标本西T1③：37，口残。青灰色砂岩，磨制。敛口，圆弧腹，器壁厚重，平底。口径40、底径36、腹径56、通高44厘米（图七八，3）。

标本西T5③：1，底部被凿穿。青灰色砂岩，磨制。敞口，宽平沿，短流，带流面略低于不带流面，斜直腹，平底。口径14、底径8、流长0.8、通高10.2～11.5厘米（图七八，4）。

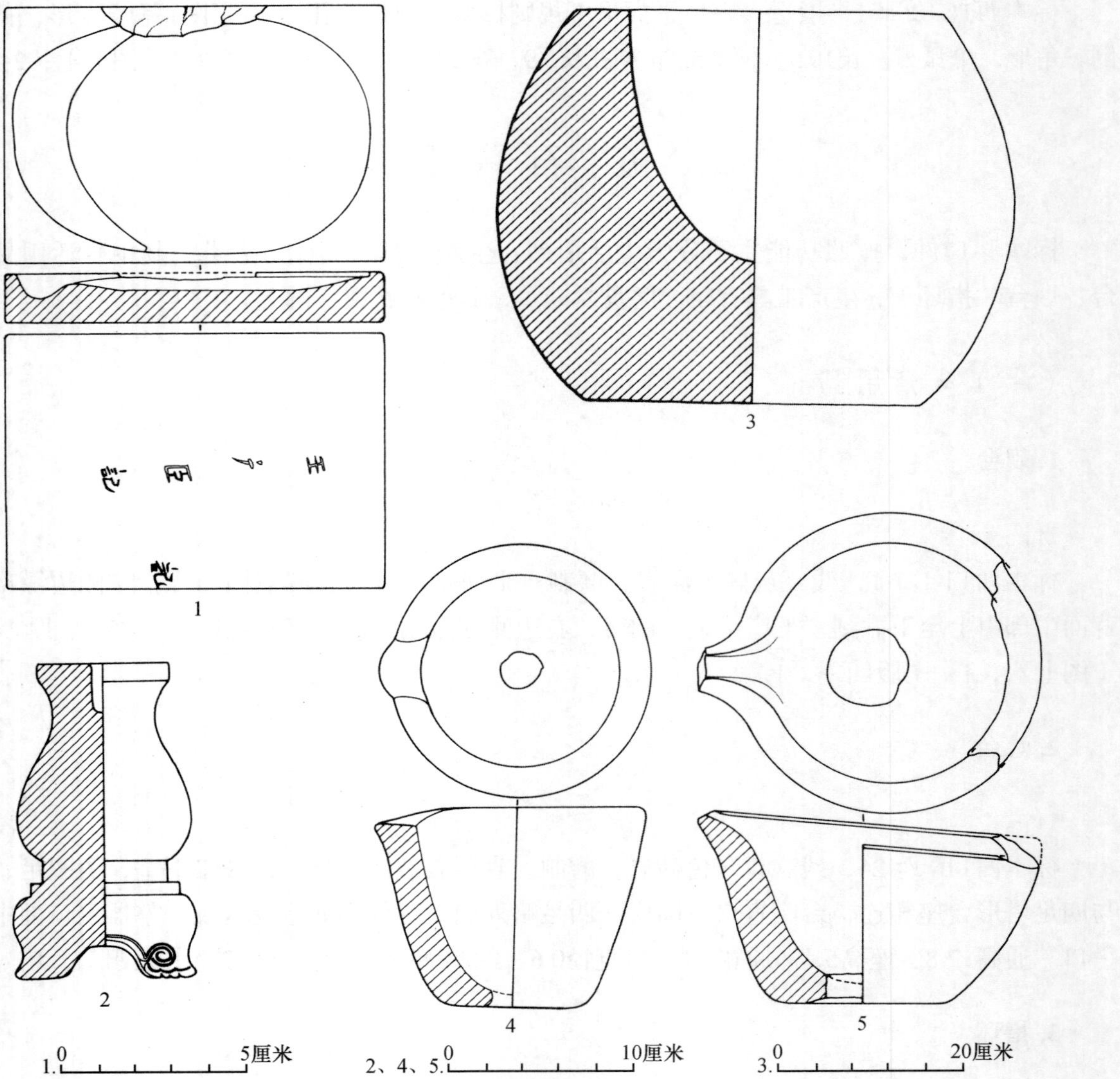

图七八　西宫石器

1. 砚台（西T1①：1）　2. 烛台（西T1③：25）　3～5. 臼（西T1③：37、西T5③：1、西T5③：2）

标本西T5③：2，底部被凿穿。青灰色砂岩，磨制。敞口，宽平沿，短流，带流面高于不带流面，带流面斜直腹，不带流面弧腹下收，平底。口径18.5、底径9、流长2.2、通高9.4～11.2厘米（图七八，5）。

2. 磨盘

1件。

标本西T5②：4，完整。灰色，磨制。磨盘盘面为圆形，表面打有糙道，中心有两孔，孔径分别为4、5.5厘米。磨盘直径36.4、厚9厘米（图七九，1）。

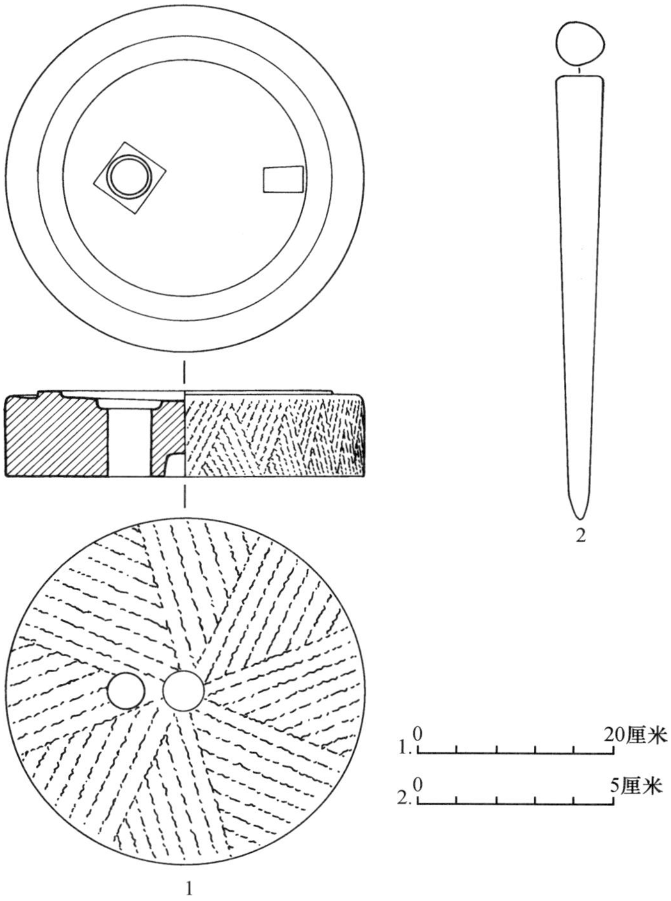

图七九 西宫石器、骨器

1. 石磨（西T5②：4） 2. 骨笄（西T4③：7）

3. 斧

2件。

标本西T2③：1，完整。灰褐色火山岩，磨制。梯形，双面刃，刃部弧形，有崩口，身上有疤痕，顶部有击打留的疤痕。长10.1、宽6.3、厚3.2厘米（图八〇，2）。

标本西T2③：4，完整。青灰色砂岩，磨制。长方形，双面刃，刃部弧形，有崩口，身上有疤痕，长15.9、宽7.3、厚4.6厘米（图八〇，1）。

（三）其他

1. 石雕

2件。汉白玉。

标本西 T2：1，残。磨制。近三角锥体，饰浅浮雕卷云纹和五爪龙纹。残长37.3、残宽29、厚12.2～17.8厘米（图八一）。

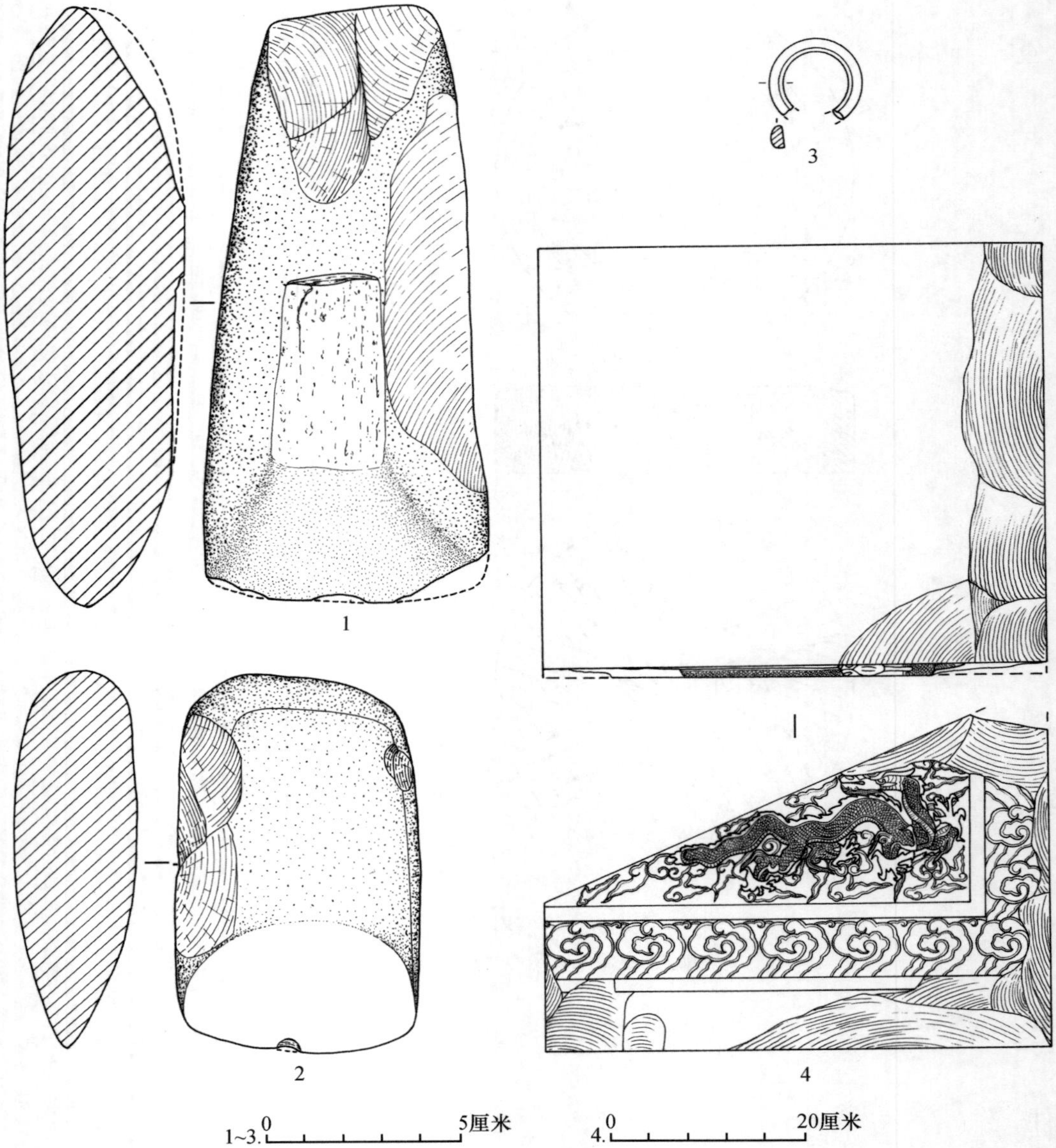

图八〇　西宫石器

1、2. 斧（西T2③：4、西T2③：1）　3. 指环（西T4①：1）　4. 石雕（西T11③：6）

标本西T11③：6，残。磨制。近半环形，正面饰浅浮雕卷云纹和双龙纹，侧面及背面饰浮雕卷云纹。残长52、残宽35.6、厚46厘米（图八〇，4；图版四三）。

2. 碑

6件。磨制，青灰色砂岩，正面磨光。纹饰及文字皆阴刻。

标本西G1盖板1，残。长方形，方形平碑首，顶角斜切。碑首饰仙鹤及卷云纹，碑身四周饰卷草纹。残长87、残宽30、厚9.5厘米（图八二，1；图八三）。

标本西G1盖板3，残。长方形，碑首残。碑身四周饰卷草纹。碑身残长108.6、宽56.5、厚

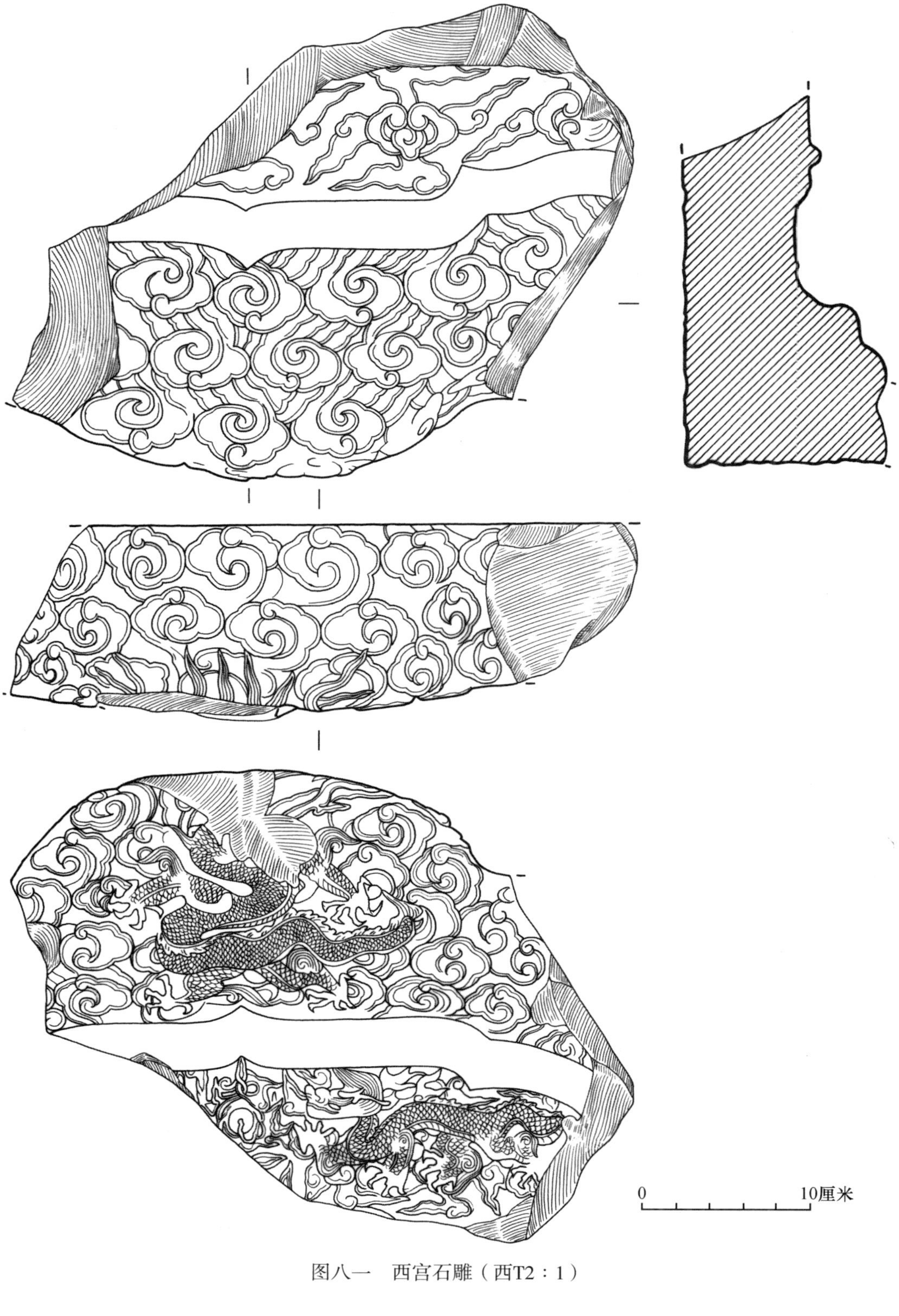

图八一 西宫石雕（西T2：1）

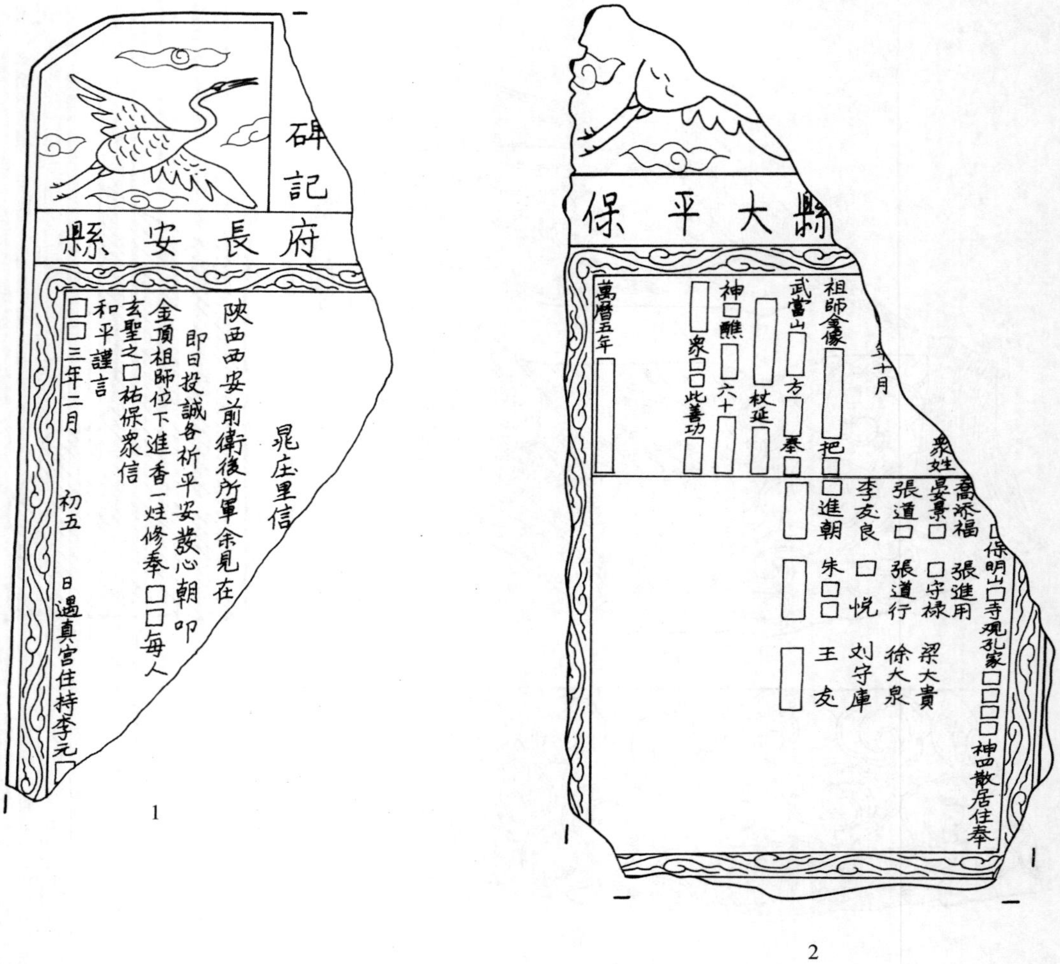

图八二　西宫碑文释读示意图

1. 西G1盖板1　2. 西G1盖板3

8、榫长14、榫19.5厘米（图八二，2；图八四）。

标本西G1盖板4，残。长方形。碑身四周饰卷草纹。碑身残长62、宽43.5、厚7.2、榫长10、宽14厘米（图八五，2；图八六）。

标本西G1盖板5，残。长方形。碑身四周饰卷草纹。残长84、残宽41、厚7.5厘米（图八五，1；图八七）。

标本西G1盖板6，残。方形平碑首，顶角斜切。碑首饰仙鹤及卷云纹，碑身四周饰卷草纹。碑身长108.8、宽55、厚7.1、榫残长7、宽20厘米（图八八，1；图八九）。

标本西T4②：3，残。方形平碑首，顶角斜切，碑身残。碑首饰仙鹤及卷云纹。残长59、宽54.8、厚6厘米（图八八，2；图九〇）。

图八三　西宫石碑拓片（西G1盖板1）

图八四　西宫石碑拓片（西G1盖板3）

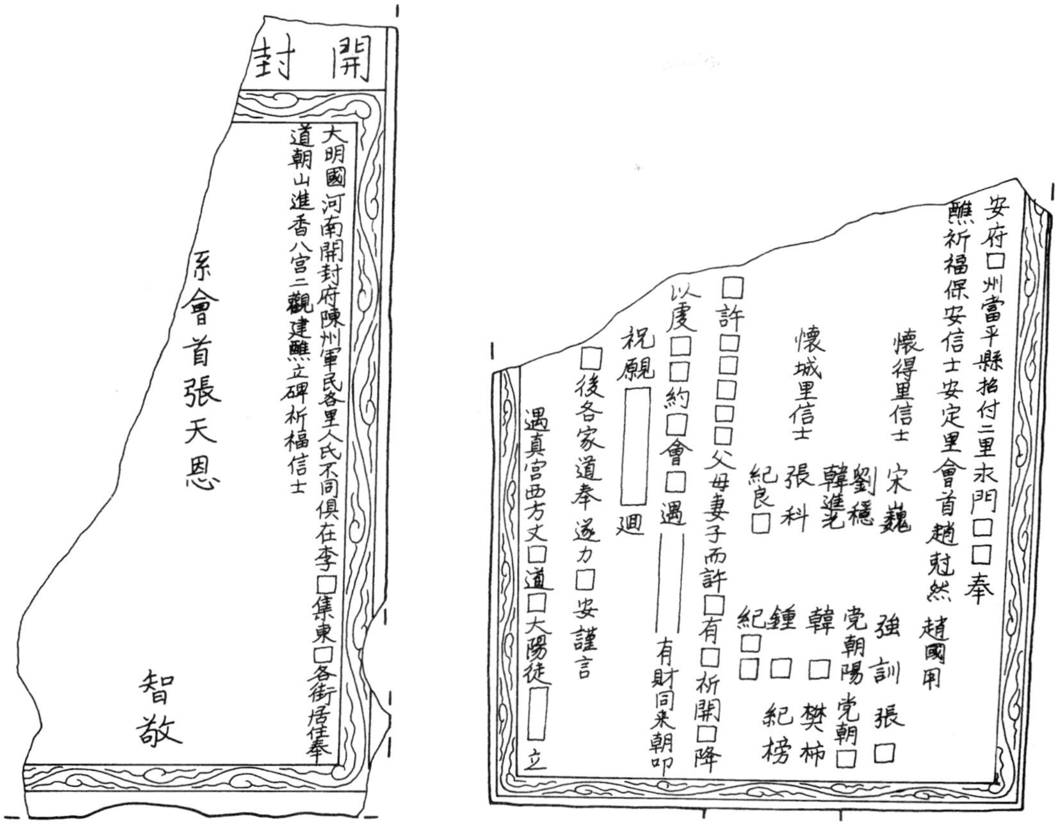

1　　2

图八五　西宫碑文释读示意图

1. 西G1盖板5　2. 西G1盖板4

六、骨　　器

仅1件笄。

标本西T4③：7，残。磨制。器身呈长扁圆锥体，骨质呈褐色，实心。素面，通体磨光。长11.6、直径0.2～1.2厘米（图七九，2；图版四二，2）。

第四节　小　　结

遇真宫遗址西宫建筑遗迹下残存部分东周时期的文化堆积，出土少量东周时期的陶器（如标本西TG1⑤B：1豆、标本西TG2⑤B：2瓮），说明早在东周时期这里就有人类活动，但西宫建筑将早于其的遗存几乎破坏殆尽，报告在此重点讨论西宫建筑遗迹的相关问题。

图八六　西宫石碑拓片（西G1盖板4）

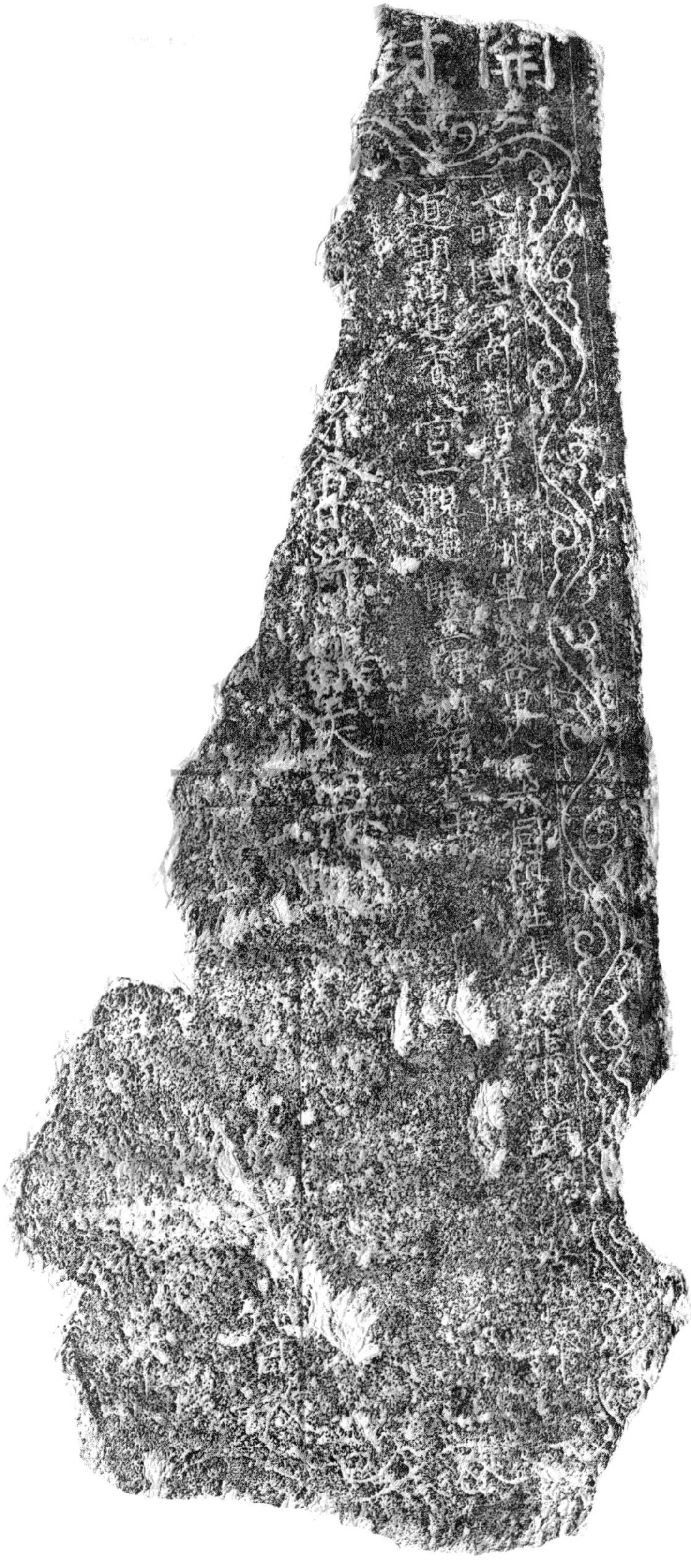

图八七 西宫石碑拓片（西G1盖板5）

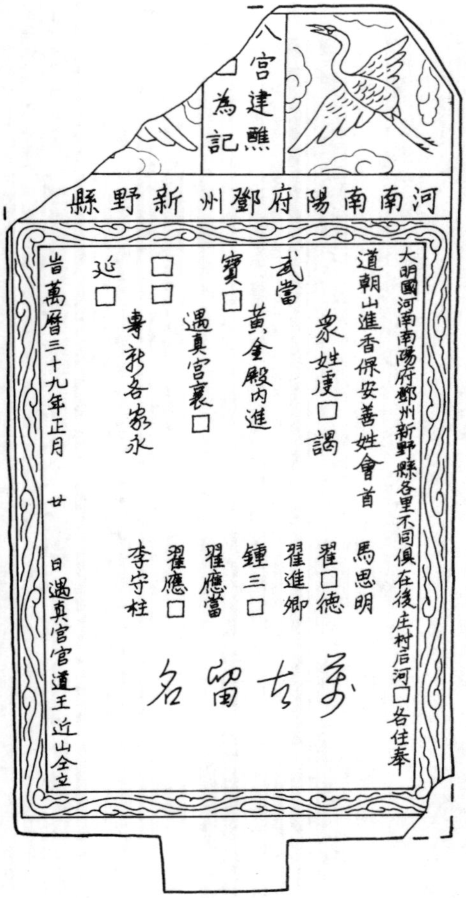

1

2

图八八　西宫碑文释读示意图

1. 西G1盖板6　2. 西T4②：3

一、整体建筑布局

西宫现存建筑基址整体布局为中国传统建筑风格，建筑平面设计以南北方向为主中轴线对称排列，即取正型的布局方法（方向北偏东25°）将西宫内整体建筑布局定下来，加以一条东西向次中轴线对称排列，使宫内主体建筑群呈对称分布。

西宫建筑群体以南北向两进四合院为主体，沿四合院建筑轴线对称分布有跨院等建筑。中轴线有两条：第一条为东西向中轴线，以西宫门—F1（前殿）—F3（正殿）为中轴线。前殿与正殿之间南北两侧置配殿F2、F4，四隅两房交接处设抄手廊成一个近似正方形的四合院院一，院内满铺青石地墁，院内设影壁1。正殿F3后院院七内靠宫墙处设影壁4，两影壁皆在轴线上。第二条为南北向轴线，以F2（偏殿）—F4（偏殿）—F5（廊房）—F6（院二前殿）—F9（院二正殿）—F12（廊房）—水井（J1）为中轴线。F1与西宫墙、F3与东宫墙处设有院墙相连接，构成对称分布的院六与院七。F5两山对称分布院三和院四，院内分别对称设有东西向影壁2和影壁3。院二前殿F6、正殿F9东西两侧设配殿F7、F8，四隅两房交接处有抄手廊连接成一个

图八九 西宫石碑拓片（西G1盖板6）

图九〇　西宫石碑拓片（西T4②：3）

近似正方形的四合院院二，院内满铺青石地墁，未设影壁。JI由廊房F12与F9相连接。

西北角还分布有院五和院八，以及独立房屋F10。其中院五和院八分别在F11和F14基础上修建院墙围砌而成，院九则处于F9、F12及J1与院五和院八之间。

宫内依据院落、房基的分布而设置青石甬路、砖瓦墁地和散水，使整个西宫基本做到院院相连，屋屋相通。

宫内还依据院落、房基的分布而设置各类排水设施，使西宫内主要建筑排水顺畅，按照由高向低、由内向外的流向流往宫墙，并最终排出宫外。

二、基址垫土分类

为更好地了解遇真宫建筑基址，对西宫基址垫土进行了探沟解剖。解剖发现，其基址内垫土有不同的做法，根据用途、功能和做法将西宫内建筑基址的垫土分为五大类。

（一）废弃建筑垫土

主要包含物为灰砖、石灰渣、废弃建筑石料以及建筑坍塌后的构件。

这一类以F12基址最具代表性。经解剖，F12内基址垫土分为上下两层：上层为灰砖、石灰渣和废弃建筑石料；下层为自然堆积层。台基的阶条石、陡板石用石条随意搭建而成，堆积虽然较齐整，但石条之间未用白灰锁口，仅堆砌堆放。因此，推测F12为建筑废弃后重新修建时将废弃建筑构件掩埋而当做室内垫土，并用石条堆砌堆放而成。此种基础做法应为建筑废弃时损坏原建筑基址，后重新修建时所采用的，其修建年代较晚。

（二）黏合垫土

主要包含物为沙粒、白灰、草根等。

这类垫土位于地墁砖（石）与下层垫土之间，起黏合作用，将地墁砖（石）与下层垫土紧密黏合起来。目前保存有地幔砖（石）的建筑基址都有发现，该层厚0.02～0.15米，为不同时期制作或因不同建筑要求所制作。

（三）碎砖黏土垫土

主要包含物为碎砖、鹅卵石、白灰、黏土等。

由碎砖、鹅卵石夹杂有少量白灰颗粒的黄褐色黏土经反复夯筑而成，主要分布在西宫内的南部及西北角，也是西宫内主要建筑基址内的垫土做法。

经解剖发现，垫土下的自然堆积地层南部较北部低约2米，西部低于东部1.4米以上，加上南部原始地层堆积为河流淤积层，承重能力较差，因此西宫南部采用“满堂红”的垫土形式铺设。其具体做法是在经过人工平整后的河流淤积层上平铺一层0.2～0.3米的夯土，再铺垫一层厚0.05～0.15米鹅卵石和碎砖，根据原来地势高低和建筑对垫土强度的要求，反复铺垫，达到所需的建筑平水高度。其中北部、东部地势高的地方原始地层较结实紧密，夯土层数少但每层较厚；南部、西部地势低的地方，夯土层数多但每层都较薄，层数多达九层以上。

此种夯筑方法与泥汆汆[①]的建筑方法极其相似，应为泥汆汆法在实际工作过程中的具体应用。泥汆汆有两种，第一种为泼灰与黄土，按3∶7比例拌和成泥状，然后再掺入40%～50%的碎砖，碎砖长度不超过0.1米，铺入槽内，经过适当晾槽后用夯硪拍实。经过解剖，发现西宫

① 刘大可：《中国古建筑瓦石营法》，北京建筑工业出版社，1993年，第7页。

F9以及F10的室内垫土为此种建筑方法。

第二种往往为应急措施，如当大雨过后，垫土含水量过大，几乎成为泥状，正常的夯硪操作已无法进行，可掺入适量的碎砖（应尽量选用干砖），然后用夯硪拍实。这种做法还具有雨季施工和可利用旧砖料的特点，F1～F6室内垫土为此种方法。由于遇真宫修建五年之久，因此垫土含水量过大不可能是因为雨季的原因，仅有一种解释就是此地较为潮湿或地下水水位较高。而此次解剖时发现地下水位仍然较高，使之得以印证。

泥尜尜法在防潮上起了很大作用，并且此法在防止沉陷上也起到了很大作用。尽管如此，在西宫解剖过程中仍发现夯土层中有局部倾斜下陷的现象，例如院一西北角处青石地板下陷等。

这种大规模“满堂红”的垫土铺设形式，只能在遇真宫修建之初，房屋基址尚未修建前铺设，因此与“满堂红”形式垫土的工艺和骨料相同的建筑基址可作为西宫修建之初的建筑。

（四）灰土垫土

黄白相间，主要包含物为沙粒、白灰、石子及黄褐色黏土，土质结构紧密、干硬。

用灰土修建室内垫土的方式目前仅在西宫内西北角的F14和院八中发现。F14室内南间灰土经解剖为一整层，土质非常细腻，硬度大。根据灰土样式推测其施工方法似是撒一层黄土，泼一层白灰浆，白灰浆顺着土颗粒之间的空隙渗透到土层中，适时夯打而成。

（五）自然堆积垫土

土质结构紧密、坚硬，密度均匀，含山石石粒及少量早期遗物，主要包括第5A层与第5B层。

利用自然地层堆积作为室内垫基的方式多在院一以北，以F8、F9为代表。此处地势较高且地质条件较好，承重能力较强，台基垫土除少量人工垫土外，以第5A层与第5B层为主。其中第5A层发现有人工平整的痕迹，第5B层未经过任何处理。

三、建筑基址分期

西宫内揭露出的建筑遗存多为房屋青石台明及低于台明高度以下的道路、院墙基、水沟等遗迹单位，可区分建筑年代的梁架、斗拱、屋面等已不存。

从考古发现与文献记载所知，宫内现存主要建筑基址皆在明永乐年间经过平整和改造的建筑层位上（界面）修建，被建筑逐渐废弃后形成的第2层、第3层文化堆积所叠压，其主要建筑基址的年代皆处于第2层、第3层文化堆积和明永乐年间平整改造的建筑层位（界面）之间。由于主要建筑基址之间不存在直接的叠压关系，仅存在部分结构利用关系，而结构利用关系却只能判断其修建的前后顺序，并不能断定其修建的大体年代，因此，从层位学的角度并不能完整、客观地分析现存各建筑基址之间修建的年代关系，更难以进行建筑基址分期。

从出土遗物看，遗物的年代跨度从东周直至民国时期，且集中出土于第3文化堆积层，少数出土于基址的自然堆积层和民国至现代的地层内。第3文化堆积层内出土的具有断代功能的瓷器和钱币以及部分建筑构件等，只能断定建筑基址废弃的相对年代，并不能作为判断各建筑修建早晚关系的依据。

另外，依靠采集的建筑灰浆样品成分测试显示，所有采集灰浆样品的成分比例皆不同（详见附录一），即使为明永乐年间修建的建筑（建筑年限达到五年之久），也不能保持相同的灰浆和夯土成分。所以，根据建筑灰浆样品成分的区别也难以对各建筑基址进行年代划分。

下面从建筑基址垫土、整体建筑布局及文献资料对比等角度进行分析。

（一）建筑基址分期依据

根据西宫建筑基址存留的实际情况，我们从建筑基址室内垫土差异对比、建筑基址的整体工艺和材料、整体建筑布局特点及文献资料比较等方面，对西宫建筑基址的修建年代和早晚关系进行分析。部分基址虽经改建和扩建，但以其最早修建年代为主要分期。

1. 建筑台明垫土

一般而言，建筑修建成型后，台明内铺垫的垫土不会发生改变，而不同时期修建的建筑其台明内垫土的工艺和材料也会有所不同。只有当建筑台明进行维修后，台明内的垫土才会有所变化，并同原来基址内的垫土有所区分。

解剖显示，西宫南部铺设有“满堂红”形式的人工垫土，与F1～F4室内铺设的垫土铺成一体，并延伸至F5、F6。垫土为一层夯土、一层骨料叠加夯筑而成，骨料主要由砖瓦、卵石构成。

F7被第3层破坏至第5A层，室内上层垫土形式不详。F8以自然堆积垫土为主，未发现人工垫土层。

F9与F10的基址下层为自然堆积垫土，上层为碎砖黏土垫土。垫土内夯土与骨料糅合一起夯筑，不似F1～F6的垫土中一层夯土、一层骨料的工艺。F9、F10垫土内骨料主要构成为废弃建筑构件，而不是砖瓦、卵石。从工艺角度来看F9与F10垫土铺设方法属于泥汆汆的第一种做法，与“满堂红”形式铺建的F1～F6的泥汆汆的第二种做法不同。

F11内用一层夯土、一层骨料的方法铺有3层，铺法较规整，与F1～F6的工艺相同，但是每层的骨料主要为破碎石料，与F1～F6及F9、F10内的骨料有所不同。

F12内基址底部为自然堆积垫土，上部为废弃的建筑材料杂乱堆砌而成。

F14虽与F11共用一处青石台基和山墙，但F14南间室内解剖的垫土为灰土，与宫内其余房屋基址内的垫土不同。而灰土建筑根据同为明代修建的皇家建筑故宫现存记录：“北京故宫建筑基础城内使用灰土基础不早于明代中叶。景运门外迤南多处见到灰土基础层……”[①]，可推知F14的修建年代应不早于明代中叶。

根据西宫建筑基址垫土的工艺以及骨料不同，可对上述建筑基址的年代关系归纳如下：

① 白丽娟、王景福：《北京故宫建筑基础》，《中国紫禁城学会论文集》（第一辑），紫禁城出版社，1997年。

F1～F6的基址垫土采用“满堂红”垫土方法和工艺，应为同一时期建筑。

F8基址地势较高，室内以自然堆积为垫土，未发现铺设“满堂红”的人工垫土层。F7与F8沿主轴线对称分布，推测它们的建筑垫土成分可能相似。

F9、F10室内垫土与F1～F6垫土材料相同，但工艺有所区别，显示它们的修建时间可能有所不同。但从F9与F6、F7、F8由抄手廊相互之间连接构成四合院院二的整体布局考虑，F9与F6、F7及F8应属同时期修建而成。由于F7和F8地势较高，自然堆积地层较紧密，可直接作为建筑基址垫土，而不用再大规模铺设人工垫土层。F9所处位置的地势更高，理论上不用再铺设人工垫土层，但F9不仅铺设了人工垫土层，而且与F1～F6的垫土工艺不同，推测出现这种情况原因有两点：其一，在修建F10的同时，对F9室内进行改建，所以它们的工艺和垫土形式相同；其二，F9和F10为应急故采取泥汆汆第一种做法。不过，作为修建初期按照明皇家建筑标准修建的遇真宫，这种同期修建的建筑人工垫土层采取两种垫土形式的可能性较小。

F11与F1～F6的垫土工艺相同，但垫土骨料有所不同，为不同时期修建而成。F14前檐包边石条部分利用F11后檐包边石条，可知F11的修建年代早于F14，而F14修建年代应不早于明中叶，推测F11的修建年代在明早期永乐年间至明中叶之间。

F12因室内垫土遭到破坏，其最初修建年代待定。

2. 建筑基址的工艺、材料及整体建筑布局特点

建筑基址经过维修与改建，其建筑样式、材料和工艺虽较修建年代有所变化，但建筑整体的建筑样式、材料和工艺并未彻底改变。对比和总结建筑基址间的整体建筑样式、材料和工艺，再结合建筑布局以及室内垫土工艺及成分分析也是对建筑基址的修建年代进行区分的重要依据。

西宫内现有房屋基址13处，通过对比总结如下：

F1～F9及井台台明皆为青条石错缝顺铺的方正石台明，阶条石下铺设有两层陡板石。台明露明部分的样式、加工手法、砌建方式、锁口、灌浆及背里部分做法都基本相同。

F10的台明毁坏严重，其为独体建筑，加之其位置位于青石甬路以西，因此其修建年代应与青石甬路同时期或晚于其修建。

F11的台明亦为青条石错缝顺铺的方正石台明，台明露明部分的样式、加工手法、砌建方式、锁口、灌浆及背里部分做法与F1～F9的台明基本相同。但F11的陡板石仅有一层，与F1～F9有所区别。

F12的台明阶条石、陡板石都为翻动后重新堆放而成，堆放较杂乱。

根据上述房屋台明的砌筑方式、制作工艺，以及室内垫土和建筑布局的特点，可以认为：

F1～F9和井台台明的整体工艺与做法相同，并与建筑布局及垫土相互印证，为同一时期整体修建的建筑。

F10基址垫土工艺与F1～F8修建不同，而F10位于青石甬路以西，且仅有此甬路可通往F10，因此其修建年代与道路修建年代相同或略晚。

F11的基址做法与F1～F9的不同，这与上述它们之间基址垫土的区别相一致，进一步表明其与F1～F9属于不同时期修建的建筑。同时，F11又早于F14，故推测其修建年代晚于F1～F9，而早于明中叶。

F12的基址为重修后所成，其砌筑方式并不能作为确定其最初修建年代的依据。考虑到F12连接J1和F9，因此推测F12和F1～F9、井台属于同时期修建，起到经F9至井台的穿廊作用。

F14晚于F11修建，根据其内Z1出土的崇祯年间遗物可知其修建的下限为明崇祯三年以前。

西宫内现有院落基址9处，通过对比总结如下：

院一是由F1～F4围合而成的四合院，院二是由F6～F9围合而成的四合院。院一和院二地表皆铺设有青石地墁砖，院一内设影壁1。

院三与院四是在F4～F6基础上围建而成的三面房屋一面院墙的院落，都沿西宫第二轴线对称。其院墙的砌建方式相同，皆为卧砖错缝叠砌而成，砖缝形式为十字缝，外表砖缝缝隙较大，表面光滑。院墙宽0.82～0.83米，院墙灰砖主要尺寸为0.38米×0.19米×0.1米。西宫内主甬路经门1和门2 穿院三和院四，院内分别设有对称的影壁2和影壁3。

院五是在F11基础上围建而成的三面院墙一面房屋的院落，院八是在F14的基础上围建而成的三面院墙一面房屋的院落。院五与院八共用一堵东院墙，东院墙的砌建方式为卧砖错缝叠砌而成，砖缝形式为十字缝，外表砖缝缝隙较大，表面光滑。院墙宽 0.78～0.82米，院墙灰砖主要尺寸为0.38米×0.19米×0.1米。

院六与院七是在F1和F3基础上围建而成的三面院墙一面房屋的院落，都沿西宫第二轴线对称。其院墙的砌建方式相同，皆为卧砖错缝叠砌而成，砖缝形式为十字缝，外表缝隙较大，表面光滑，不露白灰，内部为楔形。院墙宽度为0.78～0.82米，院墙灰砖主要尺寸为0.39米×0.2米×0.1米。院七内设影壁一座。

院九是以院八和院五东院墙、西宫北宫墙及F9和F12围建而成。其中院八院墙上修建有门6，F12以西院墙修建有门4。

根据院落的构成方式、院墙的制作工艺以及院内相关建筑基址的分析，可得出以下结论。

院一和院二由F1～F4和F6～F9构成，与F1～F9修建年代相当。

院三与院四是一组沿主轴线对称的建筑，其院墙的砌建方式、宽度及院墙灰砖尺寸皆相同，而院内又有从中宫内延伸出来的主甬路通过，通往西宫墙偏门和院五。而院三和院四的院墙在青石甬路上修建有院门，可知院三和院四的院墙修建年代与甬路为同时期或略晚。F10的修建年代晚于F1～F9，而F10与甬路及院三和院四的修建年代相同或略晚，因此可知院三与院四及甬路修建年代晚于F1～F9。这种修建院落和甬路的大规模改建遇真宫的整体建筑布局，与小型维修和保护不同，必须经过管理武当山的明政府机构同意并大量出资才能进行。而据文献记载，明嘉靖三十一年至三十六年曾对遇真宫进行大修，建筑由97间扩展到396间，因此推知，西宫内青石甬路、院三和院四属于同时期修建，皆为明嘉靖年间修建，而F10应为明嘉靖年间或晚于嘉靖年修建。

院五与院三及院四的院墙砌建方式相同，院墙宽度及院墙灰砖尺寸皆相同，镶嵌在院墙内的门1、门2和门3的工艺、尺寸也基本相同。院墙与房基交接处形成一个小的凸出做法也相同，因此根据以上工艺做法断定院五修建年代应与院三及院四同时期或略晚。

院五内的F11修建年代根据现存各种遗迹现象推断应早于院五。如与院五同时期修建，首先，应与同时期修建的F10室内垫土工艺相同，而不应与F1～F8垫土相同。其次，院外青石甬路第三段和与从院四外向北延伸的第四段之间青石甬路如果为一次修建，则不应有甬路出现偏差的情况。如早于院五则可充分解释，其院外第四段甬路与F8北山面外侧甬路相连接，并延伸至院五内F11处，后修建院五对原甬路造成一定破坏，便在原甬路基础上铺设新的青石甬路。

院八是在院五院墙的基础上延长修建，考虑到院八地墁砖下叠压有早期遗迹单位、F11与F14的关系、门6的早晚期关系等因素，断定院八的院墙并不是一次简单的扩建。根据现存遗迹单位的前后、早晚关系可对其建筑过程做如下推断：院五修建后不久在F11基础上开始修建F14及门5，同时开始扩建院五院墙修建院八，并在院墙上修建门6；北宫墙处的环宫墙排水沟因使用近两百年后排水不利，加之院八的修建，导致积水排畅不变，院内开始积水；后在院八院内整体铺设地墁砖抬高院内地表高度，防止院内积水。早期门6门枕石也在铺设地墁砖的同时，加高垫槛石和门枕，改建成晚期门6，并与现院八内地墁砖高度相等。

院九由院八和院五的院墙、北宫墙及南院墙和F9、F12及井台围建而成，其修建年代与院八院墙修建年代相同，随着院八的改建扩建而发生改变。

院六与院七在F1、F 3的基础上修建而成，沿南北向主轴线对称，也在东西轴线上，为同时期修建而成。其修建年代不早于F1、F3，而院墙的砌建方式、宽度、灰砖尺寸与明嘉靖年间修建的院三、院四及院五有所不同，也与院八、院九有所不同。参照与之对应的东宫院二和院四残存的院墙特点，最终趋向院六和院七的修建年代为明永乐年间。

3. 文献资料

据明代文献《太岳志略》[①]中遇真宫图（图九一）所示，遇真宫由左、中、右三宫组成。山门修建有八字影壁，门前有神道与会仙桥。中宫分为前后两进院落。而经考古发掘与调查勘探，中宫内现存建筑与山门的八字影壁及宫外的神道和会仙桥皆可与此图相互印证，说明此图的可信度较高。

据图中所示，西宫由南北两进院落构成，其中北部院落神厨建筑之北有一亭状建筑。与考古发掘材料比较，以F1～F4和F6～F9组成的两进四合院院一和院二与图中两个大院落相吻合，而井台四角有青石柱础，推测为一亭状建筑，与图中的四角攒尖顶亭子相互对应。这就证明F1～F9、F12、井台以及院一和院二修建上限应早于1536年的《太岳志略》成书年代，而未到大修武当山的嘉靖三十一年（1552年）至嘉靖三十六年（1557年），也进一步证明此图是遇真宫修建后至1536年间整体建筑布局的真实写照。

文献中除永乐年间与嘉靖年间有遇真宫修建的记载外，未见在永乐至嘉靖年间进行大规模修建扩建的资料记载，仅在成化、景泰、宣德、正统年间等对武当山进行过日常维修：“凡遇宫观有渗漏损坏之处，随即修理；沟路道有淤塞不通之处，随即整治”。因此可以确定图中西

① 摘自1994年版《武当山志》内《武当山历代志书集注》内的《太岳志略》卷三，《太岳志略》又名《大岳志略》，为明嘉靖十五年（1536年）武当山提调方升著。

图九一　遇真宫示意图（明代《太岳志略》摹本）

宫所绘建筑为明永乐年间修建，与前述F1～F9、F12、井台以及院一和院二的年代相同。

可惜的是，我们推论属于永乐年间修建的院六和院七并未在图中有所展示。

（二）建筑基址分期

综上所述，我们将遇真宫西宫建筑基址的修建年代分为四个时期：

F1～F9、F12、井台及院一和院二、院六和院七为明永乐年间修建（图九二）。

F11为明永乐年间修建遇真宫之后至嘉靖年间大修遇真宫之前修建。

F10与院三和院四、院五及西宫主甬路为明嘉靖年间修建。

F14和院八、院九为明嘉靖年间之后至明崇祯三年前修建。

虽然遇真宫西宫明代建筑基址经历了四个时期的修建扩建，但作为明皇室最大的道场，其建筑必然遵循各种严格的规章制度，不仅整体建筑规模宏大、布局规范、材料优良，而且在增建补修的过程中，尽管建筑基址在技术、建筑风格及材料上随时代和技术发展有所变化，但西宫建筑整体上仍保持最初修建的样式和风格，整个建筑群在很大程度上具有一定的延续性和发展性。

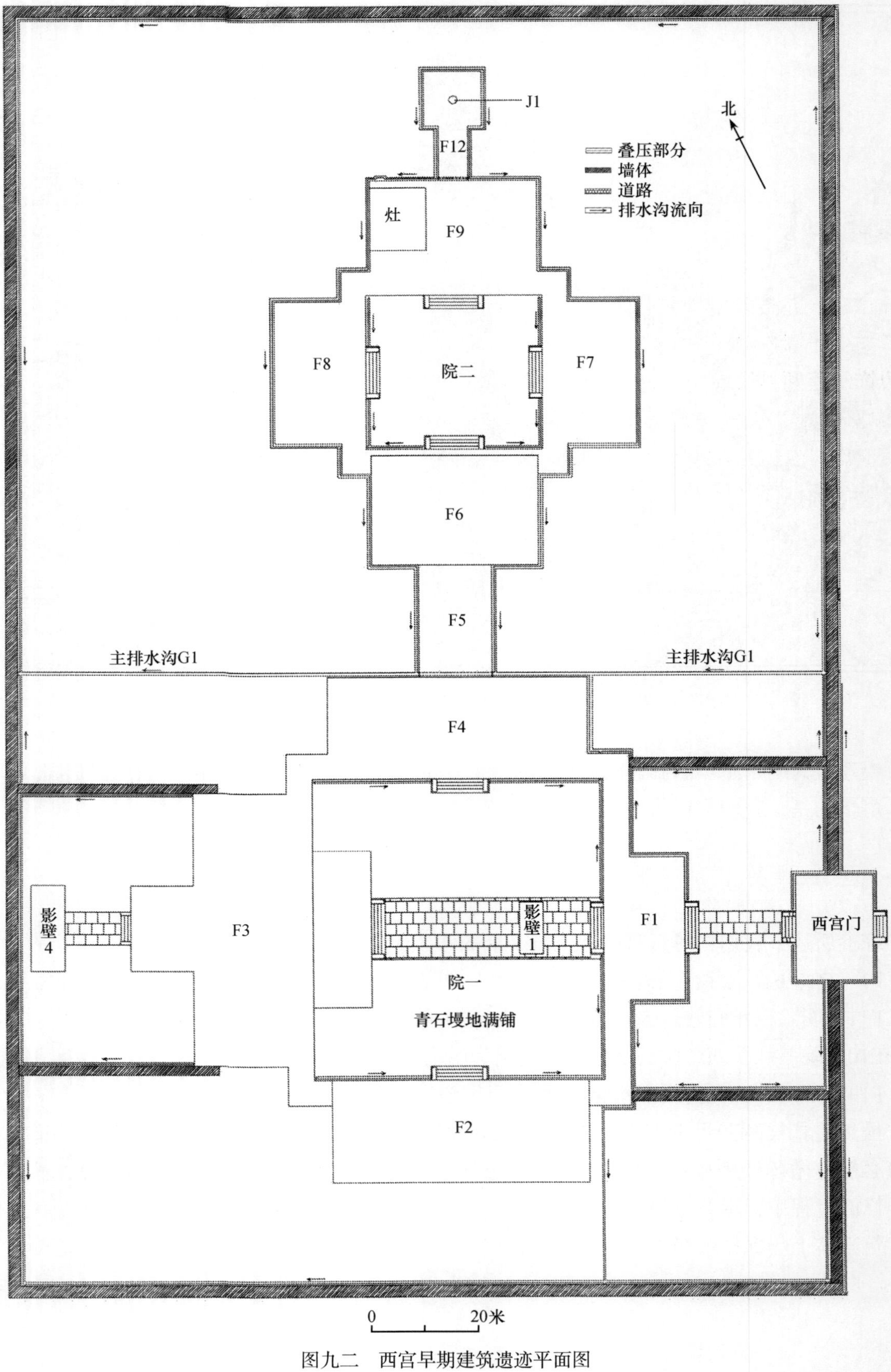

图九二　西宫早期建筑遗迹平面图

四、西宫建筑废弃的大体年代

西宫内主要建筑修建的下限为明末，而废弃年代在文献上并未明确记载，依据出土器物中瓷器纹饰断代，虽略有误差，但仍能整体反映出使用时代和大体废弃年代。

对西宫内出土71件生活器皿类青花瓷器标本纹饰进行统计，发现西宫内所出生活器皿类瓷器主要为碗、杯、盘、碟四大类。瓷器纹饰题材涵盖人物、动物、花草植物、山水湖石、文字、杂宝、几何纹饰、花押类等多种题材，尤以花草植物类主题纹饰为多，其次为动物类主题纹饰，器底花押题材则较少见（表一）。而这种器物特征与其他地方所出瓷器相同者不在少数。如瓷器标本中的团螭纹、树下高士人物、湖石栏杆花卉纹、年号款、莱菔纹、缠枝莲与卷云边饰纹等题材纹饰，无论是纹饰绘法、布局与样式，皆与江西景德镇观音阁窑址①、湖北秭归庙坪遗址②、长阳窖藏③等地发现的瓷器有异曲同工之妙。因此，上述西宫主要使用的瓷器的年代应该与前述几处窑址、遗址、窖藏年代相近，同为明代中晚期。宫内还发现有一件茶花灵芝纹杯（标本西T9③：15），与江西万安水库1988年发现的乾隆六十年墓④中一件瓷盘纹饰相同，可知宫内也有少量清代瓷器，但数量较明代中晚期急剧减少。

表一 西宫出土生活器皿类瓷器主题纹饰统计表

器类＼纹饰		主题纹饰题材类别							
		人物类	动物类	花草植物类	山水湖石类	文字类	杂宝类	几何类	花押类
碗类	内壁								
	内底	1	5	18	1	4	1	3	
	外壁	1	3	23	1	1	2	1	
	外底					2			1
盘、碟类	内壁								
	内底		5	2	3	2			
	外壁			5					
	外底								
杯类	内壁								
	内底				1			1	2
	外壁		2	5		1			
	外底								1

可知，西宫内瓷器使用年代主要为明代中晚期，清以后急剧减少。这就说明，西宫大体废弃年代应在明末，但至清以后仍有人类活动存在。这与考古发掘出的以Z1为代表的建筑在明末

① 北京大学考古文博学院、江西省文物考古研究所、景德镇市陶瓷考古研究所：《江西景德镇观音阁明代窑址发掘简报》，《文物》2009年第12期。

② 湖北省文物事业管理局、湖北省三峡工程移民局：《秭归庙坪》，科学出版社，2003年。

③ 长阳土家族自治县博物馆：《湖北长阳发现明代窖藏瓷器》，《考古》1994年第6期。

④ 张柏主编：《中国出土瓷器全集》（第14卷），科学出版社，2008年，第239页。

损毁，可基本相互印证。文献记载，民国二十七年（1938年）秋，国民党“抗战青年干部训练团”学员三大队及辎重团进驻遇真宫，将西宫内古代建筑拆毁，加之西宫内发现有清代瓷器，因此可初步断定：宫内主要建筑损毁年代在明末，至清代后仍有建筑存在或在原明代建筑废墟上兴建有新的建筑，直至民国时期彻底损毁。

宫内建筑具体损毁原因不明，推测为明末清初兵灾战乱引起。明末清初政府对含遇真宫在内的武当山道观的行政管理及财政支持取消，农民起义及三藩叛乱等战争持续。这导致遇真宫政治地位、财政支持、和宗教地位的骤然降低，必定导致其全面的衰败，宫内破败或损毁的建筑无力修葺，建筑废墟也无力进行清理。直到清康乾时期，随着社会安定，在西宫建筑废墟上开始修缮或兴建新的建筑。如F2南侧外的柱础石和用瓦砾堆积起的柳叶人形纹饰，以及方孔状铜钱图案卵石地墁等遗迹单位都应为此时修建而成。但此时兴建的建筑多为民间香客或宫内道众集资修建，其建筑较明代皇家建筑规模和等级相差甚远，以瓷器为主的文物数量也不能与明代中晚期相比；清中叶后至民国初年，随着武当山道教的整体衰落，清康乾时期修建的西宫建筑陆续损毁和废弃，至民国二十七年（1938年）秋，宫内明清古建筑全部损毁，后丹江口第二中学在平整操场和修建教学楼时将明清古建筑遗存完全湮没。

值得注意的是，发掘出的建筑基址上发现大量不同时期、不用规格的建筑构件，推测西宫康、乾时兴建的清代建筑应在明代建筑上维修，或在建筑基址（废墟）上重新修建，而其建筑材料多为在原明代建筑基址上拆取，或在建筑废墟上挑选而来，所以形成建筑基址上存在不同时期的、不同规格的建筑构件。如F12基址内填充大量的废弃建筑构件，院三和院四及院五院墙内含有不同尺寸的灰砖，都应为在清代维修或重建时形成。

清末民国时期，西宫内古建筑逐渐损毁，并在明代建筑废墟上或明清建筑基址上形成一个含明清建筑构件的清代建筑废墟堆积。据考古地层学分析，明代建筑废墟堆积及清代建筑废墟堆积应分为两个文化层，但由于建筑基址的重复利用，导致多数明清建筑基址皆开口于清末建筑废弃堆积下。房基与室外地坪高差在清代房屋修建时平整明代建筑废墟时形成的地层倒装和夹层。建筑材料的重复利用，造成出土器物的混乱。这都对田野考古发掘层位的判断造成较大的干扰，因此在考古发掘中将建筑基址以上至清代建筑废墟堆积统一归为考古发掘地层的第3层。

第三章　东　　宫

遇真宫东宫南北长约86.45、东西宽约84.37米（宫墙内皮间距，下同），面积7293.79平方米。其四面被宫墙环绕，西宫墙设有一宫门与西宫东宫墙宫门东西相对，宫墙北部开有一现代通道，北宫墙东段可见一角门（被封堵）。发掘前宫内地表平坦，北部略高于南部。地表铺满水泥，上残留大量现代建筑基址。宫内西南角存有一民国时期建筑（当地老人描述为1944年修建），正中偏东有一口废弃水井（彩版六，1；图版一一，1）。

为了解东宫的堆积情况，先以宫内东西、南北中线为基准，布设TG1和TG2两条探沟进行解剖。两探沟呈十字形，将东宫分为4个区间。解剖表明，东宫的建筑遗迹规模宏大、保存较好，地层堆积简单。结合西宫考古发掘工作的情况，我们将两条探沟分隔的四个区间按顺序法由北向南逆时针分别编号为T1、T2、T3、T4进行整体揭露，原布设探沟则分别成为探方隔梁。除靠近宫墙的部分区域以及房屋未发掘外，东宫内发掘区域南北长约84米，东西宽约80米，发掘面积约6720平方米（图九三）。

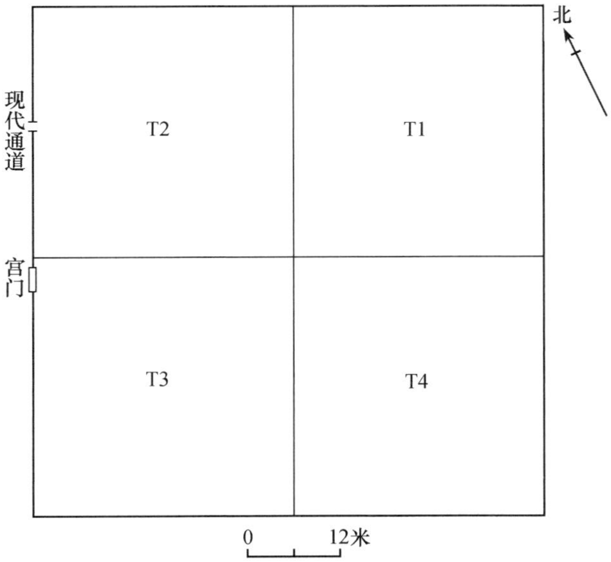

图九三　东宫探方分布示意图

第一节　地层堆积

遇真宫东宫遗址的地层堆积比较简单，原建筑基址界面上的地层堆积分为3层，其中第1、2层为近现代堆积，第3层为建筑废弃堆积。因西宫内已进行详细解剖，为保存建筑基址的完整性，东宫内建筑基址界面下未进行解剖。现以南北向TG1西壁剖面为例。

第1层：表土层。厚0.5～1.75米。地表铺设有水泥，厚0.03～0.15米。水泥下为土质疏松的灰褐色杂土，内含有大量生活垃圾及现代房基，为现代人类在此生活遗留下的文化堆积。分布在整个东宫内。

第2层：黄褐色黏土。厚0～0.8米，距地表深0.5～1.3米。土质疏松，较细，含沙量大，夹杂少量砖块、瓦块和白灰渣，部分现代房基打破该层。约为清末至民国时期形成，分布在整个东宫内。建筑基址F1开口于此层下。

第3层：灰色土。厚0.1～0.85米，距地表深0.1～1.7米。土质较疏松，夹杂较多砖块、建筑构件、白灰渣、青花瓷片等，部分近现代建筑基址打破该层。该层主要分布在东宫北部和中部建筑遗迹的周围，为东宫废弃后形成的堆积。院一、院二、院三、院四、F2、F3、F4等建筑基址开口于此层下（图九四）。

第3层以下未进行解剖。从F4（含F4部分）以南区域被晚期扰乱的断面观察，其垫土与西宫南部的满堂红铺法的人工垫土相同。而F4（含F4部分）以北的原建筑空地地表为黄褐土，与西宫第5A层相同，其编号统一为第5A层。

第二节　建筑遗迹

东宫内揭露出建筑基址包括房址6座、院址4处、影壁2处、水井1口及相应的道路系统和排水设施等（图九五）。

一、房　　址

东宫内共清理房址6座，分别编号为F1、F2、F3、F4、F5、F6。

（一）F1

F1位于东宫西南部，正对东宫门。台基南北两端设有抄手廊，分别通过抄手廊与F2、F3相连，并与F4一起组成院一。抄手廊前檐与院墙相衔接，与东宫门及宫墙围砌成院二（图九六；图版一二，1）。

F1坐东朝西，方向295°（以建筑前檐台阶方向为标准，下同）。开口于第2层下，距地表深0.45～0.7米。台基平面呈长方形，南北长15.2、东西宽8.5米（长宽不计抄手廊尺寸，下同），长宽比为1.79∶1，残高0.64～0.85米，面积129.2平方米。台基西南角部分被近代建筑叠压，未发掘。

台基为用青条石错缝顺砌包边而成的方正石台明，四角未制作埋头角柱。石条共铺设有4层，其中阶条石在后檐及北山面处保存较好，其余部位多损毁。陡板石铺设2层，存在不同程度的损伤，土衬石保存相对较好。阶条石石材长1.2～2.9、宽0.75（背里部分齐整）、厚0.25～0.28米，陡板石石材长1.15～2.5、宽0.6～0.75、厚0.26～0.3米，土衬石石材露明

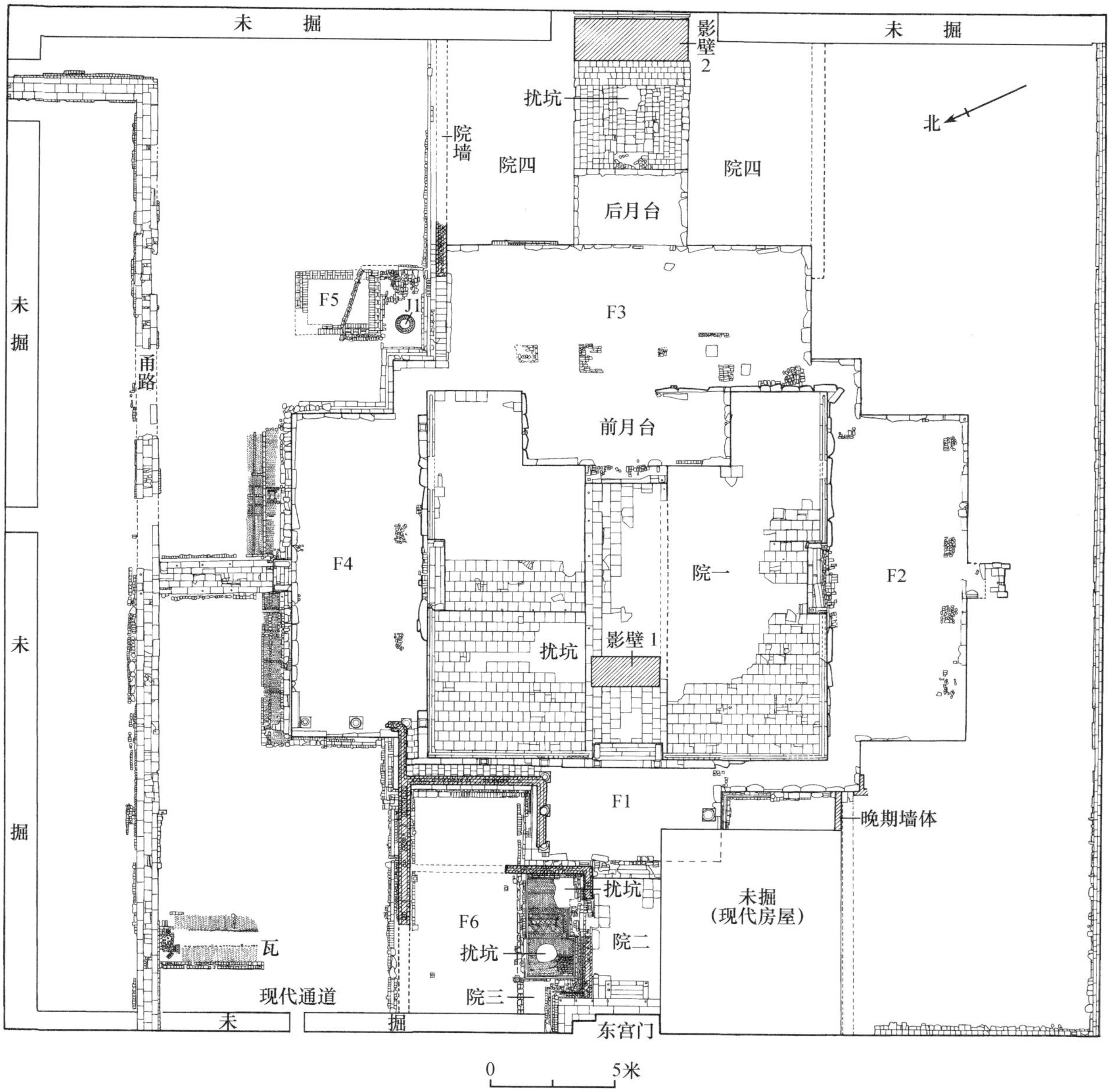

图九五　东宫建筑基址平面示意图

0.06～0.1米（台明下未解剖，下同）。石材表面打有糙道，之间缝隙极细，非常平整，不见白灰，似用油灰锁口，内用生石灰灌浆。所用石材皆为青灰色砂岩。

在F1后檐台阶两侧台明上有包砖，其高度与阶条石平齐，由5层不同尺寸残砖、整砖错缝构筑而成，灰砖尺寸长0.4～0.65、宽0.18～0.2、厚0.15～0.25米。

F1基址内尚存3个廊柱础、2个檐柱础和2个山柱础。

廊柱础在台明后檐阶条石上琢成，大小、形制相同，均为方鼓镜柱础。柱础盘0.7米×0.67米，柱础鼓镜面0.52米×0.5米，其上皮比阶条石高0.08米。

檐柱础位于台明北次间前后檐，大小、形制相同，均为青石制成的圆鼓镜柱础。柱盘尺寸为0.85米×0.85米×0.25米，镜面直径0.6米，鼓径0.74米，上皮比柱盘高0.08米。柱础部分被山

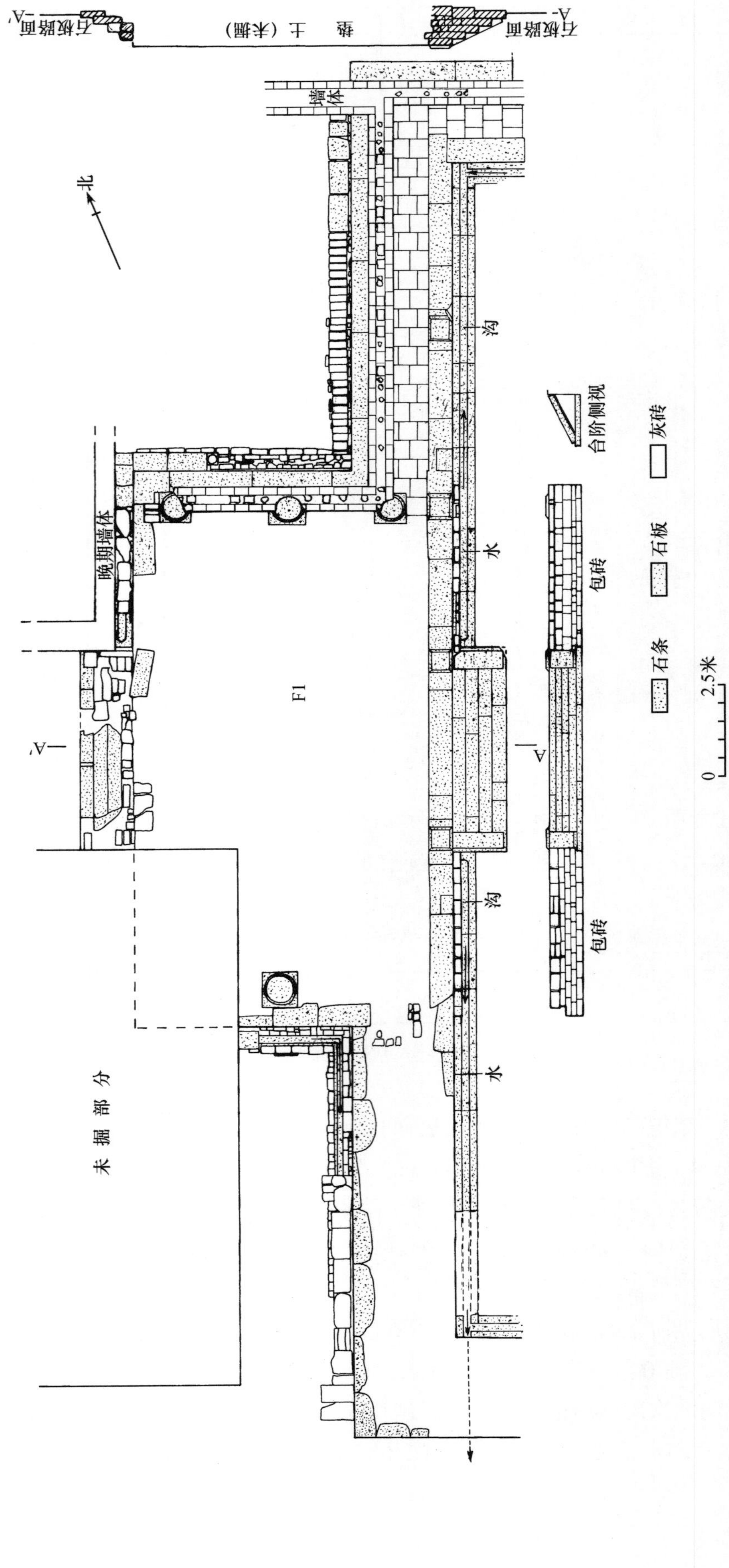

图九六　东宫F1平、剖面图

墙包砌，根据山墙与柱础包砌尺寸推断柱子直径约为0.54～0.58米。

山柱础分别位于F1南北两山处，大小、形制相同，均为青石制成的圆鼓镜柱础，但南侧柱础有少许偏移，似后期挪动。柱盘尺寸为1米×0.95米×0.28米，镜面直径0.7米，鼓径0.84米，上皮比柱盘高0.1米。北山柱础被山墙包砌，根据山墙与柱础包砌尺寸推断柱子直径约为0.64～0.68米。

根据柱网推测F1面阔三间，进深三间。通面阔13.15米，明间面阔约为4.85米。通进深5.9米。前檐下出檐1.05米，前檐廊深0.78米，后檐下出檐1.55米，后檐廊深0.72米。

F1仅存北山墙下槛部分，墙面未见抹灰，与抄手廊廊墙相连。山墙东西通长5.8、宽0.65、残高0.33米。墙砖的摆置方式为卧砖错缝叠砌，砖缝形式为十字缝，外表砖缝隙较大，表面光滑，不露白灰。内部用两排残砖、整砖加石灰填合而成，灰砖整砖尺寸为0.39米×0.18米×0.11米。

F1前后檐各设一石制台阶，分别与院一、院二相通。其中前檐台阶通长5.55、通宽1.45、残高0.28米。踏跺由青条石错缝铺成，现仅存两级，每级长4.55、宽0.35、高0.12～0.15米。两级以上铺设的青条石遗失，露出石条背后踏跺胆（背后砖），踏跺胆由残砖混以白灰浆砌成至台明处。垂带和象眼损毁殆尽，垂带窝修建于燕窝石上，北垂带窝尺寸为0.25米×0.18米×0.03米，南垂带窝尺寸为0.25米×0.2米×0.03米。燕窝石金边与平头土衬石金边各为0.1米，平头土衬露明0.12米。

F1后檐台阶通往院一内，含阶条石为五级，保存完整。台阶通长5.55、通宽1.45、通高0.84米。踏跺由青条石错缝铺成，每级长4.45、宽0.35～0.4、厚0.16～0.2米。垂带石上端与阶条石相接，下端置于燕窝石垂带窝内，其倾斜角度约28°，垂带石长1.47、宽0.46、厚0.18米。象眼石近似直角三角形，镶嵌于平头土衬石与垂带石之间，其侧立面较土衬石内凹0.04米。底边长1.05、直边高0.55米。燕窝石金边与平头土衬石金边各为0.08米，平头土衬露明0.18米。

F1南北各有一呈“L”形的廊道，用来连接F2、F4。廊道台明包边的青条石砌建方法同F1。

连接F4靠近F1处的廊道保存较好，廊内尚存有廊墙及地墁砖。廊墙与F1北山墙相衔接，砌法一致。廊墙紧贴F1台明前檐阶条石修建，通长10.25、宽0.65、残高0.2～0.34米。廊墙与后檐阶条石之间铺有方砖墁地，方砖尺寸为0.52米×0.52米。砖面与阶条石高度齐平，东西向直铺，南北向错缝顺铺，方砖尺寸统一，砖之间缝隙较细，棱角完整平直，素面，表面经过打磨，平整光洁，但踩踏、风化痕迹明显。在抄手廊台基后檐阶条石上存有一廊柱，形制、尺寸同F1后檐廊柱柱础。连接F4的抄手廊靠近F1处前后檐分别长11.15、8.4米，宽2.74米（抄手廊以台明转角处为界，下同）。

连接F2靠近F1处抄手廊道保存较差，廊内原垫土被晚期堆积扰乱严重。抄手廊台基包边石条上阶条石不存，陡板石和土衬石均存在不同程度的损坏。连接F2的抄手廊靠近F1处前后檐分别长11.15、8.4米，宽2.74米。

F1台明前后檐及抄手廊处分别设有排水沟。其中，前檐水沟以台阶为界，分为南北两部分。台阶以北排水沟沿F1及抄手廊台明前0.19～0.21 米处修建。水沟为青条石凿刻而成，断面呈“◡”形。石条沟槽两侧台面较规整，等宽，其上叠压有尺寸不一的晚期灰砖，使水沟加深断面呈“U”形。沟面上有晚期覆盖的碑石、灰砖等建筑构件，改明沟为暗沟。水沟流向由台阶处向抄手廊延伸，穿院二北院墙排入主排水沟G1。

台阶以南水沟部分被近代建筑叠压，暴露部分与台阶北水沟形制相同，与台阶以北水沟沿台阶对称分布，水沟上叠压有晚期灰砖和建筑构件。由台阶处向抄手廊处延伸，在抄手廊转角处残断。

后檐水沟与院一共用，与前檐水沟的材料、制法及形制相同，也以台阶为界，将水沟分为南北两部分。

台阶以北排水沟为青条石凿刻而成，青条石石材长1.5～2.2、宽0.55～0.6米，槽口宽0.19～0.22米，石条沟槽两侧台面较规整，等宽。水沟断面呈“◡”形，由南至北深0.04～0.08米，与F4的排水沟相交于F1与F4之间的抄手廊转角处，并通过抄手廊下暗沟排入院一外主排水沟G1。其中暗沟可见部分用三块青条石一下两上铺设而成，水沟断面呈“凵”形，槽体上下等宽，皆宽0.3、深0.12米。水沟盖板由下层陡板石制成，长0.86米，宽不详，距沟底高0.3米。盖板上凿有同暗沟槽口等宽且呈“⌒”形的沟门，沟门与暗沟槽面相扣合。暗沟院一外侧盖板同院一内大小、形制相同。

台阶以南排水沟与台阶以北排水沟形制相同，其流向为由北向南。但在距台阶7米处损毁，推知其流向为：与F2的排水沟相交于F1与F2之间的抄手廊转角处，通过抄手廊下暗沟排至院一外，向南延伸至南宫墙环宫墙排水沟。

（二）F2

F2位于东宫的南部，与F4南北对称。台基南北两端设有抄手廊，分别通过抄手廊与F1、F3相连接，并与F4一起组成院一（图九七）。

F2坐南朝北，方向25°。开口于第3层下，距地表深0.8～1米。台基平面呈长方形，长26.7、宽10.9米，长宽比为2.45∶1，台基残高0.4～0.6米，面积约291.03平方米。

台基为青条石错缝顺砌包边而成的方正石台明，四角处未制作埋头角柱。其中，台基的阶条石已不存，陡板石铺设2层，均有不同程度损伤，土衬石也部分损毁。陡板石和土衬石石材长0.95～3、宽0.5～0.7米，陡板石石材厚0.26～0.3米，土衬石石材露明0.08～0.12米。台明露明部分石材的样式、形制、砌筑方式、锁口、灌浆、背里部分做法以及质地皆同F1。

台基内可见室内垫土及垫土内的磉墩。磉墩现存5个，东西并排布列。其形制为单磉墩，在垫土内挖基槽铺设，之间拦土已毁坏殆尽。制法为灰砖、卵石混以白灰错缝浆砌而成。后檐磉墩由西向东起尺寸依次为2.25米×0.9米、1.5米×1.3米、1.6米×0.95米、1.15米×0.95米，前檐东北角处磉墩尺寸为0.85米×1.37米。

依据磉墩分布，推测F2为面阔五间。其中明间面阔（以磉墩正中测量，下同）约为5.8米，通进深约8米。

F2台阶明间前后檐各设有一石制台阶，其中前檐通往院一内部分受损。台阶通长5.95、通宽1.52、残高0.45米。踏跺由青条石错缝铺成，风化、破损较严重。每级长4.9、宽0.35～0.38、厚0.18～0.2米。踏跺第三级被扰动，三级以上青条石遗失，露出石条背后踏跺胆，踏跺胆由

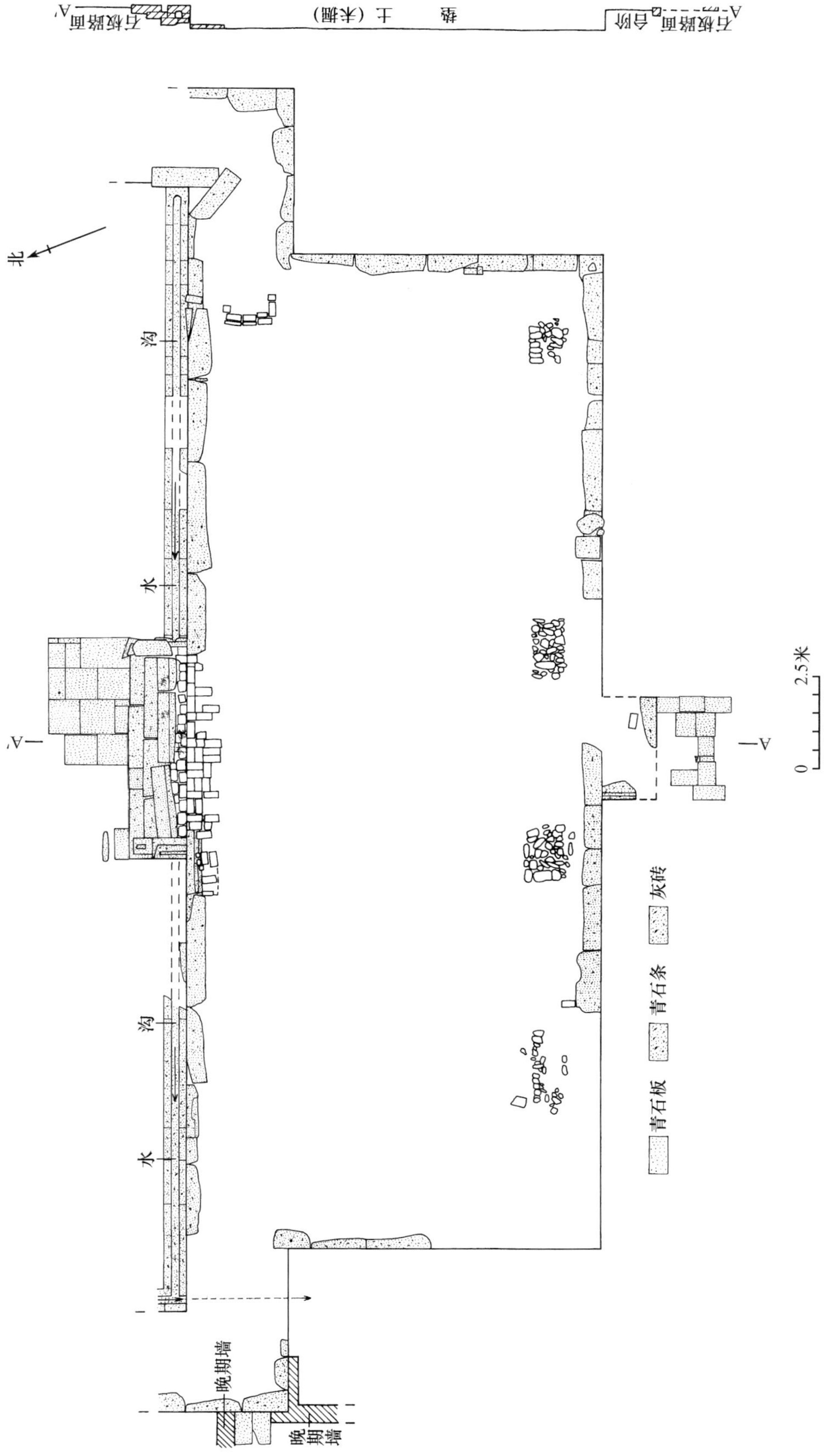

图九七　东宫F2平、剖面图

残砖混以白灰浆砌至台明处。垂带石东头被扰动，且残损，残长1、宽0.46、厚0.18米；西头遗失，但可见修建于燕窝石上的垂带窝，垂带窝尺寸为0.25米×0.1米×0.03米。象眼石镶嵌于土衬石与垂带石之间，两端皆受损严重，底边长1.05、残高0.3～0.45米。燕窝石金边与平头土衬石金边各为0.08米，平头土衬露明高度为0.16米。

F2后檐台阶损毁严重，仅存部分平头土衬石，据其痕迹可知通长2.75、通宽1.45米。台阶下铺有青石甬路，甬路残长1.95、宽2.8米。中间铺制石板为南北向直铺，东西向错缝顺铺，共有3排，多残损。石板长0.63～0.7、宽0.4～0.5米，两侧压条石长0.65～0.85、宽0.4米。

F2东西各有一呈曲尺形的抄手廊，用来连接F1、F3。廊道台阶包边的青条石砌建方法同F2。廊内铺设垫土同F2台基内垫土，垫土高度与F2台基内垫土现存平均高度相等，但部分垫土被晚期堆积扰乱。连接F1的抄手廊靠近F2处前后檐分别长1.75、4.4米，宽2.74米。连接F3的抄手廊靠近F2处前后檐分别长1.75、4.4米，宽2.74米。

F2前檐和院一共用一条由青条石凿成的水沟，沿F2台明及抄手廊前檐0.19～0.23米处修建，水沟部分残损。铺设水沟的青条石石材长1.1～2.9、宽0.58～0.6米。石条沟槽两侧台面较规整，等宽，断面呈“◡”形。沟平面大体水平，槽口宽0.17～0.2米，由东向西渐深0.04～0.14米，以暗沟形式从F2台阶下穿过，台阶土衬石设有同暗沟槽口等宽且呈“⌒”形的沟门，沟门与暗沟槽面相扣合。在连接F1和F2之间的抄手廊转角处与F1排水沟交汇，经抄手廊内暗沟排出院一至南宫墙环宫墙排水沟。因抄手廊包边台基青条石损毁，被晚期堆积填充，推测其形制与连接F1和F4抄手廊下的暗沟相同。

（三）F3

F3位于东宫西南部，设有前后两月台。台基南北两端设抄手廊，分别通过抄手廊与F2、F4相连接，并与F1组成院一。台基南北两山分别与院墙相衔接，与东宫墙围砌成院四（图九八；彩版七，1）。

F3坐东朝西，方向为295°。开口于第3层下，距地表深0.7～1.05米。台基平面呈长方形，长29.15、宽12.15米，长宽比为2.4∶1，残高0.6～0.75米，面积354.17平方米。

F3台基为青条石错缝顺砌包边而成的方正石台明，四角处未制作埋头角柱。其中，台基的阶条石已不存；陡板石现存2层，均有不同程度损坏；土衬石保存较好。陡板石和土衬石的石材长0.85～2.95、宽0.4～0.65米，陡板石石材厚0.2～0.25米，土衬石石材露明0.06～0.11米。台明露明部分石材的样式、形制、砌筑方式、锁口、灌浆、背里部分做法以及质地皆同F1。

台基内可见台基垫土及被扰乱翻动的石制构件。另在前檐保存有一排5个南北向并排的磉墩。磉墩破坏严重，多残缺，且磉墩之间拦土已毁坏殆尽。其由北向南第二个磉墩形制为连二磉墩，其余形制皆为单磉墩。磉墩皆为灰砖错缝浆砌而成，灰砖尺寸为0.4米×0.2米。除西南角和西北角处磉墩砌法杂乱外，余皆为灰砖南北向顺铺，之间用砖渣、卵石混以白灰相黏结。前檐磉墩尺寸由北向南依次为1.55米×1.5米、2.4米×1.85米、0.75米×0.7米、1.25米×1.3米、1.85米×1.75米。其中由北向南第三个磉墩附近有两个长方形石基座，尺寸分别为0.95米×0.9米、0.9米×0.8米，疑为晚期房屋维修、改建而成的柱础基座。

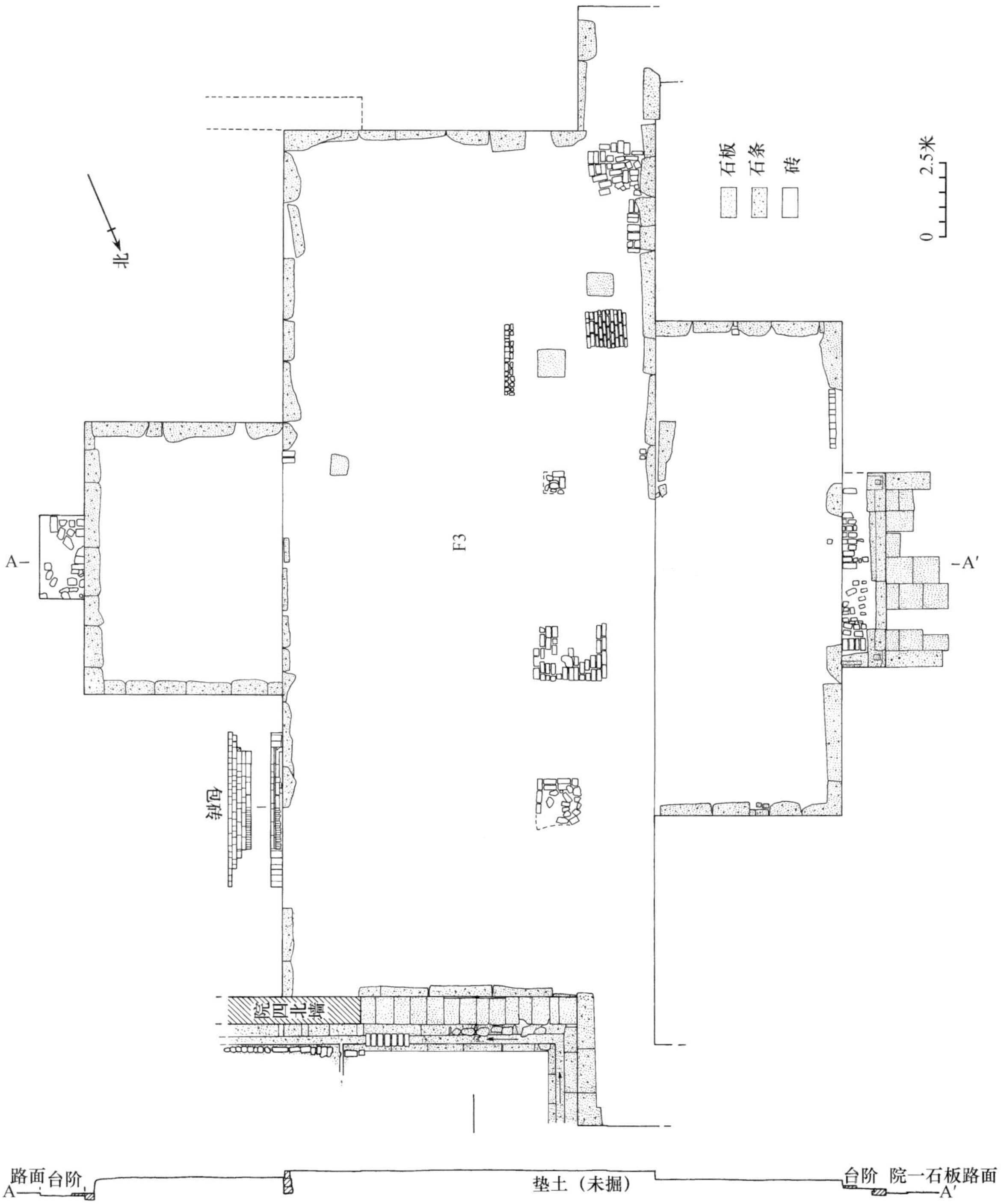

图九八　东宫F3平、剖面图

根据磉墩的分布推测，F3的平面布局为面阔五间，进深不明。其中明间面阔约5.25米，北次间面阔约5米，北稍间不明，南次间面阔约5.1米，南稍间面阔约5.5米（疑磉墩被改建过）。

F3台基后檐月台北侧存在包砖现象，其高度与现存陡板石高度平齐，由5层不同尺寸残砖、整砖错缝构筑而成，灰砖主要尺寸为0.39米×0.2米×0.17米、0.2米×0.12米×0.08米。

院四北院墙西端在紧贴F3台基后檐北山面处建造，并沿台明向前延伸至2.55米处。

F3前后檐中部分别设置有形状、大小不同的前后两个月台。

前月台位于F3前檐正中。月台台基为青条石包砌，做法、形制同F3。台基阶条石损毁，陡板石和土衬石皆有不同程度损毁。月台南北长16.65、东西宽6.1、残高0.5～0.65米，比F3现存台基低0.1～0.2米。月台内破坏严重，现存地表被晚期堆积扰乱。

前月台进入F3主殿建筑的台阶已毁，通往院一内现存一石制台阶，台阶损毁严重，仅燕窝石与平头土衬保存较好。台阶通长6.5、通宽1.45、残高0.2～0.25米，燕窝石踏跺部分尺寸为5.4米×0.35米×0.2米。垂带窝建于燕窝石上，其中南垂带窝尺寸为0.2米×0.2米×0.05米，北垂带窝尺寸为0.25米×0.25米×0.08米。象眼石仅余北侧，残缺、受挤压变形严重。燕窝石金边与平头土衬石金边各为0.1米，平头土衬露明0.2米。

F3后月台位于F3后檐正中，月台台基为青条石包砌，做法、形制同F3。台基阶条石损毁，陡板石和土衬石皆有不同程度损毁。月台南北长9.2、东西宽6.45、残高0.45～0.55米，比F3低0.15～0.25米，破坏严重，现存地表被晚期堆积扰乱。后月台进入F3主殿的台阶已毁，进入院四内台阶损毁严重，仅可见其原始痕迹，推知台阶通长约2.8、通宽约1.45米。

台阶下为一条青石与方砖混合铺设而成的甬路通往影壁2（详见院四）。

F3南北各有一呈曲尺形的抄手廊，用来连接F2、F4。廊道台基包边的青条石砌建方法同F3。廊内铺设垫土高度同F3台基内垫土平均高度相等。连接F2的抄手廊靠近F3处前后檐分别长1.7、2.4米，宽2.74米。连接F4的抄手廊靠近F3处前后檐分别长1.7、2.4米，宽2.74米。

距F3北山面及抄手廊0.88～0.92米处建有排水沟，排水沟用长条形石块一下两上砌筑成，断面呈“□_□”形，沟口上叠加有长短不一的残破灰砖，沟面宽0.8～0.85米，槽口和槽底等宽，为0.25～0.35米，流向由西向东，为G1一部分。

（四）F4

F4位于东宫中部偏北，与F2南北对称。台基东西两端设抄手廊，分别通过抄手廊与F1、F3相连接，并与F2一起组成院一。后檐台阶下铺设有青石甬路，与宫内主甬路相交（图九九；彩版七，2；图版一二，2）。

F4坐北朝南，方向205°。开口于第3层下，距地表深1.15～1.25米。台基平面呈长方形，长26.7、宽10.85米，长宽比为2.46∶1，残高0.45～0.62米，面积289.7平方米。

台基为用青条石错缝顺砌包边而成的方正石台明，四角未制作埋头角柱。石条共铺设有4层，阶条石在前檐及西山面处保存较好，其余部位损毁，陡板石铺设2层，均存在不同程度的损伤，土衬石保存相对较好。阶条石石材长0.75～3.05、宽0.65、厚0.26～0.3米。陡板石和土衬石石材长1.2～3.45、宽0.37～0.65米，陡板石石材厚0.28～0.32米，土衬石石材露明0.08～0.14米。台明

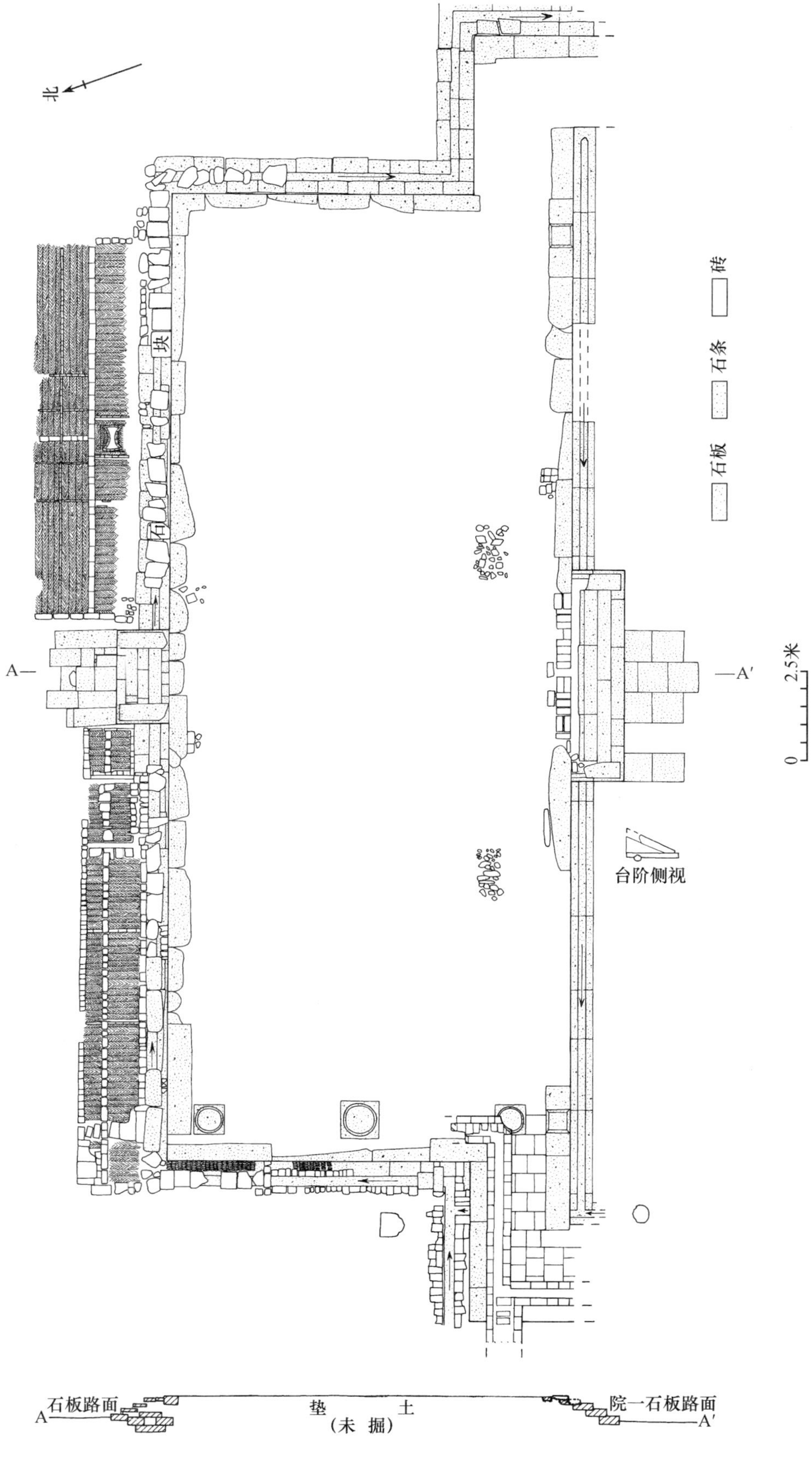

图九九　东宫F4平、剖面图

露明部分石材的样式、形制、砌筑方式、锁口、灌浆、背里部分做法以及质地皆同F1。

F4室内仅西南角存有少量与F1抄手廊衔接的方砖墁地。方砖尺寸、形制及铺法同F4连接F1抄手廊靠近F4处墁地。

F4室内尚存2个廊柱础、2个檐柱础和1个山柱础。

廊柱础为在台明前檐阶条石上琢成的方鼓镜柱础。柱础盘0.7米×0.67米，柱础鼓镜面0.52米×0.5米，上皮比底盘高0.06米。

檐柱础位于台基前后檐，大小、形制相同，均为青石制成的圆鼓镜柱础。柱盘尺寸为0.85米×0.85米×0.26米，镜面直径0.6米，鼓径0.74米，上皮比柱盘高0.08米。前檐柱础被山墙包砌，根据山墙与柱础包砌尺寸推断柱子直径约为0.54～0.58米。

山柱础位于F4西山面正中处，为青石制成的圆鼓镜柱础。柱盘尺寸为1.05米×1.05米×0.4米，镜面直径0.76米，鼓径0.88米，上皮比柱盘高0.12米。

前檐尚存有2个檐柱磉墩，东西向并排分布。磉墩残缺不全，且之间拦土损毁殆尽。形制为单磉墩，磉墩为砖块、石块混以白灰相衔接。磉墩残长1.45～1.65、残宽0.7～0.78米。

根据柱础与磉墩的分布推测，F4通进深8.15米，前檐廊深0.74米，下出檐1.55米，后檐下出檐1.15米。

F4室内仅剩从连接F1处抄手廊内延伸的部分山墙，山墙残长1.6、宽0.75、残高0.3～0.34米。

F4前后檐各设一石制台阶，分别通往院一和宫内主甬路。前檐通往院一的台阶通长5.85、通宽1.45、残高0.5米。踏跺由青条石错缝铺成，每级长4.75、宽0.3～0.35、厚0.16～0.18米。三级以上青条石遗失，露出石条背后踏跺胆，踏跺胆由灰砖浆砌白灰至台明处。垂带石上端残，下端置于燕窝石垂带窝内。垂带残长0.7～0.95、宽0.45、厚0.18米，其倾斜角度呈29°。象眼为石制，近似直角三角形，镶嵌于垂带石与平头土衬石之间，其侧立面较垂带内凹0.05米。象眼底边长1.05、直边高0.45米。燕窝石与平头土衬石金边各为1.05米，平头土衬露明0.16米。

F4后檐台阶通长2.65、通宽1.45、残高0.54米。踏跺由青条石错缝铺成，每级长1.55、宽0.25～0.35、厚0.1～0.14米。现存四级，每级之间衔接不紧密。四级以上青石条遗失，露出石条背后踏跺胆，踏跺胆由残砖、整砖浆砌白灰至台明处。垂带石上端略残，下端置于燕窝石垂带窝内。垂带石残长1.2～1.35、宽0.45、厚0.18米，角度呈34°。象眼石近似直角三角形，镶嵌于垂带石与平头土衬石之间，其侧立面内凹0.05米，底边长1、直边高0.52米。燕窝石与平头土衬石金边各为0.08米，平头土衬露明0.12米。台阶以北为一条通往主甬路的青石甬路，与台阶等宽。

F4东西各有一呈曲尺形的抄手廊台基，用来连接F1和F3。廊道台基包边的青条石，砌建方法同F4。其中，连接F1靠近F4处抄手廊保存较好，廊道内尚存有廊墙及地墁砖。廊墙位于前檐阶条石内侧0.55米处，廊墙形制、制法及墙砖尺寸同连接F1抄手廊台基内廊墙，廊墙与院二院墙在廊道转角处相衔接。廊墙与前檐阶条石之间铺有方砖墁地，砖面与阶条石高度齐平，铺设方式为方砖十字缝，东西向直铺。南北向错缝顺铺。方砖尺寸统一，为0.52米×0.52米。砖之间缝隙较细，棱角完整平直，素面，表面经过打磨，平整光洁，但踩踏、风化痕迹明显。连接F1的抄手廊靠近F4处前后檐分别长1.7、4.4米，宽2.74米。

连接F3靠近F4处抄手廊保存稍差，抄手廊台基包边石条上阶条石不存，陡板石和土衬石存在一定程度的损坏。廊内原垫土破坏严重现多为晚期堆积。连接F3的抄手廊靠近F4处前后檐分别长1.7、4.4米，宽2.74米。

F4前檐和院一共用一条青条石凿成的水沟，沿F4台明及抄手廊前檐0.2～0.25米处铺设（局部地方槽变形错位），部分残损。青条石石材长1.3～3.15、宽0.55～0.6米。沟槽两侧台面较规整，等宽，断面呈“◡”形。沟平面大体水平，槽口宽0.18～0.2米，由东至西逐渐深0.03～0.14米，经F4台阶时以暗沟穿过，台阶土衬石设有同暗沟槽口等宽且呈“⌒”形的沟门，沟门与暗沟槽面相扣合。在连接F1和F4之间的抄手廊转角处与F1排水沟交汇，经抄手廊内暗沟排向院一外F4西山面处的主排水沟G1。

F4台基南北两山面及后檐均设有青条石制成的排水沟，为主排水沟G1的一部分。水沟槽口分布在距台明0.2～0.45米处，用长条形石块一下两上砌筑而成。青条石石材长0.74～1.9、宽0.25～0.4米。槽口与槽底等宽，为0.27～0.33米（局部地方槽变形错位），断面呈“⊔⊔”形，沟面上覆盖残破不一的石碑、石块。

在F4后檐下甬路两侧分布有鹅卵石、瓦片、碎砖铺成的人形纹、席纹及几何纹散水。由于破坏严重，分布不均：分布在台阶以西距F4后檐0.55～0.65米处，长12.45、宽1.75米；分布在台阶以东距F4后檐1.45～1.6米处，长10.6、宽2.25～2.55米。

（五）F5

F5位于东宫中部偏东，位于井台北侧。为一单体建筑（图一〇〇）。

F5，门道方向不明。开口于第3层下，距地表深1.25米。台基平面呈长方形，南北长6.65、东西宽5.02米，面积约33.38平方米，残高0.12米。房址仅见灰砖铺设的四面房屋墙基，西北角略残，现仅剩底层灰砖。灰砖尺寸不一，长0.3～0.4、宽0.15～0.22、厚0.06～0.12米，外侧铺法为双笔管，内侧用单砖丁铺。室内地表现铺有一层白灰层，部分破坏至第5A层。室内东西向斜角排水沟打破F5外墙砖。水沟仅剩沟底砖和南侧外壁转，沟底砖和外壁砖皆用残破灰砖错缝顺砌而成，其中底砖为平铺，外壁砖为立铺。

水沟为房屋内部的排水暗沟，出水口延伸至主排水沟G1。

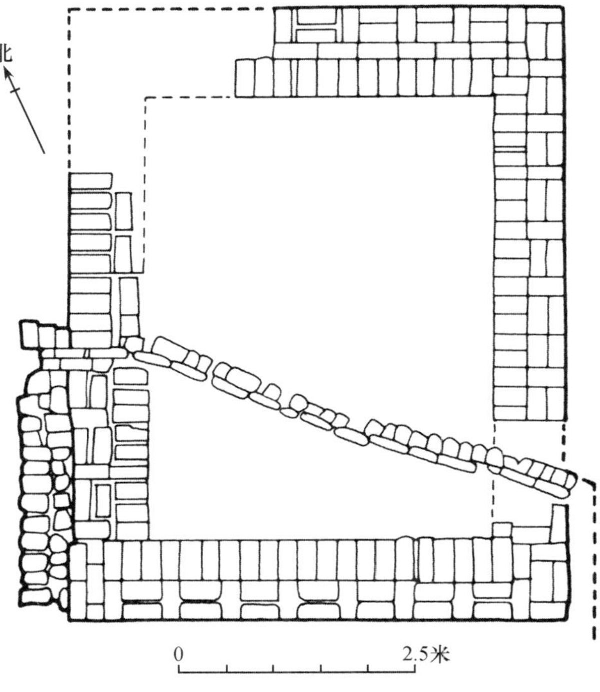

图一〇〇　东宫F5平面图

（六）F6

F6位于东宫西部，院二内，院三北侧（图一〇一）。

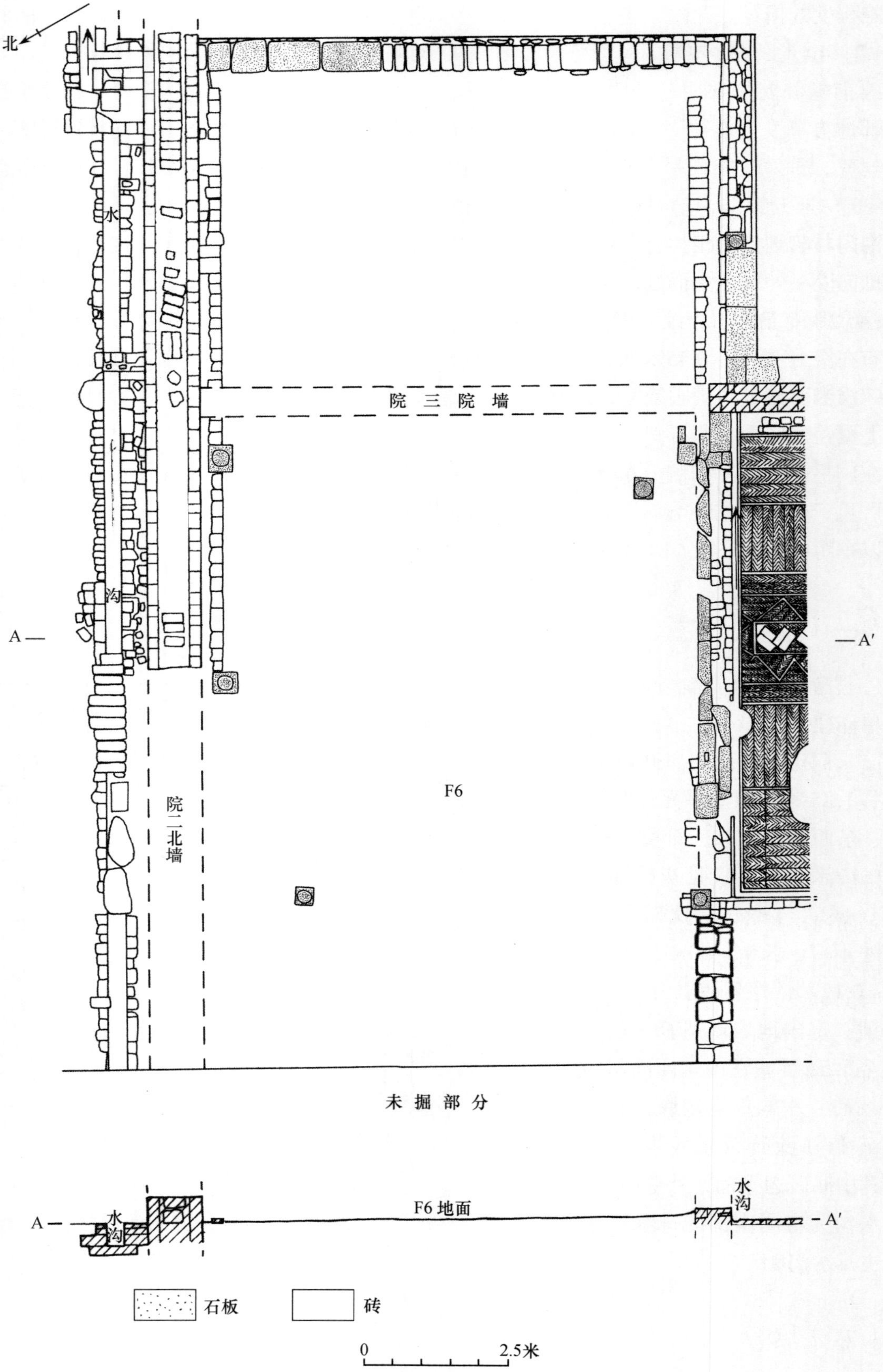

图一〇一　东宫F6平、剖面图

F6坐北朝南，方向205°。开口于第3层下，距地表深1.2米。台基平面呈长方形，东西长约21.2、南北宽约9.05米，面积约191.86平方米。台基前檐为砖石混合台明，铺设较为杂乱，内镶有柱础，宽0.55～0.65米，较院三内地墁高0.14～0.2米。F1台基和廊道前檐水沟铺设灰砖和石碑，既将水沟改为暗沟，又修建成F6东山面台明。后檐为砖制台明，现仅残存一排形制不一的灰砖。宽0.45～0.6米，高于室内地表0.08～0.14米。室内地表被第3层扰乱至第5A层，现仅可见平放于地表或墙基内的青石柱础。室内中部被院三院墙打破。

室内柱础现存5个，皆为圆鼓镜柱础。其中第1、2、5柱础尺寸相同，柱盘尺寸为0.4米×0.4米，镜面直径0.25米，鼓径0.32米。第3、4号柱础尺寸相同，柱盘尺寸为0.35米×0.35米，镜面直径0.2米，鼓径0.28米。第1号位于前檐台明内，第3、4号位于后檐台明内，第2、5号柱础摆放室内空地上，推测曾遭挪动，原始位置不详。

F6推测面阔五间，进深三间，修建年代早于院三，晚于院二和F1。

二、院　址

东宫内共清理院址4处，编号院一、院二、院三、院四。

（一）院一

院一位于东宫中部，为东宫内主要院落，由F1、F2、F3、F4及四隅两房交接处的抄手廊连接而成的一个近似正方形的院落。庭院南北中线方向25°。南北长31.9、东西宽30.05米（以庭院内四角处为测量点，下同），总面积约958.6平方米（含F3前月台）。开口于第3层下，距地表深0.9～1.2米（图一〇二）。

院内北、西、南三面设有排水沟，正中铺设有一条东西向甬路，地表铺设有青石板墁地，院内设影壁一座（编号影壁1）。

东西向甬路由F1通往F3，宽6.5米，高于院内地墁0.04～0.07米。甬路正中为7排东西向直铺、南北向错缝顺铺的青石板，石板主要尺寸为0.7米×0.9米、0.85米×0.76米、0.85米×0.89米，两侧包边的压条石主要尺寸为0.55米×0.76米、0.55米×1.85米、0.55米×1.4米、0.55米×0.95米。石板面上均打有不规则起防滑作用的糙道。部分压条石面上凿有直径0.06～0.08、深0.04～0.06米的圆孔，圆孔用途不明。

院一内有青石板铺设的墁地，其中西部至中部保存完整，东部损毁严重。青石板经过打磨，棱角完整平直，铺法为南北向直铺、东西向错缝顺铺。青石板主要尺寸为0.9米×0.75米、0.88米×0.74米、0.88米×0.84米、0.9米×0.7米，厚0.06～0.08米。石板面上打有不规则起防滑作用的“糙道”，部分石板面上凿有直径0.08～0.1、深0.04～0.06米的圆孔。

院一内与F1、F2、F4共用的青条石凿刻而成的排水沟，断面呈“◡”形，在院一西南角和西北角处分别经暗沟排出院一（详见F1、F2和F4排水沟）。

影壁1修建在院一内甬路上，开口于第3层下，距地表深1.1米。砖石结构，仅存底座部分，可见圭角、土衬等部分，整体长5.6、宽2.56、残高0～0.24米。因地表沉降，部分折断。据

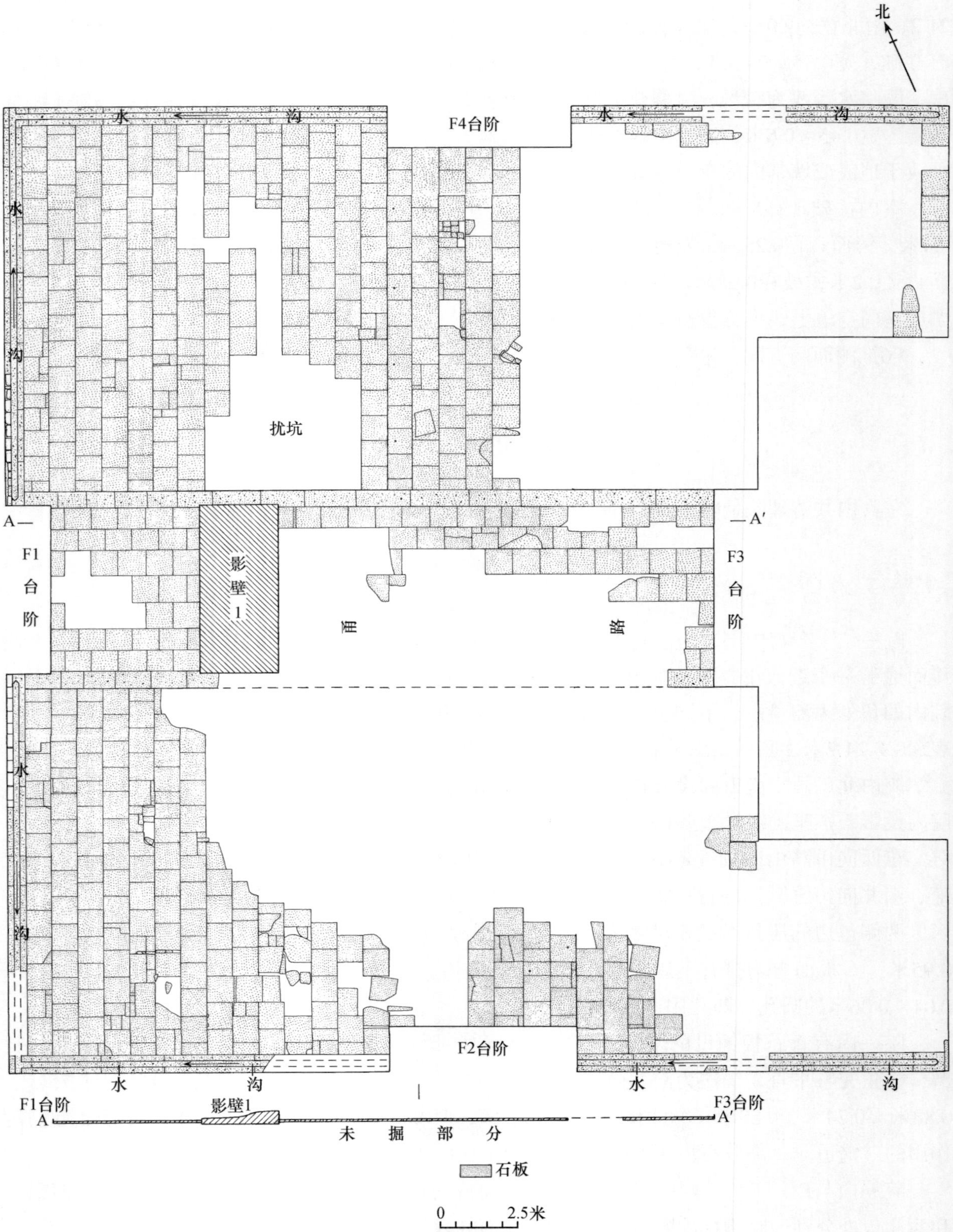

图一〇二　东宫院一平、剖面图

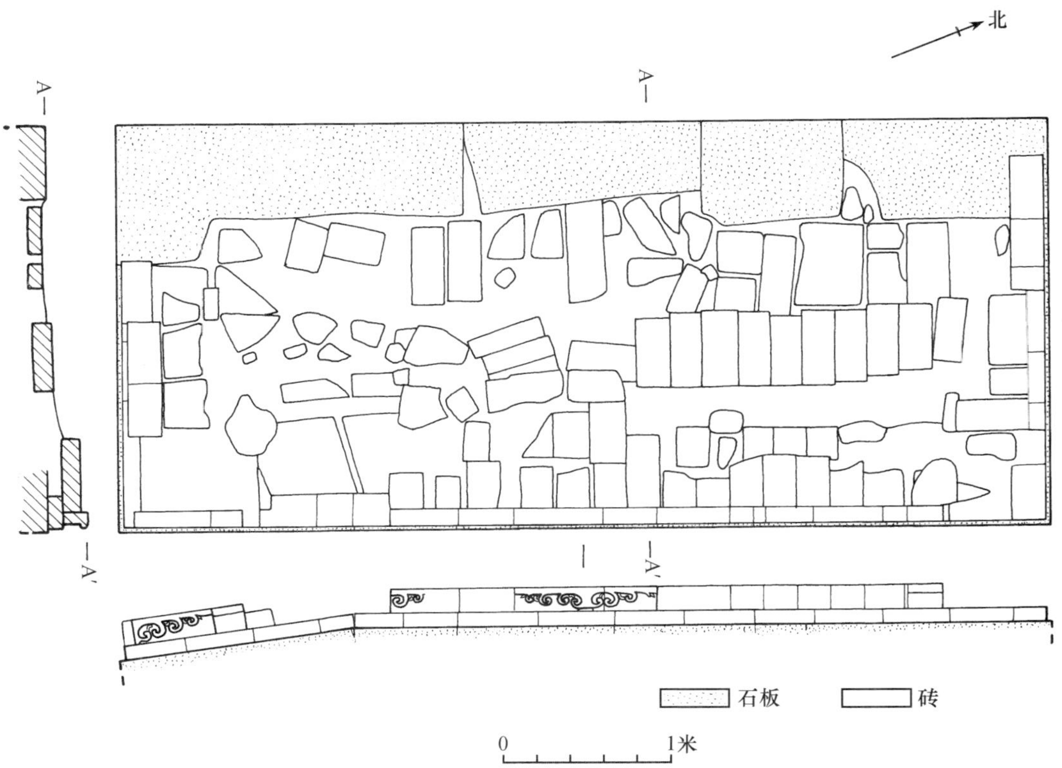

图一〇三　东宫影壁1平、剖面图

其残余部分来看，该影壁为“一字形”影壁（图一〇三；图版一二，3）。

影壁仅存圭角及其以下部分，其中圭角由2层砖直向平砌叠加（不叠涩）而成，整体高0.22～0.24米。上层外包砖用长0.41、宽0.14、厚0.1米的直壁素面砖立铺，砖外壁上叠砌有雕花砖，饰如意卷云纹；下层外包砖用长0.38～0.46、宽0.1～0.2、厚0.08米的直壁素面砖平铺。内部用杂砖混以石灰平砌于土衬上。土衬外包边用青石板铺制，内用杂砖平铺而成，整长5.6、整宽2.56米，金边宽0.03～0.04米，同院一内青石甬路所用青石板的材质相同，上皮较甬路面高0.04米。

（二）院二

院二位于东宫西南部，由F1、东宫西宫墙（含东宫宫门）和连接F1、东宫西宫墙的南北两面用灰砖砌成的院墙围合而成，与院四对称分布。门道方向为295°。南北长34.45、东西宽20.2米（院内最宽处），总面积约695.89平方米（含部分F1台明）。开口于第3层下，距地表深0.9～1.2米（图一〇四）。

院址内残存院墙、水沟以及晚期修建的院三等遗迹。

南院墙损毁殆尽，仅在东宫西宫墙处发现有砌建痕迹。北院墙东端起点与F1连接F4台明抄手廊转角处的廊墙连接，院墙残长11.5、宽0.96、残高0.12～0.4米。院墙仅存下碱部分，墙面未见抹灰，砖的摆置方式为卧砖顺铺。砖缝形式为十字缝，外表缝隙较大，表面光滑，不露白灰，较规整，内部为楔形。灰砖尺寸为0.39米×0.19米×0.12米，夹墙之间用两排残砖或整砖平

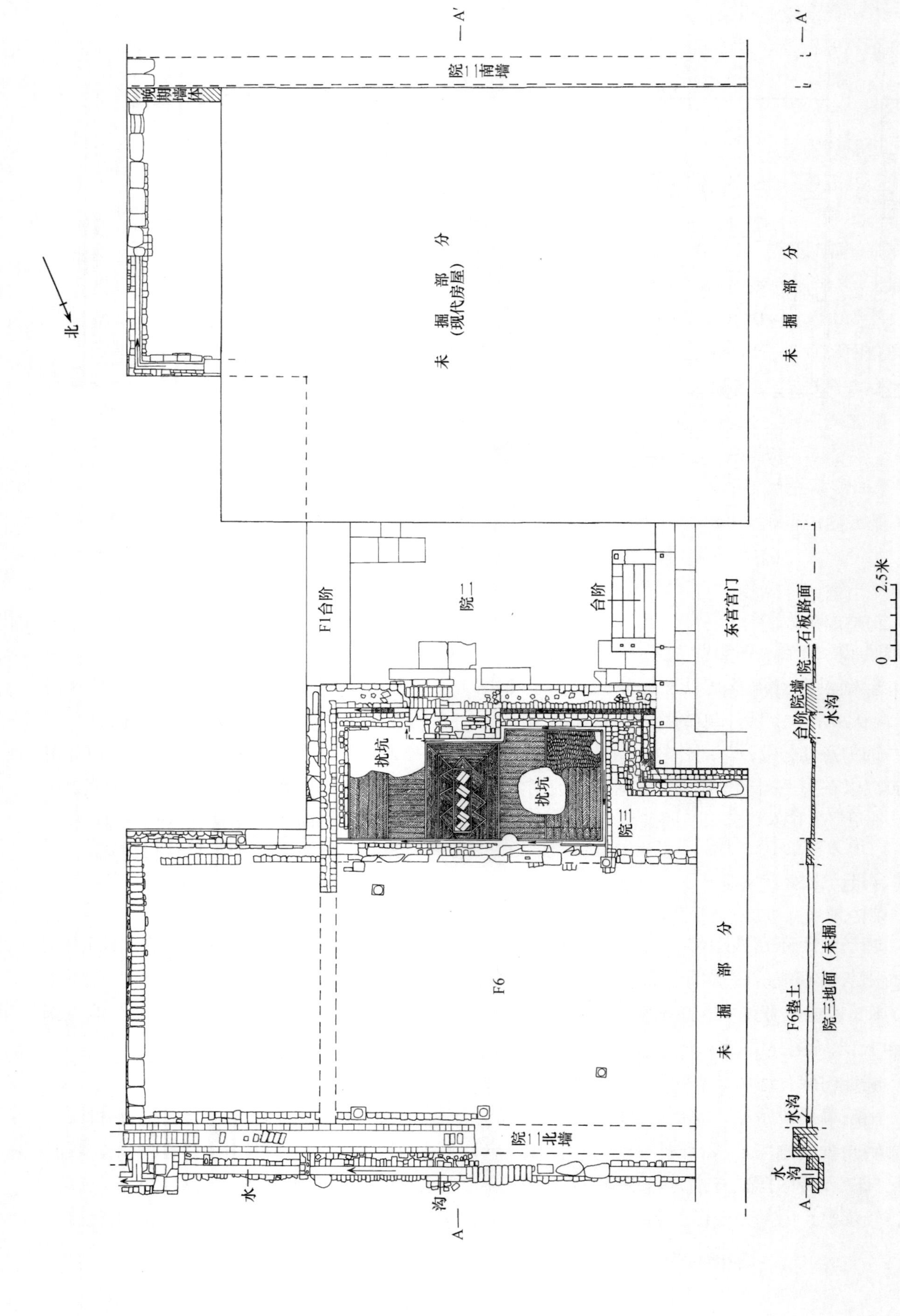

图一〇四　东宫院二平、剖面图

铺，并以白灰填合而成。院墙外侧铺设有主排水沟G1。

东宫宫门基座发掘前部分暴露于地表，为用青条石错缝顺砌包边而成的方正石台明，残长8.25（部分未发掘）、宽2.95（东宫西宫墙内皮）、高0.84米。台基阶条石上可见5个望柱榫眼，榫眼尺寸为0.1米×0.1米×0.05米，台阶以北4个榫眼间距为0.72～0.84米。

台基设有通往东宫内的台阶，台阶整体为石制，通长3.45、通宽1.35、高0.84米。台阶含阶条石共五级，保存较完整。踏跺由青条石错缝铺成，每级长2.45、宽0.35、厚0.16～0.18米。垂带石上端与阶条石衔接，下端置于燕窝石垂带窝内，角度呈29°。北垂带完整，上有两处望柱榫眼，垂带整长1.47、宽0.45、厚0.18米，榫眼尺寸分别为0.12米×0.08米×0.05米和0.08米×0.06米×0.05米。南垂带下端残损，残长1.05、宽0.45、厚0.18米，燕窝石上可见垂带窝，垂带窝尺寸为0.15米×0.08米×0.04米。象眼石近似直角三角形，镶嵌于垂带石与平头土衬石之间，其侧立面较垂带石内凹0.05米，底边长1.05、直边高0.45米。燕窝石金边与平头土衬石金边各为0.08米，平头土衬露明0.06米。

院二内南部区域保存有民国时期房屋，未发掘。院内中部和东部残存少量青石板道路（墁地），为东西向直铺、南北向错缝顺铺，表面打有防滑糙道，青石板尺寸为0.85米×0.81米×0.05米。院内北部墁地被院三内墁地和F6打破，详见院三与F6。

院二内F1前檐及抄手廊处设有排水沟（详见F1），其中F1前檐台阶以北及抄手廊下的排水沟向北经院二北院墙，排入院墙外侧主排水沟G1。台阶以南前檐及抄手廊下的排水沟在抄手廊转角处损毁，推测应向南最终汇入环南宫墙排水沟。

北院墙外侧排水沟为主排水沟G1，流向由西向东。水沟由青石条一下两上砌筑，断面呈“凵”形，距院二北墙0.45～0.5米修建。槽口与槽底等宽，为0.25～0.35米。水沟两侧台面上修补有一层加深水沟的灰砖，修补的灰砖多残断，尺寸不一。

（三）院三

院三位于东宫西部，院二内，由F6、东宫西宫墙（不含宫门）和用灰砖砌成的院墙围合而成。门道方向为205°。东西长13.5（含部分未发掘区域）、南北宽4.55米，总面积约61.43平方米（含部分东宫宫门基座）。开口于第3层下，距地表深1～1.2米（图一〇五；彩版六，2）。

院内现残存院墙、排水沟、路面、墁地等遗迹单位。

院三由三面院墙围砌而成，其中西院墙为东宫西宫墙，南院墙西端紧贴东宫宫门台基，东端紧靠F1前檐台阶排水沟处。东院墙向北6.9米处残断，在院二北墙内侧对应处可见其砌建痕迹。

南、东院墙仅存下碱部分，墙面未见抹灰。南院墙长10.92、宽0.82米，东院墙残长6.9、宽0.5米，下碱残高0.12～0.4米。墙面为灰砖叠砌而成，灰砖摆置方式无规律。砖缝形式为平缝，外表缝隙较大，露出白灰和泥沙。砖尺寸较杂乱，部分损毁处外墙砖用干泥涂抹填充而成。夹墙之间用2排残砖或整砖堆积铺设，并以白灰、泥沙填合而成。

南院墙中部设门，现已损毁。院内侧有台阶，仅存底层基座。基座用无规律的残砖、整砖包边，内里用碎砖杂乱铺设，东西长2.95、南北宽1.02米，较院内甬路及地墁高0.04～0.08米。

院内有竖立的卵石、瓦片混以白灰、沙粒铺成的甬路与墁地，多处遭破坏。甬路长3.25、

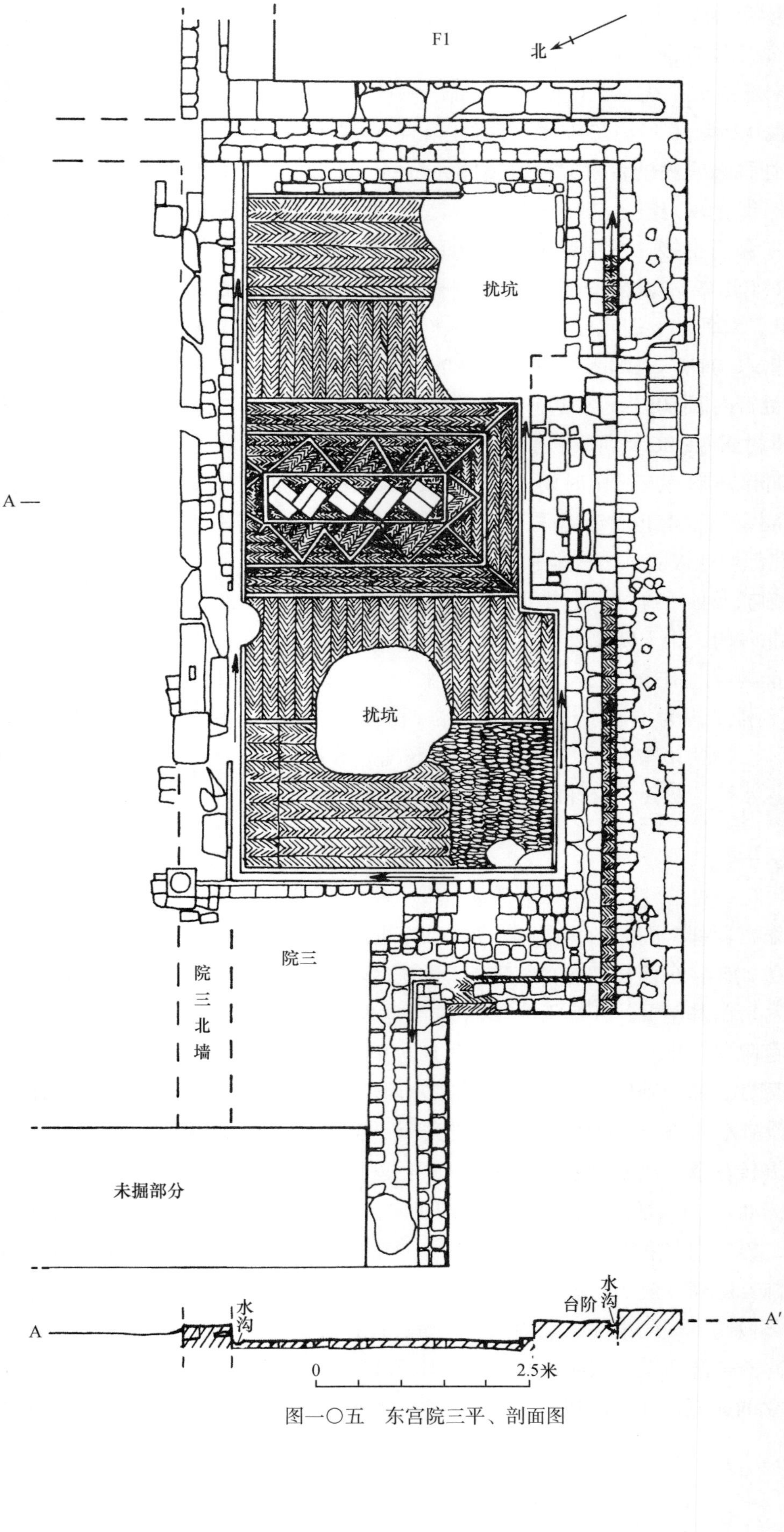

图一〇五　东宫院三平、剖面图

宽2.35米，正对台阶修建。甬路路面为残砖砌成内外两个长方形的边框，之间磨砖对角。内框用灰砖隔成数个连续三角形。正中用两排整砖对折构成几何形图案，整砖尺寸为0.39米×0.18米。灰砖之间用卵石铺设的人形纹填充。院内路面两侧墁地为用碎瓦片铺设的人形纹、席纹等纹饰，部分残损（彩版八，1）。

院三南院墙内侧散水沿院墙砌建在瓦片墁地上，用两排残砖丁铺而成，散水宽0.45~0.5米。在散水内外两壁修建有排水沟。内壁排水沟以院墙内壁和散水内壁为水沟两壁，形制不规整，沟底为瓦片铺设。水沟断面呈“⌴”形，槽口与槽底等宽，为0.12~0.18米，由西向东渐深0.08~0.15米，水沟从台阶基座下穿过，向东经院墙东南角下的暗沟，流至院墙外F1前檐台阶北侧排水沟内。

散水外壁排水沟环院落内墁地和路面修建，也为灰砖制成，做法为一下两上砌筑而成，其中灰砖槽壁处经过削切呈倾斜状，水沟断面呈“‾_/‾”形，排水沟面宽0.15~0.2、槽口宽0.1~0.12 、底宽0.06~0.08米。灰砖多经打磨削切，现长0.1~0.15、宽0.05~0.08米。水沟沟底变形严重，方向无法断定。推测环院落水沟流向以甬路为界，甬路以西流向宫墙处，汇入西宫环宫墙排水沟。甬路以东流向F1前檐台阶以北排水沟。

（四）院四

院四位于东宫的东部，由F3、东宫东宫墙，以及连接F3、东宫东宫墙的南北两面用灰砖砌成的院墙围合而成，与院二对称分布。门道方向115°。南北长29.2、东西宽19.8米，院内总面积约578.16平方米（含F3后月台）。开口于第3层下，距地表深0.8~1.35米（图一〇六）。

院内残存院墙、甬路、影壁（编号影壁2）及排水沟等遗迹单位。

院内南院墙损毁殆尽，仅在东宫宫墙及F3台基南山面包边石条上留有砌建痕迹。北院墙西端起点距F3台基后檐转角2.55米，向东宫墙处延伸，现残长4.5、宽0.92、残高0~0.42米。院墙以西为一排东西向直铺的青石板散水直至廊道转角处，青石板长0.95、宽0.4~0.6米，由南向北略倾斜。散水北侧为主排水沟G1。

院墙仅残存下碱部分，墙面未见抹灰。砖的摆置方式为卧砖顺铺。砖缝形式为十字缝，外表砖缝缝隙较大，表面光滑，不露白灰。灰砖尺寸为0.39米×0.18米×0.12米，较规整，内部削切。夹墙之间用两排残砖或整砖整齐平铺，并以白灰填合而成。院墙外侧铺设有水沟，为主排水沟G1的组成部分。

院四内铺设有东西向甬路，从F3后月台延伸至影壁2，整体保存较好，部分损毁。甬路中心铺青石条，方砖海墁，外侧条石包边。青石路面长5.65、宽3.6米，由青石板东西向直铺、南北向错缝顺铺而成，损毁处用不规则石板修补。中间铺设的石板主要尺寸为1米×0.75米、0.65米×0.65米、0.7米×0.65米，厚0.08~0.1米。方砖墁地较青石路面低0.02~0.05米，北、西3排，东、南4排方砖铺设而成，铺法同青石路面。方砖表面风化严重，尺寸主要为0.4米×0.4米、0.51米×0.51米，部分损毁处用石板修补。甬路两侧的压条石主要尺寸为1.5米×0.55米、1.05米×0.55米、0.95米×0.55米、0.65米×0.55米，厚0.08~0.1米。

甬路两侧院内地坪被近现代建筑、生活垃圾扰乱至人工垫土层。

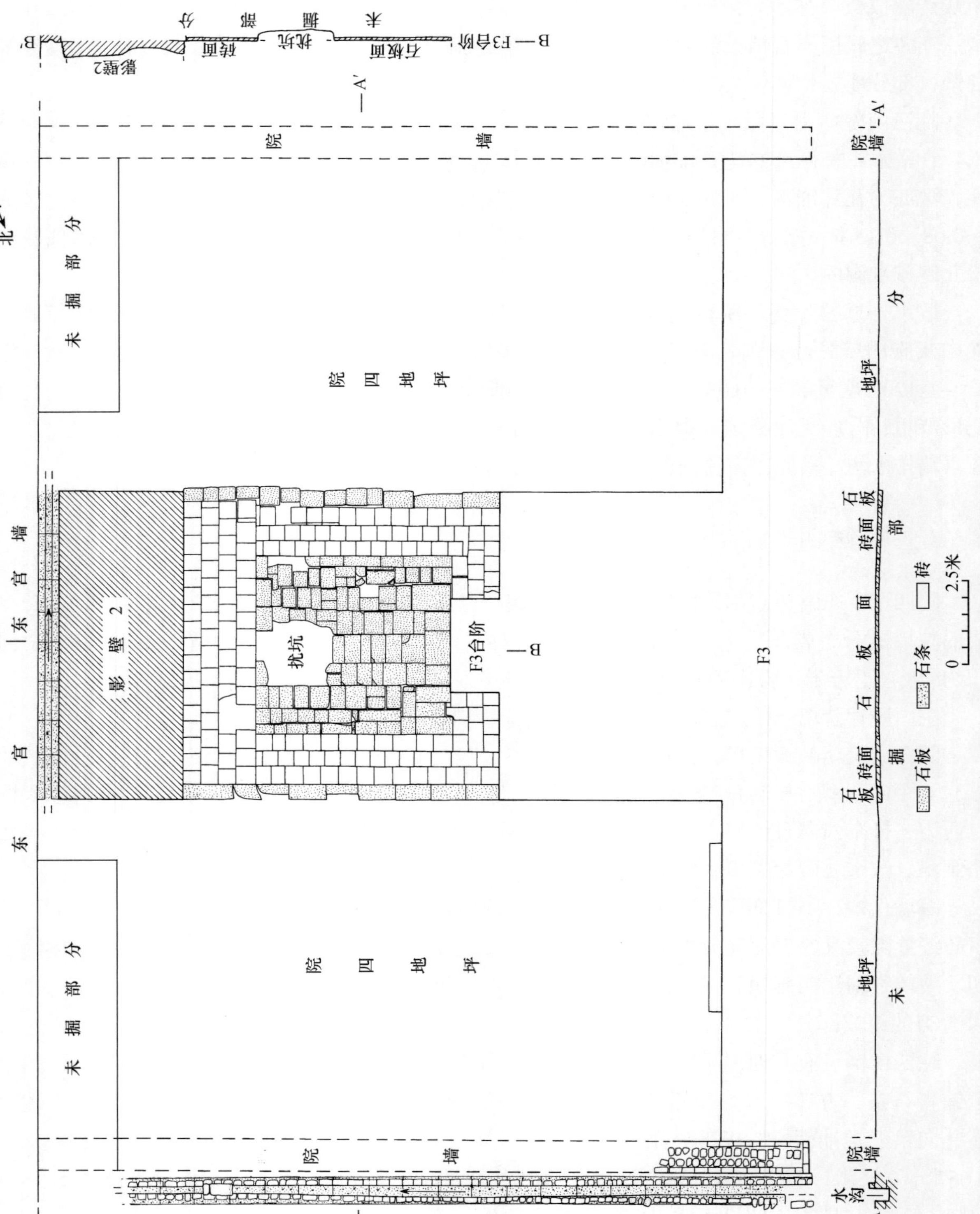

图一〇六　东宫院四平、剖面图

影壁2开口于第3层下，距地表深0.8～1.2米。砖石构造。现仅存须弥座束腰以下部分，可见下枭、下肩涩、直檐、圭角和土衬等部分。影壁坐东朝西，通长9.26、通宽3.6、残高0.2～0.48米。根据其残存部分来看，该影壁为“一字形”影壁（图一〇七）。

下枭四周角不存，仅残存中部，外包砖用圆菱砖平铺，圆菱砖整砖长0.6～0.68、宽0.32、厚0.08米。

下肩涩分两层，上层外包砖中间用长条形素砖平砌，素砖长0.4～0.7、宽0.2、厚0.08米。四周角向外呈“‾\”形，由打磨过的楔形砖平砌，整砖长0.18、宽0.16、厚0.08米。下层外包砖中间用长条形素砖砌成，四周角用弧形砖平砌，呈半弧形。中间素砖长0.32～0.42、厚0.08米，四周角弧形砖整砖长0.44、厚0.08米。

直檐平铺在圭角上，略内收。外包砖用长0.34～0.66、厚0.08米的素面长条形灰砖直砌平铺，内部用残砖平砌。

圭角较直檐微突，分别用两层砖直向平砌叠加（不叠涩）而成。上层外包砖用长0.38～0.62、厚0.16米的长条形素砖直砌平铺，部分素砖外侧上叠砌有雕花砖，砖饰如意卷云纹。下层外包砖用长0.42～0.66、厚0.07米的长条素砖直向平砌于土衬石上。内部用残砖、整砖混以白灰平砌，圭角与土衬石之间用白灰黏结。土衬石用数块青石板拼合铺制而成，西侧紧贴环宫墙排水沟，东侧与方砖海墁相交。土衬石通长9.26、通宽3.6、金边宽0.03～0.04米，上皮与环宫墙排水沟面及甬路平齐。

院四在北院墙外侧发现排水沟，沿院四北院墙至东宫墙处，为主排水沟G1的一部分。在距院墙外侧0.22～0.26米处修建，排水沟用长条形石块一下两上砌筑而成，断面呈“凹”形，两侧沟面上叠加有长短大小不一的残破灰砖及石块，使水沟断面加深呈近似“U”形。槽口由于砖石块排放不均，由西向东渐窄，宽0.24～0.55、深0.4～0.66米，流向由西向东。

影壁2东侧至东宫墙之间发现环东宫墙排水沟，水沟用三块青条石一下两上南北向错缝直铺，断面呈“凹”形，青石条长0.95～1.35、宽0.5～0.6米，沟槽两侧台面较规整，水平等宽。槽口宽0.22～0.24米。水沟流向由北向南，深0.1～0.16米。

三、排水系统

东宫内主要建筑及其附属设施都修建有排水沟。从整体看，房屋、院落间的排水沟相互交汇后，向南排入环南宫墙排水沟，向北排入主排水沟G1，主排水沟G1又延至东宫环宫墙排水沟中。环宫墙排水沟通过排水口与宫外的排水沟相连，从而形成东宫完整的排水系统。东宫排水系统和西宫排水系统构造以及材质皆相类似。

排水系统从材质来看，可分为三类：一类为青石排水沟，一类为灰砖排水沟，一类为砖石混合排水沟。石制排水沟多用青条石凿制和砌筑而成，制作工艺较精良，选材较规范，工艺较复杂；灰砖排水沟的制作材料相对粗糙，多为残砖，用料随意，制作简单；砖石混合排水沟则为在石制排水沟上用灰砖修补、垫高而成。

排水系统从样式来看，可分为五类：一类为青条石凿刻而成的断面呈“⌣”形的排水沟；

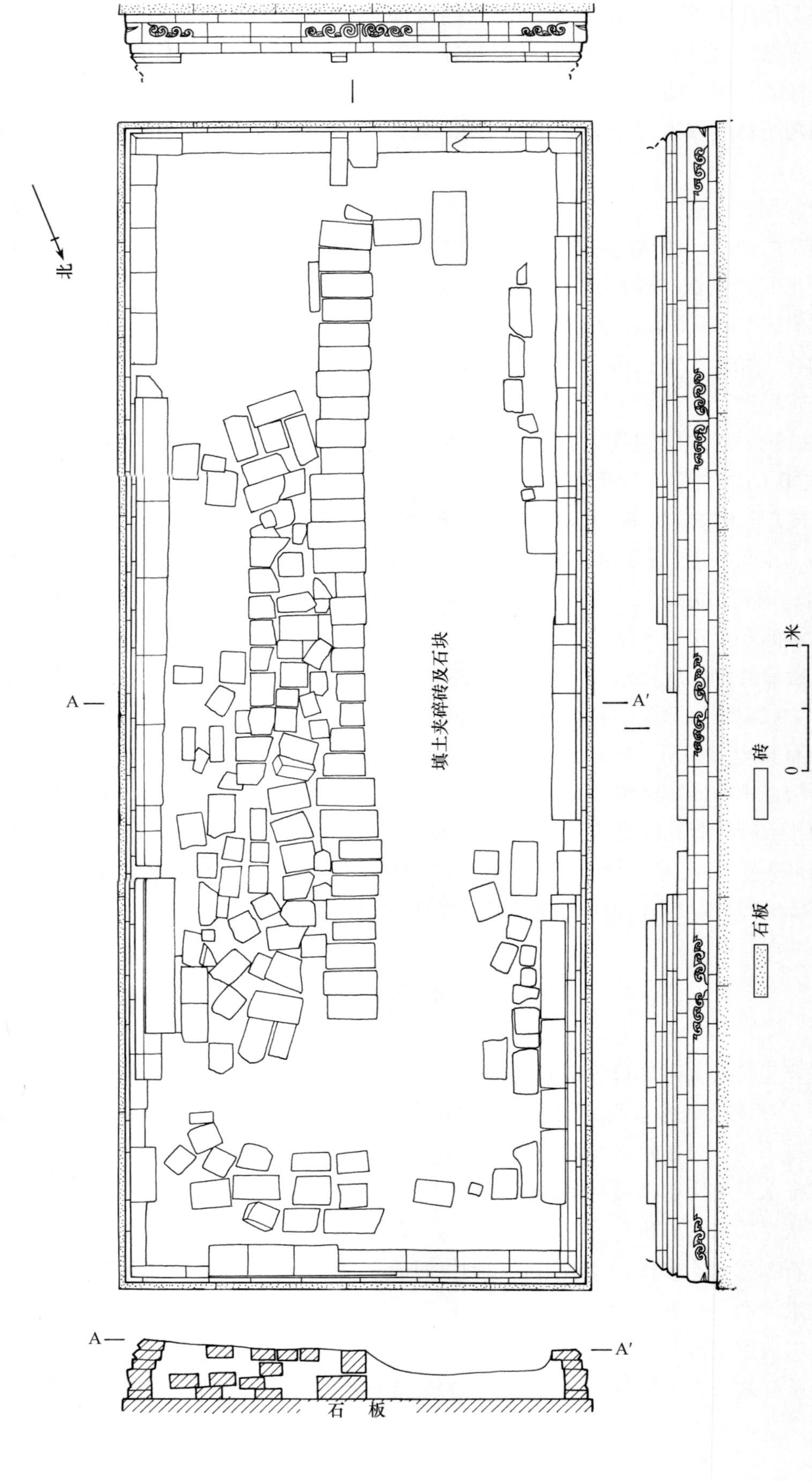

图一〇七 东宫影壁2平、剖面图

一类为灰砖一下两上倾斜铺设而成的断面呈“╲_╱”形的排水沟；一类为灰砖或青条石砌筑成的断面呈“⊓_⊓”形的排水沟；一类为利用灰砖在断面呈“⌣”形或“⊓_⊓”形的青条石制水沟加深形成的近“U”形排水沟；一类为利用宫墙修建的“⌟”形排水沟。

根据排水沟的功能差别，东宫内的排水沟系统可分为三大类：建筑附属排水沟、主排水沟以及环宫墙排水沟。

（一）建筑附属排水沟

建筑附层排水沟分布在房屋和院落内，是房屋和院落的有机组成部分。排水沟之间相互连接，按照由高往低、由内向外的原则，通过槽开凿的深浅而使排水沟具有一定的方向性，并就近流向主排水沟或环宫墙排水沟，汇集后最终流往宫外。这类排水沟沟面大体水平，容水量不大，槽窄而浅。由于建筑所处的位置、功能及修建年代方面的差异，其用材和形制也有所不同，详见各遗迹单位排水沟。

（二）主排水沟

主排水沟起连接各建筑排水沟和环宫墙排水沟的作用。东宫内存在1条主排水沟，编号G1，将东宫内主要房屋和院落的附属水沟连接排向环宫墙排水沟（图版一二，4）。

G1，位于东宫内中部，从东宫西宫墙处由西向东延伸至东宫东宫墙，东西向贯穿整个东宫。

G1主要用1.36米×0.37米×0.21或1.12米×0.42米×0.24米等规格的长条形石块一下两上砌筑而成，断面呈“⊓_⊓”形。水沟部分区域叠加有长短大小不一的残破灰砖及石块，使水沟加深断面呈“U”形。沟面大体水平，宽1～1.05米。槽口与槽底等宽，为0.15～0.45米。沟流向由西向东加深，深0.2～0.66米。

在F4后檐处水沟上可见覆盖尺寸不一的陶质建筑构件及石碑。

（三）环宫墙排水沟

受发掘条件限制，未能全面发掘环宫墙排水沟。仅发掘南宫墙排水沟及解剖部分东、西、北宫墙处环宫墙排水沟。根据发掘和解剖可知，环宫墙排水沟断面呈“⌣”形、“⊓_⊓”形及“⌟”形三种结构。

西宫墙环宫墙排水沟解剖位于西宫墙西南角至近现代房屋之间。水沟由灰砖铺设而成，内壁利用宫墙为沟壁，沟底用方砖铺设而成，方砖尺寸不一，长0.4～0.6、宽0.4～0.52、厚0.08～0.18米，外壁用大小不一的残砖修建。水沟断面呈“⌟”形。槽口宽0.45～0.54米。水沟流向由北向南，深0.11～0.19米。

东宫墙环宫墙排水沟解剖位于影壁2与东宫墙之间，详见院四。

南宫墙环宫墙排水沟全面发掘，排水沟由青石条东西向直铺而成，水沟断面呈“⊓_⊓”形（图一〇八；彩版八，3）。青石条长0.95～1.6、宽0.25～0.4米，沟槽内侧靠宫墙处台面较规整，外侧则不规整。槽口宽0.2～0.28、深0.2～0.45米。水沟部分遭破坏，可见明显的补建痕迹，补建的灰砖和青石条无固定标准，尺寸不一。排水沟在东宫西南角处与西宫墙环宫墙排水沟相交，并与中宫南宫墙排水沟相通；在东南角处与东宫墙环宫墙排水沟相交，经东南角宫墙处的“冂”形排水口排出宫外。南宫墙环宫墙排水沟发现有两处入水口，入水口北侧的排水沟损毁，但根据其位置可知，与院一、院四外侧排水沟相对接。

解剖未发现北宫墙环宫墙排水沟，但参照西宫环宫墙排水沟的分布，推测其应存在。

从修建时间上来看，主排水沟G1和环宫墙排水沟为东宫排水系统的基础。虽日后材料和样式有所改变，但是其主要功能和水沟走向并未改变，而各建筑附属排水沟则在建筑修建同时或建成后建成，最终经主排水沟G1或直接汇入环宫墙排水沟内。

四、道路系统

东宫内的建筑数量少，结构布局较简单。道路系统的修建根据建筑群的分布和人们活动的需要综合考虑，具有因地制宜、方向性明确的特点。按照材料和用途的不同，东宫内的道路系统可分为三大类：一类为用青石板错缝平铺而成的甬路；一类为用卵石或砖瓦铺成的甬路及墁地；一类为用青石板和方砖混合铺成的甬路。

（一）青石板甬路

青石板甬路可分为两类，一类为东宫内的主路，横贯整个东宫，位于F4以北，东西走向，由中宫侧门通往东宫东北角处角门，中间有与F4相连接支路（图一〇九；彩版八，2）；一类为连接各建筑之间的支路，是抵达宫内主要建筑的重要通道，如连接F1和F3的青石甬路。

青石板甬路特征较为明显，主路与支路除宽度、用途不同外，结构、做法基本相近。甬路中间铺设1至3排错缝顺铺的青石板，石板之间以白灰相黏合，两侧用压条石包边。石板棱角完整平直，表面打有防滑的糙道，局部有所破损处用不规则石板、卵石等进行修补，两侧压条石外有用残砖侧立包砌而成的砖制散水。

1. 主甬路

东宫内青石板铺设的主甬路从中宫主院东南角角门（现封堵后外表涂抹铁红色漆）处进入东宫。甬路距北宫墙11.7米，东西长78.5、宽3.4～3.45米，在距东宫墙5.47米（甬路所量测点为甬路南侧压条石边，下同）向北90°转角至北宫墙处现已封堵的偏门。甬路所铺设石板的棱角完整平直，表面打有防滑的糙道，石板之间以白灰相黏合，整体保存较好，局部破损和遗失，部分破损处用不规则石板、卵石等进行修补。两侧压条石外残存有用灰砖侧立包砌而成的不规则铺设的散水，灰砖多残破，尺寸不一。

甬路中间铺设一排东西向直铺的青石板，石板长0.65～1.85、宽0.6～0.65米。甬路两侧各铺设有一排东西向直铺的压条石，石板长1.2～1.9、宽0.5～0.55米。石板表面经过打磨，平整光洁，素面，四角棱角完整平直，之间以白灰相黏合。

在甬路距西宫墙4.9米处有一用碎砖铺成的墙基，墙基南北向，为两排残砖铺设而成，残

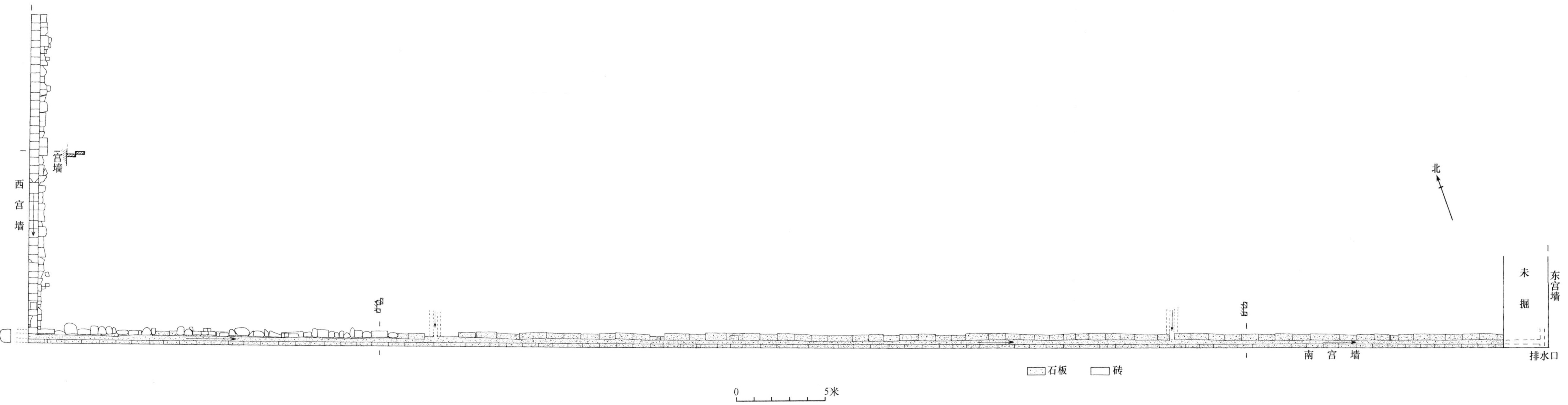

图一〇八　东宫环南宫墙排水沟平、剖面图

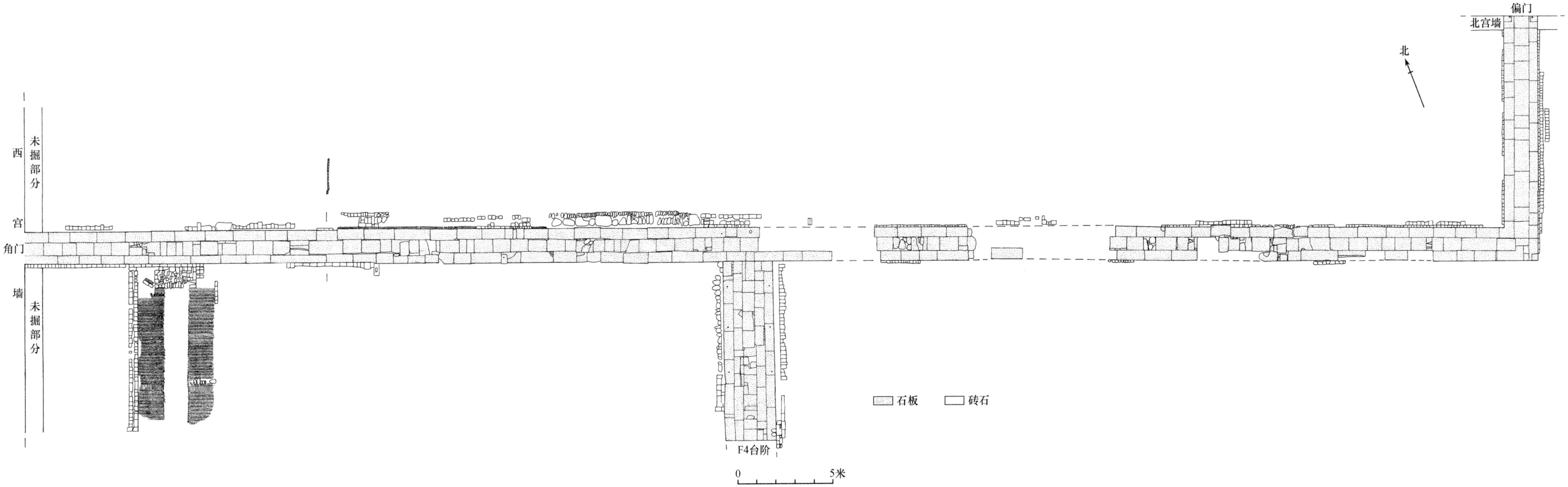

图一〇九　东宫主甬路平、剖面图

长8.5、宽0.45、残高0.1～0.18米。墙基以东有一台阶基座，长2.15、宽1.25、残高0.2米，用碎砖和石块平铺而成，之间混以白灰和砖渣。台阶以南破坏，中部为宽1.25米的空地，两侧为用卵石对称铺设的席纹墁地，长6.5、宽1.3～1.5米，损毁严重，用途不详。

2. 支甬路

青石板支甬路东宫内现存F1至F3（详见院一）、主甬路至F4两条。主甬路向东38.9米（自东宫西宫墙内皮）与通向F4的青石甬路呈丁字状交汇，该青石甬路中间铺设3排南北向直铺的青石板，中间石板长0.5～1、宽0.65米，两侧石板长0.5～1.1、宽0.45米。两侧铺设有一排南北向直铺的压条石，石板长1.1～1.65、宽0.5米。石板表面经过打磨，平整光洁，素面，四角棱角完整平直，之间以白灰相黏合。其中在距F4后檐台阶第3、5、6排的压条石表面上打有直径为0.05～0.08、深0.04～0.07米的圆孔，用途不明。甬路两侧有残砖铺设的水沟，水沟流向由北向南交汇于主排水沟G1。

（二）卵石或砖瓦铺成的甬路及墁地

采用卵石或砖瓦铺成的甬路及墁地具有节约成本及美观等特点，以院三内的甬路为代表（详见院三）。这类道路相对青石板道路其等级及耐用度有所降低，但铺设工艺及铺设成本较青石板甬路更加方便与节约，且新增加美观的特点，不失是一种短期内近距离且更加实用的道路修建方法。

（三）青石板和方砖混合铺成的甬路

这类甬路目前仅在宫内F3通往影壁2的道路上发现（详见院四），并与西宫院七内道路对称分布。甬路路面为青石板铺设，两侧用方砖做散水，在方砖外侧又用青石条压边。这种道路其工艺明显较青石板甬路和卵石或砖瓦甬路复杂，其考虑到道路排水及结构稳定性，应是一种较青石板甬路等级更高的道路修建方法。

五、水 井

东宫内清理水井1口，编号J1（图一一〇）。

J1位于东宫中部偏东。井台南距F3台明北山面0.8米，西距F4台明东山面2.1米，北距F5房基1.1米。发掘前已废弃，井口周边铺满水泥，与地表等高。

发掘显示，早期井口开口于第3层下，距地表深1.1米。井口平面呈圆形，剖面成筒形，井口直径0.75米，井圈直径1.3米。井圈未用券形砖砌筑，为不同规格灰砖混砌而成，内壁处发现有影壁束腰上所用雕花砖。井圈外用砖石混以泥沙一周加固井圈，直径约1.7米，不规则。发掘期间，水位长期高出早期井口，井内含有大量淤泥，未清理。

水井井台东西长6.6、南北宽3.55米，较井口高度略低0.04～0.08米。井台损毁严重，其

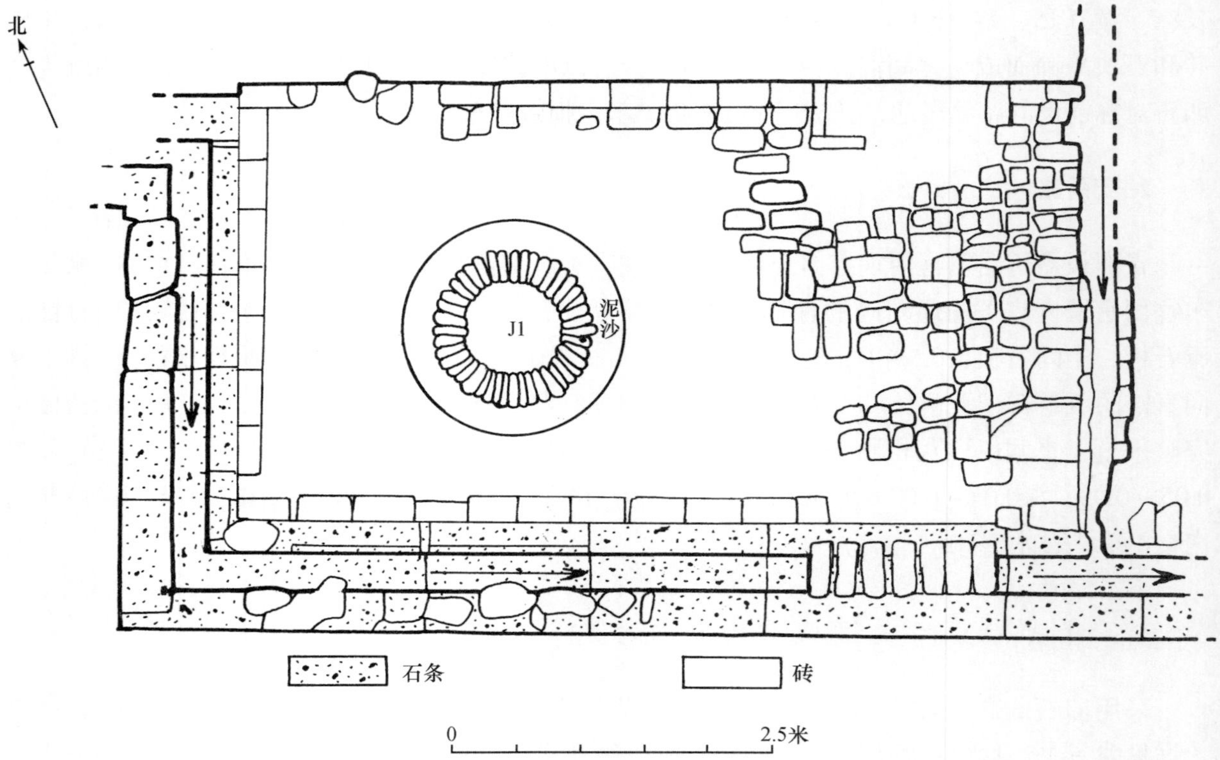

图一一〇　东宫J1平面图

北、西、南三面仅见外包边的灰砖，沿主排水沟G1和F5铺设而成。包边的灰砖长0.39～0.4、宽0.18～0.2米。井台室内墁地损毁严重，仅在水井东部残存部分用杂砖铺设的墁地。井台东侧为从F5延伸而来用杂砖铺设的排水沟，沿井台东边缘汇入主排水沟G1。

六、宫　　墙

环绕东宫的四面宫墙整体保存较好，仅宫门北侧宫墙处开有一现代通道。发掘前宫墙距地表高2～2.35米，厚1.18～1.2米。由大块方砖错缝垒砌而成，之间缝隙较大，外露白灰。方砖尺寸略有差异，其均值为0.38米×0.18米×0.14米。墙体内外两侧表面打磨光滑抹灰后，用麻刀红土断白。外侧墙面抹灰基本不存，露出内里墙砖。内侧墙体表面起皮、空鼓、脱落严重。墙帽无存，屋面宽1.8米，上长满杂草。墙体内外两侧皆有现代水沟及出水口（图版一七，2）。

发掘显示，墙体内侧下碱部分较环宫墙排水沟高1.25米，较墙体宽0.05～0.09米。墙体依地势由南向北、由东向西渐高，高约4.42～4.53米。

第三节　遗　　物

东宫内出土遗物非常丰富，多见于第3层。除大量的瓦当、板瓦、筒瓦、滴水、脊兽等建筑构件和碗、杯、盘、碟等生活器皿外，还有少量的神像等宗教用器，以及大量的石碑。遗物质地可分为陶、瓷、铜、铁、石五大类。其中，除石碑文字可辨认者皆进行描述外，余仅挑选部分代表性标本进行描述。

一、陶　　器

25件。按照功能主要分为三大类：一类为生活器皿，如盆、器盖等；一类为建筑构件，如勾头、滴水、筒瓦、板瓦、砖、脊兽等；一类为其他，如香炉（足）、灯座、砚台等。

（一）生活器皿

1. 盆

1件。轮制，泥质橙黄陶略泛红。

标本东T2③：189，残。敞口，厚方唇，平折沿，斜弧腹，平底。内壁施绿釉，口沿及内底饰黄绿相间的草叶纹，外壁无釉露胎，腹部有轮制痕迹。口径28.8、足径19.4、通高6.4厘米（图一一一，1）。

2. 器盖

1件。手制，泥质红陶。

标本东T3③：81，完整。子母口，盖沿略平，盖面斜弧，正中有一圆形钮。盖径8.1、钮径5.5～5.7、通高3.8～4.7厘米（图一一一，2）。

（二）建筑构件

1. 勾头

7件。模制，夹砂灰陶。

标本东T1③：59，圆形当面完整，当缘微有损伤。当面模印浮雕折枝牡丹，花朵丰硕，花叶肥大，一花多叶，外绕一周凸棱纹。瓦身外壁素面，中间有帽钉孔，内壁饰较细的麻布纹。当径17、当缘宽1.2、厚1.8～4、通长39.6、宽20.2、厚2.4、帽钉孔口长2.8、宽2.6、舌长6.2、厚1.2～1.4厘米（图一一一，4）。

标本东T2③：12，圆形当面完整。当面模印浮雕折枝莲，花茎上方饰一盛开状莲花，两侧饰对称叶纹。瓦身残。当径16.5、当缘宽1.5、厚1.8～4.3厘米（图一一一，3；彩版一五，1）。

标本东T3③：29，圆形当面完整。当面模印浮雕折枝牡丹，中间饰一盛开状牡丹，清晰饱满，花瓣外翻，四周花叶缠绕，外绕一周凸棱纹。瓦身残，外壁素面，内壁饰较细的麻布纹。当径15.9、当缘宽1.4、厚1.4～4.4、瓦身残长19、宽16.8、厚1.8～2.4厘米（图一一二，1）。

标本东T3③：68，圆形当面残。当面模印浮雕并蒂折枝花，花叶纤细，外绕半周凸棱纹。瓦身残。当径14.2、当缘宽1.6、厚1.5～4厘米（图一一二，5）。

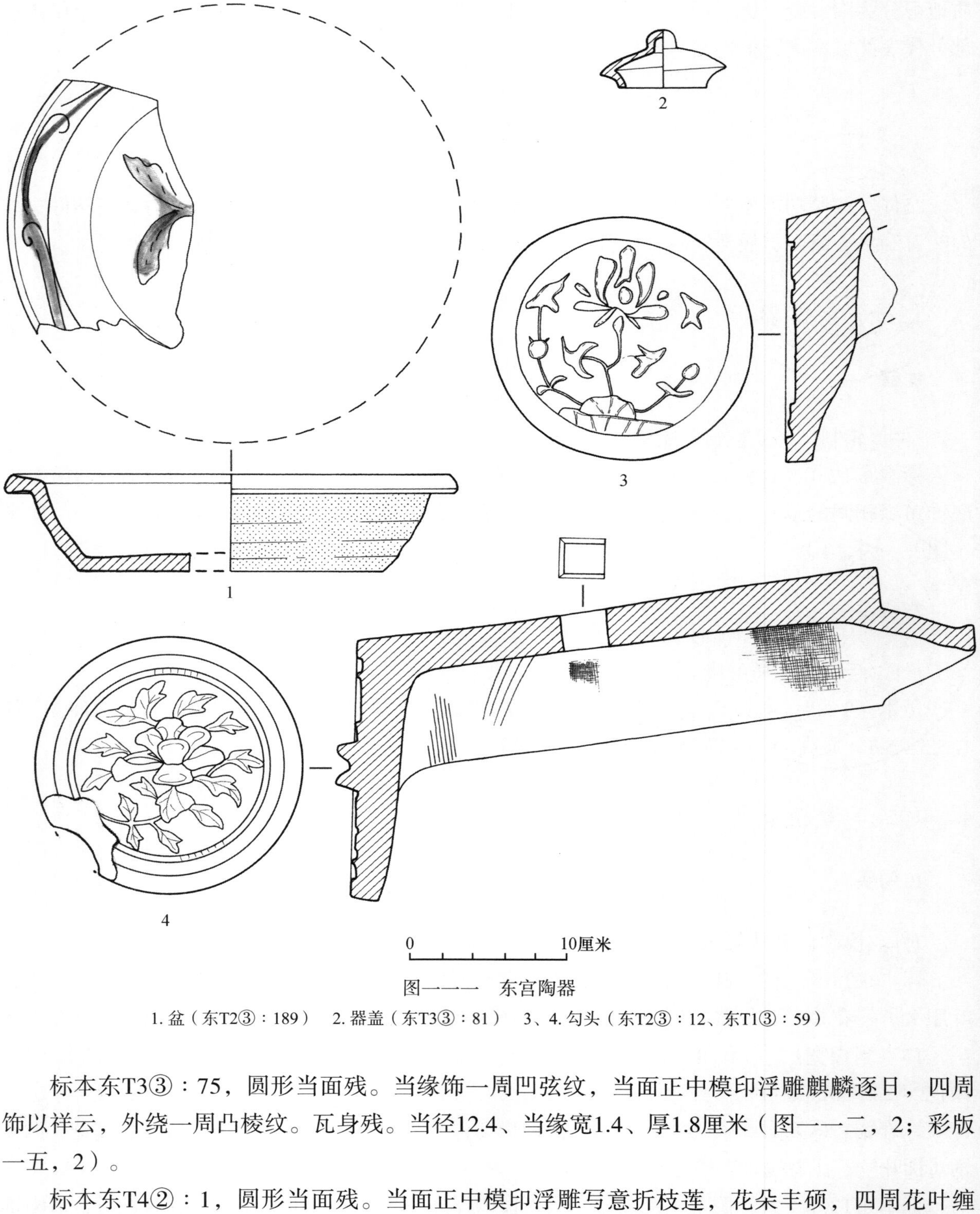

图一一一　东宫陶器

1. 盆（东T2③：189）　2. 器盖（东T3③：81）　3、4. 勾头（东T2③：12、东T1③：59）

标本东T3③：75，圆形当面残。当缘饰一周凹弦纹，当面正中模印浮雕麒麟逐日，四周饰以祥云，外绕一周凸棱纹。瓦身残。当径12.4、当缘宽1.4、厚1.8厘米（图一一二，2；彩版一五，2）。

标本东T4②：1，圆形当面残。当面正中模印浮雕写意折枝莲，花朵丰硕，四周花叶缠绕。瓦身残，外壁素面，内壁饰较细的麻布纹。当径16.8、当缘宽1.1、厚2.2～3.9、瓦身残长10.2、厚2厘米（图一一二，3）。

标本东T4③：1，圆形当面残。当缘饰一周凹弦纹，当面正中模印浮雕写意虺龙纹，四周饰以祥云。当径10.6、当缘宽1.3、厚1.4厘米（图一一二，4）。

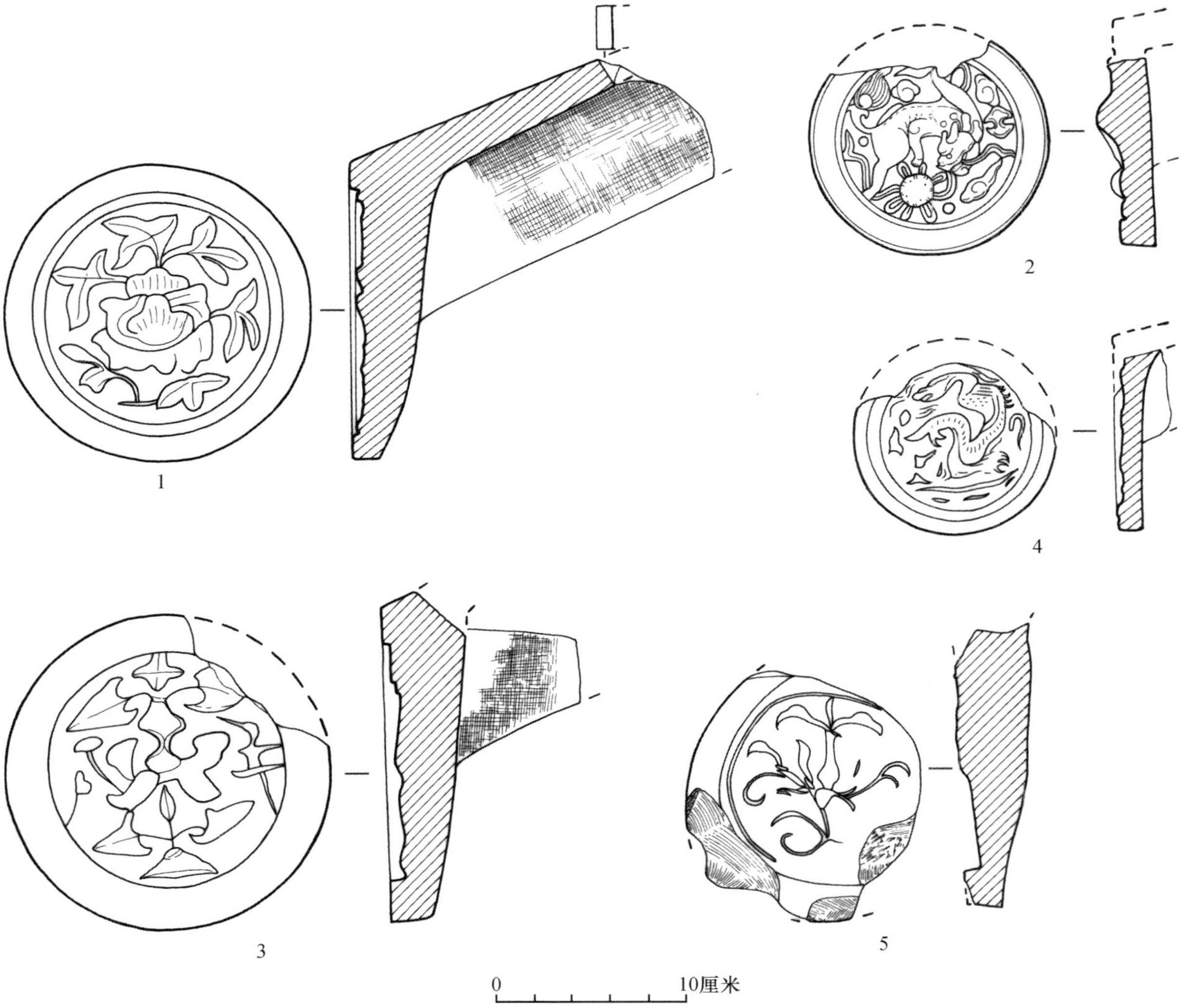

图一一二　东宫陶勾头

1. 东T3③：29　2. 东T3③：75　3. 东T4②：1　4. 东T4③：1　5. 东T3③：68

2. 滴水

2件。模制，夹砂灰陶。

标本东T3③：33，残。平面呈如意云头状，上边沿为凹弧形，两侧缘五曲后汇成尖头。表面模印浮雕侧视折枝牡丹，花茎上方为盛开状牡丹花，花叶瘦长，一花两叶，呈卷云状向两边伸展，外绕一周如意凸棱纹。瓦身残。滴水高15.8、宽26.8、厚2～4.2、瓦身残长12.2、厚2.4厘米（图一一三，2）。

标本东T3③：57，滴水侧缘残。平面呈如意云头状，上边沿为凹弧形，两侧缘三曲后汇成尖头。表面浮雕折枝牡丹，花瓣丰硕，一花二枝叶，枝叶左右对称向上延展，外绕二周如意形凸棱纹。瓦身残，外壁素面，内壁饰细密的麻布纹。滴水残高20.6、宽29.2、厚1.6～5、瓦身残长15、厚2.4厘米（图一一三，1；彩版一五，3）。

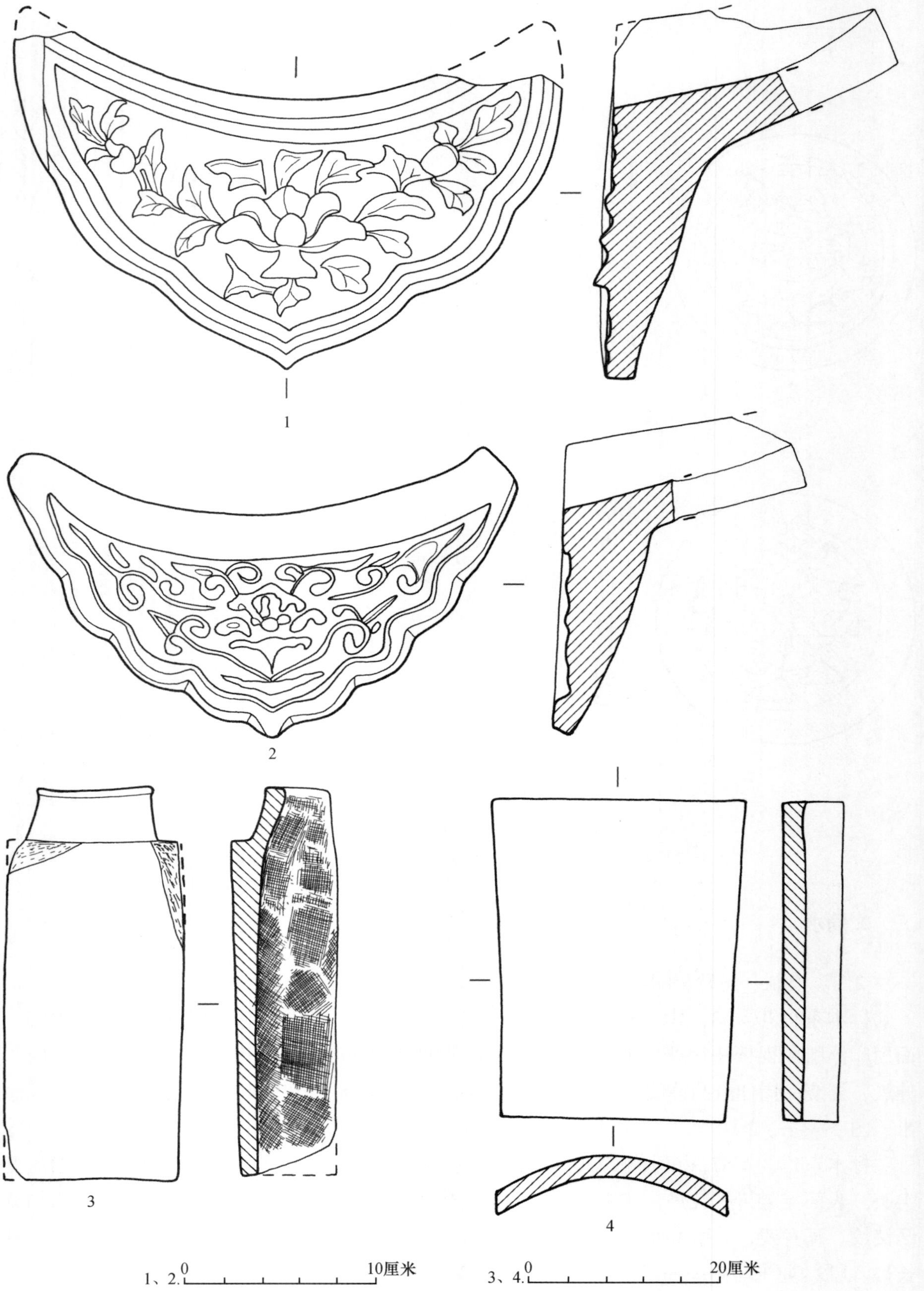

图一一三　东宫陶器

1、2. 滴水（东T3③：57、东T3③：33）　3. 筒瓦（东T3③：35）　4. 板瓦（东T4③：46）

3. 筒瓦

1件。模制，夹砂灰陶。

标本东T3③：35，残。瓦身平面呈长方形，横断面呈弧形。瓦身内壁布满细密的布纹，表面见指压抹痕。瓦舌口唇两边各削一刀，恰似伸出的舌头。瓦身长36.4、宽19.2、厚2.4～4、舌长5.8、厚2～2.4厘米（图一一三，3；图版二二，3）。

4. 板瓦

1件。模制，夹砂灰陶。

标本东T4③：46，完整。平面呈梯形，横断面呈弧形。内壁饰细布纹。长35.2、大头宽26.8、小头宽23.6、厚2～2.4厘米（图一一三，4；图版二二，4）。

5. 花纹砖

3件。模制，夹砂灰陶。

标本东T3③：27，完整。平面呈长方形。正面浮雕类似“∽”形卷草纹，背面为素面。长23.6、宽11.6、厚4.5厘米（图一一四，1）。

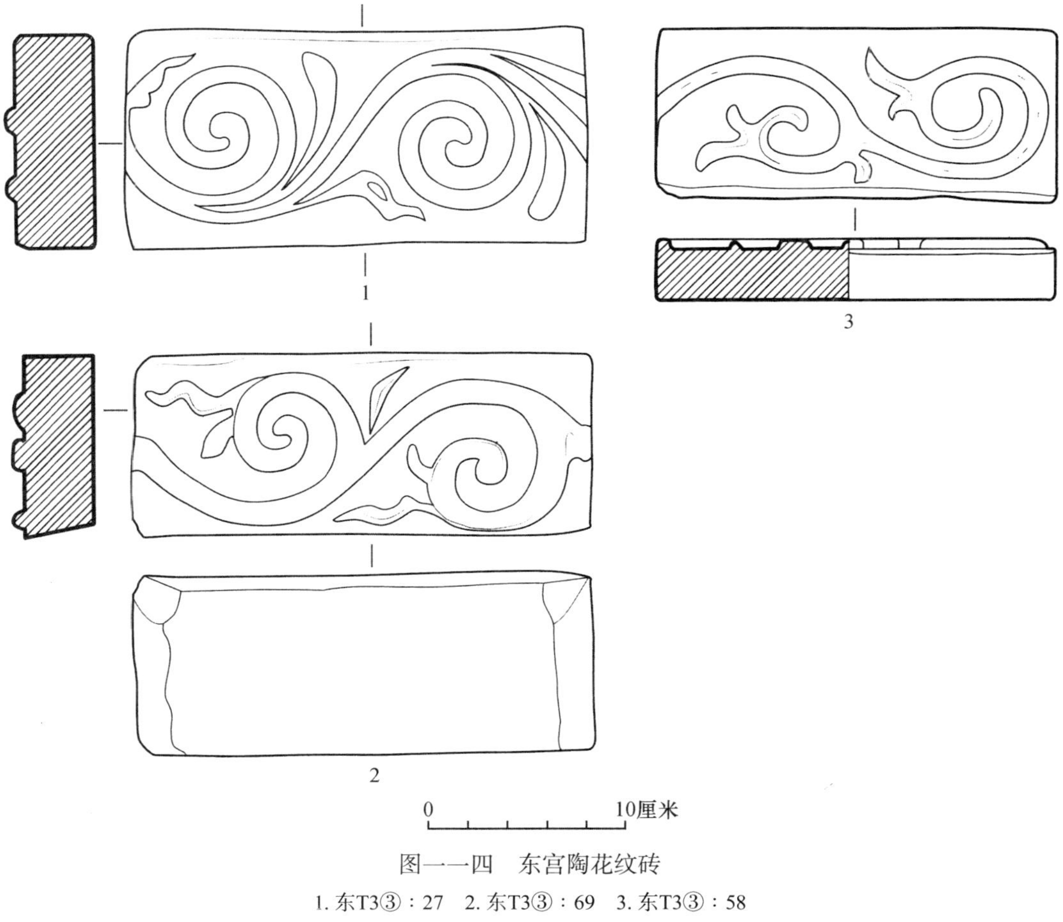

图一一四 东宫陶花纹砖

1. 东T3③：27 2. 东T3③：69 3. 东T3③：58

标本东T3③：58，完整。平面呈长方形。正面浮雕类似“∽”形卷草纹，背面为素面。长20、宽9.2、厚2.8厘米（图一一四，3）。

标本东T3③：69，完整。平面呈长方形，三面经过削切。正面浮雕类似“∽”形卷草纹，背面为素面。长23.8、宽10.2、厚4.4厘米（图一一四，2）。

6. 走兽

3件。摸制，夹砂灰陶。

标本东T3③：79，残。仙人毁，仅剩座下神兽。神兽背上装鞍，身上绕有缰绳，鞍下对称分布一着甲手臂，底座下有一中空制胎。长26.4、残高22.3、宽10.9厘米，中空制胎尺寸为9.8厘米×4厘米×6厘米（图一一五，1；图版二二，1）。

标本东T3③：80，残。仙人毁，仅剩座下神兽，驼峰状。背上鞍损毁，身上绕有缰绳，表面戳刻有波浪形纹饰。长15、宽11.6、残高15.2厘米（图一一五，2；图版二二，2）。

标本东T2③：99，尾部略残。龙形。额部靠前有一近椭圆形衔接兽角的孔洞，双耳压于浮雕长卷眉下，眼圆睁，鼻朝天。嘴部微张，颌下三缕长卷须。颈后浮雕兽毛向尾部后上方呈波浪形舒展，尾残，通体饰鱼鳞纹，腿部紧贴身体两侧，浮雕四爪从肋下伸出，底座下有一中空制胎。长28.3、宽10、高18.5厘米，中空制胎尺寸为8厘米×5厘米×4厘米（图一一五，3；彩版一五，4）。

7. 脊兽

2件。模制，夹砂灰陶。

标本东T3③：12，残。头顶部有一对圆形衔接兽角的洞，双耳压于浮雕长眉下，双眼鼓出，鼻孔朝天。嘴部微张，露出上下门齿，颌下一缕长卷须。颈后浮雕兽毛向后上方舒展，身体可见部分饰鱼鳞纹，腿部紧贴身体两侧探出兽爪，兽爪残损。残长42.6、宽17.8、高41.8厘米（图一一六，1）。

标本东T4③：45，完整。头顶部靠前有一对圆形衔接兽角的洞，双耳压于浮雕长眉下，双眼鼓出，鼻孔朝天，嘴部闭合，颌下一缕卷须。颈后浮雕兽毛向尾部后上方舒展，全身饰鱼鳞纹，腿部紧贴身体两侧，四爪从肋下向后伸出，兽爪清晰。尾部呈波浪形，尾部上有一榫眼，底座下一处制胎中空。长48.6、宽13.8、高46.6、卯口直径3.3、深4厘米，中空制胎尺寸为16厘米×8厘米×9厘米（图一一六，2）。

8. 兽首

1件。模制，夹砂灰陶。

标本东T3③：7，残。顶部有一类似“ꟹ”孔洞，兽眼凸圆，双耳压于浮雕长眉下，鼻孔朝天，嘴部微张，正面露出上门齿，靠近下颚处有2颗獠牙左右对称分布。残长20.4、宽14.2、高14厘米（图一一七，1）。

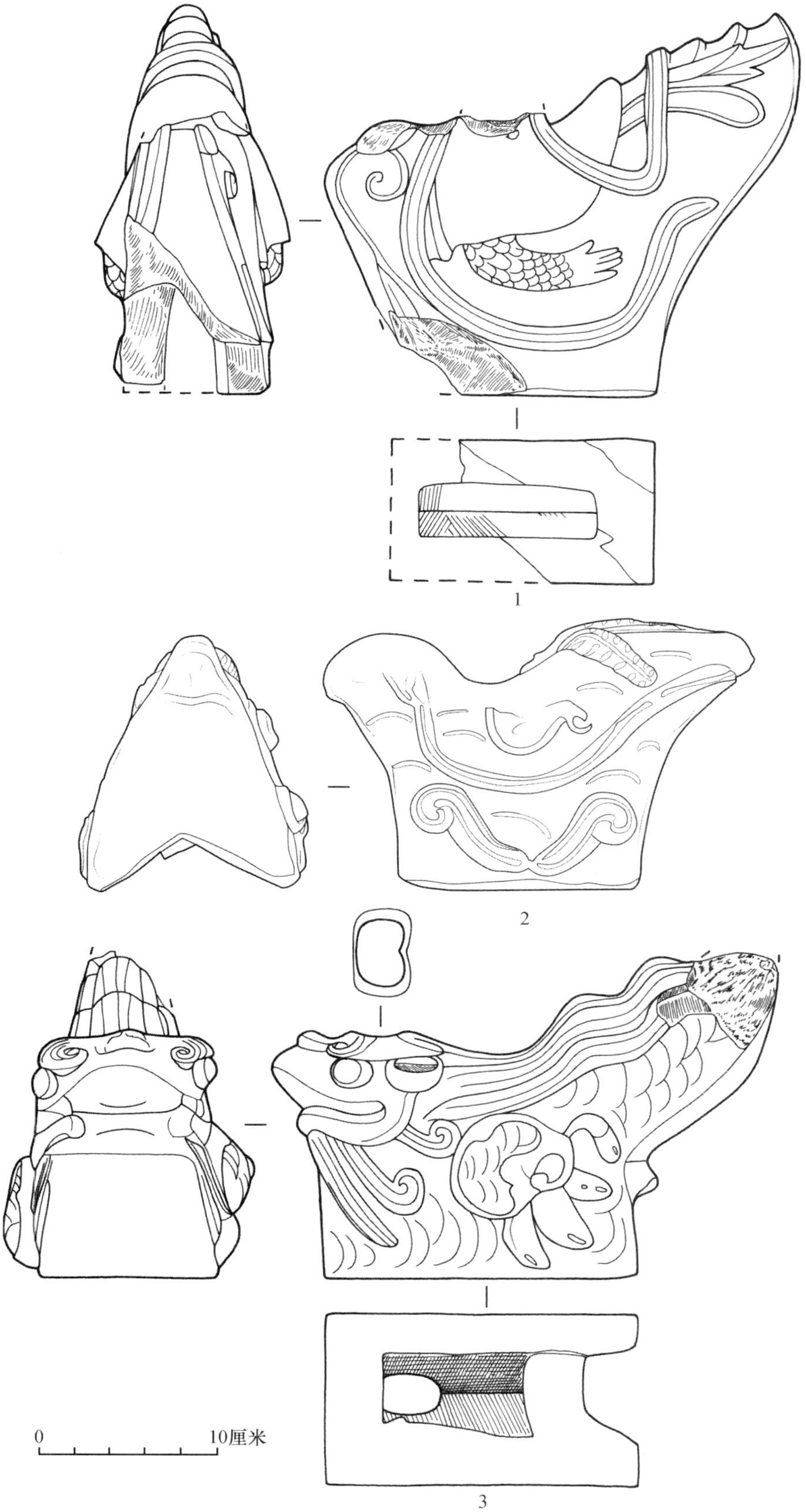

图一一五　东宫陶走兽

1. 东T3③：79　2. 东T3③：80　3. 东T2③：99

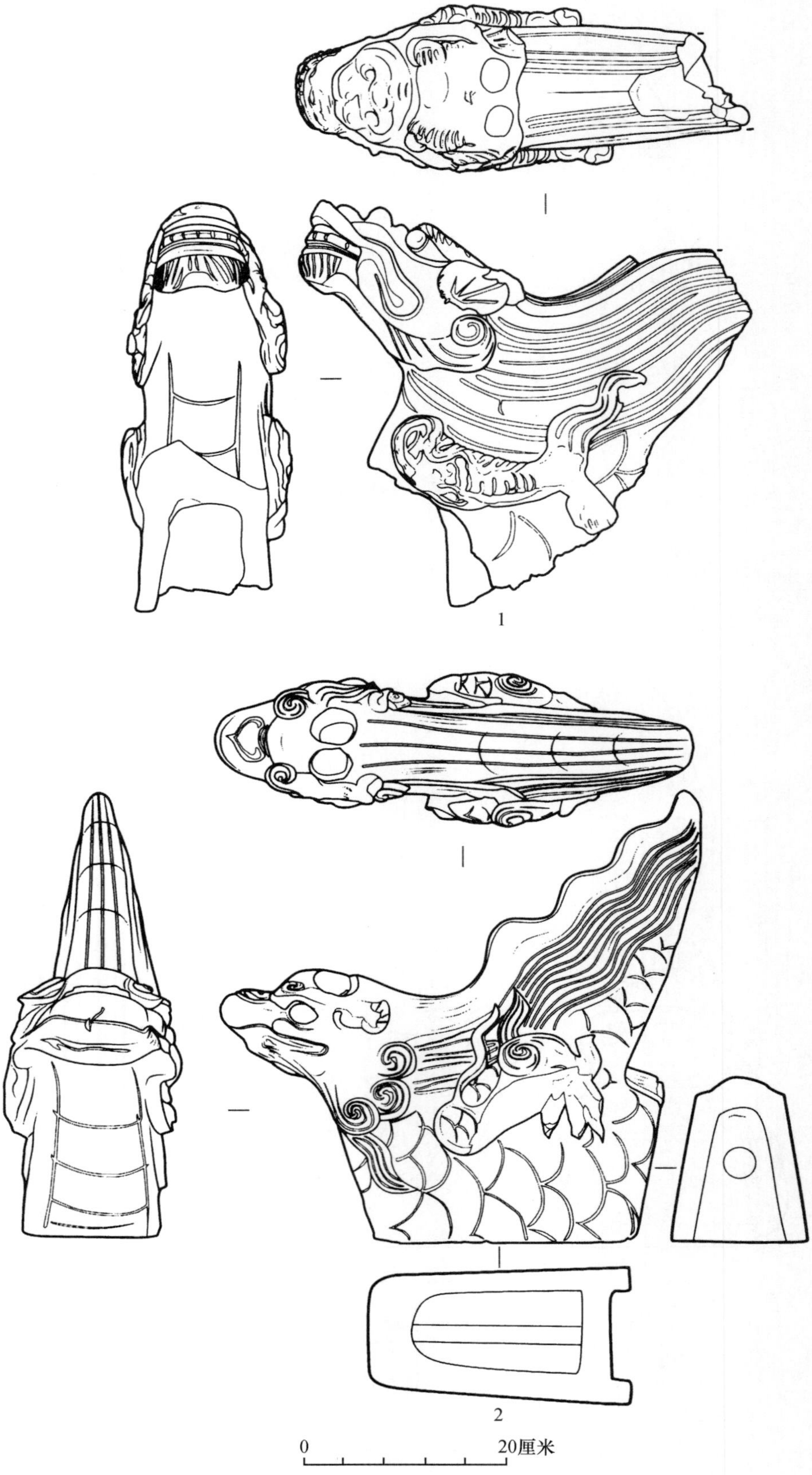

图一一六　东宫陶脊兽

1. 东T3③：12　2. 东T4③：45

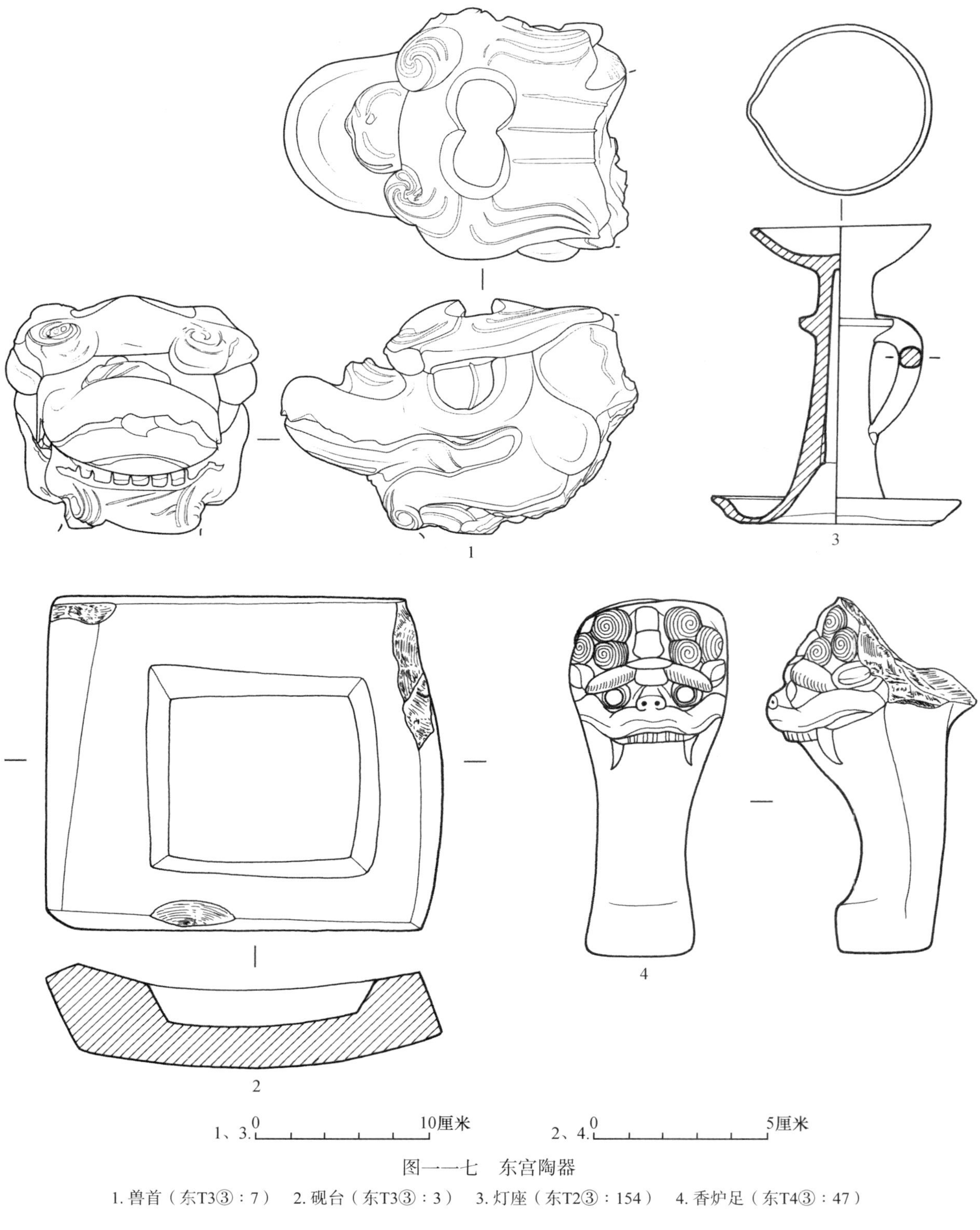

图一一七　东宫陶器

1. 兽首（东T3③：7）　2. 砚台（东T3③：3）　3. 灯座（东T2③：154）　4. 香炉足（东T4④：47）

（三）其他

1. 灯座

1件。手制，泥质灰陶。

标本东T2③：154，完整。圆盘，敞口，斜方唇，口部有一短流，斜弧腹，小平底。高柄足，中部一周凸棱，单执耳，平底盘，沿外翻。素面。口径10.5、底径11、通高17.6～18厘米（图一一七，3；彩版一五，5）。

2. 砚台

1件。手制，夹砂灰陶。

标本东T3③：3，残。平面呈长方形，断面呈弧形，为废弃的板瓦制成。砚池近正方形。长11.4、宽9.9、高3厘米，砚池口部尺寸为13厘米×11.6厘米，底部尺寸为10.4厘米×9厘米，深1～1.5厘米（图一一七，2）。

3. 香炉足

1件。模制，泥质黑皮陶。

标本东T4③：47，残。蹄形，兽面，双目圆睁，浮雕长条形鼻，拱嘴，口部左右各露一颗獠牙，双目以上对称浮雕长眉，眉上浮雕3组对称卷云状毛发。残高10.6厘米（图一一七，4）。

二、瓷　　器

104件。按照功能主要分为两大类：一类为生活器皿，如碗、杯、盘、碟；一类为其他，如碑等。

（一）生活器皿

102件。器类有碗、杯、盘、碟等，皆为轮制。

1. 碗

46件。

标本东TG1①：4（T2东隔梁内），残。白胎，透明釉微泛青，光泽感强，青花呈色蓝中泛黑。平底，圈足近直壁。内底饰简笔举螯螃蟹，圈足外壁饰两周弦纹，外底书变体款“”，外绕青花双圈，晕散。足径7.2、残高2.3厘米（图一一八，1；图版二六，1）。

标本东T1③：20，修复。灰白胎，透明釉微泛青灰，釉面有少许黑色杂质，青花呈色蓝中泛深黑。敞口微侈，尖唇，斜直腹，平底，圈足内收，足根外缘斜削一周，无釉露胎，圈足内

图一一八 东宫瓷碗

1. 东TG1①：4（T2东隔梁内） 2. 东T1③：22 3. 东T1③：28 4. 东T1③：20 5. 东T1③：56

壁部分失釉，腹外壁及圈足外壁可见少许棕眼。口沿内壁饰两周弦纹，弦纹至口沿处饰有半椭圆形点状纹，内底残，可见菊瓣及草叶纹，下腹处绕青花双圈，口沿外壁饰两周弦纹，腹外壁满饰缠枝菊纹及草叶纹，晕散，外底饰两周粗弦纹。复原口径12.6、足径6.4、通高7.3厘米（图一一八，4；图版二六，2）。

标本东T1③：22，修复。白胎，绿釉，釉汁洁净、厚润透明，内壁月白色，外壁青绿色。敞口，圆唇，斜弧腹，平底，圈足内收，足根外缘斜削一周，无釉露胎，圈足内壁部分失釉。素面。复原口径15、足径5、通高6.3厘米（图一一八，2；彩版一八，1）。

标本东T1③：28，修复。灰白胎，芒口，白釉，釉泛黄灰，施釉不均匀，较粗糙，沿下有流釉现象，外壁满布棕眼。敞口，斜方唇，斜弧腹，内底平，外底中心有乳突，圈足内收，足根内外缘斜削一周，无釉露胎。素面。复原口径14.6、足径7、通高5.7厘米（图一一八，3）。

标本东T1③：29，修复。灰胎，青釉，釉泛豆绿色，施釉不均匀，较粗糙，釉面可见开片和气孔，外壁下腹部有棕眼。敞口，尖圆唇，斜弧腹，内底凹，外底凸，圈足内收，足根内外缘斜削一周，窄尖状，与圈足内壁及外底皆无釉露胎，外底可见辐射状跳刀痕。素面。复原口径13.4、足径6.2、通高5厘米（图一一九，1）。

标本东T1③：56，残。白胎，透明釉微泛青，光泽感强，青花呈色蓝艳。平底，圈足近直壁，足胎宽厚，足根内缘斜削成倾斜状，与圈足内壁及外底皆无釉露胎。内底行楷书“永乐年制”四字，外绕一周松叶纹，圈足外壁饰两周弦纹。足径8、残高1.7厘米（图一一八，5）。

标本东T1③：61，修复。灰白胎，透明釉微泛青，釉面可见零星气孔，青花呈色蓝艳。敞口，尖唇，斜直腹，平底，圈足内收，足根外缘斜削一周，窄尖状，与圈足内壁及外底皆无釉露胎。口沿内壁饰一周弦纹，内底饰团螭纹，下腹近底处绕青花双圈，口沿外壁饰两周弦纹，腹外壁饰写意螭龙纹。复原口径12.6、足径4.8、通高5.8厘米（图一一九，4）。

标本东T1③：72，修复。灰白胎，透明釉微泛青，光泽感强，釉面可见零星气孔，青花呈色蓝中泛浅灰。敞口，圆唇，弧腹，平底，圈足近直壁，足根外缘斜削一周，无釉露胎。口沿内壁饰两周弦纹，下腹近底处绕青花双圈，口沿外壁饰两周弦纹，腹壁饰水波、束连纹，圈足外壁饰两周粗弦纹。复原口径14.8、足径6.8、通高8厘米（图一二〇，1）。

标本东T1③：89，修复。灰白胎，透明釉微泛青灰，施釉不均匀，局部有开片，青花呈色蓝艳。撇口，尖唇，平折沿，斜直腹，下腹略垂，平底，圈足内收，足根外缘斜削一周，呈橘红色（火石红），圈足内壁部分失釉，圈足与外底交接处棕眼密布，外底可见辐射状跳刀痕。内底饰莱菔纹，腹外壁饰四组对称的莱菔纹。复原口径14.8、足径5.4、通高6.4厘米（图一一九，3；图版二六，3、4）。

标本东T1③：91，残。白胎，透明釉微泛青，青花呈色蓝中泛浅黑。弧腹，平底，圈足近直壁，挖足过肩，足根无釉露胎。内底饰写意双鸟栖枝纹，下腹绕青花双圈，外腹壁纹饰残，圈足与外底交接处及圈足外壁分饰一上两下三周弦纹，外底饰双鱼纹，外绕青花双圈。足径7.6、残高4.8厘米（图一一九，2；图版二六，5）。

标本东T1③：92，残。白胎，透明釉微泛青，青花呈色蓝中泛浅黑。弧腹，平底，圈足近直壁，挖足较深，足根无釉露胎。内底饰团菊纹，外绕青花双圈，圈足与外底交界处饰一周变

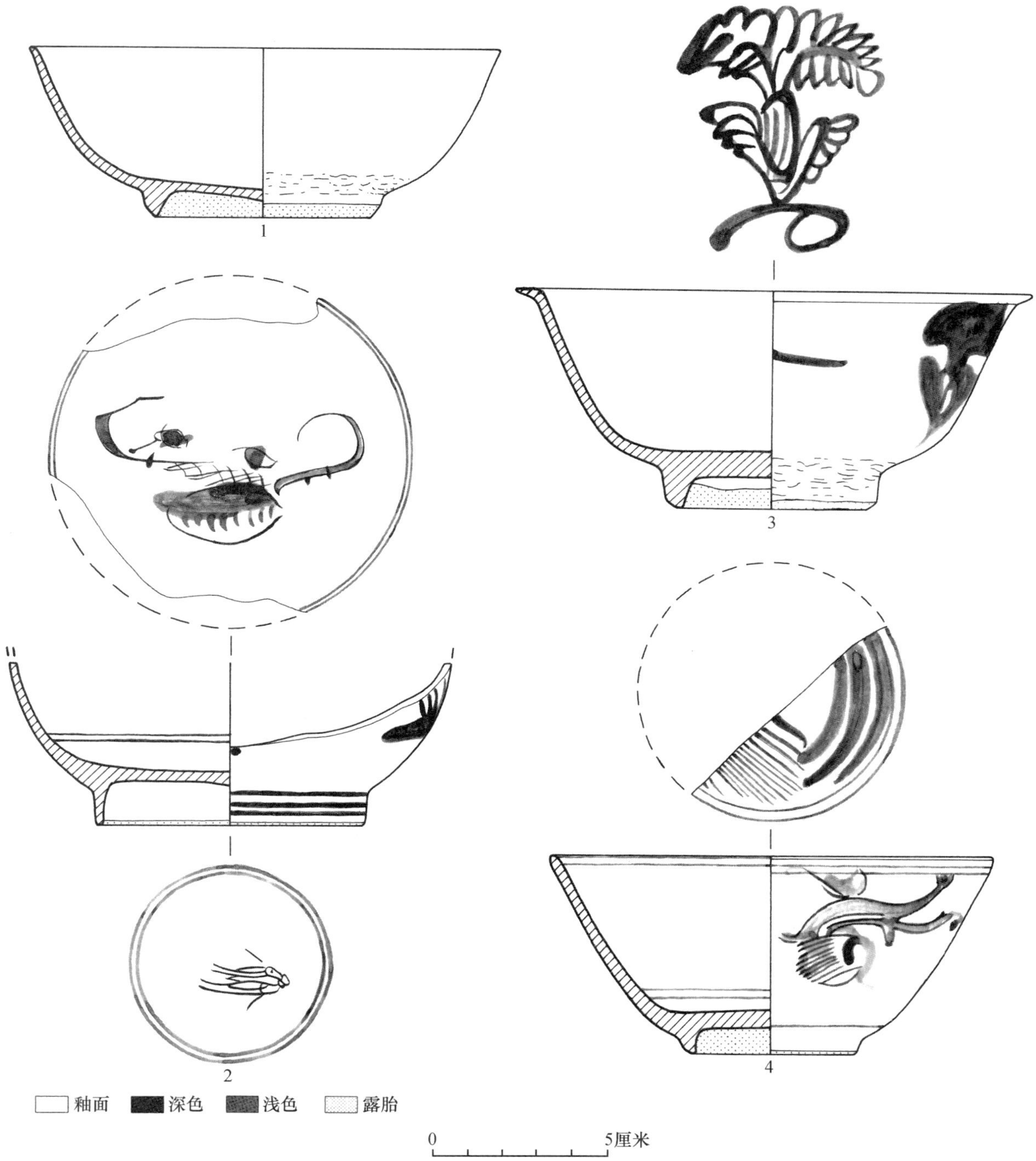

图一一九 东宫瓷碗

1. 东T1③：29 2. 东T1③：91 3. 东T1③：89 4. 东T1③：61

形仰莲纹，圈足外壁饰一周粗弦纹。足径7.5、残高3.6厘米（图一二〇，3）。

标本东T2③：7，修复。灰白胎，透明釉微泛灰，釉层薄而清透，杂有少量黑色杂质，青花呈色蓝艳。撇口，尖唇，沿微折，斜直腹，内底圜，外底中心有乳突，圈足内收，足根内外缘斜削一周，窄尖状，与圈足内壁及外底皆无釉露胎。口沿内壁饰一上两下三周弦纹，内填饰

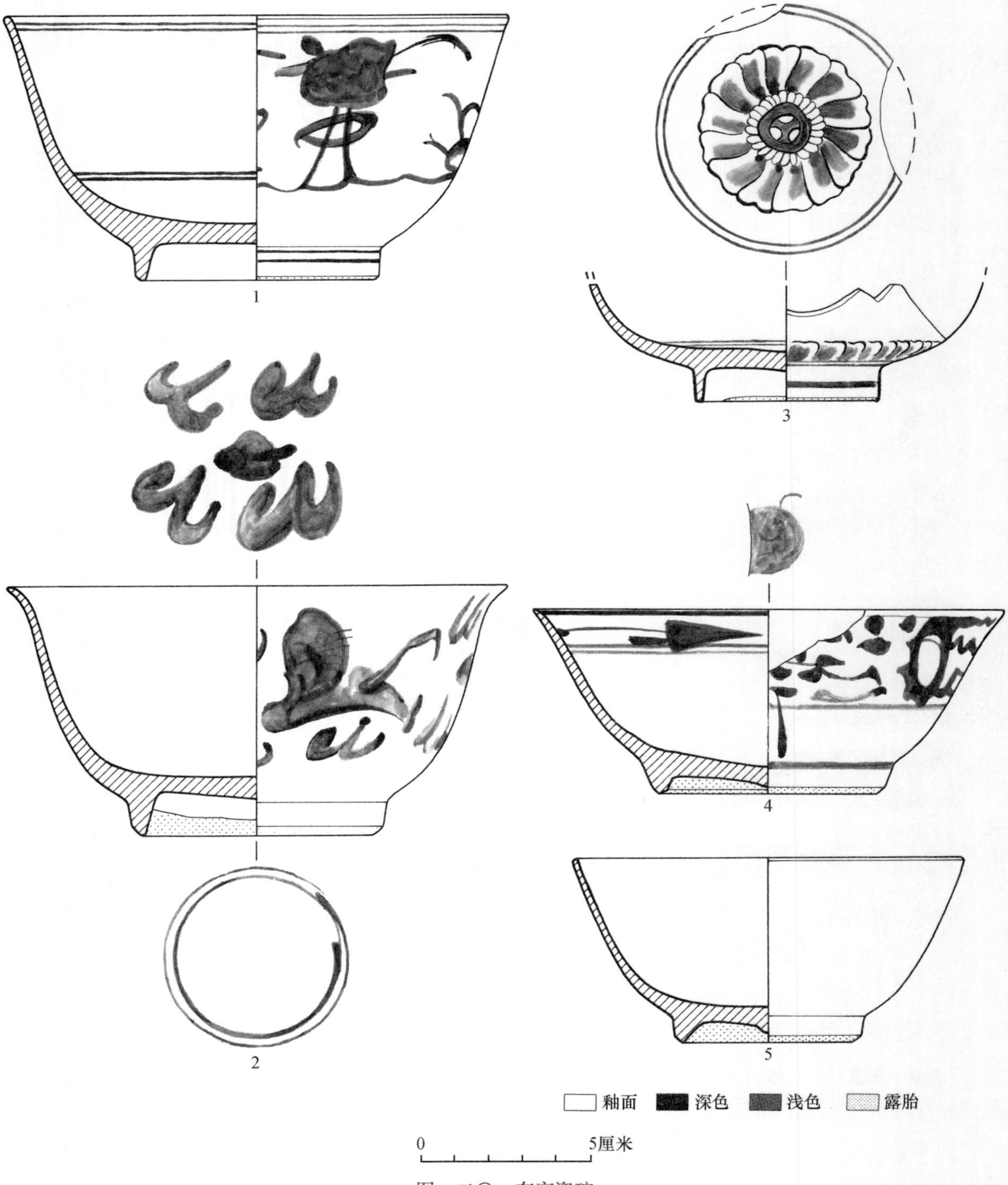

图一二〇　东宫瓷碗

1. 东T1③：72　2. 东T2③：15　3. 东T1③：92　4. 东T2③：7　5. 东T2③：13

一周三角形草叶纹，内底饰一果实，口沿外壁与腹部分饰一周弦纹，其间填饰草叶纹，条状流散，圈足与外底交接处饰一周粗弦纹。复原口径13.8、足径6.4、通高5.6厘米（图一二〇，4；图版二六，6）。

标本东T2③：13，修复。灰白胎，透明釉微泛青。敞口，斜方唇，弧腹，内底平，外底心有一乳突，圈足微内收，足根外缘斜削一周，与圈足内壁及外底皆无釉露胎。素面。复原口径12.6、足径4.9、通高5.6厘米（图一二〇，5；图版二七，1）。

标本东T2③：15，修复。灰白胎，透明釉微泛青，青花呈色蓝中泛浅灰。撇口，尖唇，弧腹，下腹微垂，平底，圈足内收，足根外缘斜削一周，呈橘红色（火石红），内壁部分失釉。内底饰一周四组山字形火纹环绕写意太阳，腹外壁饰一周四组山字形火纹间以瑞兽纹，外底绕青花双圈，晕散。复原口径14.9、足径6.7、通高7.6厘米（图一二〇，2；图版二七，3、4）。

标本东T2③：20，修复。灰白胎，透明釉微泛青，光泽感强，内壁釉面多气孔，青花呈色蓝艳。敞口，方唇，弧腹，下腹微垂，平底，高圈足近直壁，挖足过肩，足根无釉露胎。口沿内壁饰两周弦纹，内底饰杂宝纹，口沿外壁及圈足与外底交接处分饰两上一下三周弦纹，腹外壁填饰水波、束莲、杂宝等纹饰，圈足外壁饰两周弦纹，外底饰双鱼纹，外绕青花双圈。复原口径14.8、足径6.1、通高7.4厘米（图一二一，3；图版二七，2）。

标本东T2③：49，修复。灰白胎，透明釉微泛黄灰。敞口，斜方唇，斜弧腹，平底，圈足内收，圈足外壁沾满炉渣，足根外缘斜削一周，与圈足内壁及外底皆无釉露胎。素面。复原口径15、足径6.6、通高5.8厘米（图一二一，2）。

标本东T2③：52，修复。灰白胎，透明釉微泛青灰，釉面含有较多黑斑，青花呈色蓝中泛浅灰。侈口，尖唇，折腹，平底，圈足近直壁，挖足较深，足根内外缘斜削一周，无釉露胎。口沿内壁及折腹处分饰一上两下三周弦纹，其间填饰兰草纹，内底纹饰残，外绕青花双圈，口沿外壁及折腹处分饰一上两下三周弦纹，上腹纹饰残，下腹壁饰水草纹。复原口径19.9、足径6.6、通高5.7厘米（图一二二，1）。

标本东T2③：61，修复。白胎，酱口，透明釉微泛青，夹有少许杂质，青花呈色蓝中泛黑。撇口，圆唇，沿微折，弧腹，平底，圈足近直壁，足根外缘斜削一周，无釉露胎，圈足内壁部分失釉。口沿内壁饰两周弦纹，内底纹饰残，下腹处绕青花双圈，口沿外壁饰两周弦纹，腹外壁饰团花、束莲纹，圈足外壁饰两周弦纹。复原口径14.8、足径6.4、通高7.6厘米（图一二一，4）。

标本东T2③：68，修复。灰白胎，透明釉微泛青，青花呈色蓝中泛浅灰。敞口，斜方唇，斜弧腹，平底，圈足近直壁，足根外缘斜削一周，与圈足内壁及外底皆无釉露胎。口沿内壁饰一周弦纹，内底折枝花叶，口沿外壁及圈足与外底交接处分饰两上一下三周弦纹，腹外壁饰一周折枝花纹。复原口径12.6、足径5.2、通高5.9厘米（图一二二，3）。

标本东T2③：81，修复。白胎，透明釉微泛青，青花呈色蓝中泛浅黑。敞口，方唇，斜直腹，下腹微垂，平底，高圈足近直壁，挖足过肩。口沿内壁饰两周弦纹，内底纹饰残，下腹近底处绕青花双圈，口沿外壁及圈足与外底交接处分饰两上一下三周弦纹，外腹壁填饰两排写意骏马图，圈足外壁饰两周弦纹，外底绕青花双圈。复原口径14.4、足径6.8、通高8厘米（图一二二，2）。

标本东T2③：109，修复。白胎，透明釉微泛青，光泽感强，青花呈色蓝中泛浅灰。撇口，圆唇，弧腹，下腹微垂，平底，圈足近直壁，挖足较深，足根外缘斜削一周，无釉露胎，

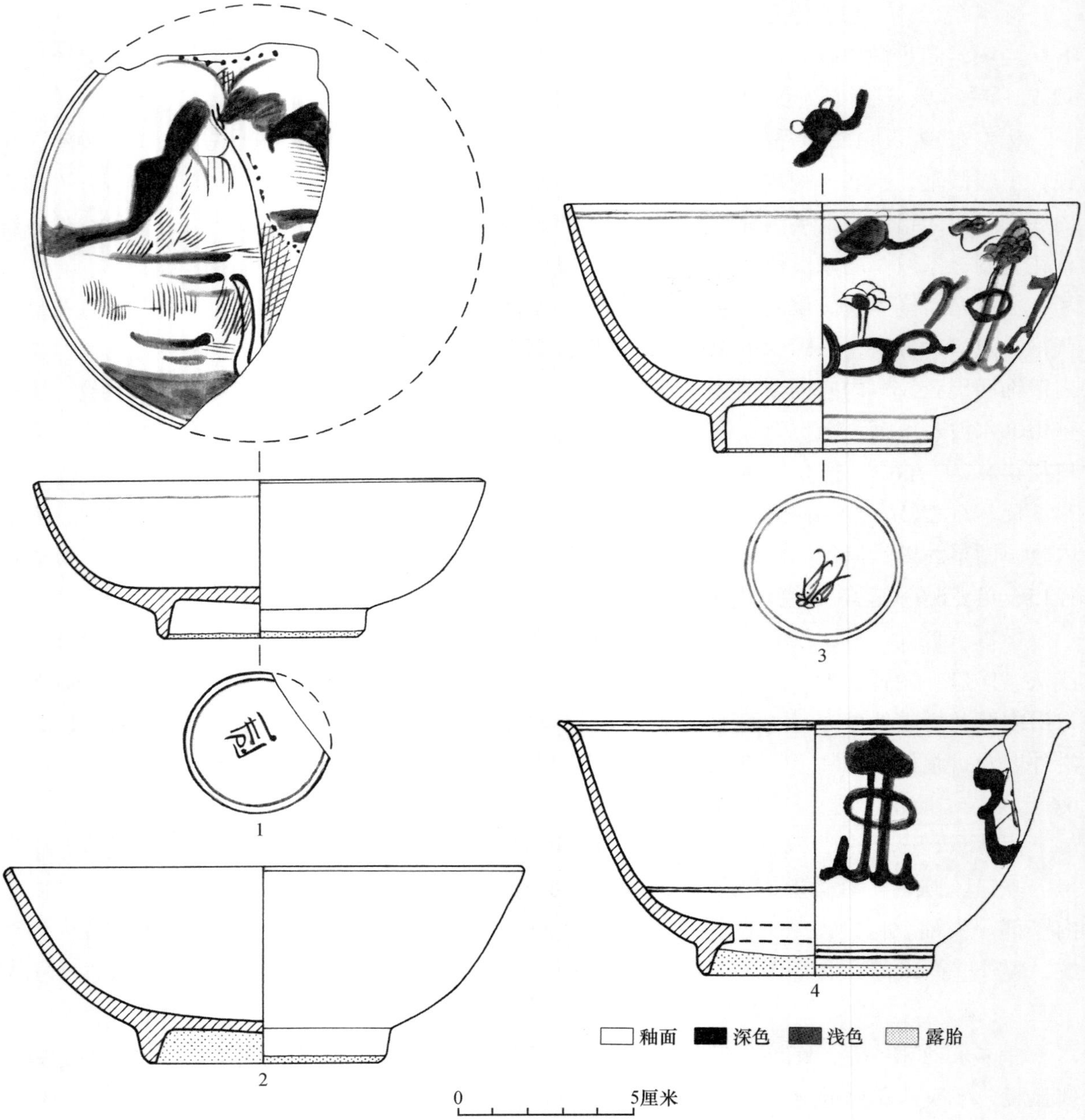

图一二一　东宫瓷碗
1. 东T2③：119　2. 东T2③：49　3. 东T2③：20　4. 东T2③：61

圈足内壁部分失釉、粘沙。口沿内壁饰一上两下三周弦纹，内填饰椭圆形点状与长条形带状纹，内底饰菊瓣及草叶纹，外绕青花双圈，口沿外壁饰两周弦纹，腹外壁饰一周折枝菊与草叶纹，圈足外壁饰一周间断弦纹，外底隶书“美玉王珍”四字，外绕青花双圈。复原口径12.4、足径5.6、通高7厘米（图一二二，4；图版二七，5、6）。

标本东T2③：119，修复。灰白胎，透明釉微泛青，青花呈色蓝中泛黑。敞口，斜方唇，斜弧腹，平底，圈足近直壁，挖足过肩，足根内外缘斜削一周，窄尖状，无釉露胎。口沿内壁饰一周弦纹，腹壁及内底满饰山水树木，外底书变体款“[illegible]”，外绕青花双圈。复原口径13、

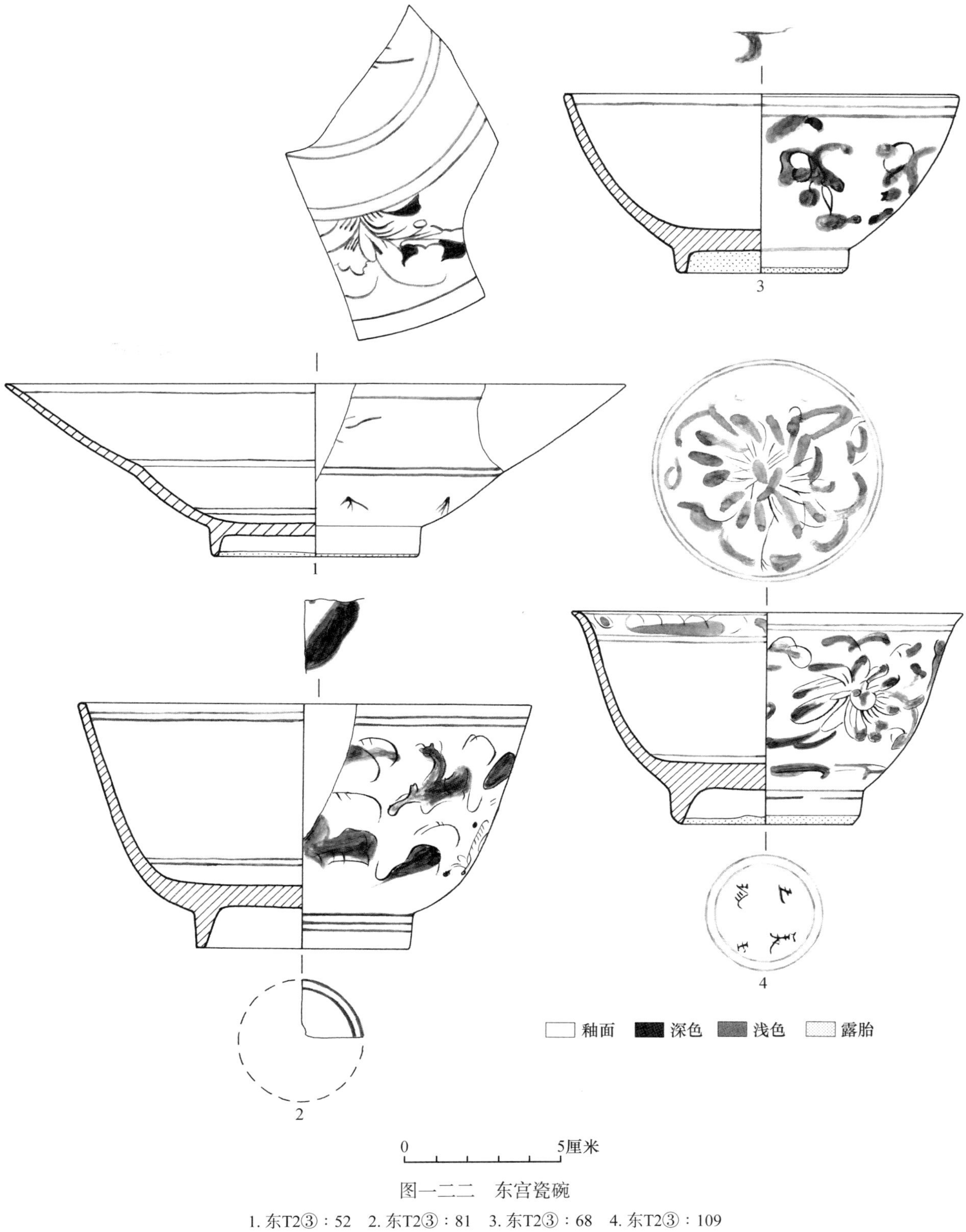

1　2　3　4

0　5厘米

图一二二　东宫瓷碗

1. 东T2③：52　2. 东T2③：81　3. 东T2③：68　4. 东T2③：109

足径5.6、通高4.8厘米（图一二一，1；图版二八，1、2）。

标本东T2③：133，修复。灰白胎，透明釉微泛青，青花呈色蓝艳。敞口，圆唇，斜弧腹，内底圜，外底微鼓，圈足外撇，足根内外缘斜削一周，无釉露胎。口沿内壁分饰一上两下三周弦纹，中间填饰一周椭圆形点状纹，内腹壁分两层，上层饰绞丝纹，下层饰竖线纹，内底饰变形花叶纹，口沿外壁及上腹饰竖线波折纹及如意云头纹，外底及圈足外壁饰一周变形仰莲纹。复原口径15.2、足径7、通高7.6厘米（图一二三，1；图版二八，3）。

标本东T2③：135，修复。白胎，透明釉微泛青，青花呈色蓝艳。敞口，方唇，弧腹，平底，高圈足近直壁，挖足过肩，足根无釉露胎。口沿内壁饰两周弦纹，内底饰折枝花，下腹近

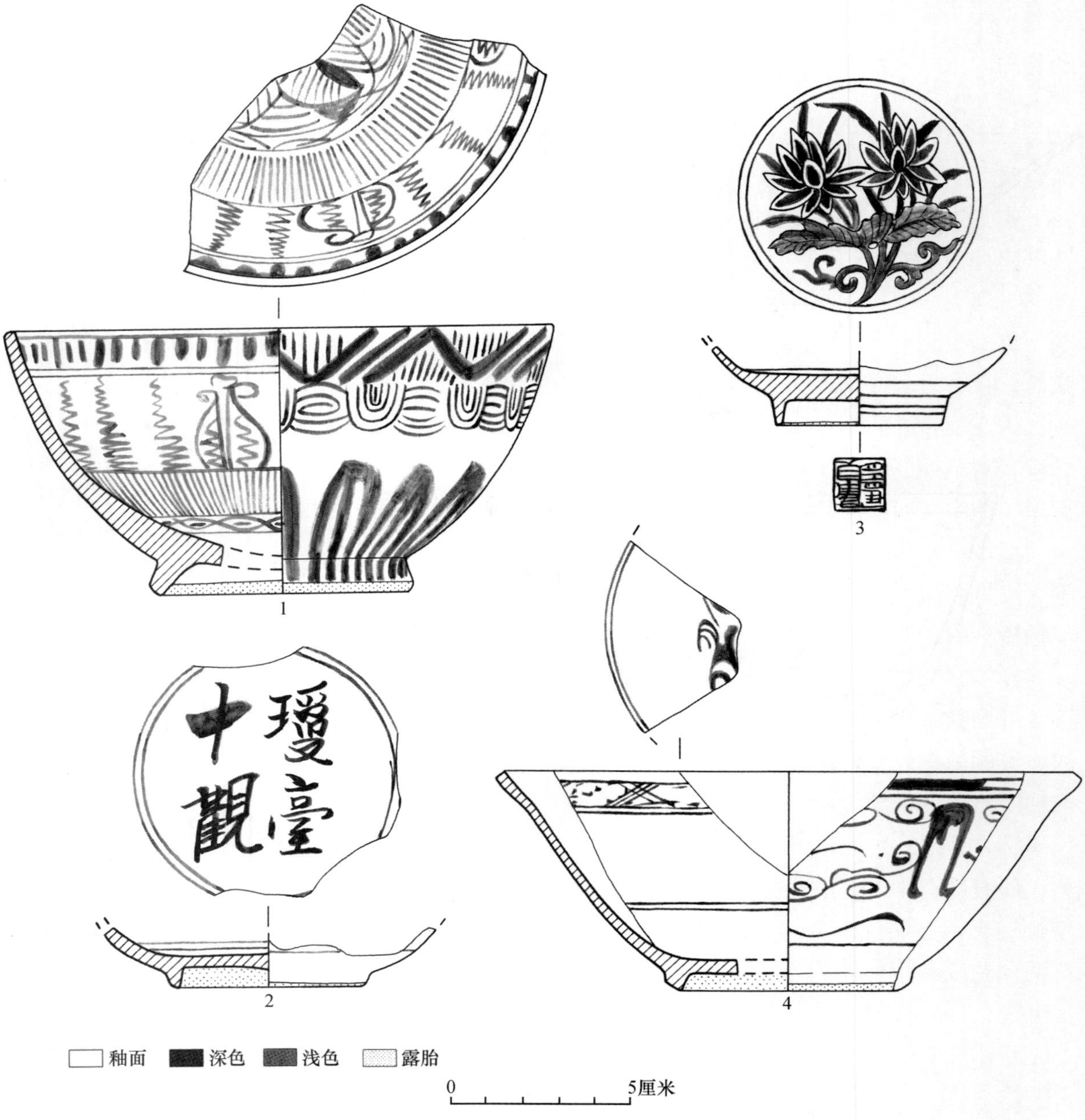

图一二三　东宫瓷碗

1. 东T2③：133　2. 东T2③：185　3. 东T2③：153　4. 东T2③：170

底处绕青花双圈，口沿外壁饰两周弦纹，腹外壁饰凤栖梧桐，圈足外壁饰一周宽带纹，外底书变体款“”，外绕青花双圈。复原口径15.8、足径7.8、通高8.3厘米（图一二四，1；彩版一八，2）。

标本东T2③：153，残。白胎，透明釉微泛青，青花呈色蓝艳。平底，圈足内收，足根内缘斜削一周，无釉露胎。内底饰折枝并蒂莲纹，外绕青花双圈，外腹壁饰一周弦纹，圈足与外底交接处及圈足外壁分饰一上两下三周弦纹，外底书变体款“”，可辨识为“富贵佳器”四字。足径4.6、残高2.2厘米（图一二三，3；图版二八，4）。

标本东T2③：163，白胎，透明釉微泛青，青花呈色蓝中泛深黑。敞口，圆唇，斜弧腹，平底，圈足微外撇，挖足过肩，足根内外缘斜削一周，无釉露胎。口沿内壁饰一周弦纹，内底及腹壁满饰禽戏纹，外底书变体款“”，外绕青花双圈。复原口径12.6、足径5.6、通高4.8厘米（图一二八，1）。

标本东T2③：170，修复。灰白胎，透明釉微泛青，青花呈色蓝中泛灰黑。撇口，方唇，斜直腹，平底，矮圈足外撇，足根外缘斜削一周，与圈足内壁及外底皆无釉露胎。口沿内壁饰一上两下三周弦纹，其间填饰菱形锦纹及细草叶纹，内底纹饰残，下腹绕青花双圈，口沿外壁及下腹处分饰两上一下三周弦纹，腹外壁填饰卷云纹与杂宝纹。复原口径16.2、足径6.1、通高6.2厘米（图一二三，4）。

标本东T2③：181，修复。白胎，透明釉微泛蓝青，青花呈色蓝中泛灰黑。敞口，圆唇，弧腹，平底，圈足近直壁，挖足较深，足根内外缘斜削一周，无釉露胎。口沿内壁饰两周弦纹，内底饰竹叶，口沿外壁及圈足与外壁交接处分饰两上一下三周弦纹，腹外壁填饰牡丹、竹叶纹，圈足外壁饰两周弦纹，外底饰双鱼纹，外绕青花双圈。复原口径25.3、足径7.1、通高8.2厘米（图一二四，2；彩版一八，3、4）。

标本东T2③：185，残。灰白胎，透明釉微泛青，光泽感强，青花呈色蓝中泛灰黑。内底平，外底微鼓，矮圈足内收，足根外缘斜削一周，与圈足内壁及外底皆无釉露胎，内底行书“瑷臺中觀”四字，外绕青花双圈。足径5.2、残高1.6厘米（图一二三，2；图版二八，5）。

标本东T2③：201，灰白胎，透明釉泛青灰，青料蓝中泛黑。敞口，圆唇，斜直腹，内底圜，外底鼓，圈足内收，足根内外缘斜削一周，无釉露胎，沾沙。口沿内壁饰一上两下三周弦纹，其间填饰碎草叶纹，内底及下腹壁饰团菊，外绕青花双圈。复原口径14.6、足径6.7、通高4.2厘米（图一二九，4；图版二八，6）。

标本东T2③：202，灰白胎，透明釉微泛青，釉面有开片，青料蓝中泛浅灰。敞口，尖唇，斜直腹，平底，圈足近直壁，足根外缘斜削一周，无釉露胎，圈足内壁部分失釉。口沿内壁饰一上两下共三周弦纹，内填饰散草叶纹，内底饰写意山水，下腹绕青花双圈，口沿外壁饰两周弦纹，腹外壁饰写意山水。复原口径14.6、足径6.6、通高7.5厘米（图一二五，1；图版二九，1、2）。

标本东T2③：226，白胎，透明釉微泛青，光泽感强，青花呈色蓝中泛浅灰。侈口，尖唇，内弧腹，内底平，外底中心有一乳突，圈足近直壁，挖足较深，足根外缘斜削一周，无釉露胎。口沿内壁饰一上两下三周弦纹，内填饰草叶纹，并渲染一周宽带纹，内底饰一只简笔大

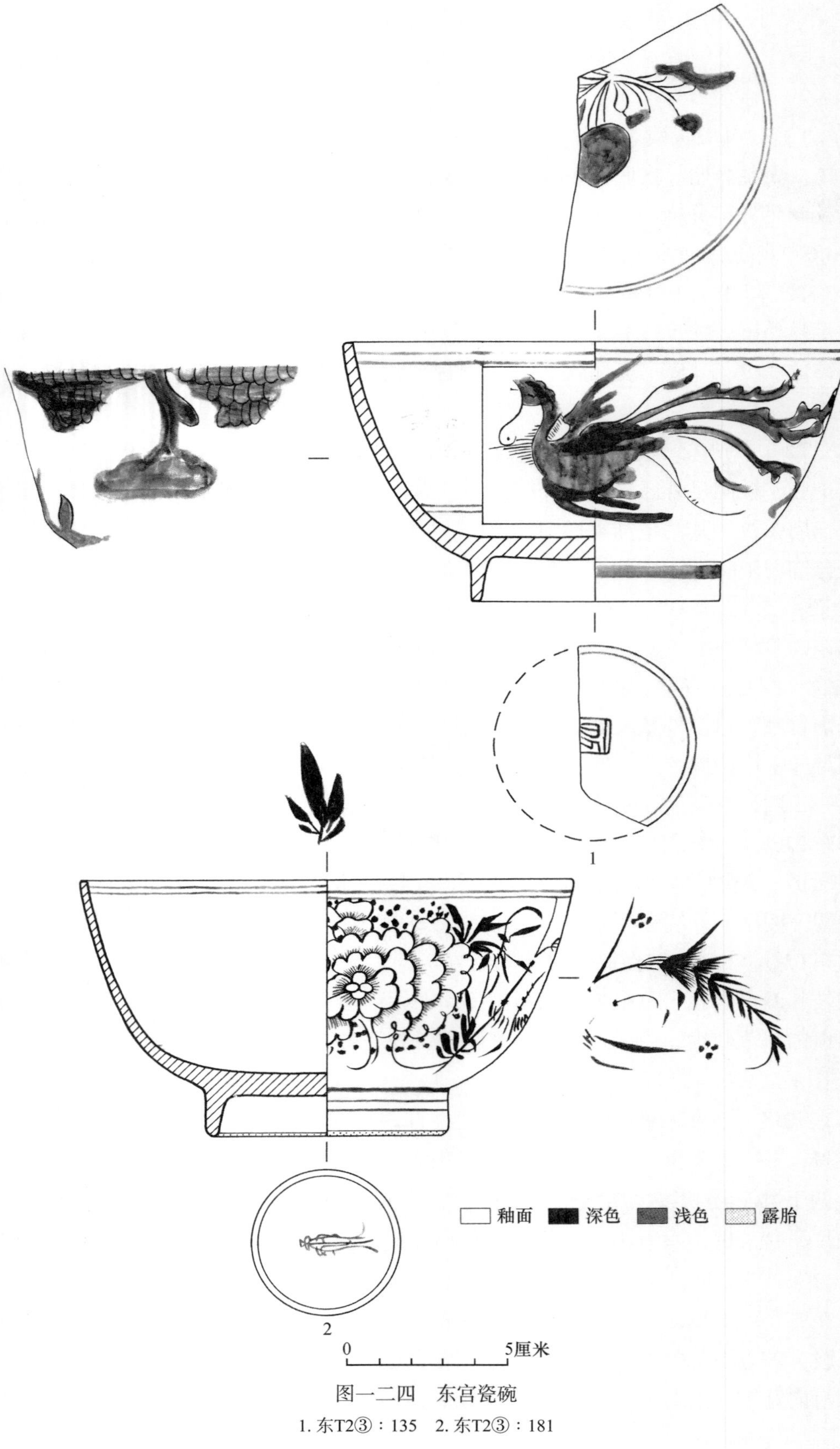

图一二四　东宫瓷碗

1. 东T2③：135　2. 东T2③：181

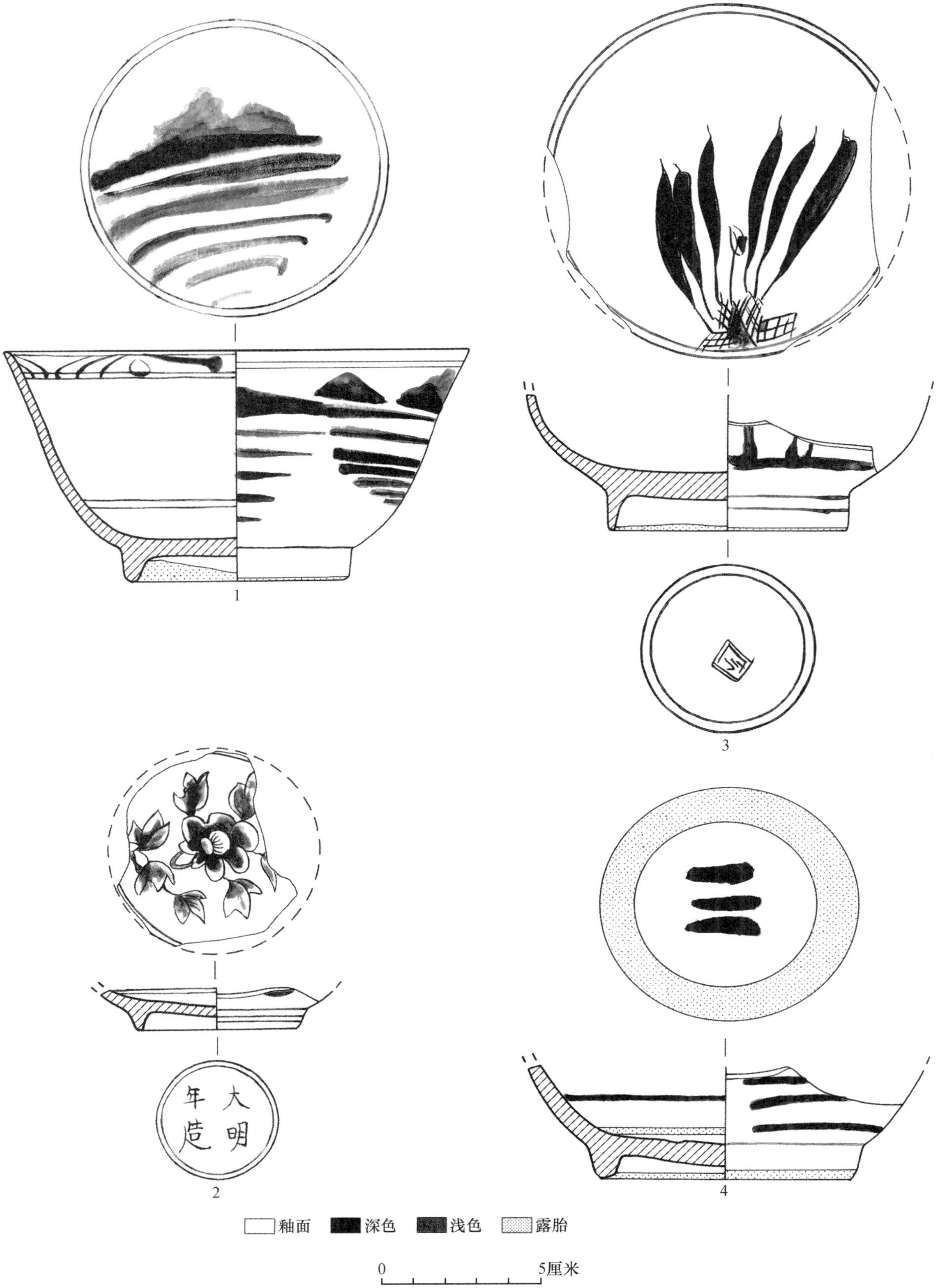

图一二五　东宫瓷碗

1. 东T2③：202　2. 东T2③：257　3. 东T2③：256　4. 东T2③：258

虾，外绕青花双圈，口沿外壁及圈足与外底交接处分饰两上一下三周弦纹，腹外壁填饰龟、鱼、水藻纹，圈足外壁饰一周弦纹，外底书变体款“ ”，外绕青花双圈。复原口径16.6、足径6.8、通高8.5厘米（图一二六，1；彩版一九）。

标本东T2③：256，残。白胎，透明釉微泛青，青花呈色蓝中泛紫黑。弧腹，平底，圈足近直壁，挖足较深，足根斜削一周，无釉露胎，圈足内壁部分失釉。内底饰兰草纹，外绕青花双圈，外壁纹饰残，圈足与外底交接处及圈足外壁分饰一周弦纹，外底书变体款“ ”，外绕

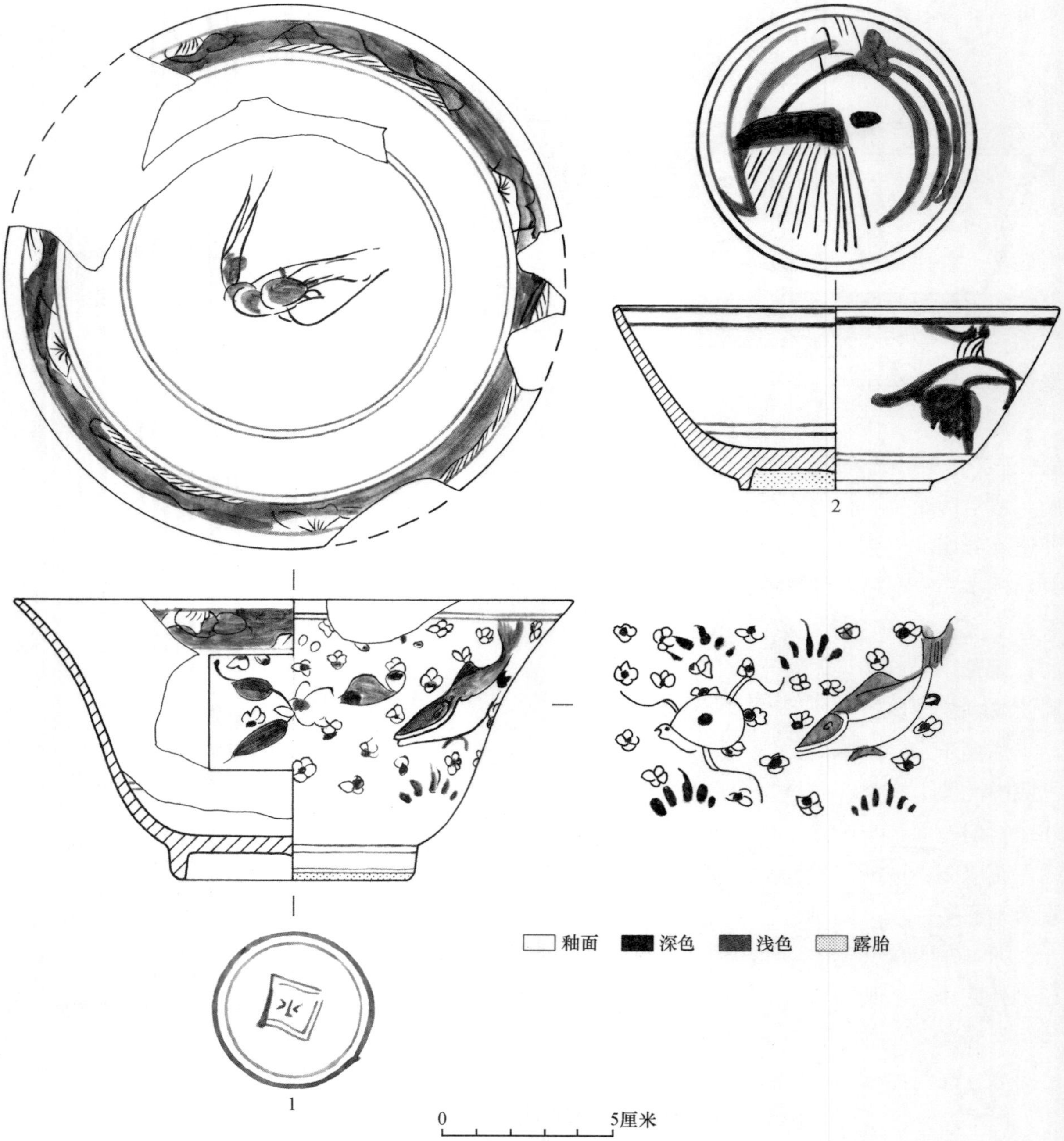

图一二六　东宫瓷碗

1. 东T2③：226　2. 东T4③：32

青花双圈。足径7.4、残高4.4厘米（图一二五，3）。

标本东T2③：257，残。白胎，透明釉微泛青，青花呈色蓝中泛浅灰。内底略凹，外底微凸，圈足内收，足根无釉露胎。内底饰折枝花，外绕青花双圈，圈足与外底交接处及圈足外壁分饰一上两下三周弦纹，外底楷书“大明年造”四字，外绕青花双圈。足径5、残高1.3厘米（图一二五，2）。

标本东T2③：258，残。灰白胎，透明釉微泛青，青花呈色蓝中泛黑灰。内底一圈刮釉，内底凹，外底凸，圈足内收，足根内外缘斜削一周，窄尖状，无釉露胎，外底一周辐射状跳刀痕。内底凹处行书“三”字，外壁纹饰残。足径7.8、残高3.6厘米（图一二五，4；图版二九，3）。

标本东T2③：261，残。灰白胎，透明釉微泛青，青花呈色蓝中泛浅黑。弧腹，平底，圈足内收，足根内外缘斜削一周，无釉露胎，圈足内壁部分失釉。内底饰结带绣球纹，下腹近底处绕青花双圈，外壁纹饰残，圈足与外底交接处及圈足外壁分饰一周弦纹。足径6.2、残高5.1厘米（图一二七，1；图版二九，4）。

标本东T3②：2，修复。灰白胎，透明釉微泛蓝灰，青花呈色蓝艳。敞口，尖唇，弧腹，内底平，外底微鼓，圈足近直壁，足根内外缘斜削一周，窄尖状，无釉露胎。口沿内壁饰两周弦纹，下腹及内底处饰玉兔、兰草纹，腹壁处绕青花双圈，口沿外壁及下腹外壁分饰两上一下三周弦纹，腹外壁饰对称的草叶及团花纹，圈足与外底交接处饰一周弦纹，外底饰两周弦纹，晕散。复原口径16.8、足径7、通高8.2厘米（图一二七，3；彩版一八，5、6）。

标本东T3③：22，修复。灰白胎，透明釉微泛青，青花呈色蓝中泛黑灰。敞口，斜方唇，斜弧腹，内底圜，外底平，矮圈足近直壁，足根外缘斜削一周，与圈足内壁及外底皆无釉露胎。口沿内壁饰一周弦纹，内底有款残，仅“”可辨，腹壁绕一周弦纹，口沿外壁及圈足外壁处分饰一周弦纹。复原口径11.8、足径4.8、通高5.4厘米（图一二七，2）。

标本东T3③：36，修复。灰白胎，透明釉微泛青灰，青花呈色浅淡。敞口，圆唇，斜弧腹，平底，内底一圈刮釉，内外底中心皆有一乳突，高圈足内收，挖足过肩，足根外缘斜削一周，无釉露胎，圈足内壁部分失釉。内底心饰写意折枝叶纹，腹外壁满饰一周落叶纹，下腹一周弦纹。复原口径15、足径7.4、通高5.8厘米（图一二八，4；图版二九，5、6）。

标本东T4③：3，修复。灰白胎，透明釉微泛青，腹外壁釉面有开片和少许棕眼，青花呈色蓝中泛黑。撇口，尖唇，沿微折，弧腹，下腹微垂，平底，高圈足近直壁，挖足较深，足根外缘斜削一周，与圈足内底及外壁皆无釉露胎。口沿内壁饰一周弦纹，内底草书“福”字，外绕青花双圈，散断，口沿外壁饰一周弦纹，外腹壁饰白菜纹。复原口径9.2、足径3.6、通高5.4厘米（图一二八，2；图版三〇，1、2）。

标本东T4③：10，残。灰白胎，透明釉微泛青，釉面有开片，青花呈色蓝中泛黑。内底平，外底中心有乳突，高柄足足根外撇，足根内外缘斜削一周，与柄足内壁及外底皆无釉露胎。内底饰一隶书“福”字，外绕青花双圈，腹外壁纹饰残，可见下腹近底处饰四周弦纹，柄足两端分饰两周弦纹。残高5.8、足径4.4厘米（图一二八，3；图版三〇，3）。

标本东T4③：13，修复。灰白胎，透明釉微泛青，青花呈色蓝艳。敞口，尖唇，斜弧腹，圜底，圈足内收，足根外缘斜削一周，无釉露胎。口沿内壁饰两周弦纹，腹中部饰一周弦纹，

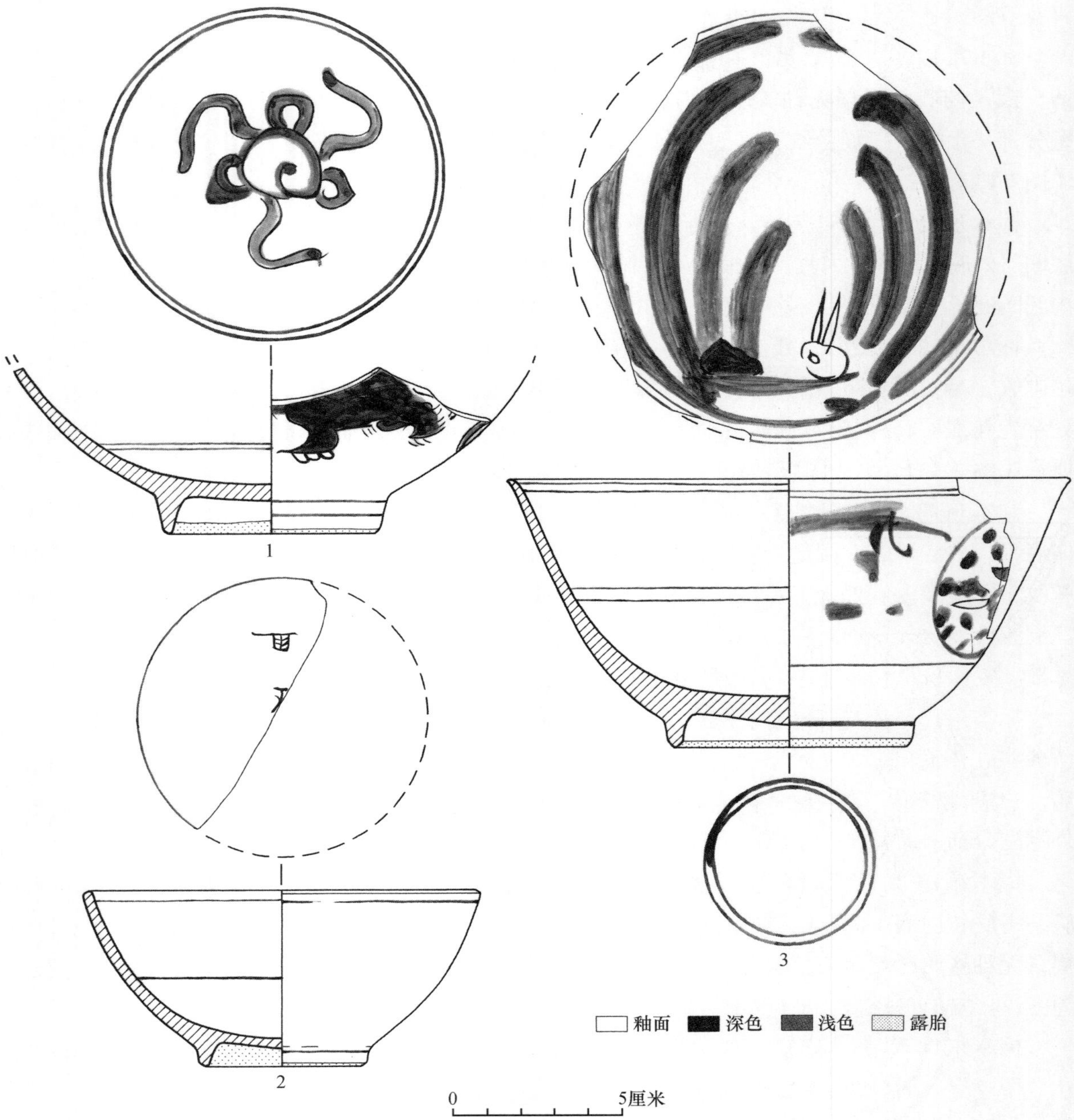

图一二七　东宫瓷碗

1. 东T2③：261　2. 东T3③：22　3. 东T3②：2

内底残，可见蕉叶纹，下腹处绕青花双圈，口沿外壁及圈足与外底交接处分饰两周弦纹，腹外壁填饰缠枝莲，近圈足处饰涡形云纹，圈足外壁饰一周粗弦纹。复原口径15.6、足径5.6、通高5.5厘米（图一二九，1）。

标本东T4③：20，修复。灰白胎，透明釉微泛青，青花呈色蓝中泛浅灰。撇口，圆唇，弧腹，下腹微垂，平底，圈足内收，挖足较深，足根外缘斜削一周，与圈足内壁及外底皆无釉露胎。口沿内壁饰一周弦纹，内底纹饰残，下腹近底处绕青花双圈，口沿外壁及下腹近

图一二八　东宫瓷碗

1. 东T2③：163　2. 东T4③：3　3. 东T4③：10　4. 东T3③：36

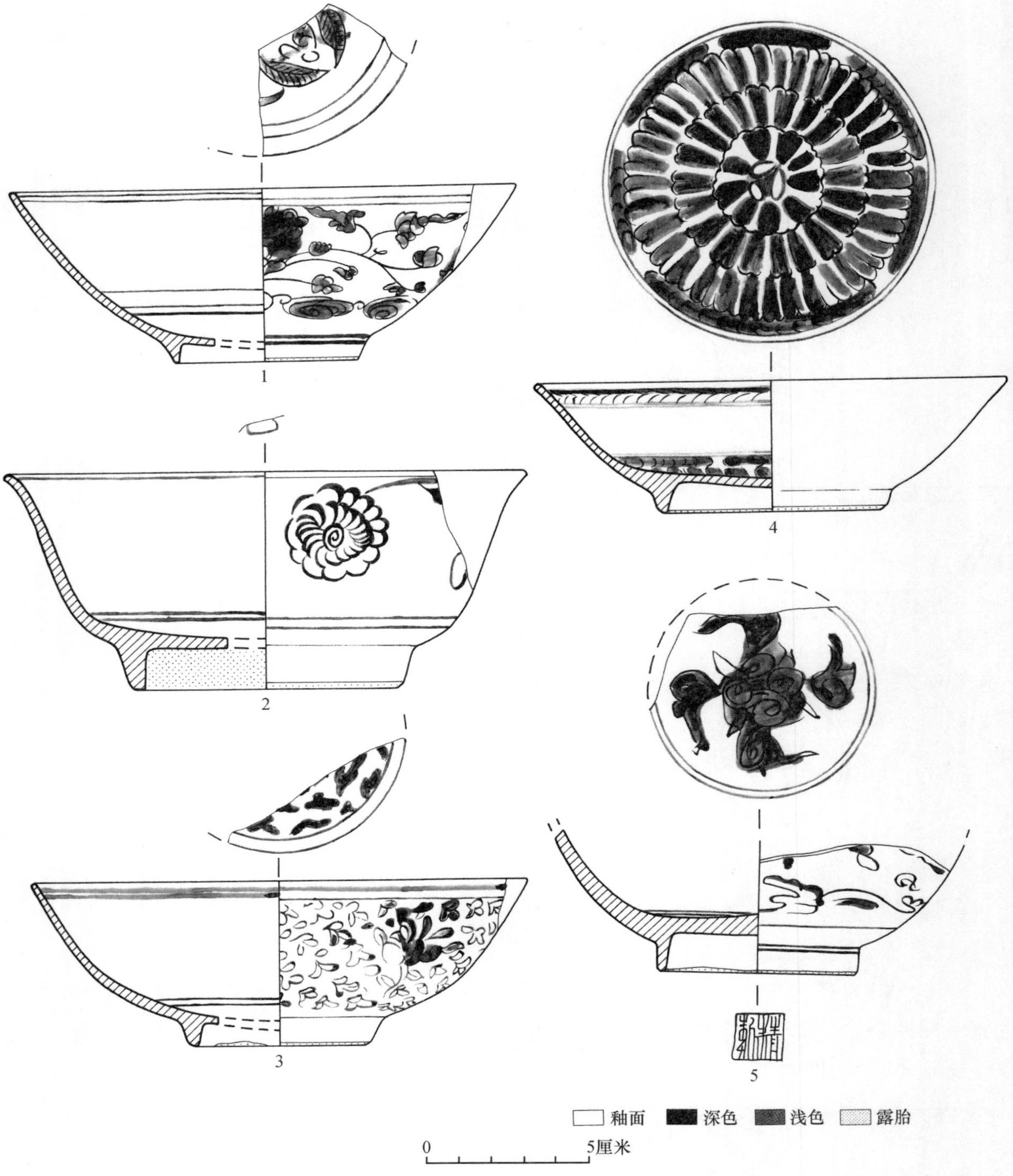

图一二九　东宫瓷碗

1. 东T4③ : 13　2. 东T4③ : 20　3. 东T4③ : 21　4. 东T2③ : 201　5. 东T4③ : 50

底处分饰一上两下三周弦纹，腹外壁填饰折枝菊纹。复原口径16、足径8、通高6.9厘米（图一二九，2）。

标本东T4③ : 21，修复。灰白胎，透明釉微泛青，青料蓝中泛浅灰。敞口，方唇，斜弧腹，圜底，圈足内收，足根外缘斜削一周，无釉露胎。口沿内壁饰两周弦纹，晕散，内底饰填实的细密朵花纹，外绕青花双圈，口沿外壁饰两周弦纹，腹外壁饰勾勒的细密朵花纹及折枝花纹。复原口径15.2、足径5.2、通高5.2厘米（图一二九，3；图版三〇，4）。

标本东T4③：32，修复。灰白胎，透明釉微泛青，青花呈色蓝中泛黑。敞口，斜方唇，斜弧腹，平底，矮圈足内收，挖足过肩，足端粘沙，圈足内壁及外底露胎。口沿内壁饰两周弦纹，内底饰团螭纹，外绕青花双圈，外壁沿下及下腹近底处分饰两周弦纹，腹壁中间绘制潦草的简笔螭龙纹，晕散。复原口径13.2、足径5.6、通高5.6厘米（图一二六，2；图版三〇，5、6）。

标本东T4③：50，残。白胎，透明釉微泛青，青花呈色蓝艳。弧腹，平底，圈足近直壁，足根外缘斜削一周，无釉露胎，圈足内壁部分失釉。内底饰由卷云纹组成的万字纹，外绕青花双圈。外壁纹饰残，圈足近底处饰一周弦纹。圈足与外底交接处及圈足外壁分饰一周弦纹，外底书变体款“”。足径6、残高4.2厘米（图一二九，5）。

2. 杯

35件。

标本东TG1①：2（T2东隔梁内），修复。白胎，透明釉微泛青，青花呈色蓝中泛浅灰。敞口，圆唇，弧腹，平底，圈足外撇，挖足过肩，足根外缘斜削一周，无釉露胎，内壁部分失釉。内底饰折枝叶纹，腹外壁饰龟、鱼、水藻纹，外底书变体款“”，外绕青花双圈。复原口径8.2、足径3.6、通高5.2厘米（图一三〇，1）。

标本东TG2③：3（T4北隔梁内），残。白胎，透明釉微泛青，青花呈色蓝中泛浅灰。平底，高圈足微外撇，挖足过肩，足根内外缘斜削一周，窄尖状，无釉露胎。内底饰太极图，外底行楷书“未（未）裕堂製”四字，外绕青花双圈。足径4.9、残高3.4厘米（图一三〇，2；图版三一，1，2）。

标本东T1③：2，修复。灰白胎，透明釉微泛青，青花呈色蓝中泛黑灰。撇口，尖唇，仰折沿，斜直腹，内底凹，外底微鼓，圈足内收，挖足过肩，足根外缘斜削一周，无釉露胎，圈足内壁部分失釉。口沿内壁饰一周弦纹，晕散，内底饰折枝草叶，外绕青花双圈，口沿外壁饰两周弦纹，腹外壁饰缠枝草叶。复原口径8.6、足径3.6、通高4.1厘米（图一三〇，3）。

标本东T1③：7，修复。灰白胎，透明釉微泛青，青花呈色蓝中泛浅灰。圈足与外底交接处有一周棕眼。敞口，斜方唇，弧腹，平底，圈足近直壁，足根外缘斜削一周，与圈足内壁及外底皆无釉露胎。内底饰一圆点，外壁饰写意折枝花。复原口径5.2、足径4.6、通高3.2厘米（图一三〇，6）。

标本东T1③：13，修复。灰白胎，透明釉微泛青，青花呈色蓝中泛浅灰。敞口，斜方唇，弧腹，下腹微垂，平底，圈足近直壁，足根外缘斜削一周，无釉露胎。内底饰写意太极图，腹外壁饰太极八卦图。复原口径7.8、足径3.6、通高4.6厘米（图一三〇，4；图版三一，3）。

标本东T1③：14，修复。灰白胎，透明釉微泛青，青花呈色蓝艳。敞口，圆唇，弧腹，平底，圈足近直壁，挖足较深，足根内外缘斜削一周，窄尖状，无釉露胎。内底饰兰草纹，腹外壁饰兰花纹，外底书变体款“”，外绕青花双圈。复原口径8.6、足径3.4、通高5.8厘米（图一三〇，5）。

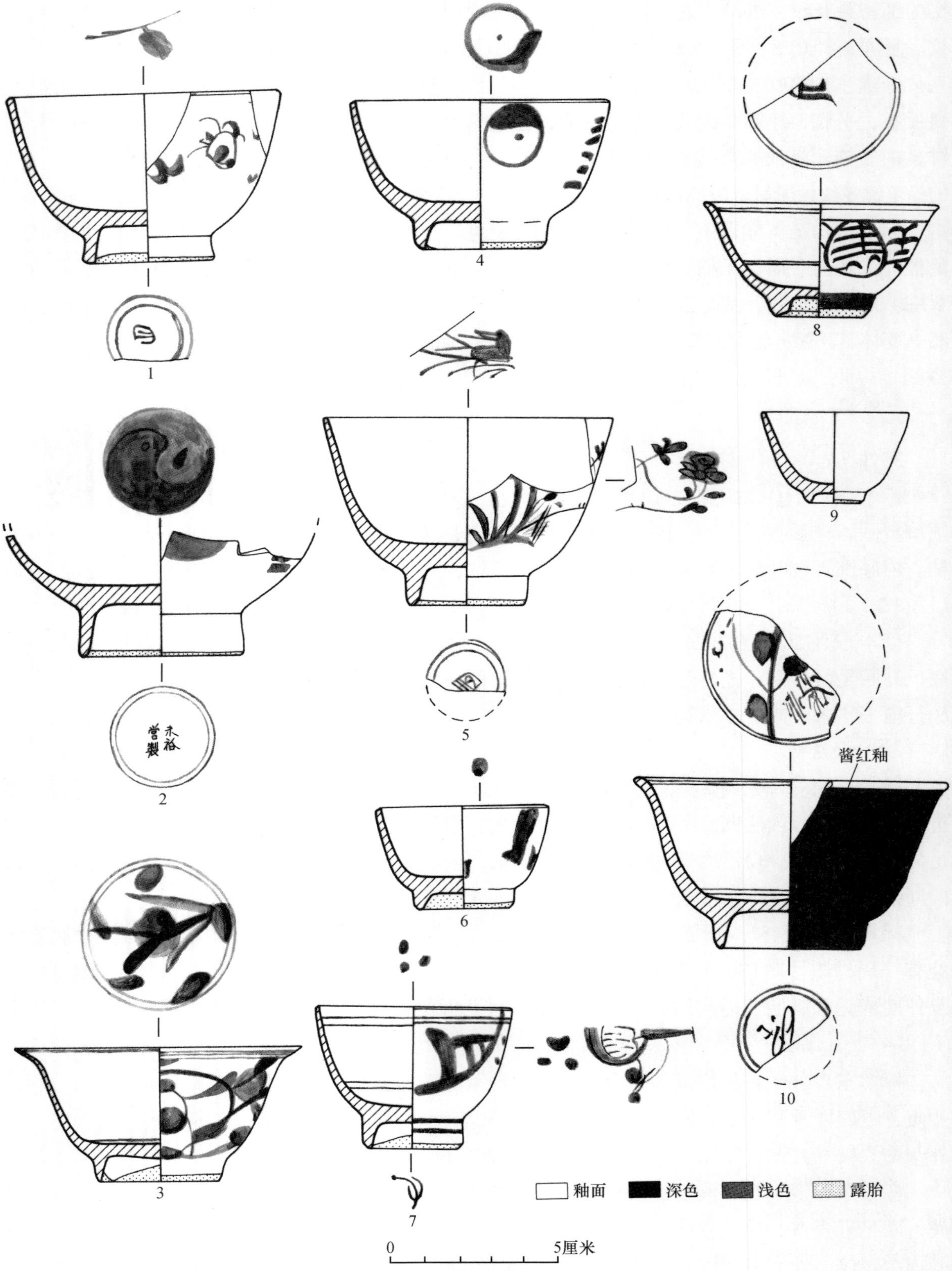

图一三〇　东宫瓷杯

1. 东TG1①：2（T2东隔梁内）　2. 东TG2③：3（T4北隔梁内）　3. 东T1③：2　4. 东T1③：13　5. 东T1③：14　6. 东T1③：7　7. 东T1③：16　8. 东T2③：98　9. 东T1③：31　10. 东T1③：18

标本东T1③：16，修复。灰白胎，透明釉微泛青，青花呈色蓝艳。敞口，方唇，弧腹，平底，圈足近直壁，挖足较深，足根外缘斜削一周，无釉露胎，圈足内壁部分失釉。口沿内壁饰两周弦纹，内底饰三个呈品字形分布的点状纹，下腹近底处绕青花双圈，口沿外壁及圈足与外底交接处分饰两上一下三周弦纹，腹外壁填饰写意鱼藻纹，圈足外壁饰有一周弦纹，外底书变体款“”。复原口径5.9、足径2.6、通高4.3厘米（图一三〇，7；图版三一，4）。

标本东T1③：18，修复。灰白胎，内壁透明釉微泛青，外壁施酱红釉，圈足内壁及外底与内壁釉相同。敞口微侈，圆唇，卷沿，弧腹，平底，高圈足近直壁，足根外缘斜削一周，无釉露胎。口沿内壁饰两周弦纹，内底饰折枝花叶，外绕青花双圈，外底书变体款“”，外绕青花双圈。复原口径9.4、足径4.2、通高5.2厘米（图一三〇，10）。

标本东T1③：31，修复。白胎，乳白色釉，釉质纯净透明。敞口，圆唇，弧腹，平底，矮圈足内收，足根外缘斜削一周，无釉露胎。素面。复原口径4.4、足径1.6、通高2.8厘米（图一三〇，9；彩版二〇，1）。

标本东T1③：49，修复。灰白胎，酱口，内壁透明釉泛青绿，含少许黑色杂质，外壁施酱褐釉，釉暗淡无光泽，分布有少许气孔及杂质，外底与内壁釉色相同。敞口，斜方唇，弧腹，下腹微垂，圈足近直壁，足根内外缘斜削一周，呈橘红色（火石红）。素面。复原口径7、足径3.4、通高3.5～3.7厘米（图一三一，1；图版三一，5）。

标本东T1③：57，残。白胎，透明釉微泛青，青花呈色蓝艳。弧腹，平底，圈足内收，足根外缘斜削一周，无釉露胎。腹外壁饰折枝花，圈足与外底交接处及圈足外壁分饰一周弦纹，外底行楷书“大明成化年制”六字，外绕青花单圈。足径3.6、残高2.7厘米（图一三一，2；图版三一，6）。

标本东T1③：68，修复。灰白胎，透明釉微泛青，青花呈色蓝中泛浅灰。敞口，圆唇，弧腹，平底，圈足外撇，足根外缘斜削一周，无釉露胎，圈足内壁部分失釉。内底饰折枝双叶与点状花纹，腹外壁饰写意螭龙纹，外底绕青花双圈，晕散。复原口径8、足径3.6、通高4.4厘米（图一三一，3；图版三二，1）。

标本东T1③：87，修复。灰白胎，胎薄，透明釉微泛青，青料蓝中泛浅灰。撇口，尖圆唇，沿微折，斜直腹，平底，圈足内收，足根外缘斜削一周，无釉露胎，圈足内壁部分失釉。口沿内壁饰两周弦纹，内底饰写意水波折枝莲叶，外绕青花双圈，口沿外壁和圈足与外底交接处分饰两上一下三周弦纹，腹外壁填饰写意水波、莲叶，圈足外壁饰一周粗弦纹。复原口径9、足径4.2、通高5厘米（图一三一，4）。

标本东T1③：90，残。白胎，透明釉微泛青，青花呈色蓝中泛浅灰。撇口，圆唇，沿微折，弧腹，下腹微垂。腹内壁近底处饰两周弦纹，口沿外壁饰一周弦纹，腹外壁饰婴戏图。复原口径9、残高4.3厘米（图一三一，5；图版三二，2）。

标本东T2③：31，修复。白胎，透明釉微泛青灰，青花呈色蓝中泛浅灰。敞口，圆唇，弧腹，平底，圈足内收，挖足较深，足根外缘斜削一周，无釉露胎，内壁部分失釉。内底心饰长条形点状纹，腹外壁饰写意折枝花。复原口径6.7、足径2.9、通高4.1厘米（图一三一，6）。

标本东T2③：58，修复。灰白胎，白釉乳浊状泛浅黄，釉面有开片。敞口微侈，尖唇，

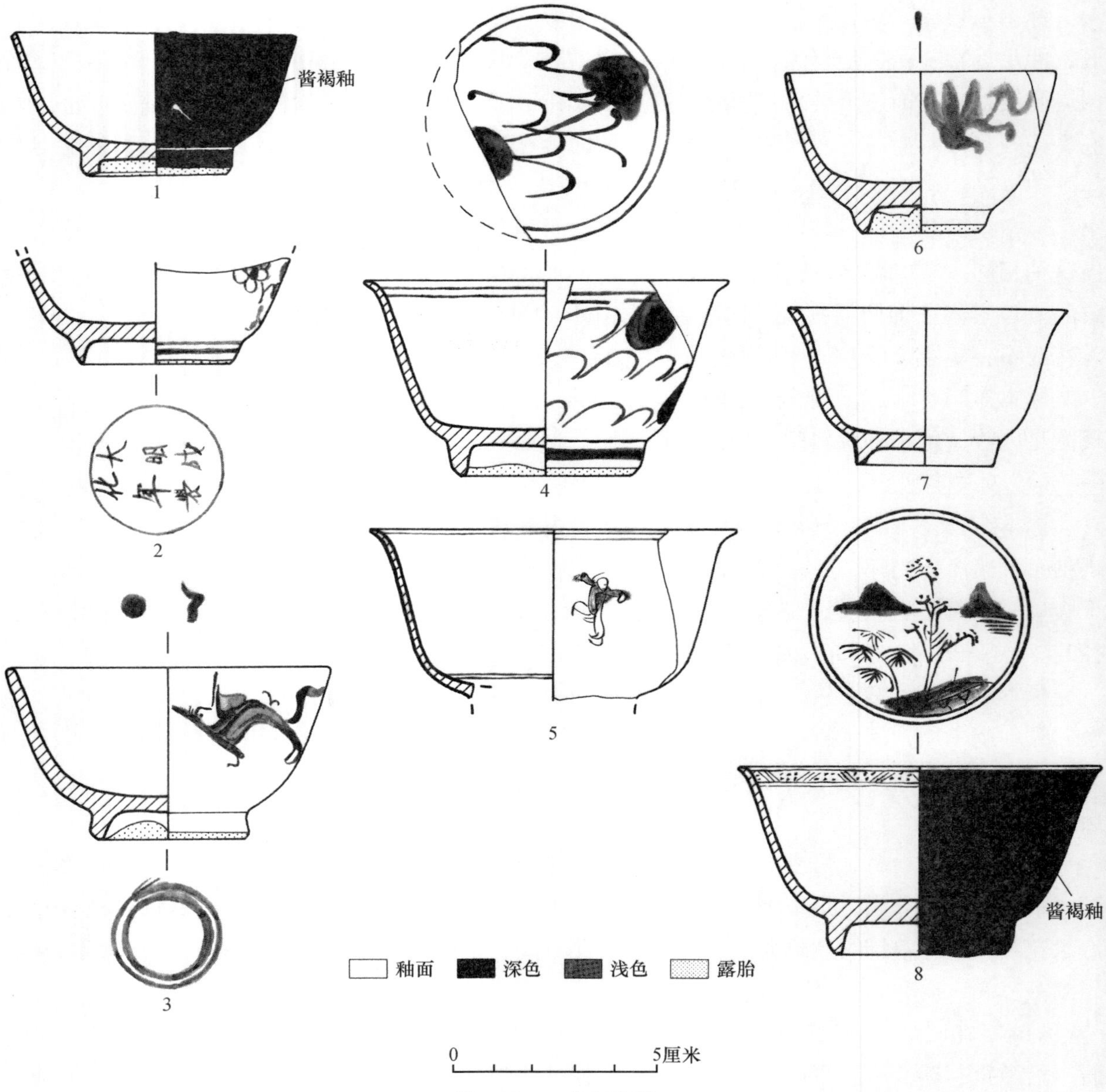

图一三一　东宫瓷杯

1. 东T1③：49　2. 东T1③：57　3. 东T1③：68　4. 东T1③：87　5. 东T1③：90　6. 东T2③：31　7. 东T2③：58　8. 东T2③：66

弧腹，下腹微垂，平底，圈足内收，足根无釉露胎。素面。外壁有一圈土沁痕迹。复原口径6.9、足径3.4、通高4厘米（图一三一，7；彩版二〇，2）。

标本东T2③：66，修复。白胎，内壁透明釉微泛青，光泽感强，外壁施酱褐釉，外底与内壁釉色相同。敞口，圆唇，弧腹，平底，圈足近直壁，足根内缘斜削一周呈倾斜状，无釉露胎。口沿内壁饰两上一下三周弦纹，填饰波折纹及细碎草叶纹，内底饰树石山水图案，外绕青花双圈。复原口径9、足径4.2、通高4.8厘米（图一三一，8；彩版二〇，3、4）。

标本东T2③：98，修复。白胎，透明釉微泛青灰，青花呈色蓝中泛灰黑。敞口，圆唇，卷沿，弧腹，平底，圈足内收，足胎宽厚，足根内缘斜削一周，外高内低呈倾斜状，与圈足内壁及外底皆无釉露胎。口沿内壁饰两周弦纹，内底纹饰残，下腹处绕青花双圈，口沿外壁饰一周弦纹，腹外壁满饰折枝花草和团寿图，圈足外壁饰一周宽带纹。外底书变体款“[illegible]”，外绕青花双圈。复原口径7、足径2.7、通高3.5厘米（图一三〇，8；图版三二，3）。

标本东T2③：129，修复。灰白胎，透明釉微泛青，青花呈色蓝中泛浅黑，敞口，方唇，弧腹，平底，圈足外撇，挖足过肩，足根斜削一周，无釉露胎，圈足内壁部分失釉。内底饰一果实，外腹壁饰杂宝纹，外底书变体款“白”，外绕青花双圈。复原口径8.8、足径3.6、通高5.5厘米（图一三二，1；图版三二，4）。

标本东T2③：138，修复。白胎，透明釉微泛青，青花呈色蓝中泛浅灰。撇口，尖圆唇，

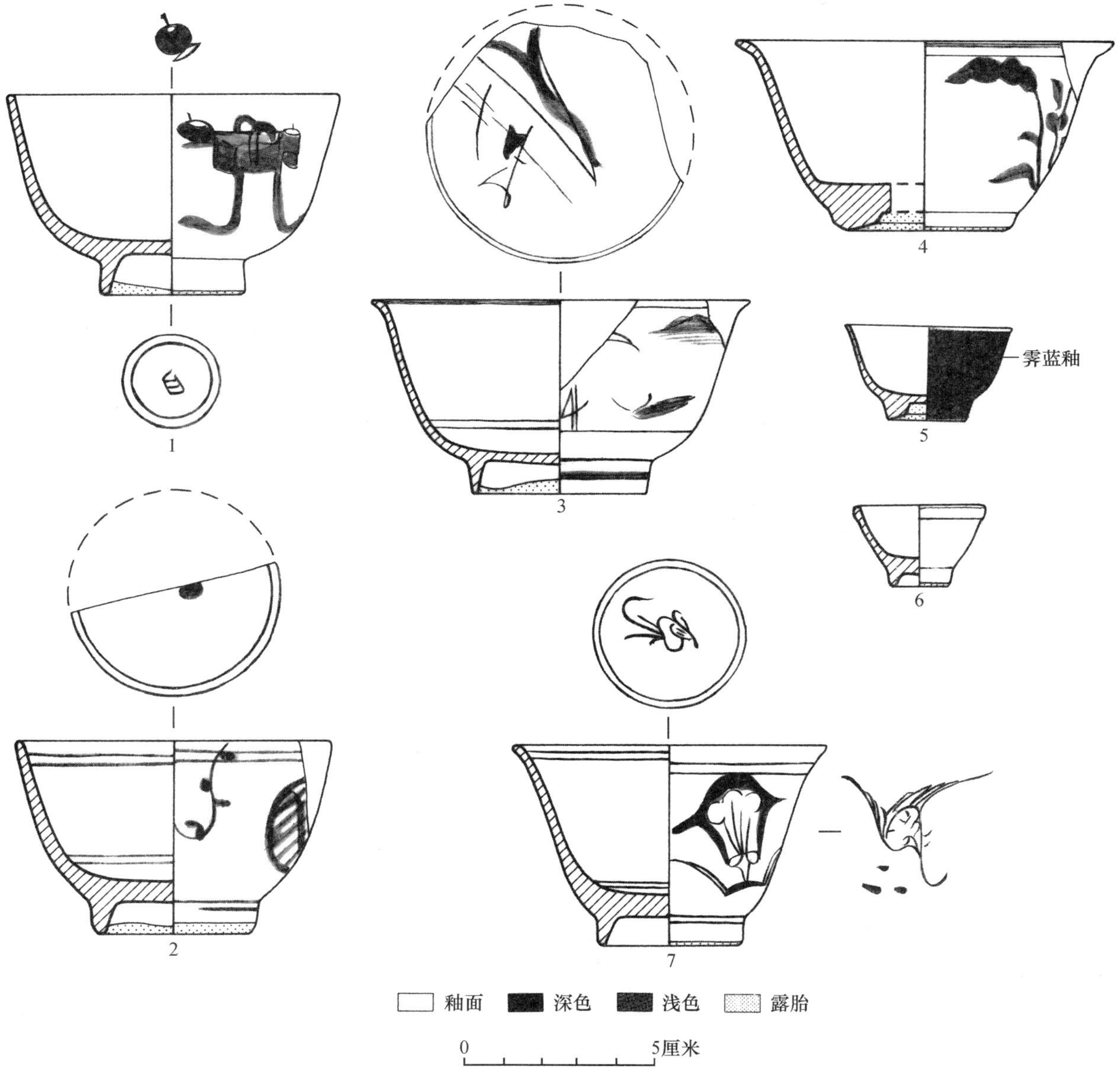

图一三二 东宫瓷杯

1. 东T2③：129 2. 东T2③：156 3. 东T2③：149 4. 东T2③：138 5. 东T3③：24 6. 东T2③：206 7. 东T2③：192

沿微折，斜直腹，平底，圈足内收，足胎宽厚，足根内外缘斜削一周，与圈足内壁及外底皆无釉露胎。口沿外壁饰一周弦纹，腹外壁饰折枝花。复原口径10、足径4.2、通高5.2厘米（图一三二，4）。

标本东T2③：149，修复。白胎，酱口，透明釉微泛青，青花呈色蓝中泛浅灰。撇口，圆唇，弧腹，下腹微垂，平底，圈足微内收，足根无釉露胎，圈足内壁部分失釉。内底饰写意山水，下腹近底处绕青花双圈，口沿外壁及下腹分饰一周弦纹，中间填饰写意山水、舟楫，圈足外壁饰一周粗弦纹。复原口径10、足径4.6、通高5.3厘米（图一三二，3）。

标本东T2③：156，修复。白胎，透明釉微泛青，青花呈色蓝中泛浅灰。敞口，圆唇，弧腹，平底，圈足微内收，足根外缘斜削一周，无釉露胎，圈足内壁部分失釉。口沿内壁饰两周弦纹，内底纹饰残，下腹近底处绕青花双圈，口沿外壁及圈足与外底交接处分饰两上一下三周弦纹，腹外壁饰折枝叶和团花，圈足外壁饰一周间断弦纹。复原口径8.4、足径4、通高5.2厘米（图一三二，2）。

标本东T2③：192，修复。灰白胎，透明釉泛青，青花呈色蓝黑。敞口，尖唇，斜直腹，平底，圈足近直壁，挖足较深，足根外缘斜削一周，无釉露胎。口沿内壁饰两周弦纹，内底饰兰草，下腹近底处绕青花双圈，口沿外壁及圈足与外底交接处分饰两上一下三周弦纹，腹外壁填饰对称的四组牵牛花及两组蝴蝶（飞鸟），圈足外壁饰一周弦纹。复原口径8.3、足径3.6、通高5.4厘米（图一三二，7；图版三二，5、6）。

标本东T2③：193，修复。白胎，透明釉微泛青，青花呈色蓝中泛浅灰。敞口，圆唇，弧腹，平底，圈足近直壁，挖足较深，足根外缘斜削一周，无釉露胎，圈足内壁部分失釉。内底饰兰草纹，腹外壁饰水仙、飞鸟纹，外底书变体款“”，外绕青花双圈。复原口径9、足径4、通高5.6厘米（图一三三，1；图版三三，1、2）。

标本东T2③：194，修复。白胎，透明釉微泛青，青花呈色蓝艳。敞口，圆唇，斜弧腹，平底，圈足内收，挖足较深，足根外缘斜削一周，无釉露胎。口沿外壁饰一周弦纹，腹外壁饰缠枝连，圈足与外底交接处饰一周上仰变形莲瓣，外底款残，绕青花单圈。复原口径7.2、足径2.8、通高3.4厘米（图一三三，2；图版三三，3）。

标本东T2③：206，修复。白胎，酱口，乳白釉纯净透明。敞口，厚方唇，斜直腹，平底，圈足近直壁，挖足较深，足根外缘斜削一周，无釉露胎。素面。复原口径3.5、足径1.5、通高2.2厘米（图一三二，6；图版三三，4）。

标本东T2③：208，修复。白胎，透明釉微泛浅青，青花呈色蓝艳。敞口，圆唇，弧腹，平底，圈足近直壁，挖足过肩，足根外缘斜削一周，无釉露胎，圈足内壁部分失釉。口沿内壁饰两周弦纹，内底饰写意山水，外绕青花双圈，口沿外壁及圈足与外底交接处分饰两上一下三周弦纹，腹外壁填饰山石、树木等纹饰，圈足外壁饰两周弦纹，外底书变体款“”，外绕青花双圈。复原口径8.7、足径3.4、通高5.8厘米（图一三三，9；图版三三，5、6）。

标本东T2③：224，修复。白胎，透明釉微泛青灰，色泽暗淡，沉滞无光，青花呈色蓝中泛黑灰。敞口，圆唇，弧腹，平底，圈足外撇，足根内外缘斜削一周，窄尖状，与圈足内壁及外底皆无釉露胎。口沿内壁饰两周弦纹，内底饰一梵文，口沿外壁及圈足与外底交接处分饰两

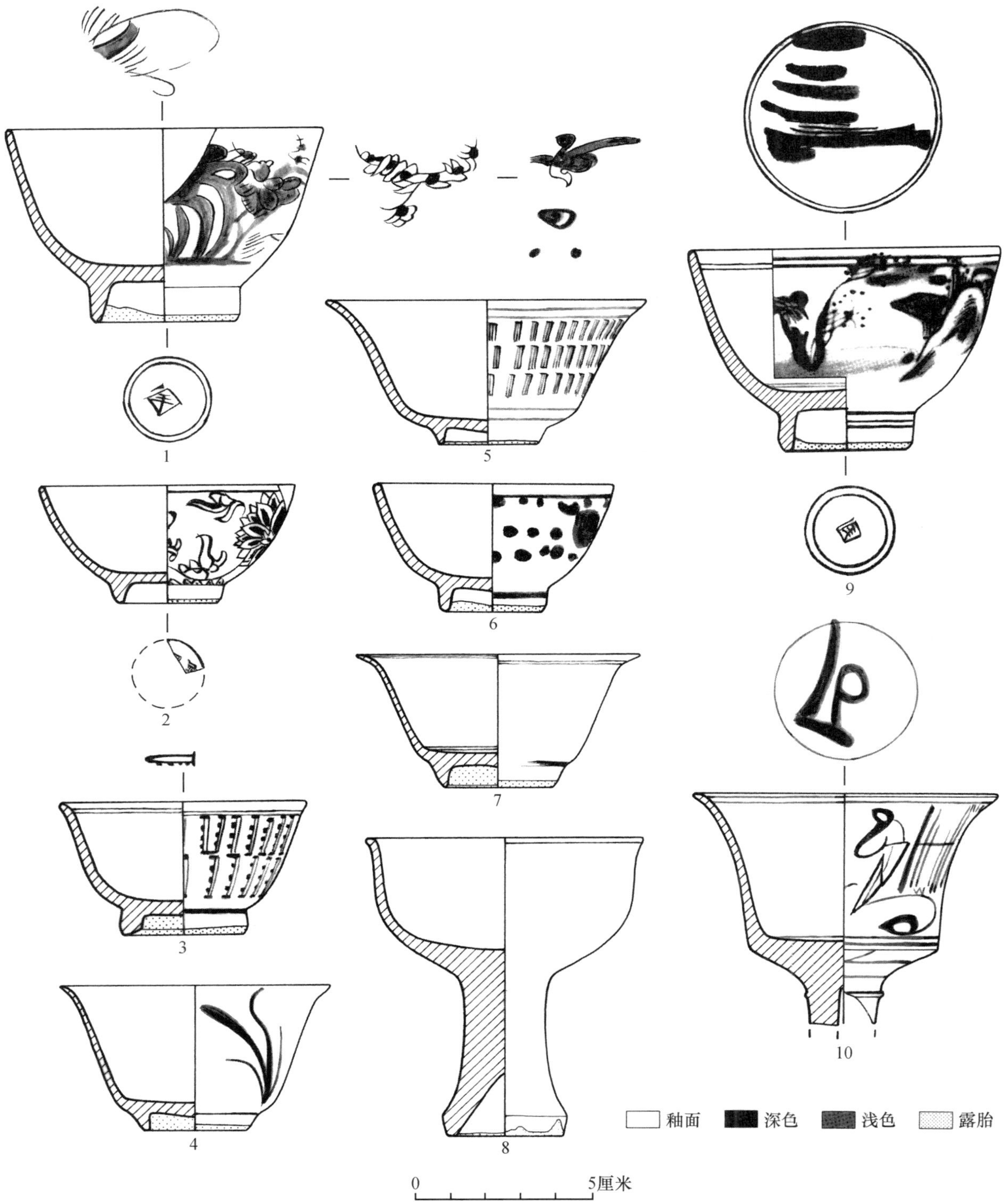

图一三三　东宫瓷杯

1. 东T2③：193　2. 东T2③：194　3. 东T2③：224　4. 东T3③：56　5. 东T2③：225　6. 东T2③：238　7. 东T3③：42　8. 东T3③：63　9. 东T2③：208　10. 东T4③：24

上一下三周弦纹，腹外壁填饰两周梵文。复原口径7、足径3.4、通高3.8厘米（图一三三，3；图版三四，1）。

标本东T2③：225，修复。白胎，透明釉微泛青灰，青花呈色蓝中泛浅灰。侈口，尖圆唇，弧腹，内底平，外底中心有乳突，圈足内收，足根内外缘斜削一周，无釉露胎。口沿外壁及下腹近底处分饰两周弦纹，腹外壁填饰三周梵文。复原口径9、足径2.8、通高4.2厘米（图一三三，5；图版三四，2）。

标本东T2③：238，修复。白胎，透明釉微泛青，青花呈色蓝中泛浅灰。敞口，圆唇，弧腹，平底，圈足近直壁，挖足较深，足根外缘斜削一周，无釉露胎，圈足内壁部分失釉。口沿外壁及圈足与外底交接处分饰一周弦纹，腹外壁填饰三周不规则点状纹。复原口径6.8、足径2.8、通高3.7厘米（图一三三，6；图版三四，3）。

标本东T3③：24，修复。白胎，内壁透明釉微泛青，外壁霁蓝釉。敞口，尖唇，沿微卷，斜直腹，下腹微垂，平底，圈足内收，足胎宽厚，足根内缘斜削成倾斜状，与圈足内壁及外底皆无釉露胎。素面。复原口径4.4、足径2.1、通高2.6厘米（图一三二，5）。

标本东T3③：42，修复。白胎，透明釉微泛青，青花呈色蓝中泛黑。撇口，尖唇，沿微折，斜直腹，平底，圈足内收，足根内外缘斜削一周，与圈足内壁及外底皆无釉露胎。口沿内壁及内底分饰两周弦纹，口沿外壁饰两周弦纹，圈足与外底交接处饰半周弦纹。复原口径8、足径3.1、通高3.9厘米（图一三三，7；图版三四，4）。

标本东T3③：56，修复。灰白胎，透明釉微泛青，青花呈色蓝中泛黑。撇口，尖唇，沿微折，斜直腹，内底平，外底微鼓，矮圈足内收，足根外缘斜削一周，与圈足内壁及外底皆无釉露胎。腹外壁饰一组对称兰草。复原口径7.6、足径2.9、通高4.2厘米（图一三三，4；彩版二〇，5）。

标本东T3③：63，修复。灰白胎，青釉，釉层厚重有开片。直口微侈，圆唇，卷沿，上腹直，下腹弧，平底，高柄足，足根内收，部分失釉，呈橘红色（火石红）。素面。复原口径7.8、足径3.3、通高8.6厘米（图一三三，8；彩版二〇，6）。

标本东T4③：24，残。白胎，透明釉微泛青，青花呈色蓝中泛黑。侈口，尖唇，上腹弧收，下腹直，平底，高柄足残，足上端有一周凸棱纹。口沿内壁饰一粗一细两周弦纹，内底书变形款“”，外绕青花单圈，口沿外壁及下腹近底处分饰一上两下三周弦纹，其间填饰写意草叶及杂宝纹。口径8.6、残高6.6厘米（图一三三，10；图版三四，5、6）。

3. 盘

10件。

标本东TG2③：7（T3北隔梁内），修复。白胎，透明釉微泛青，青料蓝中泛紫黑。侈口，尖唇，折腹，内底凹，外底微鼓，矮圈足内收，足根外缘无釉露胎。口沿内壁饰一上两下三周弦纹，其间填饰卵石、草叶纹，并用一周色泽深浅不一的宽带纹进行渲染，内底饰杏花吊篮纹，外绕青花双圈，口沿外壁饰折枝草叶纹，外底书变体款“”，外绕青花双圈。复原口径20.6、足径11.4、通高3.4厘米（图一三四；图版三五，1）。

标本东T1③：26，残。灰白胎，透明釉微泛青，青花呈色蓝中泛浅灰。弧腹，矮圈足，足根内外缘斜削一周，窄尖状，无釉露胎。内底饰荷花，上配草书诗文“□皆吾□，月明中”。足径6.6、残高3厘米（图一三五，4）。

标本东T1③：73，修复。灰白胎，胎厚，透明釉微泛青，青花呈色蓝中泛紫黑。敞口微侈，圆唇，卷沿，斜弧腹，下腹微垂，内底凹，外底凸，圈足内收，足根无釉露胎。内壁饰缠枝叶纹，内底纹饰残，下腹近底处绕青花双圈，口沿外壁及下腹近底处分饰两上一下三周弦纹，腹壁填饰缠枝花纹。复原口径26.6、足径16.2、通高4.6厘米（图一三六，1）。

标本东T1③：77，修复。白胎，奶白色釉，釉面有少许气孔。敞口，圆唇，卷沿，斜弧腹，平底，圈足内收，足根内外缘斜削一周，无釉露胎。素面。复原口径15.8、足径8.2、通高3.6厘米（图一三六，2）。

标本东T1③：82，修复。灰白胎，青釉。敞口，圆唇，斜弧腹，平底，圈足内收，足根内外缘斜削一周，窄尖状，无釉露胎。素面。复原口径18.5、足径7.6、通高4.4厘米（图一三六，3）。

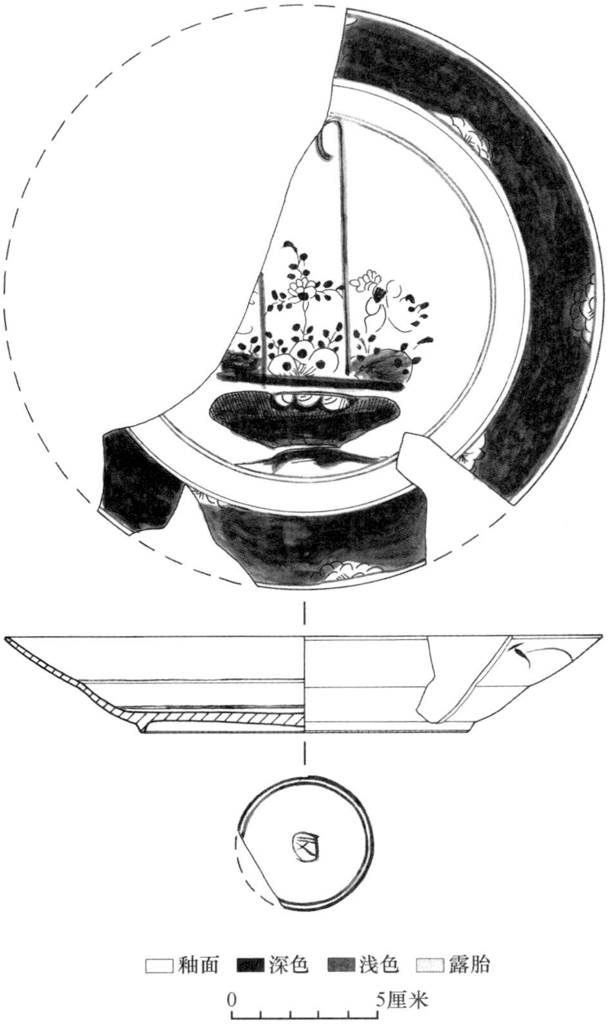

图一三四　东宫瓷盘（东TG2③：7（T3北隔梁内））

标本东T2③：60，修复。灰白胎，透明釉微泛青，青花呈色蓝艳。侈口，圆唇，折腹，平底，圈足内收，足根无釉露胎。口沿内壁饰一上两下三周弦纹，其间填波浪纹。内底下方波浪中一鲤鱼从水波中探身而出，上方饰单龙戏珠图案，外绕青花双圈，腹外壁饰折枝草叶纹，外底书变体款“▣”，外绕青花双圈。复原口径20.4、足径10.8、通高3.6厘米（图一三七；彩版二一，1）。

标本东T2③：93，修复。白胎，透明釉微泛青，青花呈色蓝中泛紫黑。侈口，尖唇，折腹，内底凹，外底凸，矮圈足内收，足根内外缘无釉露胎。口沿内壁饰一上两下三周弦纹，其间填饰卵石、草叶及几何纹，并用一周宽带纹进行渲染，内底饰梅花吊篮纹，外绕青花双圈，口沿外壁饰折枝草叶纹，外底书变体款“▣”，外绕青花双圈。复原口径20.6、足径11.4、通高3.4厘米（图一三八；彩版二一，2）。

标本东T2③：142，修复。灰白胎，酱口，透明釉微泛青，青花呈色蓝中泛紫黑。敞口，斜方唇，斜弧腹，内底平，外底中心有乳突，圈足近直壁，足根内外缘斜削一周，无釉露胎，沾沙。内底饰折枝莲，莲边配行草书诗句“青花有意，落業无声”。复原口径16.6、足径7.2、通高4.4厘米（图一三五，1；彩版二二，1）。

标本东T2③：145，修复。灰白胎，酱口，透明釉微泛青，青花呈色蓝中泛紫黑。敞口，斜方唇，斜弧腹，平底，圈足足根斜削一周，无釉露胎，圈足内壁部分失釉。内壁饰蕉叶莲纹，上配行草书诗句“□个□□，我□舟云菲”。复原口径16.6、足径6.6、通高4.2厘米（图一三五，3；图版三五，2）。

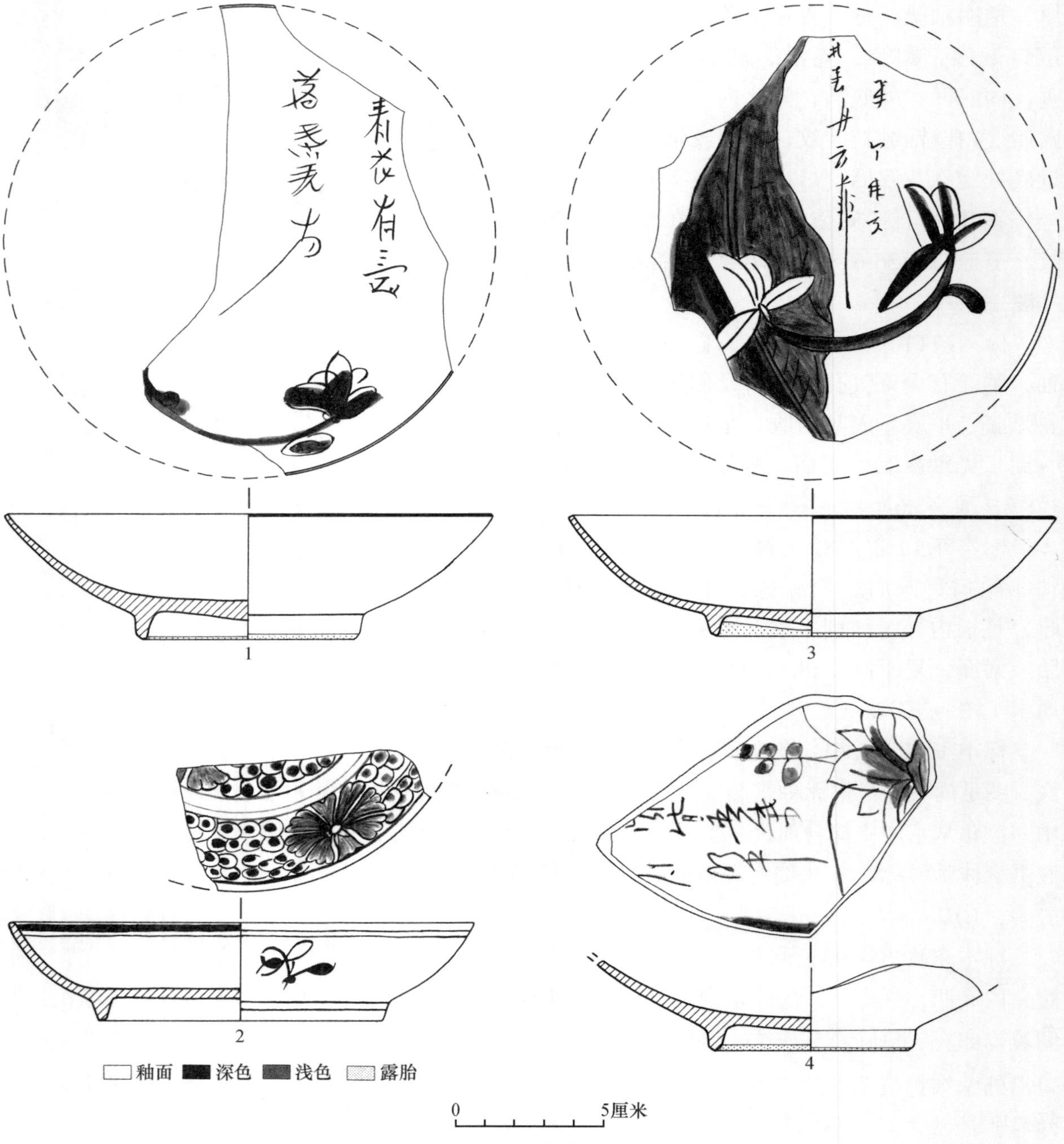

图一三五　东宫瓷盘

1. 东T2③：142　2. 东T2③：182　3. 东T2③：145　4. 东T1③：26

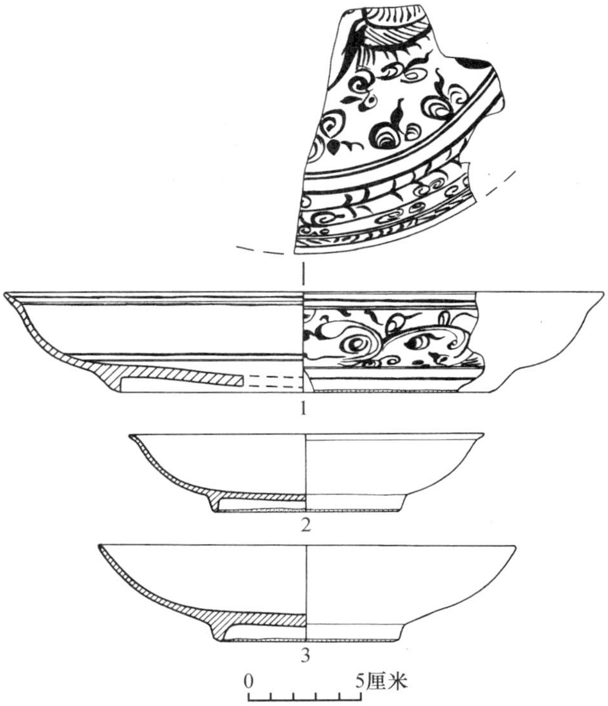

图一三六　东宫瓷盘
1. 东T1③：73　2. 东T1③：77　3. 东T1③：82

图一三七　东宫瓷盘（东T2③：60）

标本东T2③：182，修复。灰白胎，透明釉微泛青，青花呈色蓝中泛黑。敞口，圆唇，斜弧腹，平底，圈足内收，挖足较深，足根无釉露胎。口沿内壁及下腹近底处分饰一上两下三周弦纹，腹壁及内底满饰葡萄及花叶，内底绕青花单圈，口沿外壁及圈足与外底交接处分饰两上一下三周弦纹，腹壁填饰折枝花，圈足外壁饰一周弦纹。复原口径15.8、足径9.6、通高3.4厘米（图一三五，2）。

4. 碟

11件。

标本东T1③：47，修复。灰白胎，透明釉泛黄灰，青花呈色蓝中泛浅灰。敞口，圆唇，卷沿，斜弧腹，下腹微垂，平底，圈足内收，足根外缘斜削一周，无釉露胎。口沿内壁饰两周弦纹，内底正中饰一只举螯大蟹，围以水波、莲花，外绕青花双圈，口沿外壁及圈足近底处

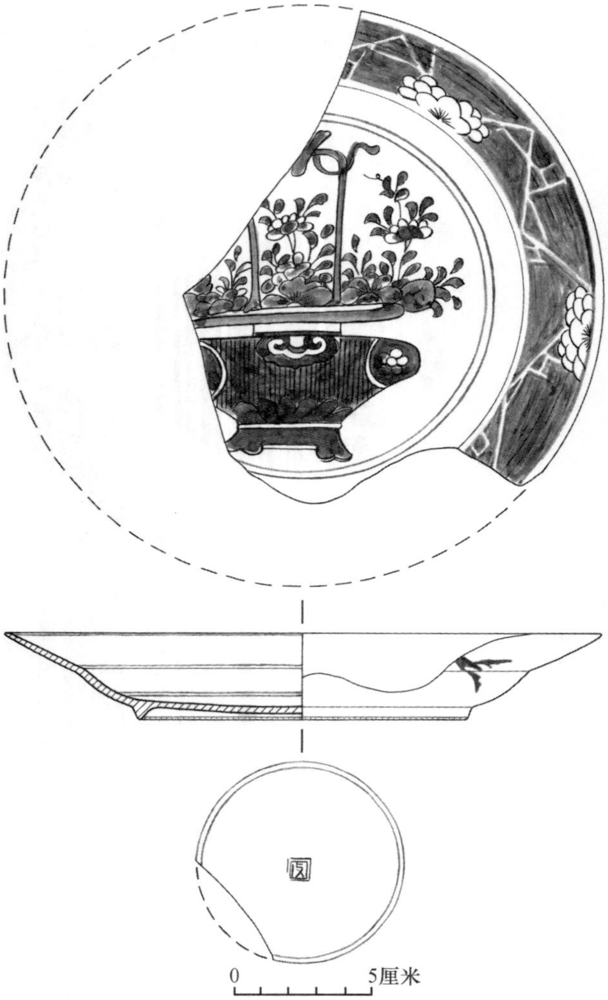

图一三八　东宫瓷盘（东T2③：93）

分饰一周弦纹，腹外壁饰缠枝莲纹。复原口径13.4、足径7.2、通高2.9厘米（图一三九，2；图版三六，1）。

标本东T2③：111，修复。白胎，透明釉微泛青，青花呈色蓝艳。敞口，圆唇，斜弧腹，矮圈足内收，足根内外缘斜削一周，无釉露胎。口沿内壁饰一周弦纹，内底饰折枝花，间以品字形的圆点纹，外绕青花双圈。复原口径11.4、足径6、通高2.5厘米（图一三九，4）。

标本东T2③：139，修复。灰白胎，透明釉微泛青，青花呈色蓝中泛灰。敞口，斜方唇，斜弧腹，内底凸，外底平，矮圈足内收，足根外缘斜削一周，与圈足内壁及外底皆无釉露胎。口沿内壁饰两周弦纹，中间填饰三周隔断弦纹，内底行楷书“寿”字，外绕青花双圈。复原口径12、足径4.8、通高3.3厘米（图一三九，3；图版三六，4）。

标本东T2③：187，修复。灰白胎，透明釉微泛青，青花呈色蓝中泛浅灰。敞口，圆唇，斜弧腹，平底，矮圈足近直壁，足根外缘沾沙，圈足内壁及外底皆无釉露胎，外底可见辐射状跳刀痕。口沿内壁及上腹处分饰一上两下三周弦纹，其间填饰波浪纹，内底饰折枝菊叶，下腹处绕青花双圈，口沿外壁及圈足与外底交接处分饰两上一下三周弦纹。复原口径9.2、足径4.4、通高3厘米（图一四〇，2；图版三六，2）。

标本东T2③：233，修复。灰白胎，透明釉微泛青，青花呈色蓝中泛浅灰。敞口，方唇，斜弧腹，平底，矮圈足内收，足根外缘斜削一周，无釉露胎。口沿内壁及下腹近底处分饰一上两下三周弦纹，口沿外壁及圈足与外底交接处分饰一周弦纹。复原口径12.7、足径7.4、通高2.7厘米（图一四〇，4）。

标本东T3③：40，修复。灰白胎，乳白釉。敞口，方唇，斜弧腹，平底，圈足内收，足根内外缘斜削一周，窄尖状，无釉露胎。素面。复原口径12、足径6、通高4厘米（图一三九，1）。

标本东T3③：54，修复。灰白胎，乳白釉。侈口，尖圆唇，上腹斜弧，下腹折收，内底圜，外底鼓，圈足近直壁，足根外缘斜削一周，与圈足内壁及外底皆无釉露胎。素面。复原口径12、足径5.8、通高4厘米（图一四〇，7；图版三六，5）。

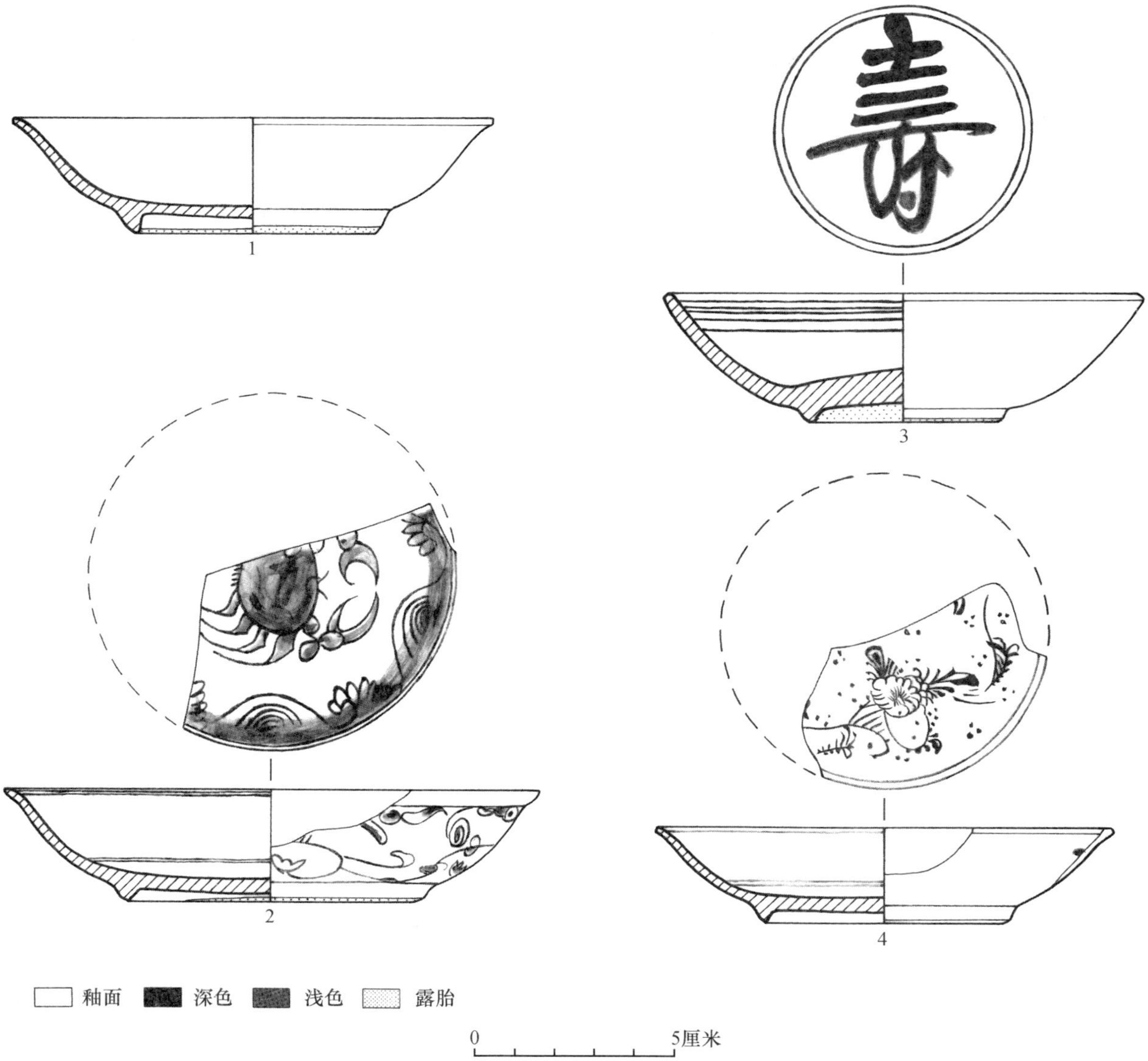

图一三九　东宫瓷碟

1. 东T3③：40　2. 东T1③：47　3. 东T2③：139　4. 东T2③：111

标本东T4③：8，修复。灰白胎，透明釉微泛青，青花呈色蓝黑。敞口，圆唇，斜弧腹，平底，矮圈足内收，足根外缘斜削一周，与圈足内壁及外底皆无釉露胎。口沿内壁饰一周弦纹，内底戳刻“坙”字，下腹近底绕青花双圈，口沿外壁饰一周弦纹，晕散。复原口径13、足径7.1、通高2.5厘米（图一四〇，1）。

标本东T4③：12，修复。灰白胎，透明釉微泛青，青花呈色蓝中泛浅灰。敞口，圆唇，卷沿，斜弧腹，下腹微垂，内底凹，外底凸，圈足内收，足根外缘斜削一周，无釉露胎。口沿内壁饰两周弦纹，内底饰湖石、栏杆、树木等，外绕青花双圈，口沿外壁饰两周弦纹，腹外壁填饰八宝莲托纹，圈足外壁饰两周弦纹。复原口径14.8、足径8.2、通高3.1厘米（图一四〇，5；图版三七，1）。

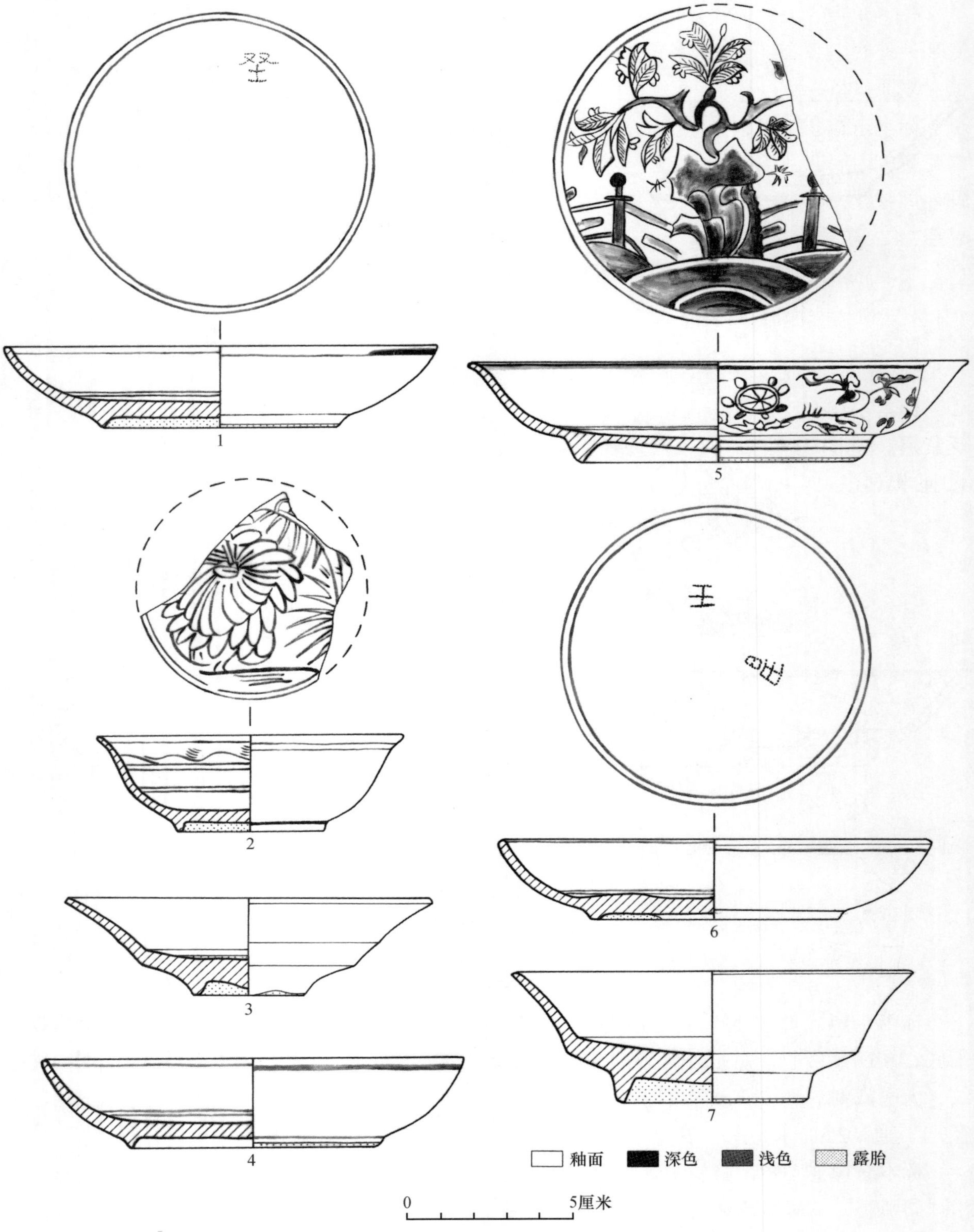

图一四〇　东宫瓷碟

1. 东T4③：8　2. 东T2③：187　3. 东T4③：23　4. 东T2③：233　5. 东T4③：12　6. 东T4③：31　7. 东T3③：54

标本东T4③：23，修复。白胎，透明釉微泛青。敞口，斜方唇，上腹斜弧，下腹折收，内底平，外底中心有乳突，矮圈足内收，圈足外壁破损，露胎，圈足内壁及外底皆无釉露胎。素面。复原口径11、足径3.3、通高3厘米（图一四〇，3；图版三六，6）。

标本东T4③：31，修复。灰白胎，透明釉泛灰黄，青花呈色蓝中泛灰黑。敞口，斜方唇，斜弧腹，内底凹凸不平，外底平，矮圈足内收，足根无釉露胎，圈足内壁部分失釉。口沿内壁饰一周弦纹，内底戳刻“王、□”二字，外绕青花双圈，口沿外壁饰一周弦纹。复原口径13、足径7.4、通高2.5厘米（图一四〇，6；图版三七，2、3）。

（二）其他

碑2件。

标本东T3②：1，残。白胎，正面施透明釉，透明釉微泛青，背面未施釉，青花呈色蓝中泛紫黑。圜形碑首残，碑首、碑身以青花线框分开，碑身正面楷书碑文。残长14.6、宽9.6、厚1.3厘米（图一四一，1；彩版二二，3）。

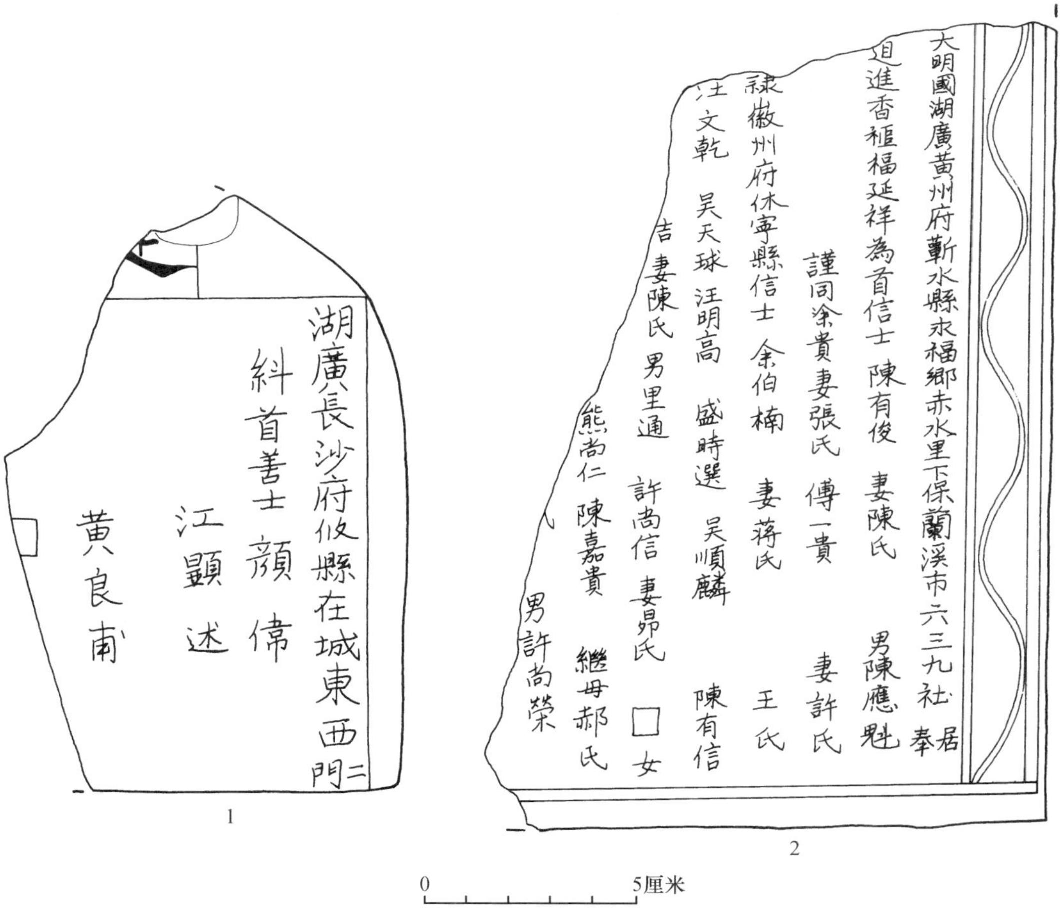

图一四一　东宫瓷碑

1. 东T3②：1　2. 东T1③：58

标本东T1③：58，残。白胎，正面施透明釉，透明釉微泛青，背面未施釉，青花呈色蓝中泛黑。长方形板状，现仅存碑身部分，碑身正面楷书碑文，四周饰卷草纹，背部素面。残长19、宽13.8、厚1.9厘米（图一四一，2；彩版二二，2）。

三、铜　　器

4件，均为宗教用器，有贡瓶、神像等。

1. 贡瓶

1件。

标本东T2③：214，直口，方唇，长颈，颈上部有对称贯耳，耳中空，圆鼓腹，喇叭形圈足。素面。通高22.5、口径5、腹径11、底径9.7、耳长3.6、直径1.8、内径1.1厘米（图一四二，1；图版四〇，1）。

2. 神像

3件。

标本东T2③：158，残存一手，握拳状。拳内持一凿状法器，腕处带箍。残长14.4、残宽11.8厘米（图一四二，2；图版三九，2）。

标本东T3③：2，立像，颈部以上缺失，三足底座现仅剩一足。体型匀称，右臂平伸贴至左胸前，左臂抬至右手上方，似环抱状，身着彩衣，脚蹬靴，腹带呈捆缚状，两足间有衣裳垂下，足蹬靴。彩绘大部脱落。残高42、底座高10厘米（图一四二，3）。

标本东T4③：9，立像，底座微残。头部戴箍帽，冠背飘带从腋下缠绕垂至底座，面部威武，长眉，大眼，高鼻，阔嘴，长耳垂，全身着鱼鳞甲，上身披对襟短衫，结扣胸前，腰部系带，右腰下系腰牌，上书“赤心忠胆”，脚蹬短靴，左手向上持凿状法器，右手平伸向外持法轮，双腿分开呈八字形站立在四足基座上。高48.6、座高4.9、长19.8、宽12.2厘米（图一四三；彩版二三，4）。

四、铁　　器

2件，可分为宗教用器和生产工具。

（一）宗教用器

神像1件。

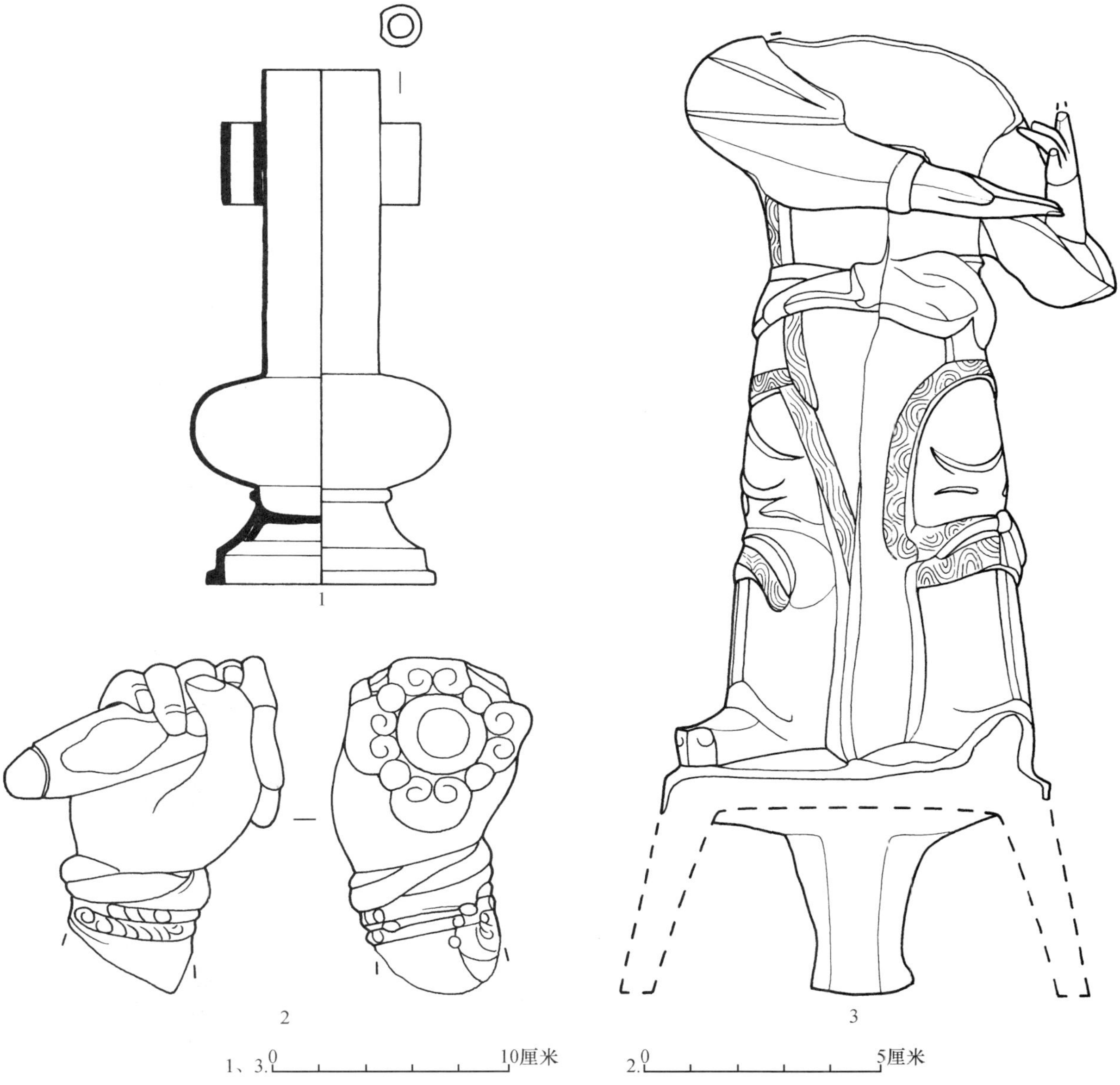

图一四二 东宫铜器

1. 贡瓶（东T2③：214） 2、3. 神像（东T2③：158、东T3③：2）

标本东T2③：15，残存头部。束发，细弯眉，慈目圆睁，高鼻，嘴微张，长耳垂。器表彩绘及鎏金多脱落，锈蚀严重。残长14.4、宽7厘米（图一四四，1；图版四〇，2）。

（二）生产工具

犁1件。

标本东T2③：215，完整，锈蚀严重。犁铧平面呈三角形，犁头较尖，底部有一凸棱，凹形銎口，顶部微弧。长32.8、宽0.3～19.6、厚0.7～6厘米（图一四四，2）。

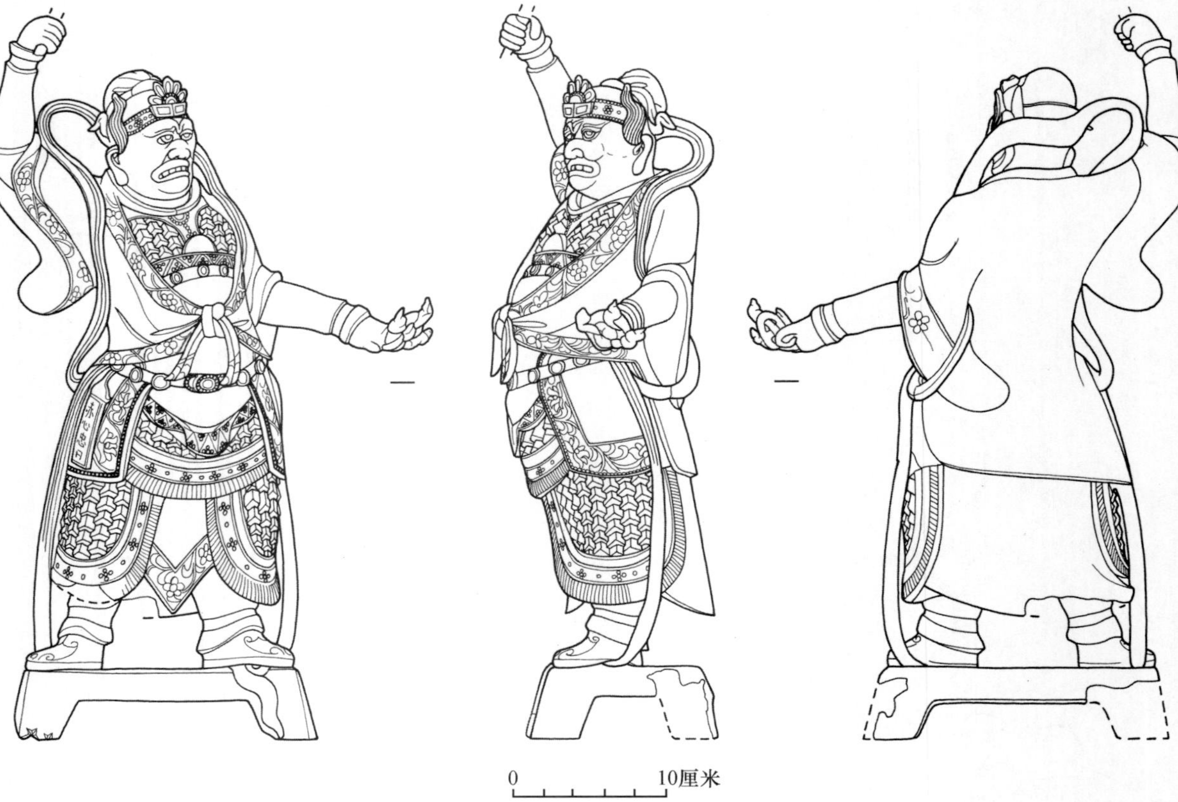

图一四三　东宫铜神像（东T4③：9）

五、石　　器

37件。按照功能主要分为三大类：一类为生活用品，如砚台等；一类为生产工具，如臼、凿、斧等；一类为其他，如碑。

（一）生活用品

砚台2件。

标本东T2③：175，局部破损。青灰色砂岩。平面呈长方形，正面上部有“”形砚池。残长10.2、宽8.5、厚1.7～2.2厘米（图一四五，1）。

标本东T3③：9，局部破损，正中和左上角有崩口和疤痕。褐灰色泥岩。平面呈长方形，四壁处有两周刻划槽，正面上部有“”形砚池，背面有戳划的“陳”、“一仁立”等字。长14.9、宽9.5、厚1.6厘米（图一四五，2；图版四一，2）。

（二）生产工具

1. 臼

1件。

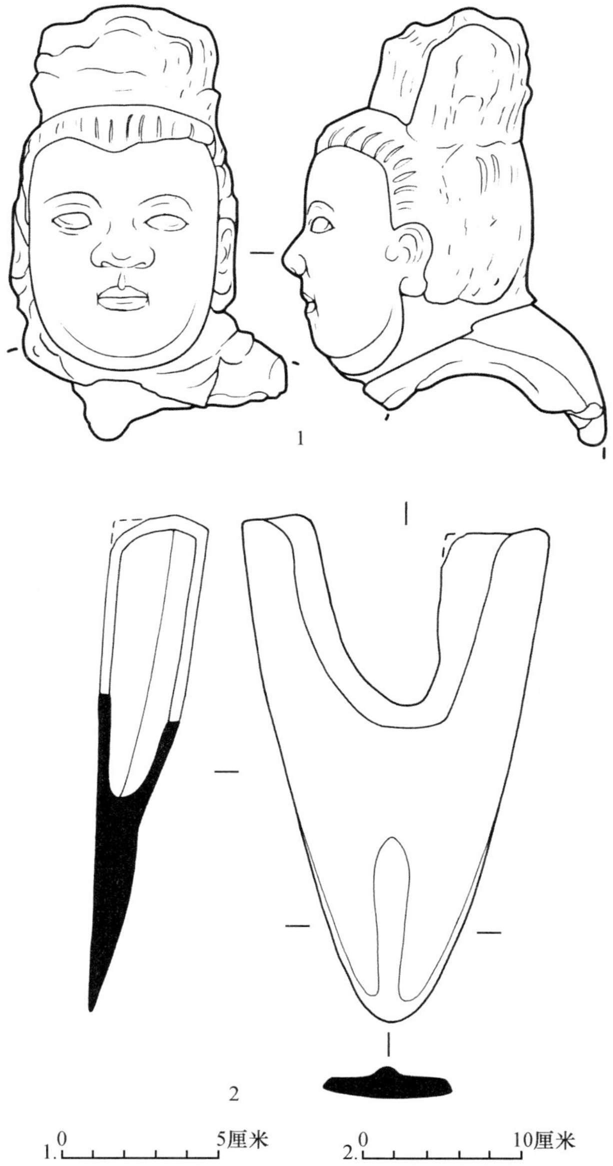

图一四四　东宫铁器

1. 神像（东T2③：15）　2. 犁（东T2③：215）

标本东T1③：41，口残。青灰色砂岩，磨制。器壁厚重，敞口，宽平沿，短平流，弧腹下收，平底，下腹处有錾痕。口径13.6、流长1.4、高13.4、底径8厘米（图一四五，3）。

2. 凿

1件。

标本东T1③：65，完整。红褐色泥岩，磨制。长条形，双面刃，刃部微弧，身上有打磨痕，顶部有击打痕。长13.1、宽1.7～3.1、厚0.4～1.7厘米（图一四五，4）。

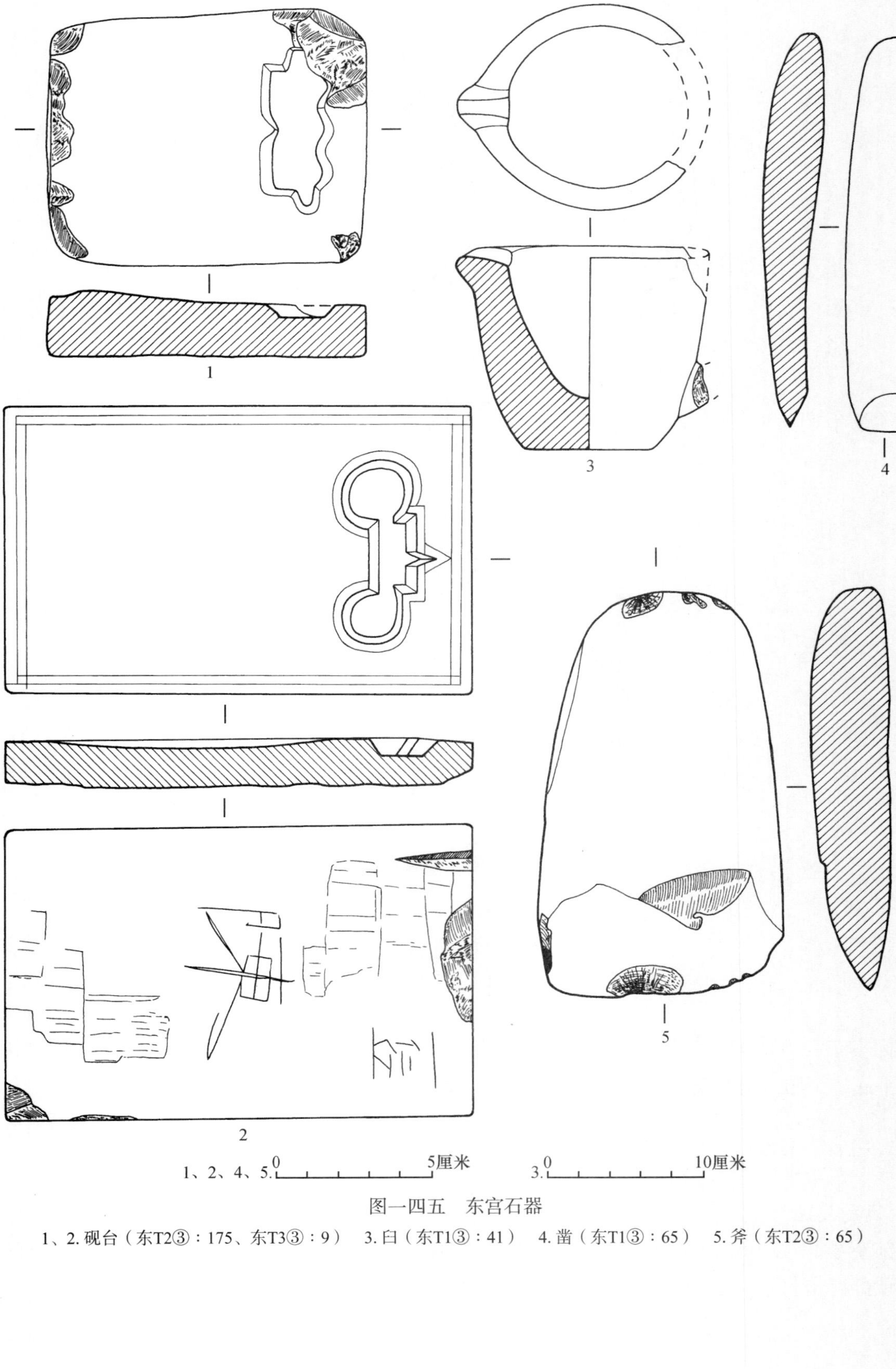

图一四五　东宫石器

1、2. 砚台（东T2③：175、东T3③：9）　3. 臼（东T1③：41）　4. 凿（东T1③：65）　5. 斧（东T2③：65）

3. 斧

1件。

标本东T2③：65，局部破损。青灰色砂岩，磨制。长方形，弧顶，宽肩，双面刃，刃部弧形，有击打痕迹及崩口，肩部、顶部有疤痕。长13.2、宽7.2、厚2.4厘米（图一四五，5）。

（三）其他

碑32件。均为磨制，表面磨光。青灰色砂岩。

标本东T1③：42，长方形，方形凸碑首，顶角弧形。碑首篆书阳刻，碑身楷书阴刻。碑首浮雕龙纹和卷云纹，碑身四周饰卷草纹。残长200、宽81、厚10.5厘米（图一四六、图一四七）。

标本东T2③：176，长方形，方形平碑首，顶角斜切。碑文皆楷书阴刻。碑首饰仙鹤及卷云纹，碑身四周饰卷草纹。残长86.5、宽50.5、厚7厘米（图一四八，1；图一四九）。

标本东T2③：179，长方形，有榫，圜形平碑首。碑文皆楷书阴刻。碑首饰仙鹤及卷云纹，碑身四周饰卷草纹。残长62.5、宽51、厚6.5厘米（图一四八，2；图一五〇）。

标本东T2③：180，长方形，有榫。碑文楷书阴刻。碑首饰仙鹤及卷云纹，碑身四周饰卷草纹。残长106、宽52.5、厚6.5、榫长10.5、宽15厘米（图一五一，1；图一五二）。

标本东T2③：216，长方形，圜形平碑首。碑文皆楷书阴刻。碑首饰仙鹤及卷云纹，碑身四周饰卷草纹。残长110、宽53、厚8.5、额宽31厘米（图一五一，2；图一五三）。

标本东T2③：217，长方形。碑文楷书阴刻。碑身四周饰卷草纹。残长80、宽46、厚8.5、榫长11、宽16厘米（图一五四，1；图一五五）。

标本东T2③：218，长方形。碑文楷书阴刻。碑身四周饰卷草纹。残长82、宽53、厚8厘米（图一五四，2；图一五六）。

标本东T2③：219，长方形，圜形平碑首。碑文皆楷书阴刻。碑首饰仙鹤及卷云纹，碑身四周饰卷草纹。残长87、宽46.5、厚8厘米（图一五七，1；图一五八）。

标本东T2③：220，长方形，圜形平碑首。碑文皆楷书阴刻。碑首饰仙鹤及卷云纹，碑身四周饰卷草纹。残长116、宽51.5、厚7厘米（图一五七，2；图一五九）。

标本东T2③：221，长方形，方形平碑首。碑文皆楷书阴刻。碑首饰仙鹤及卷云纹，碑身四周饰卷草纹。残长97、宽55、厚6.5厘米（图一六〇，1；图一六一）。

标本东T2③：222，长方形，方形平碑首。碑文皆楷书阴刻。碑首饰“月”字和卷云纹，碑身四周饰卷草纹。残长112、宽37、厚6.5厘米（图一六〇，2；图一六二）。

标本东T2③：223，长方形，有榫。碑文楷书阴刻。碑身四周饰卷草纹。残长81、宽57、厚7、榫残长12、宽8厘米（图一六三，1；图一六四）。

标本东T2③：246，长方形，方形平碑首。碑文皆楷书阴刻。碑首饰“日”字和祥云纹，碑身饰卷草纹。残长78.5、宽29.5、厚7.5、碑首宽36厘米（图一六三，2；图一六五）。

标本东T2③：247，长方形。碑文草书阴刻。碑身四周饰卷草纹。残长67、宽52.5、厚

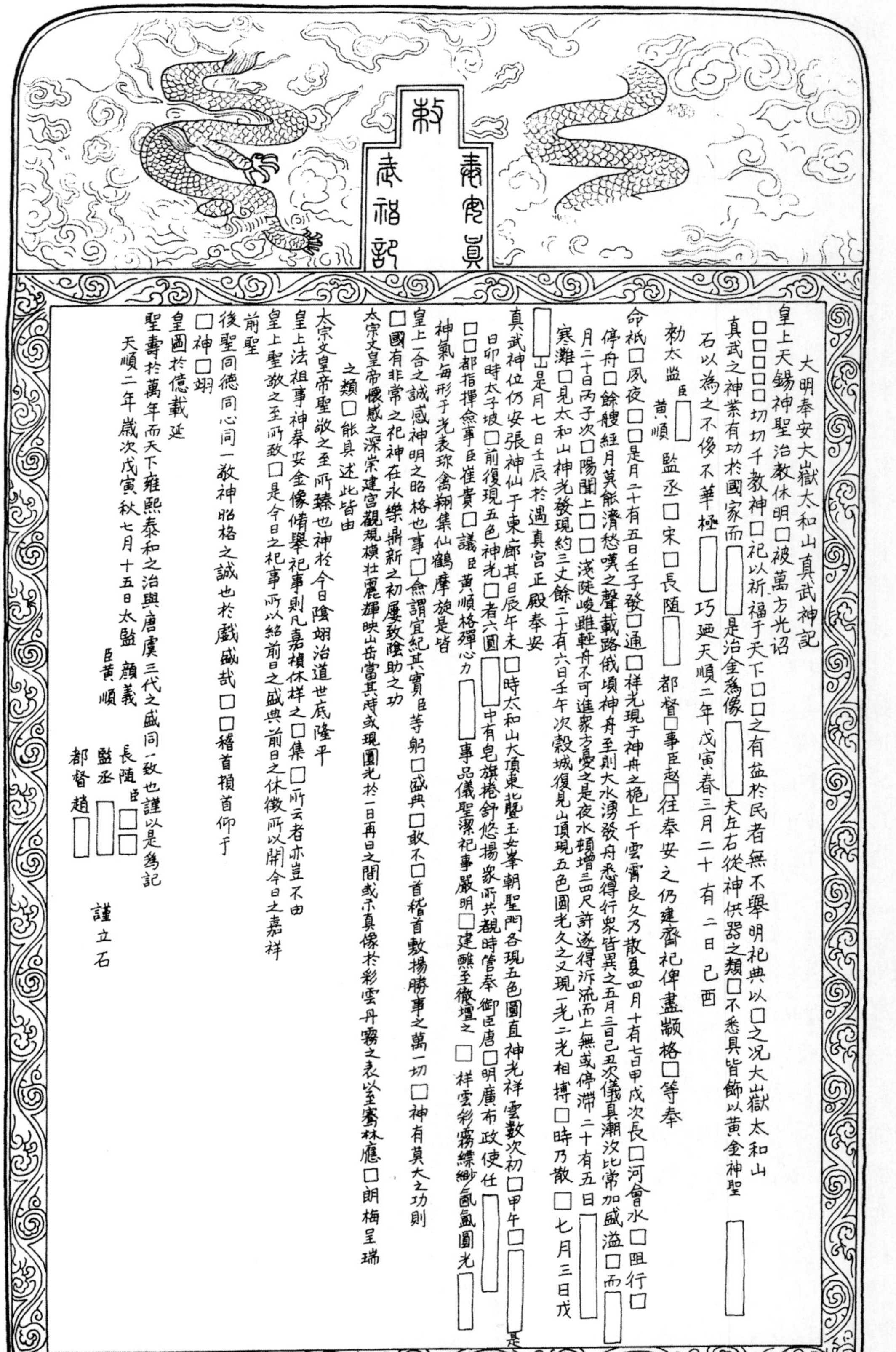

图一四六　东宫碑文释读示意图（东T1③：42）

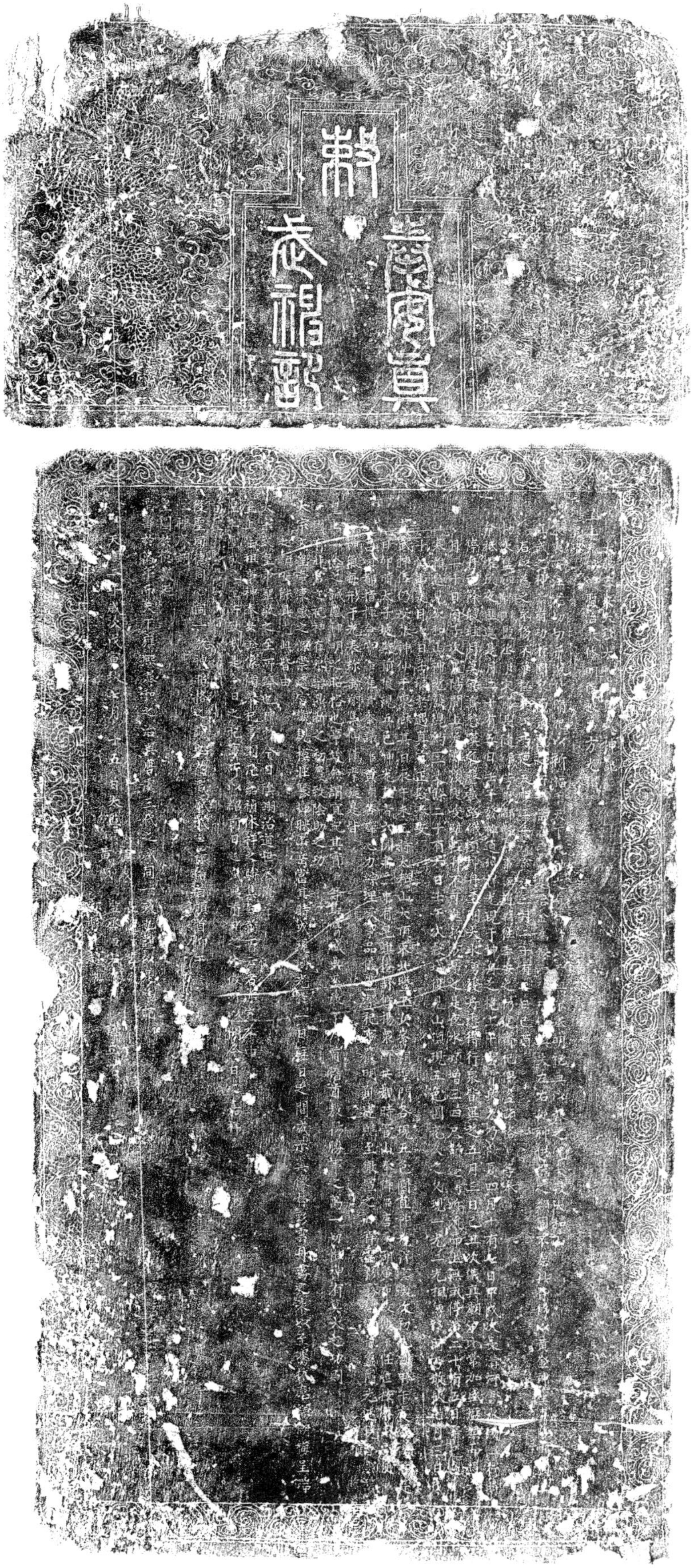

图一四七　东宫石碑拓片（东T1③：42）

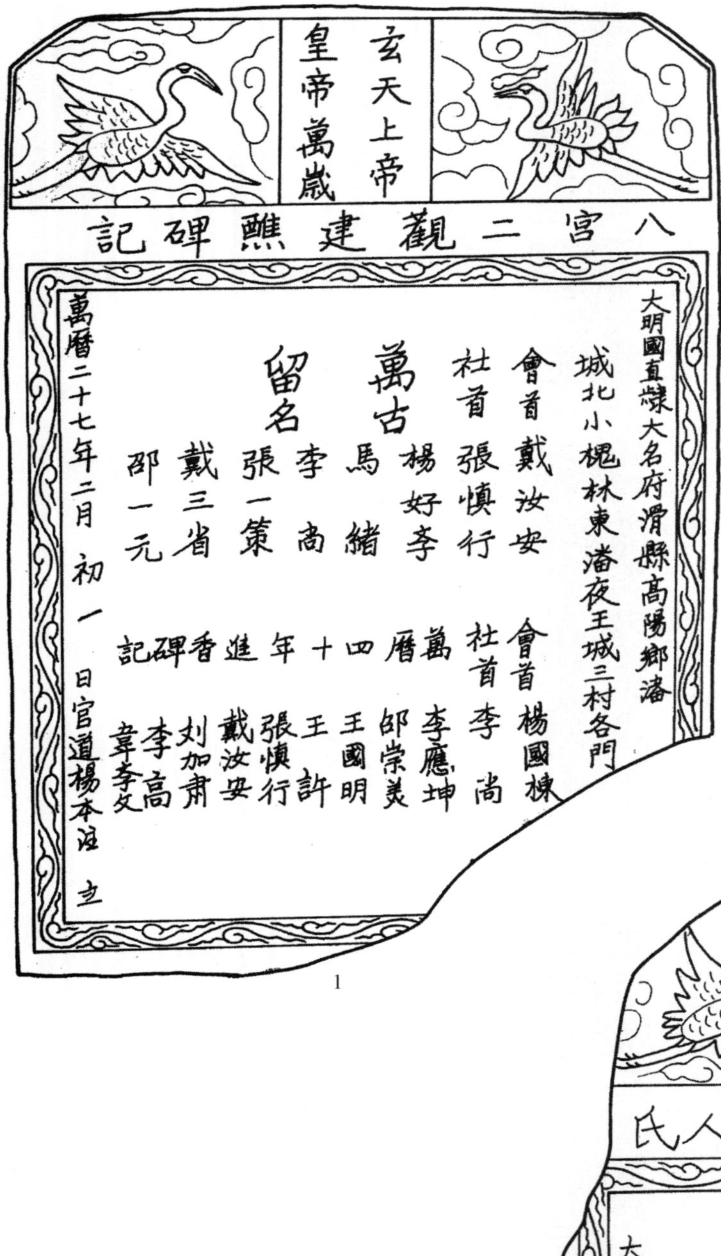

1

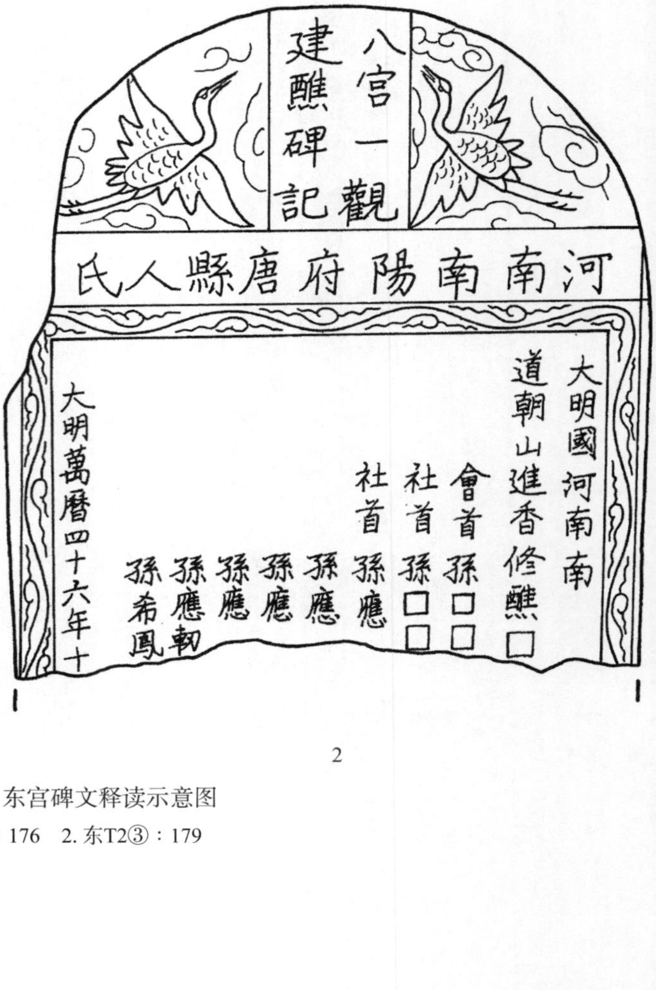

2

图一四八　东宫碑文释读示意图

1. 东T2③：176　2. 东T2③：179

图一四九　东宫石碑拓片（东T2③：176）

图一五〇 东宫石碑拓片（东T2③：179）

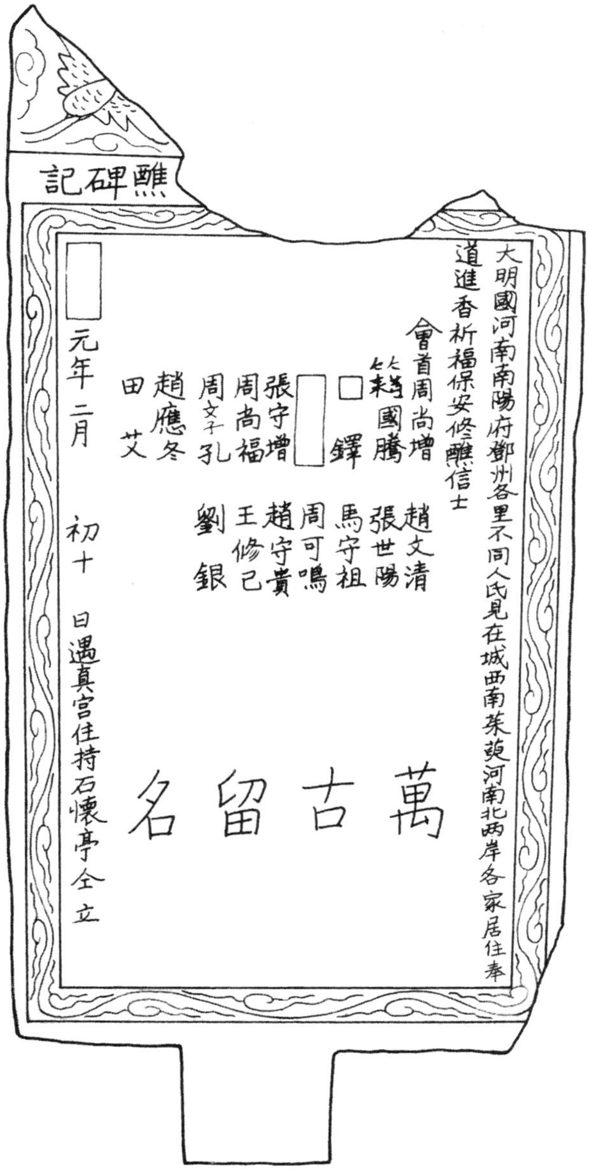

1

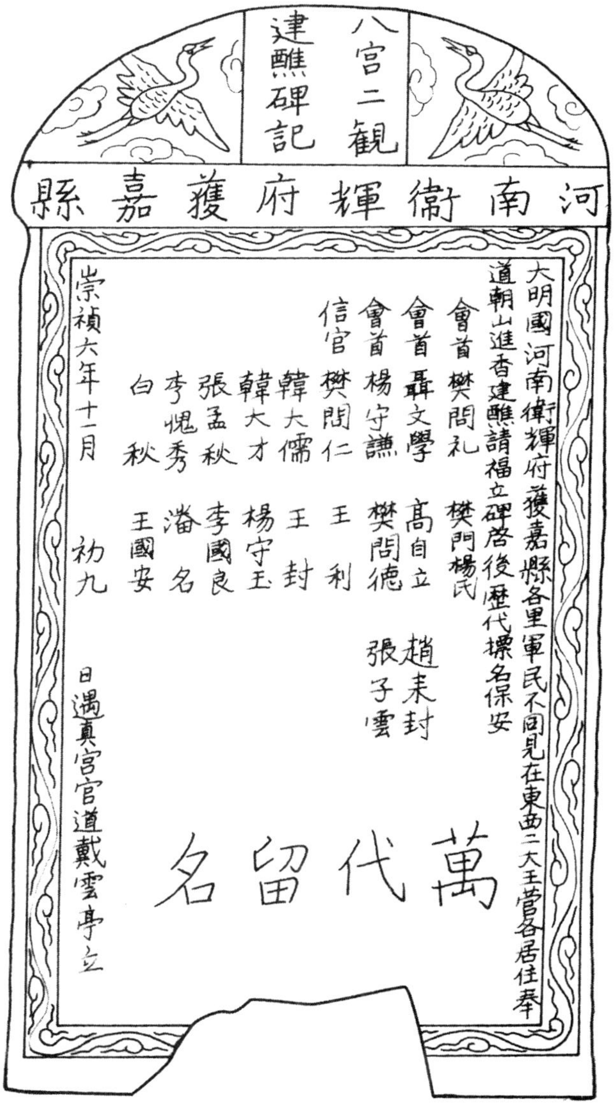

2

图一五一　东宫碑文释读示意图

1. 东T2③：180　2. 东T2③：216

图一五二　东宫石碑拓片（东T2③：180）

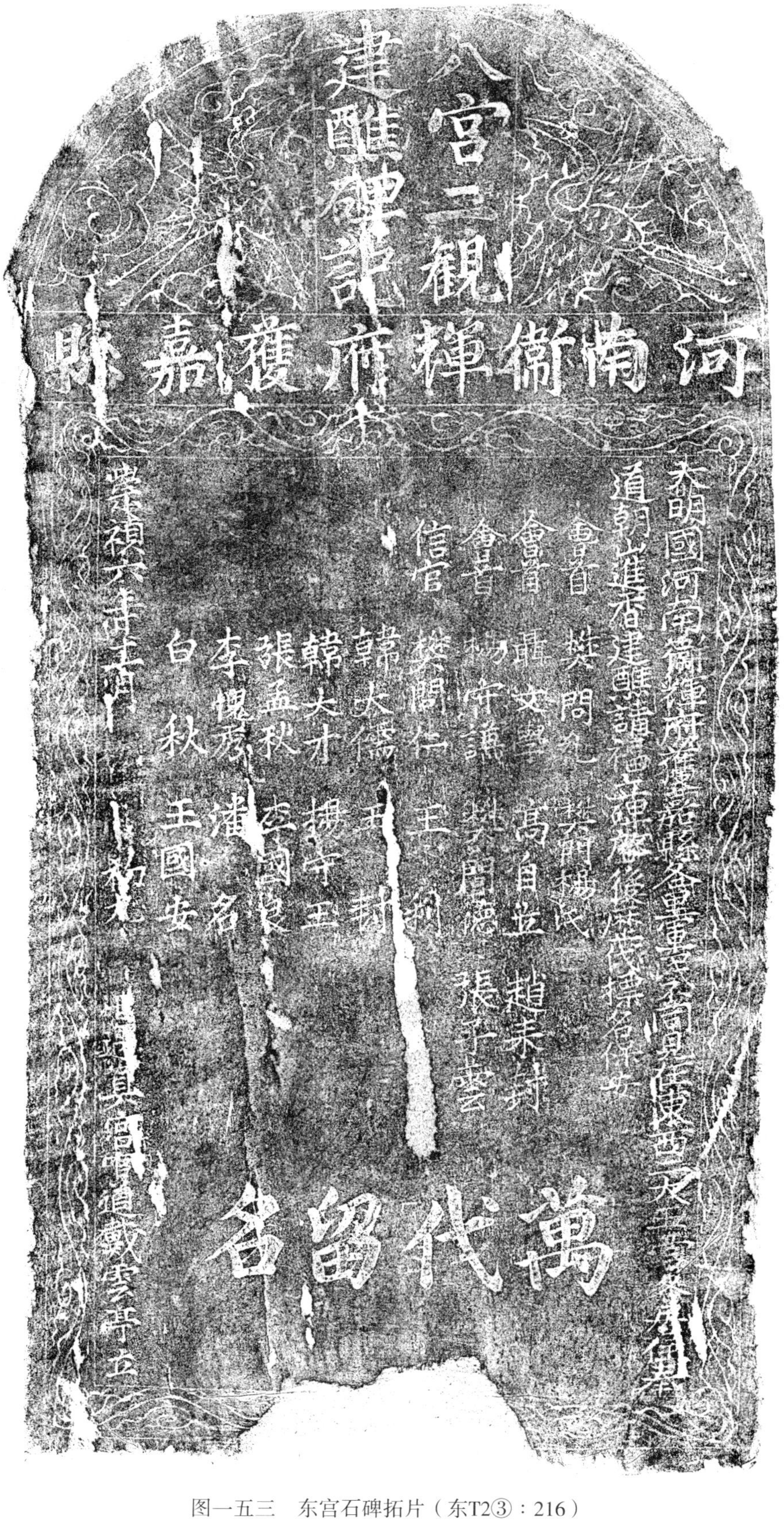

图一五三 东宫石碑拓片（东T2③：216）

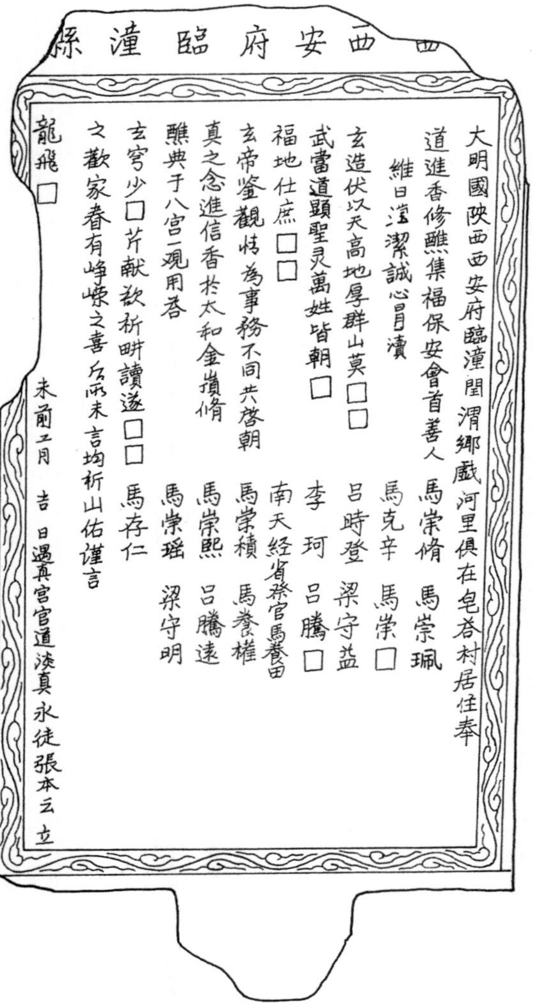

1

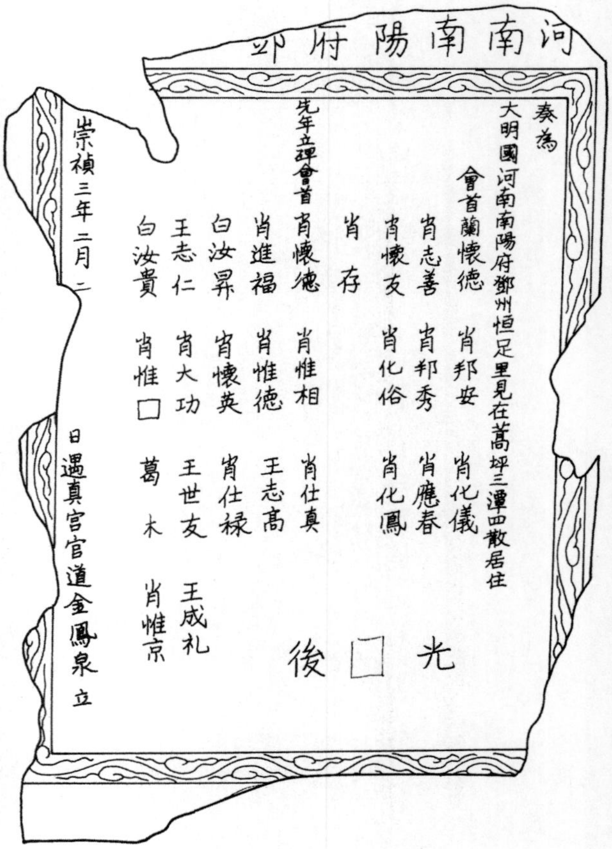

2

图一五四　东宫碑文释读示意图

1. 东T2③：217　2. 东T2③：218

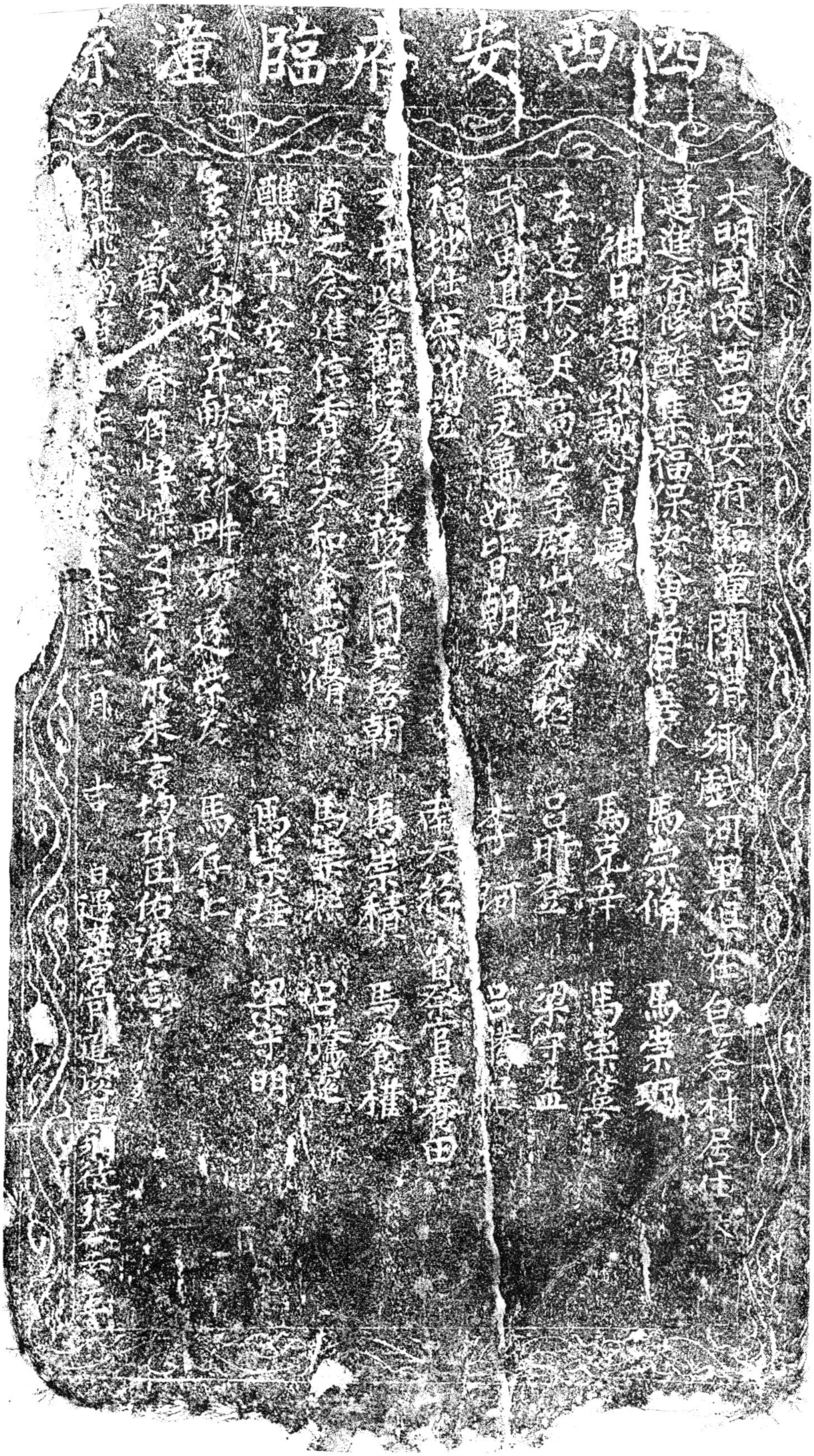

图一五五 东宫石碑拓片（东T2③：217）

图一五六　东宫石碑拓片（东T2③：218）

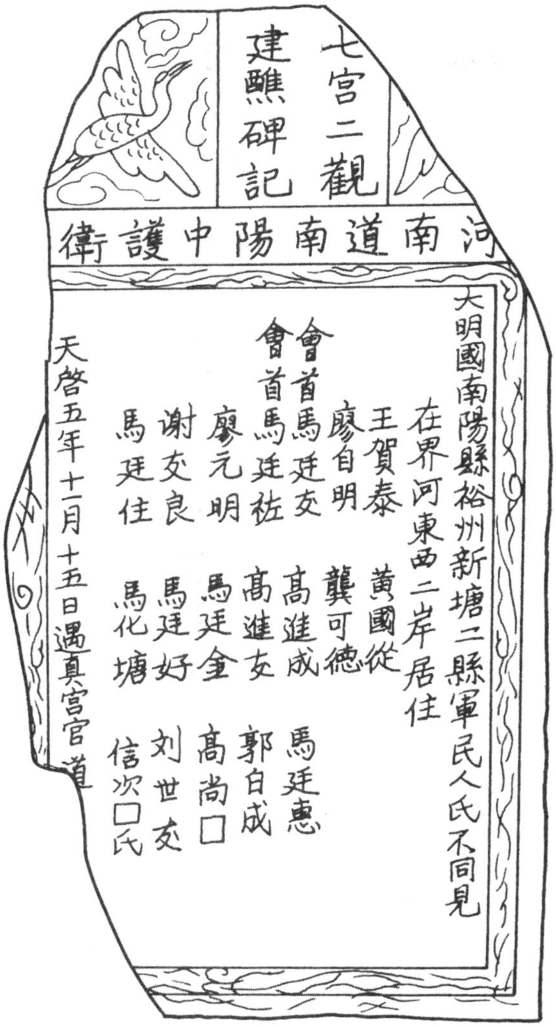

1

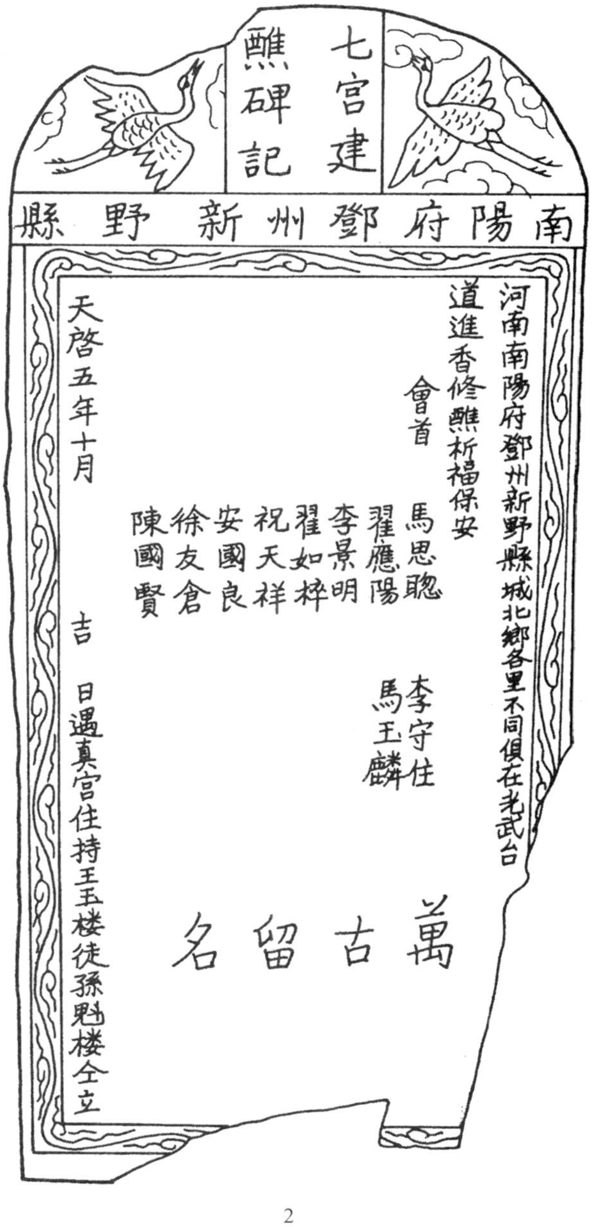

2

图一五七 东宫碑文释读示意图

1. 东T2③：219 2. 东T2③：220

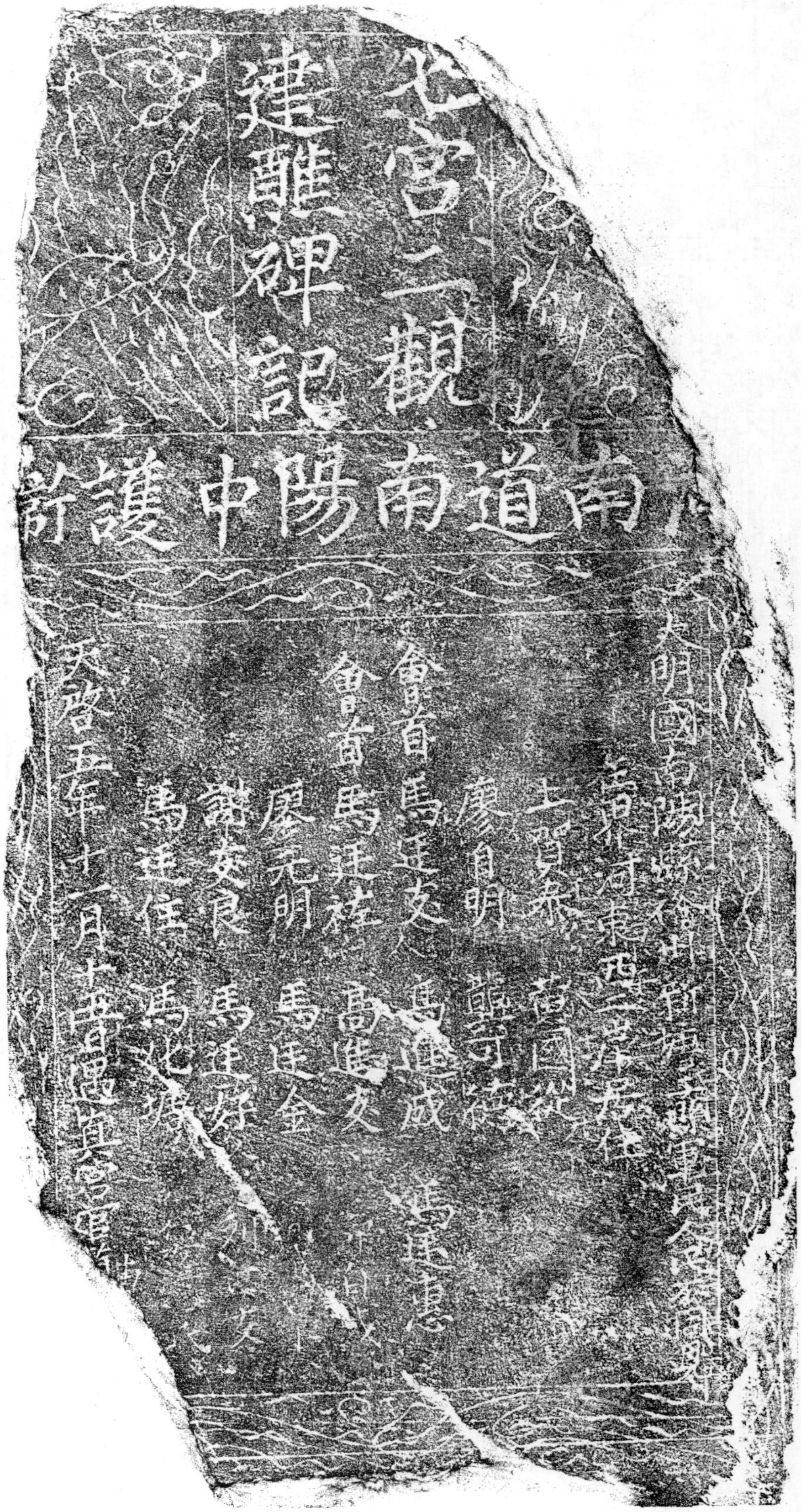

图一五八　东宫石碑拓片（东T2③：219）

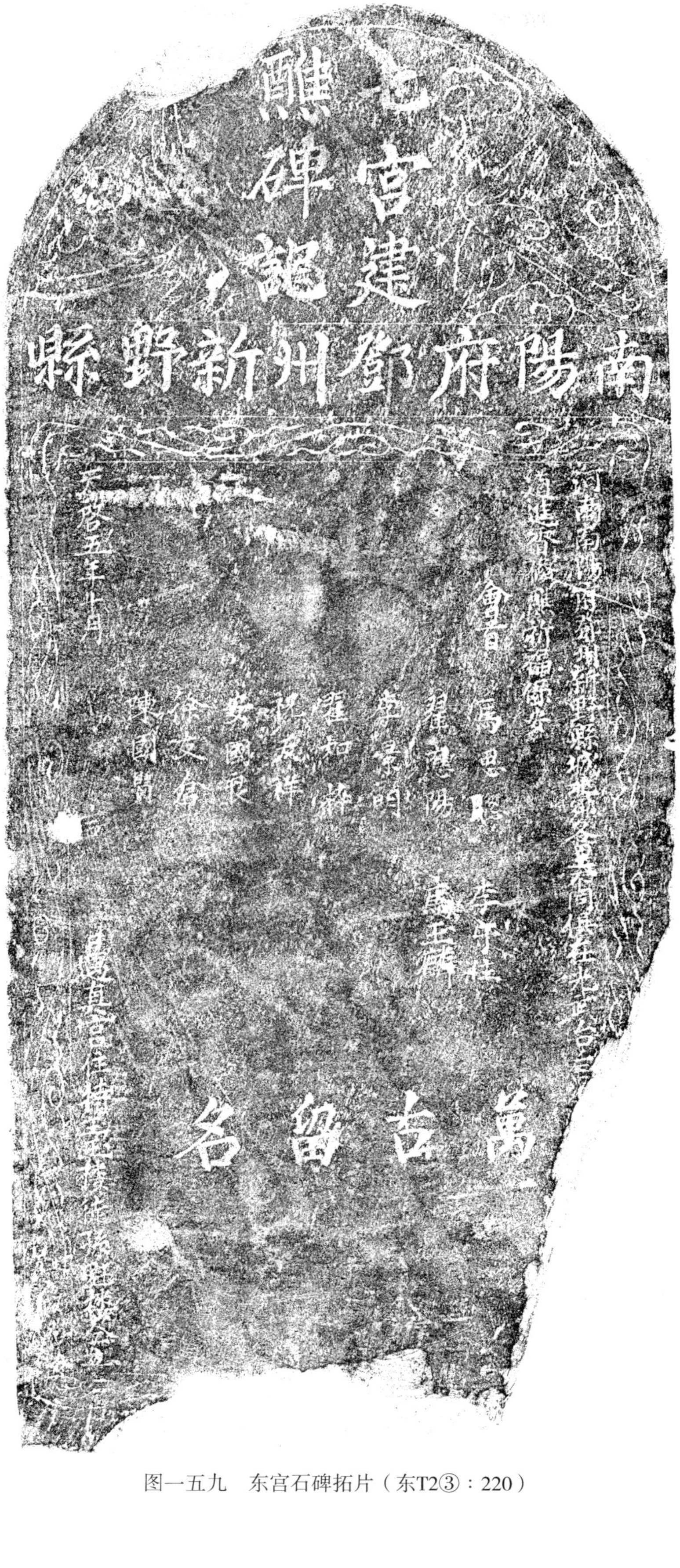

图一五九　东宫石碑拓片（东T2③：220）

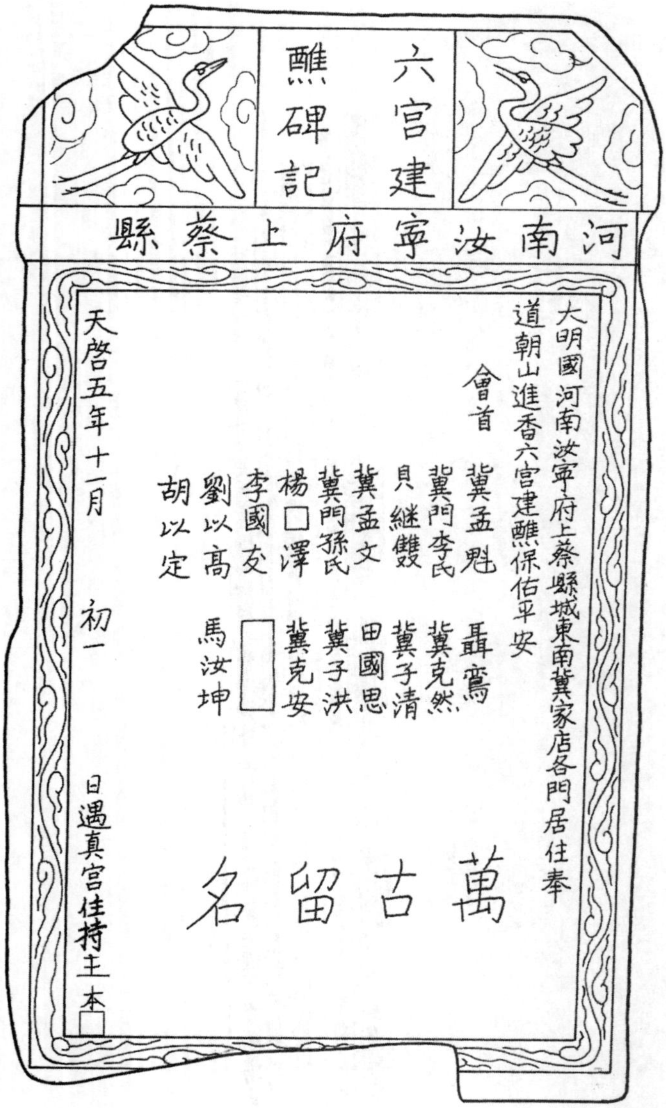

1

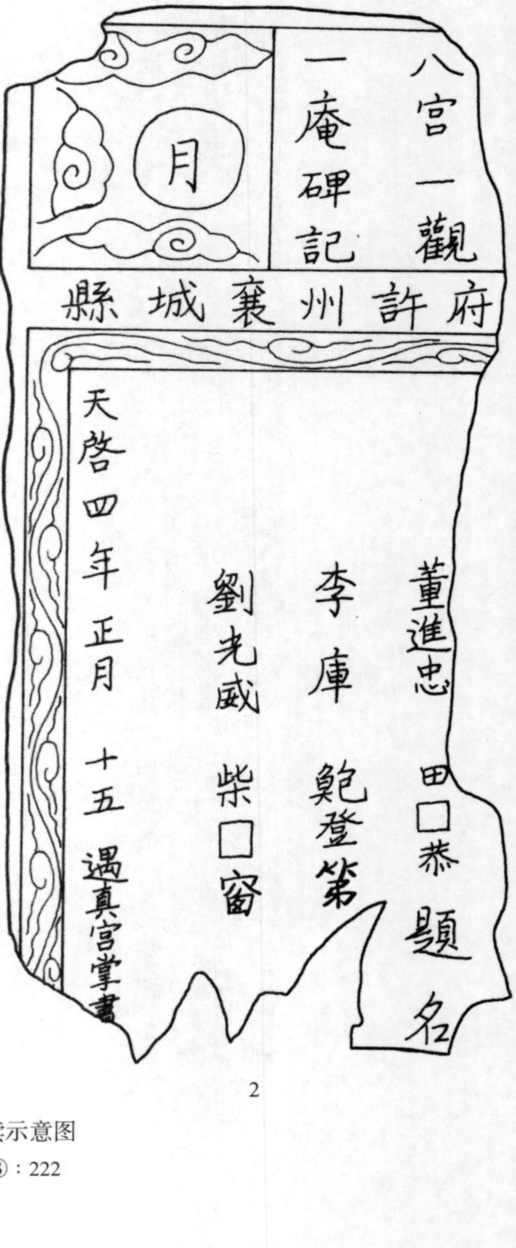

2

图一六〇　东宫碑文释读示意图

1. 东T2③：221　2. 东T2③：222

图一六一 东宫石碑拓片（东T2③：221）

图一六二　东宫石碑拓片（东T2③：222）

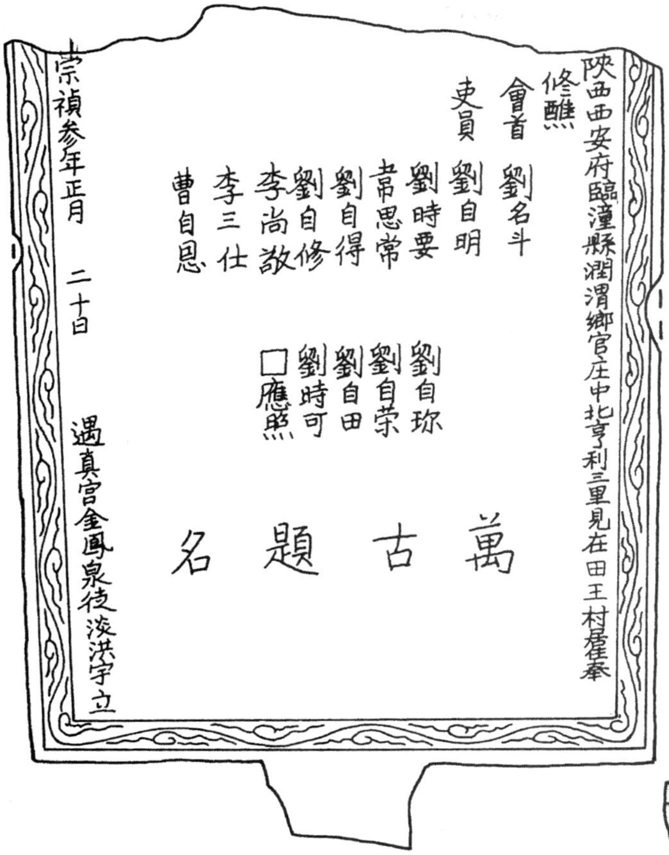

1

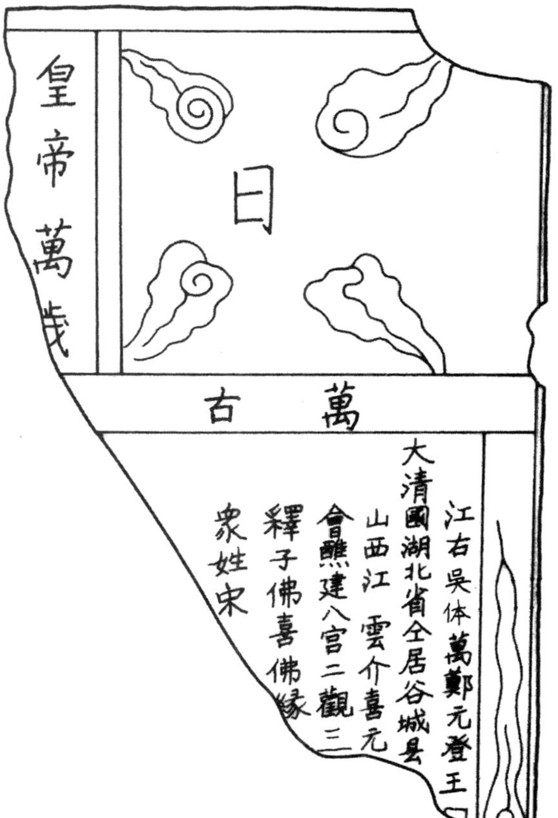

2

图一六三　东宫碑文释读示意图

1. 东T2③：223　2. 东T2③：246

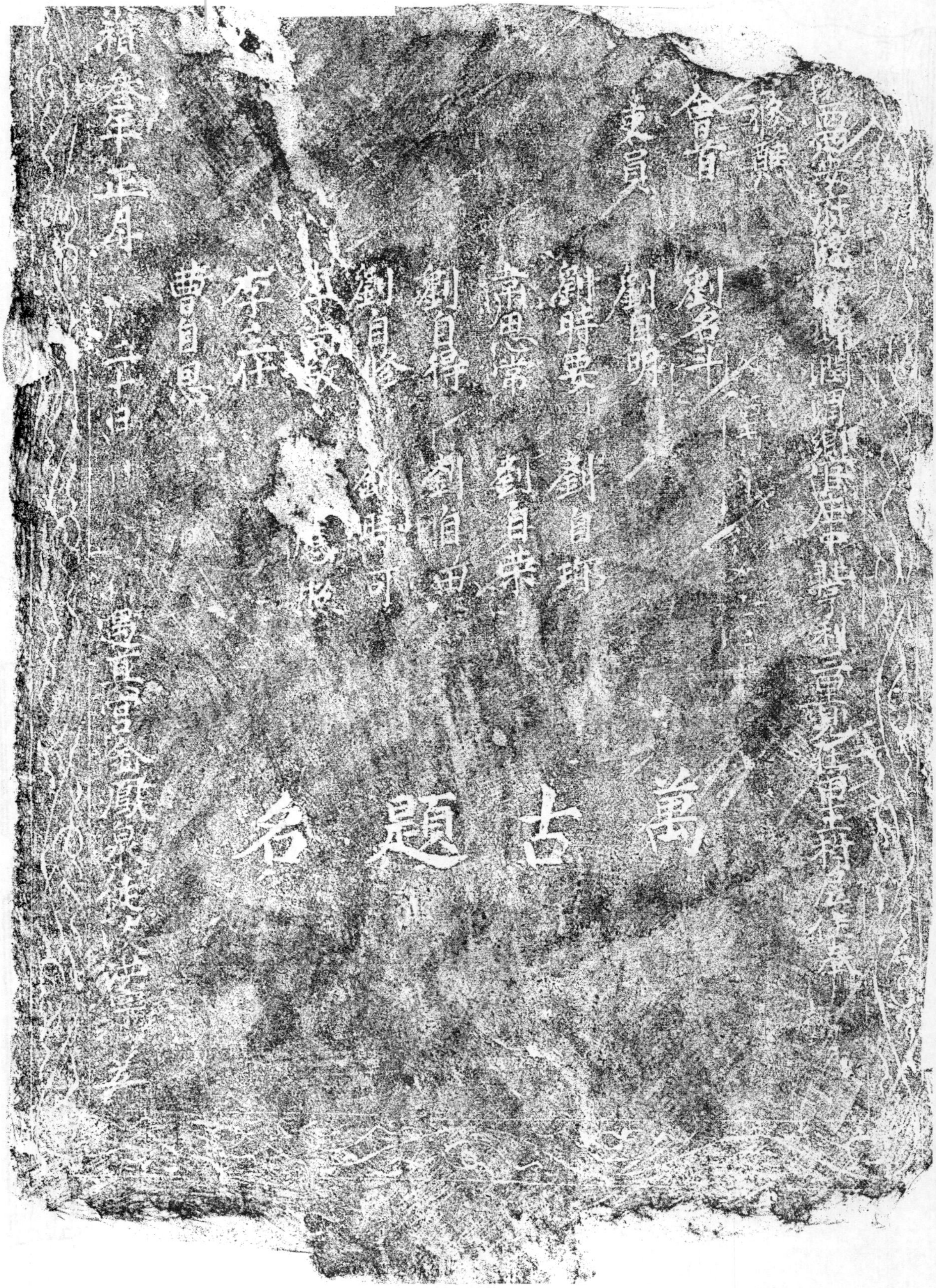

图一六四　东宫石碑拓片（东T2③：223）

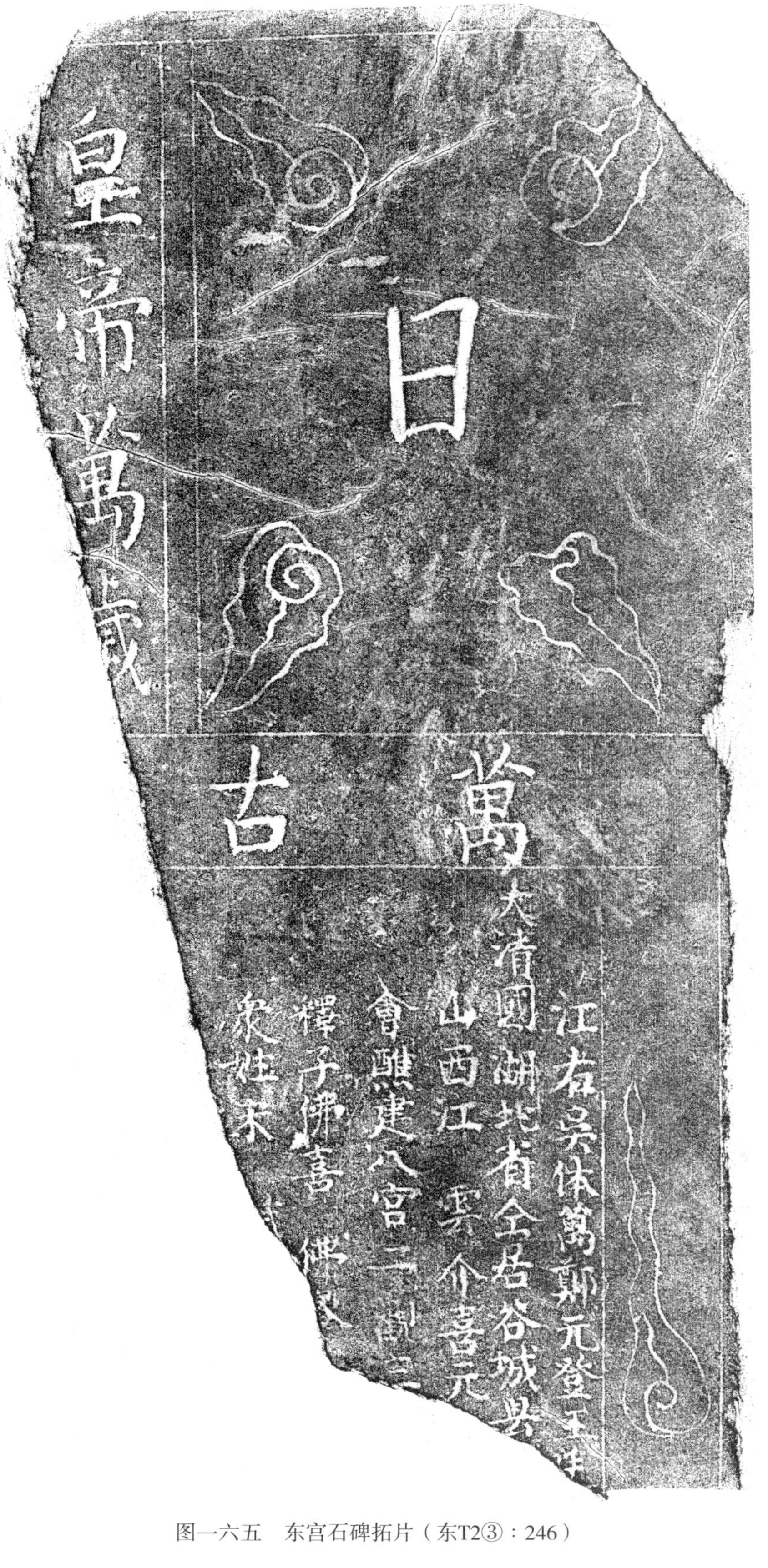

图一六五　东宫石碑拓片（东T2③：246）

6.5、榫长15、宽17.5厘米（图一六六，1；图一六七）。

标本东T2③：249，长方形，方形平碑首，顶角弧形。碑文皆楷书阴刻。碑首饰仙鹤及卷云纹，碑身四周饰卷草纹。残长88、宽47、厚6.5厘米（图一六六，2；图一六八）。

标本东T2③：250，长方形。碑文楷书阴刻。碑身四周饰卷草纹。残长81、宽45、厚4.5厘米（图一六九，1；图一七〇）。

标本东T2③：251，长方形，方形平碑首，顶角弧形。碑文皆楷书阴刻。碑首饰仙鹤及卷云纹，碑身四周饰卷草纹。残长99、宽51.5、厚7厘米（图一六九，2；图一七一）。

标本东T2③：252，长方形，方形凸碑首，弧形顶角。碑文皆楷书阴刻。碑首饰仙鹤及云纹，碑身四周饰卷草纹。残长94、宽46.5、厚7厘米（图一七二，1；图一七三）。

标本东T2③：253，长方形。碑文楷书和草书混写，阴刻。碑身四周饰卷草纹。残长87.5、宽51.5、厚6.5厘米（图一七二，2；图一七四）。

标本东T3③：28，长方形，方形平碑首，顶角斜切。碑文皆楷书阴刻。碑首饰仙鹤及云纹，碑身四周饰卷草纹。残长68、宽49.5、厚8厘米（图一七五，1；图一七六）。

标本东T3③：37，长方形，方形平碑首，顶角弧形。碑文皆楷书阴刻。碑首饰仙鹤及卷云纹，碑身四周饰卷草纹。残长99、宽52、厚7厘米（图一七五，2；图一七七）。

标本东T3③：43，长方形，方形平碑首。碑文皆楷书阴刻。碑首饰仙鹤及云纹，碑身四周饰卷草纹。残长110、宽55.5、厚6.5厘米（图一七八，1；图一七九）。

标本东T3③：45，长方形，方形平碑首。碑文皆楷书阴刻。碑首饰仙鹤及云纹，碑身四周饰卷草纹。残长94.5、宽45、厚4.5厘米（图一七八，2；图一八〇）。

标本东T3③：46，长方形。碑文楷书阴刻。碑身四周饰卷草纹。残长68、宽48、厚6厘米（图一八一，1；图一八二）。

标本东T3③：47，长方形，方形平碑首，顶角弧形。碑文皆楷书阴刻。碑首仙鹤及卷云纹，碑身四周饰卷草纹。残长111、宽57、厚10厘米（图一八一，2；图一八三）。

标本东T3③：48，长方形。碑文皆楷书阴刻。碑身四周饰卷草纹。残长118、宽63.5、厚6.5厘米（图一八四，1；图一八五）。

标本东T3③：49，长方形，方形平碑首，顶角弧形。碑文皆楷书阴刻。碑首饰仙鹤及卷云纹，碑身四周饰卷草纹。残长171、宽70、厚10厘米（图一八四，2；图一八六）。

标本东T3③：65，长方形，方形平碑首，顶角弧形。碑文皆楷书阴刻。碑首饰仙鹤及云纹，碑身四周饰卷草纹。残长109、宽49、厚7厘米（图一八七，1；图一八八）。

标本东T3③：66，长方形，方形平碑首，顶角弧形。碑文楷书阴刻。碑首饰仙鹤及卷云纹。残长42、宽46.5、厚6.5厘米（图一八七，2；图一八九）。

标本东T3③：67，长方形，方形平碑首，顶角弧形。碑文皆楷书阴刻。碑首饰仙鹤及卷云纹，碑身四周饰卷草纹（图一九〇，1；图一九一）。

标本东T3③：82，长方形。碑文楷书阴刻。碑身四周饰卷草纹。残长68、宽49、厚6厘米（图一九〇，2；图一九二）。

标本东T4②：2，长方形，圜形平碑首。碑文皆楷书阴刻。碑首饰红日祥云纹，碑身四周饰卷草纹。残长77.5、宽53.5、厚7.5厘米（图一九三、图一九四）。

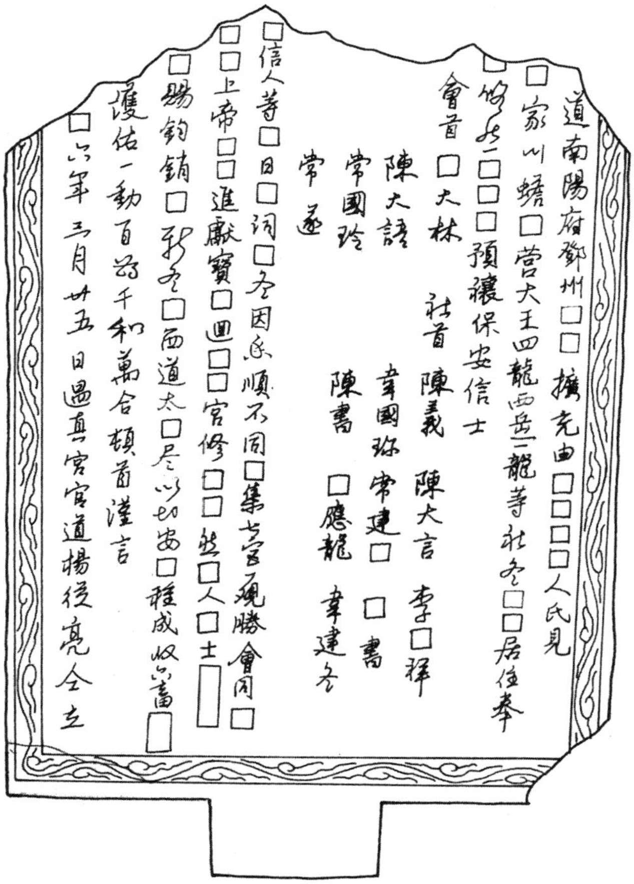

1

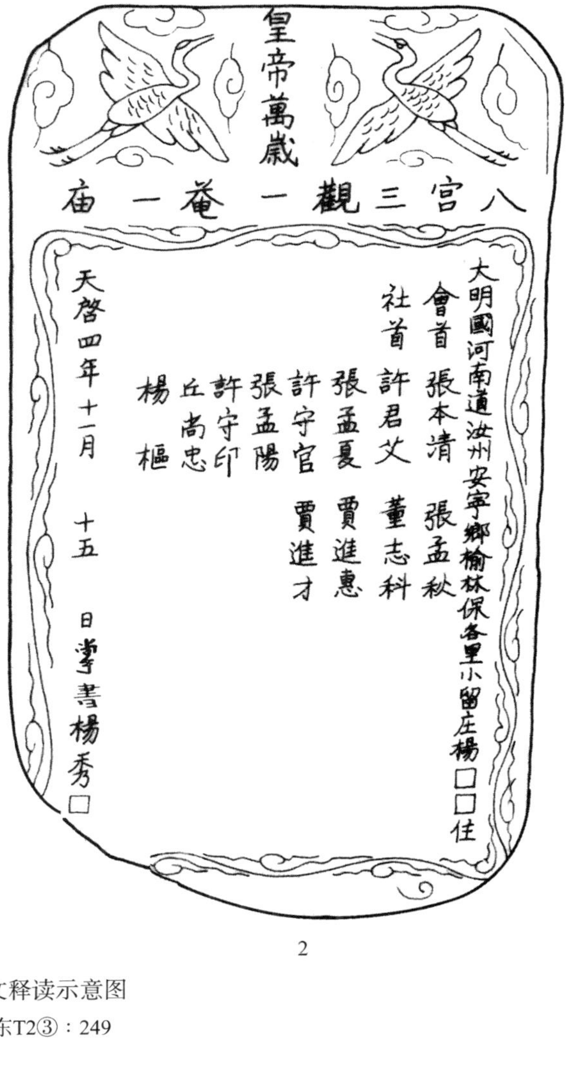

2

图一六六　东宫碑文释读示意图

1. 东T2③：247　2. 东T2③：249

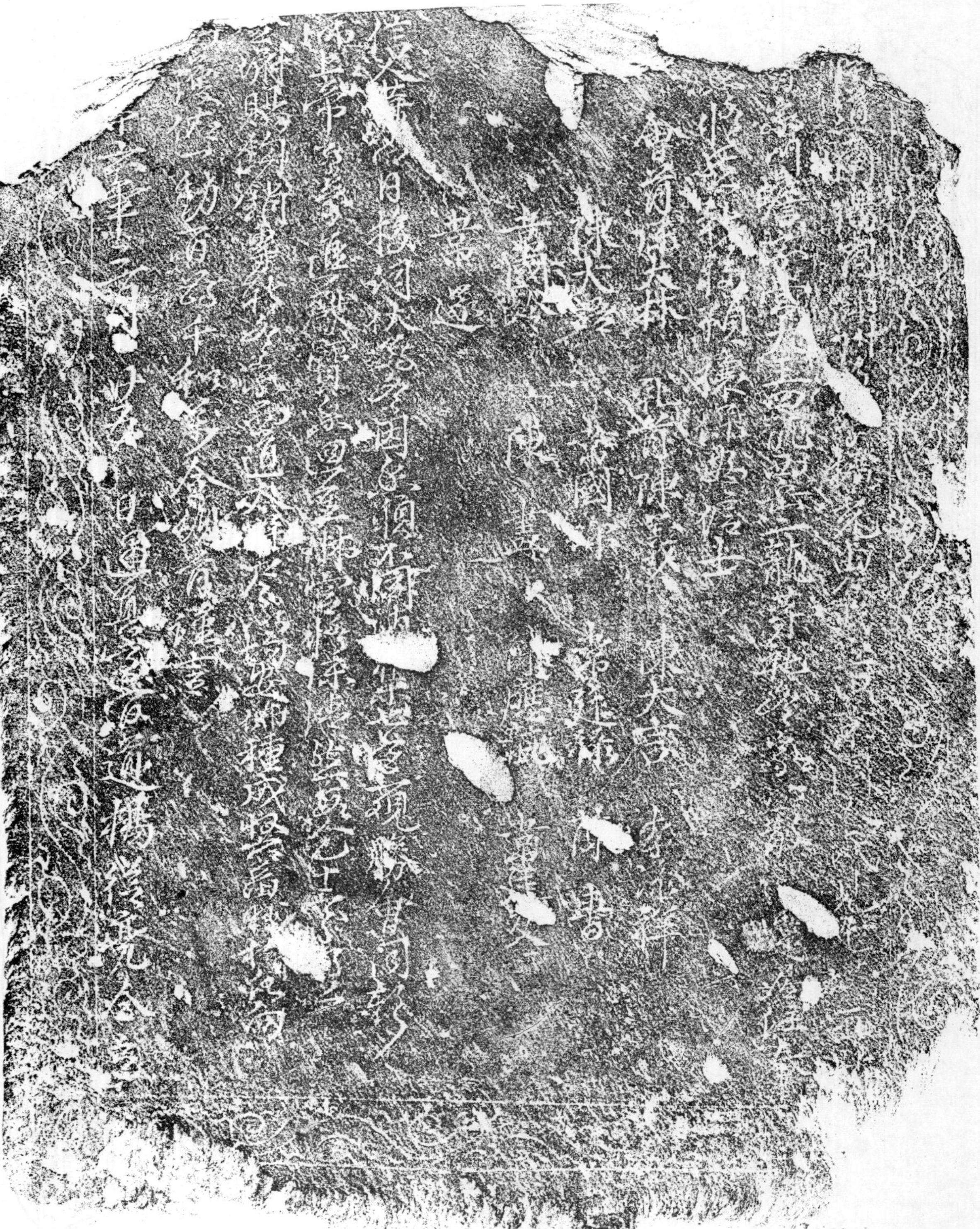

图一六七　东宫石碑拓片（东T2③：247）

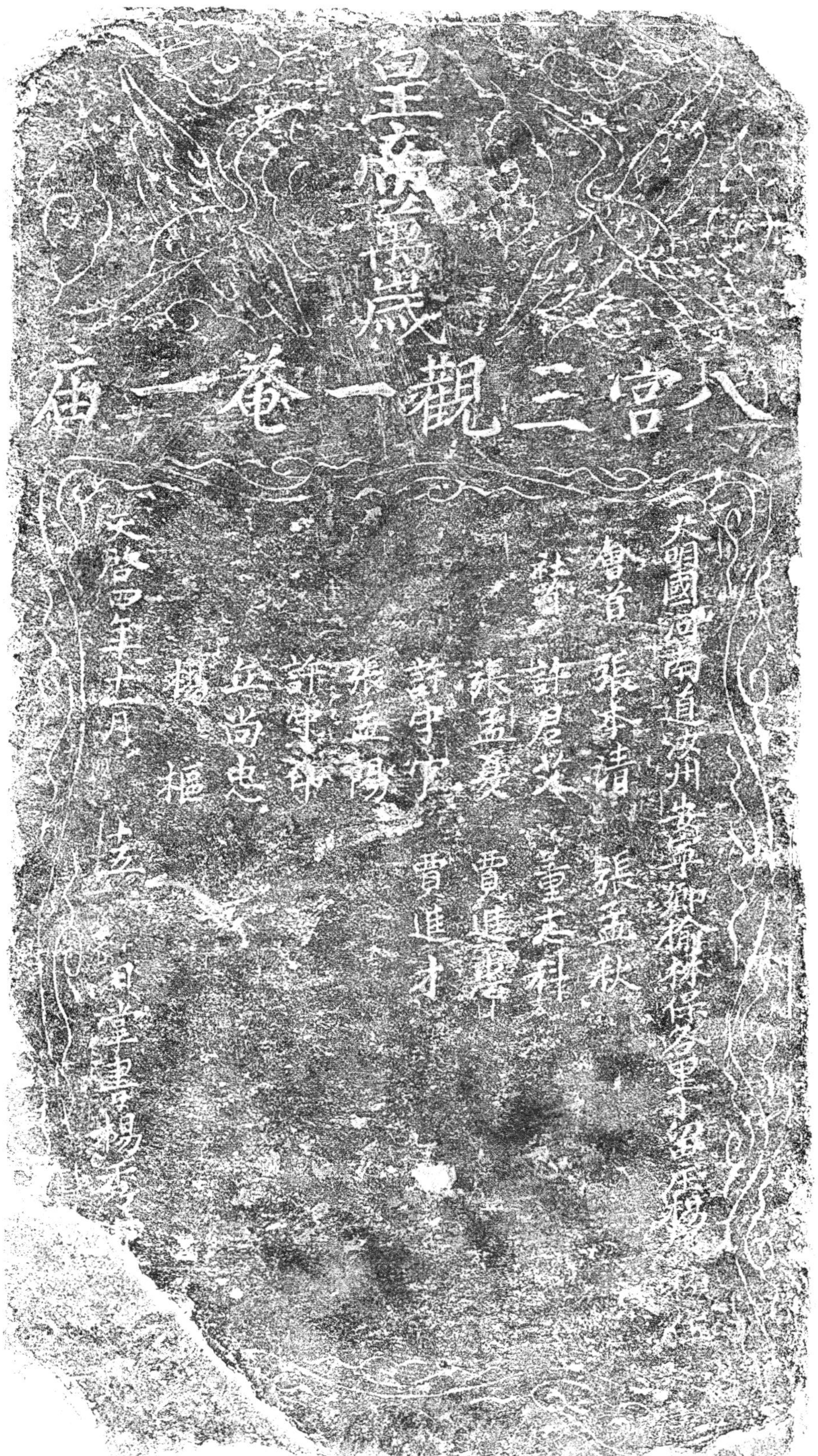

图一六八 东宫石碑拓片（东T2③：249）

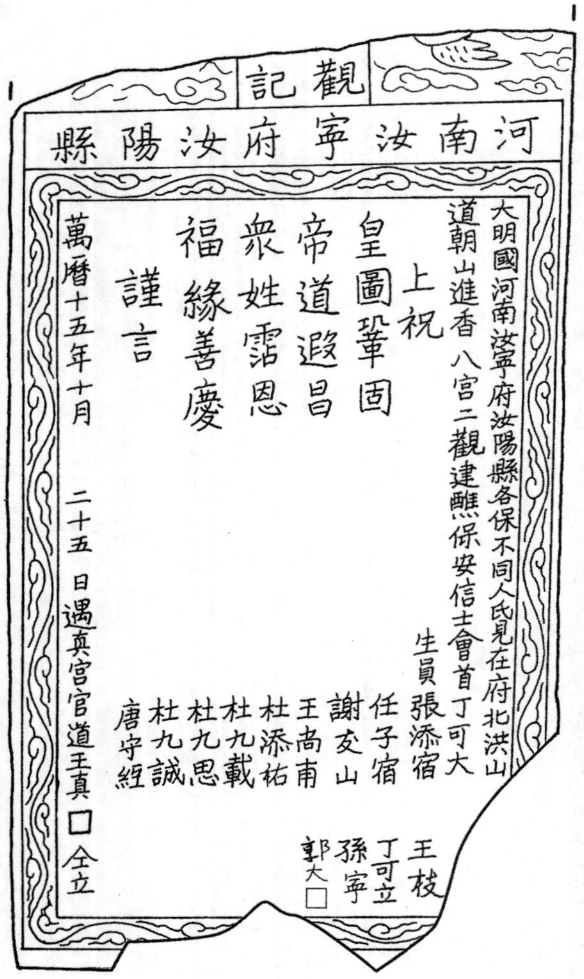

1

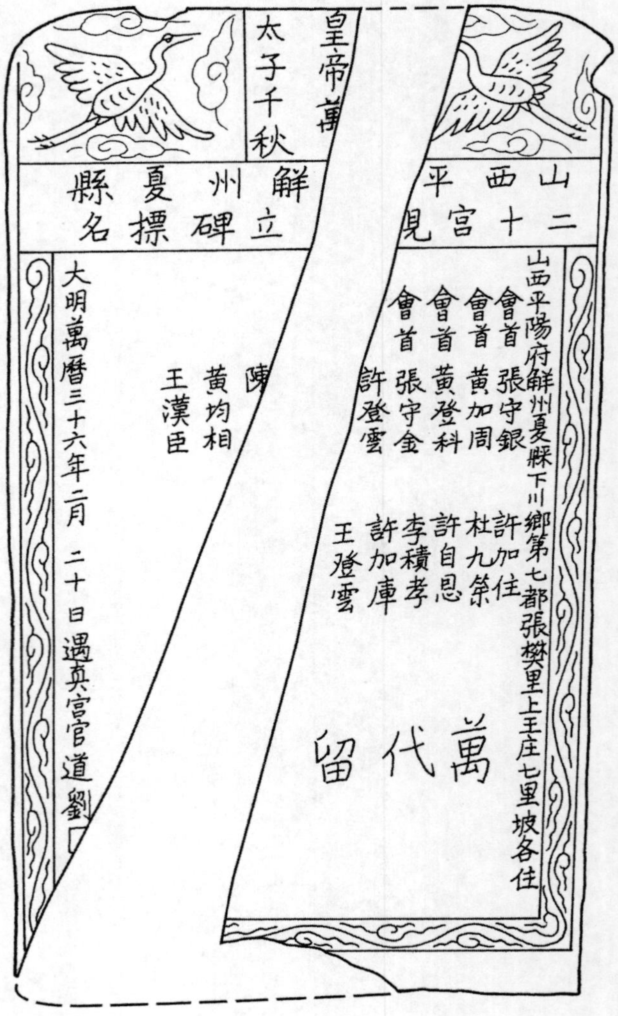

2

图一六九　东宫碑文释读示意图

1. 东T2③：250　2. 东T2③：251

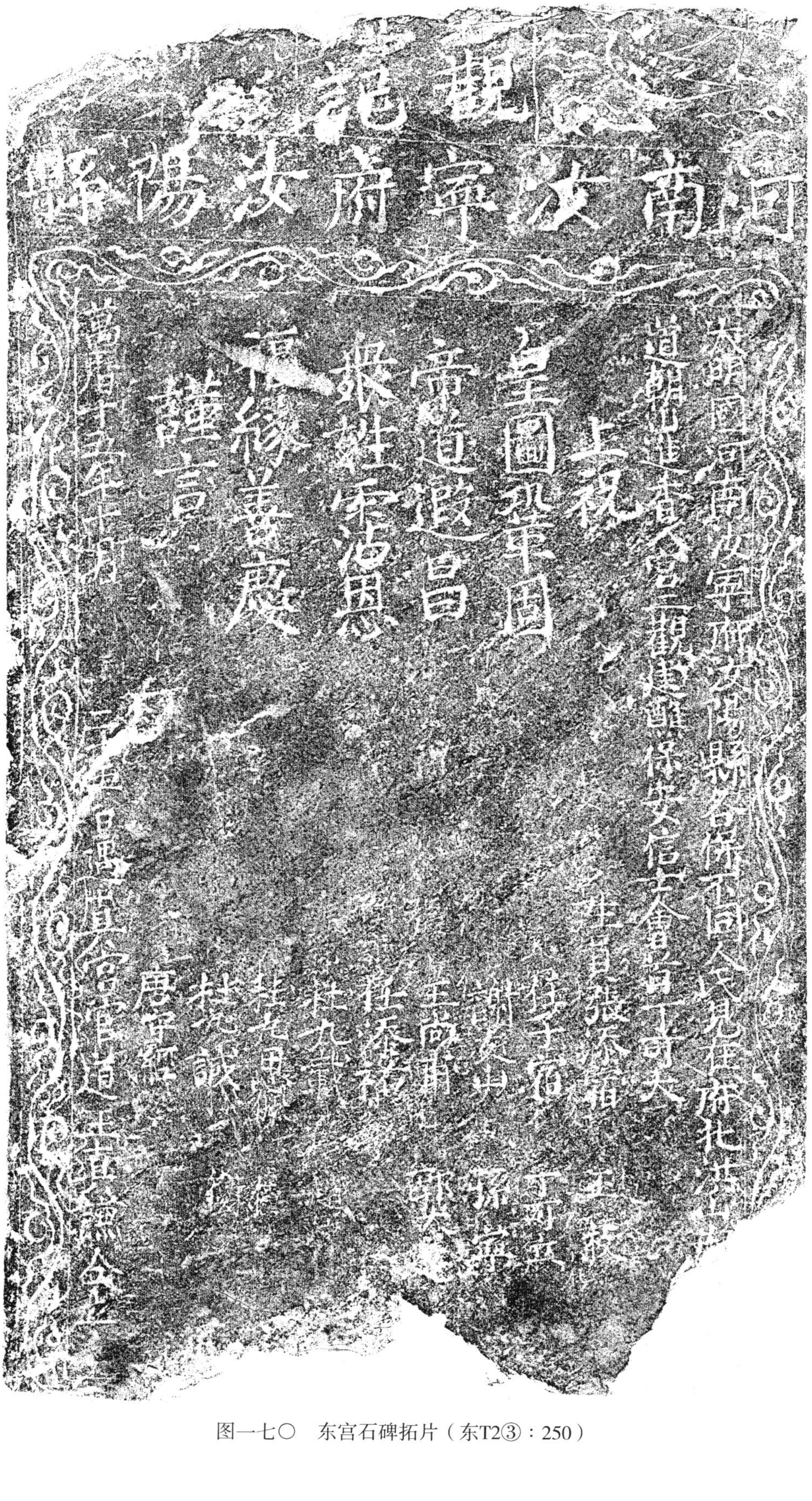

图一七〇　东宫石碑拓片（东T2③：250）

图一七一　东宫石碑拓片（东T2③：251）

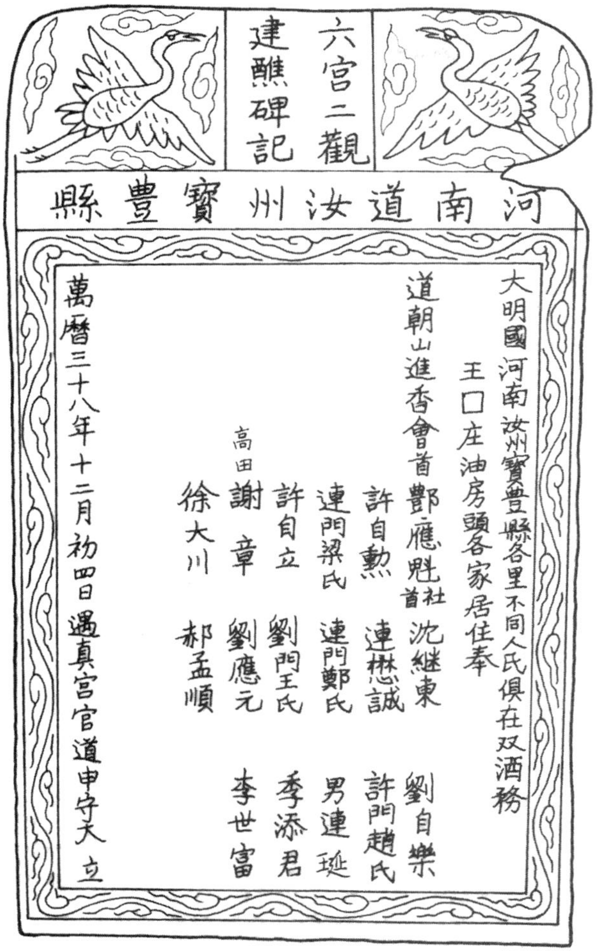

1

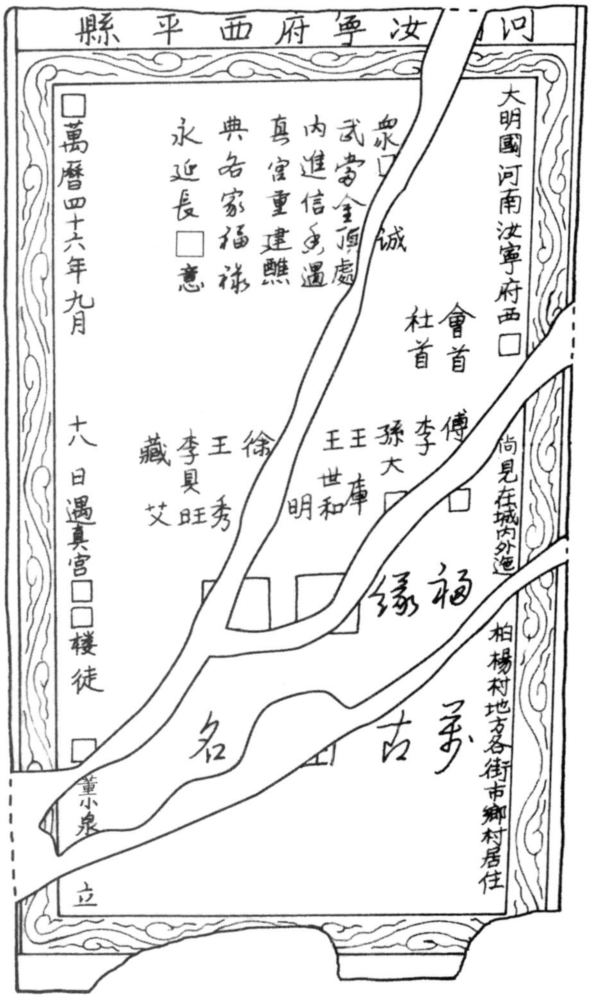

2

图一七二 东宫碑文释读示意图

1. 东T2③：252 2. 东T2③：253

图一七三　东宫石碑拓片（东T2③：252）

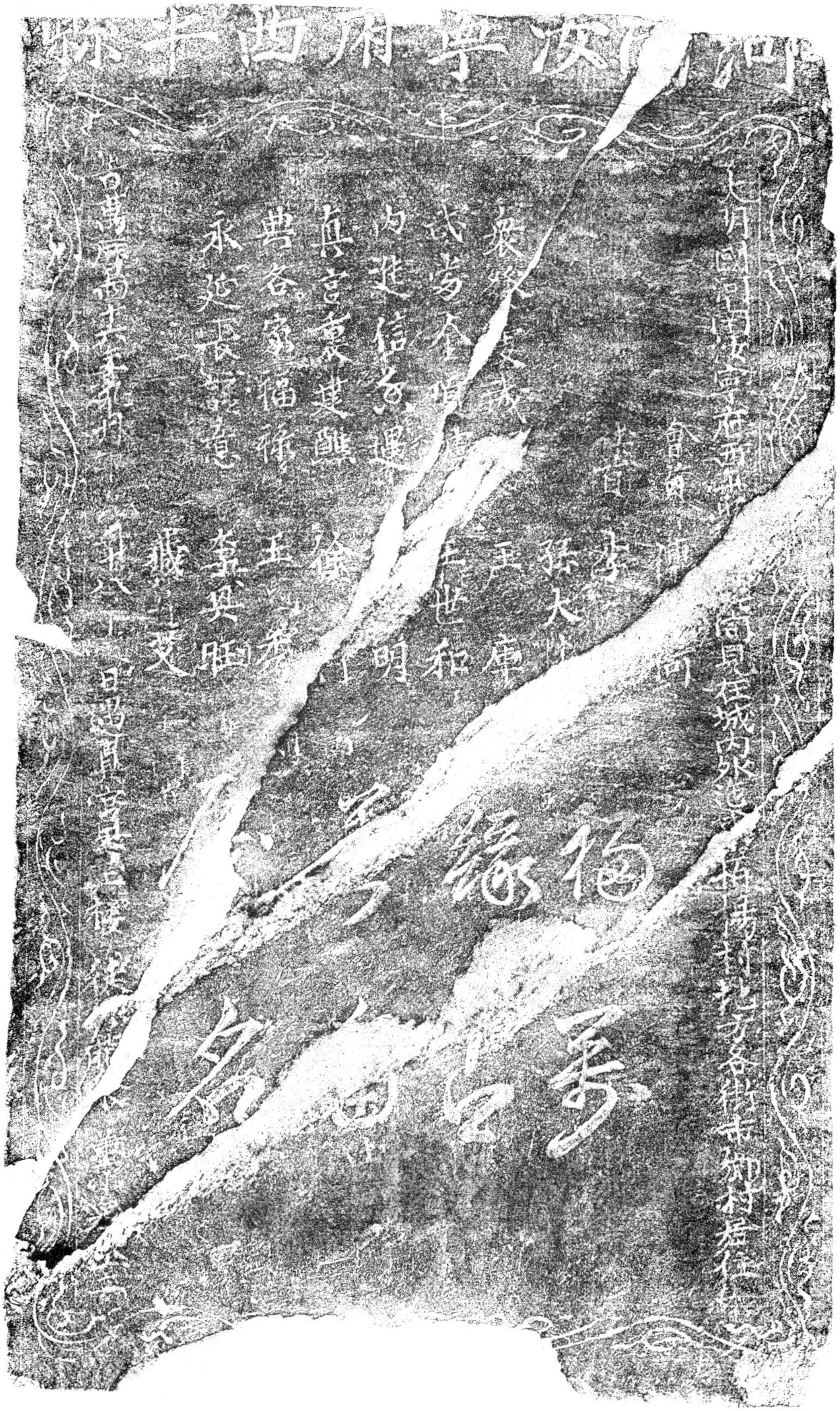

图一七四　东宫石碑拓片（东T2③：253）

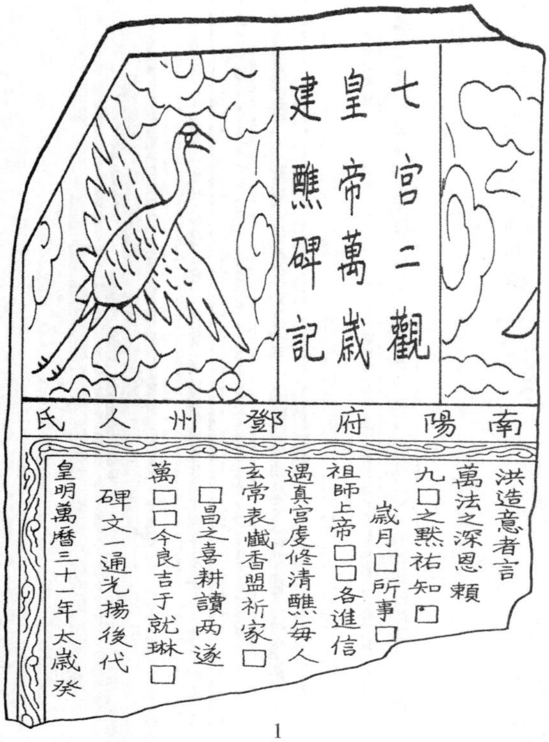

1

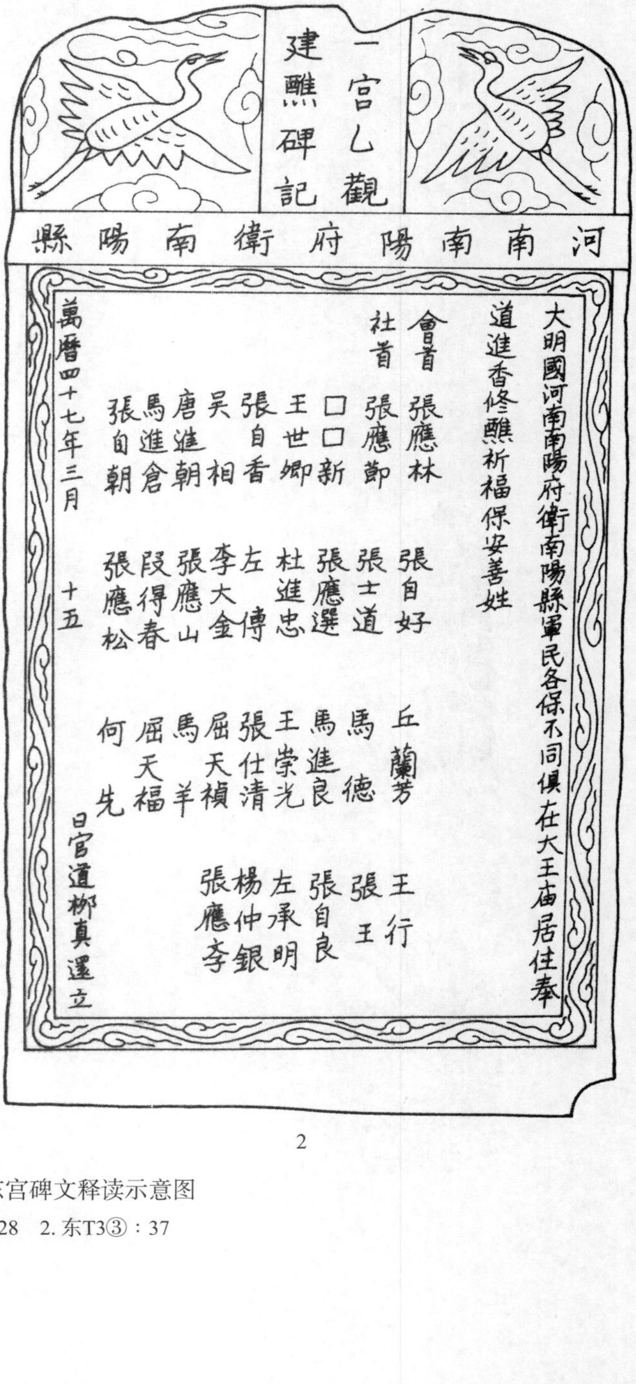

2

图一七五　东宫碑文释读示意图

1. 东T3③：28　2. 东T3③：37

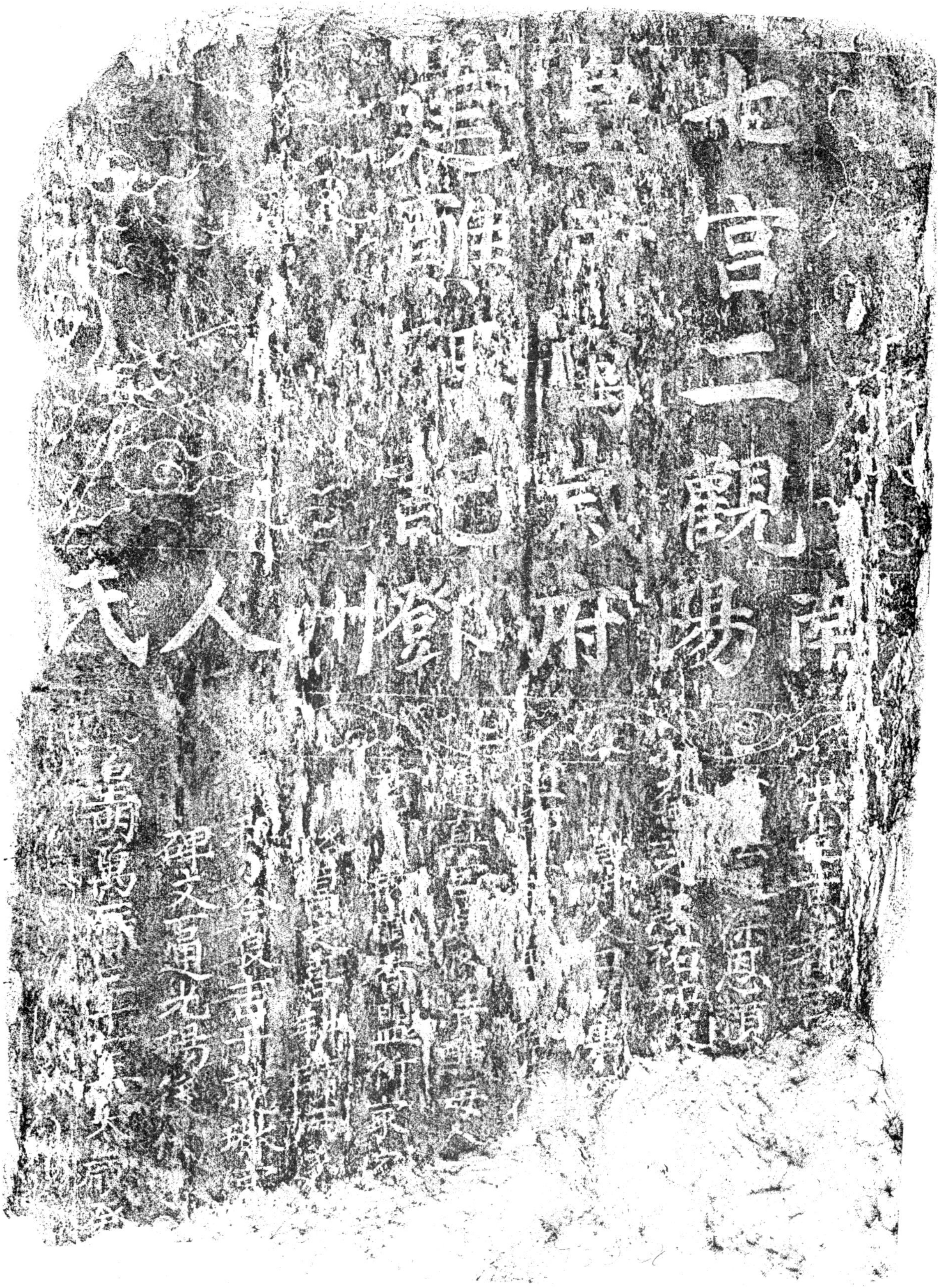

图一七六　东宫石碑拓片（东T3③：28）

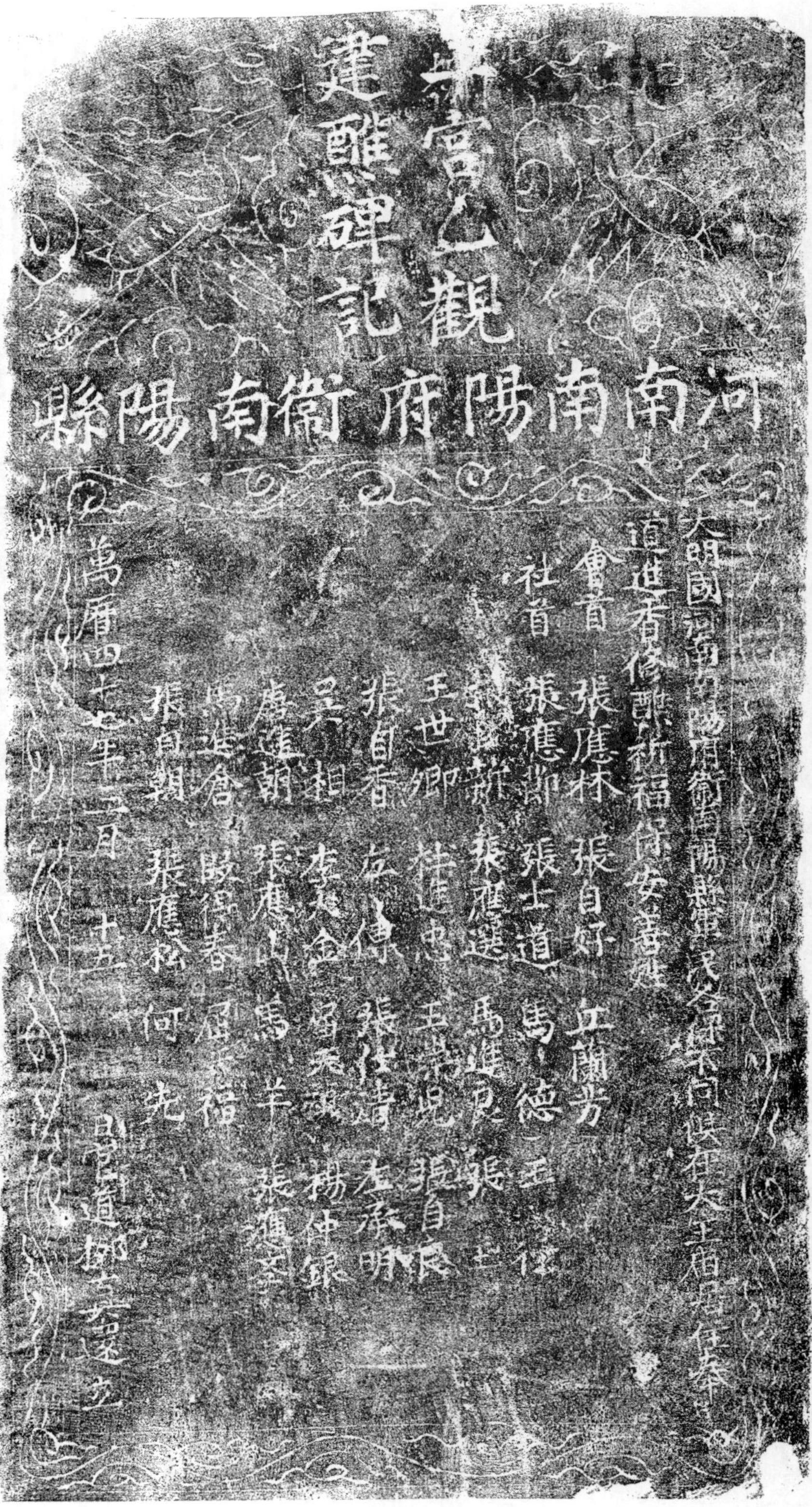

图一七七　东宫石碑拓片（东T3③：37）

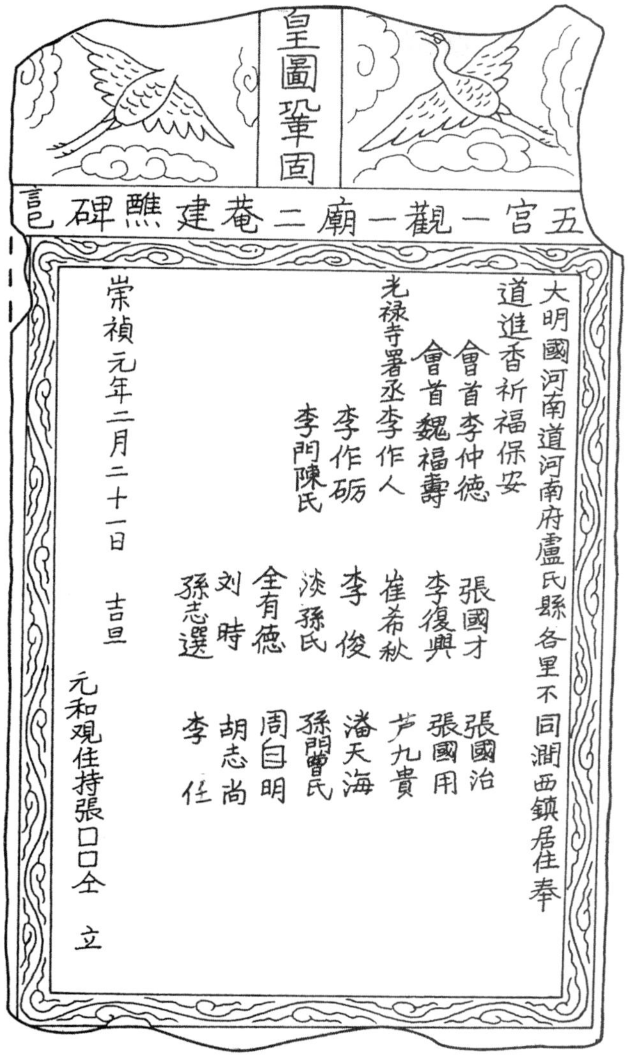

1

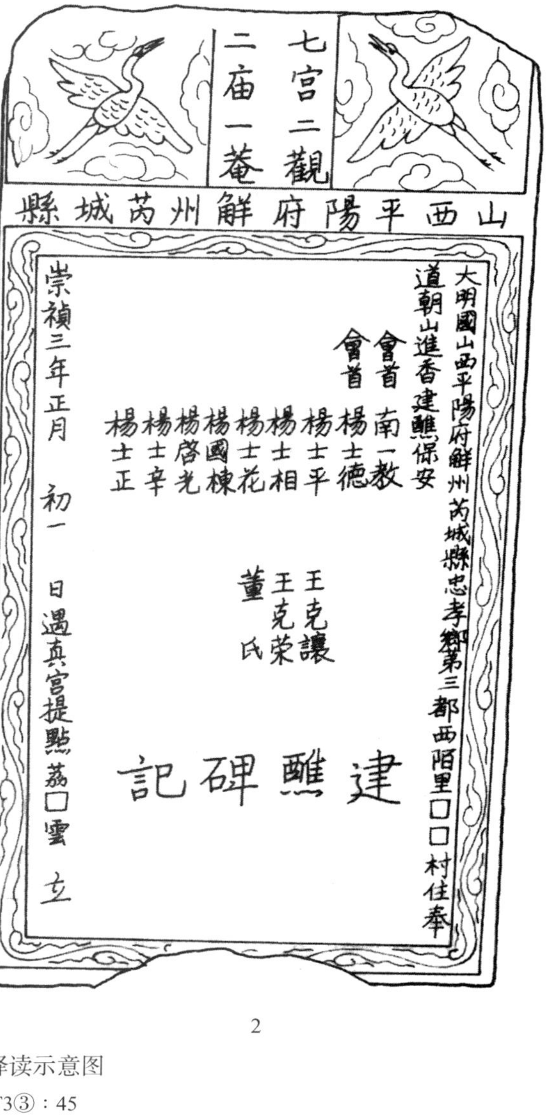

2

图一七八　东宫碑文释读示意图

1. 东T3③：43　2. 东T3③：45

图一七九　东宫石碑拓片（东T3③：43）

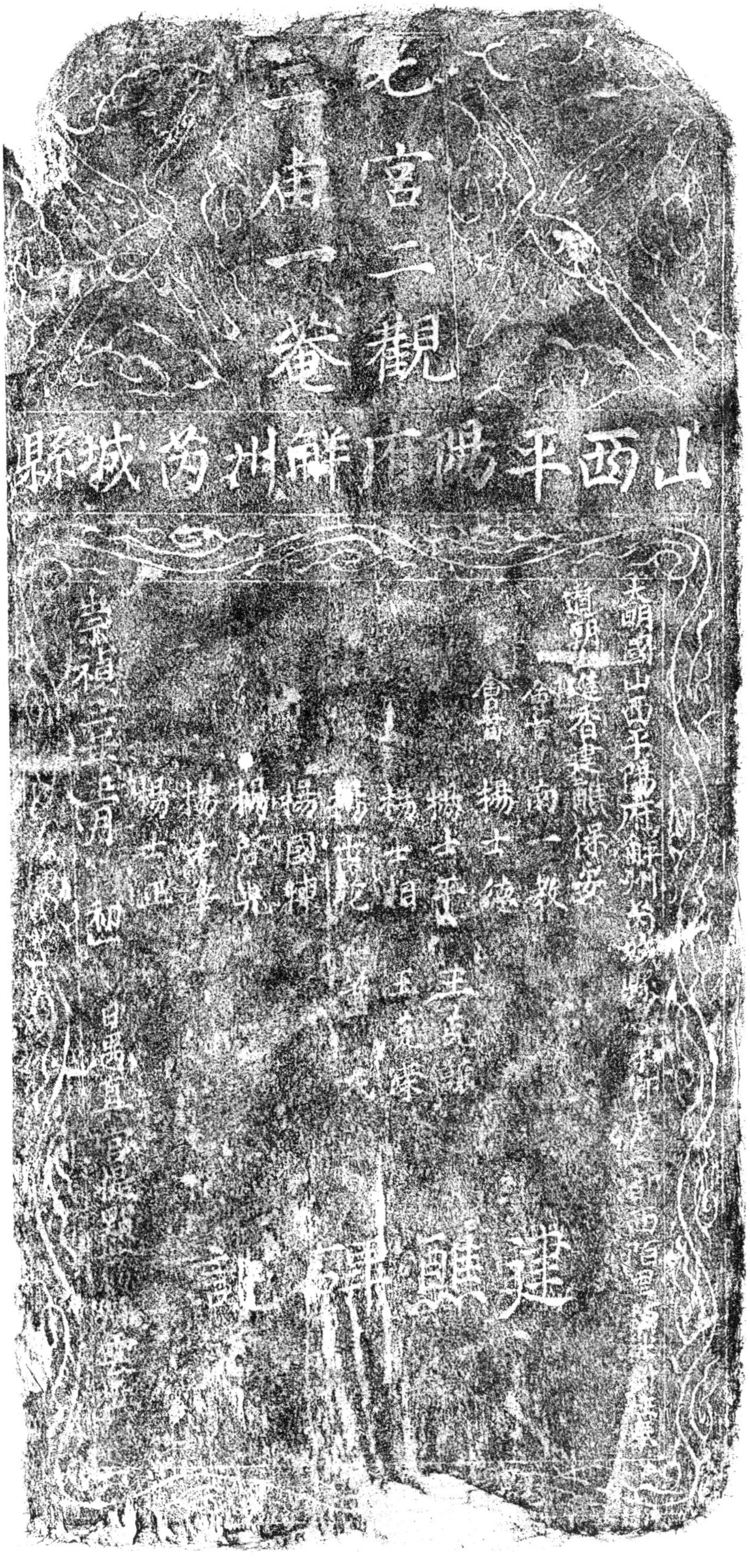

图一八〇　东宫石碑拓片（东T3③：45）

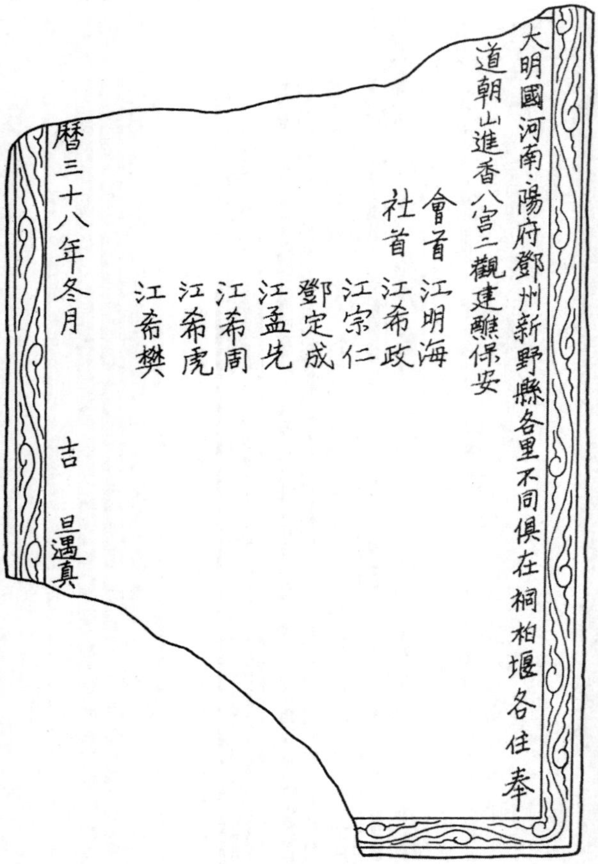

1

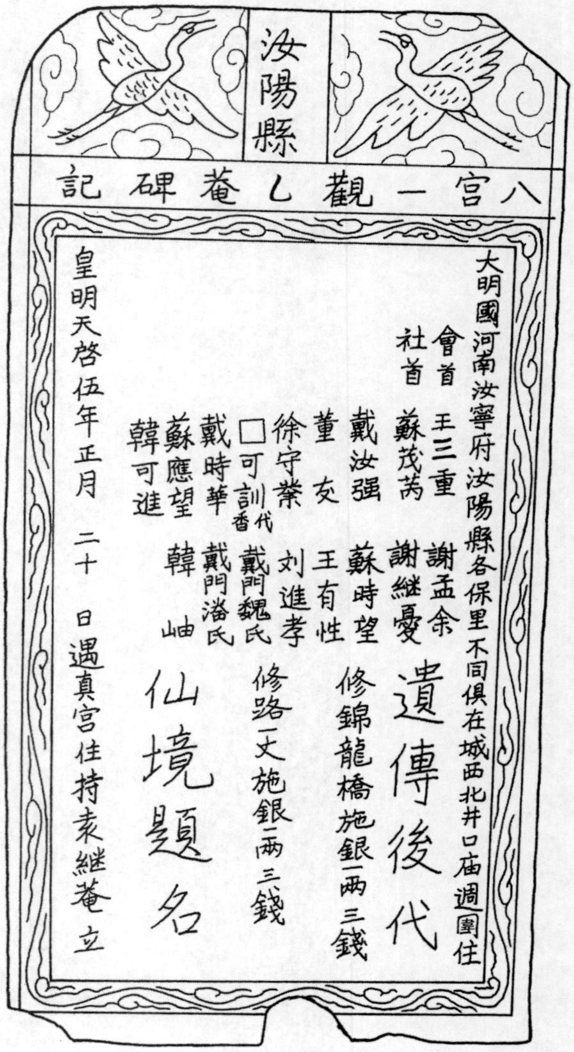

2

图一八一　东宫碑文释读示意图

1. 东T3③：46　2. 东T3③：47

图一八二　东宫石碑拓片（东T3③：46）

图一八三　东宫石碑拓片（东T3③：47）

1

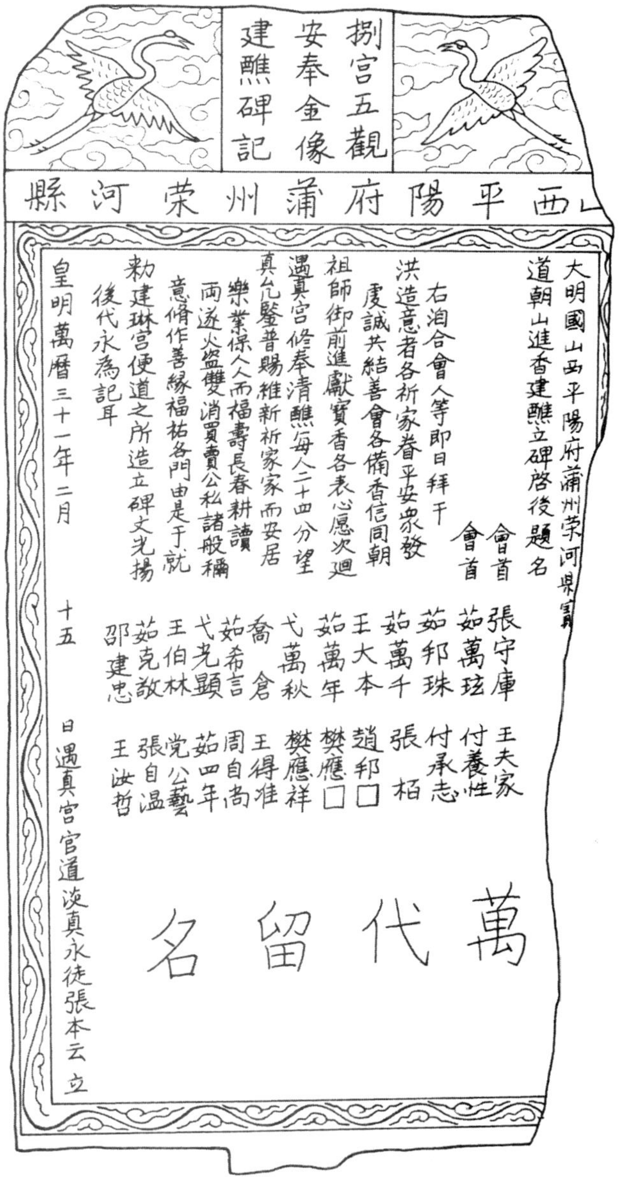

2

图一八四　东宫碑文释读示意图

1. 东T3③：48　2. 东T3③：49

图一八五　东宫石碑拓片（东T3③：48）

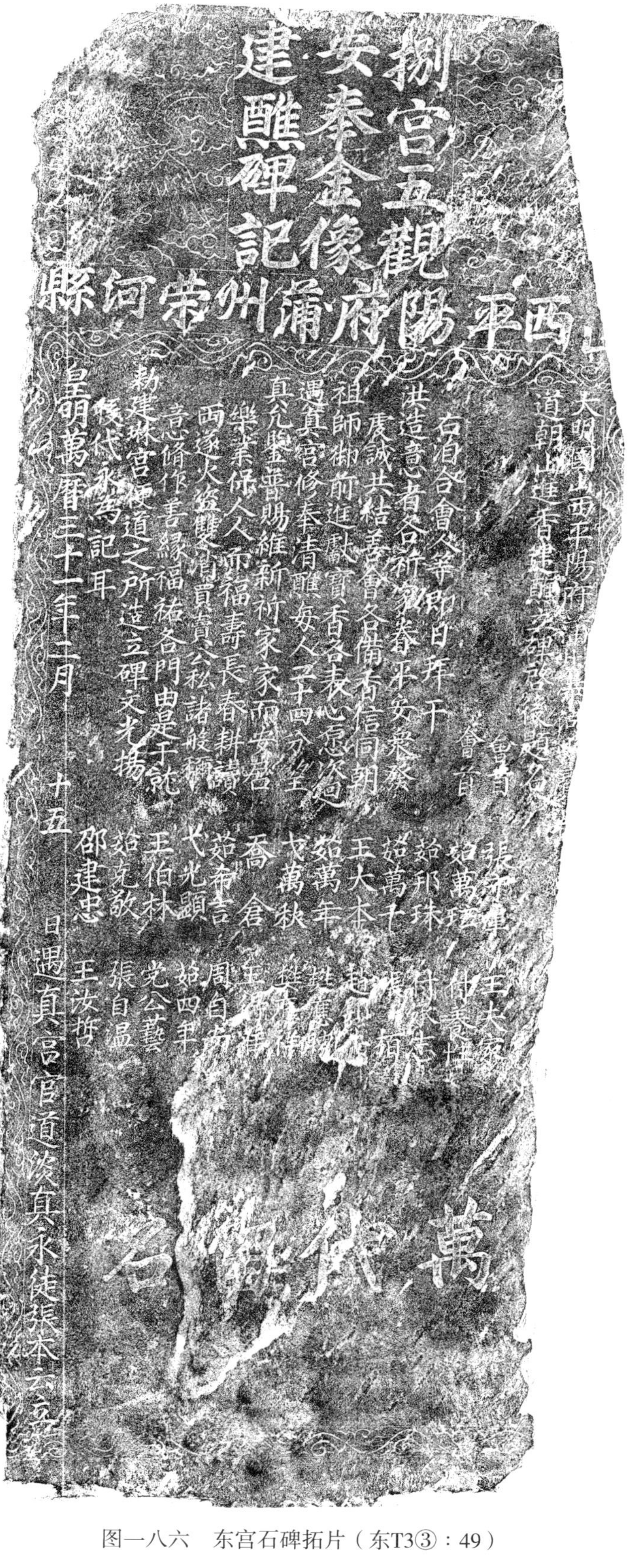

图一八六 东宫石碑拓片（东T3③：49）

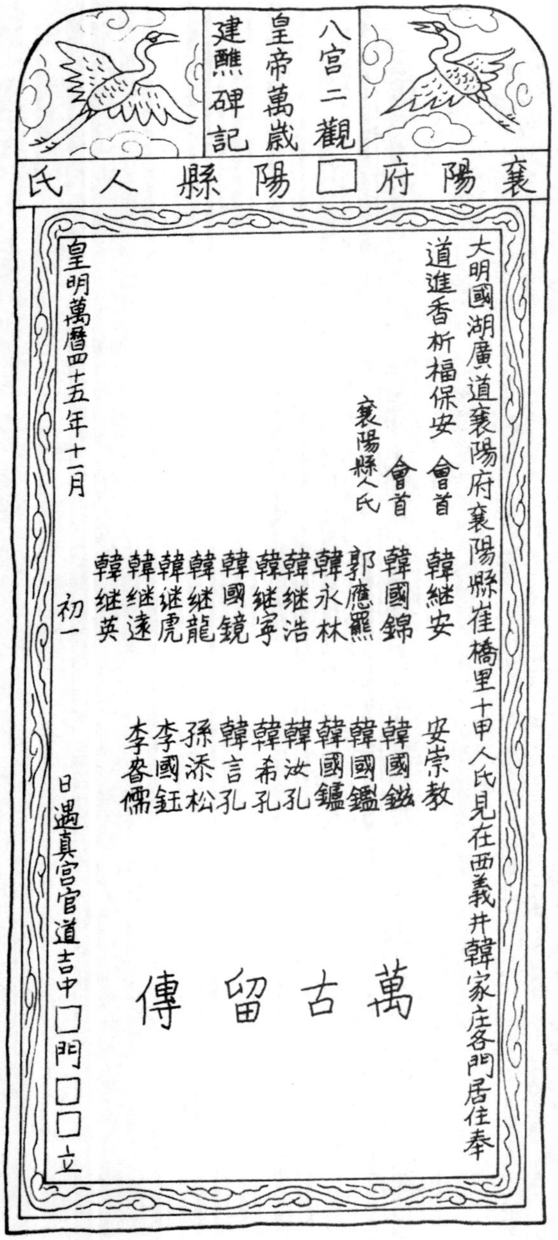

1

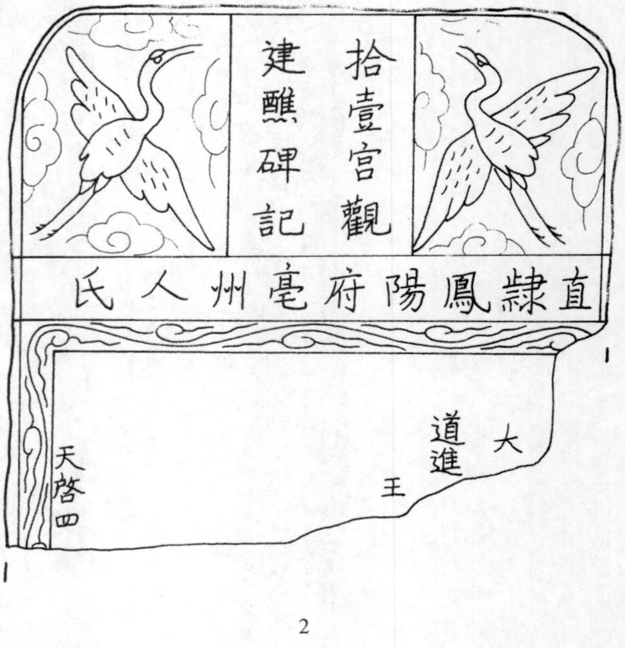

2

图一八七　东宫碑文释读示意图
1. 东T3③：65　2. 东T3③：66

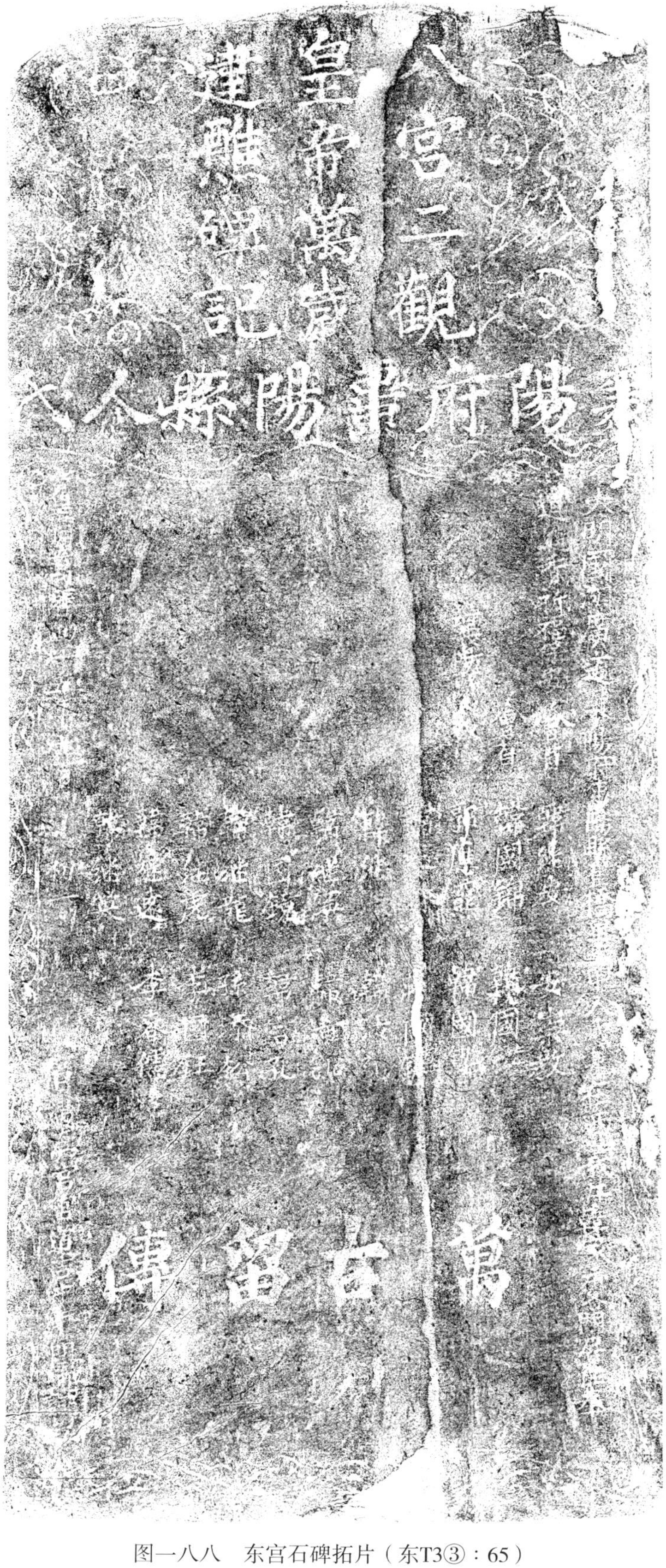

图一八八 东宫石碑拓片（东T3③：65）

图一八九　东宫石碑拓片（东T3③：66）

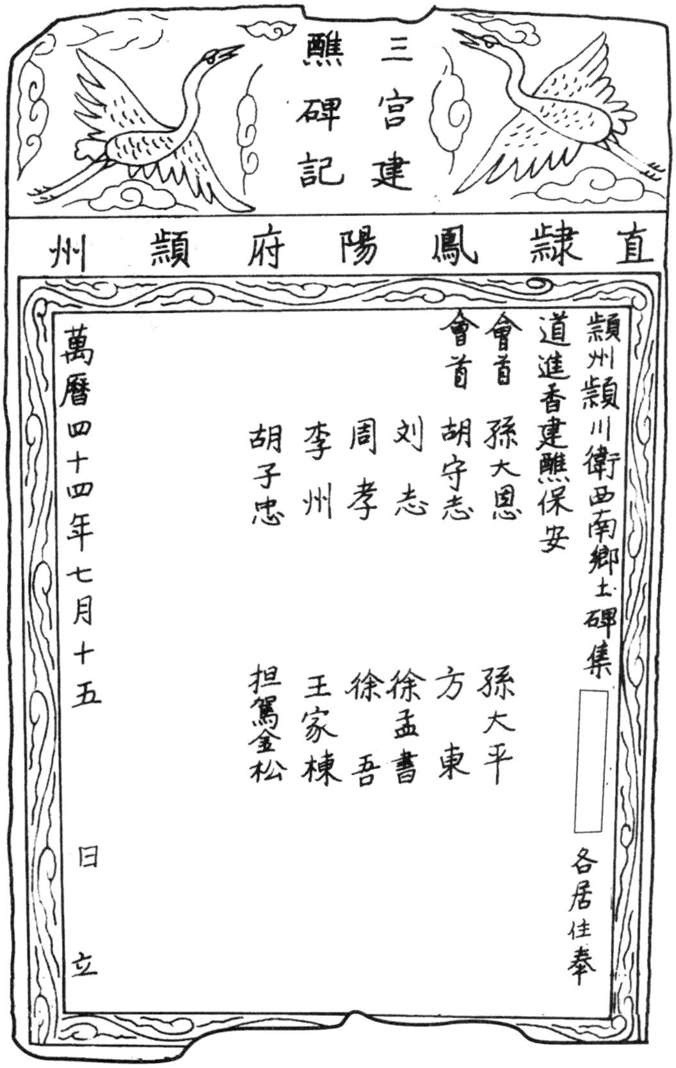

1

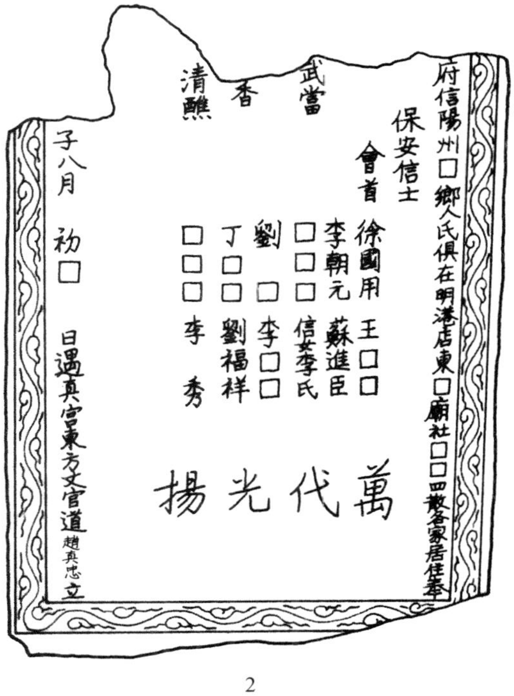

2

图一九〇　东宫碑文释读示意图

1. 东T3③：67　2. 东T3③：82

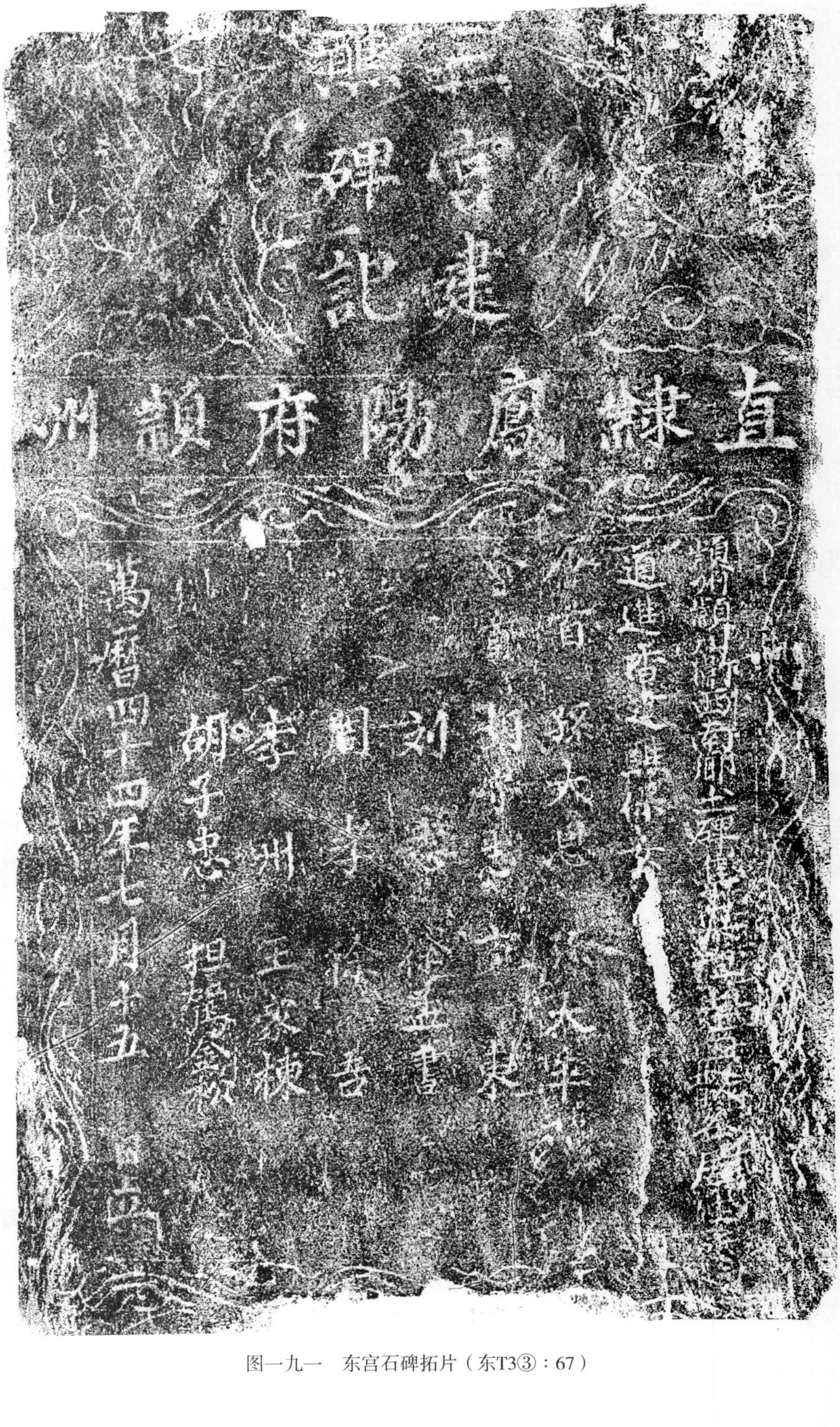

图一九一　东宫石碑拓片（东T3③：67）

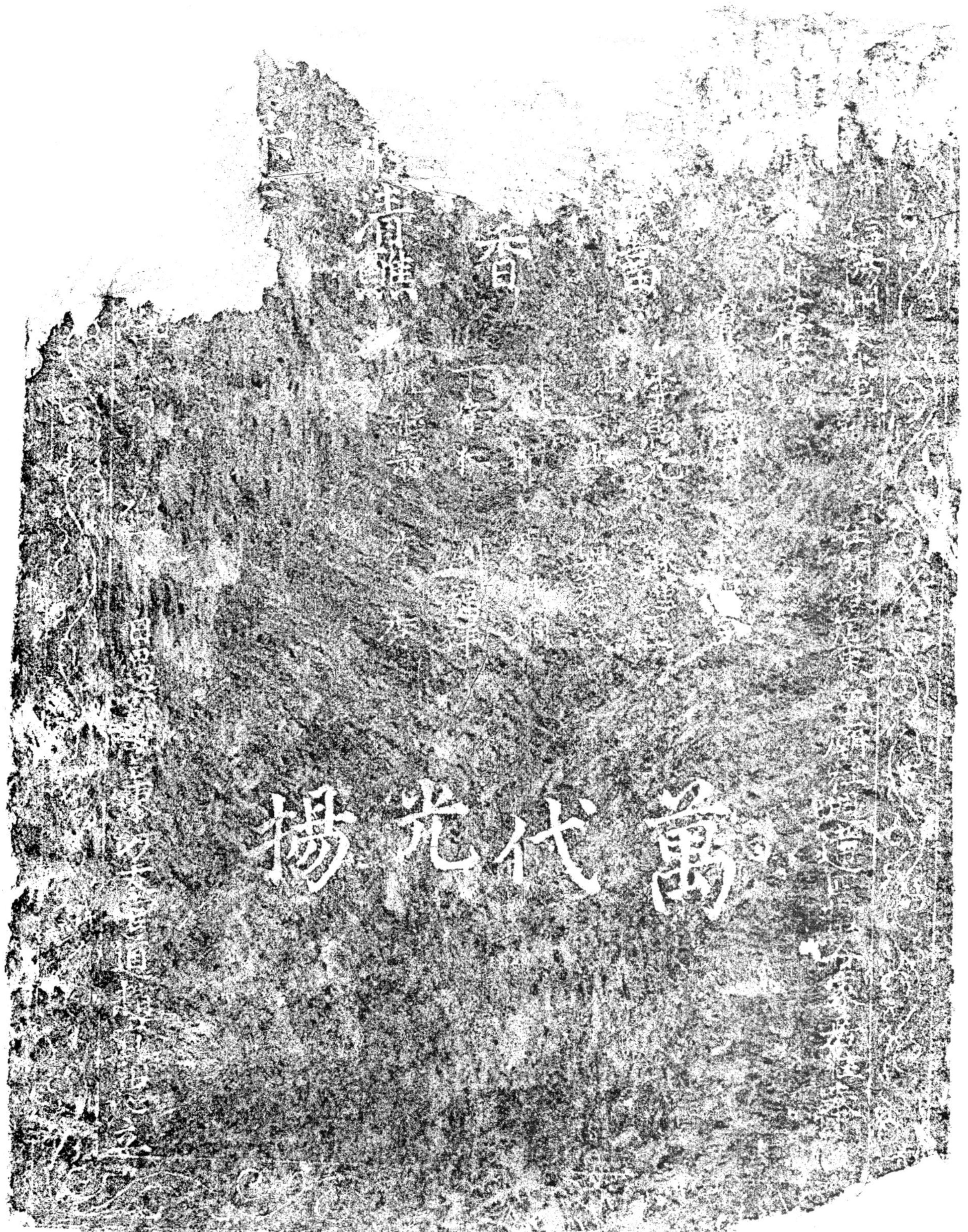

图一九二　东宫石碑拓片（东T3③：82）

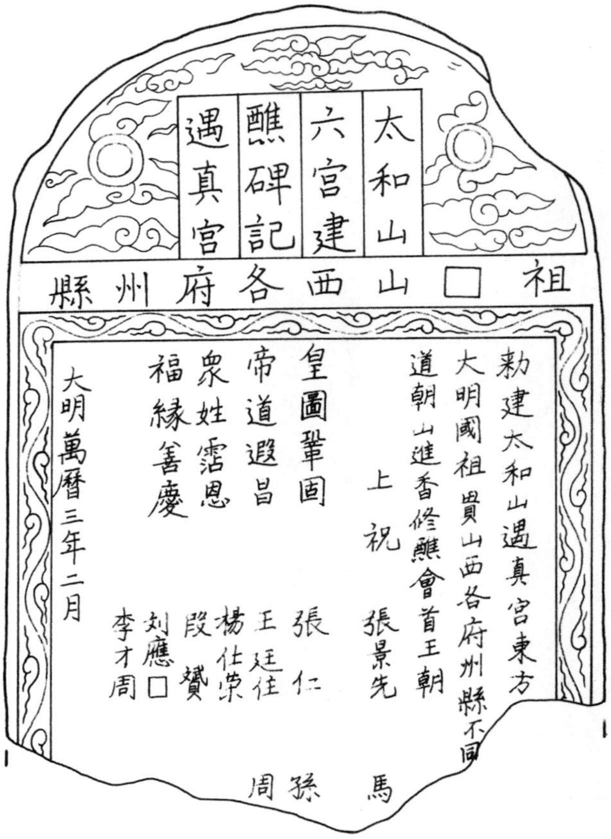

图一九三　东宫碑文释读示意图（东T4②：2）

第四节　小　　结

东宫建筑遗迹未进行解剖，考古发掘期间对部分保存较好并依附明代建筑遗迹的清代建筑遗迹进行保留，方便讨论东宫建筑遗迹的相关问题。

一、整体建筑布局

东宫现存建筑基址整体布局按照中国传统建筑风格建造，建筑平面设计取正型的布局方法（方向北偏东25°）将东宫内整体建筑布局定下来，以一条东西向中轴线对称排列，加以一条南北向次中轴线对称排列，使宫内主体建筑群呈对称分布。

东宫建筑群体主次分明，以一个大型四合院为主体，沿四合院建筑轴线对称分布有跨院、房屋等建筑，中轴线有两条。第一条为东西向中轴线，以东宫门—F1（前殿）—F3（正殿）为中轴线，前殿与正殿之间南北两侧置配殿F2、F4，四隅两房交接处设抄手廊，形成一个近似正方形的四合院院一，庭院内设有一条东西向青石甬路，甬路上修建有影壁1，甬路两侧满铺青石地墁。正殿F3后院院四内靠宫墙处设影壁2，两影壁皆在轴线上。第二条为南北向轴线，以F2（配殿）—F4（配殿）为轴线，F1与西宫墙、F3与东宫墙处设置院墙，构成对称分布的院二

图一九四 东宫石碑拓片（东T4②：2）

与院四。其中，院二内北部修有F6、院三，F4以东水井附近建有F5，F4以北修有青石甬路与中宫偏门通往东宫的主甬路相连接。宫内还存有散水地墁、水井、水沟等相关遗迹单位。

东宫内依据院落、房基的分布，在其前后檐设置有青石甬路及砖瓦墁地，可由宫门及侧门处通往宫内各院落与房屋。

东宫内还依据院落、房基的分布，设置各类排水设施，使东宫内主要建筑做到排水顺畅，按照由高向低、由内向外的流向流往宫墙，经宫墙处排水口排至宫墙外环宫墙排水沟。

二、基础垫土分类

东宫建筑基址未经解剖，但从F1～F4房屋基址内被扰乱的室内垫土断面来看，垫土与西宫南部垫土相同，为泥灰灰垫土第二种做法。

F4以北青石甬路两侧的明代建筑空地未经解剖发掘，从被晚期扰乱的灰坑断面可知，空地地表的地层为黄褐土，与西宫内第5A层相同。

F4以南含院一内皆发现泥灰灰垫土第二种做法，推测东宫内F4以南（含F4）区域的基础垫土方式与西宫一样，皆采取“满堂红”形式铺垫。

三、建筑基址分期

东宫内揭露出的建筑基址多为房屋青石台明及低于台明高度的道路、院墙基、水沟等遗迹单位，可区分建筑年代的梁架、斗拱、屋面等已不存。

从考古发现与文献记载所知，东宫内现存主要建筑基址皆在明永乐年间经过平整和改造的建筑平面上修建，被建筑逐渐废弃后形成的第2、3层文化堆积所叠压，其主要建筑基址的年代皆处于第2、3层文化堆积和明永乐年间平整改造的建筑层位之间。由于主要建筑基址之间不存在直接的叠压关系，仅存在部分结构利用关系和打破关系（如院三打破院二），但结构利用关系只能判断其修建的前后顺序，并不能断定其修建的大体年代，因此，从层位学的角度并不能完整、客观地分析现存各建筑基址之间修建的年代关系，更难以进行建筑基址分期。

从出土遗物看，遗物的年代跨度从东周直至民国时期，且集中出土于第3文化堆积层，少数出土于民国至现代的地层内。第3文化堆积层内出土的具有断代功能的瓷器以及部分建筑构件等，只能断定建筑基址废弃的相对年代，并不能作为判断各建筑修建早晚关系的依据。

（一）建筑基址分期依据

与西宫情况基本相同，东宫遗址的地层和出土遗物并不能明确建筑基址之间修建年代的早晚，但通过建筑基址的工艺做法及材料的区别以及建筑布局，可分析东宫内建筑基址之间的修建年代和早晚关系，并进行分期。

东宫内揭示的房屋基址共6处，对比可知：F1～F4的台明皆为青条石错缝顺砌铺成的方正石台明，台明露明部分的石料的样式、形制、砌筑方式、锁口、灌浆、背里部分做法以及质地皆相同，F1和F3后檐台明上有包砖现象。F5用灰砖直接铺设四面房屋墙基。F6为砖石混合台明。

根据上述建筑基址台明的砌筑方式、制作工艺以及建筑布局，可得出以下结论。

F1～F4由抄手廊相互连接，各基址的整体工艺与做法都相同，与西宫F1～F9的整体工艺与做法也相同。根据西宫建筑分期，可推断F1～F4为明永乐年间修建。

F5建筑基址与东、西、中宫内现存明代各时期建筑基址的工艺与做法皆不同，因此推断其应为明崇祯年间以后修建。值得注意的是，F5室内有一倾斜状的砖砌排水沟将室内垫土打破，水沟流向主排水沟G1。该水沟的一端处于F5室内，一端流向主排水沟G1，推测该水沟非晚期修建打破F5垫土，而是在修建F5时铺设的暗沟。F5靠近水井，且室内有暗沟通往主排水沟G1，推测F5与用水有较大关系，可能为洗衣房或浴室。

F6修建于院三内，其建筑基址又与东、西、中宫内现存明代各时期建筑基址的工艺与做法皆不同，台明所用的建材也不统一，可断定F6为明崇祯年间以后修建。

东宫内揭示的院落基址共4处，对比可知：

院一是由F1～F4围合而成的四合院，院内地表皆铺设有青石地墁砖及青石甬路，甬路上修建有影壁1。

院二与院四是在F1和F3基础上围建而成的三面院墙一面房屋的院落，都沿东宫第二轴线对称分布。其院墙的砌建方式相同，皆为卧砖顺铺，砖缝形式为十字缝，院墙厚度为0.92～0.96米，院墙灰砖主要尺寸为0.39米×0.19米×0.12米。院四内修建有影壁2。

院三修建于院二内，其院墙宽0.5～0.82米，墙砖摆置方式无规律，砖缝形式为平缝，灰砖尺寸不一。

根据院落的构成方式、院墙的制作工艺以及院内相关建筑基址分析，可得出以下结论。

院一为F1～F4围合而成的四合院，与西宫内院一形制相同，为明永乐年间修建。

主排水沟G1为宫内重要排水系统，贯穿整个东宫内，与院一内的排水沟相连接，因此认为其为明永乐年间修建。G1在紧贴院二北院墙修建，在距F4与F3抄手廊靠近F3处留出院四北院墙的宽度，可知主排水沟的修建规划时考虑到院二和院四北院墙的修建。因此推知院二和院四与主排水沟皆为明永乐年间修建，而院二与院四与西宫院六和院七院墙的砌建方式、宽度及院墙灰砖的尺寸和形制大体相同。因此推断西宫院六、院七与东宫院二、院四皆为明永乐年间修建。

院三砖缝之间白灰比例与院二和院三院墙之间白灰对比，其白灰比例较小，泥沙含量较多，且其修建在院二内，年代应晚于院二。同时，院三又与西宫内明嘉靖年间扩建的院三和院四的形制也有所不同，鉴于其院内修建的F6年代为明崇祯年间以后，可推定院三修建年代为明崇祯年间以后。

东宫内F4以北的青石甬路与西宫内的青石甬路分别在中宫东西角门处延伸而来，其位置相互对称，材质与铺法相同，为明嘉靖年间扩建。

东宫内水井台基损毁严重，其修建年代不详。考虑到遇真宫宫内的日常生活，仅西宫内一口水井不大能满足东宫、中宫内日常用水所需，故水井为明早期（永乐年间或略晚）修建的可能性较高。

（二）建筑基址分期

综上所述，我们认为东宫建筑基址大体可分为三个时期。

F1 ~ F4、院一、院二和院四为明永乐年间修建（图一九五）。

F4以北的青石甬路为明嘉靖年间修建。

F5、F6及院三的修建时间均为明崇祯年间以后。

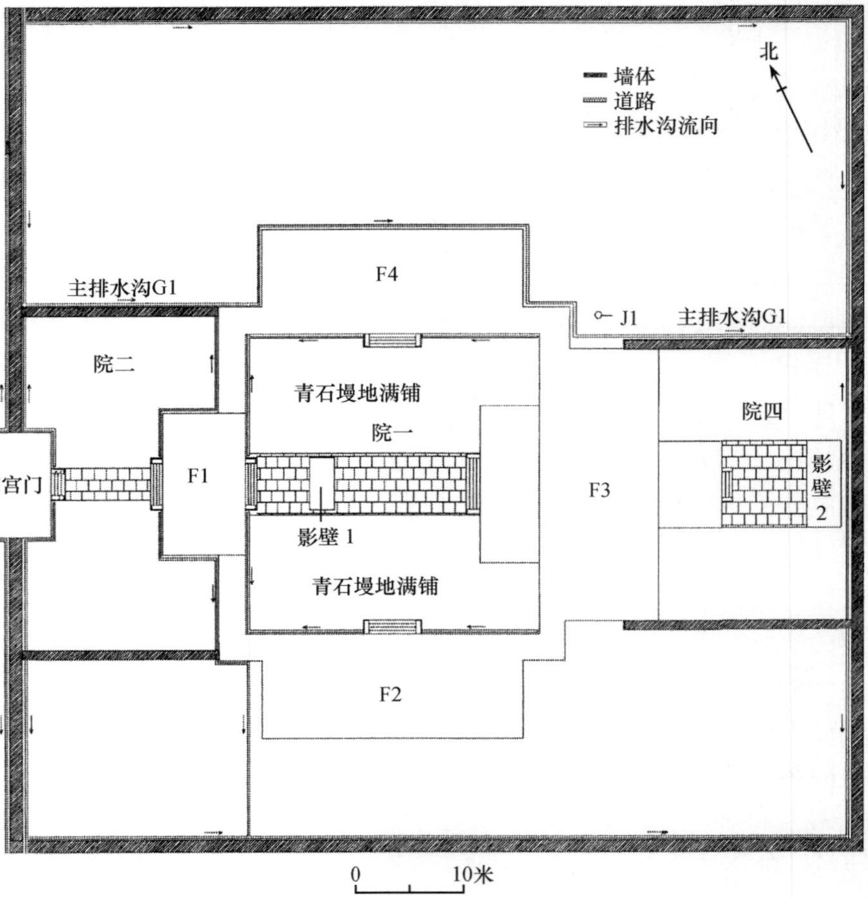

图一九五　东宫早期建筑平面示意图

四、东宫建筑废弃的大体年代

东宫内现存主要建筑修建的下限可至清代，废弃年代在文献上并未明确记载，依据出土器物中瓷器纹饰断代，虽略有误差，但仍能整体反映出使用时代和大体废弃年代。

根据对东宫内102件出土生活器皿类瓷器进行统计，东宫出土生活器皿类瓷器同样只见碗、杯、盘、碟四大类，主题纹饰较西宫丰富，仍以花草植物类主题纹饰为主，动物题材纹饰次之。文字题材及花押款识大量出现于东宫瓷器主题纹饰中，这是两宫瓷器纹饰的一大不同之处。对东宫内所有标本采用与西宫相同的统计法加以统计和总结（表二）。

表二 东宫出土生活器皿类瓷器主题纹饰统计表

器类＼纹饰		人物类	动物类	花草植物类	山水湖石类	文字类	杂宝类	几何类	花押类
碗类	内壁								
	内底		7	16	3	5	1	1	1
	外壁	1	6	17	1		1	1	
	外底					3			8
盘、碟类	内壁								
	内底		2	6	1	5			
	外壁			7					
	外底								3
杯类	内壁								
	内底			8	3	2		6	
	外壁	1	3	14	2	2	1	2	
	外底					3			5

花草植物类主题纹饰中，除西宫所见的各类花草植物纹饰外，东宫还有牵牛花、束莲、葡萄、水仙、吊篮等多种纹饰，均不见于西宫瓷器纹饰中。动物类主题纹饰也较西宫更为丰富。文字类主题纹饰除年号款、吉语款及梵文三类外，还有可见于内底花叶旁书写诗句的文字题材，而其中以诗句、吉语款、年号款相对较多，如“青花有意，落葉无声”、“富贵佳器”、“美玉王珍”、“福”、“永乐年制”、“大明年造”等。东宫瓷器所绘花押类纹饰中，多为双鱼花押及变体款花押，变体款花押如标本东TG①：4、东T2③：119、东T2③：256、东T1③：16、东T2③：60等，皆似字而非。从纹饰来看，东宫瓷器与西宫瓷器主题纹饰的布局与组合相差无几，并无新颖独特之处。

值得注意的是，在东西两宫出土的瓷器中，发现一些完全相同的瓷器标本。西宫标本西TG6③：1与东宫标本东T4③：8，两件瓷碟形制完全相同，虽素面无纹，但均于内底一侧戳刻“[illegible]”字；西宫标本西采：14-5青花湖石栏杆纹碟与东宫标本T4③：12青花湖石栏杆纹碟，以及西宫标本西T3③：1寿字纹碟与东宫标本东T2③：139寿字纹碟，在器形、纹饰及布局方面皆如出一辙。另外，还有菊花纹、莱菔纹、团螭纹等，皆在东西两宫瓷器纹饰中普遍存在。一系列的纹饰对比可以发现，东西宫纹饰在很大程度上保持着一致性，可能为同一批次购入，并分别置放于东西两宫内。

东宫出土瓷器纹饰在绘制技法、题材、布局等方面与其他地区所出瓷器纹饰具有很大一致性。如团螭纹、湖石栏杆纹、吉语款等主题纹饰，皆可在江西景德镇观音阁窑址[①]所出瓷器中找到相同纹饰，其年代大致为明代晚期；内底书写诗句的纹饰布局与江西南昌窖藏[②]所出瓷器

---

① 北京大学考古文博学院、江西省文物考古研究所、景德镇市陶瓷考古研究所：《江西景德镇观音阁明代窑址发掘简报》，《文物》2009年第12期。

② 余家栋：《江西南昌发现一批窖藏瓷器》，《文物》1984年第8期。

纹饰布局相似；鱼龙戏珠纹（标本东T2③：60）、吊篮纹（标本东TG2③：7、东T2③：93）的纹饰布局与样式皆与黑龙江省讷河市学田乡工农村清代墓葬[1]中所出海水龙纹、青花花卉纹相似。由此可知东宫内出土瓷器延续至清康熙时期，数量较明末也未发生大的变化。

由此可知，东宫内瓷器使用年代由明中晚期延续至清康熙时期，这就说明东宫内主要建筑可能在明末并未完全损毁，而是延续至清初。这与考古发掘在东宫内发现F1、F3台基维护的包砖现象相吻合，加上F6、院三等独立但又依附F1、院二建筑的现象可推知：东宫建筑未像西宫建筑在明末遭受到严重损坏，至清代早中期仍能使用。

但在明末后，含遇真宫在内的武当山建筑群在政治地位、经济、文化（道教）上全面衰败，导致其宫内建筑破败或损毁后也无力修葺，直至清康乾时期社会稳定后进行了修缮和兴建。但此时的建筑多为民间香客或宫内道众集资修建，其建筑规模和等级较明代皇家建筑相差甚远，多为依附在原明代建筑上修建（F6、院三），其工艺也远不如明代皇家建筑。

清中叶至民国初年，随着武当山道教的整体衰落，明代建筑与清康乾时期修缮和兴建的建筑陆续损毁和废弃。可能至民国二十七年（1938年）秋宫内明清建筑已全部损毁，并在明清建筑基址上形成一个含明清建筑构件的建筑废墟堆积，即为考古发掘中的第3层，后在第3层上利用废弃堆积材料修建有仿照中宫内明代建筑风格的民国时期建筑（东宫西南角）。

① 张柏主编：《中国出土瓷器全集》（第2卷），科学出版社，2008 年。

第四章　中　宫

遇真宫中宫南北长134.8、东西宽61.54米（宫墙内皮间距，下同），坐北朝南，方向24°，面积8295.59平方米。四周宫墙环绕，宫内平面布局为前后两进院落，前院内设有宫门通往东西两宫。后院为龙虎殿（前殿）、真仙殿（主殿）、东西配殿等建筑围合而成的四合院。其中前院南北长72.4米，东西宽61.54米，面积4455.5平方米；后院南北长29.45米，东西宽27.82米，面积819.3平方米（图一九六）。

中宫内地面建筑保存较好，沿中轴线由南至北依次为：山门、龙虎殿、真仙殿（木构建筑已毁）。前院中轴线两侧对称布置东西宫门，后院中轴线两侧对称布置东西廊道、东西配殿及东西偏房等建筑，并分别在中宫东南、西南角的院墙处开有一角门，铺有青石板甬路通往东西两宫内（彩版一〇，1）。

中宫后院的龙虎殿、东西回廊、东西配殿及东西偏房保存较好，但部分建筑风格非明代原制，具有较明显的清末民国时期建筑风格。其中，真仙殿木构建筑在2003年毁于火灾，现仅遗存台明。院内东北角、西南角和西北角修建有现代方形花坛，正中有一条南北向宽4.36米的甬路连接龙虎殿与大殿，余满铺青石板墁地。青石板南北向直铺，东西向错缝顺铺，表面打有糙道，部分损毁处用不规则青石板修补；院内水沟形制同西宫院二，分别在东、南、西三面设有断面呈“◡”形的石制水沟，并通过西南角和东南角抄手廊下的暗沟进行排水。真仙殿后与北宫墙之间为菜地，据当地百姓介绍原存有一条东西向青石甬路，后损毁（图一九七；彩版一〇，2；图版一六，2）。

第一节　地层堆积

中宫后院的地面建筑遗存保存较好，未进行发掘，仅在后院至北宫墙处进行勘探，但未发现遗迹现象。前院内地表现满铺水泥，为了解前院内地层堆积与遗存保存状况，在前院分别布设长17、宽1.5米和长30、宽1.5米的TG1和TG2进行解剖（图一九八；图版一三，1）。

解剖显示，中宫前院的地层堆积比较简单，原建筑基址界面上的地层可分为2层，皆为现代地层堆积。以TG2为例说明（图一九九）。

第1层：表土层，厚0.35～0.65米。表面铺设有水泥，厚0.08～0.15米。水泥下为废弃建筑垃圾，内含煤渣、黄沙、卵石、现代生活垃圾以及早期废弃砖瓦等。该层为20世纪50年代至20世纪末平整地表后铺设而成。

第2层：浅黄色淤土层。厚0.2～0.35米，距地表深0.3～0.75米。内含大量细沙，质地细腻，杂有少量砂石颗粒和少量近现代垃圾。中宫内甬路、墁地等建筑遗存开口于该层下。

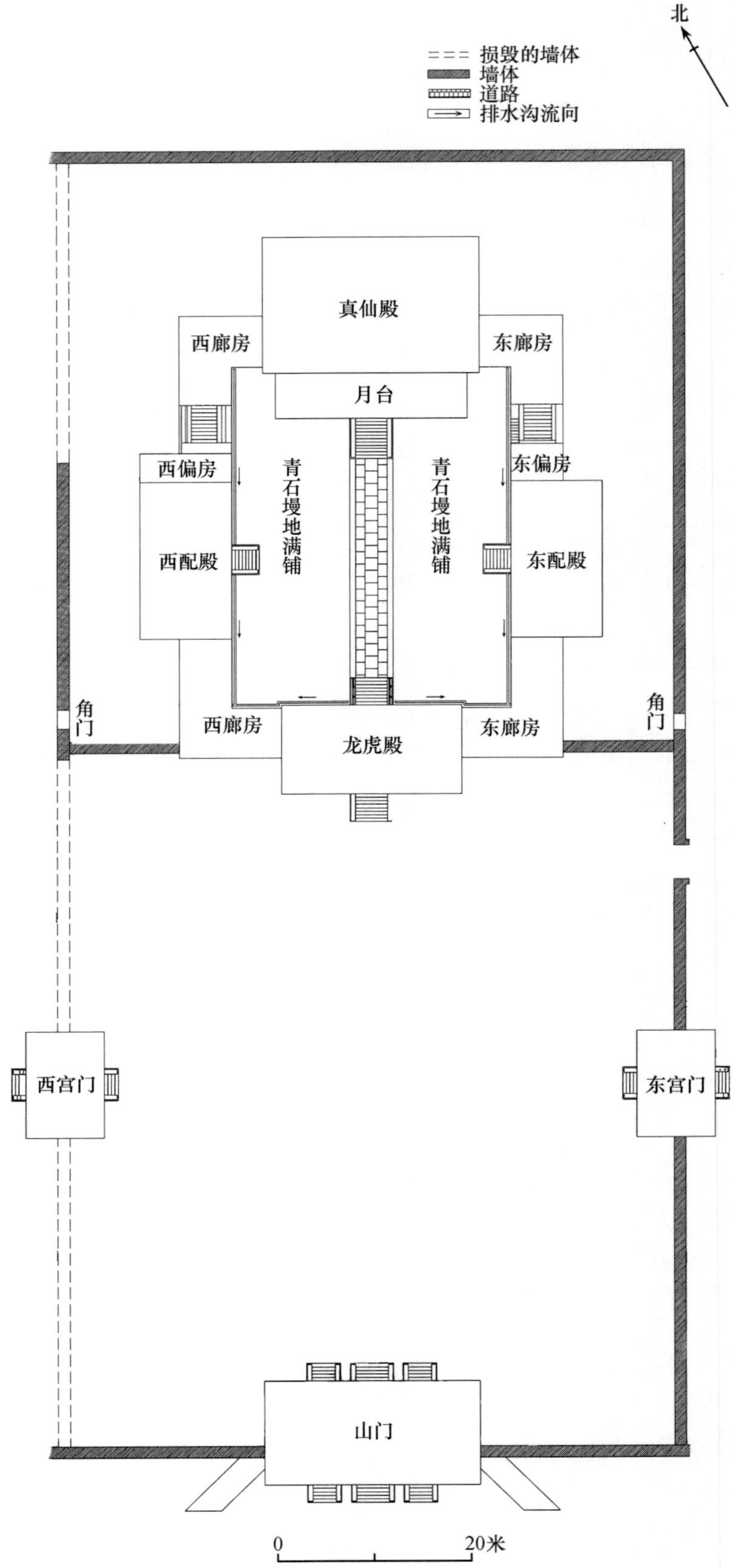
北
损毁的墙体
墙体
道路
排水沟流向
真仙殿
西廊房
东廊房
月台
西偏房
东偏房
青石墁地满铺
青石墁地满铺
西配殿
东配殿
角门
角门
西廊房
东廊房
龙虎殿
西宫门
东宫门
山门
0
20米

图一九六　中宫平面图

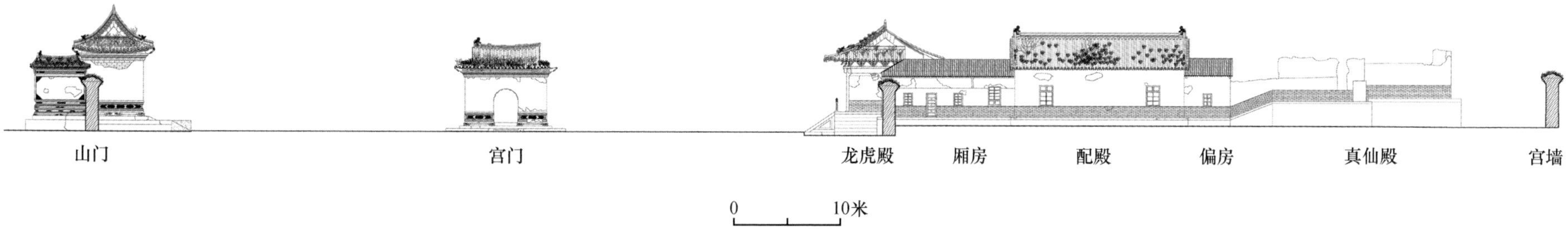

图一九七　中宫纵剖面图

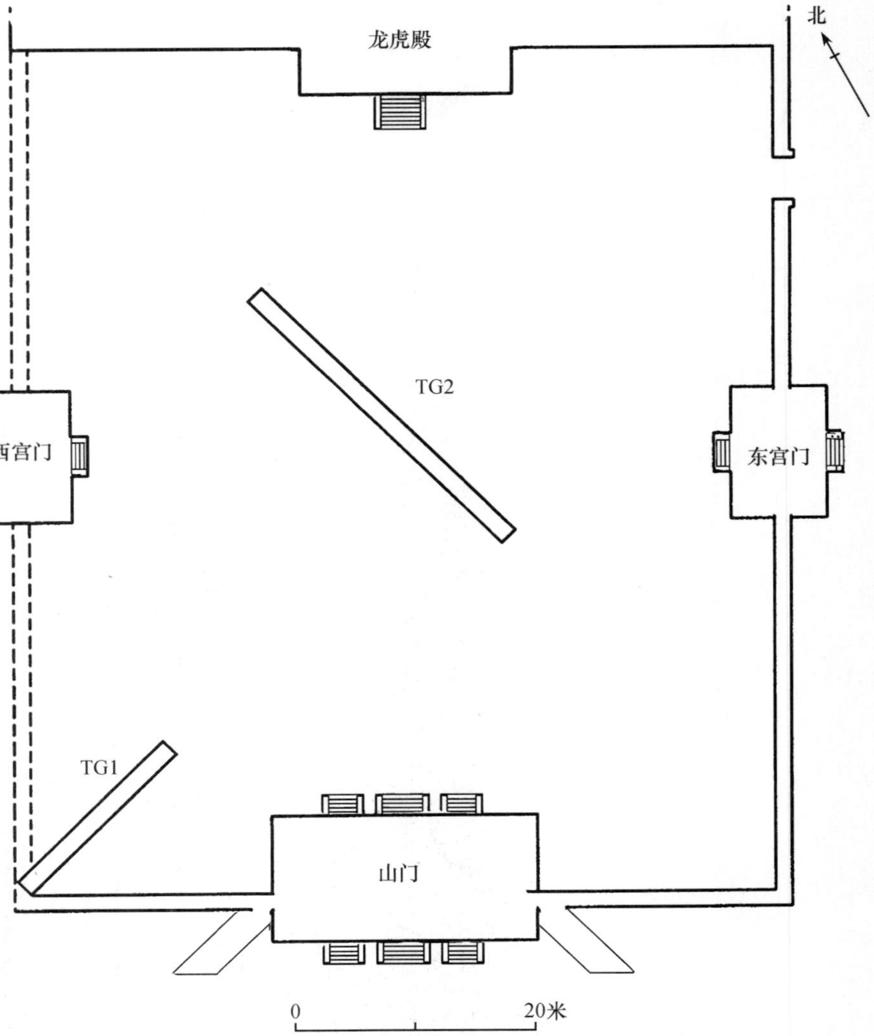

图一九八　中宫前院探沟位置分布示意图

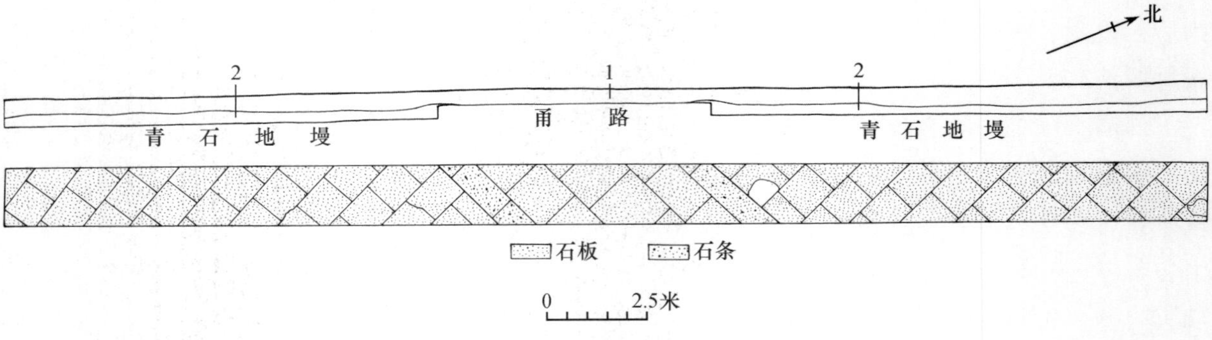

图一九九　中宫TG2平、剖面图

甬路位于地表下0.1～0.5米，南北走向，方向25°。连接龙虎殿和山门。路两侧为青石板地墁。甬路路面长72.4米（院内长度），宽4.43米，中部由三排青石板南北向直铺而成，中排尺寸为0.89米×1.31米，两侧均为1.27米×0.96米。包边压条石尺寸长1.4～2.7、宽0.58、厚0.25

米。路面表面皆打有防滑的糙道，中间高，两侧压条石略低。

青石板地墁在TG1和TG2内均有发现，且处于同一建筑水平高度。参照中宫后院内地墁铺设情况，推测前院与后院相同，也为青石板地墁满铺。青石板地墁位于甬路的两侧，低于甬路0.2～0.25米。青石板尺寸统一为0.96米×0.96米×0.08米，东西向错缝直铺、南北向顺铺而成，表面打有防滑的糙道。

TG1解剖显示，前院南宫墙内墙处有青条石制成的断面呈“◡”形的水沟，根据中宫后院排水沟结构和分布情况，结合东西两宫排水沟分布情况，可初步复原中宫前院排水沟流向（图二〇〇）。

第二节　地表建筑

中宫内现存有山门、龙虎殿等11处地面单体建筑，保存较好。为全面了解遇真宫建筑布局及特点，现做简要描述（清华大学建筑学院负责遇真宫地表建筑勘测，并单独出版相关资料。本文与清华大学建筑学院协商、校对后完成）。其中，中宫内东西宫门、东西回廊、东西配殿等建筑形制大小、结构相同，除方向和部分不同之处外，选保存较好的一处做描述。

一、山　　门

山门为遇真宫正门，坐北朝南，方向204°。山门通长16.71、通宽5.59、通高10.35米。整体为砖石结构，台基及墙体下碱部分的须弥座为用东西两宫相同的青砂岩石制成，墙身及屋顶用青砖垒砌，歇山顶，灰筒瓦屋面，正脊两端为大吻，垂脊端部放置垂兽，戗脊上的走兽仅西南角尚存（彩版一一，1；图版一三，2）。

山门主体面阔三间，进深一间，每间起券门，券门为砖砌结构。其中明间宽2.84、两次间宽2.37、通进深5.84米。明间券门高3.68、宽2.91米，两次间券门高3.21、宽2.44米。明间板门为后人改制，次间板门无存，被后人用砖石堵砌。券门檐下设石台阶，台阶为二踏步，踏步条石每级长2.39、宽0.39、厚0.18米。两侧垂带石长0.7、宽0.45米。

外墙下碱部分均采用青砂岩石须弥座式样，须弥座通高1.38米。束腰以上高0.37米，由上枋、上肩涩、上枭混等青石构件组成，岩石打磨无雕饰。束腰高0.3米，中部及四角雕有马蹄柱子，中间和两端浮雕椀花结带、团花、牡丹等纹饰；束腰以下高0.37米，由下枭、下肩涩、下枋组成。底座圭角高0.33米，饰如意卷云纹。山门墙身为青砖砌筑，墙面抹灰后表面饰麻刀红土。墙身高3.66米，墙身上为歇山屋顶，檐下及翼角采用青石灰砖仿木构制成。

台基为青条石错缝直铺砌筑而成的方正石台明，台基东西通长22.01、南北通宽10.88、通高1.28米。台基前后两侧分别设置三处石台阶，与券门相对。台阶形制、尺寸相同，台阶含阶条石为七级，踏步每级长2.82、宽0.36、厚0.18米，两侧垂带石长2.45、宽0.45米。

台基前后两侧阶条石上可见望柱榫眼，部分破损。榫眼尺寸为0.1米×0.1米×0.05米，台阶处榫眼与台阶等宽，其余均间距1.24米。

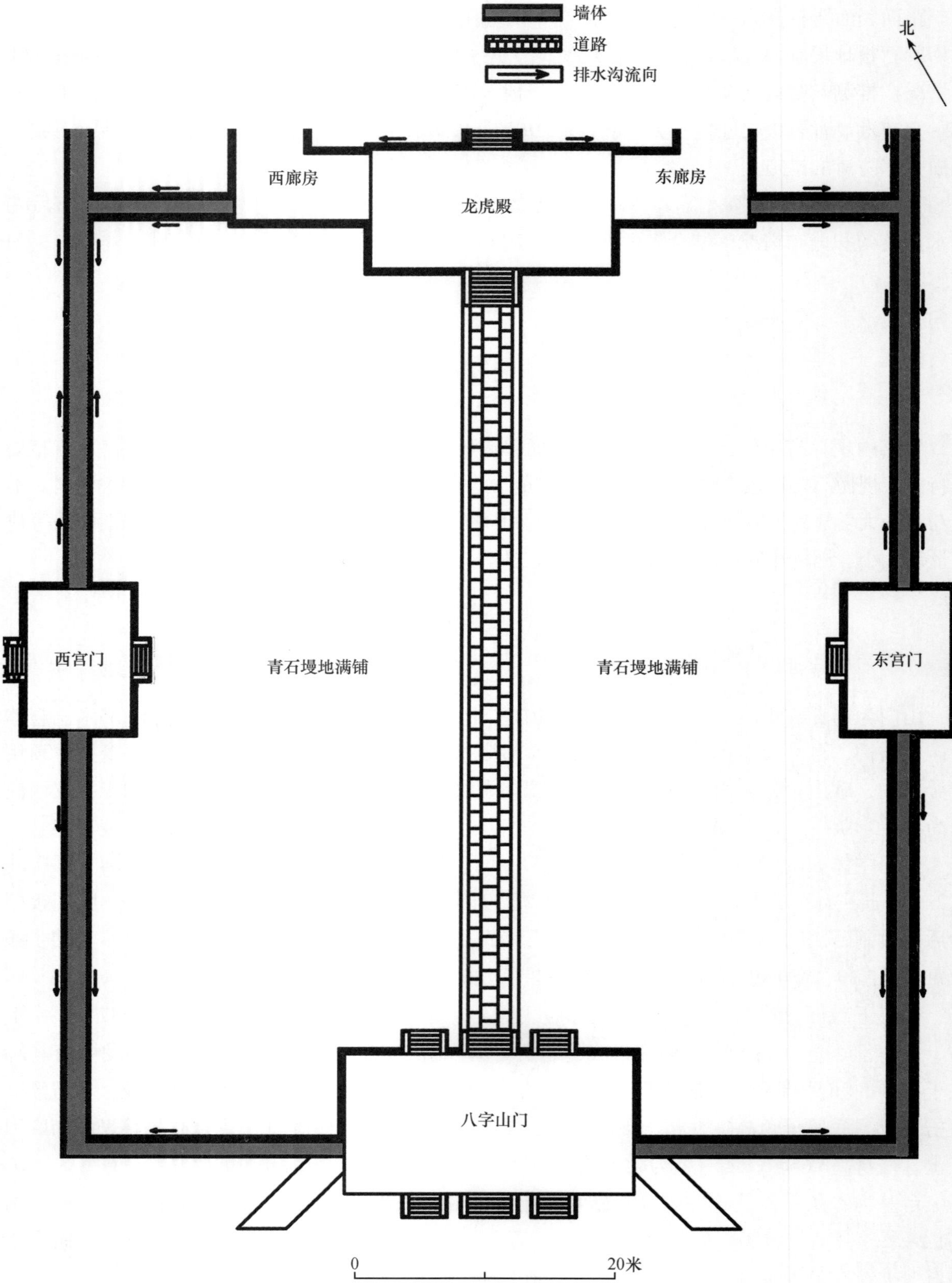

图二〇〇　中宫前院遗迹平面复原图

山门两侧设雁翅影壁，台基长5.95、宽1.88、通高0.98米。台基前檐阶条石上残存有5个望柱榫眼，尺寸为0.1米×0.1米×0.04米，间距均值约1.45米（彩版一一，2）。

影壁下碱为青石须弥座。须弥座通高1.38米。上层须弥座通高0.68米，下层须弥座通高0.7米。上层须弥座束腰以上高0.17米，上下枭混枋皆无雕饰。束腰高0.12米，中部及四角浮雕有玛瑙柱子，中间和两端浮雕椀花结带、团花、牡丹等纹饰。束腰以下高0.38米，由下枭、下肩涩、下枋和圭角组成，圭角处浅浮雕如意卷云纹。

下层须弥座形制同上层须弥座，上层须弥座束腰以上高0.21米，上下枭混枋皆无雕饰。束腰高0.12米，中部及四角浮雕有马蹄柱子，中间和两端浅浮雕椀花结带、团花及牡丹等纹饰。圭角处浅浮雕如意卷云纹。

影壁一字部分上身高2.66米，屋面为硬山顶，八字部分上身高1.98米，屋面为歇山顶。影壁一字和八字部分壁心为方砖心作法，无撞头，构图方式为中心四岔。一字部分中心为团花莲纹，四角饰花草纹。八字部分中心为团花“连年有余”，四角饰花草纹。

二、东西宫门

东西宫门位于前院东西两侧，沿中轴线对称分布，砖石结构，形制大小皆同。其中东宫门方向292°，西宫门方向112°。宫门南北长8.56米，东西宽4.8米，通高8.03米，面积约41.09平方米。屋顶为单檐歇山顶，灰筒瓦屋面。宫门面阔一间，中间起券门，券门高3.8、宽2.28米，进深3.8米，门口设有0.22米高的门槛石，门槛石内侧两边设有对称的两个石门枕，门枕尺寸为0.3米×0.25米×0.1米，正中有直径0.16、深0.1米的门窝。栓眼石距垫槛石高1.45米，中间有方形边长0.25米的门窝，深0.1米（彩版九，1、2）。

宫门下碱为青砂岩石须弥座，须弥座通高1.3米。束腰以上高0.36米，由上枋、上枭混等石构件等组成，无雕饰；束腰高0.29米，四角浮雕有马蹄柱子，中间浅浮雕椀花结带、团花、牡丹花等纹饰；束腰以下同上部，圭角底座饰有如意卷云纹。墙身为青砖砌筑，墙面抹灰，外侧饰以麻刀红土。墙身通高3.11、宽1.15米。

台基为用青条石错缝直铺砌筑而成的方正石台明，平面呈长方形。两侧券门下设台阶，通往东西两宫，台阶详见东西宫报告。台基南北长11.12、东西宽8、高0.58米，面积88.96平方米。阶条石上可见8个望柱榫眼，对称分列台阶两侧，榫眼尺寸为0.1米×0.1米×0.05米，间距均值约1.24米。

三、龙 虎 殿

龙虎殿位于中轴线上，坐北朝南，距离山门北侧72.4米，方向204°。历经多次修缮改动。屋顶前半部为歇山顶，后半部为悬山顶，屋面覆盖布瓦，正脊两端设大吻，垂脊上安垂兽，戗脊走兽多已损毁。在梁、枋、斗拱上绘有彩绘，已大面积脱落。正面檐口及翼角处屋檐下垂，用木柱临时支撑（图版一三，3）。

龙虎殿通高8.67米，面阔三间，明间宽6.26米，两次间均宽4.75米。进深两间，通进深6.79米。台基为用青条石错缝直铺砌筑而成的方正石台明，平面呈长方形。台基东西长18.4、南北宽9.35、高1.84米，面积172.04平方米。台基前后檐阶条石上制有石雕栏杆，部分损毁。雕栏柱头为莲花头，高1.13米，栏板为凿空浮雕栏板，高0.71米。明间檐下台基分别设有台阶，前后形制尺寸相同，台阶通长4.2、通宽2.74、高2.12米，含阶条石共九级踏步。每级长3.24、宽0.36、高0.23米。垂带石长2.85、宽0.45米。

殿内柱础均为鼓镜式素面柱础，其中山柱柱盘底面尺寸为1.12米×1.12米，柱础直径为0.75米。檐柱础柱盘底面尺寸为0.96米×0.96米，柱础直径为0.72米；木柱均为圆形直柱，山柱直径为0.48米，檐柱直径为0.45米。地面为方砖十字缝墁地。方砖尺寸为0.56米×0.56米×0.08米，砖面多碎裂。

殿内前檐墙为近代改建的木板墙，木板墙厚0.1米，刷红漆。贴有起装饰用的木条，木条宽0.04～0.06、厚0.04～0.06米，间距在0.2～0.25米。山墙及后檐墙均为灰砖墙，外墙表面抹灰刷红土漆，内墙表面刷有白灰浆。明间处有现代后改大门，次间上开有现代玻璃窗。

四、东西廊房

位于龙虎殿东西两侧对称分布，形制相同。被后人改建成单独房间，均为面阔三间，进深一间。廊房通高6.31米 ,分别与东西配殿相连接，硬山屋面，施灰筒瓦。廊房靠近龙虎殿的西（东）次间宽2.1、明间宽4.6、东（西）次间宽 3.72、通面阔10.42米，靠近东西配殿通面阔8.34米。进深皆一间，宽3.72米。房外与台基栏杆间的廊道宽0.59米。

廊房台基平面呈“L”形，与龙虎殿和东西配殿相连成整体。做法及石条尺寸同龙虎殿。转角台基靠近龙虎殿的前后檐尺寸分别为10.37、5.05米，宽5.3米，靠近东西配殿的前后檐尺寸分别为7.3、12.65米，宽5.3米。廊道外侧阶条石上原有石雕栏杆，部分损毁。望柱为莲花柱头，高1.13米。栏板为凿空浮雕栏板，高0.71米。

房内檐柱础均为鼓镜式素面柱础，柱盘底面尺寸为0.79米×0.79米，直径为0.64米。木柱均为圆形直柱，柱径0.45米。房内方砖十字缝墁地。尺寸为0.51米×0.51米×0.06米，砖面多碎裂。

廊内前檐为近代改建的木板墙，木板墙明间前檐处有现代改建的大门，次间上开有现代改建的玻璃窗。木板墙刷红漆。山墙及后檐墙为灰砖墙，外墙表面抹灰刷红土漆，内墙表面刷有白灰浆。

五、东西配殿

东西配殿沿宫内中轴线对称分布。其中东配殿坐东朝西，方向204°；西配殿坐西朝东，方向114°。屋面通高8.44米，皆为硬山屋面，施灰筒瓦。东西配殿面阔皆三间，进深两间。明间宽5.14、次间宽4.79、通面阔14.72米。明间与东西两次间进深分别为3.73、1.83、1.89米，通进深 7.44米，面积109.52平方米（图版一四，1、2）。

东西配殿台基形制大小相同，皆为青石台基，与龙虎殿台基连成一组后院建筑群的整体台基。配殿台基东西长16.5、南北宽9.33、高1.6米，总面积153.95平方米。台基前檐下设有台阶，含阶条和土衬石共九级，台阶通长3.12、通宽2.92、高1.6米。踏步条石每级长2.06、宽0.35、高0.2米。垂带石长2.85、宽0.45米。

殿内柱础均为鼓镜式素面柱础，其中檐柱础和金柱础规格统一，底盘尺寸为0.79米×0.79米，直径为0.64米。山柱柱盘底面尺寸为0.9米×0.9米，鼓镜尺寸不详。木柱均为圆形直柱，檐柱直径为0.36米，金柱直径为0.4米，山柱直径为0.44米。殿内十字缝方砖墁地。方砖尺寸为0.51米×0.51米×0.06米，砖面多碎裂。

殿内前檐墙为近代改建的木板墙，开有现代改建的大门，次间开有现代改建的玻璃窗。木板墙刷红漆。山墙及后檐墙为灰砖墙，外墙表面抹灰刷红土漆，内墙表面刷有白灰浆。

六、东西偏房

东西偏房分别位于东西配殿以北，沿中轴线对称分布，其中西偏房改建较大，为20世纪50年代后改建而成的现代建筑。东偏房基本保持原状，现选取保存较原始风格的东偏房进行描述：

东偏房面阔进深皆一间。明间宽4.06米，进深3.75米，面积15.23平方米。前下檐出1米，后下檐出0.63米。

台基为青条石包砌的素台基，方向204°。台基东西长5.33、南北宽4.75米、高1.6米。

偏房内檐柱础均为鼓镜式素面柱础，柱盘底面尺寸为0.66米×0.66米，直径为0.56米。柱子均为圆形直柱，直径为0.23米。房内十字缝方砖墁地。方砖尺寸为0.51米×0.51米×0.08米，砖面多碎裂。

前檐墙为近代改建的木板墙，木板墙开有现代改建的大门，木板墙刷红漆。山墙及后檐墙为灰砖墙，外墙表面抹灰刷红土漆，内墙表面刷有白灰浆，墙体镶嵌有石碑。

七、东西廊道

东西廊道建筑已无存，仅余台基。台基平面呈“L”形，与大殿和东西配殿台基共同组成后院建筑群的整体。台基尺寸大小、形制相同。靠近真仙殿的台基前后出檐尺寸分别为3.17、8.52米，宽5.3米，靠近东西配殿的台基前后出檐尺寸分别为11.95、17.27米，宽5.45米。廊道中部设台阶与偏房及配殿相连，较偏房及配殿台基高1.52米。台阶含阶条石共11级，长3.95、宽3.52米，每级长2.61、宽0.35、厚0.14～0.15米。

台基上可见鼓镜式素面柱础，柱盘底面尺寸为0.66米×0.66米，直径为0.56米。地表铺设有一层水泥，未清理。

八、真　仙　殿

真仙殿（真武殿）位于中宫中轴线上最北端，距离中宫北宫墙7.92米。2003年真仙殿被大火焚毁，仅余台基和残垣。

根据武当山文管所提供的历史资料和历史照片所知：真仙殿面阔三间，抬梁式构架，歇山屋顶。明间宽7.8、西次间宽5.52、东次间宽5.5、通面阔18.82米。进深三间，明间进深6.42、南次间2.4、北次间2.3、通进深11.12米。前下檐出1.59米，后下檐出1.54米，两山各出檐1.65米。建筑面积209.28平方米（彩版一二，1；图版一五）。

台基平面呈长方形，坐北朝南，方向204°。用青条石包砌而成。台基东西长22.12、南北宽14.25、高3.12米，面积315.21平方米。台基前出设有宽大的月台，月台东西长19.35、南北宽4.78、高2.88米。月台四周砌有石雕栏杆，部分损毁，望柱为莲花柱头，高1.33米。栏板为凿空浮雕栏板，高0.87米。月台表面铺设有石板地面，石板尺寸为1.04米×1米×0.08米，表面踩踏多碎裂，损毁严重。杂草于石缝中生长。明间正中设有分心石，尺寸为2.46米×2.28米。月台下设有通往内院的台阶，共十三级，台阶通长4.39、通宽4.2、高3.18米。每级踏步长3.21、宽0.35、高0.24米（彩版一二，2）。

殿内柱础均为鼓镜式素面柱础，其中檐柱柱础石尺寸为1.25米×1.25米、直径为0.76米。金柱柱础石尺寸为1.27米×1.25米，直径为0.8米。后檐墙内柱子经火烧后表面碳化。殿内地面为方砖墁地。方砖尺寸为0.51米×0.51米×0.08米，砖面碎裂严重。

火灾后，大殿山墙及后檐墙残断，墙体和木柱上被烟火烤炙痕迹严重。墙体为灰砖砌筑，山墙上开有窗户痕迹，现被灰砖封堵。墙体残高0～4.35、厚0.73米。下碱高1.05、厚0.76米。墙体表面麻刀红土粉饰（图版一六，1）。

九、宫　墙

中宫南北两侧宫墙整体保存较好，东西两侧宫墙分别与东西两宫共用，墙体尺寸、形制与东西宫宫墙相同，西北角与西宫共用的宫墙被拆毁。墙体现距地表高3.2～3.62、厚1.15～1.25米。部分位置可见墙体下碱部分，较上段凸出0.05～0.08米。墙体上段为青砖淌白糙砌，表面用麻刀红土粉饰。表面起皮、空鼓、脱落严重。墙顶宽1.5～1.8米，顶帽及菱角檐多处残损，长满杂草。

第三节　遗　物

中宫前院内采集部分遗物，主要为石碑2件。

标本中采：3，残。汉白玉。长方形，面磨光。方形凸碑首，顶角弧形。碑首上浮雕篆书碑文及双龙戏珠，碑身上阴刻隶书碑文及双龙戏珠。碑身长192、宽89、厚14厘米（图二〇一、图二〇二）。

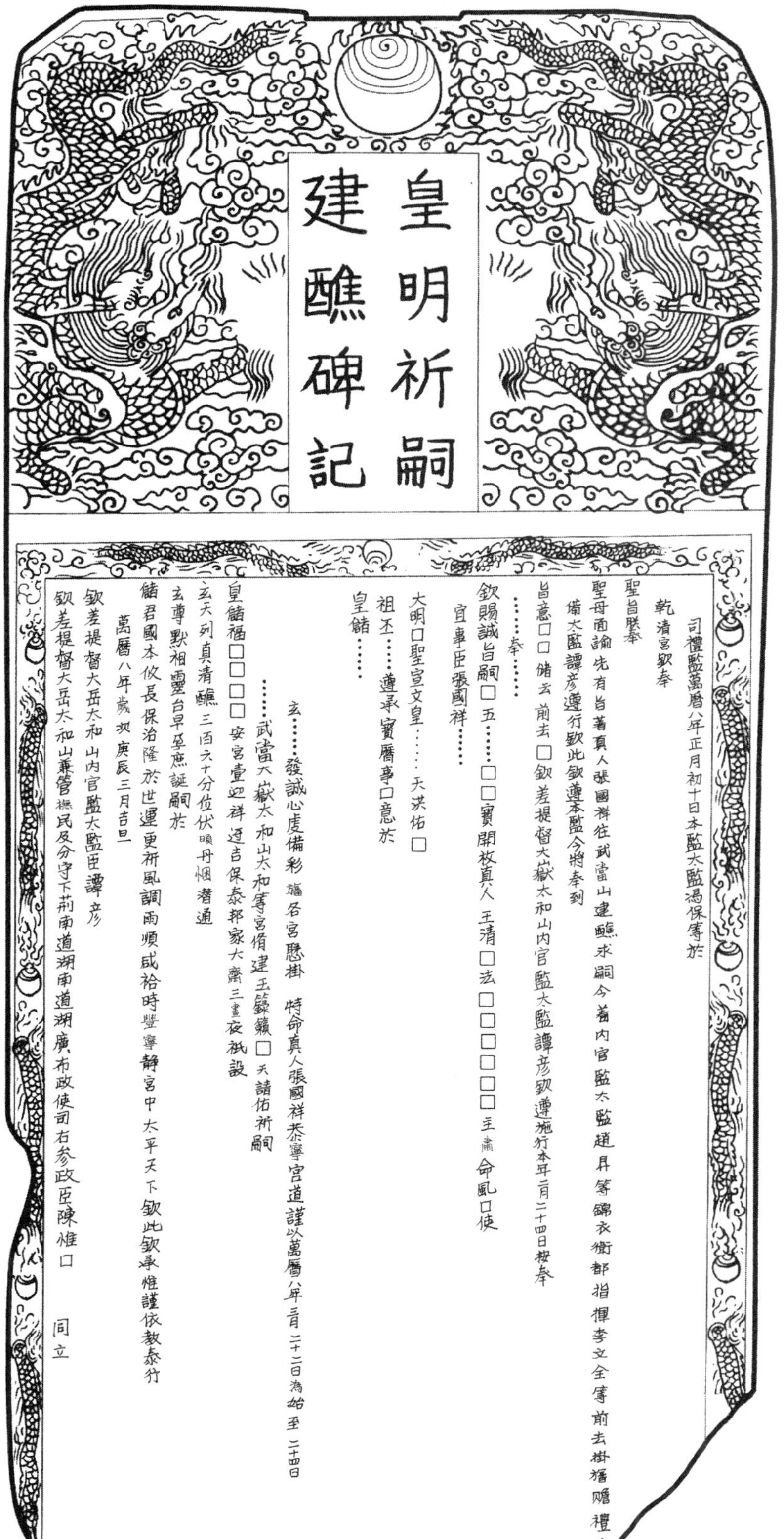

图二〇一　中宫碑文释读示意图（中采：3）

图二〇二　中宫石碑拓片（中采：3）

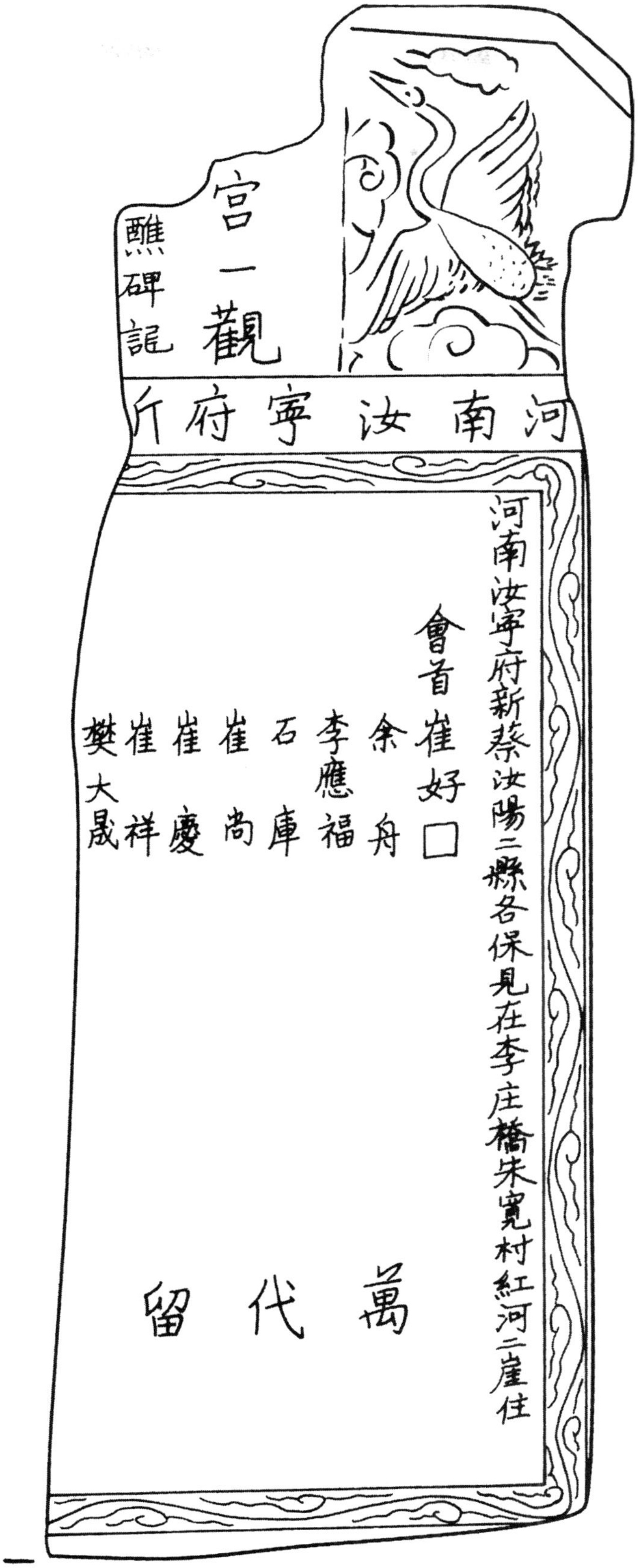

图二〇三　中宫碑文释读示意图（中采：5）

图二〇四　中宫石碑拓片（中采：5）

标本中采：5，残。青灰色砂岩。长方形，面磨光。方形平碑首，顶角斜切。碑首上饰仙鹤云纹，碑身一周饰卷草纹。碑身长86、宽32、厚12厘米（图二〇三、图二〇四）。

第四节 小 结

中宫位于遇真宫的中心区域，为明代永乐年间为纪念张三丰修建。宫内由两进四合院组成，整体保存较好，整体建筑布局和单体建筑风格改变不大，部分木构结构及屋面进行过多次修改，如龙虎殿、东西配殿、东西偏房建筑风格为改建后的清至民国时期建筑风格，但如山门、东西宫门、真仙殿（损毁前）等建筑尚存明代早期建筑风格，对研究明清时期武当山建筑的历史发展有着重要意义。

根据文献记载可知，中宫最早属于纪念并放置张三丰神像及所用物品的场所，功能相当于纪念张三丰个人的“生祠”。后据东宫内出土石碑（东T1③：42）碑文记载，天顺二年（1458年）将真武神位安于真仙殿，而于东廊（东配殿）安放张三丰神像，此时纪念张三丰的“生祠”，开始转变为祭拜真武大帝的宗教场所。

中宫作为祭拜真武大帝宗教场所直至民国期间，随着武当山道教文化整体衰落，宗教活动减少，中宫内的建筑陆续改做库房、校堂及宿舍等用途。

第五章　宫　　外

遇真宫外附属建筑遗迹单位是遇真宫重要组成部分，对研究遇真宫整体建筑布局有着重要意义。

遇真宫宫外北、东部地势较高，南、西部地势较低。其中，北宫墙外地表较宫墙略低0.3～0.8米，向北呈坡状抬升10～15米处至316国道。东宫墙外有一条宽约0.5～1.5米的现代水渠（公路排水渠）由316国道向南延伸至水磨河，水沟以东地表较宫墙高约0.25～1米，地势缓升，主要为现代民居及经济作物林。西宫墙外有一条与东宫墙外对称分布的宽约0.5～1.2米的现代水渠（公路排水渠）由316国道向南延伸至水磨河，水渠以西为一条宽0.5～1.2米的机耕土路，机耕土路较宫墙低0.5～0.7米。机耕土路以西为农田，地势平坦，种植有各类农作物。南宫墙外距宫墙1～1.4米处有一条现代废弃水沟，水沟宽0.2～0.6米。山门南为一条南北向土路（通往机耕土路），土路长83、宽3.2～3.8米，高于两侧农田0.9～1.2米。

由于宫外民居尚未搬迁，且勘探效果不理想，参考2008年厦门大学历史系在遇真宫宫外西南部考古发掘的相关情况后，采取调查及开设小型探沟的方式进行解剖，以了解宫外地层堆积和遗迹分布状况。依据宫内外相应位置，探沟编号为东外TG、中外TG和西外TG，并仅对有遗存的探沟进行编号（图二〇五）。

遇真宫北宫墙外因316国道铺设道路路基，其晚期堆积厚约4～12米未进行解剖，东、西宫墙外的解剖显示只存有排水沟，但在南宫墙外则存在散水、排水沟、神道、会仙桥、水井等遗迹（图二〇六）。

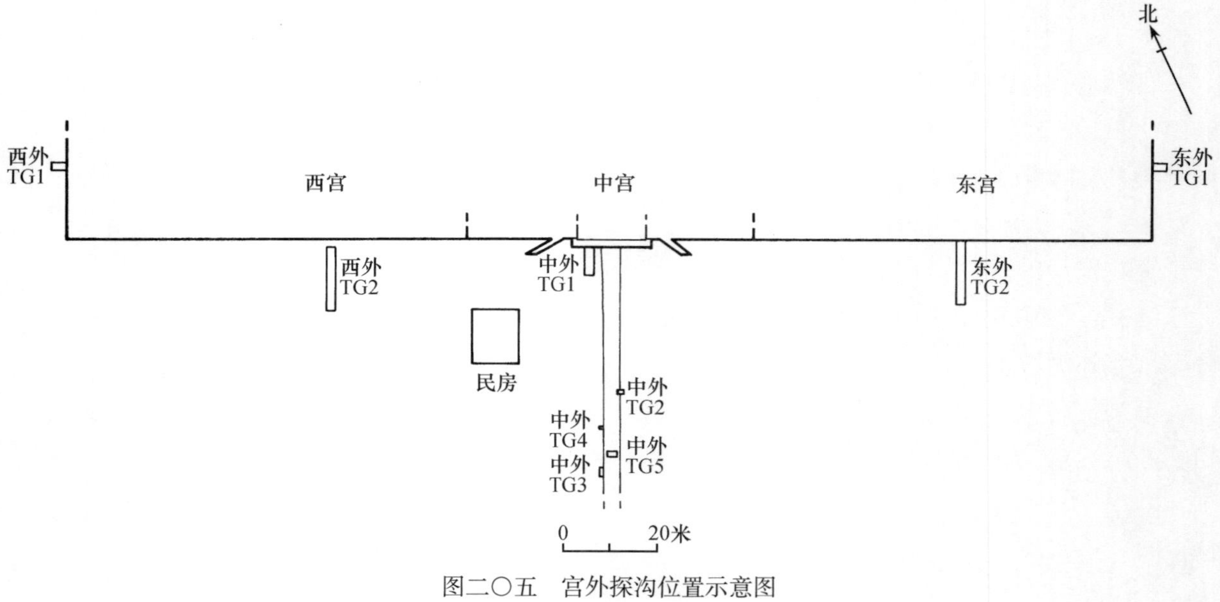

图二〇五　宫外探沟位置示意图

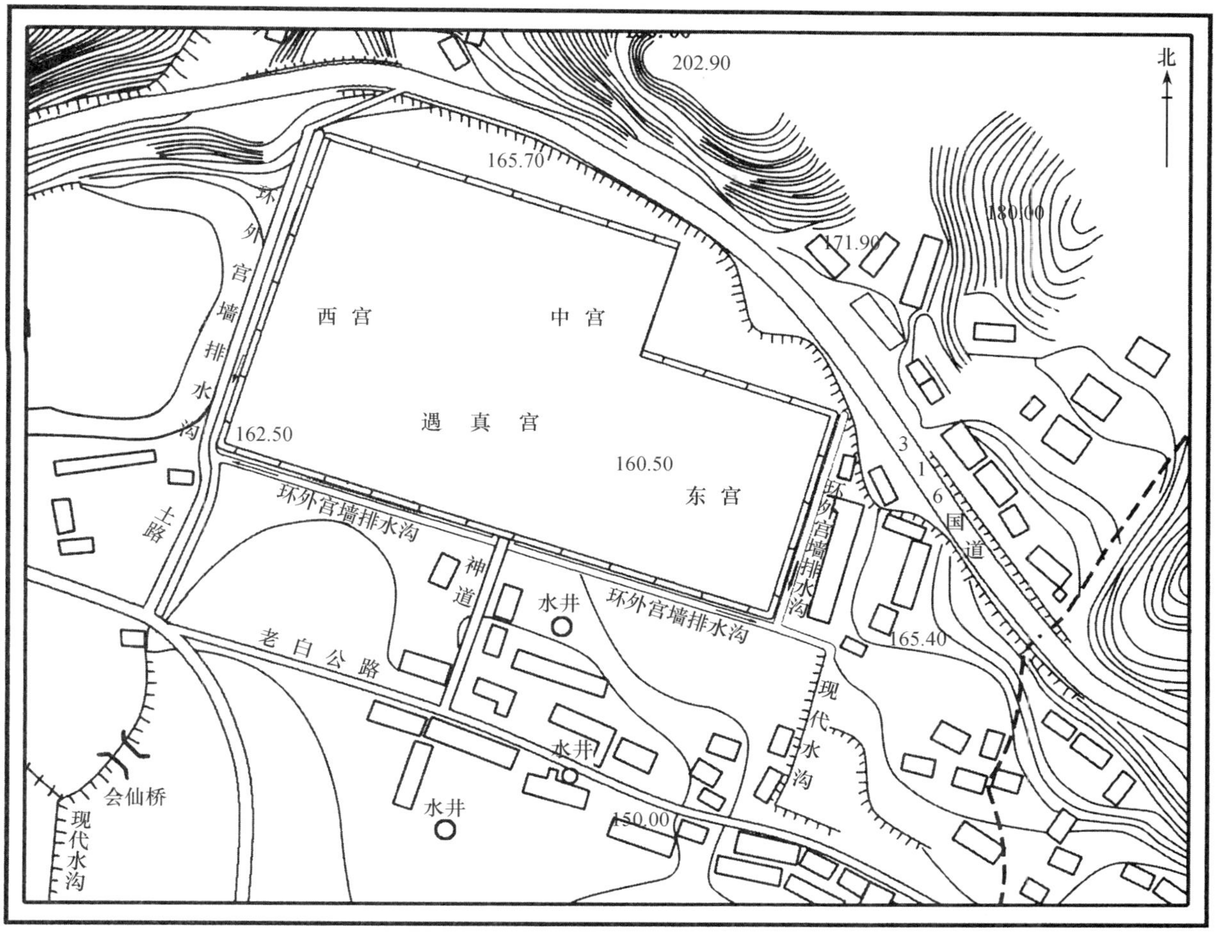

图二〇六　宫外遗迹分布示意图

第一节　地层堆积

宫外地层堆积较为简单，解剖至明代遗存后未继续发掘。以遇真宫东宫南宫墙外中部布设的南北长12、东西宽1.5米的TG2西壁为例进行说明（图二〇七）。

第1层：厚0.1～0.45米。杂乱灰褐色散土，含现代废弃物、塑料袋、植物根须等。

第2层：厚0.06～0.35米。浅灰黄色软质散土，含现代废弃生活垃圾、砖块、瓦片、石块及少量青花瓷片等。

第3层：厚0.45～0.71米。灰褐色软质散土，夹杂有砖、石、瓦片及少量青花瓷片、釉陶片等。宫墙外侧散水及排水沟开口于此层下。

第3层下宫墙外排水沟至宫墙处为与西宫内南部相同的垫土层，排水沟南侧则为与西宫内相同的第4层（黑色淤积沙土）。

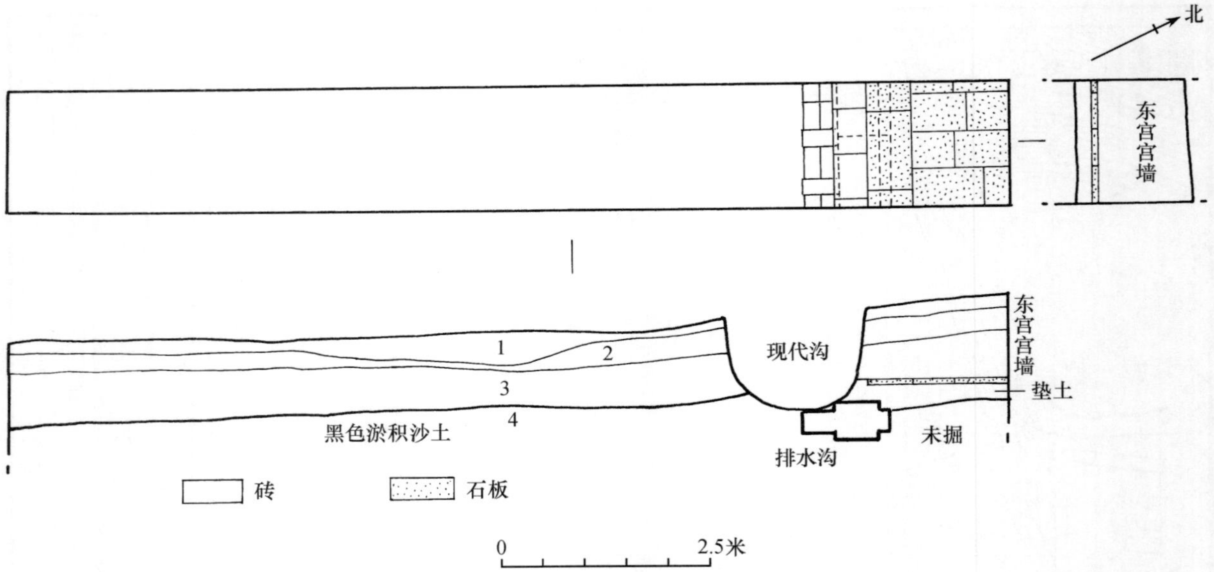

图二〇七　东外TG2平、剖面图

第二节　建筑遗迹

宫外的建筑遗迹除散水和排水沟环绕宫墙修建外，神道、水井、桥等主要分布在遇真宫南部。

一、散　　水

遇真宫东宫南宫墙外侧发现的青石板散水开口于第3层下，距地表深0.85～1.1米。石板为南北向直铺、东西向错缝顺铺，外侧铺设一排东西向压条石包边。整宽1.7米。石板表面打磨平整，光滑。石板尺寸大小不一，厚度在0.05～0.08米。散水由内向外（北向南）略微倾斜，压条石外叠压方砖制成的排水暗沟。

虽仅在东宫南宫墙外侧发现青石板制成的散水，但推测遇真宫宫墙外侧均铺设有青石板散水。

二、排　水　沟

遇真宫西宫西宫墙外侧、西宫南宫墙外侧及东宫南宫墙外侧均发现青砖制成的环宫墙排水沟。排水沟距地表深1.15～1.4米，距宫墙1.4～1.8米，沿宫墙走向修建。以保存最好的东宫南宫墙外侧排水沟为例进行说明。

东宫南宫墙外侧排水沟开口于垫土层下，距地表深1.05米。沟面距东宫南宫墙1.55米，用青砖铺设成暗沟。排水沟断面呈“凸”形。沟面宽1.05～1.08米，通高0.47米。排水沟两壁以长方形青砖砌成两层， 青砖尺寸为0.4米×0.2米×0.13米。北壁较规整，铺法为单砖错缝直砌；南壁铺法为一顺一丁，局部变形错位。砖缝隙间填充由石灰、糯米浆、沙构成的黏合剂。排水沟铺设有盖板，与底部方砖大小、形制相同。方砖盖住沟槽，压住两侧沟壁0.05米。沟槽宽0.45米，沟底砖下垫有淤沙土（图二〇八；图版一八）。

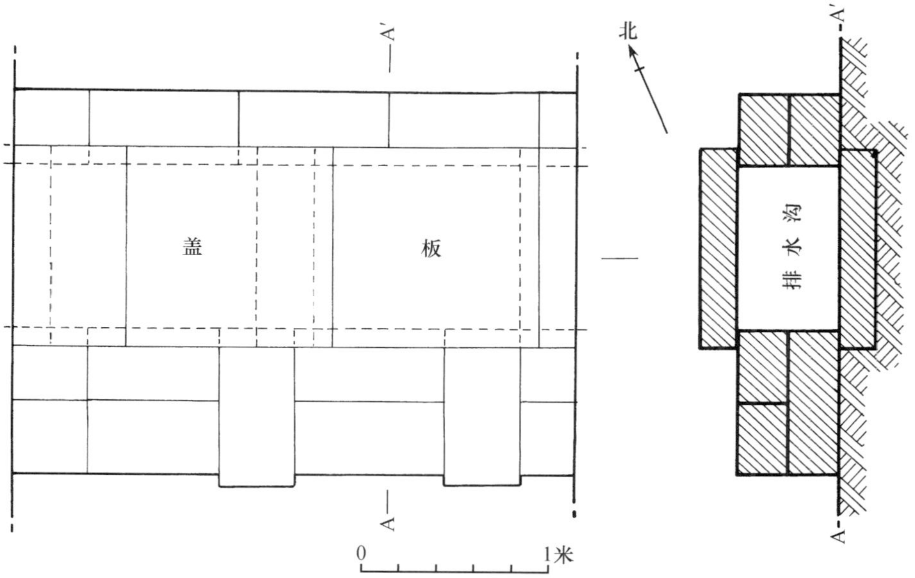

图二〇八　东宫南宫墙外侧排水沟平、剖面图

依据宫内环宫墙排水沟的分布情况和宫外探沟解剖推断，宫墙外侧应与宫内一样，存有一条完整的环宫墙排水沟，沿宫墙分布。值得注意的是，遇真宫宫墙外侧除北宫墙外，均有一条现代排水沟叠压在早期排水沟面上，现代水沟向南至水磨河，推测现代排水沟走向基本沿遇真宫当年宫外排水沟修建。

三、神　道

遇真宫山门前现存一条20世纪50年代铺设的南北向土路，为了解其下的堆积，分别在该土路东西两侧和中部进行解剖（中外TG1、中外TG2、中外TG3、中外TG4和中外TG5）（图二〇九；图版一七，3）。

解剖显示，距地表1.06米和1.1米均发现有青石板铺设的路面，石板表面打有糙道，南北向直铺、东西向错缝铺设。它们与土路西侧菜地暴露在外的石板铺设路面距地表深度相等（约1.1米），方向一致，均被土路叠压，系同一遗迹。

据路面两侧青石板外边宽度测量，其路宽约3.88米，方向为20°～25°，向北正对遇真宫山门。这与文献中遇真宫山门口至武当山官道之间存在一条神道的记载相仿，推测该遗迹即神道。

神道的南部被现代房屋和鱼塘叠压破坏。结合遇真宫西宫西南角向南约165米处的连接东西向官道的会仙桥推测，神道长度（遇真宫山门至入山官道）在180～200米。

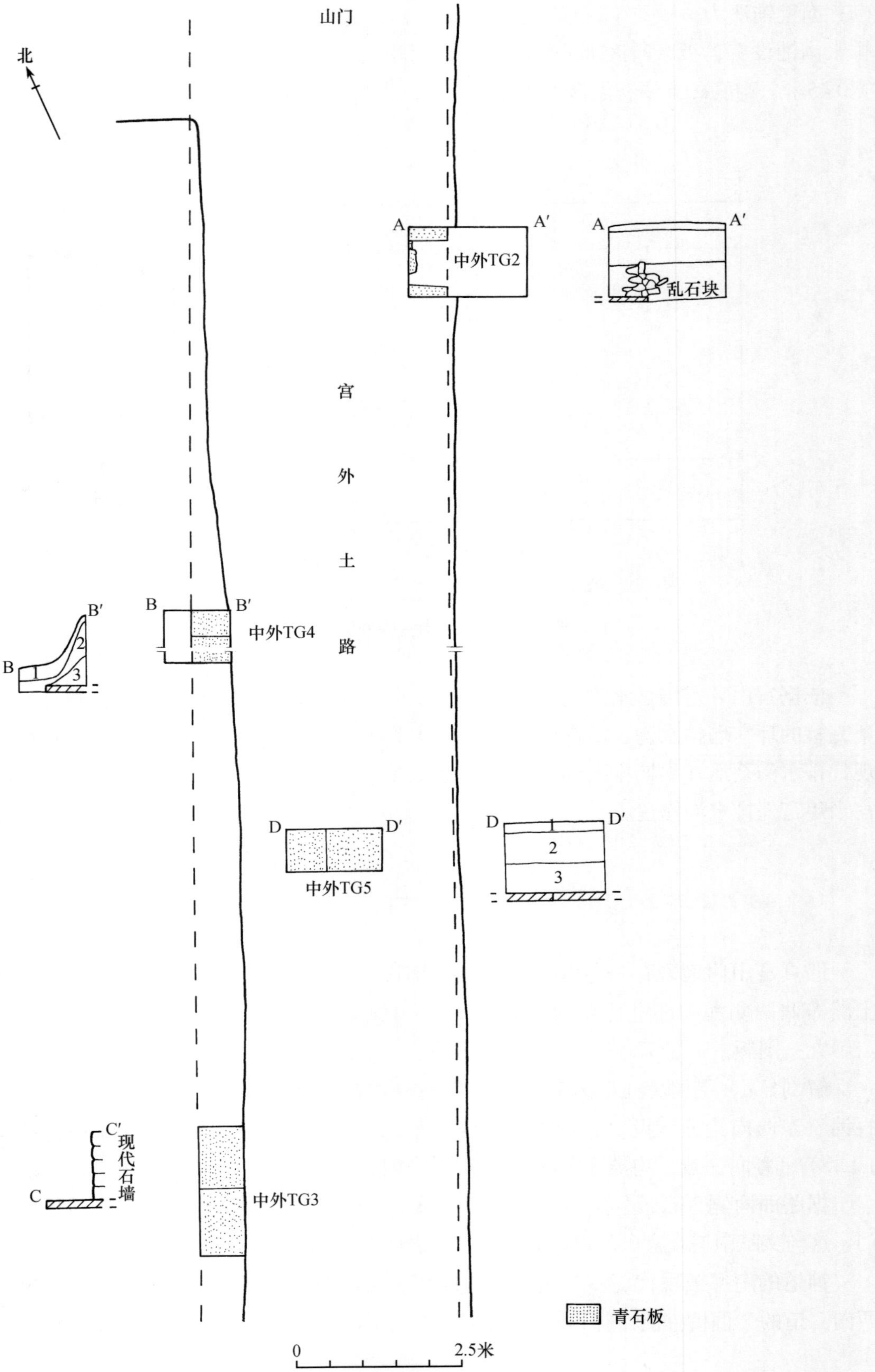

图二〇九　宫外神道解剖图

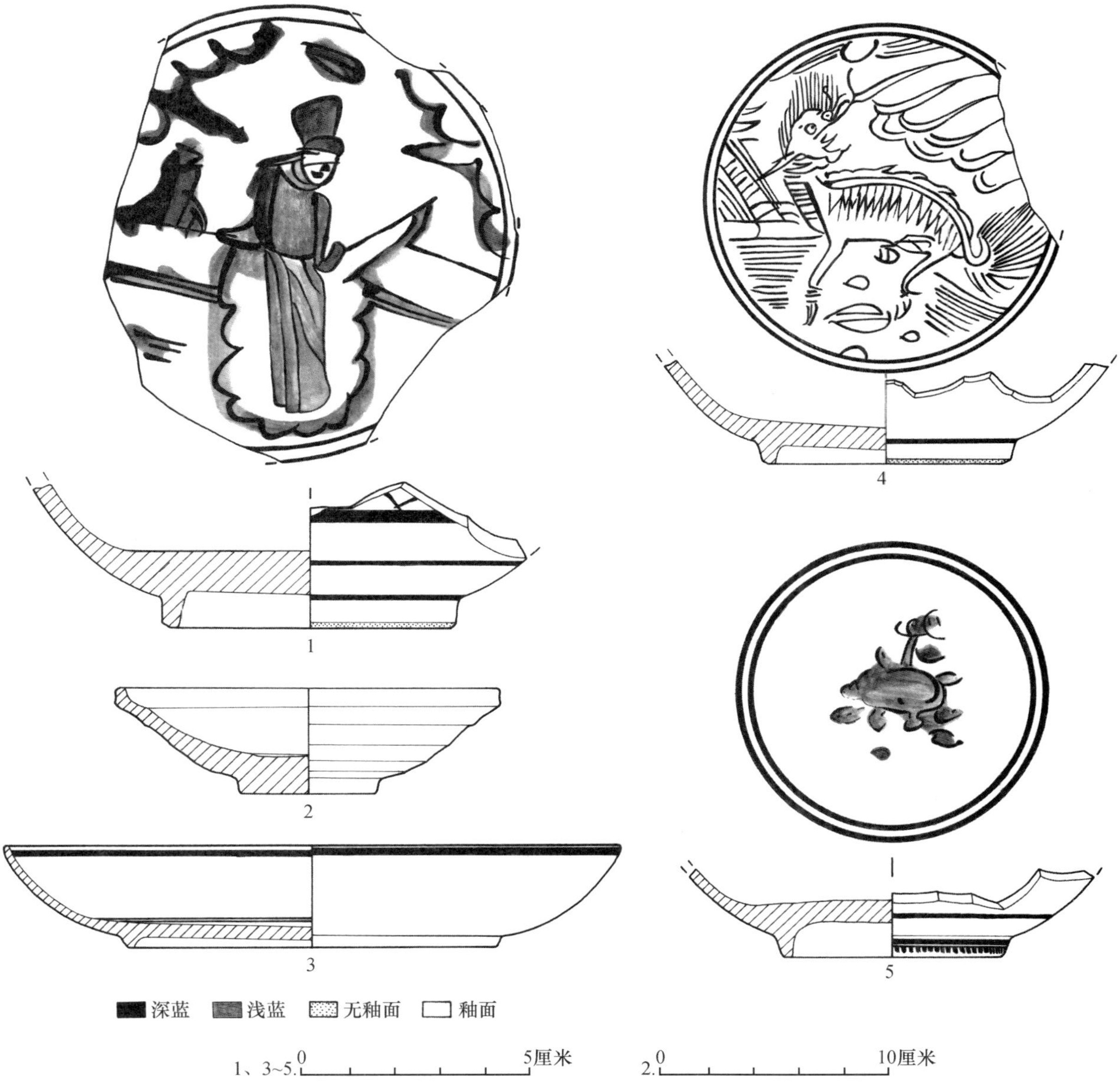

图二一〇　宫外遗物

1、4、5. 瓷碗（西外TG2③：7、西外TG2③：8、西外TG2③：6）　2. 陶盏（西外TG2③：1）　3.瓷碟（西外TG2③：3）

四、会　仙　桥

会仙桥位于遇真宫西宫西南角向南约165米处，为明代敕建，是去武当山朝山敬神的必经之地，1956年与遇真宫共同被列为湖北省重点文物保护单位。

会仙桥桥基多已坍塌，桥梁走向为东西向。桥面为石质，地表可见桥面长1.6、宽0.83米，沟底距桥面正中部分高0.65米。桥为拱形，为东西向4块打磨过的青砂岩石板榫卯拼接而成，内用白灰黏合（图版一七，4）。

参考相关资料（见图九一）可知，会仙桥为一单拱桥，桥面宽敞，桥上两侧建有栏杆，桥下有由北向南流淌的河水。河水可能由凤凰山流淌而下，内汇入由遇真宫西宫排出的水流。

第三节　遗　　物

宫外探沟出土遗物较少，保存较差，多为残损的建筑构件和少量陶、瓷器。现以西宫外TG2部分标本为例进行描述。

陶盏　标本西外TG2③：1，修复。泥质灰陶，轮制。直口，圆唇，斜弧腹，腹外壁多周凸棱，假圈足近直壁。素面。口径16.4、足径6、通高4.8厘米（图二一〇，2）。

瓷碟　标本西外TG2③：3，修复。轮制。灰白胎，透明釉微泛青，青花呈色蓝中泛浅灰。敞口，圆唇，斜弧腹，内底略凹，矮圈足微内收，足根无釉粘沙，外底可见辐射状跳刀痕。口沿内壁与内底分饰一上两下三周弦纹，口沿外壁饰一周粗弦纹。口径12.1、足径6.5、通高2.1厘米（图二一〇，3）。

瓷碗　标本西外TG2③：6，残。轮制。灰白胎，透明釉微泛青，青花呈色蓝艳。弧腹，内底微鼓，外底平，圈足内收，挖足过肩。内底饰折枝月季，外绕青花双圈，外壁下腹近底处饰一周弦纹，圈足外壁饰一周弦纹，弦纹下饰一周点状纹。足径4.7、残高2厘米（图二一〇，5）。标本西外TG2③：7，残。轮制。白胎，透明釉微泛青，青花呈色蓝艳。弧腹，平底，圈足近直壁，足根外缘斜削一周，无釉露胎。内底饰高士图，人物绘画写意，着高帽，面目模糊不可辨，无须，长袍，外绕青花双圈。足径6.2、残高3.2厘米（图二一〇，1）。标本西外TG2③：8，残。轮制。白胎，透明釉微泛青，青花呈色蓝艳。弧腹，内底微凹，圈足内收，足端外缘斜削一周，无釉露胎。内底饰火麒麟纹，外绕青花双圈，圈足外壁与外底交接处饰一周弦纹。足径5.2、残高2.2厘米（图二一〇，4）。

第四节　小　　结

宫外发现的散水、排水沟、神道及会仙桥等遗迹是全面了解遇真宫布局与结构的重要补充。需要说明的是，2008年厦门大学历史系在宫外发掘所揭示的房基、水井、卵石路面等遗迹的制作和工艺规格与遇真宫宫内建筑差异较大，似与明代皇家修建的遇真宫建筑无直接关系，故本报告未予描述。

受调查与探沟解剖工作的局限，遇真宫宫外相关附属遗迹的揭示并不全面，无疑会影响我们对遇真宫布局结构的理解。

文献资料记载的遇真宫宫外“黑虎洞”、“望仙台”等遗迹，考古调查勘探并未发现，询问当地老人也无所知。推测黑虎洞、望仙台可能为对凤凰山的自然景观命名。随着时间推移及遇真宫的衰败，这些景观的具体位置已被人遗忘，而汉十高速公路、316国道的修建，将这些自然景观遗址彻底毁坏。

第六章　结　　语

作为世界文化遗产武当山古建筑群的重要组成部分，遇真宫遗址具有极其重要的历史、文化和艺术价值。同时，作为南水北调中线工程中最重要的文物保护项目之一，其文物保护的意义十分重大，必须确保丹江口水库水位提升对遇真宫遗址造成的影响降至最低程度。因此，科学的考古发掘是认识遇真宫遗址价值及保护遇真宫遗址的重要前提。通过对遇真宫遗址的大规模考古发掘，基本明确了遇真宫遗址的整体范围、年代、布局及建筑特点，为制订遇真宫遗址文物保护工作方案提供了科学依据，丰富了遇真宫遗址的历史文化内涵，填补了武当山明清古建筑基址研究和保护工作的不足。

第一节　遇真宫建筑基址的分期与布局

一、分　　期

遇真宫建筑基址规模宏大，主要由西宫、东宫、中宫及宫外附属建筑设施构成。发掘显示，遇真宫内诸建筑基址建筑方式存在一定的差异，反映出明显的历史特点。遇真宫西宫建筑基址的修建年代大体可分为四个时期：F1～F9、F12、水井及院一和院二、院六和院七为明永乐年间修建；F11为明永乐年间修建遇真宫之后至嘉靖年间大修遇真宫之前修建；F10与院三和院四、院五及西宫主甬路为明嘉靖年间修建；F14和院八、院九为明嘉靖年间之后至明末修建。遇真宫东宫建筑基址的修建年代大体可分为三个时期：F1～F4、院一、院二、院四、水井为明永乐年间修建；F4以北的青石甬路为明嘉靖年间修建；F5、F6与院三与为明崇祯年间以后修建。可见，考古揭示的遇真宫建筑并非一次性完成，而是经历了修建—维修—扩建—损毁—废弃的漫长过程。这种漫长过程并不是一个建筑单位的孤立现象，其在一定程度上反映出当时王朝与宗教的兴衰、社会的变迁。

综合文献资料与考古揭示的现象，我们将遇真宫建筑基址的建筑沿革整体分为修建、扩建、修缮及废弃四个时期，其间的局部维修与改建不做单独表述。

（一）修建时期（明永乐年间）

据《敕建大岳太和山志》记载：“（张三丰）洪武初来入武当，……命丘玄清住五龙、卢秋云住南岩，刘古泉、杨善澄住紫霄，……黄土城卜地立草庵曰会仙馆。”[①]后明永乐皇帝

① 陶真典、范学锋点注：《武当山明代志书集注·敕建大岳太和山志》，中国地图出版社，2006年，第257页。

寻张三丰不见，在此钦建遇真宫。遇真宫西宫之F1 ~ F9、F12、水井、院一和院二、院六和院七，东宫之 F1 ~ F4、院一、院二、院四及中宫、宫墙、神道等皆修建于此时，奠定了遇真宫建筑群的基本格局。其修建严格按照明代官式建筑要求进行，整个建筑群基本上按照中国传统建筑风格建造，以取正型的布局方法将宫内整体建筑布局定下来，以南北和东西两个方向为主轴线，整体建筑布局合理，规模宏大，结构严谨，用料讲究。

（二）扩建时期（明永乐后至明末）

明永乐后至明末，明代历任皇帝都多曾下旨对包括遇真宫在内的武当山建筑群的维修与扩建进行询问，在此期间维修、扩建的建筑在很大程度上利用原永乐年间的建筑，至嘉靖年间，将宫内最初97间建筑扩建至396间。遇真宫西宫之F11、F10、F14、院三、院四、院五、院八、院九、主甬路，东宫之F4以北的青石甬路等皆为此时扩建。虽然此时的维修与改扩建在技术、建筑风格及材料上随时代和技术的发展有所变化，但宫内建筑群较大地保持了明代早期的建筑样式及布局，整个遇真宫建筑群在很大程度上具有一定的延续性和发展性。

需要指出的是，明末遇真宫内部分地面建筑可能已经损毁甚至废弃。如西宫F14内Z1所出土的5件文物保存完整，其中编号西Z1：1的铜钱为“崇祯通宝”，编号西Z1：2的碗内底有“崇祯三年”的年款，这说明Z1的废弃年代为崇祯三年以后。灶是人们每天生活中不可或缺的，从Z1内出土器物的保存完整性推测，Z1是在短时间内彻底废弃，且日后并无再重新使用。这种与人们每日生活密切相关的建筑的彻底废弃绝非突然的损毁，似与当时存在的大型急速灾难有关，并且日后无力再修葺。考虑到遇真宫所处地理位置和Z1的损毁年代，我们推测，山洪或明末战乱可能是导致遇真宫部分地面建筑损毁甚至废弃的主要原因。

（三）修缮时期（清早中期）

《武当山志》载清康熙、乾隆两代一些地方官吏和道士曾对遇真宫进行过募化及修缮。此时的遇真宫虽部分建筑损毁，但大部分建筑尚存。因修缮者多为地方官吏和道士，其修缮的建筑已不再具有明代官式建筑的风格，建筑布局也出现较大的随意性。如中宫现存建筑龙虎殿上多处为清代中期改建的风格，东宫内院三和F6在院二的基础上扩建而成。此时的建筑材料也多简化和随意，如东宫F6的台基为砖石混合台明，其部分材料（如青砖）则利用了明代废弃建筑的原材料。

（四）废弃时期（清中晚期）

从叠压遇真宫东宫与西宫建筑基址的废弃堆积层所见遗物分析，西宫内出土的瓷器多属明中晚期至明末，而东宫内出土的瓷器具有明晚期至清康熙、乾隆时期瓷器特征，可知遇真宫西宫废弃时间略早，东宫废弃时间略晚。此时，遇真宫整体的宗教寺庙功能已经衰败，只是遇真宫中宫可能还发挥部分功能。这种状况与武当山作为明皇室最大道场的历史地位丧失是相一致的，也是武当山道教衰落的真实写照。

推测自清乾隆开始至清末、民国期间，东西宫内原明代兴建的建筑群体就已经陆续彻底废弃，而在废弃的建筑堆积上，又开始修建新的建筑，如东宫内西南角尚存的建筑就为民国建筑。

二、建筑布局

遇真宫平面布局呈曲尺形，由西宫、东宫、中宫三部分组成，四周为宫墙所环绕。考古揭示的遇真宫建筑基址含明永乐年间至清代早中期建筑基址（图二一一），其规模庞大，基本结构比较完整、清楚。可知遇真宫建筑群的修建经历了比较长的历史过程，其建筑基址在技术、建筑风格及材料上随时代和技术发展有所变化，但整个建筑群基本布局、风格为明永乐年间奠定（图二一二），并在此基础上发展和延续。

（一）遇真宫明永乐年间建筑布局

遇真宫在明永乐年间按照官式建筑规制修建，其建筑布局有迹可循，以取正型的布局方法将宫内整体建筑布局定下来，以南北和东西两个方向为主轴线，将各宫及宫内主体建筑群对称排列。

第一条南北向主中轴线：以中宫山门—龙虎殿—真仙殿轴线为主轴线，既将中宫内建筑对称分布，又将东西两宫不规则对称分布。

第二条东西向中轴线：由西向东以西宫F3—西宫F1—西宫门—东宫门—东宫F1—东宫F3为中轴线。在其前殿与主殿之间两侧置对称的配殿，构成东西宫内的两个主体四合院。

各宫内又在总轴线的基础上有本宫内的中轴线。

西宫位于中宫以西，经中宫前院宫门处进入，平面布局呈长方形，四面有宫墙环绕，东宫墙处设宫门，西宫建筑群为一两进四合院。宫内中轴线有两条。第一条为东西向中轴线：以西宫门—F1（前殿）—F3（正殿）为中轴线，前殿与正殿之间南北两侧置配殿，四隅两房交接处设抄手廊连接成一个近似正方形的四合院院一，院内满铺青石地墁，院内设影壁1；第二条为南北向轴线：以F2（偏殿）—F4（偏殿）—F5（廊房）—F6（院二前殿）—F9（院二正殿）—F12（廊房）—水井（J1）为中轴线，院二前殿F6、正殿F9东西两侧设配殿F7、F8，四隅两房交接处有抄手廊连接成一个近似正方形的四合院院二，院内满铺青石地墁，未设影壁。J1由廊房F12与F9相连接。除院落、房屋外，还存有青石甬路、水沟等相关遗迹单位。

东宫位于中宫以东，经中宫前院宫门处进入，平面近正方形，四周为宫墙环绕。东宫建筑群体主次分明，以一个大型四合院为主体，沿四合院建筑轴线对称分布有跨院、房屋等建筑。中轴线有两条。第一条为东西向中轴线：以东宫门—F1（前殿）—F3（正殿）为中轴线，前殿与正殿之间南北两侧置配殿F2、F4，四隅两房交接处设抄手廊连接成一个近似正方形的四合院院一，庭院内设有一条东西向青石甬路，甬路上修建有影壁1，甬路两侧满铺青石地墁；第二条为南北向轴线：以F2（偏殿）—F4（偏殿）为轴线。宫内还存有青石甬路、水沟等相关遗迹单位。

中宫同现有地面建筑布局基本相同，仅部分建筑改建和扩建，其中轴线与第一主中轴线共用。

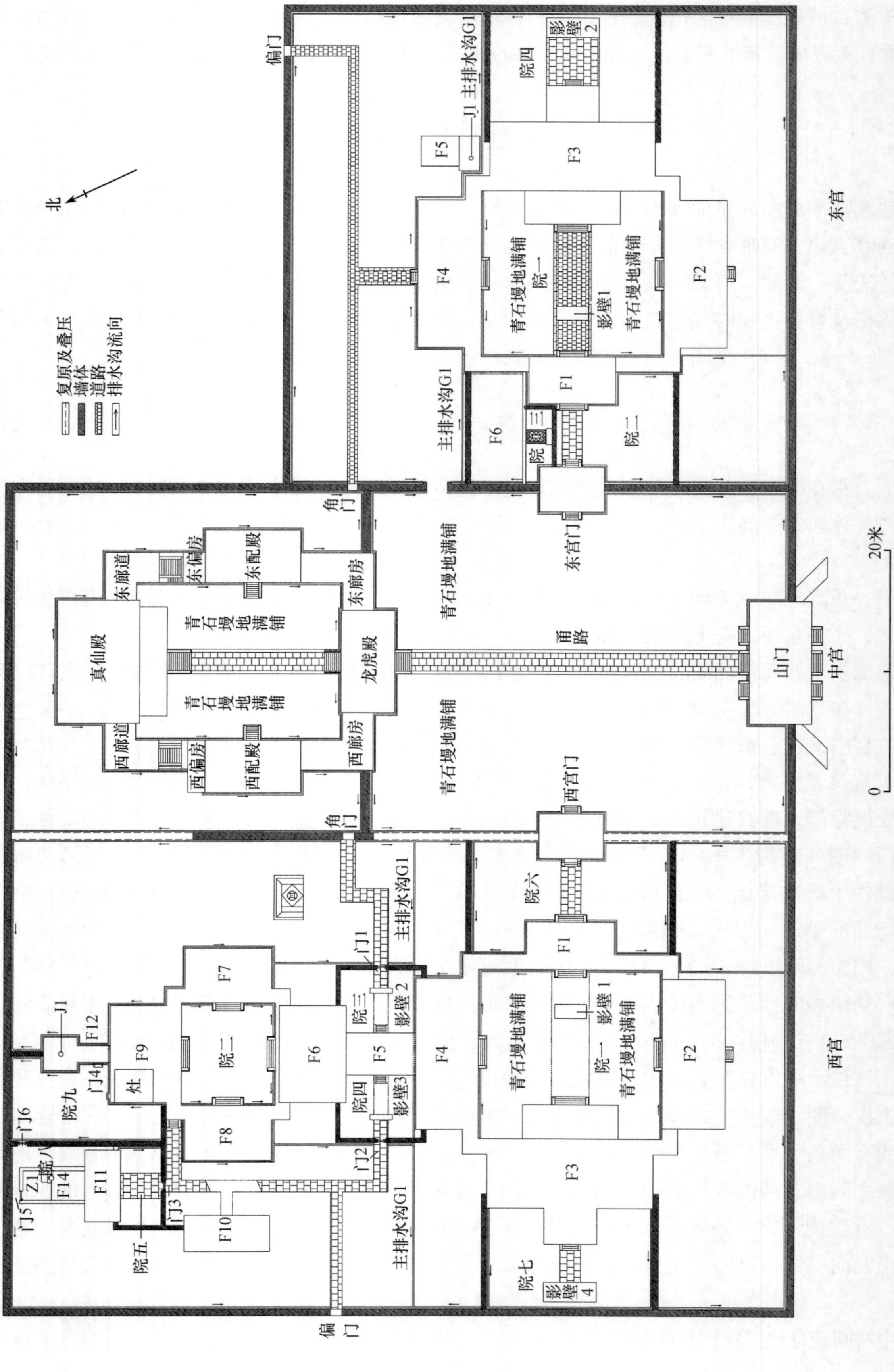

图二一一　遇真宫现存建筑基址平面示意图

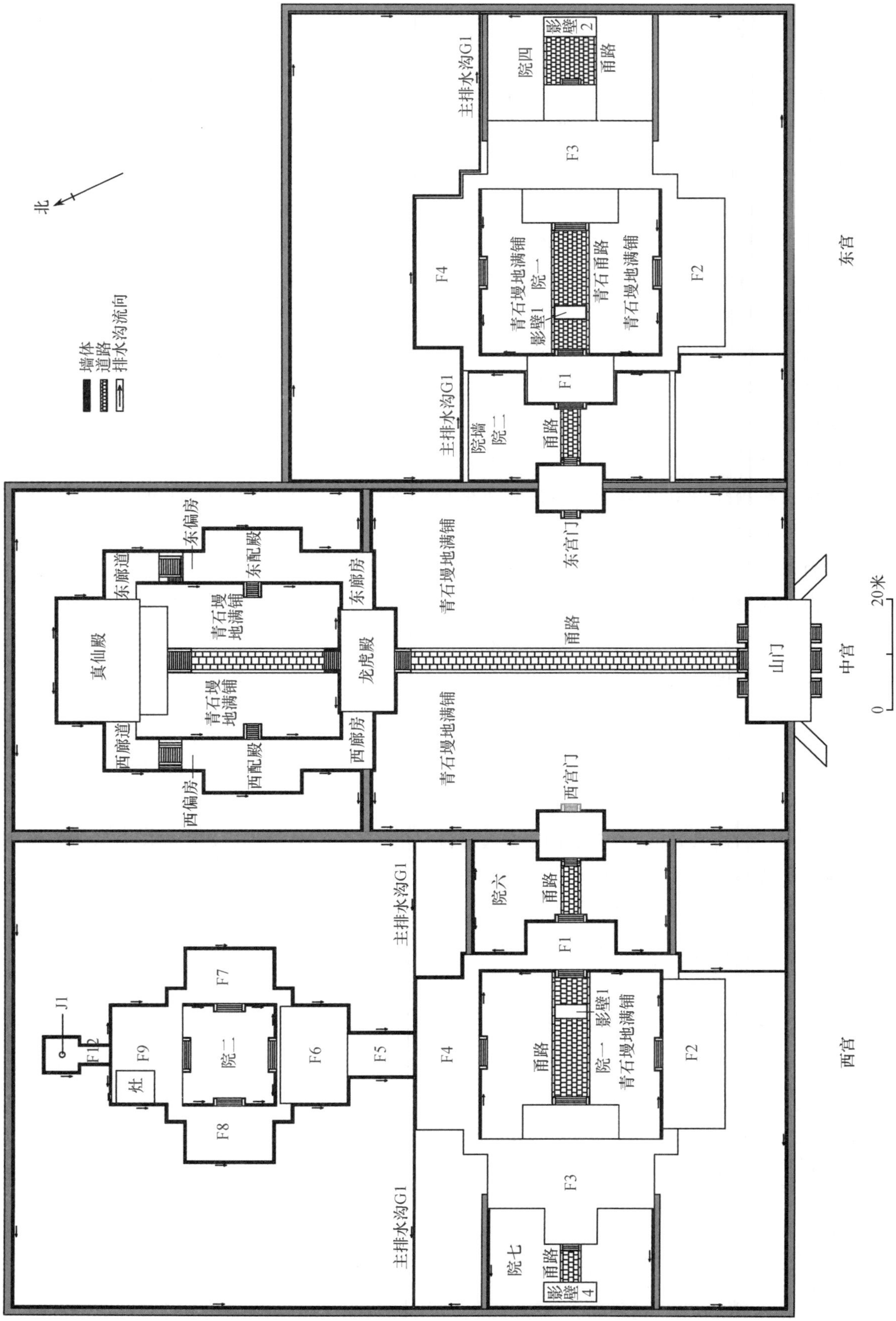

图二一二　永乐年间遇真宫建筑基址平面示意图

（二）永乐年间后扩建的建筑

永乐年间后的建筑按照年代大致可分为明永乐后至明末、明末至清早中期，这两个时期的建筑一为在原建筑布局基础上进行系统的扩建，一为在原建筑布局基础上无规律的修缮扩建。其中，永乐后至明末的建筑还有一定章法，明末至清早中期的建筑则彻底杂乱无章，无法掌握其规律。

永乐后至明末的建筑主要以明嘉靖年间扩建建筑为主，这时期的建筑在遵循明永乐年间的建筑布局和轴线基础上，发展出自己的建筑布局和特色。此时的遇真宫在原永乐年间的两条主中轴线基础上，扩建出许多新的建筑。

西宫内的建筑在原南北向主中轴线的基础上以F5为轴线，对称修建了院三和院四。以新修建的甬路第三段（南北向）为轴线，与F8对称修建了F10，并为抬高F11的规格，修建了院五。

东宫内的建筑此时并未发生大的变化，仅修建了一条与西宫沿第一主中轴线对称分布的青石甬路。而这条道路除了交通功能外，在其后也衍变出其他功能。根据从东宫出土的明万历年间碑刻东T3③：49记载“就敕建琳宫便道之所，造立碑文光扬”来看，当时敕建的便道应为这条甬路。立碑人在甬路处立碑也不可能是心血来潮，在宫内随意建立，只有遵循遇真宫宫内的制度和前人立碑惯例才能顺利立碑，因此推测当时东宫主甬路为遇真宫专门立碑之处。而根据东宫内发现的碑刻数量，推测当年这条甬路已成为遇真宫的碑林。

中宫宫内建筑也未发生大的变化，仅在后院修建两座偏门，推测在后院建筑与院墙之间空地也建有连接东西两宫的青石甬路。据当地老人描述，曾见过中宫后院至中宫宫墙铺设有石板道路，后因修房、种地将之破坏殆尽。

第二节　遇真宫历史功能的演变

遇真宫作为一组宫殿建筑，在特定时期具有特定的历史功能。结合文献资料与考古发掘材料，我们将遇真宫的历史功能演变分为以下几个时期。

一、生　　祠[①]

明初，朱棣多次召见张三丰，张三丰避而不见。朱棣为表其诚意，于永乐十年（1412）特敕建遇真宫，贻赐三丰仙像，摆放于中宫正殿（真仙殿）内，东西两配殿摆放张三丰所使用过的遗物。此时，遇真宫号称武当山“八宫九观”之一，但同其他宫观相比，其最大功能不是为了敬拜以真武神为首的众仙，而是为张三丰修建，相当于修建“生祠”来供奉、朝拜张三丰，并尊称其为张仙人。在此期间，据相关文献可知，遇真宫同玉虚宫、南岩宫、紫霄宫等几个主

---

① 生祠是中国古代为纪念官员功德而在其生前所立的祠庙。西汉初年即有此习俗，至唐代则有明确记载。“唐代御史霍献可以首叩殿陛苦争，欲必杀仁杰等，乃贬仁杰彭泽令，邑人为置生祠。”见（宋）欧阳修、宋祁撰：《新唐书》卷一百一十五·列传第四十狄郝朱（狄仁杰），中华书局，1975年，第4210页。

要宫殿都曾进行过大规模皇家斋醮活动，在皇帝钦降的像器和斋醮过程中，与其他几个主要宫观相比，数量相对平均，也有皇帝单独钦降像器和斋醮活动，但未见民间的斋醮活动记载。推测遇真宫在修建之初，主要举行官家斋醮活动以纪念张三丰。虽对民间百姓开放，但民间百姓的斋醮活动较少，而相关史籍也未对民间斋醮活动有所记载。

二、宗教斋醮场所

永乐年间以后，关于张三丰的踪迹和传说逐渐减少，遇真宫作为张三丰的“生祠”，逐渐失去其存在的意义。据遇真宫东宫出土的碑文东T1③：42可知，明天顺二年（1458年）的一次皇帝钦降像器活动中，将从北京运来的真武神像“于遇真宫正殿奉安。真武神位仍安，张神仙于东廊”，遇真宫作为纪念张三丰而修建的“生祠”已完成其历史使命，同武当山其他宫观相同，开始敬拜以真武神为首的众仙。受早期修建规模和所处地理位置的局限，遇真宫的地位相对于武当山玉虚宫、南岩宫、紫霄宫等宫殿而言略低，在以求“皇国巩固，宗社均安”的明政府斋醮活动中逐渐丧失原有的地位，最明显的变化就是明成化年间以后，在武当山五龙宫、玉虚宫、紫霄宫等主要宫殿的钦降像器斋醮活动中，仍有单独的斋醮活动和皇帝钦降像器，而遇真宫目前没有发现单独钦降像器和斋醮活动的记录。在多数情况下，遇真宫都是作为武当山33个主要宫观庙宇一起钦降像器的，并且钦降像器的数量并未如五龙宫、玉虚宫、紫霄宫等宫殿单独提出钦降像器的数目，可知其在武当山众多宫殿的地位较明永乐年间下降程度很大，但同时对遇真宫放开了很多限制，加之其地理位置仍处于从襄阳方向进山的必经之地，进山的民间香客也可在遇真宫进行斋醮活动，并立碑以作纪念。据文献及出土碑文可知，遇真宫此时仍作为一个宗教场所繁华昌盛，进山香客络绎不绝地在遇真宫食宿以及斋醮活动，尤其在明万历年间达到了一个高潮。

与此相应，考古发掘所反映出来的宫殿建筑较早期有所增加，出土器物中发现大量明代民窑瓷器和生活用品，但却只有少量官式器物及宗教色彩的器物（不排除大量金属制宗教器物被运走或破坏）。

明末至民国初期，包括遇真宫在内的整个武当山宫观均失去明皇家道观的地位，政府主导的对遇真宫进行钦降像器和斋醮活动已未有所闻，仅民间香客还在遇真宫举行过斋醮活动。从清代出土碑文和相关文献来看，斋醮活动数量极少，而从东宫出土的碑文T2③：246中发现清代建醮碑文里有“释子佛喜佛缘”的佛家用语，这说明清代遇真宫内宗教活动尚存，但道教已经开始式微，并在一定程度上表现出武当山道教整体的衰落。东宫考古发掘所反映出来的各类建筑随意性较强，出土器物中生活器皿和生产工具增加等现象或可作为这种变化的注脚。

三、普通建筑场所

据相关文献资料记载和当地老人描述，民国中后期至20世纪末，遇真宫被先后当做军营、保育院、仓库、学校等使用，其宗教活动功能已经彻底被抛弃，由一个皇家道观建筑彻底演变成为一般建筑场所。

第三节　遇真宫建筑基址名称分析

据文献记载，遇真宫初建时，有真仙殿宇、山门、廊庑、东西方丈、斋堂、厨室、道房、仓库、浴室等共97间。结合考古发掘的情况，我们认为遇真宫建筑基址的部分建筑可与文献中记载的建筑名称相互对应。

真仙殿宇：即现遇真宫中宫大殿（真仙殿）。

山门：即现遇真宫山门。

廊庑：即现中宫东西配殿及偏房。

东西方丈：狭义的方丈指住持的居处，亦曰堂头、正堂。广义的方丈除指住持居处外，还包括其附属设施如寝室、茶堂、衣钵寮[①]等。根据考古发掘可知，东、西宫内的F3均设有前后月台，建筑等级最高，为其宫内主殿。参照《太岳志略》中遇真宫图中所示东方丈可知，东、西宫内的F3即文献记载的东西方丈。

斋堂、厨室、道房、仓库、浴室等建筑位置在文献中未进行详细描述，但从《太岳志略》中遇真宫图所示可知，西宫内分为两个大的院落，其中北部院落中有建筑，名为神厨，神厨后有一亭。考古发掘显示，西宫内井台处存有亭状建筑，F9通过廊房F12与井台相连，而F9基址内西次间发现一形制与F14内Z1灰膛相同的残迹，可能为损坏灶体，则F9即当时的厨室。随着遇真宫的繁盛发展，官方的斋醮活动以及香客的频繁往来，F9厨室的名称也逐渐被香客信徒尊称为神厨。

斋堂：普通道众、火工及信徒用餐场所，应位于厨室附近。根据发掘的实际情况，推测斋堂处于西宫院二内配殿位置，院二内F7和F8其一为斋堂。

浴室：道众日常生活洗浴所在，修建时应考虑到用水及排水需要，其位置应处于离水井和主排水沟较近的区域。东西宫内各发现一口水井，其中西宫水井可知为明永乐年间修建，参考排水设施及建筑位置等因素，推断遇真宫西宫之F7和F8其一为浴室。

道房：普通道众、火工及信徒生活或者修行场所，部分情况下可能还起到一定接待外来人员作用，如明末王在晋在《游太和山记》中记载："入山诸宫以遇真为托始，予入宫，饭于丈室，乃登环舆而行……于是，悉屏驺从归遇真，而以单车往玉虚"。推知，当时的道房数量较多，西宫内的F2以及东宫内的F2、F4皆可能为道房。

仓库位置不能完全确定，推测可能在如中宫东西廊房等房屋次间、偏间内。

根据上述各单体建筑功能的分析，我们认为遇真宫整体建筑功能也存在一定的分区：中宫后院属于纪念张三丰和宗教活动所在场所；西宫前院（院一）为道众休息及住宿的地方，后院（院二）为吃饭、洗浴地方，基本遵循了中国古代四合院建筑的前堂后院风格；东宫整体主要用于接待宾客食宿及置放碑林的场所。

---

① 《禅林象器笺》所解："藏住持衣财之处。此方所谓眠藏也。"日僧无著道忠（1653～1744年）编，日本宽保元年（1741年）刊行。

附　　表

附表一　遇真宫西宫房屋建筑基址数据表

序号	编号	方向	基址平面（长×宽）	月台（长×宽）	室内地砖（长×宽×厚）	柱础（个）	磉墩（个）	台阶 前檐（宽×长）	台阶 后檐（宽×长）	开间数	面积（平方米）	备注
1	F1	115°	15.05×8.55	无	—	—	3	5.52×1.42	5.52×1.42	—	128.67	院一前殿
2	F2	25°	26.55×10.65	无	—	—	11	5.85×1.42	2.92×1.42	面阔五间，进深三间	282.75	院一配殿
3	F3	115°	28.6×12.25	前16.45×5.65 后8.9×6.2	—	1	9	6.45×1.42	2.75×1.42	面阔五间，进深三间	350.35	院一主殿（方丈）
4	F4	205°	26.55×10.75	无	—	—	4	5.88×1.37	无	面阔三间	285.41	院一配殿
5	F5	25°	11.85×7.5	无	—	3	—	无	无	面阔一间，进深三间	88.87	廊道
6	F6	25°	17.35×12.3	无	0.51×0.51×0.09	5	7	6.1×1.42	无	面阔三间，进深三间	213.41	院二前殿
7	F7	205°	15.15×9	无	—	—	—	5.52×1.42	—	—	136.35	院二配殿
8	F8	25°	15×9	无	0.5×0.5×0.12	12	—	5.54×1.42	—	面阔三间，进深三间	135	院二配殿
9	F9	205°	17.1×12.3	无	0.5×0.5×0.1	14	—	6.14×1.42	无	面阔三间，进深三间	210.33	院二主殿（神厨）
10	F10	115°	14.65×8.15	无	0.5×0.5×0.1	1	—	—	—	—	119.4	
11	F11	205°	12.45×6.25	无	0.5×0.5×0.12	2	—	4.45×0.8	无	面阔三间，进深一间	77.81	
12	F12	25°	5.8×3	无	—	无	无	无	无	面阔一间，进深一间	17.4	廊道
13	F14	22°	9.15×6.35	无	0.52×0.52×0.1	无	—	—	—	南北两个单间	58.1	灶房

注：表内未特别标注者，单位皆为米。“—”表示损毁或结构、尺寸不详。

附表二　遇真宫西宫院落建筑基址数据表

序号	编号	方向	院落平面	院墙厚度	院墙灰砖尺寸	院门	甬路			影壁		墁地			院落形制	面积（平方米）	备注
							材质	宽	残长	编号	尺寸	材质	尺寸	保存状况			
1	院一	25°	31.75×29.9	无	无	—	—	—	—	影壁1	5.56×2.56×0.35	青石板	0.85×0.54 0.87×0.84 0.92×0.81 0.9×0.38	四角少量分布	四合院	949.33	
2	院二	25°	18.2×16.25	无	无	—	—	—	—	无	无	青石板	0.75×0.9 0.74×0.88 0.76×0.9	四角少量分布	四合院	295.75	
3	院三	115°	12×10.9 1×6.07 0.98×1.4	0.82～0.83	0.38×0.19×0.1 0.42×0.2×0.12 0.36×0.11×0.09	门1	青石板	2.2	3.15	影壁2	3.83×0.98×0.68	鹅卵石	—	零星分布	三面院墙一面房屋围合而成	138.24	与院四对称分布
4	院四	295°	11.97×11.1 1×6.15 0.98×1.4	0.82～0.83	0.38×0.19×0.1 0.42×0.2×0.12	门2	青石板	2.24	3.2	影壁3	3.68×0.88×0.46	鹅卵石	—	西北角	三面院墙一面房屋围合而成	140.39	与院三对称分布
5	院五	205°	13.7×6.95 0.65×0.38	0.78～0.82	0.39×0.2×0.1	门3	青石板	4.4	5.8	无	无	灰砖	—	甬路以西少量分布	三面院墙一面房屋围合而成	95.46	
6	院六	115°	34.25×20.35	0.96	0.39×0.18×0.12	西宫门	青石板	5.45	8.35	无	无	鹅卵石	—	零星分布	三面院墙一面房屋围合而成	696.99	部分未发掘
7	院七	295°	28.5×19.7	0.98	0.39×0.18×0.12	—	青石板、方砖混合	8.65	9.8	影壁4	9.12×3.66×0.34	青石板、方砖混合	—	—	三面院墙一面房屋围合而成	561.45	与院六对称分布
8	院八	115°	12.85×5.2	0.78～0.82	0.39×0.2×0.1	门6	—	—	—	无	无	方砖、鹅卵石	0.3×0.16×0.07 0.35×0.2×0.08 0.46×0.47×0.08	满铺	三面院墙一面房屋围合而成	—	部分未发掘
9	院九	25°	26.11×15.03	0.78～0.82 0.5～0.6	与院五、院八相同	门6和门4	—	—	—	无	无	鹅卵石	—	—	三面院墙一面房屋围合而成	392.43	部分未发掘

注：表内未特别标注者，单位皆为米。“—”表示损毁或结构、尺寸不详。

附表三 遇真宫西宫门址数据表

序号	编号	方向	门枕形制	门槛尺寸	门枕尺寸	门窝尺寸	槛垫石尺寸	垫槛石做法	位置	备注
1	门1	东西向	双门枕	1.96×0.18×0.27	0.49×0.29×0.14	直径0.09、深0.01	1.83×0.65	通槛垫	院三门	
2	门2	东西向	双门枕	1.76×0.16×0.23	0.48×0.24×0.12	直径0.09、深0.02	1.66×0.82	通槛垫	院四门	
3	门3	南北向	双门枕	1.82×0.16×0.19	0.49×0.3×0.12	直径0.08、深0.02	1.32×0.8×0.06	通槛垫	院五门	
4	门4	东西向	双门枕	1.9×0.1×0.15	0.56×0.24	直径0.08、深0.04	1.05×0.53	掏当槛垫	院九门	门枕上浮雕纹饰
5	门5	南北向	单门枕	1.16×0.15×0.17	0.17×0.15×0.06	直径0.07、深0.02	0.93×0.64	通槛垫	F14门	
6	晚期门6	东西向	双门枕	1.3×0.17×0.16	—	直径0.05、深0.03	—	—	院八、院九门	
7	早期门6	东西向	单门枕	1.3×0.17×0.16	0.52×0.27×0.12	直径0.08、深0.04 直径0.06、深0.03	1.13×0.78×0.09	通槛垫	院八、院九门	

注：表内未特别标注者，单位皆为米。“—”表示结构、尺寸不详。

附表四 遇真宫东宫房屋建筑基址数据表

序号	编号	方向	基址平面（长×宽）	月台（长×宽）	室内地砖（长×宽×厚）	柱础（个）	磉墩（个）	台阶		开间数	面积（平方米）	备注
								前檐（宽×长）	后檐(宽×长）			
1	F1	295°	15.2×8.5	无	0.52×0.52	7	—	5.55×1.45	5.55×1.45	面阔三间，进深三间	129.2	院一前殿
2	F2	25°	26.7×10.9	无	—	—	5	5.95×1.52	2.75×1.45	面阔五间	291.03	院一配殿
3	F3	295°	29.15×12.15	前16.65×6.1 后9.2×6.45	—	—	5	6.5×1.45	2.8×1.45	面阔五间	354.17	院一主殿（方丈）
4	F4	205°	26.7×10.85	无	0.52×0.52	5	2	5.85×1.45	2.65×1.45	面阔五间，进深三间	289.7	院一配殿
5	F5	—	6.65×5.02	无	—	—	—	—	—	一间	33.38	
6	F6	205°	21.2×9.05	无	—	5	—	—	—	面阔三间，进深三间	191.86	

注：表内未特别标注者，单位皆为米。“—”表示损毁或结构、尺寸不详。

附表五　遇真宫东宫院落建筑基址数据表

序号	编号	方向	院落平面	院墙厚度	院墙灰砖尺寸	院门	甬路			影壁		地墁			院落形制	面积（平方米）	备注
							材质	宽	长	编号	尺寸	材质	尺寸	保存状况			
1	院一	25°	31.9×30.05	无	无	无	青石板	6.5	30.05	影壁1	5.6×2.56×0.24	青石板	0.9×0.75、0.88×0.74、0.88×0.84、0.9×0.7，厚0.06～0.08	局部损毁	四合院	958.6	
2	院二	295°	34.45×20.2	0.96	0.39×0.19×0.12	东宫门	—	—	—	无	无	—	—	—	三面院墙一面房屋围合而成	695.89	
3	院三	205°	13.5×4.55	0.5～0. 82	0.39×0.18×0.12	—	灰砖、卵石	2.35	3.25	无	无	瓦片	满铺	局部破损	三面院墙一面房屋围合而成	61.43	在院二内修建
4	院四	115°	29.20×19.8	0.92	0.39×0.18×0.12	无	青石板、灰砖	7.07	9.22	影壁2	9.26×3.6×0.48	—	—	—	三面院墙一面房屋围合而成	578.16	

注：表内未特别标注者，单位皆为米。“—”表示损毁或结构、尺寸不详。

附　　录

附录一　武当山遇真宫建筑基址灰浆的科技分析

孙　升[1]　魏国锋[2]　韩继斌[3]
（1. 安徽建筑工业学院徽派建筑研究所　2. 安徽大学历史系　3. 武当博物馆）

一、样品简介

所有灰浆样品采自武当山遇真宫建筑基址，采样部位及其建造时间如表一。

表一　武当山遇真宫建筑灰浆样品简介

编号	WD-1	WD-2	WD-3	WD-4	WD-5	WD-6
时代	明永乐年间	明嘉靖年间	明嘉靖至崇祯年间	明永乐年间	明永乐年间	明永乐年间
采样部位	西宫F1	西宫院三院墙	西宫F14	东宫F1山墙	西宫院六院墙	中宫院墙
样品种类	灰浆	灰浆	灰土	灰浆	灰浆	灰浆

二、实验仪器和方法

遇真宫灰浆样品的成分分析采用化学分析法进行测试。

X射线衍射（XRD）分析在安徽大学现代实验技术中心采用北京普析通用仪器有限责任公司生产的XD-3型X射线衍射仪。具体工作条件为：电压36kV，电流25mA，衍射扫描范围：10°～70°，测试波长为1.54Å。

红外光谱分析在安徽大学现代实验技术中心进行，所用仪器为美国尼高力仪器公司（Nicolet Instrument Co.）NEXUS-870型傅立叶变换红外光谱仪（FT-IR）。光谱分辨率0.2 cm^{-1}，测试范围4000～400cm^{-1}。透过率重复性优于99.9%，吸光度重复性优于0.005Å。

灰浆样品的物理性能测试参照中华人民共和国国家标准《岩土勘查规范》（GB 50021-2001）[1]、《土工试验方法标准》（GB/T 50123-1999）[2]和《岩土工程手册》[3]中的相关规定进行检测。

三、结果与讨论

1. FT-IR分析

武当山遇真宫西宫F14灰土样品WD-3的傅立叶变换红外光谱分析结果如图一所示。方解石的红外光谱特征吸收峰在710 cm^{-1}、871 cm^{-1}、1447 cm^{-1}、2510cm^{-1}处，分别对应碳酸钙中C-O反对称伸缩振动、CO_3^{2-}面外变形振动和O-C-O的面内变形振动。结合相关文献[4]，可将图一中波数在712cm^{-1}、871cm^{-1}、1436cm^{-1}、1798cm^{-1}和2513$cm^{-1}$$cm^{-1}$附近的吸收峰归结为方解石的特征吸收峰。波数3690cm^{-1}处的峰为$Ca(OH)_2$的羟基伸缩振动峰，表明西宫F14的灰土样品碳化不完全，尚有未碳化的氢氧化钙存在。对仿制糯米灰浆的红外光谱分析表明[5, 6]，波数为1000～1154cm^{-1}和1654cm^{-1}处的吸收带为糯米成分存在证据。其中，1000～1154cm^{-1}处为葡萄糖环上-CO吸收峰，1654cm^{-1}处为-OH的吸收峰。WD-3的红外光谱图中，波数1654cm^{-1}处的-OH吸收峰很弱，这是淀粉多糖与碳酸钙的相互作用所致；但根据谱图中波数1000～1100cm^{-1}处的吸收峰，可以推断西宫F14的灰土样品中添加了糯米浆[6]。

灰土是将石灰粉和黏土按一定比例拌和均匀、在一定含水率条件下夯实而成的建筑材料。特殊配方的灰土中，还加入了红糖、蛋清、糯米等有机原料[7]，具有强度大、韧性佳、防渗和防水性能好、绿色环保等优点，主要用于居室的地面、屋面、房基和地面垫层。遇真宫西宫F14的灰土样品的红外分析结果显示其添加了糯米浆，但未发现黏土的成分。经过对样品WD-3仔细观察，该样品确实为石灰和土的混合物。因样品中的石灰与土拌和不均匀，较大的石灰颗粒夹杂在黏土颗粒之间。进行红外光谱分析时，所取样品为灰土中白色的石灰颗粒，这应是红外光谱分析没有检测出黏土的主要原因。

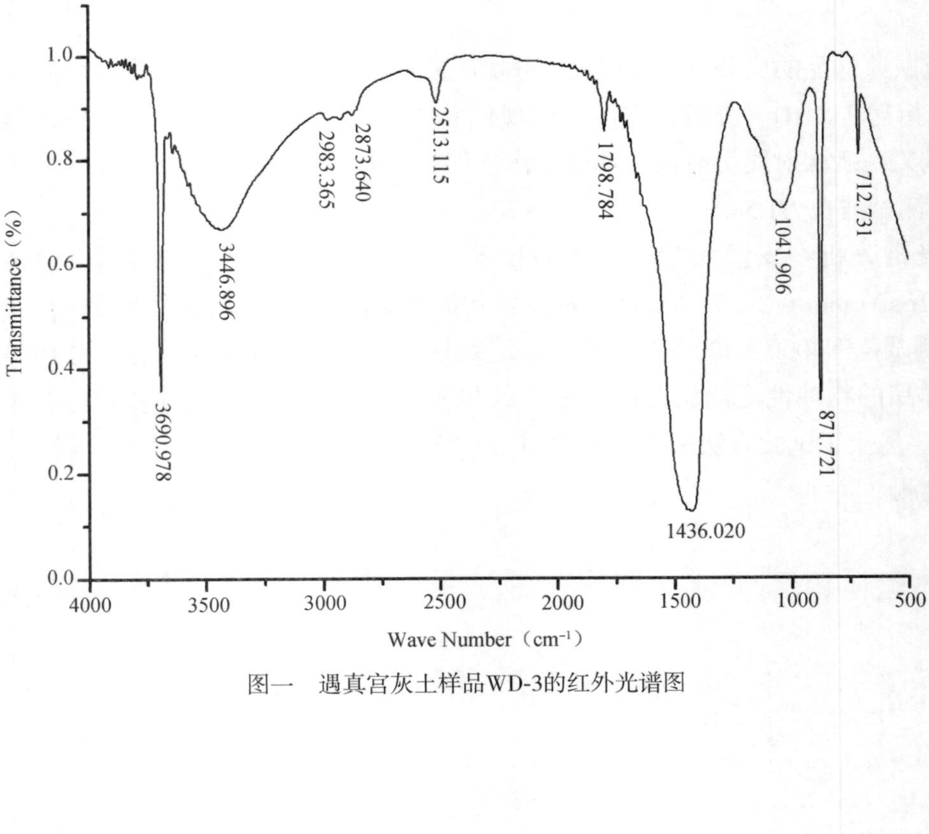

图一　遇真宫灰土样品WD-3的红外光谱图

武当山遇真宫灰浆样品WD-1（图版四四，1）、WD-2、WD-4、WD-5和WD-6（图版四四，2）的傅立叶变换红外光谱分析结果（图二）与灰土WD-3的较为一致，其无机成分主要是方解石，有机成分为糯米。在样品WD-5的红外谱图中，样品不同部位的分析结果稍有差异，其中，样品WD-5-2中发现了氢氧化钙的羟基伸缩振动峰（3693cm^{-1}）（图三），从而表明灰浆样品的碳化程度不完全，灰浆样品中尚存在未完全碳化的氢氧化钙。

2. XRD分析

西宫F14灰土样品WD-3的XRD分析结果显示，其主要物相为方解石，有少量二氧化硅和未完全碳化的氢氧化钙。二氧化硅是土中的主要成分。结合FT-IR的分析结果，可以推断西宫F14的灰土是采用黏土、石灰和糯米浆拌和而成。衍射图谱中二氧化硅的衍射峰很低，是因为XRD分析是针对灰土中的白色石灰颗粒进行检测的。

灰浆样品WD-1、WD-2、WD-4、WD-5和WD-6的XRD分析结果如图四～图七所示。可以看出，其主要物相均为方解石。所不同的是，有些样品中检测出了少量二氧化硅和未完全碳化的氢氧化钙。少量二氧化硅的存在，应是灰浆与土长期接触，采样时灰浆表面被土污染所致，不是灰浆本身所具有的成分。WD-5-2中发现了二氧化钛的衍射峰，也应与土的污染有关。结合FT-IR的分析结果，遇真宫建筑灰浆主要采用石灰与糯米浆配制而成。

3. 物理性能测试

土的三相比例指标与土的性能密切相关，主要包括土的颗粒比重、容重、含水量、饱和度、孔隙比和孔隙率等。其中，土粒比重、含水量和容重三个指标可通过试验测定，其余指标是通过相关换算公式计算而得。建筑灰浆与灰土均属于多孔材料，其物理性能可参考土的三相比例指标进行表征。

本工作参考中华人民共和国国家标准《土工试验方法标准》（GB/T 50123-1999），测试了遇真宫建筑灰浆的比重、含水量和容重三项基本指标，在此基础上，根据相关换算公式计算出了其余性能指标。结果如表二所示。

西宫F14的灰土样品WD-3受样品量限制，除比重外，其他指标未能得出有效数据。北京故宫太和殿前广场地面下灰土的比重为2.72，相较而言，武当山遇真宫西宫F14灰土的比重较小。

整体而言，灰浆的干容重低于2.12，孔隙比低于60%，孔隙率低于38%，表明武当山遇真宫建筑灰浆的结构均较为致密。与样品WD-4、WD-5和WD-6相比，灰浆样品WD-1和WD-2的干容重较低、孔隙比和孔隙率较高，表明WD-1和WD-2的微结构较之样品WD-4、WD-5和WD-6更为致密。

前期工作中，本课题组对仿制糯米灰浆的研究表明，糯米灰浆的微结构是一种极为细密的有机-无机复合结构[5]。这种细密结构的形成，是因为糯米支链淀粉对灰浆的硬化过程有调控作用，它通过抑制碳酸化过程中碳酸钙晶粒的生长而使糯米灰浆形成致密的结构[6]。遇真宫建筑灰浆的各项物理指标显示其结构较为致密，结合FT-IR的分析结果，其致密结构的形成与糯米浆的添加有关，这应是遇真宫建筑灰浆经历500余年的风雨侵蚀依然发挥作用的内在原因。

石灰的碳化反应需要水分和二氧化碳的参与[8]。遇真宫灰浆致密的微观结构，导致水分

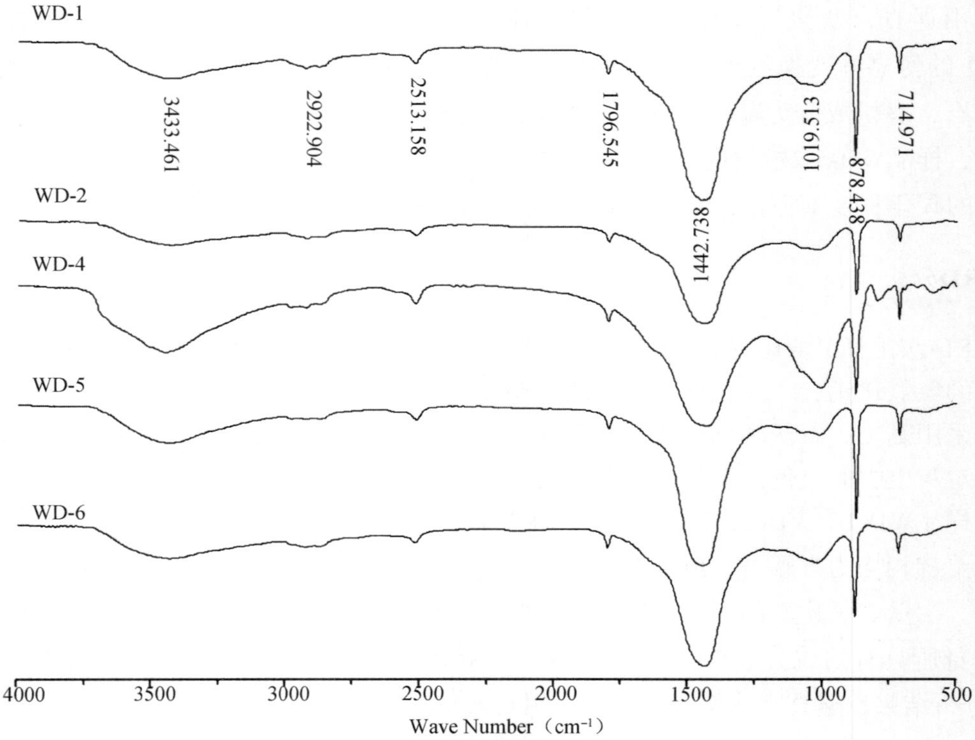

图二　遇真宫建筑灰浆样品的红外光谱图

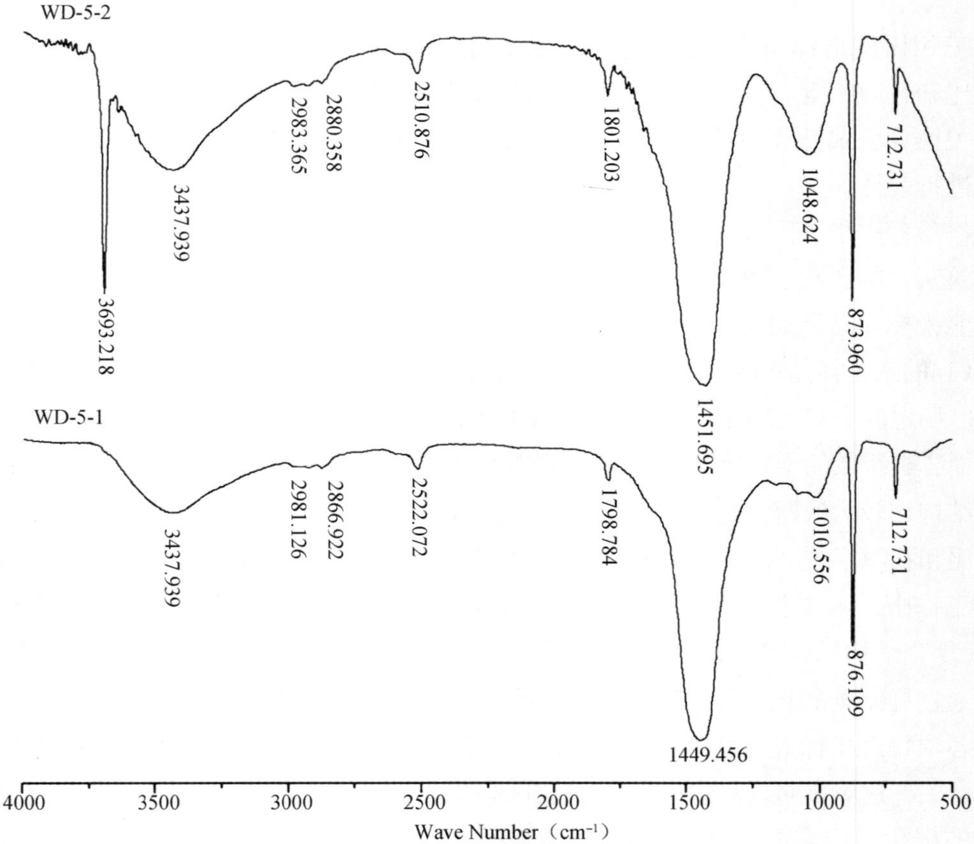

图三　WD-5不同部位的红外光谱图对比

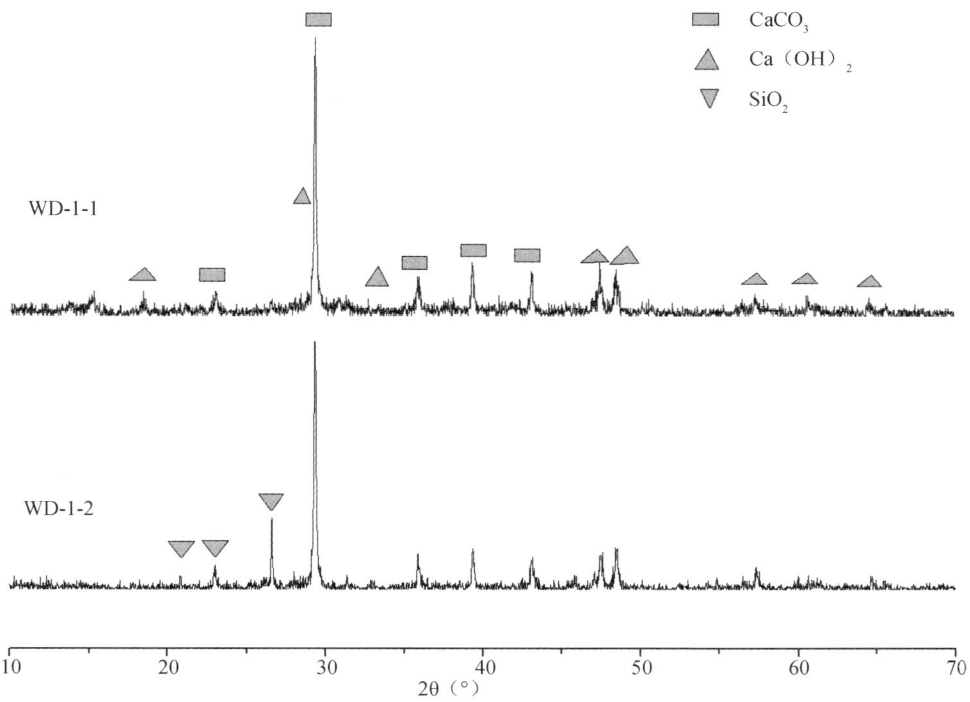

图四　WD-1不同部位的XRD对比图谱

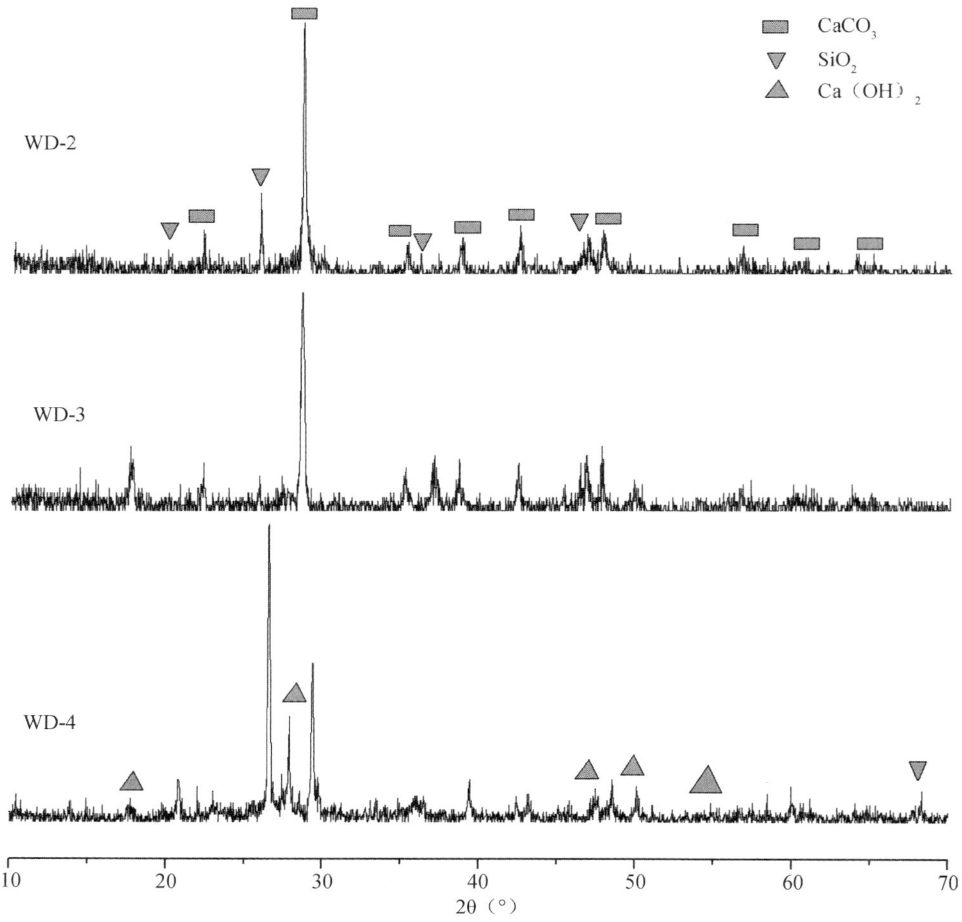

图五　WD-2、WD-3、WD-4的XRD对比图谱

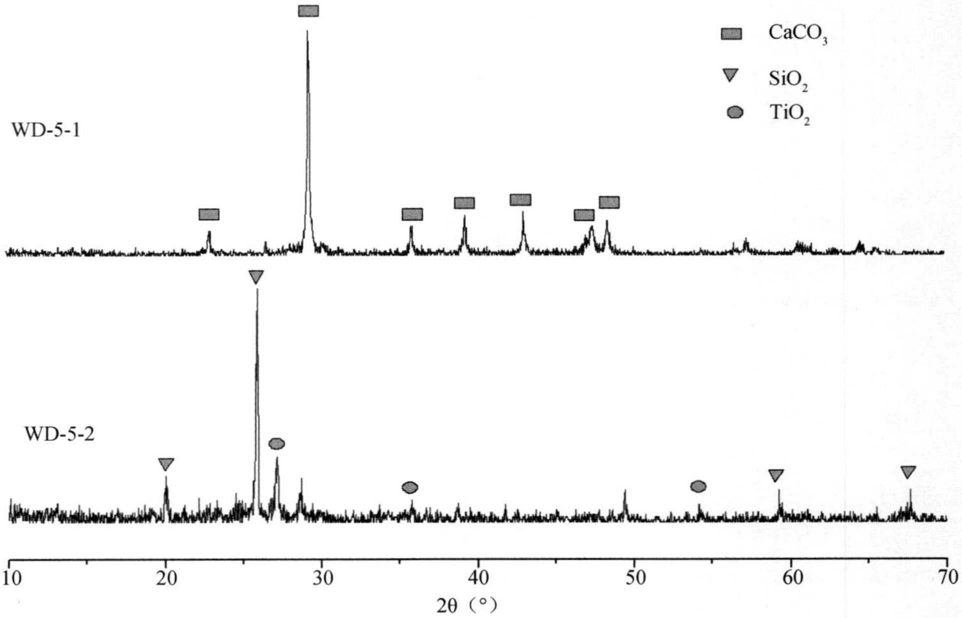

图六　WD-5不同部位的XRD对比图谱

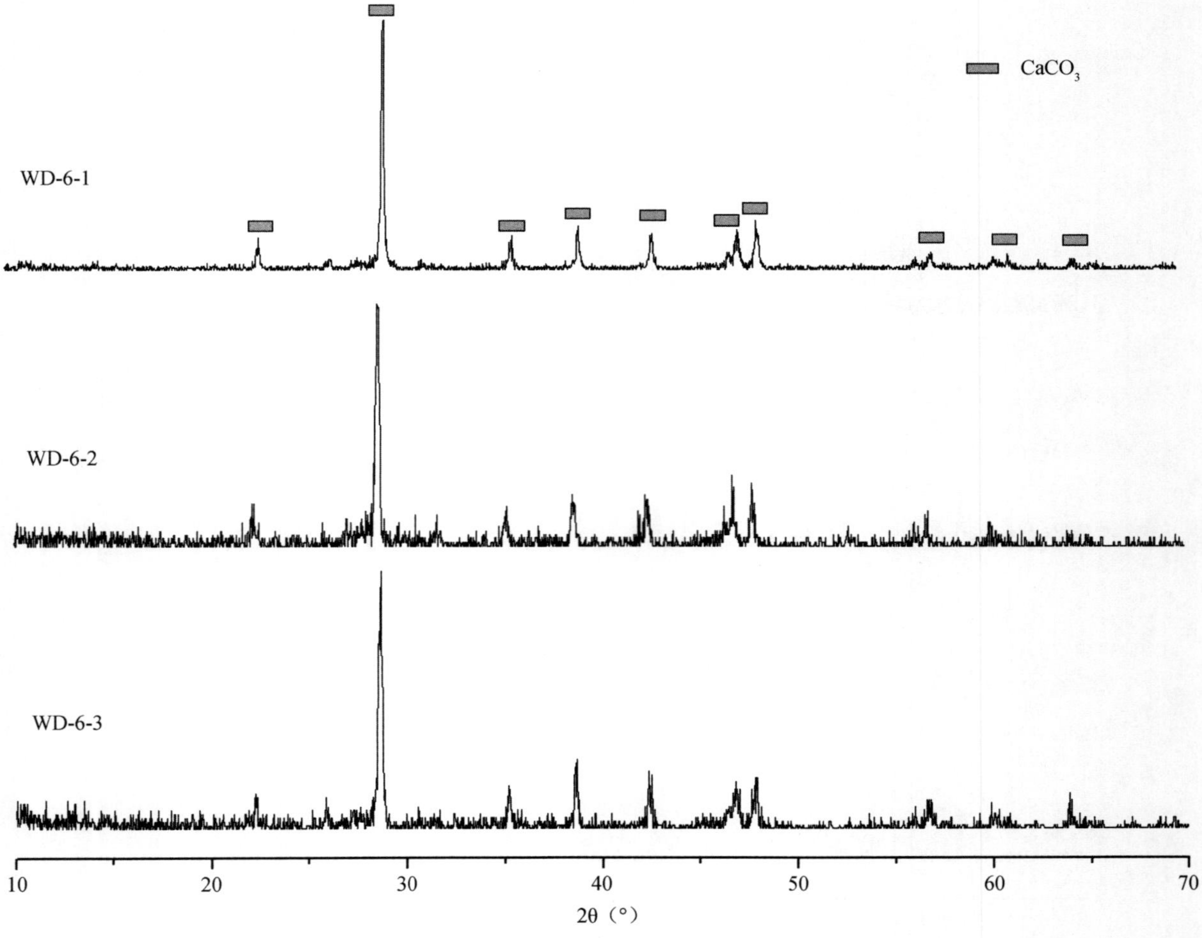

图七　WD-6不同部位的XRD对比图谱

表二　灰土材料样品的三相指标

指标＼编号	WD-1	WD-2	WD-3	WD-4	WD-5	WD-6
天然容重（g/cm³）	1.485	1.633		1.846	1.955	2.13
饱和容重（g/cm³）	1.783	1.978		1.942	2.13	2.26
浮容重（g/cm³）	0.783	0.978		0.942	1.13	1.26
干容重	1.41	1.605		1.803	1.93	2.118
含水量	5.2	1.72		3.98	1.2	0.55
比重	2.25	2.521	2.254	2.094	2.16	2.472
孔隙比	59.5	55.47		16.09	25.37	16.69
孔隙率	37.33	35.87		13.86	20.24	14.3
饱和度（%）	19.71	7.79		57.19	11.44	8.1

和二氧化碳难以进入灰浆内部。表二中的测试数据也显示，灰浆样品的含水量普遍低于5%，最低的只有0.55%，灰浆内部的局部缺水致使石灰的碳化反应难以进行，从而解释了灰浆内部有氢氧化钙存在的原因。

本次实验，未能检测灰浆的抗压强度等力学性能，因而暂未将表二中的各项物理指标与灰浆的力学性能相结合进行深入探讨。

四、实验结论

FT-IR和XRD分析结果表明，遇真宫西宫F14的灰土是采用黏土、石灰和糯米浆三种原料拌和而成；遇真宫建筑灰浆为糯米灰浆，其主要材料配方从明代早期到明代中晚期变化不大，均以石灰和糯米浆为主。

灰浆样品的物理指标测试结果显示，糯米灰浆的结构均较为致密。结合FT-IR的分析结果，这种致密结构的形成与糯米的添加有关，这是遇真宫建筑灰浆经历500余年的风雨侵蚀依然发挥作用的内在原因。

参考文献

[1] GB 50021-2001. 岩土勘查规范. 北京：中国建筑工业出版社，2009.
[2] GB/T50123-1999. 土工试验方法标准. 北京：中国计划出版社，1999.
[3] 《岩土工程手册》编写委员会. 岩土工程手册. 北京：中国建筑工业出版社，1994.
[4] 杨南如，岳文海. 无机非金属材料图谱手册. 武汉：武汉工业大学出版社，2000.

[5] Guofeng Wei, Hui Zhang, Hongmin Wang, et al. An experimental study on application of sticky rice-lime mortar in conservation of the stone tower in the Xiangji Temple. Construction and Building Materials, 2012, 28(1): 624 ~ 632.

[6] F Yang, B Zhang, Q Ma. Study of Sticky Rice-Lime Mortar Technology for the Restoration of Historical Masonry Construction. Acc. Chem. Res., 2010, 43(6): 936 ~ 944.

[7] 缪纪生，李秀英，程荣逵，等. 中国古代胶凝材料初探. 硅酸盐学报，1981，9（2）：234 ~ 240.

[8] Paiva H, Velosa A, Veiga R, Ferreira V M. Cement and Concrete Research, 2010, 40(3): 447 ~ 451.

附录二　武当山遇真宫出土碑文分析

蔡　丹[1]　刘　斌[2]　王太值[3]
（1. 湖北省博物馆　2. 房县博物馆　3. 天水市博物馆）

遇真宫东、中、西三宫内可辨认碑刻共计43通，多残损，除3通采集外，余皆为发掘出土。其中，东宫发掘出34通；中宫采集2通；西宫发掘出6通，采集1通。出土碑刻材质除3通瓷质，1通汉白玉外，余皆为青灰色砂岩。在可断代的碑中，仅1通是清代的，余皆为明代，尤以明晚期居多。

一、碑刻形制

1. 结构

石（汉白玉）制碑刻由碑首、碑身、碑榫构成，碑座遗失。瓷制碑刻由碑首、碑身构成，据其形制来看，未制作碑榫及碑座。

石制碑刻碑首可分为方形平碑首，顶角弧形；方形平碑首，顶角斜切；方形凸碑首，顶角弧形；圜形平碑首四种形制。碑身统一呈长方形，碑榫呈梯形，大头连接碑身。

瓷制碑刻共3通，其中1通（西采：15）碑首与碑身连为一体，呈长方形。其余2通皆为圜形平碑首，碑身皆为长方形。

2. 题材

根据碑文内容，碑刻题材分功德碑和叙事碑两类。功德碑共发现42通，记录朝山香客的相关信息；叙事碑共发现1通，记录建醮事件的相关信息。两类碑刻碑身皆刻有吉语、落款。

3. 体例

功德碑碑额上镌刻题目，正标题为进香建醮数量“×宫×观建醮碑记”，副标题为行政区域“×省×府×县”，或一个正标题“皇帝万岁”等。碑身上则刻制正文及落款。正文内容多叙述香客籍贯、进香时间、人员构成、姓名、吉语等。最后为落款。落款多为本地不同级别的官道或信众，并附立碑时间。

叙事碑碑额上镌刻题目“……记”，碑身上则刻制正文及落款。正文内容多详述建醮原因、经过、人员构成、结果、意义、吉语等。最后为落款，多为皇帝钦派并督办此事的行政官员，并附立碑时间。吉语多相同，为“万古（代）留名”、“皇帝万岁”、“仙山（境）提名”等。

石（汉白玉）制碑首、碑身上刻文，多阴刻，仅东T1③：42和中采：3碑首为阳刻。字体多楷书，偶见行书、草书和篆书。

瓷制碑刻碑首和碑身皆用钴料在釉下绘出文字，皆楷书。

4. 纹饰

石（汉白玉）制碑刻碑首、碑身上皆阴刻有装饰用的纹饰，其中碑首纹饰多为组合的仙鹤祥云纹、日月祥云等祥瑞纹饰。碑身外侧多饰卷草纹。

瓷制碑刻碑首及碑身皆用青花线刻（弦纹）勾勒出文字的边框。

二、碑刻文字信息

通过对出土碑刻内容的细致解读，获得了大量的文字信息。信息分为两部分，一类为以遇真宫为代表的武当山本地信息，一类为建醮朝香带来的外来信息。

1. 本地信息

本地信息主要集中在两方面。一为记载所发生的事件，如东T1③：42，碑文刻于明天顺二年（1458年），“天顺二年戊寅春三月二十有二日己酉敕太监臣颜义、黄顺，……发棹通州，祥光现于神舟之桅，上千云霄良久乃散。夏四月十有七日甲戌，次长沟河，……五月三日己丑，次仪真，……次襄阳，闻上流清滩陡峻，虽轻舟不可进，众方忧之。……七月初七日于遇真宫正殿奉安。真武神位仍安，张神仙于东廊”。可知，天顺二年皇帝敕太监颜义、黄顺等将真武神像运至遇真宫正殿，而原张三丰神像由正殿摆放至东廊房。

一为建醮进香的时间和规模，以及当地立碑人的身份，如东T2③：216，碑首正标题“八宫二观建醮碑记”，副标题“河南卫辉府获嘉县”，碑身落款“崇祯六年十一月 初九日遇真宫官道戴云亭立”。可知，崇祯六年（1633年）十一月，河南卫辉府获嘉县在武当山含遇真宫在内八宫二观进行建醮，并由遇真宫官道戴云亭立碑作记。

2. 外来信息

外来信息主要集中在两方面。一为记载建醮朝香经过的信息，如东T1③：42，可知当时由京师至武当山的交通路线：真武神像从通州经水路出发，经运河至仪真（今扬州仪征），然后溯长江、汉水经襄阳至武当山麓。

一为信士籍贯和当地宗教社会结构，如东T2③：216碑刻全文。

碑首：

八宫二观建醮碑记（正标题）

河南卫辉府获嘉县（副标题）

碑文：

大明国河南卫辉府获嘉县各里军民不同见在东西二大王营各居住奉

道朝山进香建醮请福立碑启后历代标名保安

会首 樊问礼 樊门杨氏

会首 聂文学 高自立 赵耒封

会首 杨守谦 樊问德 张子云

信官 樊问仁 王利

韩大儒 王封

韩大才 杨守玉

张孟秋 李国良

李愧秀 潘名

白秋 王国安

崇祯六年十一月 初九日遇真宫官道戴云亭立

可知信士籍贯，以及会首—信官的进香社会结构。

三、碑刻研究

通过对宫内所发现的43通碑刻形制结构的研究，以及对碑文内容的细致解读，得出以下相关结论。

1. 明初从京师至遇真宫（武当山）的运输路线

据东T1③：42碑文记载可知，真武神像由京师至武当山从通州出发，经水路运输后至武当山。路线为通州—长沟河—仪真—襄阳—武当山。其中，寅春三月二十有二日从通州出发，经长沟河，达仪真[①]，后至湖北襄阳（现湖北省襄阳市）。可知，真武神像在北京通州装船，至扬州，然后溯长江至襄阳，再溯汉水至武当山麓。这与永乐十四年（1416年）九月初九，明成祖朱棣命都督何浚护送金殿船只至南京后至武当山路线大体相同。可见，明早期朝廷官员在京师和武当山之间建醮运输主要是通过京杭大运河至南京（扬州）后溯长江、汉水至武当山麓。

2. 张三丰与遇真宫

遇真宫是明代大修武当山道教建筑群中的九宫之一，为永乐皇帝敕建，前址为张三丰的

---

① 仪真即扬州。汉置陵江都二县地，唐析江都置扬子县，地为扬子县白沙镇，五代时杨吴以白沙为迎銮镇，南唐改曰永贞县，宋升迎銮镇为建安军，以永贞县属之，后改曰扬子，宋升军为真州，移扬子于州郭，赐名仪真郡，后废为县，旋升州，元亦曰真州，明改为仪真县，以扬子县省入，清改仪徵县属江苏扬州府，宣统间改为扬子，民国复为仪徵，旧属江苏淮扬道。仪真就是现在的扬州。

会仙馆。任志垣《太岳太和山志》卷六“张全一”条载：“洪武初来入武当，拜玄帝于天柱峰。遍历诸山，搜奇览胜……黄土城卜地立草庵，曰‘会仙馆’。语及弟子周真德：‘尔可善守香火，成立自有来时，非在子也。’”[①]据《明史·张三丰传》记载，洪武二十四年（1391年），朱元璋遣使寻觅，但没能找到。永乐皇帝亦遣使寻觅，虽未找到，但对张三丰大加赐封号。为纪念张三丰而在会仙馆原址上敕建遇真宫，竖立张三丰铜像，摆放其所用过的斗笠、蓑衣，初意为纪念、供奉张三丰的道观，这与武当山以供奉敬拜真武神为首的宗教宫观用途有所不同。永乐后，由于长久未发现张三丰的踪迹，张三丰无论在明皇室还是在民间褪去了神化的色彩，其影响日趋减少。到了天顺二年（1458年）后，原张三丰神像由正殿摆放至东廊房，其斗笠、蓑衣等用品未提及。此时遇真宫的功能发生变化，即由一个展示张三丰神采的纪念场所转换为一个烧香建醮的宗教场所。这也符合当时武当山作为皇室家庙、道教圣地的发展趋势。

3. 遇真宫宗教活动变化

现遇真宫出土的可辨认碑刻共计43通，最早年款为天顺二年（1458年）石碑（大明奉安大岳太和山真武神迹碑）1通，而后大量出土的碑刻年款最早为万历三年（1575年）。其后，万历年间的碑刻共存17通，碑刻记述年款跨度从万历三年至四十七年；天启年间碑刻共7通，记述年款为天启四年至天启五年；崇祯年间碑刻共5通，记述年款从崇祯元年至崇祯六年。据此分析，遇真宫民间宗教活动最高峰时期为万历年间、天启年间及崇祯年间（早期）。万历年间、天启年间、崇祯年间（早期）之后未见大规模的民间宗教活动。

遇真宫出土的功德碑全为建醮碑记，醮的字义为祭祀。在道教传统习俗中，“醮”则专指答谢上苍及神明庇佑的庆典活动，目的是答谢上苍三界众神的保佑，安抚境内无主孤魂并祈求未来平安（民间俗称“朝爷”）。结合出土碑刻的记述，普通信徒在遇真宫开展的宗教活动——醮，规模最大为二十宫（此数应该是信士对武当山各宫、观的理解数目），最小为一宫七观，建醮所需香资、香幡、建醮银全由民间信士提供，道观负责实施，这种记述侧面反映了遇真宫宗教活动的盛况及民间信士所提供的香资的数量。

在碑文结尾往往出现住持、提点、官道，或某某徒立碑。在43通能识别的碑中，其中住持立碑4通（西G1盖板1、东T2③：180、东T2③：221、东T3③：47），外宫主持立碑1通（东T3③：43），官道立碑12通（西G1盖板6、东T2③：176、东T2③：216、东T2③：218、东T2③：219、东T2③：247、东T2③：250、东T2③：251、东T2③：252、东T3③：37、东T3③：65、东T3③：82），官道徒立碑7通（西G1盖板4、东T2③：217、东T2③：220、东T2③：223、东T2③：253、东T3③：48、东T3③：49），掌书立碑2通（东T2③：222、东T2③：249），明政府敕建立碑2通（东T1③：42、中采：3），提点立碑1通（东T3③：45）。由此可知，遇真宫宫内官道立碑占多数，主持立碑次之，官方和外宫负责人立碑占极少数。从建醮观数看，不同立碑人的数量并没有多大差别，有时官道的建醮观数比主持的要多，如山西平阳府的解州夏县（东T2③：251）的信士建二十宫观庙，是由官道刘□作

① 中国武当文化丛书编纂委员会：《武当山历代志书集注》（一），湖北科学技术出版社，2003年，第257页。

为立碑人，其建醮观数远多于主持。一般而言，立碑人职务的不同，可知重视程度不一，有些建醮对象以遇真宫为主，或香火钱较多，所以为方丈、住持等接待并立碑，有些可能仅为普通百姓朝拜或者香火钱较少就为某某官道，甚至某官道徒接待并立碑。

4. 遇真宫民间信徒的地理分布及社会结构信息

根据所出土的43通识别碑刻记述，信士籍贯有河南省、湖北省、湖南省、山西省、陕西省、南直隶、北直隶，但以河南省居多。据出土碑刻信士籍贯统计，河南省23通碑，占53.5%；湖北省4通碑，占9.3%；湖南省1通碑，占2.3%；陕西省3通碑，占7.0%；山西省4通碑，占9.3%；安徽省2通碑，占4.6%；河北省1通碑，占2.3%；北京市2通碑，占4.6%；其余3通碑残缺不详。由此可见，遇真宫当时的信士主要是以湖北省为中心，向北从河南省延伸至山西省、陕西省、河北省、北京市，向南至湖南省、安徽省。这说明“明以后，朝武当的风俗具有全国性影响，香火极盛。文献资料显示，明清两代武当山香客具有全国性的地域分布。”[①]信士多来自河南省、湖北省，主要是因为地理相近，交通方便。真武信仰的兴盛和武当道士的全国传教活动吸引了不少来自山西省、陕西省、南直隶和北直隶的信士。“武当道教的发展，使真武信仰的流布范围更广，也使朝武当的地域范围和人数不断增长。”[②]而武当山“道教宫观建筑及其中陈设的穷极富丽达到了惊世骇俗的程度。这是明代武当山吸引全国香客纷纷前来朝拜瞻仰的主要原因。”[③]

各地的信士社会结构主要以家族为单位，一通碑刻记述的信士多为同族。以居住地为单位，通过碑刻记述可以见到县、乡、里、保、村、庄、街、市、寨、城东、城西、两岸的一些地名区域描述。信士不分男女性别，包括普通百姓及军人。而每个地方的信士为了便于开展活动形成民间组织“朝天会”，主要是会首—社首—信士（信官）三级结构，会首主要由当地的族长或头面人物担任。进香时间根据出土的碑刻记述的月份，多集中在每年的十一月、十二月、正月、三月。

宫观庙庵建醮的多少与香会的规模差别、信士的尊崇程度以及来源地的经济发展水平息息相关。对于普通民众来说，朝一次香并不是件容易的事。山东泰山《灵应宫·光绪十六年》碑中，便讲到香社集资的不易：然而小民捐资不易，是以结社数年少有积蓄，至初春农隙之时，不辞跋涉之劳苦，山川之险阻，接踵而至者复何少焉[④]。同为来自河南南阳府的唐县（东T2③：179）的信士建八宫一观，邓州新野县（东T2③：220）的信士建七宫，而来自“南阳县裕州新塘”二县（东T2③：219）的信士建七宫二观，卫南阳县（东T3③：37）的信士只建一宫□观。可见，在同一行政管辖范围内的不同州县之间，建醮数量存在很大差别。又如山西平阳府的解州夏县（东T2③：251）的信士建二十宫观庙，而解州芮城县（东T3③：45）的信士建七宫二观二庙一庵，蒲州荣河县（东T3③：49）的信士建八宫五观，可见平阳府辖的州县

① 梅莉：《明清时期武当山香客的地理分布》，《江汉论坛》2004年第12期。
② 梅莉：《明清时期武当山香客的地理分布》，《江汉论坛》2004年第12期。
③ 顾文璧：《明代武当山的兴盛和苏州人的大规模武当进香旅行》，《江汉考古》1989年第1期。
④ 叶涛：《泰山香社传统进香仪式述略》，《民俗研究》2004年第3期。

之间建醮数量差别更大。总的来看，山西信士的建醮数量要较河南多，究其原因，很可能是山西较河南离武当山更远，故各州县的香会常常联络一同前往武当山进香，共同集资建醮立碑，如建二十宫观庙的山西平阳府解州夏县，有四个会首，分别是张守银、黄加周、黄登科、张守金。山西平阳府解州芮城县（东T3③：45）的信士建七宫二观二庙一庵，有两个会首，分别是南一教、杨士德。而来自河南地区的多为一个会首。另一重要原因是信众的多少还与香客来源地的真武信仰是否兴盛有关。明末清初，武当道士赴云南、陕西、吉林、福建、广东、广西、湖北等地传教，使武当道教在全国特别是西北和西南地区得到发展。武当道教的发展，使真武信仰的流布范围更广，也使朝武当的地域范围和人数不断增长①。山西吕梁地区的北武当、河南平顶山的真武观、安徽齐云山、福建漳州独后宫、台湾彰化松柏岭等，都是武当道士于明末清初前往开山传宗的地方②。

四、结　语

比较而言，东西宫出土的碑刻内容基本上大同小异。但东宫内出土的碑刻数量比西宫多，年代跨度比西宫大，这说明碑刻主要集中在东宫内，东宫内可能为当时遇真宫摆放碑刻的区域。根据考古发现的东宫建筑布局推知，东宫北部青石甬路两侧可能为安放碑刻的位置，并根据其数量推测可能形成碑林。

宫内出土明代碑刻贯穿大明近200年，历经数代皇帝，但题材类别未发生变化，体例多重复。就文学和书法价值而言，值得留意的上乘作品较少。其纹饰雕刻单一，笔法技法粗糙，欣赏价值不高。就其材质来看，多为当地所产的青砂岩，仅有少量的青花瓷和汉白玉。其中，青砂岩应为信士来到武当山后定制而成，青花瓷及汉白玉碑为外来定制而成。就出土碑刻整体而言，更像是一种持续、批量产生的速成产品，自身研究价值并不高。

但碑刻上保留的大量文字信息，都具有极高的研究价值，对遇真宫职能转变及武当山宗教活动在兴衰、信士分布等方面发生的巨大的变化做了忠实的记录，而这些资料很多是以往文献资料未提及的，对研究不同时期遇真宫的历史与时代变迁乃至明王朝不同地区的社会结构，提供了详细的第一手资料。

① 梅莉、晏昌贵：《明清时期武当山香会研究》，《历史研究》2008年第3期。

② 王光德、杨立志：《武当道教史略》，华文出版社，1993年，第243、244页。

附表 遇真宫出土碑文登记表

序号	编号	质地	碑首形状	纹饰	信士籍贯	建醮宫观数	进香时间	立碑人
1	西采：15	瓷						
2	西G1盖板1	青灰色砂岩	方形平碑首	碑首饰仙鹤及卷云纹，碑身四周饰卷草纹	□府长安县		三年二月初五	遇真宫主持李元□
3	西G1盖板3	青灰色砂岩		碑身四周饰卷草纹	□县大平保		万历五年	
4	西G1盖板4	青灰色砂岩		碑身四周饰卷草纹	□安府□州当平县			遇真宫方丈□道□大阳徒
5	西G1盖板5	青灰色砂岩		碑身四周饰卷草纹	河南开封府陈州	八宫一观		
6	西G1盖板6	青灰色砂岩	方形平碑首	碑首饰仙鹤及卷云纹，碑身四周饰卷草纹	河南南阳府邓州新野县	八宫	万历三十九年正月二十日	遇真宫官道王近山
7	西T4②：3	青灰色砂岩	方形平碑首	碑首饰仙鹤及卷云纹	湖广襄阳府光化县	八宫二观		
8	东T3②：1	瓷	圜形平碑首		湖广长沙府攸县			
9	东T1③：58	瓷		碑身四周饰卷草纹	湖广黄州府蕲水县			
10	东T1③：42	青灰色砂岩	方形凸碑首	碑首浮雕龙纹和卷云纹，碑身四周饰卷草纹	京师		天顺二年岁次戊寅秋七月十五日	太监臣颜义、臣黄顺，长随臣□□，监丞□□□，都督赵□
11	东T2③：176	青灰色砂岩	方形平碑首	碑首饰仙鹤及卷云纹，碑身四周饰卷草纹	直隶大名府滑县高阳乡	八宫二观	万历二十七年二月初一日	官道杨本注
12	东T2③：179	青灰色砂岩	圜形平碑首	碑首饰仙鹤及卷云纹，碑身四周饰卷草纹	河南南阳府唐县	八宫一观	万历四十六年十月	
13	东T2③：180	青灰色砂岩		碑首饰仙鹤及卷云纹，碑身四周饰卷草纹	河南南阳府邓州		□□元年二月初十日	遇真宫住持石怀亭
14	东T2③：216	青灰色砂岩	圜形平碑首	碑首饰仙鹤及卷云纹，碑身四周饰卷草纹	河南卫辉府获嘉县	八宫二观	崇祯六年十一月初九日	遇真宫官道戴云亭
15	东T2③：217	青灰色砂岩		碑身四周饰卷草纹	陕西西安府临潼闰渭乡	八宫一观	前二月吉日	遇真宫官道淡真永徒张本云

续表

序号	编号	质地	碑首形状	纹饰	信士籍贯	建醮宫观数	进香时间	立碑人
16	东T2③：218	青灰色砂岩		碑身四周饰卷草纹	河南南阳府邓州		崇祯三年二月二日	遇真宫官道金凤泉
17	东T2③：219	青灰色砂岩	圜形平碑首	碑首饰仙鹤及卷云纹，碑身四周饰卷草纹	河南道南阳县裕州新塘二县	七宫二观	天启五年十一月十五日	遇真宫官道
18	东T2③：220	青灰色砂岩	圜形平碑首	碑首饰仙鹤及卷云纹，碑身四周饰卷草纹	河南南阳府邓州新野县	七宫	天启五年十月吉日	遇真宫住持王玉楼徒孙魁楼
19	东T2③：221	青灰色砂岩	方形平碑首	碑首饰仙鹤及卷云纹，碑身四周饰卷草纹	河南汝宁府上蔡县	六宫	天启五年十一月初一日	遇真宫住持王本□
20	东T2③：222	青灰色砂岩	方形平碑首	碑首饰“月”字和卷云纹，碑身四周饰卷草纹	□府许州襄城县	八宫一观一庵	天启四年正月十五日	遇真宫掌书
21	东T2③：223	青灰色砂岩		碑身四周饰卷草纹	陕西西安府临潼县润渭乡官庄		崇祯三年正月二十日	遇真宫金凤泉徒淡洪宇
22	东T2③：246	青灰色砂岩	方形平碑首	碑首饰“日”字和祥云纹，碑身饰卷草纹	湖北省仝居谷城县	八宫二观三□	大清	
23	东T2③：247	青灰色砂岩		碑身四周饰卷草纹	□道南阳府邓州		□六年三月廿五日	遇真宫官道杨从亮
24	东T2③：249	青灰色砂岩	方形平碑首	碑首饰仙鹤及卷云纹，碑身四周饰卷草纹	河南道汝州安宁乡	八宫三观一庵一庙	天启四年十一月十五日	掌书杨秀□
25	东T2③：250	青灰色砂岩		碑身四周饰卷草纹	河南汝宁府汝阳县	八宫二观	万历十五年十月二十五日	遇真宫官道王真□
26	东T2③：251	青灰色砂岩	方形平碑首，顶角弧形	碑首饰仙鹤及卷云纹，碑身四周饰卷草纹	山西平阳府解州夏县	二十宫观	万历三十六年二月二十日	遇真宫官道刘□
27	东T2③：252	青灰色砂岩	方形凸碑首	碑首饰仙鹤及云纹，碑身四周饰卷草纹	河南道汝州宝丰县	六宫二观	万历三十八年十二月初四日	遇真宫官道申守大
28	东T2③：253	青灰色砂岩		碑身四周饰卷草纹	河南汝宁府西平县		万历四十六年九月十八日	遇真宫□□楼徒□董□泉
29	东T3③：28	青灰色砂岩	方形平碑首	碑首饰仙鹤及云纹，碑身四周饰卷草纹	南阳府邓州	七宫二观	万历三十一年太岁癸	
30	东T3③：37	青灰色砂岩	方形平碑首	碑首饰仙鹤及卷云纹，碑身四周饰卷草纹	河南南阳府卫南阳县	一宫□观	万历四十七年三月十五日	官道柳真还

续表

序号	编号	质地	碑首形状	纹饰	信士籍贯	建醮宫观数	进香时间	立碑人
31	东T3③：43	青灰色砂岩	方形平碑首	碑首饰仙鹤及卷云纹，碑身四周饰卷草纹	河南道河南府	五宫一观一庙二庵	崇祯元年二月二十一日吉旦	元和观住持张□□
32	东T3③：45	青灰色砂岩	方形平碑首	碑首饰仙鹤及卷云纹，碑身四周饰卷草纹	山西平阳府解州芮城县	七宫二观二庙一庵	崇祯三年正月初一日	遇真宫提点荔□云
33	东T3③：46	青灰色砂岩		碑身四周饰卷草纹	河南南阳府邓州新野县	八宫二观	□历三十八年冬月吉旦	
34	东T3③：47	青灰色砂岩	方形平碑首	碑首饰仙鹤及卷云纹，碑身四周饰卷草纹	河南汝宁府汝阳县	八宫一观厶庵	天启伍年正月二十日	遇真宫住持袁继庵
35	东T3③：48	青灰色砂岩		碑身四周饰卷草纹	河南南阳府邓州新野县	二观	万历四十四年拾月吉日	遇真宫杨真梅徒张本□
36	东T3③：49	青灰色砂岩	方形平碑首	碑首饰仙鹤及卷云纹，碑身四周饰卷草纹	山西平阳府蒲州荣河县	八宫五观	万历三十一年二月十五日	遇真宫官道淡真永徒张本云
37	东T3③：65	青灰色砂岩	方形平碑首	碑首饰仙鹤及卷云纹，碑身四周饰卷草纹	湖广道襄阳府襄阳县	八宫二观	万历四十五年十一月初一日	遇真宫官道吉中□门□□
38	东T3③：66	青灰色砂岩	方形平碑首	碑首饰仙鹤及卷云纹，碑身四周饰卷草纹	直隶凤阳府亳州	十一宫观	天启四	
39	东T3③：67	青灰色砂岩	方形平碑首	碑首饰仙鹤及卷云纹，碑身四周饰卷草纹	直隶凤阳府颍州	三宫	万历四十四年七月十五日	
40	东T3③：82	青灰色砂岩		碑身四周饰卷草纹	府信阳		子八月初□日	遇真宫东方丈官道赵真忠
41	东T4②：2	青灰色砂岩	圜形平碑首	碑首饰红日祥云纹，碑身四周饰卷草纹	山西各府州县	六宫	万历三年二月	
42	中采：3	汉白玉	方形凸碑首	碑首浮雕篆书碑文及双龙戏珠纹，碑身阴刻隶书碑文及双龙戏珠纹	京师		万历八年岁次庚辰三月吉旦	钦差提督大岳太和山兼管抚民及分守下荆南道湖广布政使司右参政臣陈惟□
43	中采：5	青灰色砂岩	方形平碑首	碑首饰仙鹤及卷云纹，碑身四周饰卷草纹	河南汝宁府新蔡汝阳二县	□宫一观		

注：缺失内容空白不填。

附录三　武当山遇真宫出土瓷器分析*

蔡路武[1]　卢亚妮[2]　李建勇[3]
（1. 湖北省博物馆　2. 襄阳市博物馆　3. 老河口市博物馆）

遇真宫出土瓷器品种以青花为主，也有一部分单色釉瓷器如白釉、蓝釉、青釉、酱釉瓷器等，不见五彩、斗彩、红绿彩瓷。比较而言，白釉、蓝釉器器形要规整一些，胎釉要精致一些。

器形主要为日常用器，多为碗、盘、杯、高足杯、碟、盏等，以碗、杯、盘为主。碗有敞口、侈口、弧腹、斜腹多种。杯比较规整，胎釉较好，纹饰较疏朗一些。盘多撇口、敞口，浅腹。

一、品　　种

1. 白釉

数量不多，器形主要有盘、碗、杯、碟等，以盘为多。代表性器物有白釉盘（西H2：1-2）、白釉酱口杯（东T2③：206）等。

胎类主要为灰白胎、白胎，釉较为肥厚滋润，有一种乳浊感，釉面较为光洁。器表均无纹饰，亦无暗刻花纹，极个别器物有戳刻文字。制作普遍比较规整，质量要好于青花器。部分器物有酱口。

2. 蓝釉

数量很少，以小杯为主。白胎，蓝釉比较深沉，口沿多露白。一般为外蓝釉，里白釉。素面无纹。制作规整，修足较为精致。代表性器物有蓝釉杯、碗（西T9③：31、西T9③：37、东T3③：24）。

3. 青釉

数量不多，次于白釉器，多于蓝釉器，主要为碗、杯等。青釉器均无花纹、款识。虽然均是青釉，但呈色差别较大。有呈色较为纯正的青釉，或泛青绿，或泛湖绿，如青釉碗（东T1③：22），泛湖绿，应该是景德镇仿青白瓷。或泛豆青，如豆青釉碗（东T1③：29）。有厚

* 本文与报告中某些器物描述、名称、观点不同，编者尊重作者意见，未对本文与报告中不同之处进行调整。

釉的龙泉窑青釉，如龙泉窑青釉高足杯（东T3③：63），胎厚，釉厚，制作也较规整。这部分呈色好的青釉器制作较为精致、规整。

4. 酱釉

酱釉更少，只有寥寥的两三件。灰白胎，酱釉比较深沉。制作较规整，修足较精致。代表性器物有酱釉杯（东T1③：49）。

5. 青花

数量最多。基本上为民窑，极少官窑器或瓷片。其中，缠枝莲纹杯（东T2③：194）、青花龙纹盘（西H2：1-5），胎釉精细，青花发色纯正，鲜艳明快，纹饰也很精细，实笔画，时代应在明早中期，这是2件青花发色最好的青花器。民窑器中，粗瓷多于细瓷。

二、胎釉及青花发色

1. 胎釉

胎釉大致可分为两大类，一类是细瓷，一类是粗瓷，其中粗瓷占绝大多数，为本地或其他地方性民窑产品，细瓷所占比例不大，应是景德镇窑产品。

细瓷有青花高士图碗（西T3③：3）、“崇祯年制”款松叶碗（西T1③：7）、莲纹残碗底（东T2③：153）、“永乐年制”款残碗底（东T1③：56）等。

细瓷主要为灰白胎、白胎，白釉微泛青，釉面比较光洁，少见缩釉、开裂、粘沙等现象。粗瓷主要以灰白胎为主，胎质比较粗糙，釉薄，普遍泛青、泛灰，有的青灰色特别严重。釉面不够光洁，多有缩釉、开裂、粘沙等现象。

2. 青花发色

细瓷青花发色较好，比较浓艳明快。粗瓷青花发色不太鲜艳纯正，多泛灰、泛紫、泛黑，呈灰暗色调。更有甚者发色极灰暗，如青花草叶纹碗（西T9③：35）、青花缠枝花纹碗（西T9③：32）、青花海水波涛纹碗（西H3①：1）等，是青料不好、火候不够所致。

3. 酱口

酱口瓷器所占数量不多，只有少量的一部分。不仅青花器上有，白釉等单色釉瓷器上也有。有青花酱口碟（西TG1③：1）、青花酱口碗（东T2③：61）、白釉酱口杯（东T2③：206）、白釉酱口盘（西T1③：15、西T1③：16）等。瓷器口沿上施酱色釉，是晚明至清初瓷器的一个特征。

三、纹　饰

遇真宫出土瓷器纹饰以植物纹为主，亦有动物、龟鱼水藻、山水花鸟、人物、几何纹、文字等纹饰。

1. 植物纹

以缠枝、折枝花卉为主，有莲花、兰花、菊花、牡丹花、灵芝、葵花、蕉叶、梅花、松竹、菜蔬等。缠枝莲多见，如缠枝莲纹杯（东T2③：194），青料发色鲜艳，胎釉精致，釉白润，实笔画，属明早中期；再如莲托杂宝纹碗（西T9③：22）。兰花亦较多，如兰花杯（东T2③：192、东T2③：193），内底心绘兰花；再如兰花残碗底（东T2③：256）。有菊瓣纹，如菊瓣纹碗（东T2③：201），内底心绘三重菊瓣；再如菊瓣纹碗（东T1③：20），内外壁绘菊花。有莱菔纹，如莱菔纹碗（西T9③：24）、莱菔纹碗（东T1③：89）。有芭蕉纹，如蕉叶纹碗（西T7③：3）、“青花有意，落葉无声”酱口蕉叶盘（东T2③：142）、“……春舟芳菲”酱口蕉叶盘（东T2③：145）。有月华纹，如月华纹高足碗（西T9③：10），内底心满绘。有牡丹花纹，如牡丹花竹叶纹碗（东T2③：181），外底有双鱼款。有提篮花纹，如提篮花纹盘（东T2③：93）。有树石栏杆纹，如树石栏杆纹盘（西T9③：17、西采：14-5、东T4③：12）。

2. 动物纹

团螭纹多见，多在器物内底心。有龙纹，如龙纹盘（西H2：1-5）、龙纹杯（东T1③：68），胎釉精美，制作规整，青花发色好。有麒麟纹，如麒麟纹碟（西T3③：2）。有兔纹，如兔纹碟（西Z1：3），简笔白描勾勒，肥硕可爱；开光团花白兔纹碗（东T3②：2），外壁团花，内底心绘白兔，栖于叶纹中。有飞鸟纹，如青花飞鸟纹杯（东T2③：193）。有凤纹，如凤栖梧桐纹碗（东T2③：135）。有的器底有简笔“双鱼”款。

龟鱼水藻纹比较多见，如鱼纹碗（东T2③：20），外底双鱼纹。龟鱼纹杯（东TG1①：2）。鱼藻龟虾纹碗（东T2③：226），内底心简笔描绘一虾，活灵活现，外底书“永”字款，双方框，外绕双圈。鲤鱼跳龙门纹盘（东T2③：60），盘心下面绘鱼跃龙门，上面绘龙赶火珠。螃蟹纹残底（东TG1①：4），内底心绘螃蟹。

3. 山水纹

山水纹不多，有简笔山水图碗（东T2③：202）；山水碗（东T2③：119），横线代表水波纹；山水纹杯（东T2③：208）；外酱红釉里青花山水纹杯（东T2③：66），内底心绘简笔山水。这些山水图均为简笔描绘，构图疏朗，颇有文人画意味。

4. 人物纹

人物纹有高士图，如高士图残底（西T3③：3），描绘高土松下独坐，胎釉精致，外底有“长命富贵”四字款；再如婴戏舞蹈纹杯（东T1③：90）。所绘人物并不特别写实，简笔抽象，变形夸张。一般绘人物的胎釉要精细一些，青花发色要好一些。

5. 几何纹

几何纹有细密的三角纹，构图致密，如青花三角纹碗（西T9③：29）。有八卦太极纹，如八卦纹杯（东T1③：13）；再如“太极”纹残底（东TG2③：3），内底绘太极，胎釉精致，外底书“末（未）裕堂制”双行四字款，双圈。有杂宝纹，如杂宝纹杯（东T2③：129）。

6. 文字装饰

文字装饰有梵文，如梵文杯（西T9③：13、东T2③：224、东T2③：225）、梵文碗（西T9③：41）。酱口青花花卉诗文盘（东T2③：142），行草书“青花有意，落葉无声”。酱口蕉叶盘（东T2③：145），行草，大片花叶旁边书“……□舟云菲”。残底（东T2③：185），书“瑗台中观”款。青花瓷碑（西采：15），书“邑景□捏彩五”。青花瓷碑（东T1③：58），两侧绘卷草，书“大明国湖广黄州府蕲水县永福乡赤水里下保兰溪市六三九社……”。青花瓷碑（东T3②：1），书“湖广长沙府攸县在城东西二门，善士颜伟……”。

上述这些纹饰，既有满密一类，也有疏朗一类，或密不透风，或疏可跑马。主要绘于器物外壁或内底心，或连续展开，或对称布局，口沿内外、底足外墙多绘青花弦纹，有的在口沿弦纹间填饰其他纹饰。器物外壁极少见有圆圈开光布局。

7. 款识

款识较多，基本为民窑款识，比较随意、草率，多无圈栏，有的甚至无法辨识，大致有年号款、吉祥款、花押款、堂名款、文字款等。

年号款：有“永乐年制”款，如残碗底（东T1③：56），内底有“永乐年制”双行四字款，行楷书，字体肥，无圈栏，胎白釉精，宽足底，制作规整，该款为明中晚期伪托款。有“大明成化年制”款，如花卉纹杯（东T1③：57），书“大明成化年制”双行六字款，字体草率，胎釉比较精致，削足规整。有“大明年造”款，如残底（东T2③：257），楷书，双圈。有“崇祯三年”款，如叶纹碗（西Z1：2），具楷隶风格。

吉祥款：有“寿”字款，如碟（西T1③：10、西T3③：1）。有“福”字款，如碗（西H3①：1）；“福”字纹高足碗（东T4③：10），内底心书“福”字，隶书，釉泛青，多有开片。有“永”字款，如鱼藻龟虾纹碗（东T2③：226），内底心简笔描绘花纹，外底书“永”字款，双方框，外绕双圈。有“长命富贵”款，如松下独坐图盘（西T3③：3），外底有“长命富贵”四字款，书写不工整。有“美玉王珍”款，如菊花纹碗（东T2③：109），书“美玉王珍”，双圈，隶书。

花押款：有“兔形纹”款，如碗（东T2③：163），外底心绘“兔形纹”款，双圈。有“双鱼形纹”款，如凤栖梧桐碗（东T2③：135），底有简笔“双鱼形纹”款；再如水藻鱼纹碗（东T2③：20），外底绘“双鱼形纹”款；再如牡丹花竹叶纹碗（东T2③：181），外底有“双鱼形纹”款。

堂名款：有“末（未）裕堂制”款，如“太极”纹残底（东TG2③：3），内底绘太极，外底书“末（未）裕堂制”双行四字款，双圈，胎釉精致。

文字款：有“三”字款，如残底（东T2③：258），用青花书“三”字，外绕内凹弦纹，再外绕涩圈。有戳刻款，如“双”字碗（西T6③：1）；戳刻“王 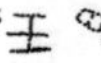”碟（东T4③：31），内底心戳刻二字；戳刻“”字碟（西TG6③：1、东T4③：8）。这些戳刻款可能是使用者或工匠名。

四、结　　语

比较而言，东西宫出土瓷器大同小异。东宫出土瓷器比西宫多，东宫以杯、碗居多，西宫以碗、盘居多。东宫酱釉、青釉瓷器多于西宫，有典型龙泉窑青釉瓷器。东宫诗文瓷器、瓷碑多于西宫。东宫年号款、吉祥款、双鱼款等有款识瓷器多于西宫。东宫树石栏杆纹、提篮花纹、凤栖梧桐纹、山水纹、动物纹、龟鱼虾蟹水藻纹、八卦太极纹多于西宫。两宫人物纹很少，西宫为高士图，东宫为婴戏图。东宫既有青花发色好的属明中期偏早的缠枝莲纹杯（东T2③：194），也有属于明末清初时期的蕉叶诗文盘，延续时间长于西宫。

明晚期官窑不振，民窑勃兴，瓷器的商品性生产比以前更活跃了。花纹图案更多地蕴含了民间气息，显得活泼多姿，比官窑花纹显得更为洒脱、恣肆、无拘无束，富有生机。纹饰题材广阔，少受拘束，突破了官窑图案规格化的束缚，凡是自然界和现实生活中的一切景象、事物，均可入画。工匠们运用生动活泼的笔触，描摹了自然界的方方面面。如树石花草、莲兰竹菊、菜蔬瓜果、葡萄蕉叶、富贵牡丹、松竹梅岁寒三友等植物纹样；飞蝶、飞鸟等飞禽纹样；鱼虾龟蟹等水族动物纹样；云龙、麒麟、狮子、玉兔等走兽纹样；高士图、生动活泼的婴戏图等人物纹样。这些纹饰大多率意而为，少受拘束，或写意，或抽象，或浓墨重涂，或逸笔草草，几笔勾勒，简洁传神，采用写意画法、夸张变形画法、简笔抽象画法。“不求神似，夸大局部特征”，虽然不够精细，但充满了民间气息。可以概括为：广泛多样的题材，生动活泼的笔墨，简洁夸张的艺术语言，浓郁的乡土气息。

细瓷较为规整精致，修足较细。粗瓷制作工艺上不够精细，器物制作不够规整，多变形。口沿多不平，有的歪斜厉害。不注重修胎，多沙底，底部粘有窑沙，可见放射状跳刀痕，或火石红色。圈足多斜削，呈尖状。底足胎釉交接处多有火石红。圈足外墙多有缩釉、粘沙，部分粗器接底处有开裂。

遇真宫出土瓷器细瓷少，粗瓷多。日常生活用器多，精致陈设瓷少。胎釉多不太精致，青花发色不太浓艳明快，多泛灰、泛紫。纹饰题材多样，率意而为，充满浓郁的民间气息，出现淡描青花纹饰，出现酱口现象。款识多样，随意而无规范。工艺制作上多不太规整，修胎削足不细。总之，从以上器物的造型、胎釉、纹饰、青花发色、款识、工艺等诸方面综合分析，特别是青花发色和纹饰来看，这些瓷器属明中晚期，特别是晚期居多，亦有少量的清初瓷器。

原本以为，作为永乐帝督造的庞大的武当山皇家道观群，特别是遇真宫早期作为供奉、祭拜张三丰的“生祠”，曾进行过大规模皇家斋醮活动，在皇帝钦降的像器和斋醮过程中，应该有精致的祭器、定烧瓷、赏赐官窑瓷或瓷片，但实际上遗址中却极少发现。那么就存在两种可能，一是根本没有精致的祭器、定烧瓷或赏赐官窑瓷；一是确实有这方面的瓷器，但数量不多，而且由于战乱等各种原因，这些祭器、定烧瓷或赏赐官窑瓷早已被带出宫观而流散，所以在遗址中没有出土。遇真宫遗址中民窑器多，民窑精品少，官窑器更少，而且遗址出土一些生活用器如臼、斧、擂钵等，说明遇真宫在明中晚期，特别是晚期，其地位逐渐式微，由早期作为供奉、祭拜张三丰的“生祠”，逐渐沦为民间香客在此进行斋醮活动的宗教场所，更往后其作为一个宗教活动场所也已开始衰败，逐渐变为一般的生活场所或是战乱时期的避难场所，在明末遭到破坏、废弃。

附录四　遇真宫（含部分武当山）大事记及相关文献资料

赵本新[1]　李建勇[2]　石远丽[3]
（1. 武当山文管所　2. 老河口市博物馆　3. 武当博物馆）

一、大　事　记①

1. 明朝（公元1368～1644年）

公元1368～1390年（洪武元年至二十三年），明初著名道士张三丰入武当山修道。公元1382年（洪武十五年），结茅庵于九龙山下，名曰“会仙馆”，至洪武二十三年拂袖而去。翌年，朱元璋诏张三丰不获。

公元1369年（洪武二年），废武当县入均州。

公元1412年（永乐十年），朱棣钦定遇真宫规制，为张三丰塑像。同年，隆平侯张信等率20万军民夫匠到武当山大建道场，道录司右正一孙碧云受命勘测设计遇真宫、紫霄宫、五龙宫、南岩宫。其中，遇真宫在“会仙馆”原址处修建。

公元1413年（永乐十一年）至1572年（隆庆六年），从全国高道中先后钦选191名“有道行至诚”的道士，授为提点，正六品，派到武当山各大宫具体管理道务，其中遇真宫提点计15名。

公元1417年（永乐十五年），明成祖封武当山“大岳太和山”，大顶金殿名“大岳太和宫”。同年，遇真宫落成，奉敕创建真仙殿宇、山门、廊庑、东西方丈、斋堂、厨室、道房、仓库、浴室，共九十七间。

公元1418年（永乐十六年），武当山主体工程竣工，设道官任自垣等418名主斋醮事。至公元1423年（永乐二十一年）全部工程竣工，建成拥有8宫、2观、36庵堂、72岩庙等33个大建筑群及50华里登山栈道。总共占地43100亩。

公元1424年（永乐二十二年），命嗣教四十四代天师张宇清等在玉虚宫修建金箓大醮七昼夜，计三千六百分位，在净乐宫、兴圣五龙宫、太玄紫霄宫、大圣南岩宫、大岳太和宫、遇真宫讽诵经诠，积崇善果，以求“皇国巩固，宗社均安”。

公元1428年（宣德三年）以后，准许各宫观收道童。

公元1458年（天顺二年），将真武神位安于主殿，而于东廊（东配殿）安放张三丰神像。

① 资料来源：中国武当文化丛书编纂委员会：《武当山历代志书集注》，湖北科学技术出版社，2003年；（明）任自垣、卢重华原著，杨立志点校：《明代武当山志二种》，湖北人民出版社，1999年；（明）任自垣等编纂：《敕建大岳太和山志》，载于陶真典，范学锋点注：《武当山明代志书集注》，中国地图出版社，2006年；湖北省十堰市地方志编纂委员会：《十堰市志》，中华书局，1999年。

公元1459年（天顺三年），明英宗封张三丰为“通微显化真人”。

公元1465年（成化元年），均州隶襄阳府，割郧乡、上津，此后均州无领县。

公元1476年（成化十二年）十一月，钦差太监陈喜管送金彩妆木雕龙牌13座，于净乐宫修建金箓延禧福国裕民大斋醮三昼夜，供设醮仪三百六十分位，仍将龙牌送赴玉虚宫安奉。

公元1478年（成化十四年）六月二十九日，敕御用太监陈喜管领黄船、马快、船只装送真武及从神供器等，到武当山紫霄宫奉安。同时，敕湖广三司并管山内外官员迎进送出。

公元1494年（弘治七年）八月初九日，明孝宗遣太监扶安、余庆、张眪等管领黄船、马快、船只装送真武像、供器等到武当山奉安，并建斋醮。

公元1499年（弘治十二年）十月十八日，皇帝遣太监李瑾、李珍等斋捧香帛银两等到武当山建醮。

公元1501年（弘治十四年）四月二十七日，皇帝敕太监李顺斋捧御前及中宫皇后布施银两、香、烛、宝幡，于玉虚等宫悬挂，并建醮。七月二十五日，皇帝遣太监王瑞、陈弦、魏伦等管送真武神像、供器等到武当山奉安，并建醮。

公元1502年（弘治十五年）十二月二十五日，皇帝遣锦衣卫秦玉、镇抚王良等管送银两、制帛、香烛到武当山建醮。

公元1507年（正德二年）八月三日，遣太监甄瑾管送真武神像到武当山奉安，并建醮。

公元1526年（嘉靖五年）二月十六日，特令太监李瓒管送钱粮、圣像、供器等到武当山安奉，并敕正嗣教真人张彦羽页建醮。

公元1546（嘉靖二十五年）七月二十一日，遣官斋捧香、幡、烛、帛（略）到鹤鸣山、三茅山、龙虎山、齐云岩、武当山修建斋醮。

公元1547（嘉靖二十六年）十一月十日，下圣旨：禁止军民擅伐林木，起盖房屋，开挖山场。

公元1552～1553年（嘉靖三十一年至三十二年），拔帑银11万两，重修武当宫观，建造“治世玄岳”石坊一座，范造金像5尊，修理各种庙房955座，大小为楹2441间。嘉靖时，太和、南岩、紫霄、五龙、玉虚、遇真、迎恩、净乐这八大宫，有房屋6266间。

公元1553年（嘉靖三十二年），重修武当山宫观竣工后，遇真宫重修增建到396间。同年，遣英国公张演上山奉安神像、建醮。

公元1642年（崇祯十五年）12月，李自成攻破均州。

2. 清朝（公元1636～1911年）

公元1674年（康熙十三年），郧阳副将洪福与云南驻军首领吴三桂相呼应，率部反清，副都统德业立大破洪福于武当山。

公元1703年（康熙四十二年），遣臣到山建醮以后，斋醮活动转向民间。

清代乾隆年间开始，各宫观可自行收徒。

公元1800年2月21日（嘉庆五年正月二十七日），教首张永寿、王廷诏率数万人入官山，破盐池，3月攻均州城，夜焚南关厢，至公元1802年5月以失败而告终。

公元1852年（咸丰二年）7月，汉水入州城，深6尺，坏民舍甚多。

公元1856年（咸丰六年）9月，襄阳红巾军发动起事，均光谷数县相继而起。农民起义首领张维帮率众进驻州南草店镇。12月，襄阳红巾军大败郧阳兵勇于花栎树（今六里坪）。

3. 中华民国（公元1912～1949年）

公元1912年（民国元年），废除清末的府州厅制，改均州为均县。

公元1913年冬，襄阳府安抚史周逢生乘时局混乱之际，欲抢武当山金顶文物，均房群众以死18人、伤11人的代价保住了武当山金顶文物。

公元1926年9月，失火烧毁南岩宫。部分小宫观，诸如朝天宫、文昌祠、斗姆阁、龙泉观等相继坍塌。至1949年，全山只余庙房2000多间。

公元1932年1月，红二十五师撤出均房苏区。国民党五师旅长陈太运部驻扎武当山紫霄宫，毁铜像近百尊。

公元1935年7月，百年不遇的洪灾造成全县81936人受灾，占总人口的30%，遇真宫部分被淹。

公元1938年春，“中国战时儿童保育院”由武汉迁至均县草店遇真宫，后于1939年4月迁入重庆。

公元1939年，第五战区干部训练团（国民党军队第八分校）入驻遇真宫，并拆毁宫内部分建筑。

4. 中华人民共和国（公元1949～2012年）

公元1952年8月，丹江口第二中学在遇真宫建立。

公元1956年，遇真宫被评定为湖北省重点文物保护单位。

公元1958年，因大炼钢铁，遇真宫门前铁狮子被毁坏。

公元1994年，包括遇真宫在内的武当山古建筑群，被评为世界文化遗产。

公元2003年1月19日，遇真宫主殿被烧毁。

公元2005～2010年，遇真宫进行考古发掘。

公元2012年，遇真宫进行顶升15米的文物保护工程。

二、相关文献资料①

1. 明代武当山志书集注（一）

敕建大岳太和山志

敕湖广均州千户所百户旗军人等：朕皇考太宗文皇帝临御之日，创建大岳太和山宫观，上以资荐皇祖考、皇祖妣在天之灵，下为四海苍生祈□□福祉。工已告完，已敕湖广右参议诸葛平常川用心巡视，遇有损坏随即修整。朕今祗成鸿业，笃念皇考先志，实欲虔奉祀事于悠久，

① 资料来源：中国武当文化丛书编纂委员会：《武当山历代志书集注》，湖北科学技术出版社，2003年。

以冀利泽于无穷。今特敕湖广都司，免尔均州一千户所军余、杂泛、差役，尽数存留在州，听参议诸葛平及千户朱彛提督。但遇宫观有渗漏损坏之处，随即修理；沟渠路道有淤泥塞不通之处，随即整治。务使宫观永远完美，沟渠路道永远通利，庶称朕心。兹特以敕谕尔等，务在恭勤趋事，毋得怠慢及私役军余，以取罪□□。如敕奉行。洪熙元年（1425年）正月十三日。

——第27页

成化十二年（1476年）正月十五日，钦差太监陈喜赍送钦铜爵盏一百四十七个，《真武经》五百本，分布玄天玉虚宫等七宫，永充供养，晨夕捧诵，祝禧皇图巩固，国泰民安。

玄天玉虚宫：爵盏二十一个，经一百四十本；

大岳太和宫：爵盏二十一个，经五十二本；

大圣南岩宫：爵盏二十一个，经六十五本；

太玄紫霄宫：爵盏二十一个，经六十三本；

兴圣五龙宫：爵盏二十一个，经七十四本；

遇真宫：爵盏二十一个，经四十本；

净乐宫：爵盏二十一个，经六十六本。

——第40页

2. 明代武当山志书集注（二）

钦定类

大小宫、观、岩、庙三年香

降真香三千四百七十七炷。内三斤重二千五百四十一炷，二斤重二百二十六炷，宿香三千四百七十七斤。十年烛一万一千五百九十对，每对重二斤四两。用油二万三千一百八十斤，蜡二千八百九十七斤八两，长明灯油四万三千二百斤。

遇真宫　降香五十七炷，宿香五十七斤。烛用油三八百十斤，蜡四十七斤八两。

清徽宫、朝天宫、五龙行宫、元和观、回龙观、太玄观、复真观、龙泉观、威烈观、仁威观、八仙观、福地殿、老姥殿、黑虎庙、榔梅祠、关王庙、隐仙岩、凌虚岩、玉虚岩、仙侣岩、滴水岩、妙化岩、太子岩、崇福岩、灵隐岩、雷神洞　降香每三十六炷，宿香每三十六斤，烛用油每二百四十斤，蜡每三十斤。

玉虚等宫道士四百名，每年每名给冬夏布四匹共计一千六百匹。

——第269页

职官类

遇真宫提点

罗凤翔、周存中、杨以清、钱道明、周大潮、梅宗道、钱以升、张伏明、潘得川、孙从寿、李世□、陈祖仁、杜理祺。

——第270页

艺文（二）诗

遇真宫

沈晖　都御史

缥缈珠宫映翠微，灵风长日满龙□□。函关伊昔青牛去，华表何年白鹤归。花落石坛春不扫，露零仙掌晓还晞。楼船海外无消息，山上闲云万古飞。

——第388页

过遇真宫

京山　王格　佥事

玄岳门开响玉箫，崔嵬紫府控山椒。仙人架上闻金箬，游客溪边度石桥。已觉地维超俗劫，更闻天语幕逍遥。长廊肃揖瞻颜色，水碧何缘赐一瓢。

——第408页

3. 敕建大岳太和山志　卷二

永乐十七年（1419年）二月初五日行在礼部官早于奉天门口奏："提点任自垣奏：一件，大岳太和山各宫观香烛油，未蒙赐降；一件，本山五大宫有敕赐新名，小宫观十一处未蒙赐额；一件，要拨均州千户所五百名军守护各宫观；一件，各宫道众四百名，已蒙给赐斋粱，要照神乐观乐舞生例，每年给赐布匹。"奉圣旨："宫观牌额已定了罢。要拨军守护的且由他。道士每年与锦布二匹、夏布二匹，香烛灯油，你计较了来说。钦遵。"会同提点任自垣等，计议得大小宫观每岁该用香烛油蜡数目斋进。本月二十日早，内官传奉圣旨："是。这里着人去买。香，一次差人去买三年的用；黄蜡香油，一次差人去买十年的用。只不要亏了百姓。钦此。"当即本部官于奉天门覆奏，奉圣旨："是。钦此。"

——第105、106页

金箓大醮意……今宫观告成，及以永乐二十二年七月十九日为始，至二十五日圆满，特命正一嗣教真人张宇清，率领道众，于玄天玉虚宫，修建金箓报恩延禧普度罗天大醮七昼夜，计三千六百分位。分就静乐宫、兴圣五龙宫、太玄紫霄宫、大圣南岩宫、大岳太和宫、遇真宫讽诵经诠，积崇善果，少伸诚恳，以答天心。

——第113、114页

敕大岳太和山提调官湖广布政司右参议梅伦　朕念大岳太和山宫观，是祖宗创建栖神之所。今命尔与右少监丞韦贵，率同玉虚宫提点、均州千户所千户，提督军余，专一照管洒扫。凡遇宫观渗漏损坏者，随即修治如新，及桥梁坍塌、沟渠淤塞、道路颓毁，随即补砌疏通，整理坚完。务在庙貌森严，道众洁净，虔奉祀事，供养香火，以祈福佑于悠久，庶不负朕敬神之意。毋或不正其身，纵欲图利。无事之日，仍提督正伍官军，操守城池，防御盗贼。或本处并邻近府县草寇生发，本所官军相应调用，听镇守总兵官与尔等计议，斟酌施行。其余一应杂泛、征差，并运粮、屯田等项，一体优免。尔宜恪遵朕命，公勤趋事，不许怠忽废弛，及在彼生事，私役科克，虐害下人，处取罪愆。尔其慎之，慎之。故敕。成化十一年（1475年）三月十六日。宝。

——第145页

成化十二年（1476年）正月十五钦差太监陈喜赍钦降铜爵盏一百四十七个，《真武经》

五百本分布玄天玉虚等七宫，永充供养，晨曦捧诵，祝禧皇图永固，国泰民安。

……

遇真宫：爵盏二十一个，经四十本；

……

——第146页

4. 敕建大岳太和山志　卷五

张全一　字玄玄，号三丰。相传留侯之裔。不知何许人也。……洪武初来入武当，拜玄帝于天柱峰。游历诸山，搜奇览胜。常与耆旧语云："吾山异日与今日大有不同矣。我且将五龙、南岩、紫霄去荆榛，拾瓦砾，但粗创焉。"名丘玄清住五龙，卢秋云住南岩，刘古泉、杨善澄住紫霄。又寻展旗峰北陲，卜地结草庐，奉高真香火，曰"遇真宫"。……

——第257页

5. 敕建大岳太和山志　卷八

遇真宫　去玄天玉虚宫八里许，在仙关之外。前有东流水，后有凤凰山，左有望仙台，右有黑虎洞，山环水绕，宛若城焉，故名曰黄土城。洪武年间，三丰张真仙结庵于其上，名为会仙馆。永乐十五年，奉敕创建真仙殿宇、山门、廊庑、东西方丈、斋堂、厨室、道房、仓库、浴室，共九十七间。钦选道士三十名焚修香火。钦除江西吉安府吉水县迎真坛炼师罗凤翔为提点。赐六品印统领宫事。

——第275页

6. 敕建大岳太和山志　卷十二

洪熙元年（1425年）钦差台常寺寺臣袁正安于天柱峰祭祀。御制祝文有碑。碑阴：
陪祭官员
奉训大夫均州知州：臣吴礼、臣张享。
判官：臣萧敬。
武德将军均州守御前千户所正千户：朱彝。
武略将军副千户：臣张敬。
大岳太和山玄天玉虚宫提点：臣任自垣，高道兼提点：臣周惟中。
大岳太和宫署宫事太玄紫霄宫提点：臣梅月轩。
大圣南岩宫提点：李敬常。
太玄紫霄宫提点：臣李玄玉。
兴圣五龙宫提点：臣吴继祖、臣施渊静。
遇真宫提点：臣罗凤翔。
……

——第339页

敕建宫观把总提调官员碑

钦差把总提调官：隆平侯张信、驸马都尉沐昕、礼部尚书金纯、工部侍郎郭进。

京官郎中：诸葛平、胡聪、何辛。

员外郎：郑复升、鲁谦、沈潼、孙英、顾垛、戴同吉、吴礼、祝铭、汪馗、王益。

主事：张澈、陈叔刚、宋子琢、许镇、王安、尤景隆、顾文俊、沈恭、蔡恕、周璞、俞泰、管时中、谢庄、崔艺、麻密、陈玘、尹耕、金叔荣、金忠、刘观、吴祯、庞瑜、于□。

司务：朱行、史鉴。

鸣赞：苏泽。

都事：曹升。

知事：邵正。

序班：王贯、刘迪、马升、杜容、解蒙、戴亨、杨衡、李衡、杨以诚、王思贤。

都指挥：郑铭、吴升、张祯、李玉。

指挥：仲瑄、顾福、翟成、潘成、田瑄、叶懋、张伯英。

千户：韩多、邹忠、王启、朱亮、王贤、蒋铭、夏良、刘富、黄振、周通甫、薛佑、彭成、马仕隆、许荣、何贵、刘恭、王政、李弘。

百户：杨信、龙集、杜青、蒯敬、萧旺、纪英、蔡玉、王麟、李忠、马旺、袁清、赵信、帅成、笪礼。

辨事官：严信、邹奇、牛铎 、薛温、周真、吕泰、任用、王亨、王达、王旭、吕彬、秦接旺、周必达、张善、李禄、爰仪、孙英、彭通春、张仕原、孟麟、樊衡、王道、何斌、陈荫、陈英、邹观、郭良、于敬、崔凤、董定、向永中、张嵩、陈玮 、张胜、姜输、魏浩、刘志诚、杜与、孟浩、赵普、徐简、陈与祖、艾复恭、张华、刘谦、刘昌、李胜、赵普平、王子丹、柳敬、许昭、艾口信、彭思信、陈如震、蔡思义、徐文政、刘文礼、杨彬、范碧、张吉、初奉张、赵荣、赵达礼、苏最、陈宗名、张毅、王光受、边文友、霍成、张驾、区文贵、于善、贵本、文震、文郁、王荣、梁雄、胡那昌、杨名、何嵩、朱子升、郭颖、张琚、鞠茂、向道宗、胡安、陆奇、郑英、刘聚、杨镛、陶辉、杨谦善、于瑛、薛孟祯、任思温、徐铉生、洪铉济、郝嫩奴、胡亨、任思政、何嫩奴、石泰、刘鼎、陈善、翁庆、张约、孙兴、鲁以文、杨刚、苏显、白镛、吴宁、雷雩、隗伯刚、白思敬、莫昭、徐兴昱、周杰、刘文得、李从、郑宗、李清、徐整、张维、陈旻、汤仲济、朱泰、王欢、陈辅、陈闰，旃三宝。

椽史：丁观、何叔恭、刘□、姜□。

湖广都司布政司并各府卫所州县管工官员

都指挥：张铭。

参政：郝鹏。

知府：余士吉、邓文铿、胡器。

指挥：王斌、贲玉、龚信、应坚、黄辅、李春、路坦、朱英、孙贵、刘□、舒□、秦玉、许兴、汪礼、郑果、汪□、张□、吴□、李薰、焦□、同□、黄□、陈刚、耿□、王□、蒋铭、刘□。

府同知：殷□、王俊、韩□、陈敬。

通判：范渊、宋□。

州同知：萧云举。

州判：李湘。

千户：朱彝、张武、许口、马达、邵隆、姜纯、马安、汪瑜、张敬、李□、丁义、余□、王迪、汪敬、张彦、邓英、徐升。

镇抚：戴明、陈能、李荣、刘文、张礼、王智。

百户：邴正、施政、陈贵、杨忠、金贵、陈子云、□□、汤政、于贵、王□、罗森、张政、邵□、郭智、陆清、李鋐、周朗、姜瑛、江□、高铭、王弘、吴宽。

县丞：郑□。

主簿：梁□。

阴阳典术：王敏。

医学训科：孙思中。

总旗：朱理、陈胜、凌高、杨俊、王通、吴垣、王赟、斯骚儿、郑靖、陈福与、蔡兴、蔡琇、张谦、胡慎、蒋浩、李智、汪浩、刘昭、赵威、周兴、谭政、祁旺。

书写小旗：金凤。

阴阳人：陈羽鹏。

医士：宋永年、李济川、熊得闰、张恭、王□、解□、陈隆、武仲和、汪添奇、盛俨。

木匠作头：陈秀三、徐付二、乔名二、陈四、朱三、唐友富、康文。

石匠作头：陈友孙、毛长、张琬、王歪儿、陆原吉、顾来付、祝阿英。

土工匠作头：徐奴儿、查阿三、沈阿真、朱金受。

瓦匠作头：常虎、陈普、沈宗四、金泰。

五墨匠作头：丁逊、郎仁、严保保、茅宗奴。

油漆匠作头：经大、王中益、陈阿弟、易狗仔。

画匠作头：姚善才、熊文秀、张祥旺、沈汝益、潘胜受、熊道真。

铁匠作头：隆丑驴、王阿庆、毛三兴、龙保保、余阿庇。

妆銮匠作头：邵伏名、汪奉先、张官真、沈阿多。

雕銮匠作头：万森、赵添福、杨信、熊琬。

铸匠作头：韩伏一、周回长、李二老、戴呆大。

捏塑匠作头：舒学礼、林中六、盛显一。

铜匠作头：贺添胜、管伴奇、陆阿唤。

锡匠作头：丁留住。

搭材匠作头：王礼受、刘关保、李蛮儿。

——第342～345页

嘉靖三十三年（1554）奉敕

提督工程：工部右侍郎陆杰。

会计财用区理接济官：湖广布政使司左布政使司刘伯跃、右布政使司邹守愚、右参政姜恩。

提调工务官：湖广布政使司右参议雷贺、王继洛，按察司副使陈绍儒、李凌云，湖广都司署都指挥佥事李经，行都司署都指挥佥事陈惟乔。

提调输运工料官：襄阳府知府吕颙、胡汝翼，郧阳府知府黎尧勋。

总理工务官：襄阳府同知李洛，承天府同知赵惟兴，常德府同知孙勋，郧阳府通判汪绩，岳州府通判李宾，襄阳府通判刘逵、姒昂、推官濮大纲，均州知州王彩、范大儒，行都司经历司王诵、徐元，府军前卫纳级指挥佥事吴民表，襄阳卫指挥同知吕昂、王煦，均州所副千户仇爵，郧阳卫副千户李廷美。

分理工务官：宜城县知县郝廷玺，襄阳县知县李敦临，郧县知县许子言，谷城县知县周儒，均州判官李循道、吏目王宁，襄阳府知事马魁，承天府知事徐鹗，常德府照磨赵邦卿，襄阳卫经历沈世和，襄阳县县丞徐坤远，黄陂县县丞朱魁，湘潭县县丞刘宁，平江县县丞萧绎，京山县县丞谢兴作，襄阳县主簿阮达，当阳县主簿杨宗仁，平江县主簿宣诏，枣阳县主簿王苌臣，郧西县主簿许诏，房县主簿熊禄，南漳县主簿谭忠孝，郧县主簿吴凤，黄陂县主簿钟应宸，均州所吏目殷朝阳，谷城县典史艾周奇，郧西县典史陈可，南漳县典史赵伯伟，双沟税课司大使孙熙安，襄阳卫指挥汤召，均州所指挥褚纶，襄阳卫指挥李梅，郧阳卫指挥黄松，襄阳卫指挥徐子威，均州所指挥张岩，均州所千户韦俸、魏瀚、王封，竹山所千户刘诏，房县所千户袁绶，襄阳卫百户程爵、曹棋、丁忠、赵玺、赵琦，郧阳卫百户鲁曾、温和、王慧、吕安，均州所百户潘时、姜永、江梦金、高士元、荫袭郭宝，褚英、仇宗正，襄阳县省祭官汤镇、王宪，郧县省祭官刘腾霄，江夏县省祭官伍鸾，钟祥县省祭官刘从学、李大用，枣阳县医官吴坤、阴阳官施联起，武昌县阴阳官杨廷洪，襄阳县儒官刘惠，郧县义官陈文章、徐仲魁，宜城县阴阳官尹魁元，玉虚宫提点宋演庆，谷城县医官刘应诰，义官周松、李征，南漳县义官罗富、叶臻，光化县义官柴仲义，保康县阴阳官郭仲盈。

——第372、373页

7. 大岳志略　卷三

遇真宫图

右遇真宫图。宫在仙关外，去玉虚宫八里徐。左曰望仙台，右曰黑虎洞。山水环绕若城然，故旧名黄土城。洪武年间，张三丰结庵于此，名曰会仙馆。宫东廊下，像存焉。永乐十五年（1417年）创建真仙殿、山门、廊庑、东西方丈、斋堂、厨堂、道房、仓库、浴堂，为楹大小总三百九十六。是年落成，赐“遇真”为额，道士廪食者三十人。提点两员，阶正六品。给印一颗，领观二。嘉靖三十一年（1552年）世宗皇帝遣官修葺本山，乃于是宫东二里许，入山初道，建石坊，赐额“治世玄岳”云。

——第230页

遇真宫　吉隶于宫也者。宫在仙关外。始入山，自草店行二三里，忽两山厄于涧口，口不复可辨。循山趾下穷之，始得其坎，然状从其上，却望若逆流于山，因忆桃园，小口意其中，必有佳境。旦前数武，开朗夷旷，可耕之地数百塍，皆官壤也。故遂为诸道子所业。阡

（本图为照原图手绘而成）

陌相通，殆不及桃源。今代既非秦诸道子。类非避世者，冠盖相属于道无复，昔日渔人之谜矣。按：宫之先，曰会仙馆，真仙张三丰所筑。真仙去今百四十年。追寻遗迹山水间无复存者。……宫落成于永乐十五年（1417年），为楹大小三百九十六，赐“遇真”为额，道士廪世者三十人，提点二员，阶正六品，给印一颗，领观二。

——第556、557页

8. 大岳志略　卷四

遇真宫

寻真直到遇真宫，地隔尘寰自不同。翠壁丹崖悬沐景，琪树瑶草领春风。云房寂寞烧丹灶，鹤发飘萧避世翁。灵境相传非一日，元来开创自鸿蒙。

——第621页

遇真宫

缥缈珠宫映翠微，灵风长日满龙旗。函关尹昔青牛去，华表何年百鹤归。花落石坛春不扫，露零仙掌晓还晞。楼船海外无消息，山上闲云万古飞。

——第622页

9. 大岳志略　卷五

内降类

成化十二年　太监陈喜斋送玉虚等八宫爵盏二十一，玉虚宫经一百四十、太和宫经五十二、南岩宫经六十五、紫霄宫经六十三、五龙宫经七十四、遇真宫经四十、净乐宫经六十六。

——第660页

弘治十五年　太监王瑞等送遇真宫安奉：镀金铜真武五尊；香炉一、花瓶二、烛台二、海灯盏一、净水盂一、剪烛罐一、匙筋瓶一、香盒一、钟一、菜玉磬一、大红装花锦坐褥一、朱红漆桌一；各色罗幡二十四对。

——第661页

附录五　武当山遇真宫建筑平面形制分析

余云龙[1]　李　刚[2]

（1. 北京建工建筑设计研究院　2. 湖北省文物考古研究所）

遇真宫位于武当山山麓，西距丹江口市武当山镇约4千米，东距玄岳门石坊约0.5千米，是由玄岳门进入武当山后的第一座宫观。明永乐年间（1403～1424年）最终形成的东、西两条进山参拜神道均需从此经过。遇真宫是武当山最初落成的八宫之一①，营建于明成祖朱棣永乐十年至十五年（1412～1417年)，建成殿堂道房97间。明嘉靖年间（1522～1566年）曾进行扩建，增建到396间。而后，随着宫内宗教活动的渐趋衰落，东、西两宫相继废弃，多数建筑坍塌损毁而掩埋于地下，整体格局逐渐模糊。

2005年至2011年，湖北省文物考古研究所对遇真宫西宫、东宫进行了全面的考古发掘，并对中宫和宫外相关附属设施进行了清理解剖。考古发掘工作揭示了遇真宫东西宫建筑基址的完整面貌，明确了各基址的分期与布局，为探讨遇真宫建筑平面形制提供了科学的依据。平面形制是建筑规划理念的具体体现，与当时的等级制度、工程做法等方面密切相关，现根据已有的考古发掘材料，试对明永乐时期修建的遇真宫建筑平面形制的基本状况和格局特点进行初步分析。

武当山道教建筑中有宫、观、庵堂、岩庙等诸多形制，其中以“宫”的规制最为完备。遇真宫是众多宫观中规模较为庞大的一组，其东西宽228.31米，南北深134.8米（宫墙内皮间距，下同），占地面积约26000平方米。整组建筑坐北朝南，背靠凤凰山，面对九龙山，两侧山水环绕，场内地势平坦，受地形限制较小。考古发掘前宫内明初所设建筑现存有山门、宫墙、东西宫门、龙虎殿、真仙殿东西配殿、东西廊庑等数处，其余已毁，建筑形制则不详。考古发掘后可知，其整体格局严格按照中轴对称的院落式布置，大的区域空间可分为中宫、西宫、东宫三部分，然后以纵横两条呈“十字形”的轴线对各部分的建筑进行串联，各宫之间既有联系又自成院落。其中，主轴线沿中宫作南北向布置，设有门殿三进；次轴线垂直主轴线作东西向布置，于东、西两宫各设有门殿三进；西宫在大的轴线之外另有南北向轴线一条垂直于次轴线，亦设门殿三进。

① 潘谷西主编：《中国建筑史》（第五版），中国建筑工业出版社，2003年，第159页。书中关于“八宫”数据的来源及名称并未进一步说明。另据鲍丽蓓《武当山明成祖敕建道宫建筑空间形态分析》一文，“明成祖命军民修建有七宫九观三十六庵堂等大小33组建筑群。七座道宫建筑为：大岳太和宫、太岳紫霄宫、大圣南岩宫、兴圣五龙宫、玄天玉虚宫、遇真宫与静乐宫。”

一、中　宫

中宫平面呈纵长方形，东西宽61.54米，南北深134.8米，四周环以宫墙，主轴线依三进门殿作南北向布置，自南向北可分为前、后两区。前区为一纵长方形庭院，南北进深72.4米，四面设门殿；后区为一正方形庭院，南北深61.2米，院内被一组独立的合院式建筑分隔成内外两层院落。

前院正面辟门，院内设甬道连接山门和龙虎殿。甬道高出院内地面0.2～0.25米，两侧对称设置东、西宫门，宫门与甬道之间为海墁地面，未设甬道。山门、东西宫门、龙虎殿之间通过宫墙进行围合形成院落，龙虎殿为院内核心建筑。前院在功能分区上属于由前导进入祭祀的过渡空间，占地4455.5平方米，其面积约占中宫的50%，空间在各院中最为开阔、宏大。

后区外院外侧为宫墙，内侧为合院建筑的后檐，其空间在功能分区上属于围合空间。院落未设特定入口，现由廊庑进入。

后区内院由龙虎殿进入，院内正中即为遇真宫大殿真仙殿，大殿两侧对称布置东、西配殿及廊庑形成院落。龙虎殿与大殿之间设甬道进行连接，甬道高出院内地面0.2～0.25米，配殿与甬道之间为海墁地面，未设甬道。院内东西宽27.82米，南北深29.45米（以庭院内四角处为测量点，下同），占地819.3平方米，不足前院面积的五分之一，与前院开敞的空间形成明显对比。此区域是遇真宫的核心部分，各建筑均立于崇台之上，功能上属于祭祀空间。其大殿早期主祀武当道人张三丰，明天顺年间（1457～1464年）以后改祀真武大帝，张三丰像则移祀于东配殿。

中宫院落布置若用方形网格法进行分析，以方2丈网格为基准进行核验，可发现：其南北向占21格（南区11格，北区10格），东西向占10格，前区主体建筑龙虎殿前的台阶居于全宫的几何中心，后区主体建筑真仙殿前的台阶居于后区的几何中心（图一）。由此可见，以方格网为布置基准的方法在中宫的营建过程中起到了重要的作用。

一条轴线、两进庭院、三进门殿、三层院落所形成的“一轴两院三进三层”的空间格局构成了中宫空间形态的主体。同时，它也是武当山大型宫观中轴线建筑布局所采用的基本模式。在其他宫观中，或因功能而增减，或随地势而变化，但中轴线上各建筑的布置均以此模式为基本框架。这种平面形制的出现明显受到了古代宫殿建筑和道教建筑等多方面的影响，它的形成使得武当山大型宫观建筑与同时期其他宗教建筑在平面形制上有了明显的区别，同时也使得道教建筑的平面形制在武当山地区走向成熟。

二、东　宫

东宫位于遇真宫中路建筑东南隅，平面近于正方形，东西宽84.37米，南北深86.45米，四周环以宫墙，主轴线依三进门殿作东西向布置，自西向东可分为前、中、后三院。由三院分隔而出的南北两个空间，则独立成附属院落。前院由东宫门、前殿（F1）、宫墙、院墙等围合

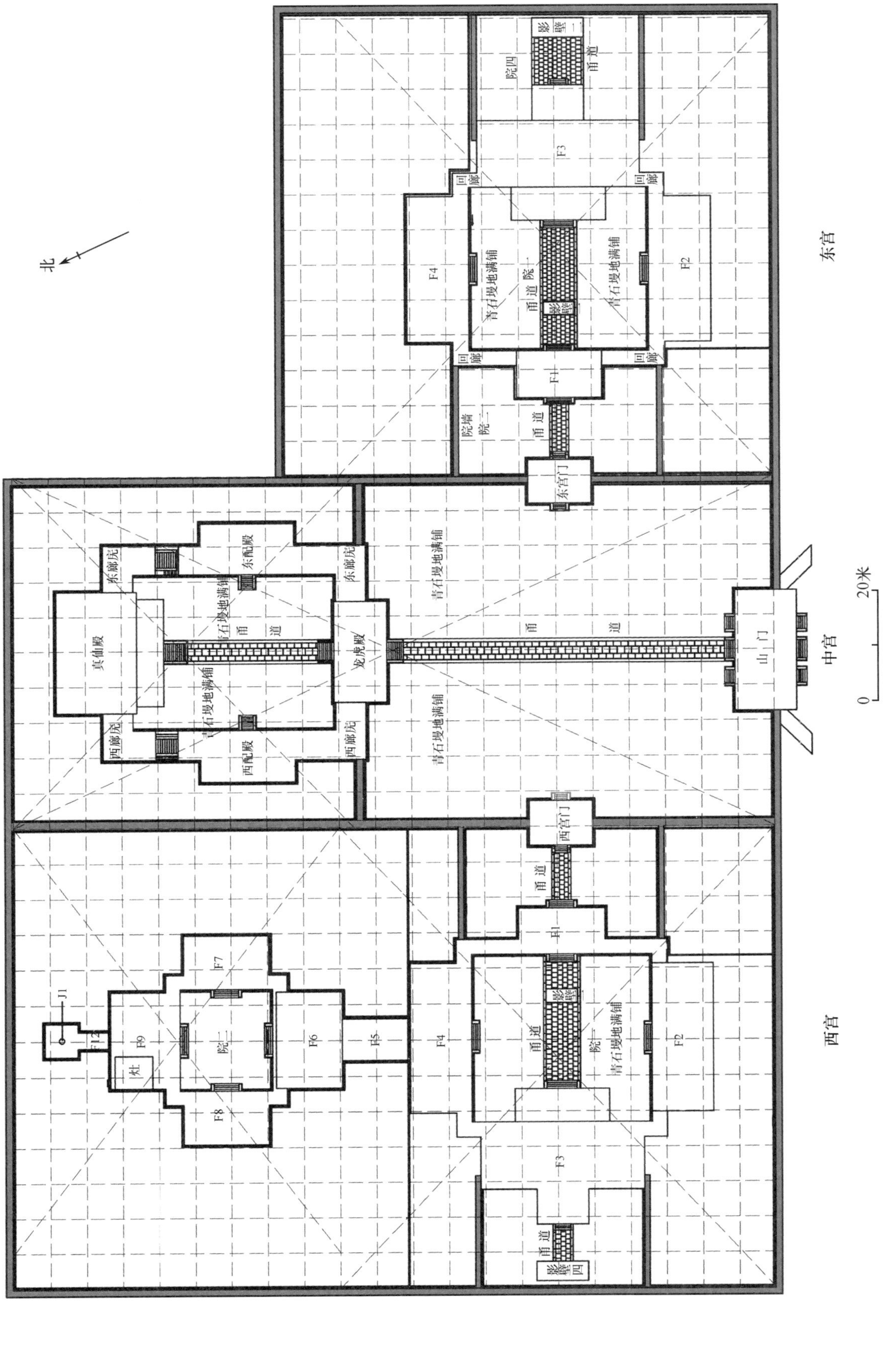

图一　遇真宫平面布置分析图
（图中方形网格每格为2丈见方，1丈=3.2米）

而成；中院由前殿（F1）、后殿（F3）、南北配殿（F2、F4）及回廊围合而成；后院由后殿（F3）、东宫墙、南北院墙围合而成。

前院（院二）正面向西，宫门设于院内西侧宫墙正中，院内设甬道连接东宫门和前殿，甬道两侧设院墙连接宫墙和回廊后檐墙形成院落。前院平面呈横长方形，南北宽34.45米，东西深20.2米，占地约695.89平方米，在功能分区上属于由中宫进入东宫中院的过渡空间。此院面积较小、进深局促，空间上既与前区庭院的庄重空间形成反差，又为下一个空间序列的院落进行了衬托。

中院（院一）由前殿进入，院内设甬道连接前殿和后殿，甬道两侧对称布置南、北配殿及回廊形成院落，甬道偏西位置设砖影壁一座。院内甬道高出地面0.04～0.07米，配殿与甬道之间为海墁地面，未设甬道。中院是东宫的核心部分，平面近于正方形，南北宽31.9米，东西深30.05米，占地约958.6平方米，主要用于道众生活、修行或接待宾客，在功能分区上属于生活起居空间。此院空间开阔、建筑对称，院内入口处的影壁和周围的回廊消减了空间上的庄重气氛，并使之与生活氛围相协调。

后院（院四）由后殿进入，院内三面临墙，中轴线末端紧邻宫墙设砖影壁一座。院内设甬道连接后殿后月台与影壁，甬道与月台、影壁同宽，甬道两侧地面未进行铺装。后院平面呈横长方形，南北宽较前院、中院次第减小，为29.2米；东西深与前院相近，为19.8米；占地578.16平方米。此院空间狭小，位置隐蔽、清幽，属于较为私密的活动场所，其在功能分区上与中院同属于生活起居空间。

东宫院落布置用方2丈网格为基准进行核验，可发现：进深方向，前院占3格，中院连同回廊和后殿占7格，后院再占3格。面阔方向，中院主体部分占6格，南侧宫墙与之相距3格，北侧宫墙则在3格之外又有北移。由此可见，2丈网格不仅用于大的建筑空间，而且运用于单体建筑的布置。

一条轴线、三进庭院、三进门殿所形成的“一轴三院三进”的空间格局构成了东宫空间形态的主体。这种中轴对称的建筑布局使得全区空间少有自然之趣，这与道家在生活起居上所追求的闲静清高思想相背离，其体现更多的是敕建宫观所推崇的礼制与秩序。

三、西　　宫

西宫位于遇真宫中路建筑西侧，平面呈纵长方形，东西宽80米，南北深134.8米，其东侧与中宫共用宫墙，南北两侧宫墙与中宫齐平。西宫内部由南、北两区组成，南区设三进门殿作东西向布置与东宫对称，格局与东宫一致。北区主轴线依三进门殿作南北向布置，与南区轴线垂直，两区空间以北配殿（F4）进行转换。北区在大的庭院空间内沿轴线设有穿堂（F5）、中殿（F6）、东西配殿（F7、F8）、后殿（F9）、井亭（J1）等一系列建筑。

西宫南区正面向东，宫门设于院内东侧宫墙正中，宫内一条轴线、三进庭院、三进门殿所形成的“一轴三院三进”的空间格局与东宫完全对称。南区在功能上与东宫同属于生活起居空间，其与北区之间未设东西贯通的宫墙进行分隔，故南北两区的空间在北配殿区域有所重叠。

北区正面向南，形成主轴线的三进门殿分别为北配殿、中殿、后殿。北配殿与中殿由穿堂进行连接形成工字殿，中殿与后殿之间对称设置东、西配殿并以回廊进行连接形成院落（院二），后殿北侧中轴线上设石砌台基（F12）连接井亭。其中，后殿为全区核心建筑。院二平面近于正方形，东西宽18.2米，南北深16.25米，占地295.75平方米，地表青石板墁地，甬道设置情况不详。据《太岳志略》图所示，院二注有神厨二字，故整组院落当为神厨院，其功能属于存储、制作祭品的服务空间。此区建筑平面布局紧凑，空间联系密切，院中主体建筑内灶台和井亭内水井的发现使其功能与文献互为印证。

西宫院落布置用方2丈网格为基准进行核验，可发现：其南北向占21格（南区10格，北区11格），东西向占13格，但各区主体建筑并未居于现宫墙范围内的几何中心。由此可见，西宫在大的空间上虽仍由2丈网格进行控制，但其内部建筑在布局上并未完全依据方格网进行布置，而是结合了使用功能等方面进行设计。

两大区间、两条轴线所形成的“两区两轴”的空间格局构成了西宫空间形态的主体。这种布局在南区系与东宫对称的需要而设置，其对称既体现在建筑的格局上，又体现在建筑的功能上。而北区建筑的设置与使用功能联系更为密切。“两区两轴”的空间格局使得南、北两区各自形成了独立的院落关系，且此种关系并未打破“三宫纵横两向布置”的局面。在大的空间中，南区院落朝向中路建筑，格局上从属于中宫；北区院落与中路建筑并列南向，功能上从属于中宫。由此可见，南、北两区院落在空间上既从属于中宫，又互无从属关系，故此种平面形制所创造出的空间格局是成功的。

四、结　　语

遇真宫既是明初皇家主持修建的大型道教宫观，又是明成祖朱棣“北建故宫,南修武当”这一特殊历史时期和地域的产物。其建筑布局与形制反映了明代官式建筑和道教建筑在发展过程中的沿袭与演变，体现了当时营造活动的理念与成就。通过对其格局的分析，可看出以下一些问题：

第一，传统建筑布局手法的延续。遇真宫在格局上沿用了中轴对称和院落式布局两大特点，中轴线上的殿堂与院落在宫观中占据重要位置，这是古代“多院多殿式布局”手法的延续；中、西、东三宫并列作纵横两向十字形布置是遇真宫建筑格局的另一特点。三宫并列的格局在大、中型宗教建筑中较为常见，实例如河南济源济渎庙，武当山玉虚宫、紫霄宫、五龙宫、元和观等。十字形轴线的格局在唐代壁画中即已出现，宋代则渐趋流行①，如敦煌莫高窟148窟唐绘壁画弥勒经变中的庭院②；宋代《大宋诸山图》中所绘灵隐寺、天童寺、万年寺等建筑的平面③。

---

① 郭黛姮主编：《中国古代建筑史·第三卷》（第二版），中国建筑工业出版社，2009年，第275页。

② 刘敦桢主编：《中国古代建筑史》（第二版），中国建筑工业出版社，2005年，第12页，图6。

③ 郭黛姮主编：《中国古代建筑史·第三卷》（第二版），中国建筑工业出版社，2009年，第274、275页，图6-4～图6-6。

第二，建筑平面形制的发展演变。遇真宫同时具有“在主建筑四周围以回廊，形成院落”的廊院式[①]与由房屋与墙四面围合形成院落的合院式两种形式的院落。廊院式布置使用在东、西两宫，合院式布置则主要使用在中宫。廊院形制由早期的回廊进行围合演变为檐廊与回廊共同进行围合的情况，而檐廊则由檐柱之外设擎檐柱形成。由此可见，早期建筑盛行的廊院式做法在此已趋变化。

第三，网格法在建筑布局中的运用。遇真宫院落布局与2丈见方网格密切联系，其宫墙范围内东西宽36格，南北深21格，各院落的主体建筑多居于该区域的几何中心。这种以方格网为布置基准的方法是延续隋唐以来大型建筑群和院落布局手法[②]。

第四，皇权思想与宗教等级秩序的体现。皇权思想在遇真宫平面格局中体现为三进门殿沿轴线布置手法的反复运用。“三朝五门”制度是隋唐以来都城宫室营建的基本制度，明初在三处都城宫殿的营造中即遵循此制。“三朝”在遇真宫则表现为中轴线上的山门、龙虎殿、真仙殿三座建筑。“五门”并未出现，取而代之的是山门和对称设置的东、西宫门三座门殿。按《礼记》“天子五门”、“诸侯三门”的思想，遇真宫则低天子一等。遇真宫建筑格局在规制上明显效法宫殿建筑，同时，其强烈的中轴对称关系和宏大的规模也突显了“皇家道场”与其他一般道教宫观的区别。

宗教等级秩序的体现在平面格局中表现在两大方面，一是空间的主从关系，二是规制上的差别。大的空间上遇真宫坐北朝南，面向武当诸峰，体现出对金顶和真武大帝的尊崇。内部空间上东、西两宫朝向中路，则以中宫为尊。遇真宫与武当山其他各宫在等级上的差别有：前导空间未设天门或牌坊[③]，大殿面阔进深仅三间[④]等方面。究其原因，其他各宫均为主祀真武大帝而建，而遇真宫则是为主祀武当道人张三丰而进行营建的。

第五，道家仙境空间的营造。遇真宫在选址上遵循了“负阴抱阳、背山面水”的风水观念，建筑与四周围合的山水相互呼应、嵌合，大的空间上营造出了一种“道法自然”、“天人合一”的幽静环境。内部空间上，各建筑高居的崇台渲染了道宫的缥缈、崇高，中宫逐步缩小的庭院空间序列则烘托了道宫的清静、幽深。道家认为仙人喜居高处，而高台之上又便于道人们“求仙望气、承露接引”，进而得道成仙，故祭祀区建筑均立于崇台之上以效仿仙人居住的仙境。庭院空间次第缩小与宫殿、佛寺等建筑布局的思想明显不同，它突显了道家的“清净”思想，清幽的环境有利于道人们怡神养性和日常修行。在此之外，中宫、西宫、东宫三区宫殿的设置，中宫三层院落的设置，更是道家天、地、人“三界”思想的具体体现，可以认为，当进入中宫的第三层空间即进入道家的仙境。

---

① 刘敦桢主编：《中国古代建筑史》（第二版），中国建筑工业出版社，2005年，第11页；傅熹年主编：《中国古代建筑史·第二卷》（第二版），中国建筑工业出版社，2009年，第465页。

② 傅熹年：《中国古代院落布置手法初探》，《文物》1999年第3期，第66～83页。

③ 天门可理解为天界门户，是象征进入天界的起始建筑。武当山各宫中，太和宫设天门四座，玉虚宫设天门三座，南岩宫设天门两座，紫霄宫、五龙宫各设天门一座，静乐宫入口未设天门，但设有石坊一座。

④ 武当山各宫中，太和宫大殿面阔进深各三间，为金殿；玉虚宫大殿面阔七间、进深五间；紫霄宫、南岩宫、五龙宫、静乐宫大殿面阔进深均为五间；故遇真宫大殿真仙殿面阔进深各三间的格局规制最低。

后　记

作为世界文化遗产武当山古建筑群的重要组成部分，遇真宫具有极其重要的历史、文化和艺术价值。根据国家文物局《关于对遇真宫保护方案的意见》（文物保函〔2005〕1187号）要求，湖北省文物局责成湖北省文物考古研究所精心组织考古工作队，周密制定考古工作计划，对遇真宫西宫、东宫、中宫以及宫门前附属遗迹进行系统、科学的考古发掘清理，全面掌握了明清时期遇真宫的建筑规模、布局及兴废过程，为遇真宫保护方案的论证提供了考古依据。

遇真宫考古工作得到各级领导、专家的高度重视，在2005～2012年的发掘与整理期间，时任国务院南水北调办副主任张野、宁远、征地移民司司长袁松龄、副司长陈曦川、库区移民处处长王宝恩，时任国家文物局局长单霁翔、励小捷、副局长童明康、文物保护与考古司司长关强、副司长陆琼、考古处处长闫亚林、副处长张磊，国家文物局考古专家组张忠培、严文明、徐光冀等先生及乔梁、付清远等专家，时任南水北调中线水源有限责任公司副总经理齐耀华、移民部主任李勇，时任湖北省移民局局长彭承波、副巡视员宫汉桥、南水北调处处长王文杰，时任湖北省文化厅副厅长、省文物局局长沈海宁、省文物局副巡视员吴宏堂、省文化厅党组成员、省文物局局长黎朝斌、省文物局副局长王风竹，有关单位专家陈振裕、吴晓、陈冰白、余西云、李劲等先后到现场考察、调研、指导；十堰市文物局、博物馆、武当山特区文物局、武当博物馆大力协调支持，为各项工作的顺利推进提供巨大便利。在报告编写期间，清华大学建筑学院吕舟、朱宇华、故宫博物院王光尧、湖北省古建筑保护中心李德喜、湖北省博物馆蔡路武等专家给予重要指导。

在此谨向所有关心、指导遇真宫考古工作的领导、专家致以最诚挚的谢意！

由于时间紧，且编者水平有限，报告中难免存在讹误，敬请指正。

编　者

2017年3月

遇真宫远景（西北—东南）

遇真宫西宫全景（南—北）

1. F1（南—北）

2. F2（东南—西北）

遇真宫西宫建筑基址

1. F3（西—东）

2. F3前月台解剖（东—西）

遇真宫西宫建筑基址

1. F8（西—东）

2. F8磉墩、柱网与地墁砖（南—北）

遇真宫西宫建筑基址

1. 东宫全景（南—北）

2. 院三及F6（东—西）

遇真宫东宫建筑基址

1. F3（东—西 ）

2. F4（南—北 ）

遇真宫东宫建筑基址

1. 院三院内几何图形路面（南—北）

2. 主甬路（西—东）

3. 环南宫墙排水沟（东—西）

遇真宫东宫建筑基址

1. 西宫门正立面（东—西）

2. 东宫门背立面（东—西）

遇真宫中宫建筑

1. 前院及龙虎殿（南—北）

2. 后院航拍（西南—东北）

遇真宫中宫建筑

1. 山门正立面（南—北）

2. 山门西侧影壁正立面（东南—西北）

遇真宫中宫建筑

1. 真仙殿（真武殿）焚毁前（南—北）

2. 真仙殿现状（南—北）

遇真宫中宫建筑

1. 勾头（西T1③：26）

2. 走兽（西T11③：1）

3. 胡人俑（西T11③：4）

遇真宫西宫出土陶器

1. 勾头（西T7③：20）

2. 兽首（西T5②：3）

3. 脊兽（西T2②：4）

4. 脊兽（西T4③：14）

5. 宝顶座（西T4③：1）

6. 香炉（西T4③：10-1）

遇真宫西宫出土陶器

1. 勾头（东T2③：12）

2. 勾头（东T3③：75）

3. 滴水（东T3③：57）

4. 走兽（东T2③：99）

5. 灯座（东T2③：154）

遇真宫东宫出土陶器

彩版一六

1. 碗内底（西T3③：3）

2. 碗外底（西T3③：3）

3. 碗（西T7③：3）

4. 碗（西T9③：37）

5. 碗（西H2：1-1）

6. 碗（西H3①：1）

遇真宫西宫出土瓷器

1. 碗（西Z1：2）

2. 杯（西T1北扩③：1-2）

3. 杯外壁（西T6③：1）

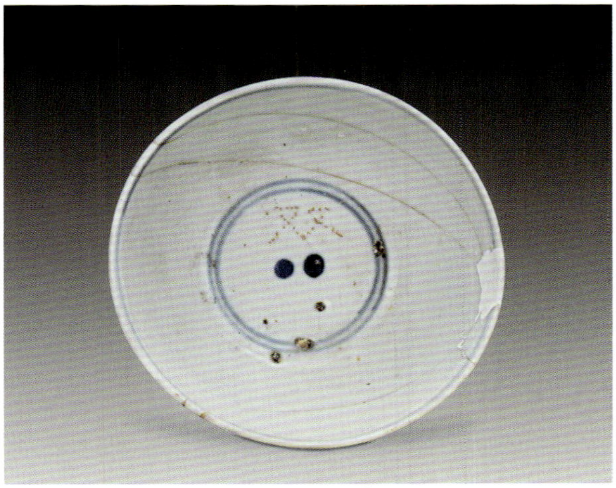

4. 杯内底（西T6③：1）

5. 杯（西T9③：31）

6. 碟（西Z1：3）

遇真宫西宫出土瓷器

1. 碗（东T1③：22）

2. 碗（东T2③：135）

3. 碗外壁（东T2③：181）

4. 碗外底（东T2③：181）

5. 碗外壁（东T3②：2）

6. 碗内底（东T3②：2）

遇真宫东宫出土瓷器

1. 碗外壁（东T2③：226）

2. 碗内底（东T2③：226）

3. 碗外底（东T2③：226）

1. 杯（东T1③：31）

2. 杯（东T2③：58）

3. 杯外壁（东T2③：66）

4. 杯内底（东T2③：66）

5. 杯（东T3③：56）

6. 杯（东T3③：63）

遇真宫东宫出土瓷器

1. 盘（东T2③：60）

2. 盘（东T2③：93）

遇真宫东宫出土瓷器

1. 盘（东T2③：142）

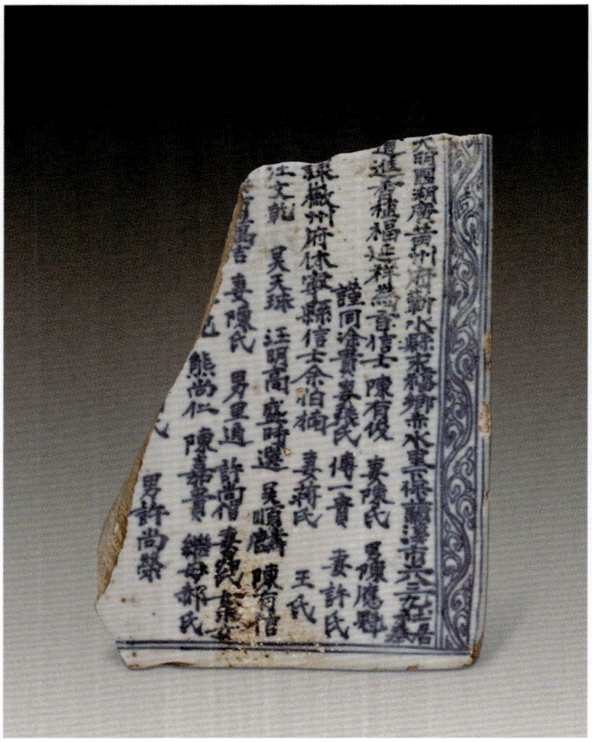

2. 碑（东T1③：58）

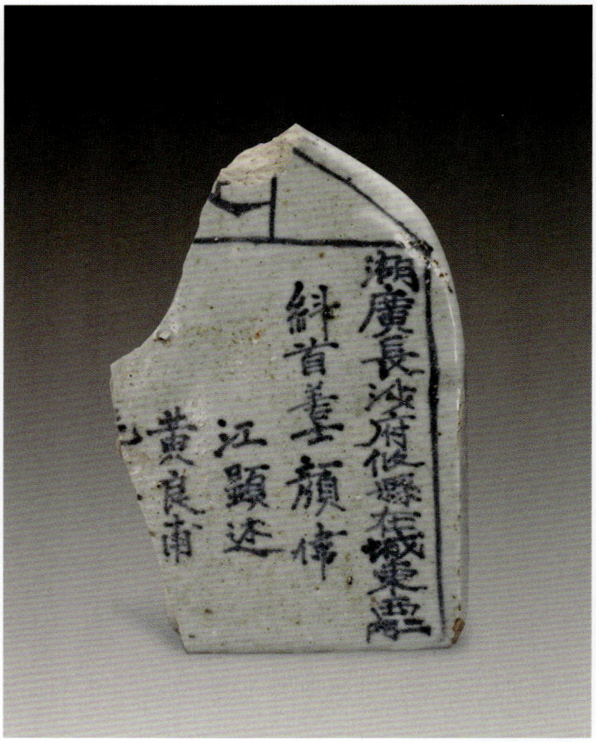

3. 碑（东T3②：1）

遇真宫东宫出土瓷器

1. 神像（西T4③：2）

2. 神像（西T4③：4）

3. 神像（西T4③：5）

4. 神像（东T4③：9）

遇真宫出土铜器

遇真宫西宫出土铜神像（西T9②：1）

1. 南北向垫土解剖（南—北）

2. 东西向垫土解剖（东—西）

遇真宫西宫建筑基址垫土解剖

图版二

1. F1台阶及排水沟（南—北）

2. F1与F2廊道交接处排水沟及盖板（北—南）

遇真宫西宫建筑基址

1. F3现存磉墩（东—西）

2. F3解剖（西—东）

图版四

1. F6（西—东）

2. F9（东北—西南）

遇真宫西宫建筑基址

1. F14（南—北）

2. Z1（北—南）

遇真宫西宫建筑基址

图版六

1. 门2（南—北）

2. 门4（北—南）

3. 门4门枕（东—西）

1. 门5（南—北）

2. 门6晚期（西—东）

3. 门6早期（南—北）

遇真宫西宫建筑基址

图版八

1. 影壁1（南—北）

2. 影壁2（西—东）

遇真宫西宫建筑基址

1. 影壁2雕花砖（东—西）

2. 影壁2雕花砖（西—东）

3. 影壁2雕花砖及玛瑙柱（北—南）

4. 影壁2砖上刻字（俯拍）

5. 影壁3（南—北）

遇真宫西宫建筑基址

图版一〇

1. 青石甬路第三段（西—东）

2. 铜钱状卵石路面（东—西）

3. G1院四内部分（东—西）

4. 环南宫墙处排水沟（东—西）

5. 院三院内G1与G2交汇处（西—东）

6. 宫墙西南角排水口（俯拍）

遇真宫西宫建筑基址

1. 发掘前全景（东北—西南）

2. 积水照片

3. 遗迹清理工作照

遇真宫东宫发掘前全景及工作照

1. F1俯拍（东—西）

2. F4俯拍（南—北）

3. 影壁1（南—北）

4. G1局部（东—西）

遇真宫东宫建筑基址

图版一三

1. 前院TG2解剖（东南—西北）

2. 山门背立面（北—南）

3. 龙虎殿背立面（北—南）

遇真宫中宫建筑

图版一四

1. 西配殿正立面（东—西）

2. 东配殿正立面（西—东）

遇真宫中宫建筑

1. 真仙殿梁架（损毁前历史照片）

2. 真仙殿梁架细部（损毁前历史照片）

3. 真仙殿转角斗拱（损毁前历史照片）

1. 真仙殿地墁及东山墙（西—东）

2. 后院侧拍（东北—西南）

遇真宫中宫建筑

1. 西宫南宫墙外侧墙面（西—东）

2. 东宫南宫墙内侧墙面（北—南）

3. 中宫外TG3（南—北）

4. 宫外会仙桥（东北—西南）

遇真宫附属建筑

图版一八

1. 东宫环南宫墙外青石散水及砖制暗沟（南—北）

2. 东宫环南宫墙外排水沟解剖（北—南）

遇真宫宫外建筑遗迹

1. 勾头（西T4②：7）

2. 勾头（西T5③：11）

3. 滴水（西T11③：5）

4. 滴水（西T11③：3）

5. 砖（西T4③：15）

6. 砖（西T7③：18）

遇真宫西宫出土陶器

图版二〇

1. 壶（西T1③：5）

2. 壶（西T1③：18）

3. 罐（西T4③：11）

遇真宫西宫出土陶器

1. 兽首（西T9③：3）

2. 走兽（西T5③：9）

3. 香炉足（西T1③：1）

遇真宫西宫出土陶器

1. 走兽（东T3③：79）

2. 走兽（东T3③：80）

3. 筒瓦（东T3③：35）

4. 板瓦（东T4③：46）

遇真宫东宫出土陶器

1. 碗（西T1③：19）

2. 碗（西T8③：1）

3. 碗（西T9③：20）

4. 碗（西T9③：26）

5. 碗（西T9③：29）

6. 碗（西T9③：30）

遇真宫西宫出土瓷器

图版二四

1. 碗（西T9③：32）

2. 碗（西T9③：34）

3. 碗（西T9③：41）

4. 碗（西H2：1-2）

5. 碗外壁（西采：8-1）

6. 碗外底（西采：8-1）

遇真宫西宫出土瓷器

1. 杯（西T1③：9）

2. 杯（西T9③：15）

3. 杯外壁（西Z1：5）

4. 杯内底（西Z1：5）

5. 杯（西采：5）

6. 头像（西采：13）

遇真宫西宫出土瓷器

图版二六

1. 碗（东TG1①：4（T2东隔梁内））

2. 碗（东T1③：20）

3. 碗外壁（东T1③：89）

4. 碗内底（东T1③：89）

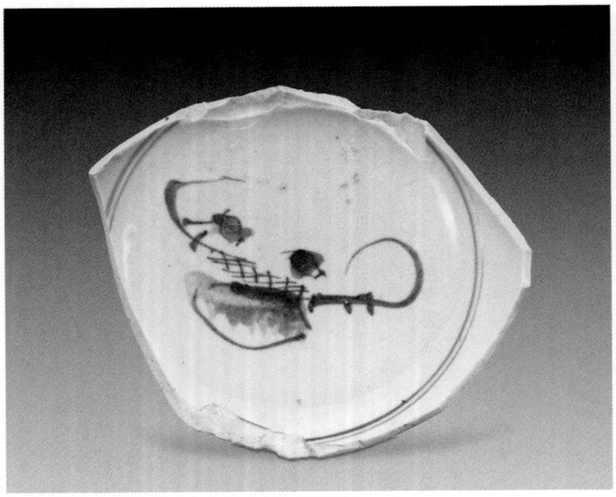

5. 碗（东T1③：91）

6. 碗（东T2③：7）

遇真宫东宫出土瓷器

图版二七

1. 碗（东T2③：13）

2. 碗（东T2③：20）

3. 碗外壁（东T2③：15）

4. 碗内底（东T2③：15）

5. 碗外壁（东T2③：109）

6. 碗外底（东T2③：109）

遇真宫东宫出土瓷器

图版二八

1. 碗内底（东T2③：119）

2. 碗外底（东T2③：119）

3. 碗（东T2③：133）

4. 碗（东T2③：153）

5. 碗（东T2③：185）

6. 碗（东T2③：201）

遇真宫东宫出土瓷器

图版二九

1. 碗外壁（东T2③：202）

2. 碗内底（东T2③：202）

3. 碗（东T2③：258）

4. 碗（东T2③：261）

5. 碗外壁（东T3③：36）

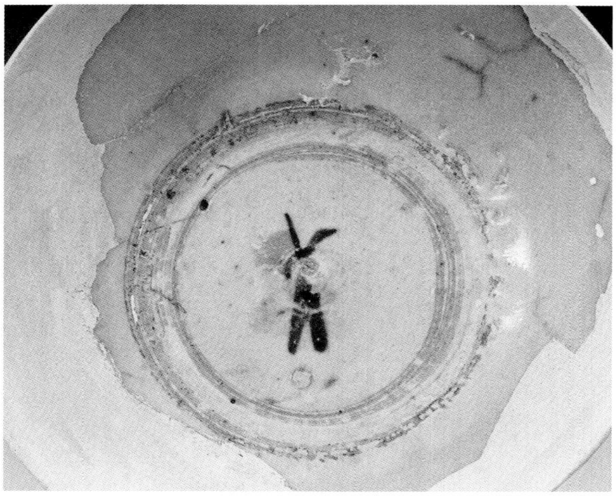

6. 碗内底（东T3③：36）

遇真宫东宫出土瓷器

图版三〇

1. 碗外壁（东T4③：3）

2. 碗内底（东T4③：3）

3. 碗（东T4③：10）

4. 碗（东T4③：21）

5. 碗外壁（东T4③：32）

6. 碗内底（东T4③：32）

遇真宫东宫出土瓷器

图版三一

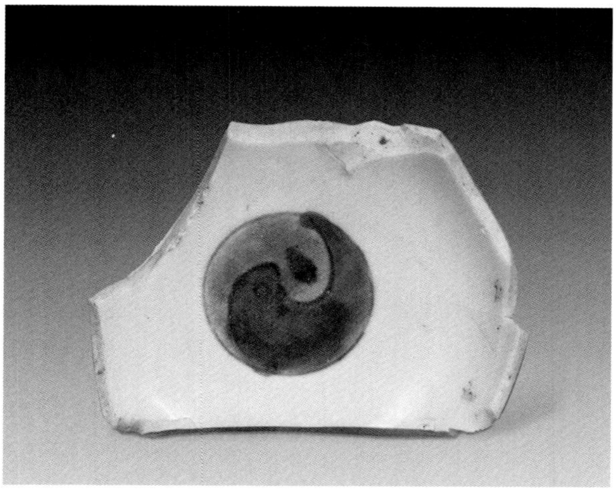

1. 杯内底（东TG2③：3（T4北隔梁内））

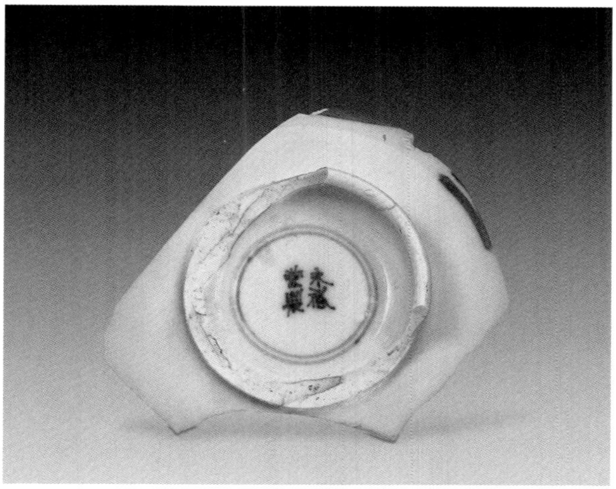

2. 杯外底（东TG2③：3（T4北隔梁内））

3. 杯（东T1③：13）

4. 杯（东T1③：16）

5. 杯（东T1③：49）

6. 杯（东T1③：57）

遇真宫东宫出土瓷器

图版三二

1. 杯（东T1③：68）

2. 杯（东T1③：90）

3. 杯（东T2③：98）

4. 杯（东T2③：129）

5. 杯外壁（东T2③：192）

6. 杯内底（东T2③：192）

遇真宫东宫出土瓷器

1. 杯外壁（东T2③：193）

2. 杯内底（东T2③：193）

3. 杯（东T2③：194）

4. 杯（东T2③：206）

5. 杯外壁（东T2③：208）

6. 杯内底（东T2③：208）

遇真宫东宫出土瓷器

图版三四

1. 杯（东T2③：224）

2. 杯（东T2③：225）

3. 杯（东T2③：238）

4. 杯（东T3③：42）

5. 杯外壁（东T4③：24）

6. 杯内底（东T4③：24）

遇真宫东宫出土瓷器

1. 盘（东TG2③：7（T3北隔梁内））

2. 盘（东T2③：145）

图版三六

1. 碟（东T1③：47）

2. 碟（东T2③：187）

3. 碟（西T1③：10）

4. 碟（东T2③：139）

5. 碟（东T3③：54）

6. 碟（东T4③：23）

遇真宫出土瓷器

1. 碟（东T4③：12）

2. 碟（东T4③：31）

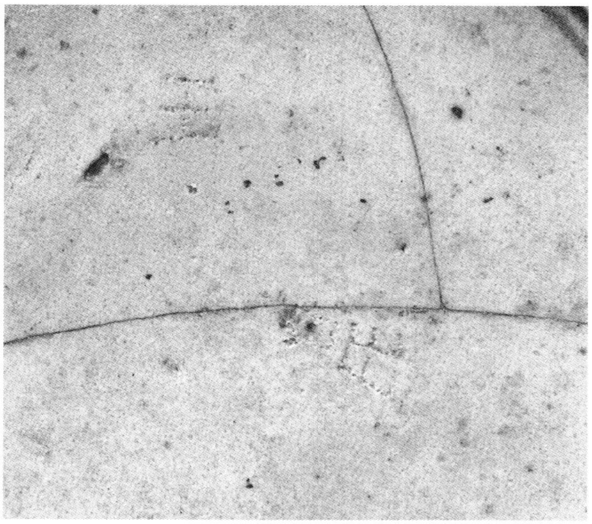

3. 碟内底戳刻文字（东T4③：31）

图版三八

1. 镜（西T1③：2）

2. 神像（西T4③：3）

遇真宫西宫出土铜器

1. 剑（西T4③：9）

2. 神像（手部）（东T2③：158）

遇真宫出土铜器

图版四〇

1. 铜贡瓶（东T2③：214）

2. 铁神像（头部）（东T2③：15）

遇真宫东宫出土铜器、铁器

1. 砚台（西T1①：1）

2. 砚台（东T3③：9）

遇真宫出土石器

图版四二

1. 石烛台（西T1③：25）

2. 骨笄（西T4③：7）

遇真宫西宫出土石器、骨器

1. 正面（西T11③：6）

2. 侧面（西T11③：6）

3. 背面（西T11③：6）

遇真宫西宫出土汉白玉石雕

图版四四

1. 西宫F1

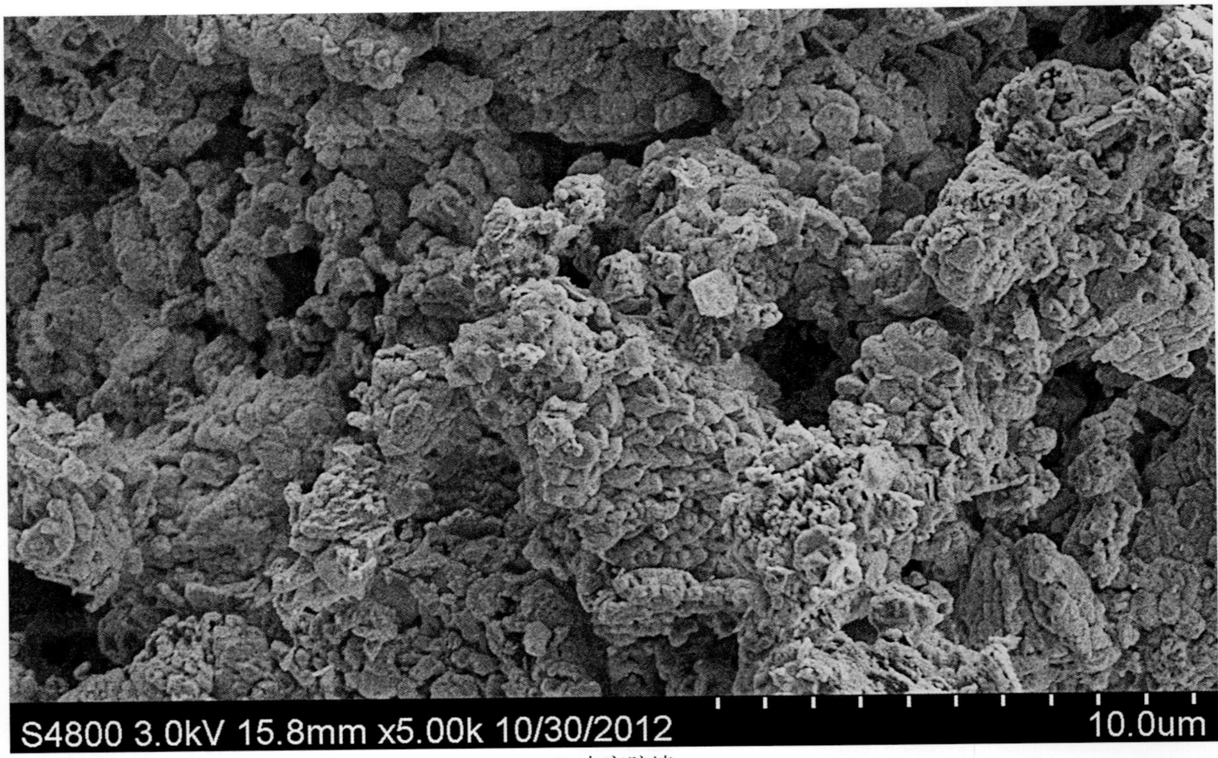

2. 中宫院墙

遇真宫建筑基址灰浆Sem照片